正易哲學

正易哲學

정 역 철 학

이현중 저

學古房

글을 시작하며

이 책은 『정역正易』이라는 저작에 관한 책이다. 이 책이 『정역』을 텍스트로 하였지만 그것을 새롭게 해석하였기 때문에 『정역』의 내용과 다른 점에서 『정역』의 내용을 넘어서 있다. 그러나 이 책이 『정역』에 대한 재해석이라는 점에서는 여전히 『정역』의 내용을 담고 있다. 그러면 이 책의 저작이 어떤 의미를 갖는가?

이 책은 특정한 시간과 공간에 존재하는 특정한 존재에 의하여 저작된 것이 아니다. 그것은 인류가 하나인 본성本性의 세계, 온 우주의 모든 존재가 일체인 도道의 세계가 19세기 말의 김일부金一夫를 통하여 『정역』의 저작으로 나타났듯이 지금 여기의 필자를 통하여 다시 『정역철학』이라는 저작으로 드러났을 뿐임을 뜻한다.

존재存在, 도道, 본성本性의 현현顯現이라는 측면에서 보면 일련의 저작 행위는 개체적 행위가 아니다. 그렇기 때문에 저작행위의 결과로 존재하는 개체적 사물로서의 저작물은 없다. 그것은 존재의 자기自己 개시開示인 점에서 하나의 존재적 사건일 뿐이다. 그러므로 그것 이상의 목적이나 이유가 존재하지 않는다.

그러나 현현顯顯된 만물의 관점에서 그 의미, 가치를 논하고자 할 때 비로소 여러 언급이 가능하게 된다. 시간성의 차원, 세계 자체의 차원에서 저작행위를 이해하면 지금 여기의 나를 통하여 이루어지는 시간성의 시간화가 저작행위로 나타나고, 그 결과인 『정역철학』을 통하여 시간의 시간성화가 이루어진다.

시간상으로는 19세기 말기의 혼란한 때와 21세기의 첫 세기인 현대가 지금을 통하여 하나이고, 공간상으로는 조선말기의 그가 살았던 그곳과 현대의 여기가 하나이며, 사람의 관점에서는 김일부와 필자가 하나임을 보여주는 것이 저작행위와 그 결과로서의 저작물이다. 그러면 왜 『정역』이라는 저작을 선택하였는가?

일차적인 이유는 개인적인 인연因緣 때문이다. 학문을 시작하면서 『주역』과 『정역』을 만났고, 역학易學을 통하여 유학儒學, 도가道家, 불가佛家 철학과 만났으며, 학문을 통하여 불교수행, 도교수행과도 만나게 되었다. 그 과정을 형성한 모든 인연들이 나온 근원, 자비慈悲라고 부를 수밖에 없는 그 자리에 회향回向하기 위함이다.

『정역』에서는 도道는 하나일 뿐으로 그것이 유가와 불가 그리고 도가로 달리 드러남은 이치의 자연스러운 결과라고 하였다. 그런 점에서 보면『정역』을 통하여 오늘날 우리가 원하는 유불도 儒佛道 삼가三家의 회통을 비롯하여 다양한 사상을 회통할 수 있는 방법을 찾을 수 있을 것으로 여겨진다.

또한『정역』에서는 역법曆法과 같은 과학적 측면과 종교적 측면, 철학적 측면이 있을 뿐만 아니라 문학의 세계도 있어서 다양한 관점이 포함되어 있다. 그 과정에서 역도易道, 선천과 후천, 신명神明, 삼극三極, 음양陰陽, 오행五行, 반고盤古, 상제上帝를 비롯하여 동북아사회에서 널리 사용되고 있는 중요한 개념들이 거의 망라되고 있다.

그리고 성통聖統의 문제를 중심 문제로 제기하고 있을 뿐만 아니라『주역』의 괘상卦象, 괘효사卦爻辭와 십익十翼과 같은 언사言辭와 다른 간지도수干支度數, 도서상수圖書象數와 같은 이수理數의 상징체계도 담고 있다.

『정역』이 갖고 있는 내용과 형식의 측면에서의 다양성과 독특함 때문에 지금까지 인간의 모든 활동을 지역과 민족, 나라로 구분하고, 종교, 문학, 예술, 철학과 같은 여러 분야로 구분하여 이해하던 관점에서 벗어나서 인간 본성의 차원에서, 인류문명이라는 일체적 관점에서, 인간의 세계를 이해할 수 있는 방법을 찾을 수 있다.

그러나 근본적인 이유는『정역』에서는 오늘날의 우리 사회에서 대립과 갈등의 문제를 해결하기 위하여 제기되고 있는 회통回通, 융합融合, 복합複合의 문제에 대하여 그 답을 찾고자 하는 일반적인 방법과 달리 오히려 근원으로부터 다양한 세계를 추구함으로써 회통의 문제를 해소解消하는 방법을 취하고 있기 때문이다.

그것은 대립과 갈등의 현상으로부터 출발하여 현상을 회통시키고자 하는 방법이 무엇인지 그 답을 찾는 것이 아니라 대립과 갈등의 세계로부터 회통을 찾고자 하는 그 마음을 문제로 삼고 있음을 뜻한다. 세계를 인식하는 인식 그 자체의 근원이 무엇인지를 추구하는 것이『정역』의 관점이다. 그러면 이 세계에 대립과 갈등이 있는가?

『정역』에서 밝히고 있는 도역倒逆의 사고를 중심으로 이 문제를 살펴보면 대립과 갈등의 현상 세계에서 회통의 길을 찾으려는 것은 역逆의 방법이다. 그것은 대립과 갈등의 현상으로부터 출발하여 그것이 하나가 된 근원의 세계를 찾고자 하는 방법이다. 이러한 방법은 분별심을 통하여 분별이 없는 세계를 찾고자 하는 점에서 중생심衆生心을 통하여 부처의 세계를 찾는 것과 같다.

그러나 분별심은 본성의 작용이라는 점에서 본성과 일체이지만 그것이 본성 그 자체는 아니다. 그러므로 분별심을 통해서는 본성의 세계를 파악할 수 없다. 따라서 본성을 바탕으로 그것이 나타난 다양한 현상으로서의 세계를 인식하는 방법을 취할 때 비로소 현상의 진상眞相이 드러나게 된다.

본성이라는 근원적 차원에서 그것을 바탕으로 현상의 다양한 세계, 만물의 세계, 온갖 사건의 세계를 인식하는 방법을 도倒라고 한다. 그것은 분별심을 바탕으로 현상으로부터 그 본질을 찾아가는 방법을 버리고, 그와는 정반대의 관점을 취하는 점에서 역逆의 방법을 바꾼 도倒이다.

본성의 차원, 형이상의 차원, 도道의 차원, 공간의 본성으로서의 공간성, 시간의 본성으로서의 시간성의 차원에서 보면 분별심에 의하여 나타나는 모든 시공 곧 천지인天地人이나 과거와 미래 그리고 현재가 그대로 본성의 작용의 결과이다. 공간상의 만물도, 시간상의 모든 사건도 본성이 작용한 결과인 점에서 다양하게 나타난 일체일 뿐이다. 그러므로 현상에는 대립과 갈등이라는 것이 없다.

그것은 인간의 측면에서는 모든 분별심이 본성이라는 하나에서 나타난 다양한 현상임을 뜻한다. 회통을 찾으려는 그 마음 자체가 그대로 하나의 작용, 일체의 작용인 점에서 본래 회통되어 있고, 합덕되어 있으며, 융합되어 있다. 그러므로 회통이나 융합, 복합을 위한 새로운 인식체계나 이론체계, 사상, 철학을 필요로 하지 않는다. 그러면 역逆의 관점을 버리자는 것인가?

그렇지 않다. 회통을 이루고자 하는 노력을 계속하면서 동시에 회통을 이루고자 하는 그 마음을 돌이켜보아야 한다. 회통을 찾고자 하는 그 마음이 바로 회통처이며, 나타난 본성이고, 일체의 작용이기 때문에 그것을 잊지 않을 때 그 어떤 행위를 하더라도 모든 것이 그대로 회통이고, 융합이고, 복합이다.

그것은 모든 현상이 본성의 작용임을 전제로 현상을 관찰하여 법칙을 찾고 그리고 법칙과 법칙을 연구하여 원리를 찾고, 원리를 연구하여 원리마저도 존재하지 않는 세계를 찾으라는 것이다. 그러면 찾지 않으면서 찾고, 연구하지 않으면서 연구하여 연구나 찾음 그 자체가 자유롭다.

만약 역逆의 관점에서 현상을 중심으로 현상이 근원과 다르기 때문에 현상이 아닌 근원을 찾아서 얻는다면 그것은 어느 때인가는 다시 잃게 된다. 이 문제를 찾아서 얻고자 하는 나를 중심으로 이해하면 지금의 내가 깨닫지 못하였고, 얻지 못하였기 때문에 인위적인 행위를 통하여 깨닫고 얻어야한다고 여김을 뜻한다.

지금의 내가 불완전하고, 불선不善하고, 어리석고, 무지無知하고, 청정淸淨하지 않다고 느낄 때 나는 스스로 나를 그렇게 규정한 것이다. 그리고 어떤 인위적인 행위를 한다고 하여 결코 지혜로워지고, 청정해지고, 완전해질 수 없다. 불완전하고, 악하고, 어리석은 존재가 어떻게 완전하고, 선하고, 지혜롭고, 청정해질 수 있겠는가!

인간은 본래 물건적 존재가 아닐 뿐만 아니라 세계도 감각지각에 의하여 포착되는 사고의 대상으로서의 현상이 본래 그 자체는 아니다. 시간성이 시의성時義性이 되어 과거와 현재 그리고 미래의 시간으로 나타나고, 시간성이 공간성, 만물성이 되어 천지인의 공간으로 나타나서 사건과 물건이 하나가 된 사물의 세계 곧 만물의 세계가 나타난다.

시간성이 인간에 있어서는 본성이 되어 마음과 육신을 통하여 드러난다. 시간성이 마음의 사고, 인식, 의지, 판단과 같은 다양한 작용으로 나타나고, 육신을 통하여 이루어지는 다양한 말과 행동으로 나타난다. 그러므로 나타난 사물 곧 만물과 인간의 언행은 끊임없이 변화할 뿐으로 고정되지 않기 때문에 그것을 실체화하여 인식해서는 안 된다.

인간과 세계는 다양한 개념들의 쌍을 통하여 표상되는 그 모든 것을 초월하면서도 포함하고 있어서 단지 끊임없는 변화의 과정, 상태가 있을 뿐이다. 그것은 세계와 인간을 비롯한 만물이 단지 하나의 변화의 과정으로 존재할 뿐임을 뜻한다.

시간성의 차원에서 보면 각각의 개체적 존재가 없기 때문에 무아無我이며, 개체가 없기 때문에 개체적인 행위가 없어서 무위無爲이다. 그러므로 업業도 없고, 인과因果도 없으며, 선악善惡도 없고, 시비是非도 없다. 당연히 세계와 만물의 근원이라거나 도道, 진리眞理, 원리原理같은 것들은 없다.

단지 지금—여기의—나를 통하여 매 순간 다양하게 규정되어지고, 설명되어지는 그것으로 드러날 뿐이다. 그러므로 도라고 하거나 태극太極, 역도易道, 변화의 도, 진리眞理, 무극无極이라는 어떤 것이 있는 것이 아니라 인간에 의하여 그렇게 규정되고 드러날 뿐이다.

세상 자체는 드러난 그대로 진실하고 선하고 아름답고 가치가 있다. 세계 자체가 그대로 사랑이고, 지혜이고, 자비일 뿐이어서 세계를 벗어나서, 그리고 지금 여기의 나를 떠나서 얻어야할 다른 것이 없다. 그렇기 때문에 부족하고 불완전한 무엇을 채우기 위하여 대립하고 투쟁하고, 갈등해야할 삶은 없다.

우리가 세계를 불완전하고 불선不善하고 지혜롭지 못하고 진실하지 않은 가상假像의 세계로 인식하고, 진실하고 아름다운 세계를 찾는 순간 그것을 찾아가는 삶 자체는 사라지고 오로지 나에게 없는 진실함, 가치, 아름다움이라는 환상이 존재할 뿐이다.

삶이 그대로 진리이고, 삶이 그대로 아름다움이며, 삶이 그대로 합일合—되어 있고, 삶이 그대로 지혜이며, 삶이 그대로 자비이다. 있음 자체, 존재함 자체, 모든 행위 자체가 그대로 사랑이다.

그럼에도 불구하고 인류의 문명이 시작된 이래 지금까지 이루어진 인간의 모든 활동들이 나로부터 내 본질을 찾고, 세계로부터 세계의 본질을 찾으려는 방향에서 한발자국도 벗어나지 않고 있다.

20세기의 말에 이루어진 새로운 세계를 향한 여러 메시지들은 앞으로서의 세계가 4차원에서 5차원으로 의식의 진화進化가 이루어질 것이라고 예언하였다. 그리고 진화는 외적인 원인인 빛에 의하여 이루어질 것이라고 하였다.

그런데 많은 사람들이 진화의 시기로 주장하였던 20세기의 말이나 2012년, 2013년은 이미 지나갔다. 그것은 미래를 향한 점성술占星術이나 예언과 같은 어떤 형태의 미래에 대한 예측도 빗나갈 수밖에 없음을 보여준다.

왜냐하면 본래 미래는 정해져 있지 않다. 그것은 미래라는 시간이 존재하지 않음을 뜻한다. 시간은 시간성이라는 인간과 만물의 근원, 이른바 하나님으로 언급되는 각 개물個物의 내면에 있는 존재의 자기自己 현현顯現이다. 그것은 지금—여기의—나를 통하여 시간이 창조되고 전개됨을 뜻한다.

이제 인간으로서의 나와 세계를 육신이나 물질을 중심으로 본질, 근원을 찾아가는 인류의 모든 활동들을 멈추어야 한다. 물건적 사고, 공간적 사고를 통하여 나를 인식하고 세계를 인식하는 틀로부터 벗어나야 한다.

본래 자신이 자유自由, 사랑, 지혜智慧, 충만, 완전함 그 자체임을 알고 그 자체로 살면 된다. 사실은 본래 그러하기 때문에 알아야할 필요도 없다. 자신이 온전하고, 자유롭고, 가득차서 채워야할 부족함이 없기 때문에 자신을 위한 인위적인 행위를 할 필요가 없다.

오히려 모든 존재가 자신임을 알기에 수많은 자신을 향한 무한의 사랑이 솟아날 뿐이다. 사랑이 열정을 낳고, 열정이 함이 없으면서 하지 않음이 없는 삶을 낳는다. 그러므로 함이 없이 한다는 것도 없어서 그냥 살아갈 뿐이다.

제일장에서는 삶과 학문 그리고 역학의 관계를 고찰함으로써 역학易學이 추구하는 역도는 삶의 원리이자 학문하는 원리인 동시에 수행修行의 원리임을 밝혔다. 제이장에서는 『정역』의 저자인 김일부金一夫의 생애와 학문연원을 살펴보았고, 제삼장에서는 『정역』의 구성체계와 내용이 다른 전적들과 달리 독특할 뿐만 아니라 회통적임을 밝혔다. 이를 통하여 김일부의 삶과 학문이 일체일 뿐만 아니라 그것이 『정역』의 독특한 구조를 통하여 회통적 관점에서 드러나고 있음을 살펴보았다.

제사장에서부터는 본격적으로 『정역』에서 밝히고 있는 내용이 무엇인지를 고찰하였다. 제사장에서는 근원적 존재의 존재원리는 신도神道로 그 내용은 근원적 존재를 나타내는 반고盤古의 자화自化 곧 변화원리이며, 그것이 하도河圖와 낙서洛書를 통하여 역수원리曆數原理를 내용으로 하는 삼극三極의 도道로 표상되었음을 밝혔다. 그리고 제오장에서는 신도, 천도가 이수理數를 통하여 표상되며, 이수의 추연推衍이 곧 수행의 방법임을 밝혔다. 이를 통하여 신도의 세계는 삼재三才도 삼극三極도 없는 세계로 유무有无를 넘어서 있는 근원의 세계인 동시에 유무를 포괄하는 세계임을 고찰하였다.

제육장과 제칠장 그리고 제팔장에서는 신도의 내용이 무엇인지를 간지도수干支度數와 하도河圖와 낙서洛書를 중심으로 고찰하였다. 제육장에서는 신도를 표상하는 간지도수에 대하여 그 구성요소인 천간天干과 지지地支를 중심으로 그것이 표상하는 십오十五와 구육九六이 무엇인지를 고찰하였으며, 제칠장에서는 간지도수가 표상하는 신도의 내용을 선천先天과 후천后天으로 구분하여 양자의 관계를 중심으로 고찰하였다. 그리고 제팔장에서는 하도와 낙서를 중심으로 선후천변화원리의 내용이 무엇인지를 고찰하였다. 앞의 세 장의 고찰을 통하여 간지도수가 표상하는 신도와 도서圖書가 표상하는 천도, 시간성時間性의 원리, 역수원리가 일체임을 밝혔다.

제구장과 제십장에서는 신도, 천도가 공간적 관점에서 삼재의 도로 드러남을 고찰하였다. 제구장에서는 시간적 관점에서의 변화의 도, 천도가 선천의 성인의 도로 드러남을 성통聖統을 중심으로 고찰하였다. 성통은 신도가 공간적 관점에서는 만물의 본질이 되는 동시에 인간에 있어서는 인간의 본성이 됨을 상징적으로 나타낸다. 그러므로 성통은 보편적 인류 곧 인간의 본성을 상징적으로 나타내는 성인을 통하여 그것이 주체가 되어 이루어진 역사를 중심으로 선천의 세계를 나타낸 것이다. 제십장에서는 후천적 관점에서 선후천의 변화는 군자에 의하여 완성되며, 그것이 괘효卦爻를 통하여 삼재三才의 합덕合德성도成道원리로 표상됨을 고찰하였다. 이를 통하여 삼극三極의 도가 삼재의 도로 표상됨으로써 일체적 세계가 다양한 현상으로 드러남을 밝혔다.

제십일장에서는 후천적 관점에서 군자를 중심으로 삼재의 도를 살펴보았다. 선천과 후천의 회통, 삼재의 합덕・성도는 군자를 통하여 이루어진다. 군자의 본래성으로서의 성명性命이 선천과 후천을 회통시키고, 삼재를 합덕・성도시키는 주체이다. 성명은 인간의 본래성인 동시에 모든 존재의 본성, 본질인 점에서 일체이다.

제십이장에서는 앞에서 고찰한 내용을 바탕으로 전체의 내용을 정리하여 그 의미를 제시하였다. 세계 자체는 일체이면서도 끊임없는 변화의 과정으로 그것은 고정된 것이 아니라 끊임없는 창조創造의 과정이면서 새로운 창조를 위하여 이루어지는 진화進化임을 살펴보았다. 이를 통하여 회통과 통합, 융합, 복합은 인간의 인위적인 행위에 의하여 이루는 것이 아니라 세계 자체가 그러하기에 인간이 삶을 통하여 본래 그러함을 경험하고 체험하는 것임을 밝혔다.

지금까지 인간으로 살아온 삶의 과정은 모든 존재들과의 만남을 통하여 이루어져왔다. 그것을 굳이 선연善緣과 악연惡緣이라는 인연으로 여기지 않는다. 인연因緣은 그것이 아무리 선연이라도 여전히 인과因果라는 상처를 남기기 때문이다.

상처로 인식되는 악연은 진주珍珠를 만들 수 없다. 오직 모든 만남을 내면의 자신, 온 우주와 일체인 자신과의 만남으로 체험할 때 비로소 자신이 본래 진주임을 알게 될 뿐이다.

삶은 자비 그 자체이다. 삶이 사랑이기 때문에 "살다."는 곧 "사랑하다."이다. 상처도, 치유治癒도, 그리고 진주로 나타나는 삶의 결과도 모두 사랑일 뿐이다. 사랑은 때와 장소에 따라서 다양하게 드러난다. 다만 사랑의 다양한 방법이 지혜를 통하여 구분되어질 뿐이다.

삶 자체가 그렇듯이 이 책의 저작도 모든 존재의 사랑이 지금-여기의-나를 인연으로 하여 나타났을 뿐이다. 이 책이 비록 사물이지만 그것이 방향을 다시 설정해주는 정거장처럼 모든 존재들에게 사랑이 흘러가서 수많은 새로운 진주가 만들어지도록 방향을 제시해주는 정거장이 되기를 바란다.

이 책의 초고는 대부분이 20여 년 전에 쓰였다. 그럼에도 불구하고 그동안 세상에 나올 인연을 만나지 못하였다가 작년인 2014년 9월부터 중국의 절강 사범대에서 한 학기를 보내면서 이미 작성된 원고를 다시 손질하여 그 내용을 심화시키고 필요한 내용을 추가하여 체계적으로 정리하는 작업을 진행하였다. 중국에서 시작한 작업은 2015년 2월 한국으로 돌아온 이후에도 계속되어 올해 연말에 이르러서야 비로소 마무리가 되었다.

올 2월에는 역학의 길로 안내해주시고 『정역』과 『주역』에 대하여 가르침을 베풀어주셨던 관중觀中 유남상柳南相 선생님께서 운명을 달리 하셨다. 학문의 길에 대하여 가르침을 베풀어주신 선생님의 은혜는 영원히 잊을 수 없다. 삼가 선생님의 명복을 빈다.

『정역』의 저자인 김일부金一夫 선생님과 공자孔子님의 고마움도 잊을 수 없다. 김일부 선생님께서는 도역倒逆의 작용을 통하여 모든 것으로부터 자유로움을 가르쳐주셨다. 그리고 공자님께서는 오직 인류를 도道로 제도濟度하고자 하는 인仁 만이 지혜의 세계로 향하는 유일한 문이며, 본래 그러함을 진실로 믿음(忠信)이 학문의 주체, 중심을 세우는 방법임을 가르쳐 주셨다.

당신들의 육신을 빌려주셔서 사람으로 살아갈 수 있도록 사랑을 베풀어 주신 부모님의 은혜에 감사를 드린다. 어머니와 잠시 헤어지는 순간에 스스로 약속했던 다짐을 다시 새롭게 하였다. "어머니께서 생전에 보여주셨던 널리 모든 존재를 사랑하는 삶을 살겠습니다." 오늘 다시 그 다짐을 되새기면서 이 글을 마무리한다.

어려운 시절 서로 만나 30년이 지나도록 언제나 변함없이 든든한 도반으로 곁을 지켜주는 아내에게 고마움을 전하며, 항상 가족의 존재의의를 생각하게 하는 아들 솔과 찬에게도 고마움을 전한다. 그리고 삶의 과정에서 때로는 스승으로, 때로는 도반으로, 때로는 벗으로, 때로는 동료로, 때로는 배우는 사람으로 다양한 형태로 끊임없이 자신으로 존재하도록 이끌어준 모든 인연들에게 감사를 드린다.

2015년 12월 15일
유성儒城의 겸산재謙山齋에서
이정以正 이현중李鉉中 근식謹識

차 례

제 **일** 장
삶과 역학

사람의 삶을 몸을 중심으로 살펴보면 사고와 언행이 그 내용이라고 할 수 있다. 비록 그것이 삶의 본질은 아닐지라도 겉으로 드러난 외형적인 관점에서 보면 끊임없이 이루어지는 사고와 언행이 모여서 삶이 되는 것처럼 보이기 때문이다.

삶의 과정에서 이루어지는 학문 역시 삶을 떠나서 문제가 될 수 없다. 그럼에도 불구하고 학문의 성과가 하나의 이론체계의 형태를 띠게 되면서 그것이 언어와 문자를 통하여 표현되기 때문에 성과를 중심으로 학문을 이해하면 나와 별개로서의 이론체계가 있듯이 사람의 삶과 독립하여 학문이 있는 것처럼 생각할 수 있다.

학문으로서의 역학易學 역시 우리의 삶을 떠나서 논의가 이루어질 수 없다. 만약 그것이 우리의 삶과 별개의 것이라면 역학을 연구할 필요가 없다. 역학이라는 학문의 탐구 주제인 도道는 한 순간도 그것을 연구하는 우리 자신과 떨어질 수 없다. 만약 한 순간이라도 떨어질 수 있다면 그것은 삶의 근원으로서의 도가 아니다.[1]

그럼에도 불구하고 학문함을 그 성과인 이론체계를 중심으로 이해할 때 그것이 그대로 실재實在의 세계인 것처럼 혼동하여 이론체계에 대한 연구를 자신의 삶에 대한 연구로 오해하게 된다. 그것은 학문함의 주체, 학문의 이론체계, 삶의 주체, 세계의 근원이 일체임을 전제로 하는 것이 아니라 주객을 나누어보는 이분적인 사고로 인하여 일어나는 현상이다.

나와 별개의 객관세계가 존재하고 그 세계의 근원이 존재하며, 그것을 나타내는 개념들이 있고, 그러한 개념들의 관계를 통하여 세계를 설명하는 이론체계가 있어서 그것을 내가 연구함으로써 그 안에 담긴 근원을 파악하고자 하는 것이 일반적으로 생각하는 학문의 방법과 방향이다.

---

1) 『中庸』, "道也者 不可須臾離也 可離非道也."

그것은 지금의 학문을 하고자 하는 내가 진리를 모르는 무지無知의 상태이고, 이상적 인격체인 군자와 같이 선善하지 못한 불선不善의 상태이며, 부처나 보살과 같은 능력을 갖지 못한 무능無能한 상태이기 때문에 인위적인 행위를 통하여 지혜롭고, 자비로우며, 유능해지는 것을 학문으로 여김을 뜻한다.

그러나 몸이나 마음이 아닌 그 근원으로서의 형이상적 존재인 본성의 차원에서 보면 나와 남이 일체일 뿐만 아니라 세계와 내가 일체이고, 만물과 내가 일체여서 남과 구분할 수 있는 내가 없고, 나와 구분할 수 있는 세계와 만물이 없다.

나와 남이 없기 때문에 나의 본성이라거나 남의 본성이라는 것도 없다. 나와 남도 그리고 나의 본성과 만물의 본성이 없는 차원에서 보면 학문함 그리고 그 성과로서의 이론체계는 일체의 세계, 하나인 세계가 변變하여 화化한 다양한 현상이다.

그것은 다양하게 나타난 하나인 점에서 그 어떤 것도 시비是非나 선악善惡을 넘어서 있을 뿐만 아니라 가치상의 우열이 없음을 뜻한다. 그렇다면 그 어떤 학문을 막론하고 그 내용상의 시비가 없을 뿐만 아니라 가치상의 우열도 없고, 선악도 없다.

이제 일체의 차원, 형이상의 본성의 차원을 바탕으로 역학이라는 학문을 하는 행위가 어떤 의미를 가지며, 우리의 삶과 어떤 관계인지 그리고 그 이론체계들이 어떻게 형성되는지, 그것의 연구방향과 방법은 무엇인지를 살펴보자.

그것은 일반적으로 학문의 방법과 방향으로 인식하고 있는 내용과 다르다. 지금까지 알고 있는 학문방법은 한마디로 수동적인 방법과 방향이라고 할 수 있다. 여기서 제시하고 있는 방법은 능동적인 점에서 기존의 연구방법과 다르다고 할 수 있으며, 다양한 현상으로부터 일체의 세계를 찾아가는 기존의 방향과 달리 일체의 상태에서 다양한 현상을 이해하는 점에서 그 방향 역시 다르다.

학문함은 매 순간 본래의 나, 참나로서의 본성의 작용에 의하여 이루어지는 성과를 체험하고 경험하고 확인하는 점에서 학문하는 주체가 학문 이전이나 이후를 막론하고 변화가 없다. 그리고 진리를 찾는 것이 아니라 나를 통하여 진리가 규정되고, 드러나는 점에서 능동적이고 창조적이라고 할 수 있다.

그것은 또한 매 순간 나를 통하여 이론체계화되는 과정을 통하여 고정되고, 물건화되는 동시에 타인에 의하여 수용되는 순간 다시 새롭게 이론체계화되는 점에서 끊임없는 재창조의 과정으로 드러나는 생명현상이다.

이제 일반적인 관점에서 학문의 진행과정을 살펴보자. 가장 먼저 문제의식을 통하여 탐구해야 할 과제가 설정되고, 설정된 과제에 알맞은 일정한 방법과 방향이 선택되며, 선택한 방법에 따라서 일련의 탐구 과정을 거쳐서 드러난 결과로서의 탐구과제의 본래적 의의를 논리적 정합성整合性을 가진 이론체계의 형태로 나타내게 된다.

하나의 학문적 탐구활동의 결과를 나타내는 이론체계가 형성되면 그것이 다시 시공時空 상에서 드러나는 과정을 거치게 된다. 그것은 하나의 이론체계가 문자화를 통하여 저작이라는 형태로 나타남으로써 여러 사람들에 의하여 수용되고 공유되는 과정을 거치면서 다른 사람에 의하여 더욱 발전하는 과정을 거치게 됨을 뜻한다.

『주역』을 역경易經으로 규정하고, 역경을 텍스트로 하여 형성된 학문을 역학이라고 한다.2) 역학의 텍스트인 『주역』을 역경으로 부름은 그것이 성인聖人이라는 이상적인 인격체에 의하여 저작된 것임을 뜻한다. 후대의 역학자들이 역학을 성인聖人에 의하여 형성된 성학聖學3)으로 인식한 것이다.

역학이 성인에 의하여 형성된 성학이라는 것은 그것이 다른 학문과 다른 역학의 특성을 나타내는 것이다. 성인은 유가儒家철학에서 언급되고 있는 이상적 인격체이다. 그는 역도易道를 체득하여 그것을 인류에게 제시함으로써 장차 군자君子로 하여금 그것을 체득하여 삶의 근거로 삼아서 살아가도록 그 길을 제시하여준 사람이다. 그런 점에서 성인은 인류의 스승이라고 할 수 있다.

그런데 성인聖人이라는 개념은 두 측면에서 이해되어야 한다. 그것은 인류의 본성을 지칭하는 보편적 개념으로서의 의미와 역사상에 실존했던 인물로서의 두 측면이다. 만약 보편적인 측면만을 강조하면 역사성이 없게 되고, 단순하게 역사성만을 강조하게 되면 특정한 시공 속에서 살아간 특정한 존재에 관한 일이 되어 다른 사람들과 무관하게 된다.

유가儒家의 경전 속에서 이상적 인격체로 언급되고 있는 성인과 군자, 대인大人과 현인賢人 역시 특정한 사람을 지칭하는 것에 그치지 않고 인류가 지향해야할 이상적인 인격체를 가리킨다. 이는 이상적 인격체가 현실과 괴리된 이상理想을 나타내는 것이 아니라 실현이 가능함을 나타내기 위하여 역사상 실존했던 인물을 통하여 논의를 전개하였음을 뜻한다.

『주역』의 괘효사卦爻辭와 십익十翼에서 정치의 현장에 있는 군자君子를 중심으로 인류의 이상적 인격체를 나타내는 것도 그러한 방법의 하나이다. 따라서 실존의 인물을 통하여 이상적 인격체를 나타낼 때 그 인물을 인류의 보편성을 가리키는 측면과 실존성을 가리키는 두 측면을 함께 보아야 한다.

인간 본래성이라는 보편성을 나타내는 개념으로서의 성인과 역사상 실존했던 인물을 나

---

2) 주백곤 지음, 김학권외 역, 『역학철학사1』, 39쪽 참조.
3) 『正易』에서는 道 자체의 自己 顯現이 聖人임을 밝히기 위하여 하늘로부터 성인이 誕降했다고 하였다. 그리고 역학을 존재근거로 하여 성인이 탄강하였기 때문에 성인이 아니면 학문으로서의 易學이 존재할 수 없음을 밝힘으로써 易學이 성인에 의하여 형성된 聖學임을 밝히고 있다.

타내는 개념으로서의 성인이라는 측면은 당연히 둘이 될 수 없다. 다만 양자의 관계를 인간 본래성이라는 본성이 본체가 되어 나타난 것이 실존의 성인이라는 점에서 보편성을 바탕으로 실존의 성인이 나타난다고 할 수 있다. 따라서 성인을 이해할 때 인간의 본성을 상징적으로 나타내는 보편적 측면을 바탕으로 개체적 존재로서의 인물을 인식할 때 비로소 실존적 존재의 가치가 드러나게 된다.

역학이 비록 성인이 의하여 형성된 성학이라는 점에서 다른 학문과 그 차원이 다를지라도 역시 학문임에는 틀림이 없다. 역학이 학문이기 때문에 학문적 탐구 과제와 그 특성은 물론 그것을 탐구하는 방향과 방법 및 그 본래적 의의를 논하지 않을 수 없다.

역학이 밝히고자 하는 학문적 과제와 그것을 밝힐 수 있는 방법과 방향 그리고 그것을 통하여 밝혀진 내용을 담고 있는 전적이 오늘날 우리가 역경易經이라고 부르는 전적經典들이다. 그러면 이미 역경을 통하여 역학의 학문적 이론체계가 밝혀졌는데도 불구하고 역학의 학문적 탐구과제를 중심으로 지금 다시 역학을 논의해야 할 필요는 무엇인가?

그것은 이 책이 쓰여 질 수밖에 없는 충분한 근거와 분명한 목적이 있어야 함을 뜻한다. 이 책의 저작 목적은 일차적으로는 역경을 통하여 표상된 역학의 내용을 현대화하여 현대인들의 삶을 풍요롭게 하고자 함이다. 그것은 현대라는 시의時義에 맞도록 역학을 재해석하여 현대인에게 필요한 삶의 방향과 방법을 제공하려는 것이 이 책의 저작동기임을 뜻한다.

기존의 경전이라고 일컬어지는 저작들을 재해석하여 그 의미를 현대화하여 저작으로 드러내는 것은 엄밀하게 말하면 하나의 새로운 저작물을 창조함이다. 그것은 역경이라는 원형을 때와 장소에 따라서 다양하게 해석함으로써 각 시대에 알맞은 역학이 창조됨을 뜻한다.

선진先秦 시대에 성인에 의하여 인류의 역사에 나타난 역학은 씨로서의 역학이다. 그리고 한대漢代 이후의 역학사易學史는 선진先秦 시대에 심어진 역학의 씨가 싹이 터서 생장하는 역사이다. 싹이 터서 생장하는 기간에는 씨의 본성이 밝혀지지 않으며, 오직 장성하여 열매를 맺을 때 비로소 그 본성本性이 밝혀지게 된다.

그런 점에서 보면 역학이 형성되어 자라는 생장의 시기인 한대漢代 이후는 역도의 본래적 의의가 밝혀지는 시기가 아니라 본성本性을 밝히기 위하여 연구하는 시기이다. 그리고 역도의 본래적 의의를 다시 문제로 삼는 지금이라는 시위時位는 역학이 성가成家가 가능한 상태로 장성長成한 때이다.

역학 자체의 측면에서 살펴보면 인도人道 중심의 역경인 『주역』이라는 텍스트가 형성되기 시작하는 은말殷末 주초周初이후 비록 『주역』에서 인도의 근거가 천도임을 밝히고 있지만 구체적인 내용이 하나의 텍스트로 제시되지 않았다가 『정역正易』4)이라는 저작을 통하여 비로소 천도天道5)의 본래적 의의가 밝혀졌다. 이를 통하여 『주역』과 『정역』을 바탕으로 삼재三才를 일관一貫하는 근원적 존재로서의 역도의 전모全貌를 밝힐 수 있는 때가 되었음을 확인할 수 있다.

『주역』에서 그 내용이 삼재三才를 일관하는 역도, 변화의 도인 동시에 구체적으로는 천도天道와 지도地道 그리고 인도人道임을 밝히고 있지만 천도 자체를 밝히고 있지는 않다. 그것은 인류 역사상 천도가 밝혀질 수 있을 때까지 성장하기를 기다림이 필요함을 나타낸 것이라고 할 수 있다.

『정역』의 저자인 김일부金一夫는 "성인이 말씀하시지 않은 천도를 일부一夫가 어찌 말할 수 있겠는가? 천시天時가 말할 때이며, 천명天命이 있기 때문이다."6)고 하여 역도의 본래 면목이 밝혀질 때가 되었음을 밝히고 있다.

『주역』이 저작되면서 역학이 형성된 것은 그것이 인류 역사에 씨로 심어진 것이며, 지금 다시 역학의 학문적 탐구 과제를 해석하여 그 본래적 의미를 현상現象함은 역학의 열매를 맺고자 하는 것이다. 그러면 열매는 왜 필요하며, 그것이 어떤 역할을 하는가?

시간적 측면에서 현대라는 시간이 갖는 의미는 하나의 마디를 정리하고 새로운 시대를 위하여 열매를 다시 씨로 뿌려야 하는 일종의 준비 과정이라고 할 수 있다. 이 때 열매는 그대로 떨어져서 씨가 되는 것이 아니라 그것을 수확하여 일정한 기간 동안 보관함으로써 다시 그것을 씨로 사용할 수 있게 된다.

이미 맺은 열매를 다시 씨로 사용하여 새로운 싹을 틔우는 것은 곧 새로운 시대, 새로운 인류의 역사를 여는 것이다. 그것은 인간의 삶의 과정에서 이미 성장한 남녀가 결혼을 하여 가정을 이루는 성가成家에 비유할 수 있다. 성가의 결과는 이세二世를 낳아서 인격적 존재로 기르는 과정으로 나타난다. 그것은 부모와 다른 새로운 삶의 시작이 될 것이다.

장성한 역학을 통하여 성가한다는 것은 인간 자신의 본성과 이상을 자각하고 그것을 주체로 하여 인간의 삶의 터전인 세계의 본성과 미래를 밝히고 동시에 인간과 세계의 관계를 밝힘으로써 인간의 삶의 원리를 밝히는 동시에 그것을 바탕으로 군자로서의 삶을 시작하

---

4) 『正易』에서는 "四九二七金火門은 古人意思不到處라 我爲主人次第開하니 一六三八左右分列하야 古今天地一大壯觀이요 今古日月第一奇觀이라 歌頌七月章一篇하고 景慕周公聖德하니 於好夫子之不言이 是今日" 이라고 하여 漢代 以後의 易學者들이 밝혀내지 못한 先秦易學의 本來 面目이 『正易』을 통하여 闡明되었음을 밝히고 있다.

5) 金恒, 『正易』, 十五一言 第二張, "嗚呼至矣哉라 无極之无極이여 夫子之不言이시니라. 不言而信은 夫子之道시니라. 晩而喜之하사 十而翼之하시고 一而貫之하시니 儘我萬世師신져."

6) 金恒, 『正易』, 十五一言 金火五頌, "聖人所不言이시니 豈一夫敢言이리오마는 時오 命이시니라."

는 것이다.

인간의 삶의 과정에서 나타나는 모든 일들은 그것이 학문이거나 예술, 철학, 종교, 문학 그 어떤 것을 막론하고 삶의 내용이라는 점에서 모두가 의미를 갖고 있다. 그렇기 때문에 역학도 그것이 비록 인류의 삶, 인간의 삶을 찾아 들어가는 하나의 매개이지만 그것을 매개로 안으로 들어가면 결국은 인간으로서의 나 자신과 만나고, 인류와 만나며, 세계와 만나지 않을 수 없다.

이 장에서는 삶과 학문이 어떤 관계인지를 살펴보고 이어서 학문으로서의 역학이 어떤 학문인지를 고찰한 후에 지금에 이르기까지의 역학의 태동과 발전의 발자취를 살펴봄으로써 그것을 통하여 인류의 삶의 단면을 살펴보고자 한다. 그 과정에서 역학의 학문적 특성과 근본문제가 무엇인지 그리고 그것이 인간의 삶과 어떤 관계인지가 밝혀질 것이다.

1. 삶과 학문

사람의 삶은 다양한 형태로 드러난다. 삶은 외형적으로는 육체를 통한 말과 행동으로 드러나지만 그 근저에는 언행으로 드러나기 이전의 사고가 있다. 그러므로 사람의 삶은 다양한 사고와 언행의 집적물이라고 할 수 있다.

삶을 살아가는 사람은 살아 있는 생명체이다. 그리고 태어나서 죽어가는 순간까지 끊임없이 변화하는 과정을 겪는다. 그렇기 때문에 사람의 삶을 구성하는 사고와 언행은 고정되어 있지 않고 때와 장소에 따라서 다양하게 나타나게 된다.

그러면 수많은 사람들의 다양한 삶은 모두 같은 것일까? 아니 모든 사람들이 자신의 사고, 생각에 의하여 어떤 언행을 구사하면서 살아도 아무런 문제가 되지 않는가?

다양한 사고와 그 결과로 나타나는 다양한 언행 자체는 아무런 문제가 없다. 문제는 사고와 언행 자체를 고정하여 불변하는 실체로 여기고 그것의 시비是非를 분별하여 가치를 부여하고 그 결과에 집착執着함으로써 삶 자체를 갈등葛藤의 연속으로 변질變質시키는데 있다.

사람들은 자신과 다른 생각을 가진 사람을 보면 틀리다고 말한다. 이는 두 가지의 측면을 갖고 있다. 그 하나는 자신의 생각과 다른 사람의 생각이 다르다고 말해야함에도 불구하고 그 사람 자체가 다르다고 여기는 것이며, 나머지는 다름을 틀림으로 여기는 것이다.

일상의 사람들은 다름과 틀림이 같지 않음에도 불구하고 다름이 곧 틀림이라고 생각한다. 다름을 틀림으로 여기는 사람들은 모든 것을 구분하여 가치를 부여하고, 부여한 가치에 따라서 판단하고, 판단의 결과에 따라서 가치가 있다고 여기는 것을 고수하고, 가치가 없다고 생각하는 것을 버리거나 없애려고 한다. 이러한 사고를 이분법적 사고라고 한다.

일반적으로 삶을 영위하는 사람들의 거의 모두가 이분법적 사고에 의하여 살아간다. 그들은 삶이란 무엇이며, 세계는 무엇인가에 대한 나름의 관점 이른바 세계관, 인간관, 가치관을 갖고 있다. 그리고 그것에 따라서 사람의 사고와 언행 곧 삶을 선과 악, 옳음과 그름, 앎과 실천, 배움과 삶, 신과 인간, 종교와 과학 등과 같이 모든 대립적인 관점에서 판단하면서 살아간다.

시비是非를 기준으로 한 사실판단과 선악善惡을 기준으로 한 가치판단을 바탕으로 삶을 평가하고 살아가게 되면 다양한 세계관, 가치관, 인간관, 인생관에 대하여 무엇이 옳은지를 가려야하고, 그것을 바탕으로 이루어지는 사람의 사고와 언행이 옳은지를 판단해야 한다.

사람의 삶을 이분법적인 사고를 통하여 평가를 하고자 하면 그 사람의 가치관, 인생관, 세계관에 대한 판단, 그리고 그것을 바탕으로 이루어지는 사고와 언행이 일치되는지, 말과 행동, 앎과 실천, 배움과 실천이 일치가 되는지 등 수많은 대립적인 문제가 끊임없이 발생하여 도저히 해결할 수 없는 갈등의 나락奈落으로 떨어진다.

그렇다면 이러한 문제들을 어떻게 해결할 수 있는가? 그것은 아주 간단하다. 삶의 과정에서 발생하는 모든 문제의 근원은 삶을 삶 그 자체로 보지 않고 그것을 나와 별개의 문제로 구분하여 보는 대상화 때문에 일어난다. 따라서 삶을 삶 그 자체로 살아가면 된다.

그것은 삶은 이론이 아니라 그냥 끊임없이 일어나는 과정인 동시에 내가 바로 그 과정 자체이기 때문에 나와 삶 자체를 떼어낼 수 없음을 뜻한다. 그럼에도 불구하고 삶과 나를 따로 떼어 내어 대상화여 나타낼 때 다시 말하면 이론화하여 나타낼 때 수많은 문제들이 나타나게 되는 것이다.

삶을 그 주체인 나와 떼어내어 대상화하여 나타낸 것이 바로 학문이다. 설사 학문의 외연을 넓혀서 단순한 이론체계만이 아니라 그것을 만드는 주체인 나를 중심으로 나의 사고 그리고 언행을 포함한 나의 삶 자체라고 하여도 여전히 학문은 한계를 갖지 않을 수 없다.

그러면 삶에 있어서 학문은 전혀 의미가 없는 것일까? 사실 학문함도 삶의 과정일 뿐이다. 그런 점에서 보면 삶을 떠나서 학문이 논의될 수 없을 뿐만 아니라 삶을 떠나서 학문에 관한 논의가 이루어져서도 안 된다.

이는 학문의 주체인 나를 중심으로 나의 사고, 말과 행동 전체를 삶으로 이해할 때 비로소 인간의 삶에서 많은 문제가 일어나지 않게 됨을 뜻한다. 그것은 학문을 하거나 삶을 살아가면서도 학문이나 삶에 함몰되어 그것을 하는 내가 누구인지를 놓칠 때 삶도 학문도 오로지 갈등의 연속이 됨을 뜻한다.

사람이 자신의 삶을 사고, 인식, 지각, 의지와 같은 마음 안에서 일어나는 일들과 육체를 통하여 드러나는 다양한 말과 행동으로 한정시켜서 이해할 때 마치 삶 자체가 문제가 있거나 세계가 문제가 있는 것처럼 스스로 착각을 일으키게 된다.

사람으로서의 내가 누구인가를 알게 되면 그리고 나 자신으로 살아가게 되면 세상도, 삶도, 세계도, 자연도, 아무런 문제가 없음을 알게 된다. 삶의 주체인 자신이 어떤 존재인가를 알고 자신이 삶의 주인이 되어 살아가면 학문함도 대상화가 아니라 자신을 드러내는 하나의 수단이 된다.

삶의 주체인 자신으로 살아가면 모든 이분법적인 사고는 개체적인 존재의 가치를 부여하는 사랑의 표현 곧 아름다운 사고와 언행이 된다. 그렇기 때문에 그것은 자신이나 남 그리고 세계에 고통을 안기는 것이 아니라 자비慈悲와 자유自由 그리고 기쁨을 안겨주는 고귀한 행위가 된다.

삶을 대상화하고, 이론화하여 나타내는 행위 자체가 문제가 아니다. 이분법적인 사고는 자신을 육신이나 사고와 동일시하기 때문에 나타나는 현상이다. 그러므로 삶의 과정에서 발생하는 것처럼 느껴지는 모든 문제는 결국 삶을 육신이나 육신과 외적 대상의 관계에 의하여 발생하는 사고, 생각을 중심으로 이해하는데서 나타나는 현상일 뿐이다.

역학을 점占의 관점에서 이해하는 사람들은 오늘날 역학의 가치를 과신過信하거나 부정否定하는 극단의 태도를 보인다. 오늘날의 발달한 과학의 성과를 바탕으로 역학을 바라보면 미신迷信에 불과하다고 부정할 수밖에 없다. 그럼에도 불구하고 과학이 해결할 수 없는 수많은 문제들을 보면서 여전히 점占을 과신過信하여 매달린다.

맹신盲信과 부정의 대상으로서의 점 그리고 역학은 기계론적 사고, 결정론적 사고에 바탕을 두고 있다. 그것은 점占이 인간의 사고 다시 말하면 에너지, 기氣의 흐름으로서의 사고, 마음, 생각을 자신으로 여기고, 끊임없이 변화하는 육신을 자신으로 여기는 것으로부터 출발한다.

점, 역학을 긍정하거나 부정하는 사고는 현상 세계를 고정된 세계로 이해하려는 것이다. 그것은 인간 자신과 자신이 속한 세계가 결정되어 있어서 일정한 법칙에 따라서 움직이기 때문에 그것을 통하여 미래를 예측할 수 있다는 사고를 바탕으로 한다. 이러한 절대시간과 절대공간을 바탕으로 한 기계론적 세계관, 결정론적 세계관은 생명이 없는 죽음의 세계이다. 따라서 긍정과 부정이라는 이분법적인 사고를 통해서는 점, 역학의 본질을 파악할 수 없을 뿐만 아니라 세계를 올바로 이해할 수 없다.

앞에서 살펴본 것처럼 역학, 점을 형이하의 관점, 시간의 관점, 공간의 관점에서 이해한 다면 그것은 인간의 삶을 시공 안에 갇혀서 시공의 지배를 받으며 살아가는 노예적인 것으로 인식함을 뜻한다. 이를 통하여 결국 삶도 학문도 인간 자신의 문제이지 삶이나 학문 자체의 문제가 아님을 알 수 있다.

사람이 살아가는 세상, 함께 살아가는 자연, 함께하는 인류 역시 어떤 문제를 갖고 있는 것은 아니다. 단지 사람이 스스로 어떤 삶을 이상적인 삶으로 인식하고 그것을 선택하여 수용하여 살아가는가의 문제일 뿐이다.

삶은 언제나 지금 여기의 나로부터 시작된다.지금은 과거와 미래가 하나가 된 영원한 현재를 나타내며, 여기는 천국이나 지옥이라는 여러 차원이 하나가 된 일체로서의 여기이고, 나는 본성의 현현으로서의 시공을 점유하는 나, 지금과 여기가 하나가 된 나이다. 지금 여기의 나는 지금 여기 나타나있음으로서의 현존現存 자체이며, 끊임없이 이어지는 과정이자 이루어야할 목표 그 자체이고, 방향이자 방법이다.

그러나 오늘날 학문하는 사람들은 학문을 다른 직업과 마찬가지로 물리적 생명을 유지하는 수단으로 여긴다. 학문이 남과의 경쟁을 통하여 생존하는 하나의 수단으로 전락할 때 그것은 남과 다른 자신만의 차별성, 우월성을 드러내어 최고를 가리게 되는 일종의 전쟁터가 된다.

학문이 그 주체인 나를 떠나서 학문을 위한 학문이 될 때 그것은 학문을 하는 시간이 길어질수록 삶과의 괴리가 깊어지게 될 뿐만 아니라 삶을 끝없는 고통의 나락에 빠지게 한다. 왜냐하면 나와 괴리된 학문을 통해서는 결코 자아를 성찰하고 세계를 파악하여 자신으로 살아가는 자유롭고 편안한 삶, 모든 존재가 함께 살아가는 평화로운 삶을 살아갈 수 없기 때문이다.

이제는 자신이 어떤 학문을 하거나를 막론하고 그것을 통하여 자신이 어떤 존재이며, 어떻게 살아야하는지 그리고 세계와 함께 살아가고, 모든 존재가 자유롭고 즐거우며, 편안하게 살아가는 길을 찾아야 한다.

그리고 스스로 그러한 삶의 모습을 보여줌으로써 다른 사람들로 하여금 인간다운 삶을 살아가도록 도와주어야 한다. 왜냐하면 삶은 나라는 개체에 의하여 이루어지는 것이 아니라 모든 존재가 서로의 존재근거가 되어 서로를 살리는 것 곧 사랑이기 때문이다.

삶은 인간 자신이 이미 갖고 있는 완전한 지혜와 무한한 사랑을 끊임없이 실천함으로써 모든 개체적 존재가 조화와 균형을 이루어가는 조양율음調陽律陰의 과정이다. 바로 조율의 세계를 끊임없이 경험하고 체험하는 과정이 삶이기 때문에 서로가 다른 존재로 하여금 스스로 경험하고 체험하도록 도와주어야 한다.

.

2. 학문과 역학

앞에서 살펴본 바와 같이 삶과 학문은 별개의 문제가 아니다. 학문함은 삶의 과정에서 일어나는 다양한 형태 가운데 하나일 뿐이다. 그것은 학문함을 통하여 삶을 고찰하고, 삶을 통하여 인간과 세계를 체험하고 경험함을 뜻한다.

이 책에서는 많은 학문 가운데서 역학을 중심으로 우리의 삶, 그리고 우주, 세계, 만물을 고찰하기로 선택하였다. 그것은 단지 지은이가 맺은 인연에 따라서 선택한 것일 뿐으로 다른 학문과 비교하여 가치상의 우열이나 특별한 의미를 갖지 않는다.

그리고 역학에 관한 다양한 전적들과 연구 성과 가운데서 『정역正易』이라는 조선朝鮮 말기의 일부 一夫 김항金恒이라는 학자의 저작물을 매개로 하는 것도 역시 그렇다. 인연에 따라서 『정역』이라는 저작을 선택하고 그것을 중심으로 역학을 고찰하는 과정을 통하여 지금 여기의 내 삶을 영위할 뿐이다.

그것은 지금 여기의 나를 통하여 존재 자체가 자기를 개시하고, 내 본성과 김일부의 본성이 지금 여기의 나를 통하여 저작활동으로 나타남을 뜻한다. 사실은 온 우주가 지금의 여기의 나를 통하여 이루어지는 저작활동으로 드러남이라고 할 수 있다.

삶은 언제나 현재가 중심이 되지 않을 수 없다. 지금 여기의 내가 바로 삶의 주인이며, 주체이기 때문이다. 내가 삶의 주인이 되어 살아가면 곧 세계의 주인이 되고, 우주의 주인이 되어 살아감을 뜻한다.

그것은 남을 배제한 나를 중심으로 이루어지는 이기적인 삶이 아니라 모든 존재가 또 다른 나임을 알고, 나와 세계가 하나임을 알고 온 세계, 우주와 더불어 살아가는 것이다. 그것이 바로 맹자孟子가 말한 대체大體를 쫓아서 살아가는 대인의 삶이다.[7]

과거는 이미 지나간 것이기에 없고, 미래는 아직 오지 않아서 없다. 그것은 현재라는 개념이 나타내듯이 지금 여기를 중심으로 모든 존재, 삶이 일체가 되어 있음을 뜻한다. 다만

---

7)『孟子』告子章句上, "孟子曰 從其大體者爲大人, 從其小體爲小人."

지금 여기의 삶을 편의상 시간을 중심으로 과거적 관점과 미래적 관점으로 나타낼 뿐이다.

그러면 지금 여기의 나를 중심으로 역학을 연구하는 일이 어떻게 이루어지는가? 그것은 지금 여기의 나를 중심으로 과거의 역학을 검토하고 그것을 바탕으로 미래의 역학을 살펴보는 것이다.

지금 여기를 중심으로 과거의 역학을 검토하는 일은 지금의 나의 삶을 통하여 과거를 변화시켜서 재창조하는 것이 동시에 미래를 창조하는 일이다. 그러므로 과거의 역학에 대한 고찰은 시비是非, 선악善惡을 기준으로 그것을 평가하여 가치를 판단하는 것이 아니다. 만약 과거의 가치를 판단한다면 그것은 반드시 과거 역학의 가치의 부정으로 귀결될 것이다. 그렇지 않으면 이 책의 저작이 불필요하기 때문이다.

지금 여기의 나를 중심으로 과거의 역학 곧 한대 이후의 역학을 고찰하는 것은 그 가치를 현재적 관점에서 드러내는 일이다. 그것이 바로 역학의 현대화인 동시에 역학의 미래를 결정하는 일이다. 그것은 또한 오늘날의 우리가 과거의 역학을 고찰함으로써 그 미래를 어떻게 창조할 것인가를 파악하는 일이다.

역학의 과거를 고찰하는 문제는 역학이라는 학문의 발생과 그 이후의 발전의 과정을 살펴보는 일이다. 물론 이러한 작업은 역학이라는 학문의 주체인 인간을 중심으로 살펴보지 않을 수 없다. 결국 이 문제는 그동안의 역학자들이 역학을 어떻게 연구하고 발전시켜왔는지 그 방향과 방법에 대한 고찰이 된다.

이는 역학이라는 학문을 통하여 인간이 어떤 생각을 하고 어떤 이론을 제기하면서 어떤 삶을 살아왔는지를 고찰하는 것이 된다. 역학을 매개로 하여 과거의 사람들의 삶이 어떻게 이루어졌는지 그들의 사고와 삶의 방법, 방향, 패턴 등이 무엇인지를 고찰하는 일이다.

일반적으로 역학이 하나의 일정한 체계를 갖추고 나타난 것은 은殷나라 말기에서 주대周代의 초기로 여긴다. 그것은 오늘날 우리가 볼 수 있는 『주역周易』이라는 텍스트를 중심으로 역학을 이해한 결과이다. 십익十翼에서는 복희伏羲에 의하여 팔괘八卦가 만들어지고 그것이 신농神農, 황제黃帝, 요堯, 순舜으로 이어져서 공자孔子까지 계승되었다고 주장한다.

그러나 『주역』이라는 텍스트를 바탕으로 한 역학의 연구는 한대漢代 이후에 본격적으로 시작되었다. 그러므로 한대 이후 역학사의 검토를 통하여 한대 이후의 역학자들의 역학의 연구 방향과 방법이 무엇인지를 밝혀낼 수 있다. 그것은 역학자들의 연구 방향과 방법이 갖는 역학사적 의의 또는 존재론적 의미를 밝히는 일이다. 이러한 작업을 통하여 역학의 존재론적 특성이 밝혀지게 된다.

한대 이후 역학자들의 연구는 다양한 연구 방법과 방향을 통하여 역학이라는 학문과 그 탐구 과제인 역도의 특성을 찾아가는 과정이었다고 할 수 있다. 그렇기 때문에 역학에 대하여 세계관, 인간관, 가치관은 물론 운명론적 관점이나 수학적 관점, 건축술이나 용병술에 이르기까지 다양한 관점에서 연구를 하였다.

그러나 역학의 연구 범위를 형이상적 측면에서 그 본질을 밝히고 그것을 바탕으로 형이하적 관점에서 다양한 측면에서 연구하는 체계화를 이루지 못하였다. 『주역』의 괘효卦爻가 가리키는 내용을 사물의 형상을 본뜬 것으로 이해한 경우나 384 효爻를 일 년의 하루로 이해하여 역법曆法의 관점에서 360일의 기수朞數를 나타낸 것으로만 이해한 경우가 과학적 관점에서 『주역』을 이해한 예라고 할 수 있다.

그것은 역학의 학문적 탐구 과제인 역도가 존재하는 모든 것들의 존재근거가 되는 근원적 존재일 뿐만 아니라 그것이 바로 나의 본성임을 자각하지 못하였음을 뜻한다. 존재 자체를 문제로 삼는 형이상학形而上學으로서의 역학을 현상現狀 사물의 일부를 탐구 대상으로 하는 형이하학인 자연과학과 혼동하였던 것이다. 그런 까닭에 근원적 존재인 역도 자체를 탐구대상으로 삼지 못하고 현상 사물을 탐구 대상으로 하여 그 속성을 밝히는데 그치게 되었다.

형이상학으로서의 역학과 형이하학으로서의 자연과학을 혼동함은 역도 자체를 문제 삼아서 그 본래적 의의를 밝히는 문제로서의 역도론易道論과 그것을 밝히는 인간 자신의 문제로서의 자각론自覺論을 혼동하였음을 뜻한다. 자각의 문제는 인간이 현상의 차원에서 역도의 차원으로 비약飛躍, 초월超越하는 차원 변화의 문제이며, 역도론은 역도 자체의 측면에서 그 의미를 해석하여 현상懸象하는 문제이다.[8]

본래 역도는 나와 별개의 존재가 아니라 나에 있어서는 내 본래성이다. 그러므로 역도의 본질을 밝히는 문제와 나의 본성을 자각하는 문제는 둘이 아니고 하나이다. 그럼에도 불구하고 존재론적 관점에서 역도 자체가 인간의 본래성이기 때문에 본성을 자각하고 역도를 자각하는 문제를 논해야함에도 불구하고 오로지 역도의 자각이라는 문제에 치중해서 연구가 진행되었다.

형이상학으로서의 역학을 인식론적 관점에서 이해할 때 역학의 학문적 탐구 과제를 현상 사물의 존재 법칙으로 오해하거나 인간의 사유에 의하여 구성된 관념적 존재로 오해하게 된다. 형이하의 현상적 존재와 역도 자체를 구분하지 못하고 현상적 존재를 역도로 오해하게 되는 것이다.

---

8) 自覺論은 逆(逆生倒成)의 관점에서 어떻게 역도를 體得할 것인가를 추구하는 관점이며, 易道論은 順(倒生逆成)의 관점에서 역도의 본질을 밝히는 점에서 양자의 관점이 서로 다르다. 당연히 본래는 양자가 일체이다. 그러므로 일체적 관점에서 양자를 구분해야함에도 불구하고 단순하게 구분하여 이해한 결과이다.

한대의 역학자들은 역도를 자연과학의 법칙으로 오해하였으며, 위진魏晉의 학자들은 노장老莊의 초월론적超越論的 관점에서 역도를 무无, 허무虛無로 이해하였고, 송대宋代의 역학자들은 역도를 원리적 존재로서의 이理로만 이해하였다. 결국 한대 이후의 역학사는 역도의 본래적 의의를 밝히는데 치중해온 과정이라고 할 수 있다.9)

왕필王弼은 역학을 노장老莊의 관점에서 이해한 대표적인 사람이라고 할 수 있다. 그는 노장의 초월론적 관점에서 역학을 이해하여10) 역도易道를 무無, 허무虛無로 규정하였다. 그것은 현상적 존재와 다른 존재인 역도의 특성을 드러내기 위함임이다. 이는 노자의 근원적 존재를 아는 사람은 그것을 말로 드러내어 밝히지 않으며, 근원적 존재를 말로 나타내는 사람은 그것을 전혀 모르는 사람11)이라고 한 것과 같은 맥락이라고 할 수 있다.

근원적 존재로서의 역도는 형이상적 존재이기 때문에 무엇이라고 규정할 수 없는 점에서는 무无, 허무虛無, 공空이라고 표현할 수 있다. 그러나 역도를 문제로 삼아서 그것을 무나 허무라고 규정하는 존재는 인간이며, 그러한 규정을 하는 행위로서의 학문함은 삶의 과정일 뿐이다.

그것은 노자가 "아는 사람을 말을 하지 않고, 말을 하는 사람은 알지 못한다."는 자신의 말을 깨고 도에 관한 말을 했듯이 비록 무無라고 하여도 그것도 여전히 도에 관한 규정이다. 도를 문제로 삼아서 그 의미를 밝히고자 하는 존재가 인간이며, 그러한 행위 곧 학문함이 바로 삶이다. 이처럼 인간의 삶 자체가 바로 역도의 현현인 점에서 보면 무無, 허무虛無라고만 할 수 없다.

도 자체는 도라고 규정할 수도 없을 뿐만 아니라 유有와 무無를 벗어나 있기 때문에 무無라고 하여도 맞지 않고, 무無가 아니라고 하여도 맞지 않다. 그럼에도 불구하고 노자가 도를 무, 허무, 박樸, 등으로 표현한 것은 시비是非를 가리려는 분별심分別心을 깨고 도와 내가 본래 일체임을 자각하도록 제시되어진 하나의 방편이다.

그러나 만약 분별심을 깨고 도의 차원에 들어가는 초월超越이나 그것을 깨닫고자 하는 깨달음을 문제로 삼는다면 여전히 도와 그것을 문제로 삼는 인간 자신을 둘로 보는 관점에 서 있다. 그것은 노장老莊의 이론체계에 대한 시비판단을 하려는 것이 아니라 그 관점이 근원적 존재의 본래적 의의를 드러내어 밝히는 존재론이 아니라 현상 세계를 초월하여 근원적 존재를 깨닫고자 하는 자각론自覺論임을 나타내려는 것이다.12)

---

9) 역학의 학문적 특성과 유불도 삼가와의 관계에 대하여서는 필자의 『역경철학』 제1부 제2장 역학과 동양철학을 참고하기 바란다.
10) 儒佛道 三家 哲學의 同異點과 關係에 대하여서는 拙著, 『중국 철학의 역학적 조명』의 제오장, 역학과 유불도 삼가 철학을 參考하기 바란다.
11) 『老子』第五十六章, "知者는 不言이요 言者는 不知니라."

자각의 관점에서 근원적 존재가 형이하적 세계를 초월한 존재라는 것만을 극단적으로 강조하면 오히려 현상 세계와 격절隔絶이 되어 허구적 관념 세계로 전락할 수 있다. 예를 들면 왕필의 득의망상론得意忘象論에 의하면 득의가 바로 역도의 체득體得이라는 점에서 그것을 상징적으로 나타내고 있는 형식으로서의 괘상卦象을 벗어나야 비로소 체득할 수 있다.

그러나 손가락으로서의 괘상도 역시 달의 작용에 의하여 나타난 결과이다. 그렇기 때문에 괘상이라는 손가락도 역시 달이다. 그러므로 본래 버려야할 것이나 벗어나야할 것이 없다. 그럼에도 불구하고 『주역』의 괘상卦象을 그 가운데 담긴 뜻을 얻으면 버려야 할 것이라고 하였을 뿐만 아니라 뜻을 얻음은 괘상을 버림에 있음13)을 밝히고 있다. 이는 그의 득의망상론이 도를 체득하고자 하는 자각론, 초월론적 관점에 서 있음을 뜻한다.

역도라는 뜻 곧 내용을 담고 있는 그릇과 같은 존재로서의 상象은 내용물인 도와 혼동하지 말아야 하는 점에서 보면 득의망상이 옳다. 그러나 존재론적 관점에서는 보면 본래 뜻 또는 역도라는 것도 규정할 수 없는 존재여서 그것을 무엇으로 규정하여 나타냄으로써 그러한 존재로 드러나게 되는 점에서 모든 것이 그대로 나타난 역도이다. 그러므로 그 어떤 것도 버릴 필요가 없다. 『주역』에서 역도를 형이상적 존재로 규정하면서도 그것에 근거하여 형성된 만물을 그릇으로 규정14)하였음을 보면 이를 알 수 있다.

역학 자체와 노장의 관점이 같음과 다름이 있기 때문에 노장의 관점을 그대로 역학의 관점이라고 할 수 없다. 마찬가지로 왕필의 득의망상론 역시 그 의의가 있지만 그것이 그대로 역학과 일치한다고 할 수 없다.

『주역』에서 "글로는 말을 다 표현할 수 없고, 말로는 뜻을 다 드러낼 수 없다. 그렇다면 성인의 뜻을 알 수 없는가?"15)라고 하여 성인이 자각한 역도를 드러낼 수 없는 것처럼 말하면서도 "상을 세워서 그 뜻을 다 드러내고, 괘를 베풀어서 참됨과 거짓됨을 밝혔다."16)고 하여 상을 세움이 곧 존재론적 행위임을 밝히고 있음을 보아도 알 수 있다.17)

역학을 형이하학인 과학과 혼동하여 역학에서 제시하고자 하는 원리를 사시四時의 운행

12) 본래 존재와 자각, 당위의 문제가 별개가 아니라는 점에서 보면 『노자』를 단순하게 自覺論 또는 超越論만으로 볼 수 없다. 그것은 『노자』나 이 글을 막론하고 現地를 나타내는 地圖일 뿐으로 현지가 아니라는 점에서 해소된다.
13) 王弼, 『周易略例』 明象篇, "忘象者乃得意者也 …得意在忘象 得象在忘言 故 立象以盡意 而象可忘也"
14) 그렇다고 하여 자각론의 의미가 없는 것은 아니다. 왜냐하면 자각 자체도 존재론적 측면에서 역도의 현현일 뿐만 아니라 자각을 통하여 본래 그것을 주체로 살아가고 있음을 알고 그렇게 살아갈 수 있기 때문이다.
15) 『周易』 繫辭上篇 第十二章, "子曰書不盡言하며 言不盡意드니 然則聖人之意를 其不可見乎아?"
16) 『周易』 繫辭上篇 第十二章, "聖人이 立象하야 以盡意하며 設卦하야 以盡情僞하며 繫辭焉하야 以盡其言하며 變而通之하야 以盡利하며 鼓之舞之하야 以盡神하니라."
17) 득의망상론에 대한 역학적 이해는 필자의 『역경철학』 제사부 역경과 역도를 참고하기 바란다.

법칙으로 오해한 대표적인 예는 맹희孟喜의 괘기설卦氣說이다. 그는 『주역』의 육십사괘를 사시四時, 십이월, 이십사절기, 칠십이후七十二候에 배속시켜서 이해하였다. 감坎, 진震, 이離, 태兌의 네 괘를 사정괘四正卦로 규정하여 각각 여섯 절기節氣를 주관하는 본체로 삼고 나머지 육십괘를 각 절기에 배속시켰다.

그는 또한 열두 괘를 일년의 12개월에 배속시켜서 그것을 십이소식괘十二消息卦로[18] 규정하기도 하였다. 이처럼 육십사괘를 직접 시후기절時候氣節을 나타내는 것으로 이해할 때 육십사괘가 표상하는 내용은 물리적 시간의 운행 법칙이 될 수밖에 없다.

만약 인간이 물리적 시간의 운행 법칙에 순응해야 한다면 인간이 자연의 노예가 되기를 강요하는 것과 같다. 자연 현상을 중심으로 물리적 사물의 법칙을 인간 삶의 근거로 삼는다면 인간이 사물적 존재로 전락할 수밖에 없는 것이다. 따라서 인격적 존재인 인간의 본성으로서의 도덕성의 세계는 드러나지 않는다.

송대의 대표적 역학자인 주희朱熹는 한대의 상수역학[19]과 위진魏晉 이후의 의리역학[20]을 모두 수용하여 집대성하였다. 그는 『역학계몽易學啓蒙』을 통하여 하도河圖와 낙서洛書의 도상圖象을 확정하였을 뿐만 아니라 소강절邵康節의 선후천론과 이정二程의 의리역학을 수용하여 역학의 도덕원리적 측면을 밝히고자 하였다.

그의 역학이론 체계는 이기론理氣論에 의하여 구성되었다. 그는 형이상의 도를 이理로 그리고 형이하의 기器를 기氣로 규정하고 그것을 가장 근원적 존재로 규정하였다. 그가 역도를 리理로 규정하여 그것을 형이하자와 엄격하게 구분한 것은 역도의 이해를 위한 하나의 방법이다.

그러나 주희朱熹 역시 역학의 근본 문제에 대한 자각自覺이 없었기 때문에 리理에 관하여 수많은 언급을 하였지만 그것을 분명하게 드러내지 못하였다. 그것은 노장학자老莊學者들이 자각론적 관점에서 도를 무無, 허무虛無로 규정한 경우와 크게 다르지 않다. 만약 그가 존재론적 관점에서 역도를 이해하였다면 역도의 존재론적 특성을 드러내면서 단순하게 리理라고만 언급하지 않고 그 내용을 여러 방편을 통하여 나타낼 수 있었을 것이다.

주희의 관점은 공자孔子가 『서경書經』과 『논어』를 통하여 유학儒學의 존재근거로 제시한 "천지역수天之曆數 재이궁在爾躬"에 대한 이해를 통해서도 확인할 수 있다. 그는 역수원리를

---

18) 朱伯崑, 『易學哲學史』 第一卷, 第三章 漢代的象數之學, 127쪽에서 141쪽 참조.

19) 상수역학은 한대漢代의 맹희孟喜, 경방京房 등으로 대표되는 학파로 『주역』의 괘상과 수를 중심으로 역학을 연구하는 학파이다.

20) 의리역학은 한대漢代의 비직費直으로부터 시작하여 위魏의 왕필王弼을 거쳐서 송대宋代의 정이천程伊川, 정명도程明道에 의하여 선양된 역학파이다. 주로 괘효사卦爻辭와 십익十翼을 중심으로 도덕적 관점에서 역학을 연구하는 학파로 그 선구는 십익十翼에 있다고 할 수 있다.

내용으로 하는 천도가 인간의 본래성으로 주체화되었음을 나타내는 위의 문장을 운명론運命論적 관점에서 이해하였을 뿐 그것이 역학의 근본 문제를 제기하고 있는 것으로 이해하지 못하였다.21)

앞의 문장에 이어서 연결되는 "윤집궐중允執厥中"을 도통道統을 따라서 전하여지는 성인聖人의 도道로 제시하였을 뿐 그 존재 근거를 논하고 있는 "천지역수天之曆數 재이궁在爾躬"의 문제와 연결하여 이해하지 않았다.22)

이는 주희가 한대 이후의 다른 역학자들과 마찬가지로 역학을 역수원리, 천도를 중심으로 이해하지 않았음을 뜻한다. 그가 역도를 표상한 괘상卦象을 물상物象23)으로 이해한 것을 통하여 그 점을 파악할 수 있다. 주희의 역학에 대한 커다란 공헌에도 불구하고 역학의 학문적 탐구 과제가 무엇인지를 분명하게 밝히지 못하는 한계를 갖고 있다.24)

송대의 구양수歐陽修는 왕필의 주장을 따라서 도서역학圖書易學을 부정하였을 뿐만 아니라 십익十翼 역시 공자의 저작이 아니라고25) 주장하였으며, 청대淸代의 황종의黃宗羲도 도서역학을 부정하였다.26) 그들은 『주역』의 괘효卦爻, 괘효사卦爻辭와 십익이 성인에 의하여 저작되었으며, 『주역』을 일관하는 내용이 역도라는 전통적인 관점을 부정하였다.

도서역학에 대한 비판적 관점은 중화민국이 수립된 이후에도 그대로 계승되었다. 고힐강顧頡剛, 곽말약郭末若, 이경지李鏡池27) 등의 학자들은 유물론적唯物論的 관점에서 『주역』을 연구하여 괘효와 괘효사의 연관성을 부정하였을 뿐만 아니라 괘효사는 점서사占筮辭이며, 십익만이 철학서이기 때문에 괘효사와 십익의 내용은 서로 다르다고 주장하였다. 그리고 십익의 내용마저도 각 편이 서로 다르기 때문에 따로 연구하여야 한다고 주장하였다.28)

---

21) 朱熹는 『論語』堯曰篇의 "天之曆數在爾躬, 允執其中. 四海困窮, 天祿永終."에 대하여 註釋을 하면서 曆數에 대하여 "帝王相繼之次第 猶歲時氣節之先後也"라고 하였다. 이는 曆數를 天文學的인 관점에서 이해함으로서 曆數原理를 내용으로 하는 天道가 인간의 本來性으로 主體化되었음을 논한 "天之曆數 在爾躬"의 문장을 運命論的 관점에서 이해하고 있음을 보여주는 것이다.

22) 朱熹는 「中庸章句序」에서 "蓋自上古 聖神繼天立極而道統之傳 有自來矣 其見於經則允執厥中者 堯之所以授舜也 人心惟危 道心惟微 惟精惟一 允執厥中者 舜之所以授禹也"라고 하여 堯에서 舜으로 舜에서 禹로 이어지는 聖人의 道의 내용을 "允執厥中"으로 밝히고 있다.

23) 朱熹는 그의 『周易本義』에서 "象者 物之似也"라고 하였을 뿐만 아니라 "八卦成列 象在其中矣"에 대하여 "象謂卦之形體也"라고 하였다.

24) 한계를 갖고 있음이 곧 가치가 없음을 뜻하지 않는다. 본래 모든 존재는 존재함 자체만으로도 가치가 있다. 마찬가지로 모든 주장은 그대로 나타난 열매가 싹이 트고 꽃이 피면서 새롭게 열매로 변화하는 과정의 일부라는 점에서 소중할 뿐만 아니라 의미가 있다.

25) 앞의 책 第六章, 宋易의 形成和道學의 興起 참조.

26) 앞의 책 第九章, 道學의 終結和漢易의 復興 참조.

27) 李鏡池의 『周易探源』을 보면 李鏡池를 비롯한 郭末若과 顧頡剛의 『周易』에 대한 학문적 태도를 살펴볼 수 있다.

28) 이러한 비판적 관점은 馮友蘭, 朱伯崑 등의 학자들도 수용하였으며, 國內의 많은 학자들도 그들의 주장을

『주역』에 대한 비판적 관점에서 제기되어진 다양한 주장들 자체를 시비에 의하여 판단할 필요는 없다. 왜냐하면 그들이 괘효卦爻 및 괘효사卦爻辭와 십익의 성격을 각각 다른 관점에서 이해하였다고 하여 그것이 괘효 및 괘효사와 십익의 내용이 동일한 성격의 내용 곧 형이상적 관점에서 이해되어질 수 없음을 뜻하는 것은 아니기 때문이다.

괘효 및 괘효사로부터 철학적 성격을 도출하지 않고 유사과학적인 관점에서 점서占書로 이해하고 그것을 바탕으로 형성된 십익 만이 사상을 담고 있는 철학서라고 하는 것도 일종의 하나의 관점일 뿐으로 양자를 모두 형이상의 관점에서 일관되게 이해할 수 있다.

한대 이후의 역학자들이 말하였듯이 역易이라는 하나의 개념 속에는 변화 현상을 나타내는 변역變易과 그 변화원리를 나타내는 불역不易, 이간易簡의 세 가지 의미가 있다. 그것은 형이상과 형이하가 구분되면서도 일체적 존재임을 뜻한다. 그렇다면 설사 점서占筮로 활용하기 위하여 괘효와 괘효사를 저작했다고 할지라도 그 안에 형이상적 측면이 없을 리가 없다.

십익에서 밝히고 있는 점占의 뜻을 살펴보면 형이하적인 측면만이 있는 것이 아니라 형이상적인 측면이 있다. 다시 말하면 개체적 측면에서 특정한 존재의 미래에 일어날 이해를 예측하는 것만이 점占이 아니라 그 본래적 의미는 형이상적 존재인 역도를 자각함의 의미가 있으며, 그것이 『주역』에서 밝히고 있는 점의 본래적 의미이다.

그런데 양자의 성격이 다름을 주장하는 학자들도 괘효와 괘효사를 해석한 것이 십익이고, 십익이 철학서라고 하여 양자의 관계를 부정하지는 않는다.[29] 그렇다면 그들이 괘효사를 점서서占筮書라고 규정할 때 점서서占筮書의 의미를 좁은 의미에서 일면에 국한하여 사용하고 있다고 볼 수 있다.

그들은 점서서占筮書는 인간의 의식이 발달하지 못하였을 때 형성된 미신迷信에 불과하다고 하였다. 이는 그들이 점占이라는 개념을 형이하적 측면에서만 보았음을 뜻한다. 인간의 본래성은 과거나 현재 그리고 미래에도 변함이 없다. 그렇기 때문에 본성의 차원 곧 형이상의 차원에서 개인의 이해를 점치는 길흉吉凶은 없다. 따라서 형이상적 측면에서의 점은 곧 본성의 자각을 뜻한다.

그러나 점을 본성이 드러난 육신肉身의 측면 곧 개체적인 측면에서 보면 『주역』은 일종

따라서 『周易』을 비판적 관점에서 이해하고 있다. 필자는 전통적인 관점을 모두 수용하거나 비판적 입장을 무조건 거부하지 않는다. 왜냐하면 다양한 주장들이 모두 객관적인 존재로서의 역이나 『주역』을 그대로 드러내는 것이 아니라 각자에 의하여 새롭게 창조되는 점에서 시비是非가 없기 때문이다. 다만 지금까지는 『주역』 자체를 대상으로 괘효와 괘효사, 십익을 일관되게 이해할 수 있을 뿐만 그 근거로서의 神道, 天道를 바탕으로 삶을 체계적으로 이해할 수 있는 원리로서의 역도가 제시되지 못한 점에서 오늘날 다시 역학이 무엇이며, 과거의 학자들이 어떻게 역학을 연구해왔는지를 문제로 삼는 것이다.

29) 李鏡池, 『周易探源』, 154쪽 參照.

의 점서서占筮書에 불과할 뿐으로 그것을 통하여 형이상적 존재의 존재원리를 담고 있는 철학이 결코 도출되어질 수가 없다. 따라서 논리적 측면에서 볼 때 만약 십익을 철학서로 인정한다면 그 근거가 되는 괘효 및 괘효사 역시 철학서로 인정하지 않을 수 없다.

그것이 아니라면 그들이 사용하는 철학이라는 개념의 의미가 일반적인 의미와 다른 경우라고 할 수 있다. 일반적으로 철학은 지혜를 추구하는 학문으로 그 탐구주제는 진리이다. 역학 역시 역도라는 진리를 추구하는 학문이다.

이경지李鏡池의 역학에 관한 연구 성과들을 보면 하나의 시사점을 얻을 수 있다. 그는 중뢰진괘重雷震卦의 괘효사를 분석하여 진괘震卦의 내용이 사람들의 뇌전雷電을 두려워하는 심리를 설명한 것이라고 하였다.[30]

그의 주장에 따르면 중뢰진괘의 내용은 아무리 좋게 보아도 유치幼稚한 수준의 심리학적 내용에 불과할 뿐이다. 심리학은 과학이지 철학이 아니다. 뿐만 아니라 무엇 때문에 인간이 우레를 싫어하는 심리를 간단하게 언어로 표현하지 않고 괴상하고 복잡하여 쉽게 그 뜻을 파악할 수 없는 괘상卦象을 통하여 표현하겠는가?

앞에서 한대 이후 『주역』을 중심으로 역학이 연구되어온 과정을 간략하게 살펴보았다. 그 과정을 통하여 한대 이후의 역학의 연구사는 역도 자체를 다양하게 드러내고자 하였음에도 불구하고 그것을 밝히고자 하는 인간 자신의 문제 곧 인간 본성이라는 형이상적 통로를 매개로 하여 역도를 연구하는 데까지 이르지 못하였음을 보여준다.

이미 『주역』에서 사람들로 하여금 자신의 본래성, 성명, 성명의 이치에 순응하려는 삶을 살도록 하기 위하여 『주역』을 저작하였음[31]을 밝히고 있을 뿐만 아니라 "천도에 따라서 인사人事에 응함"[32], "하늘에 순응하여 자신에게 주어진 사명을 실천함."[33]이라고 하여 이른바 천인합일天人合一, 천인회통天人會通, 천인합덕天人合德을 밝히고 있다.

그럼에도 불구하고 성명과 그 내용인 사덕四德에 대한 연구가 정치精緻하게 이루어지지 못하였을 뿐만 아니라 인도의 근거가 되는 천도 그리고 삼재가 하나가 된 본래의 세계, 삼재의 도로 구분하여 나타내기 이전의 세계, 회통과 합덕의 세계를 드러내지 못하였다.

송대의 성리학자들이 공맹의 유학을 새롭게 정리하여 신유학新儒學을 제시하면서 그 근거를 『주역』에서 찾았지만 여전히 불교와 도교, 도가를 이단異端으로 배척하는 배타성排他性을 보였다. 송대에 이르러서는 인도에서 불교가 수입되었지만 공자의 시대에는 불교가

---

30) 李鏡池, 『周易探源』, 北京 中華書局, 1978, 201에서 208쪽 참조.
31) 『周易』 說卦 第三章, "昔者聖人之作易也는 將以順性命之理니"
32) 『周易』 澤火革卦 彖辭, "天地革而四時成하며 湯武革命하야 順乎天而應乎人하니"
33) 『周易』 火天大有卦 大象, "象日 火在天上이 大有니 君子以하야 遏惡揚善하야 順天休命하나니라."

없었기 때문에 당연히 불교를 이단으로 규정하지 않았다. 뿐만 아니라 『논어』에서 이단에 대하여 유일하게 언급하고 있는 부분을 보면 "이단을 공격하면 이는 해롭다."[34]고 하여 이단과 정통이라는 분별심이 곧 이단임을 밝히고 있다.

공자가 스스로 "가可함도 없고 불가不可함도 없다."[35]고 하였을 뿐만 아니라 무지無知[36]를 말하고, 공자의 제자들도 그를 무아無我[37]라고 하였는데 어찌 정통과 이단이라는 분별심을 갖고 있었겠는가! 이제는 『논어』도 그리고 공자의 사상도 성리학자性理學者들의 틀에서 벗어나서 다시 보아야 한다.

명청明淸 대에 이르면 도교와 불교의 측면에서 유불도 삼가를 회통시키고자하는 시도들이 있었고, 학문적인 성과들도 나타났지만 역학자들은 여전히 상수학象數學과 의리학義理學의 회통을 넘어서 역학과 인간, 인간과 자연, 인간과 세계가 회통된 일체의 세계, 본래 일체이기에 일체라고 할 수도 없는 세계를 제시하지 않았다.

그것은 시간성의 세계, 신도神道, 천도의 세계, 역수원리의 내용을 제시하지 않았기 때문에 그것이 변變하여 화化한 인간의 본래면목으로서의 성명性命, 본래성本來性마저도 명확하게 드러내지 않았음을 뜻한다. 만약 하학이상달下學而上達의 관점에서 격물치지格物致知, 궁리窮理를 추구하면 확충擴充이라는 다른 측면을 놓치게 된다.

인간의 본래성, 천도, 신도神道는 수행이나 학문을 통하여 깨달거나 얻어지는 것이 아니라 고유하고 본유하기 때문에 본래성이다. 그리고 본래성을 통하여 드러나는 것이 천도, 신도이다. 그러므로 학문이나 수기修己, 수행修行, 수양修養은 본성이 본래 주체였음을 확인하는 일이다. 신도, 천도가 주체가 되어 온 세계의 모든 일들이 이루어지고 있음을 확인하는 것이 바로 수행이자 수양, 수기이다.

공자는 지혜를 추구하는 방법을 인仁으로 제시하고 있다. 그는 "인仁을 주체로 살아감이 아름다움이다. 스스로 선택하여 인을 주체로 하지 않으면 어찌 지혜롭다고 하겠는가?"[38]라고 하여 인 곧 자비, 사랑을 통하여 지혜를 얻을 수 있음을 밝히고 있다.

『주역』에서도 역학의 연구가 "천하를 도로 제도濟度하겠다."[39]는 변함없는 뜻을 세우고(立志) 학문을 해야 함을 밝히고 있다. 천하를 제도하고자 하는 뜻은 자신의 존재성에 대한 믿음과 세계에 대한 자비가 없으면 이루어질 수 없다.

34) 『論語』 爲政, "子曰 攻乎異端, 斯害也已."
35) 『論語』 微子, " 我則異於是, 無可無不可."
36) 『論語』 子罕, "子曰 吾有知乎哉 無知也. 有鄙夫問於我, 空空如也. 我叩其兩端而竭焉."
37) 『論語』 子罕, "子絶四, 毋意, 毋必, 毋固, 毋我."
38) 『論語』 里仁篇, "子曰 里仁爲美이니 擇不處仁이면 焉得知리오."
39) 『周易』 繫辭上篇 第四章, "知周乎萬物而道濟天下라 故로 不過하며"

사실 『주역』이라는 책은 일종의 지도와 같다. 본래 내 안에 있은 모든 것을 대상화하여 밖으로 끄집어내서 제시한 것에 불과하다. 그러므로 그것을 매개로 나를 돌아보고 나를 찾아서 나로 살아가면 된다.

물론 이 때의 나는 육신이나 마음을 가리키지 않는다. 그것은 나와 남이 구분이 없는 점에서 없지만 그러나 모든 존재의 주체인 점에서 나 아닌 나, 나 없는 나라고 할 수 있다. 그래서 무아無我이지만 대아大我이고, 우주아宇宙我이며, 대인大人, 진인眞人, 신인神人이라고 말한다.

공간적 관점에서 삼재적 세계를 중심으로 나를 이해하면 형이상적 존재로서의 내 본성을 나만의 본성으로 착각할 수 있다. 그것은 물건적 관점 다시 말하면 육신을 중심으로 그 근본인 본성을 찾게 되면 그것이 육신의 속성으로 착각하게 됨을 뜻한다.

그러나 시간적 관점에서 근본으로서의 본성과 지말의 관계를 살펴보면 나의 근본이 때에 따라서 여러 사람이 다른 존재의 근본으로 변화한다. 그런 점에서 보면 내 근본으로서의 본성이 모든 사람, 모든 존재의 근본으로의 본성임을 알게 된다.

만약 내 본성이 모든 존재의 본성일 뿐만 아니라 그것이 우주와 만물의 본성임을 알게 되면 결국 근본과 지말이라는 본성과 육신 더 나아가서 도와 만물이라는 관계도 없음을 알게 된다. 그것이 바로 시종이라는 시간의 상태에서 종시의 시간성의 상태로 나아감을 뜻한다.

종시성도 또한 일종의 개념일 뿐으로 그것 자체는 없다. 시간성40)을 무無, 공空, 무극无極과 같은 개념을 통하여 표상한 까닭이 여기에 있다. 따라서 무無, 공空으로 표현된 나와 세계의 일체성, 전일성全一性을 이해하여야 한다.

개체적 관점에서 사람의 본질과 삶의 원리인 인도를 밝히기 위하여 본래 천지인의 구분도 없고, 과거와 미래 그리고 현재라는 시간적 구분도 없는 일체의 세계, 본래 일체여서 일체라고도 할 수 없는 세계를 공간적 관점에서 대상화하여 상징적으로 나타낸 것이 괘효卦爻이다. 그것은 괘효를 통하여 표상되는 성명, 인도가 개체적 관점에서 나타낸 신도神道, 천도天道임을 뜻한다. 그러므로 괘효를 통하여 표상된 성명을 통하여 그것으로 표상하기 이전의 시간성이라는 근원적 차원을 밝혀야 한다.

---

40) 『天符經』에서는 "一始無始一……一終無終一"이라고 하여 始終의 개념을 통하여 시간의 세계를 나타내면서도 始終이 없음을 통하여 시간의 본질의 세계를 나타내고 있다. 그것을 『周易』에서는 시종과 구분하여 終始로 나타내고 있다. 그러므로 시간성은 시간을 나타내는 시종의 근거가 되는 終始性을 나타내는 개념이다. 시간성과 시간에 관하여서는 이현중의 『역경철학』의 134쪽에서 157쪽의 "시간과 시간성", "시간성과 역도"를 참고하기 바란다.

3. 역학과 역수원리

앞에서 살펴본 바와 같이 역도, 도, 성명을 문제로 삼아서 그 답을 추구하는 행위 자체가 본래 진리의 드러남, 역도의 작용에 의하여 이루어진다. 그렇기 때문에 어떤 개념이나 어떤 표상형식을 통하여 근원적 존재를 나타내더라도 그것이 지금 여기의 나를 통하여 이루어지고 있음을 놓쳐서는 안 된다.

그것은 현재 이 글을 쓰고 있는 사람이나 이 글을 읽고 있는 독자를 막론하고 모두 역도의 당체이면서 동시에 일체여서 역도와 아닌 것을 구분할 수 없고, 저자와 독자를 구분할 수 없는 세계가 이 순간 여기에서 저자와 독자, 역도와 자각과 같은 다양한 문제로 변화하여 드러남을 뜻한다.

우리가 역경을 읽고 그 안에 담겨있는 역도를 자각한다고 말하지만 사실은 역경을 매개로 하여 본래 나와 일체여서 구분할 수 없는 역도, 본래성으로 내재화된 역도를 역경을 읽고 연구하는 행위를 통하여 체험하고 경험하는 것이다.[41]

그것은 한 알의 꽃씨를 땅에 심어서 그것으로부터 싹이 트고 자라서 꽃이 피어 수많은 열매를 맺는 과정에 비유하여 살펴볼 수 있다. 만약 사람들이 열매를 완전한 존재로 여기고 열매를 얻기 위하여 씨를 뿌리고 가꾸는 것으로 생각하면 씨는 물론 싹도 꽃도 모두 열매가 아니다.[42]

그러나 씨는 본래 열매가 일정한 기간을 지나서 사용되는 것이다. 그러므로 씨는 물론 싹도 나타난 열매이며, 꽃도 나타난 열매이다. 열매의 다양한 모습 그것이 씨와 싹, 꽃으로 나타난 것이다.

모든 존재의 근원을 역도라고 말하거나 도 또는 그 어떤 개념이나 형식으로 나타내거나 를 막론하고 그것이 나의 근본, 본성, 근원이다. 그렇기 때문에 내가 어떤 행위를 하거나 사고를 하더라도 그것은 역도의 작용이고, 도의 작용이며, 본성의 작용이다.

나타난 열매로서의 씨와 싹, 꽃이라는 다양한 모습과 같은 것이 바로 나의 때와 장소에 따라서 다양하게 드러나는 사고와 언행 그리고 모든 사람, 모든 존재의 다양한 삶의 모습

---

41) 이러한 관점은 형이상적 관점, 신도, 천도의 관점으로 이를 바탕으로 현상을 이해하는 것을 『주역』에서는 順이라고 하였다.

42) 이는 일반적으로 세계를 인식하는 방법으로 그것은 개체의 입장에서 그 지말을 떠나서 근본을 찾아가는 방향이다. 그것을 『주역』에서는 逆이라고 하였다. 지금까지 살펴본 은말 주초이후의 역학사의 고찰은 바로 역의 관점에서 이루어진 것이다.

이다. 바로 이러한 관점에서 곧 삶은 끊임없이 자신을 체험하고 경험하는 것, 본래의 완전한 열매를 싹으로도 꽃으로도 경험하는 과정 그것이 삶이고 학문임을 아는 일이 중요하다.43)

일단 그러한 준비가 되었다면 이제는 다시 씨가 변하여 싹이 되고, 꽃이 되어 다시 열매로 맺어가는 관점 곧 형이하의 관점, 시간적 관점에서 역도의 본래면목에 대하여 살펴보자. 이미 역학이라는 학문의 발자취를 살펴보았으니 남은 과제가 무엇인지 다시 말하면 씨가 이미 자라서 싹 트고 꽃이 피었으니 열매를 추수하여 다시 씨를 뿌릴 준비를 하는 작업이 필요하다.

역학은 존재하는 모든 것들의 존재 근거가 되는 근원적 존재의 존재 원리인 역도의 본래적 의의를 탐구하는 역도에 관한 이론 체계이다. 그리고 역도를 여러 표상 형식을 통하여 상징적으로 나타내고 있는 『주역』과 같은 역학 관련 전적들을 텍스트로 하여 연구가 진행되는 점에서는 역학은 역경易經에 관한 학문이라고 할 수 있다.

그리고 역학의 학문적 탐구 과제가 역도이며, 역도는 현상 사물의 존재 근거가 되는 형이상적 존재이자 근원적 존재라는 점에서 역도의 본래적 의의를 밝히고자 하는 역학은 곧 형이상학이라고 할 수 있다.

역학이 역도라는 형이상적 존재를 탐구하는 형이상학이기 때문에 학문의 방법 역시 학문적 특성에 맞아야 한다. 현상적 존재인 천지·만물의 속성을 탐구하여 사물의 운동 법칙을 밝히는 과학적 방법이 아니라 천지·만물의 존재 근거인 근원적 존재의 존재 원리를 밝히는 방법이어야 한다.

역학의 학문적 성격을 분명하게 이해하기 위해서는 먼저 역도의 성격과 그 본래적 의의를 밝혀낼 수 있는 방향과 방법을 중심으로 역학의 학문적 정의를 내리는 것이 필요하다. 역학은 유학儒學의 존재근거인 천도 곧 역도를 인간 주체적으로 자각하여 천지인天地人의 삼재三才를 일관하는 중정中正의 도로 천명闡明하고 그것을 실천하여 삼재의 합덕合德·성도成道를 이루는 학문이라고 할 수 있다.

역학에 있어서 학문적 탐구 과제인 역도의 본래적 의의를 밝히는 문제가 근본이라면 그 방법이 천도를 인간 주체적으로 자각함이고, 역도를 인간 주체적으로 자각하여 이상적 인격체인 군자의 도로 제시한 존재는 성인이기 때문에 성인에 의하여 형성된 성학聖學이 학

---

43) 順逆을 『正易』에서는 倒逆을 통하여 각각 倒生逆成과 逆生倒成으로 제시하고 있다. 그것이 易道의 내용이다. 그러므로 삶의 원리, 학문원리 역시 倒逆生成원리에서 찾을 수 있다. 필자는 역학의 연구가 倒生逆成을 바탕으로 한 逆生倒成의 관점에서 이루어져야함을 여러 논문과 저작들을 통하여 제기해왔다. 인간의 삶의 원리와 학문원리가 다르지 않기 때문에 학문이나 수행도 역시 도생역성을 바탕으로 한 역생도성의 관점에서 이루어져야 한다.

문으로서의 역학인 동시에 군자에 의하여 역도가 현실에서 구현됨으로서 삼재의 합덕·성도를 이루는 것이 역학의 학문적 목적이다.

역학에 있어서 역도는 가장 근본적인 문제이다. 왜냐하면 역도가 역학의 학문적 탐구 과제일 뿐만 아니라 그것이 학문의 방법이기 때문이다. 역도라는 개념에는 존재 자체의 측면으로서의 존재론적 측면과 인간을 중심으로 한 자각론적 측면 및 실천론적 측면이 모두 포함되어 있다.

그것은 도라는 개념이 인간이 삶을 살아가는 원리를 뜻하는 동시에 인간이 수행 또는 학문을 통하여 도달해야할 최종 목표일뿐만 아니라 그것이 곧 역도라는 근원적 존재를 체득하는 방법을 가리킴을 뜻한다. 따라서 역도라는 학문적 탐구 과제가 갖는 성격을 올바로 이해하였을 때 비로소 이를 통하여 역도의 본래적 의의를 밝혀 낼 수 있는 올바른 방향과 방법이 설정되어질 수 있다.

그러면 먼저 역학의 학문적 탐구 과제인 역도의 특성에 대하여 살펴보자. 『주역』에서는 역도와 현상 사물을 구분하고 양자의 관계를 다음과 같이 밝히고 있다.

> 형이상적 존재를 도라고 하며, 형이하적 존재를 기器라고 한다.[44]

위의 내용을 보면 '형形'을 중심으로 '이상자而上者'와 '이하자而下者'를 도道와 기器로 규정하였음을 알 수 있다. 이러한 규정에는 구분되는 측면과 구분되어지는 두 존재의 관계를 나타내는 두 측면이 있다. '이상而上'과 '이하而下'를 통하여 구분하는 동시에 '형形'을 통하여 그 관계를 밝히고, '도道'와 '기器'를 통하여 양자를 구분하는 동시에 그 개념이 갖는 의미를 통하여 양자의 관계를 나타내고 있다.

'이상而上'은 '이상以上'으로 그 너머의 의미이며, '이하而下'는 '이내以內'의 의미이다. 그러므로 '형이상자'는 형상의 세계를 넘어선 무형적 존재를 의미하며, '형이하자'는 형상의 세계 내적 존재인 유형적 존재를 의미한다. 『주역』에서는 "도를 상징적으로 드러낸 것을 상象이라고 하고, 상징성을 구체화해서 나타낸 유형적 존재를 기器라고 한다."[45]고 하였다. 이는 역도를 표상한 괘효를 기器로 규정하고, 괘효를 통하여 표상된 내용을 도로 규정한 것이다. 괘효는 유형적 존재이며, 도를 상징적으로 나타낸 것이 상象이라는 것은 도 자체가 무형적 존재임을 뜻한다.

그런데 형체의 유무有無가 역도와 현상 사물을 구분할 수 있는 필요충분조건은 아니다.

---

44) 『周易』, 繫辭上篇 第十二章, "形而上者를 謂之道요 形而下者를 謂之器오"
45) 『周易』, 繫辭上篇 第十一章, "見을 乃謂之象이오 形을 乃謂之器오"

그것은 모든 무형적 존재가 역도가 아님을 뜻한다. '형이상形而上'은 단순하게 무형無形이라는 의미만을 갖고 있지 않다. 형이상적 존재는 무형적 존재라는 의미와 더불어 형상을 초월한 존재라는 의미를 갖고 있다. 세계 내적 존재가 형이하적 존재이며, 세계를 초월한 존재가 형이상적 존재이다.

형상을 초월했다는 것은 형이하의 세계와 다른 차원이라는 의미이다. 다른 차원은 동일한 차원의 다른 세계가 아니라 낮은 차원과 높은 차원을 가리킨다. 형이상적 존재는 현상 사물을 넘어선 고차원의 존재이며, 형이하적 존재는 저차원의 존재인 것이다. 따라서 현상 사물의 차원과 역도의 차원은 서로 다를 뿐만 아니라 형이상의 차원이 형이하의 차원보다 고차원이다.

형이상의 존재가 현상 사물보다 고차원의 존재라는 것은 형이상적 존재가 형이하적 존재의 근원임을 뜻한다. 그러한 관계를 나타내고 있는 개념이 도와 기器이다. 형이하의 유형적 존재는 사물로 그것을 직접 사물로 규정하지 않고 기器로 규정한 까닭은 도와 현상 사물의 관계를 나타내기 위해서이다.

기器는 물건을 담을 수 있는 기능을 가진 도구를 나타내는 개념이다. 그릇의 모양이나 재료, 재질과 같은 모든 것들은 그 안에 담을 내용물의 성격에 따라서 달라진다. 마찬가지로 도라는 근원적 존재를 내용을 담고 있는 그릇과 같은 존재가 형상을 가진 형이하적 존재이다. 따라서 도가 근원이 되어 존재하는 것이 바로 형이하자인 것이다. 도는 근원적 존재이며, 도를 근원으로 한 제이차적 존재가 형이하적 존재인 것이다.

역도는 현상 사물을 생성하는 주체로 만물의 능산자能産者이며, 만물은 역도의 소산자所産者이다. 그러므로 『주역』에서는 역도를 그 주재적主宰的 공능功能을 중심으로 인격적 존재인 제帝로 규정하여 "만물이 제帝로부터 생성된다."46)고 하였을 뿐만 아니라 "천지의 성정을 근거로 하여 만물이 생성된다."47)고 하여 도가 현상 사물의 존재 근거임을 분명하게 밝히고 있다.

무형의 근원적 존재인 역도는 원리적 존재이며, 형이하적 존재는 시공을 점유하는 구체적 존재이다. 『주역』에서는 "궁리窮理", "황중통리黃中通理", "성명지리性命之理"48)라고 하여 역도를 이치적 존재로 규정하고 있다. 무형적 존재이면서 현상 사물의 존재 근거가 될 수 있는 근원적 존재는 원리적 존재일 수밖에 없다.49)

---

46) 『周易』, 說卦篇 第五章,"帝出乎震하여, 萬物이 出乎震하니"
47) 『周易』의 重天乾卦의 彖辭에서는 "大哉라 乾元이여 萬物이 資始하나니"라고 하였으며, 重地坤卦의 彖辭에서는 "至哉라 坤元이여 萬物이 資生하나니"라고 하였다.
48) 『周易』의 說卦篇 第一章에서는 "窮理盡性하야 以至於命하니라."이라고 하였고, 說卦篇 第二章에서는 "昔者聖人之作易也는 將以順性命之理니"라고 하였으며, 重地坤卦의 文言에서는 "君子 黃中通理"라고 하였다.

현상 사물의 존재 법칙은 사물 자체에 속하나 근원적 이치로서의 원리는 사물적 존재의 존재 법칙의 근거가 되는 근원적 존재의 존재 진리이다. 그런 점에서 원리적 존재로서의 역도와 사물의 존재 법칙으로서의 과학적 법칙은 엄격하게 구분하지 않을 수 없다.

역도를 현상 사물과 구분하여 형이상적 존재로 규정할 수밖에 없는 까닭은 역도와 현상 사물의 본질이 다르기 때문이다. 역도는 도덕성, 인격성이 본성이다. 도덕성道德性은 인격적 천지의 성품을 가리키는 개념으로『주역』에서는 천지의 대덕大德, 천지의 마음, 신명神明한 덕德[50]으로 규정하고 있다. 도덕성이 인격적 존재적 존재인 인간에 있어서는 인격성이 된다.

반면에 사물의 본질인 용도성用途性은 인격성과는 다르다. 용도성은 인간에 의하여 공간적으로 적당하게 배치되어 사용되어질 수 있는 가능성을 나타내는 개념이다. 용도성은 사물 자체에 속하는 개념이지만 인간과의 관계를 통하여 그 본질이 발현되어진다.

그러나 역도는 그 어떤 것에도 의존하지 않는 자존적自存的 존재이다.『주역』에서는 "역도는 천지의 준거가 되어 능히 천지를 미륜한다."[51]고 하였을 뿐만 아니라 "건곤괘에 역도가 온축되어 있다."[52]고 하여 역도가 근원적 존재임을 밝히고 있다.『정역』에서는 역도를 체영體影의 도道로 규정하고 그 내용을 다음과 같이 밝히고 있다.

위대하다, 체영體影의 도道여! 이기理氣가 서려 있으며, 신명神明이 모여 있다.[53]

위의 인용문에서 체영은 물리적 천지의 본성으로서의 천지의 성정性情을 나타내는 개념이다. 따라서 체영의 도는 천지의 도이며, 그것은 역도를 지칭한다. 그런데 체영의 도에는 이기理氣와 신명이 모여 있다고 하였다. 이는 역도의 내용을 해부하여 나타낸 것으로 이理와 기氣 그리고 신명이 그 내용임을 밝힌 것이다.

49) 形而上的 존재인 易道와 形而下的 事物이 그 존재 樣相에 따라서 엄격하게 구분되어지기 때문에 사물의 理致와 易道에 관련된 理致를 구분하지 않을 수 없다. 그러므로 事物的 존재와 관련된 理致로서의 法則과 形而上的 존재와 관련된 理致는 原理를 구분하지 않을 수 없다.
50)『周易』의 繫辭下篇 第二章에서는 "以通神明之德"라고 하였고, 地雷復卦의 彖辭에서는 "復에 其見天地之心乎인뎌"라고 하였으며, 繫辭下篇 第一章에서는 "天地之大德日生이오"라고 하였다.
51)『周易』繫辭上篇 第四章, "易이 與天地準이라. 故로 能彌綸天地之道하나니"
52)『周易』繫辭上篇 第十二章, "乾坤은 其易之縕耶ㄴ뎌 乾坤이 成列而易이 立乎其中矣니 乾坤이 毁則无以見易이오 易을 不可見則乾坤이 或幾乎息矣리라."
53) 金恒,『正易』, 十五一言 第一張, "大哉라 體影之道여 理氣囿焉하고 神明이 萃焉이니라" 이 부분은 본래 간지도수원리를 중심으로 圖書原理에 대하여 논한 것이다. 따라서 이 부분은 天地 度數를 중심으로 이해되어져야 한다. 그러나 여기서는 그 哲學的 意味를 중심으로 논하였으며, 그 구체적인 내용은 다른 紙面을 통하여 제시하고자 한다.

리理는 역도의 원리적 특성을 나타내며, 기氣는 작용적 특성을 나타내고, 신명은 그 본성으로서의 도덕성을 나타낸다. 『주역』에서는 천지의 도를 그 원리적 특성을 중심으로 이간易簡의 리理54)로 규정하였으며, 천지의 도를 그 작용적 특성을 중심으로 "두 기氣가 서로 감응感應하여 하나가 됨(合德됨)"55)으로 규정하였다.

그리고 천지의 도의 자각을 "신명한 덕에 통通함"56)으로 규정하고, 천지의 도의 자각을 자각의 주체인 성인의 관점에서 "성인의 덕을 신명하게 한다."57)고 하여 역도의 도덕적 특성을 신명으로 규정하고 있다.

역도의 원리적 특성을 나타내는 리理는 현상 사물을 초월한 존재로 이러한 원리적 특성이 현상 사물과의 관계에서는 현상 사물을 초월하는 초월성超越性으로 나타난다. 그리고 역도의 작용적 특성을 나타내는 기氣에 의하여 현상 사물이 생성되기 때문에 이러한 작용적 특성이 사물과의 관계에서는 사물의 근원이 되는 근원성根源性으로 나타난다. 이러한 역도의 특성은 그 본성인 신명성神明性에 의하여 나타나는 것으로 신명성의 내용인 도덕성이 현상 사물과의 관계에서 초월적 특성을 갖는 동시에 근원적 특성을 갖는다.

그런데 왜 형이상적 존재를 도라고 언급하였으면서도 역도, 변화의 도를 언급하고 있는 것일까? 그것은 도와 기의 관계를 통하여 드러나듯이 양자가 일체적이면서도 서로 구분되어지는 관계임을 나타낸다.

비록 공간적 관점에서 형이상과 형이하를 구분하여 도와 기로 나타내었지만 본래 일체이기에 양자가 고정되지 않는다. 그러한 양자의 관계를 나타내기 위하여 역도, 변화의 도라고 하였다. 역도의 역에 대하여 "생生하고 생生함을 일러 역易이라고 한다."58)고 한 것과 같이 도가 고정된 존재가 아니라 끊임없이 변하여 사물로 화함으로써 자신을 드러냄을 나타내기 위하여 역도, 변화의 도라고 한 것이다.

시간적 관점에서 세계는 형이상과 형이하가 구분되는 것이 아니라 끊임없이 변하여 화하는 과정의 연속이다. 도는 길이라는 의미와 더불어 과정의 의미도 갖고 있다. 도와 기器가 고정되지 않고 끊임없이 이어져서 과정 자체가 곧 목적이면서 결과이다.

도와 기가 일체이면서도 구분되어지는 관계이기 때문에 일체적인 관계를 바탕으로 구분하여 밝히는 방법이 필요하다. 그것은 공간적 관점, 물건적 관점에서 분석적인 방법을 통하여 구조를 밝히고, 구조를 형성하는 요소간의 관계를 밝혀서 양자가 일체임을 밝히는

54) 『周易』, 繫辭上篇 第一章, "易簡而天下之理得矣니 天下之理得而成位乎其中矣니라."
55) 『周易』, 澤山咸卦 彖辭, "柔上而剛下하여 二氣이 感應而相與하여"
56) 『周易』, 繫辭下篇 第二章 및 第六章, "通神明之德"
57) 『周易』, 繫辭上篇 第十一章, "神明其德夫인져"
58) 『周易』 繫辭上篇 第五章, "生生之謂易"

것이 아니라 일체의 세계를 바탕으로 그것이 다양하게 드러남을 분석을 통하여 구성 요소 간의 관계를 밝히는 것이다.

『주역』에서는 음양陰陽을 통하여 작용원리를 중심으로 역도를 논한 후에 다시 음양으로 구분하여 나타낼 수 없는 음양의 합덕체合德體를 신神으로 규정하여59) 역도와 신神을 함께 규정하고 있다. 이는 음양이라는 개념을 매개로 하여 분석적 관점에서 먼저 도를 규정한 후에 그것을 바탕으로 음과 양으로 구분하여 나타내기 이전의 신이라는 근원적 세계를 드러내는 방법을 취하고 있음을 보여준다.

그런데 위에서 도를 먼저 언급하고 마지막으로 신을 언급하고 있는 방법은 현상으로부터 도를 찾아가는 방향이다. 그것은 도 자체로부터 현상을 찾아가는 방향을 전제로 하고 있다. 이러한 방향은 신도, 천도의 문제이기 때문에 『주역』에서는 인도를 밝히기 위하여 그러한 방법을 취하고 있는 것이다.

인도의 측면에서 역도의 본래적 의의를 천명闡明함으로써 인간으로서의 나의 본성과 세계의 관계를 밝히는 문제는 도를 현상 사물과 엄격하게 구분하여 그 자체를 해부解剖함으로써 그 구조 원리를 밝혀내는 과정과 더불어 해부를 통하여 밝혀진 도의 구조를 중심으로 그 구성 요소의 관계를 규정함으로써 작용원리를 밝혀내는 종합綜合의 과정이 동시에 이루어져야 한다. 이는 이理와 기氣를 중심으로 그 관계 규정을 통하여 신명성을 표상함으로써 역도가 천명闡明됨을 뜻한다.

『주역』에서는 역도의 내용을 삼재적 구조를 통하여 천도와 지도 그리고 인도로 해부하여 밝히고 있는데 그 내용을 보면 다음과 같다.

> 역易의 글됨이 넓고 위대하여 모든 도리가 다 갖추어져 있다. 그러므로 하늘의 도가 있으며, 사람의 도가 있고, 땅의 도가 있다. 이처럼 역도는 천지인 삼재를 겸하여 양면으로 작용하므로 그것을 수에 의하여 나타내면 육六이 된다. 그러므로 육六이라는 수는 다른 것이 아니라 삼재의 도를 표상한다.60)

역경을 통하여 천명闡明된 역도는 모든 존재의 존재근거가 되는 근원적 존재원리이다. 이처럼 역경을 통하여 천명되어진 도가 근원적 존재 원리이기 때문에 하늘에 있어서는 하

---

59) 『周易』의 繫辭上篇 第五章이 그러한 논리 구조를 갖고 있다. 물론 五章 뿐만이 아니라 모든 章에서 그러한 논리 구조가 전제되어 있다. 宋代의 주희가 理와 氣의 관계를 논하면서 合看과 離看으로 나누어서 논한 것도 이러한 논리 구조를 응용한 결과라고 할 수 있다.

60) 『周易』, 繫辭下篇 第十章, "易之爲書也ㅣ 廣大悉備하여 有天道焉하며 有人道焉하며 有地道焉하니 兼三才而兩之라 故로 六이니 六者는 非他也ㅣ라 三才之道也ㅣ니라"

늘의 도인 천도天道가 되고, 땅에 있어서는 땅의 도인 지도地道가 되며, 사람에서 있어서는 사람의 도인 인도人道가 된다. 그러므로 성인이 자각한 도를 천도, 지도, 인도의 삼재의 도로 해부하고, 그것을 육효六爻 중괘重卦로서 표상하였던 것이다. 따라서 역도는 삼재적 구조를 중심으로 나타내면 삼재의 도가 된다. 『주역』에서는 삼재를 일관하는 중정中正의 도로서의 삼재의 도에 대하여 다음과 같이 논하고 있다.

> 옛적에 성인이 역경을 저술함에 있어 그 목적은 장차 성명性命의 도리에 순종하도록 하기 위함이다. 이러한 뜻에 의하여 하늘의 도를 세워서(확립해서) 말하기를 음과 양이라 하고, 땅의 도를 세워서 말하기를 유柔와 강剛이라 하며, 사람의 도를 세워서 말하기를 인仁과 의義라고 하였다. 천지인 삼재三才를 겸하여 양면兩面으로 작용하는 까닭에 『주역』은 (삼재의 도를 표상하는) 육효六爻를 그어서 (그것이) 괘를 이루었고, 음과 양으로 나누고 합하며 유와 강으로 교체하면서 작용하는 까닭에 『주역』의 육효六爻로 구성된 괘卦에서 비로소 역도가 완전히 드러나게 된다.[61]

위의 내용을 보면 먼저 역경을 저작한 존재가 성인임을 밝히고 이어서 역경을 저작한 의도에 대하여 논한 후에 역경을 통하여 천명한 역도의 내용에 대하여 논하고 마지막으로 역도의 표상형식인 육효 중괘에 대하여 논하고 있다.

역도의 본래적 의의를 밝히기 위하여 역경을 저작한 존재는 성인이다. 이 때 성인은 사람의 본성 자체를 가리키는 보편적 관점, 형이상적 관점과 역도를 자각하여 그것을 밝힌 인간이라는 개체적, 형이하적 관점의 두 측면을 갖고 있다.

그것은 인간에 의하여 역도가 개시되어지는 점에서 인간을 매개로 한 역도의 자기 개시를 성인이라는 개념을 통하여 나타내는 동시에 학문을 통하여 역도를 자각함으로써 그것을 일정한 형식을 통하여 밝힘으로써 역경을 저작한 인간이라는 의미가 있음을 뜻한다.

역경을 통하여 근원적 존재의 존재 진리가 밝혀지는 점에서는 그것을 바탕으로 삼재의 도 가운데 어느 일면을 중심으로 밝히고 있는 『서경書經』, 『시경詩經』을 비롯하여 『논어論語』, 『맹자孟子』, 『대학大學』, 『중용中庸』 등의 유가儒家 전적들과 차이점이 있다. 그러면 성인의 역경을 저작한 목적이 무엇인가?

그것은 성인의 역경을 저작한 의도가 무엇인가를 찾는 문제이다. 의도意圖라는 개념 자체는 미래 세계를 지향하는 것으로 뜻으로. 미래 세계를 설계함, 드러내어 밝힘이라고 할 수 있다. 그렇기 때문에 성인이 일정한 의도에 의하여 저작한 역경에는 미래 세계가 밝혀

---

61) 『周易』, 說卦篇 第二章, "昔者에 聖人之作易也에 將以順性命之理니 是以로 立天之道曰陰與陽이요 立地之道曰柔與剛이요 立人之道曰仁與義니 兼三才而兩之라 故로 易이 六畫而成卦하고 分陰分陽하며 迭用柔剛이라 故로 易이 六位而成章하나라"

져 있다. 인용문에서 역경의 저작을 과거(昔)로 그리고 저작 의도를 미래(將)로 구분하여 나타낸 까닭이 여기에 있다.

성인이 역경에서 뜻으로 밝힌 미래 세계는 성명의 이치에 순응順應하여 살아가는 세계이다. 성인이 후세의 사람들로 하여금 성명性命의 이치에 순응하여 살아가도록 하기 위하여 역경을 저작한 것이다. 역학에서는 성명의 이치에 순응하여 살아가는 사람을 이상적 인격체인 군자로 규정하고 있다. 따라서 성인이 역경을 저작한 의도는 후세의 사람들로 하여금 군자적 삶을 살아가도록 하는데 있다.

이상적 인격체인 군자가 순응해야 할 성명의 이치는 인간의 존재 근거이다. 성명의 이치를 시간의 관점에서 나타내면 과거적 본성과 미래적 사명이다. 사명은 천지 곧 시간의 관점에서의 역사적 사명과 공간적 관점에서의 사회적 역할로 그것이 본성이다. 그러므로 본성의 자각이 역사적 사명의 자각이며, 군자가 성명의 이치에 순응함은 본래성의 자각을 통하여 자각된 역사적 사명을 실천함이다.

성인이 성명의 이치를 밝히기 위하여 역경을 저작함으로써 밝힌 내용은 천도와 지도 그리고 인도이다. 그것은 성명의 이치를 밝히기 위하여 삼재의 도를 천명하였음을 뜻한다. 이는 성명의 이치가 삼재를 일관하는 근본원리임을 뜻하는 동시에 천지의 도가 성명의 이치로 집약되어짐을 뜻한다.

인용문의 뒷부분에서 삼재의 도를 표상하는 육효괘의 작용을 설명하면서 음과 양으로 나누어져서 강과 유로 질운迭運 작용을 한다고 하였을 뿐 인도의 내용인 인仁과 의義를 논하지 않은 까닭은 천지를 일관하는 원리가 성명의 이치임을 나타내기 위함이라고 할 수 있다.

성명의 이치가 삼재를 일관하는 동시에 천지의 도가 인도의 내용인 성명의 이치로 집약되어진다는 것은 성명性命, 성명의 이치(性命之理)[62]의 근거가 천지의 성정임을 뜻한다. 그것은 천지의 성정이 곧 인간의 성명임을 나타낸다. 천지의 성정은 현상적 존재인 천지의 본성을 나타내는 개념이다. 따라서 성명의 내용을 밝히기 위해서는 성명의 내용은 물론 그 존재 근거인 천지의 성정 역시 밝혀야 한다.

인용문에서는 천의 성정을 음양陰陽원리를 내용으로 하는 천도로 규정하고, 지의 성정을 강유剛柔원리를 내용으로 하는 지도로 규정하였으며, 인간의 본성을 인仁과 의義를 내용으로 하는 인도로 규정하였다. 인도의 내용이 인의원리라는 것은 성명의 내용이 인의임을 뜻한다. 성명의 구체적 내용을 논하면 인의이며, 인의의 성격을 규정하면 성명이 된다. 그

62) 性命, 性命之理는 동일한 존재이다. 性命이 형이상적 존재이기 때문에 그 원리적 측면을 강조하여 性命之理로 나타낸 것이다.

러므로 성명과 인의는 일체이다.

성명의 내용인 인의는 도덕원리이다. 따라서 성명으로 집약되어지는 삼재를 일관하는 중정의 도의 내용은 도덕원리[63]이다. 인간이 하늘로부터 부여받은 본래성[64]은 천지의 도덕성이며, 역사적 사명 역시 도덕적 사명인 것이다. 이처럼 천지의 성정이 도덕성을 내용으로 하기 때문에 천지의 성정이 주체화한 인간의 성명 역시 인의의 도가 그 내용일 수밖에 없다.

『주역』에서 천지의 성정을 신명의 덕으로 규정하고, 천지의 도를 자각하는 것을 "신명한 덕에 통하였다"[65]고 하여 중정의 도를 도덕적 존재로 규정한 까닭이 여기에 있다. 도는 사물적 존재의 존재 법칙이 아니라 인격적 존재의 존재원리로 그 내용은 도덕원리인 것이다. 『주역』에서 역도의 표상 형식인 괘효를 논한 후에 그것을 자각한 군자가 "도덕에 화순和順하여 의롭게 다스린다."[66]고 한 것은 역도의 내용이 도덕원리임을 분명하게 밝힌 것이다.

인간의 본성이 도덕원리로서의 성명이라는 것은 인간의 심성 내면의 세계를 통로로 할 때 비로소 형이상의 세계가 드러남을 뜻한다. 인간의 심성 내면과 심성 밖의 대상 사물의 세계는 모두 형이하의 세계이지만 심성 내면을 통하여 형이상의 세계에 도달할 수 있다.

인간의 주체 내적 세계와 대상 사물의 세계를 『주역』에서는 내외로 규정하고 있다. 그리고 "경敬으로 군자의 심성 내면을 곧게 하고, 의義로 사물의 세계를 방정方正하게 한다."[67]고 하여 예의禮義에 의하여 내외를 합덕合德시킨다고 하였다.

예의禮義는 성명을 구성하는 사덕四德의 내용이다. 그리고 중천건괘가 표상하는 천도의 내용을 작용의 측면에서 직直으로 규정하고, 중지곤괘가 표상하는 지도의 내용을 작용의 측면에서 방정方正으로 나타낸 것이다. 따라서 위의 내용은 인간의 사덕을 통하여 천지의 도가 작용함을 나타낸 것이라고 할 수 있다.

형이상의 세계가 인간의 심성 내면을 통하여 밝혀지기 때문에 형이상적 존재인 역도는 인간의 주체 외적 세계인 현상 사물을 통하여 밝혀지는 것이 아니라 인간의 주체 내면에서 밝혀진다. 따라서 역도의 본래적 의의를 밝혀내기 위한 형이상적 세계로의 비약飛躍, 초월

---

63) 도덕은 천의 본성인 도와 지의 본성인 덕이 하나가 된 세계를 나타내는 개념이다. 그러므로 윤리와 함께 언급되어지는 일상적인 의미의 도덕과는 그 함의가 다르다.
64) 본래성은 인간의 성명을 나타낸다. 그것은 과거적 측면에서의 본성과 미래적 측면에서의 래성을 함께 나타낸 개념이다. 래성은 곧 미래적 이상, 역사적 사명, 천명이라고 할 수 있다.
65) 『周易』, 繫辭下篇 第二章 및 第六章, "通神明之德"
66) 『周易』, 說卦篇 第一章, "和順於道德而理於義"
67) 『周易』, 重地坤卦 文言篇, "敬以直內하고 義以方外하여"

은 현상 사물의 차원에서 이루어지는 주체 외적 비약이 아니라 인간 주체 내면에서 이루어지는 내적 비약이다. 오직 인간의 주체 내면에서 이루어지는 형이하적 차원에서 형이상적 차원으로의 비약을 통하여 역도가 밝혀지는 것이다.

인간의 주체 내면에서 이루어지는 형이상적 세계로의 비약을 통하여 역도가 밝혀지는 것을 역도의 인간 주체적 자각이라고 한다. 그것은 인간 주체 내면에서 이루어지는 역도의 개명開明으로 역도가 인간을 통하여 인간이 주체성, 본래성으로 드러남이다.

역도의 인간 주체적 자각은 역도라는 근원적 존재가 인간을 매개로 하여 자신을 현현함이다. 그러므로 인간 주체적 자각은 오직 사려하고 행위하며, 삶을 영위하는 현존의 인간을 통하여 이루어진다. 지금 여기의 나를 통하여 역도가 드러남 그것이 바로 역도의 인간 주체적 자각이다.

자각은 일종의 체험, 경험이다. 그렇기 때문에 역도의 인간 주체적 자각을 체득體得이라고 하기도 한다. 그것은 자신의 몸을 통하여 드러난 것 그대로 경험, 체험이라는 의미이다. 이는 불완전한 상태와 부족한 상태 또는 없는 상태에서 외적인 어떤 것을 얻거나 완전한 상태, 충족한 상태로 변화함을 뜻하지 않는다.

그런데 삼재의 관점에서 보면 인간 본래성의 존재 근거는 천지의 도이기 때문에 인간 본래성의 자각을 통하여 천지의 도가 자각되어진다. 천지의 도는 인간의 문제로 내면화시켜서 인간의 본래성과 일체화하여 자각하였을 때 비로소 삼재를 일관하는 중정의 도로 밝혀지는 것이다. 이처럼 인간의 본래성이 주체가 되어 그것과 일체화된 천지의 도를 자각하는 것이 역도의 인간 주체적 자각이다.

역도의 인간 주체적 자각은 인간의 본래성이 주체가 되어 이루어지는 역도의 자각을 뜻한다. 따라서 역도의 인간 주체적 자각은 인간 본래성의 자각이라는 측면과 본래성과 일체화된 역도의 자각이라는 두 가지 측면이 있다.

역도를 인간 주체적으로 자각한 존재를 『주역』에서는 성인과 군자로 규정하고 있다. 그러므로 역도의 인간 주체적 자각은 역도의 성인, 군자 주체적 자각이다. 성인이 역도를 표상한 역경을 저작하였다는 것은 이미 역도를 성인 주체적으로 자각하였음을 뜻한다. 성인이 저작한 역경으로서의 『주역』을 통하여 밝혀진 내용이 인도임을 통하여 성인이 역도를 주체적으로 자각하였음을 알 수 있다.

역경을 저작한 성인이 먼저 역도를 성인 주체적으로 자각하였기 때문에 그 내용을 내세의 군자를 위하여 일정한 표상 형식을 통하여 상징적으로 나타낼 수 있었던 것이다. 따라서 역도를 자각하기 위하여 역경을 연구하는 군자 역시 역도를 인간 주체적으로 자각하여야 한다. 성인에 의한 역도의 주체적 자각에 대하여 『주역』에서는 다음과 같이 논하고 있다.

　　성인이 역도에 의하여 마음을 닦아서 현상 세계를 초월하여 성명의 깊은 곳까지 도달하여 (천지의 신명한 덕에 통하여) 길吉과 흉凶을 막론하고 백성과 더불어 그 우환을 함께 하니 신명한 덕에 의하여 미래를 알고 그것을 바탕으로 지혜로써 과거를 갈무리한다.(과거의 사건이 갖는 의미로서의 시의성을 지식으로 제시한다.)... 그러므로 천도에 밝아서 그것을 바탕으로 인사人事의 이치를 살펴서 신물神物인 도서圖書(河圖와 洛書)를 흥작시킴으로써 백성보다 먼저 사용하였으니, 성인이 이것으로 재계하여 그 덕을 신명하게 하였다.[68]

　　위의 내용을 보면 성인이 역도에 의하여 마음을 닦아서 자신의 본래성을 자각하고 더불어 천지의 도를 자각함으로써 그것을 자신의 덕으로 주체화하였음을 알 수 있다. 성인이 역도로 마음을 재계하여 자신의 덕을 신명하게 하였던 것이다. 성인이 역도에 의하여 마음을 재계함으로써 천지의 성정인 신명한 덕에 통하는 것을 보다 구체적으로 논하고 있는 것이 『주역』의 다음과 같은 부분이다.

　　역도는 생각함이 없고, 행위함이 없어서 (현상의 사물에 얽매여) 움직임이 없이 고요할 때 비로소 천지의 성정을 느껴서 마침내 천하의 변고 즉 천지의 변화 원리에 통하게 된다.[69]

　　무사无思, 무위无爲하여 적연부동寂然不動하다는 것은 성인이 세심洗心하여 재계齋戒함을 뜻한다. 이러한 재계를 통하여 도덕성을 본성으로 하는 천지의 성정에 감통하게 되고 그것을 통하여 천하의 변고를 자각하게 된다.

　　무사와 무위는 생각함이 없고, 아무것도 함이 없음을 뜻하는 것이 아니다. 무사는 생각을 하더라도 그 생각에 얽매임이 없음을 뜻한다. 그리고 무위는 어떤 행위를 하더라도 행위 자체는 물론 그와 관련된 그 어떤 것에도 얽매임이 없음을 나타낸다. 그러므로 무위는 무사의 상태에서 이루어지는 행위라고 할 수 있다. 이처럼 무사, 무위의 상태를 적연부동이라고 하였다.

　　무사와 무위가 이루어지기 위해서는 마음속에서 나와 남을 구분하여 분별하는 마음이 없어야 한다. 이는 나라는 생각으로서의 아상我相이 사라진 상태이다. 이러한 상태는 인위적으로 도달하거나 만들어지는 것이 아니라 본래 그러하다. 그것은 마음과 몸 그리고 본성이 일체가 된 상태이다.

　　그것을 마음의 측면에서는 나타낸 것이 무사이며, 몸의 측면에서는 나타낸 것이 무위이

---

68) 『周易』, 繫辭上篇 第十一章, "聖人이 以此로 洗心하여 退藏於密하며 吉凶에 與民同患하여 神以知來하고 知以藏往하나니...是以로 明於天之道而察於民之故하여 是興神物하여 以前民用하니 聖人이 以此齋戒하여 以神明其德夫인져"
69) 『周易』, 繫辭上篇 第十章, "易은 无思也하며 无爲也하여 寂然不動이라가 感而遂通天下之故하나니"

다. 무사의 측면에서 보면 사적私的인 마음이 없는 점에서 공심空心이며, 본성이 그대로 발현된 마음이라는 점에서 공심公心, 도심道心이고, 천지의 마음이 곧 자신의 마음인 점에서 공심共心이라고 할 수 있다.

몸의 측면에서 보면 무위는 때에 적중하는 시중時中된 언행言行이다. 말을 해야 할 때 반드시 필요한 말을 하고, 말을 하지 말아야할 때 하지 않으며, 무엇인가의 행위를 해야 할 때 하고, 하지 말아야 할 때 하지 않는 것이다. 그것은 아버지 노릇을 해야 할 때 아버지로 자신의 본성을 드러내고, 자식이 되어야할 때 자식으로 본성을 드러내는 것이다.

천하의 연고는 천하의 이치로 그것을 감통한다는 것은 천하의 이치와 내 본성이 둘이 아니기 때문에 본성 안에서 드러남을 뜻한다. 그것은 본성 자체의 발현이라는 점에서 자득自得이고, 이성적 사고에 의하여 습득되어지는 지식이 아닌 점에서 지혜智慧라고 할 수 있다.

또한 도, 역도라는 근원적 존재가 개체적 존재인 군자에 의하여 군자의 언행, 사고로 드러나는 점에서 역도의 자기 분화分化 곧 변화이다. 그리고 개체적 존재의 측면에서는 매 순간으로 그 때 그곳에서 자신을 새롭게 창조하는 것이다.

군자 역시 성인과 같이 역도를 인간 주체적으로 자각한 존재이다. 다만 군자가 역도를 주체적으로 자각하는 구체적인 방법은 성인과 다르다. 성인은 직접 천지의 성정이 존재 근거가 되어 나타난 천지 만물의 변화 현상을 보고 역도를 인간 주체적으로 자각하지만 군자는 성인이 역경을 통하여 밝혀놓은 천지의 도를 학문을 통하여 연구함으로써 역도를 인간 주체적으로 자각하게 된다.

그것은 성인과 군자의 본성이 다르거나 능력의 차이에 의하여 그러는 것이 아니라 주어진 사명에 따라서 그러한 것이다. 먼저 깨달아서 뒤의 사람들을 깨닫게 하는 선각자적 사명을 수행한 존재가 성인이라면 성인이 밝힌 진리를 실천하여 구현하는 사명을 가진 존재가 군자이다. 그러므로 성인이 없으면 역도가 밝혀지지 않고, 군자가 없으면 실천되어지지 않는 점에서 양자는 일체적 관계이다.[70]

군자가 역경을 연구할 때 반드시 필요한 것은 성인이 역경을 통하여 밝힌 천지의 도에 대한 믿음이다. 『주역』에서는 "군자가 한결같은 순수한 마음으로 역경에 대하여 믿음을 갖는 것이 덕을 향상시키는 방법"[71]이라고 하였다. 군자의 덕을 향상시키는 것은 자신의 본

---

70) 본래 시간이라는 존재가 없기 때문에 시간적 측면에서 선각자로서의 성인과 후각자로서의 군자가 동시에 존재한다. 그렇기 때문에 성인과 군자의 구분이 없다. 그러나 이해를 돕기 위하여 성인과 군자를 구분하여 나타낸 것이다.

71) 『周易』, 重天乾卦 文言, "忠信이 所以進德也"

성과 천도를 자각하는 것이기 때문에 오로지 자신의 문제이다.

그러나 자신이 스스로 본성이라는 근원적인 존재가 있는지 그리고 천도가 무엇인지 그것과 본성의 관계는 어떤지 등의 형이상적 문제를 알기가 어렵다. 다시 말하면 스스로 믿음을 갖고 덕을 향상시키기가 어렵다. 그렇기 때문에 먼저 그 길을 걸어감으로써 몸소 보여준 성인의 도움을 통하여 그것이 가능하게 된다.

군자보다 먼저 군자가 걸어야할 길을 보여준 성인의 삶과 그들이 자각한 내용을 담고 있는 것이 이른바 경전이다. 역학의 관점에서 역도를 자각하고 그것을 실천하면서 살아간 성인의 삶과 자신의 체득한 내용을 담고 있는 것이 역경이다. 그렇기 때문에 군자가 믿음을 통하여 덕을 향상시키기 위해서는 역경을 연구하지 않을 수 없다.

『주역』에서는 "성인이 경전을 통하여 전한 말씀을 닦아서(연구하여) 자신의 주체성을 세운다.[72]고 하였다. 그리고 군자가 역도를 인간 주체적으로 자각하는 과정을 다음과 같이 밝히고 있다.

> 성인이 역경을 통하여 밝혀놓은 천지의 도와 인간의 성명性命에 대한 믿음을 바탕으로 그것을 따르겠다는 뜻을 세우고, 군자보다 앞서 역도를 인간 주체적으로 자각한 성인의 가르침을 숭상崇尙하고 그말씀과 행동을 쫓아서 역도를 연구한다.[73]

위의 내용을 언급하기 전에 하늘이 돕는 사람은 순응하는 사람이며, 성인이 돕는 사람은 믿음을 가진 사람이라고 하였다. 이는 하늘이라는 물리적인 대상이 있어서 그가 사람을 돕는다거나 이미 죽은 성인이 돕는다는 것이 아니라 본래 천지와 만물이 나와 더불어 일체이기 때문에 형이상의 근원적 존재인 하늘을 주체로 하고, 천과 더불어 일체가 되어 삶을 살아간 성인을 주체로 할 때 비로소 천지와 만물이 일체임을 알게 됨을 뜻한다.

성인의 말씀에 대한 믿음을 바탕으로 성인의 말씀을 통하여 밝혀진 천지의 도에 순응하고자 하는 뜻을 세우고 그것을 바탕으로 역경을 연구하였을 때 비로소 성인 곧 자신의 본성의 도움을 받아서 자신을 체험하고 더불어 천지의 도를 자각하게 되는 것이다.

천도에 순응하여 살고자 하는 뜻을 세운 군자가 반드시 해야 할 일이 역경의 연구임을 『주역』에서는 다음과 같이 구체적으로 논하고 있다.

> 그러므로 군자가 거주하여 편안하게 머물 곳은 중괘重卦의 서괘序卦원리이며, 즐겨 완미玩味해

---

72) 『周易』, 重天乾卦 文言, "修辭立其誠이 所以居業也"
73) 『周易』, 繫辭上篇 第十二章, "易曰 自天祐之하여 吉无不利라하니 子曰 祐者는 助也이니 天之所助者는 順也오 人之所助者는 信也이니 履信思乎順하고 又以尙賢이라 是以로 自天祐之吉无不利也니라."

야 할 것은 효사爻辭이다. 그러므로 군자가 거처에 머물 때는 괘상卦象을 보고, 언사言辭를 완미玩味하며, 움직일 때는 효爻의 변화變化를 보고 그 점사占辭를 완미한다.[74]

위의 내용을 보면 군자는 그 거처에 머물러 역경을 연구하거나 행동을 할 때도 역도를 연구하여 언제나 역도와 더불어 일체가 되어야 비로소 체득할 수 있음을 알 수 있다.

역도는 도덕원리이기 때문에 성인과 군자에 의하여 주체적으로 자각되어짐으로써 그것이 자각의 주체에게는 인격적 존재로부터 주어지는 명령으로서의 천명으로 자각된다. 이러한 천명은 성인과 군자의 존재 근거로 그것이 성인과 군자의 주체성이 된다. 따라서 천명의 내용에 따라서 성인과 군자가 구분되어진다.

이때의 명령은 자유의지에 의하여 이루어진다. 다시 말하면 군자가 역도를 체득하면 모든 존재가 일체임을 알고 모든 존재를 일체로 대하는 자비慈悲, 인仁을 실천하게 된다. 그것이 바로 천명이라는 우주적 역할이다. 그러므로 그것은 누가 누구에게 주는 반드시 해야 할 것으로서의 명령이 아니다. 그런 점에서는 성인과 군자를 막론하고 스스로 그러한 우주적 사명을 자임自任하였고, 창조創造하였으며, 그것이 그대로 천명이 되었다고 할 수 있다.

성인은 역도를 인간 주체적으로 자각하여 그것을 말씀을 통하여 미리 밝힐 사명을 자임自任한 존재이다. 그러므로 역도를 밝힌 역경을 저작할 천명은 선천적 존재인 성인에게 부여된 것이다.

그러나 군자는 성인이 역경의 저작을 통하여 미리 밝힌 역도를 현실에서 실천하여 구현해야 할 역사적 사명을 자임自任한 존재이다. 그러므로 군자는 성인이 저작한 역경을 통하여 자신의 본래성을 자각하는 동시에 본래성과 일체화된 역도를 자각하게 된다.

성인과 군자가 자각한 인간 본래성은 본성本性과 내성來性으로 구분하여 이해할 수 있다. 본성은 과거시간의 근거인 과거성過去性이라면 내성은 미래시간의 근거인 미래성未來性이다. 이 때 본성은 글자 그대로 본성이며, 내성은 미래적 이상으로서의 이른바 천명을 가리킨다.

『주역』에서는 인간 본래성을 과거적 본성으로서의 성性과 미래적 이상으로서의 명命으로 구분하여 성명性命, 성명의 이치로 규정하고 있다. 본래성이라는 개념이 보여주듯이 성명은 일체적 존재이다.

그런데 과거성과 미래성이 일체화된 것은 현재시간의 근거인 현존성現存性이다. 그런 점에서 보면 인간은 현존성을 근거로 하는 현재적 존재이다. 인간의 본래성을 시간의 존재근

74) 『周易』, 繫辭上篇 第二章, "是故로 君子이 所居而安者는 易之序也요 所樂而玩者는 爻之辭也이니 是故로 君子이 居則觀其象而玩其辭하고 動則觀其變而玩其占하나니 是以로 自天祐之하여 吉无不利하나니라"

거인 시간성時間性을 중심으로 살펴보는 까닭은 시간성이 역도 자체의 본성인 동시에 인간의 주체성으로 내재화한 본래성 역시 그 본질이 시간성이기 때문이다.[75]

시간성은 시간의 존재근거로 형이상적 존재이다. 그것은 각 시간의 관점에서 나타내면 매 시간의 존재의의로 그것을 시의성時義性이라고 한다. 그렇기 때문에 시간성과 시의성時義性은 같은 존재를 다른 관점에서 나타낸 것이다.

시간성을 언급하게 된 까닭은 시의성時義性을 나타내기 위함이다. 시의성은 시간의 의미, 뜻을 그 시간의 관점에서 나타낸 것이다. 그것은 시간을 통하여 본래의 세계, 도 자체의 세계가 영원함과 항상함을 나타내기 위함이다.

또한 본래의 세계가 자신의 본성을 그대로 고집하지 않고 스스로를 변하여 새로운 다른 존재로 화하는 탈자현상을 나타내기 위함이다. 매 순간 자신을 분화하여 새롭게 드러내는 근원적 존재의 특성을 나타내는 개념이 시의성인 것이다.

시간성과 시간은 체용의 관계이다. 그것은 도와 기의 관계로 일체적이면서도 구분되어지는 관계이다. 『주역』을 비롯하여 유가의 전적들 가운데 시時라는 개념을 통하여 이 두 개념이 표현된다. 그러므로 '시時'라는 개념은 형이상의 관점에서 시간성, 시의성으로 이해할 수도 있고, 형이하적 관점에서 물리적 시간으로 이해할 수도 있다.

시간성은 도의 특성을 나타내는 개념이다. 시간성의 본질에 의하여 시간으로 자화自化하게 되고, 그것이 시간의 흐름으로 나타나며, 시간의 흐름에 의하여 만물이 생성되고, 소멸되는 현상으로 나타난다.

『주역』에서는 변화를 논할 때 과거와 미래, 현재라는 시간의 세 양상을 중심으로 논하거나 천과 지 그리고 인이라는 공간의 삼재를 중심으로 논하고 있다. 도를 시간을 중심으로 나타내면 시간성, 시의성이고, 시간성을 공간적 측면에서 나타내면 도라고 할 수 있다. 시간성을 중심으로 도를 나타낸 것이 바로 중천건괘이며, 공간성을 중심으로 도를 나타낸 것이 바로 중지곤괘이다.

시간성, 시의성은 모두 형이상적 존재이다. 그리고 시간성의 원리, 시의성의 원리라고 하는 것은 그것을 원리적 측면에서 나타낸 것이다. 이는 성명을 원리적 측면에서 나타내어 성명의 이치라고 하는 것과 같다. 따라서 양자의 의미는 다르지 않다.

인간의 본래성의 특성이 시간성임을 확인할 수 있는 것은 오직 인간만이 시간을 의식할

---

75) 사실 時間이 없기 때문에 時間性이라는 것도 없고 그리고 미래성, 종말성과 과거성 태초성도 없다. 그 양자가 現存性으로 집약된다는 것 자체가 시간은 영원한 현재, 영원한 지금 밖에 없으며, 그것을 구분하여 각각 과거와 미래라는 개념을 형성함으로써 과거성과 미래성이 언급된 것이다. 마찬가지로 본성과 내성이라는 것도 사실은 동일한 존재를 구분하여 나타낸 것에 불과하다.

수 있을 뿐만 아니라 그것을 바탕으로 진리를 문제로 삼아서 그 답을 추구할 수 있다는 점이다. 시간의식을 통로로 하여 시간의 존재 근거인 시간성의 세계에 도달할 수 있는 유일한 존재가 인간인 것이다. 시간을 따라서 도달된 시간의 존재근거로서의 시간성의 세계는 인간의 본래적 지평으로서의 성명의 세계이자 천지의 본성으로서의 도덕성의 세계이다.

인간 본래성의 내용이 시간성이기 때문에 성인, 군자가 자신의 본래성과 일체화시켜서 자각한 역도의 내용 역시 시간성일 수밖에 없다. 성인, 군자에 의하여 주체적으로 자각되어진 역도의 내용은 시간성의 원리인 것이다.

시간성은 천지의 도의 내용을 논한 것으로 그 내용은 천지의 성정으로서의 도덕성이며, 그것이 바로 인간의 본래성으로서의 인격성이다. 인격성은 인간의 인간다운 소이로서의 형이상적 존재인 성명을 지칭한 것으로 그 내용은 역시 시간성이며, 그 본성은 천지의 성정인 도덕성이다.

성인이 인간 주체적 자각을 통하여 밝힌역도의 내용이 시간성임을 『주역』에서는 다음과 같이 밝히고 있다.

> 역易의 글됨이 시초始初에 근원하여 종말終末을 밝힘을 그 바탕으로 삼는다. 그러므로 육효六爻가 서로 섞여서 변화함으로써 나타내는 것은 시간의 의미로서의 시의성時義性이다.[76]

위의 내용을 보면 성인이 역경을 통하여 드러내어 밝히고자 하는 내용이 시간과 관련된 것임을 알 수 있다. 시초와 종말이라는 개념 자체가 바로 시간과 관련된 개념이기 때문이다. 이 때 시종의 개념을 이해하기 위해서는 종시를 함께 이해하여야 한다. 하나의 사건이 끝나고 새로운 사건이 시작되는 종시에 의하여 새로운 사건이 시작되고 끝이 나는 시종이 이루어진다.

이를 『주역』의 육십사괘를 구성하는 하나의 중괘重卦를 중심으로 이해하면 다음과 같다. 시종始終은 초효初爻로부터 시작하여 상효上爻에 이르는 육효六爻를 통하여 표상된다. 그렇기 때문에 육효가 바로 시간의 위치를 나타내는 시위라고 하였다.

육효가 표상하는 내용이 시종이라고 할 때 상효와 초효의 관계는 종시終始의 관계이다. 이 때 시종의 관계를 중심으로 중괘를 이해하는 것은 육효를 중심으로 중괘를 이해하는 것이다. 반면에 종시의 관계는 괘 자체의 측면에서 중괘를 이해하는 것이다.

그것을 삼효괘를 중심으로 나타내면 상괘上卦에서 하괘下卦로의 변화가 종시변화이며, 초

---

76) 『周易』, 繫辭下篇 第九章, "易之爲書也 原始要終 以爲質也 六爻相雜 唯其時物也"

효에서 상효로의 내괘內卦에서 외괘外卦로의 변화가 시종의 변화이다. 이러한 시종과 종시는 동일한 존재를 형이상과 형이하의 두 측면, 곧 시의성와 시간의 측면에서 나타낸 것으로 그것을 통하여 삼재의 변화가 표상된다.

시간의 변화와 그것으로 인하여 나타나는 삼재의 변화는 모두 물리적인 변화이다. 그것은 모두 형이하적 변화이다. 따라서 괘효를 통하여 표상하고자 하는 내용은 현상의 변화법칙을 밝히려는 것이 아니라 형이상의 역도를 나타내는 것이다.

역도, 변화의 도가 형이상적 존재라는 점에서 시간이나 공간이라는 형이하적 차원에서 『주역』을 이해하는 것은 그 본질이 아니라고 할 수 있다. 다시 말하면 시간을 중심으로 미래의 사건을 예측하거나 공간적 측면에서 변화를 예측하는 것만으로 『주역』을 이해하는 것은 한계가 있음을 의미한다.

역도를 달리 말하면 시간성, 시간성의 원리로 그것을 시간을 매개로 하여 나타내면 종시원리가 된다. 이 때 시간을 매개로 시간성을 나타낼 수밖에 없는 까닭은 시간성이 형이상적 존재이기 때문에 그것을 그대로 드러낼 수 없어서 형이하적 존재 곧 사물을 통하여 상징적으로 나타낼 수밖에 없을 뿐만 아니라 시간성이 시간으로 나타나기 때문이다.

시간성을 시간을 매개로 나타낸 것이 종시원리이다. 그것은 미래에서 과거를 향하여 흐르는 시간의 작용을 통하여 순順의 작용을 표상한 것이다. 다시 말하면 천도를 그 작용을 통하여 종시로 표현한 것으로 그것을 여섯 시위를 나타내는 육효를 통하여 시종으로 나타낸 것이 육효로 구성된 중괘이다.

시간성의 원리를 시종의 시위에 의하여 상징적으로 나타냄으로써 육효가 성립된 것이기 때문에 육효가 표상하는 내용은 시의성이다. 육효가 서로 섞여서 음양으로 변화함으로써 표상하는 것이 시의성이라고 함이 바로 그것이다. 육효가 나타내는 시위時位가 시간성임을 『주역』에서는 다음과 같이 밝히고 있다.

> 성인이 시간성의 원리인 종시원리를 주체적으로 자각하여 그것을 시종의 여섯 시위에 의하여 상징적으로 표상함으로써 육효가 형성된다. 그러므로 (성인이 저작한 역경을 통하여 시간성의 원리를 주체적으로 자각한 군자는) 육효가 나타내는 시위의 변화에 의하여 표상되는 시간성의 원리에 부합되도록 천시天時를 받들어 행行하게 된다. 군자는 시의성에 부합하는 언행에 의하여 삶을 살아가게 된다.[77)]

성인이 시간성의 원리인 종시원리를 주체적으로 자각하여 그것을 시종의 여섯 시위로

---

77) 『周易』, 重天乾卦 文言篇, "大明終始하면 六位時成하나니 時乘六龍하여 以御天하나니라"

표상하였는데 그것이 바로 육효이다. 따라서 육효의 변화를 통하여 표상되어지는 것은 성인 주체적으로 자각되어진 시간성의 원리이다.

시간성의 원리에 순응하는 인격적 존재인 군자의 삶의 원리를 여섯 시위에 의하여 표상한 것이다. 그러므로 군자가 육효가 표상하는 시의성에 부합하는 삶을 살아감으로써 시간을 주관한다고 하였다.

시간성의 원리를 표상하는 형식은 역수曆數이다. 역수는 연월일시의 시간을 나타내는 형식으로 그것이 나타내는 것은 미래의 시간이다. 이와 달리 과거의 역사를 기록하고 있는 것은 역사이다. 그런 점에서 보면 역수와 역사는 서로 다른 측면이지만 일체적 관계라고 할 수 있다.

시간성, 역도, 변화의 도가 역수에 의하여 표상되기 때문에 표상형식을 중심으로 역도를 나타내면 역수원리라고 할 수 있다. 『정역』에서 "역도는 역수원리이다."[78]라고 규정한 까닭이 여기에 있다. 뿐만 아니라 『논어』와 『서경』에서도 천도의 내용이 역수원리임을 밝히고 있는데 그 내용을 보면 다음과 같다.

> 천天의 역수가 네 몸에 있으니 진실로 그 중심을 잡으라. 사해四海가 곤궁하면 천록天祿이 영원히 끊어질 것이다.[79]

> 천天의 역수가 네 몸에 있으니 네가 마침내 원후元后가 될 것이다. 인심은 위태롭고 도심道心은 은미隱微하여 드러나지 않으니, 오직 네 마음을 순수하고 한결같이 하여야 진실로 그 중中을 잡을 것이다. 사해가 곤궁하면 천록이 영원히 끊어질 것이다.[80]

위의 인용문은 『논어』의 내용이며, 아래의 인용문은 『서경』의 내용이다. 양자의 내용이 서로 같지만 『서경』의 내용이 보다 자세하게 설명하고 있는 점에서 『서경』의 내용을 중심으로 이해하는 것이 필요하다.

먼저 "하늘의 역수가 네 몸에 있다."에서는 순舜과 우禹라는 개체적 존재를 통하여 보편적인 진리를 밝히고 있다. 역수는 시간을 나타내는 형식으로 그것은 하늘의 도의 내용이 역수원리임을 밝힌 것이다. 그리고 그것이 인간의 몸에 있다는 것은 천도인 역수원리가 인간을 비롯한 모든 존재의 본래성으로 주체화하였음을 뜻한다.

---

78) 金恒, 『正易』, 大易序, "易者는 曆也이니"
79) 『論語』, 堯曰篇, "天之曆數가 在爾躬하니 允執其中하라 四海困窮하면 天祿永終하리라!"
80) 『書經』, 大禹謨篇, "天之曆數가 在汝躬하니 汝終陟元后하리라 人心惟危하고 道心惟微하니 惟精惟一이라사 允執厥中하리라...四海困窮하면 天祿永終하리라!"

다음 부분의 "진실로 그 중을 잡아라."는 개체적 관점에서 자신의 중심이자 주체인 본래성을 자각하라는 것이다. 그것이 마음 가운데서 이루어지는 일임을 파악할 수 있는 것은 도심이 은미하고 인심이 위태롭기 때문에 오직 정밀하게 마음을 살펴서 한결같게 해야 한다는 부분이다.

집중執中을 해야 할 까닭은 집중執中이 되지 않으면 인심을 사용하기 쉽기 때문이다. 도심이 은미하여 날 드러나기 않는다는 것은 '정일'의 방법을 통하여 집중하지 않으면 도심이 나타나지 않고 인심으로 작용하게 됨을 뜻하는 것이다.

인심은 변덕이 심한 마음으로 오로지 이익에 따라서 움직이는 마음이다. 그것은 시비, 선악을 끊임없이 분별하고 집착하는 마음이기 때문에 사람답게 살아가는 중심이 될 수 없는 점에서 위태롭다고 하였다.

도심은 집중이 되었을 때 드러나는 마음이다. 그것은 지혜로운 마음이며, 자비로운 마음이다. 그것을 유가儒家의 전적에서는 도덕심道德心이라고 하고, 양심良心이라고 하며, 정심正心이라고 한다.

집중의 방법인 '유정유일惟精惟一'의 '유정惟精'은 마음의 작용을 바라보면서 그 방향을 바로잡는 것이라고 할 수 있다. 다시 말하면 마음이 무엇에 의하여 일어나는지 어디로 향하는지를 살펴보고 그 근원으로 돌려서 하나로 함을 뜻한다. 반면에 '유일惟一'은 그러한 작용이 계속 이어져서 한결같음을 뜻한다. 그것은 마음의 방향과 내용을 하나로 하여 그러한 상태가 그대로 유지되게 하는 것이다.

집중을 하게 되면 자신의 본래성으로서의 성명을 자각하는 동시에 천도의 내용인 역수원리를 자각하게 된다. 이처럼 집중이 가능한 존재근거는 천도의 내용인 역수원리이다. 그렇기 때문에 『정역』에서는 "역수원리가 없다면 성인이 존재할 수 없다."[81]고 하여 역수원리가 성인의 존재 근거임을 밝히고 있다.

역수원리를 인간 주체적으로 자각함으로써 그 본성으로서의 성명이 밝혀진다. 인간 주체적으로 자각되어진 역수원리의 내용이 인도로서의 성명性命인 것이다. 성명은 형이상적 존재로 형이하의 삼재 세계에서 본성으로 존재하기 때문에 그것을 표상하기 위해서는 역수와 다른 표상 형식을 취하지 않을 수 없다.

성명을 표상하는 형식은 괘상卦象으로 그것은 역수원리를 공간적 관점에서 대상화, 객관화하여 나타낸 것이다. 따라서 역도를 표상하는 형식은 역수와 괘상이다. 그러므로 역도는 역수원리와 그것을 다시 객관화하여 표상한 괘상원리이다. 『주역』에서는 역수원리와 괘상

---

81) 金恒, 『正易』, 大易序, "无曆이면 无聖이요"

원리에 대하여 다음과 같이 논하고 있다.

> 옛 성인이 역경을 저작할 때 그윽이 천지의 본성인 신명을 자각하여 그것을 하도와 낙서로 표상하였는데, 그것은 천지의 수에 의하여 삼천양지參天兩地를 내용으로 하는 역수원리로 표상한 것이다. 역수원리의 내용인 일월(음양)의 변화원리를 보고 그것을 표상하는 괘상을 세웠으며, 괘상이 세워짐으로써 음양이 체가 되어 작용하는 강유원리를 나타내는 효상爻象이 형성되었다. 그러므로 역수와 괘상을 동하여 표상된 역수원리의 내용인 도덕원리에 화순和順하여 만물을 의義롭게 다스리고자하는 뜻을 세우고 역경에 표상된 이치를 궁구하여 자신의 본래성을 자각하고 그것을 통하여 본래성과 일체화된 역수원리를 자각함으로써 자신에게 주어진 역사적 사명을 자각하게 된다.[82]

위의 내용을 살펴보면 크게 성인에 의하여 역도가 역수와 괘효를 통하여 표상되어지는 과정과 군자가 역경을 어떻게 활용할 것인지를 밝히고 있는 두 부분으로 나누어 볼 수 있다.

첫째 부분에서는 성인이 신명에 통하여 그것을 역수에 의하여 표상하였는데 그것이 바로 삼천양지로 표상된 하도와 낙서이며, 그것을 다시 물건의 관점에서 괘효를 통하여 표상하였음을 밝히고 있다.

둘째 부분에서는 군자가 역수원리의 내용인 도덕원리에 화순하여 사물을 의義롭게 다스리고자 하는 뜻을 세우고, 역경에 표상된 괘상원리를 연구하여 자신의 본래성을 자각하는 동시에 자신에게 주어진 역사적 사명을 자각하게 됨을 밝히고 있다.

앞에서 살펴본 바와 같이 역도의 내용인 역수원리를 근거로 인간의 본래성이 형성되며, 성인이 역수원리를 인간 주체적으로 자각함으로써 성명이 밝혀지고, 성인이 밝힌 역수원리와 성명의 이치를 밝히기 위하여 역경이 쓰였으며, 그것을 바탕으로 형성된 학문이 역학이다. 따라서 역도의 본래적 의의를 밝히기 위해서는 역수원리를 밝히는 것이 급선무라고 할 수 있다.

도서[83]를 통하여 밝혀진 역수원리의 구체적인 내용을 밝힌 전적은 한국韓國 유학자儒學者인 김항金恒에 의하여 저작된『정역正易』이다. 그리고 괘효원리의 내용인 성명의 이치를 밝힌 전적은 복희伏犧와 문왕文王, 주공周公, 공자孔子에 의하여 저작된『주역』이다.

『정역』에서는 역도를 역수원리[84]로 규정하고『주역』에서 역도를 괘상원리[85]로 규정하

---

82) 『周易』, 說卦篇 第一章, "昔者聖人之作易也에 幽贊於神明而生蓍하고 參天兩地而依數하고 觀變於陰陽而立卦하고 發揮於剛柔而生爻하니 和順於道德而理於義하며 窮理盡性하여 以至於命하니라"

83) 圖書는 하도河圖와 낙서洛書를 줄여서 함께 부르는 개념이다. 앞으로 하도와 낙서를 병칭할 때는 도서라는 개념을 사용하고자 한다.

여 그 점을 밝히고 있다. 그러므로 역도의 본래적 의의를 밝히고자 하는 역학의 학문적 탐구는 『정역』과 『주역』을 중심으로 이루어지는 것이 바람직하다.

한대漢代 이후 역도의 본래적 의의가 밝혀지지 않은 것은 『정역』에서 밝히고 있는 신명원리, 역수원리를 근거로 역도를 연구하지 못하였음을 뜻한다. 그것은 한대 이후의 역학의 연구가 공간적 관점에서 삼재의 도를 추구하는데 그쳤음을 나타낸다.

공간적 관점에서 삼재의 도를 연구함은 인간의 본성으로서의 성명, 성명의 이치를 연구함으로 그것이 심화되어 우주의 만물의 근원의 차원에까지 이르지 못할 때 자만심, 교만심, 인간 이기주의에 빠질 위험이 있다.

성명의 이치를 추구하다보면 개체적 존재의 본성인 인간 본래성이 모든 인간의 본래성임에도 불구하고 오로지 자신만의 본래성으로 착각하게 된다. 그것은 여전히 나와 남을 구분하여 별개의 존재로 보는 형이하적 사고를 벗어나지 못한 것이다.

오늘날의 세계가 안고 있는 모든 문제는 인간이 육신肉身을 자신으로 여기는 무지無智에서 비롯된 것이다. 그것은 인간 본래성 그것이 바로 자신이며, 인간의 본래성이 만물의 본래성이자 우주의 본래성이기 때문에 온 우주의 모든 존재가 일체임을 모르기 때문에 빚어지는 현상이다.

도서圖書를 통하여 표상된 역수원리의 관점에서는 모든 존재가 자신의 정체성을 파악하는 체험이 위주가 되어 살아가는 삶을 선천先天으로 규정하고 있다. 그것은 음력陰曆과 양력陽曆이 분리되어 서로 맞지 않아서 인위적으로 윤달을 추가하여 음양의 균형을 맞추는 것과 같다.

그러나 선천도 역시 원천原天이라는 근원적 세계의 나타남이다. 후천이라는 음양이 조율調律되어 하나가 된 세계만이 이상적 세계가 아니라 선천과 후천이 모두 원천이라는 근원적 세계의 현현이라는 점에서 일체적이다.

한대 이후의 역학사가 천도의 관점에서 역수원리를 드러내지 못한 것이나 그로 인하여 성명의 이치마저도 올바로 파악하지 못하고 있는 것도 역시 그릇된 것이 아니라 역도의 자기 전개과정이다.

그것은 역학을 통하여 이루어지는 삶의 주체인 사람으로서의 우리 자신의 본성과 그 존재근거인 천지의 본성에 대한 탐구가 궁극에 이르지 않았음을 뜻한다. 그동안 인류는 참자기로서의 본성 곧 우주와 만물의 근원으로서의 역도 자체의 관점에서 삶이 이루어짐을 인식하지 못하고 오로지 개체적인 의지, 뜻에 의하여 이루어지는 것으로 착각하고 살아왔다.

---

84) 金恒, 『正易』, 大易序, "易者曆也"
85) 『周易』, 繫辭上篇 第三章, "易者象也"

　자신과 자신에 의하여 이루어지는 삶 그리고 삶의 터전으로서의 세계에 관한 이해를 끊임없는 체험을 통하여 확인하고 확장해가는 과정에 있었던 것이 지금까지의 인류의 역사였다고 할 수 있다. 물리적 세계를 추구하는 과학을 중심으로 물질문명을 극도로 발달시켜 왔던 것이 지금까지의 인류의 역사였던 것이다.

　그러나 이제는 도생역성을 바탕으로 한 역생도생의 관점에서 선천과 후천을 회통하고, 삼재를 합덕合德 성도成道히는 군지의 삶, 회통과 융합의 삶, 통합의 삶, 일체를 바탕으로 다양한 모든 존재의 가치를 존중하고 함께 살아가는 평화와 공존의 삶, 모든 존재들을 또 다른 자신으로 대하면서 살아가는 사랑의 삶을 살아야할 때이다.

제 **이** 장

김일부의 생애와 학문연원

앞에서 우리는 역학이라는 학문을 하는 것이 우리의 삶과 어떤 관계인지 그리고 역학의 학문적 탐구 주제가 무엇이며, 그것을 탐구하는 방향과 방법이 무엇인지를 개략적으로 살펴보았다.

지금부터는 『정역』을 이해하기 위하여 저자인 김일부의 생애와 학문의 연원에 대하여 살펴보고자 한다. 『정역』을 고찰하기에 앞서 저자인 김일부의 생애와 학문적 연원을 살펴보는 일이 필요한 까닭은 일차적으로는 어떤 저작이든 저자의 삶과 학문함을 벗어나서 존재할 수 없기 때문이다.

그러나 그의 삶과 학문 연원을 살펴보아야할 중요한 또 하나의 문제는 그동안 『정역』이 그 자체로 연구되고 평가되어지지 못하고 외적인 요소를 중심으로 평가되고 이해되어 왔다는 점이다. 일부의 사람들이 김일부를 유사종교類似宗教 활동을 한 교주教主로 잘못된 견해를 제기함으로써 『정역』이 유사종교의 교서로 오해를 받게 되었다.

그것은 김일부의 제자, 사위와 같은 주변의 가까운 사람들이 개인적인 욕심을 채우기 위하여 『정역』을 종교적인 활동에 이용함으로써 빚어진 결과이다. 뿐만 아니라 오늘날에도 『정역』과 관련이 없는 사람들까지도 『정역』을 종교적으로 악용하여 『정역』을 학문적 관점에서 순수하게 연구하는 사람들마저도 유사종교 활동자로 오해하도록 만들었다.

김일부는 평생 초야에 묻혀서 오로지 학문을 연마하여 『정역』을 저작하고 제자들을 통하여 그것을 세상에 전하고자 했던 지극히 단순한 삶을 살았다. 세상에 자신을 드러내지 않고 살았던 그의 삶의 양태 때문에 그의 삶을 왜곡하기가 쉬울 뿐만 아니라 『정역』의 내용과 형식이 일상의 저작들과 달라서 그 내용을 올바로 파악하기가 어려운 점이 『정역』을 마음대로 천단하여 악용할 수 있었던 것이 아닌가 추측된다.

무엇보다도 결정적인 문제는 『정역』이 역학 서적이기 때문에 그것의 예언적인 측면을 부각시켜서 이용할 수 있었다는 점이다. 필자가 이해하고 있는 바로는 일반적으로 이해하고 있는 점术의 의미는 역학 본래의 의미와는 다를 뿐만 아니라 『정역』의 내용과도 서로 다르다.

그럼에도 불구하고 『정역』이 쓰여 질 당시인 조선 말기의 상황이 국내외적으로 어려웠기 때문에 오히려 백성들을 오도하기가 쉬웠을 것으로 생각된다. 당시는 조선의 국세가 점점 쇠약해지면서 백성들에게는 미래가 보이지 않았던 암울한 때이다. 이 때 후천后天 개벽開闢이 이루어져서 새로운 세상이 열린다는 『정역』의 내용을 이용하면 혹세무민惑世誣民하기에 안성맞춤일 뿐만 아니라 대중들을 지배하고 통제하는 수단으로 효과적일 수 있었을 것이다.

그러나 평생 『정역』과 『주역』을 연구한 충남대학교의 유남상柳南相 교수의 연구 성과에 의하면 김일부는 평생 스스로 유사종교 활동을 한 적이 없다. 또한 『정역』을 면밀하게 연구해보면 김일부가 스스로 학문적 연원이 성통聖統을 따라 전하여진 성인의 도에 있음을 분명하게 밝히고 있다. 뿐만 아니라 『정역』의 내용 역시 유사종교적인 요소가 전혀 없다. 따라서 『정역』의 내용을 올바로 고찰하기 위하여 김일부의 생애와 학문적 연원을 살펴보는 일이 반드시 필요하다.

그의 생애와 학문연원을 살펴보고자 할 때 봉착하는 문제는 안타깝게도 그의 일생과 학문연원을 찾아볼 수 있는 자료들이 거의 남아 있지 않다는 점이다. 여러 가지 원인이 있을 수 있겠으나 후손과 제자들이 유사종교운동을 하는 과정에서 자신의 우월성을 드러내기 위하여 자료를 없애거나 곡해한 부분도 있었을 것으로 생각된다.

또한 김일부 자신이 스스로 자신에 관한 자료들을 없애버렸을 가능성이 있다. 그는 자신이 54세가 되던 해에 비로소 정역팔괘도를 그렸고, 그 이후부터 『정역』의 전편인 십오일언을 쓰고 그리고 다음 해에 『정역』의 후편인 십일일언을 저작하였다. 『정역』을 쓴 이후에는 오로지 제자들을 가르치는 일에 전념하였다.

그의 삶을 통하여 그의 모든 것이 『정역』에 담겨 있을 뿐만 아니라 그 자신도 『정역』을 세상에 드러내는 일을 평생의 목표로 삼았음을 알 수 있다. 그렇다면 『정역』을 저작하는 과정에서 사용하였던 자료들을 스스로 없애버렸을 가능성이 있다. 그의 생애에 대한 조사를 한 유남상 교수의 증언에 의하면 그는 실제로 『정역』이 완성된 후에 그 이전에 자신이 썼던 모든 저작들을 모아서 불태워버렸다고 한다.

또 하나는 그가 수거하여 없애지 못한 자료들이 제자들이나 가까운 친척들에 의하여 전하여 지다가 소멸되었을 경우이다. 유교수의 증언에 의하면 김일부가 한 때 거처했던 곳에 그의 자료가 일부 전해져왔었는데 그 자료들을 벽지로 사용하는 것을 보고 안타까워했던 사실이 있었음을 말했던 적이 있었다.

어떻든 그가 남긴 자료는 『정역』 외에는 없기 때문에 『정역』 자체를 중심으로 그의 학문적인 연원과 생애에 대하여 살펴보자. 다만 『정역』에서는 그의 생애에 대한 내용이 언급이 되지 않고 있기 때문에 유남상 교수에 의하여 조사가 된 자료를 보조 자료로 하여 그의 생애와 학문연원에 대하여 살펴보고자 한다.

1. 김일부의 생애

김일부는 자신의 삶을 대략 60여년을 중심으로 솔성奉性의 과정으로 밝히고 있다.[1] 솔성이 수성修性하는 과정과 글자그대로 성품을 주체로 살아가는 실천의 과정을 모두 포함하고 있음은 당연하다. 그것은 자신이 천지로부터 주어진 학문적 과제를 화두로 삼아서 그것을 해결하고자 학문하는 과정과 그 문제를 해결하고 그것을 제자들에게 전수하면서 실천하는 과정으로 나누어 볼 수 있음을 뜻한다.

유남상교수의 『일부전기一夫傳記와 정역철학正易哲學』에 의하면 그는 초명初名이 재악在樂, 재일在一이며, 자字는 도심道心이고, 호號는 일부一夫이다. 그는 1826년 충남 논산군 양촌면 남산리에서 김인로金麟魯와 대구 서씨徐氏의 장남長男으로 탄생하였다. 어렸을 때는 부친父親에게 수학하였으며, 36세 되던 해에는 연담蓮潭 이선생李先生[2]을 쫓아서 수학하였다.

그는 이 때 연담 이선생으로부터 생애를 관통하는 삶의 목표가 되었던 일종의 학문적 사명을 띤 화두를 받았다. 그가 밝히고 있는 학문적 화두가 무엇이었는지를 살펴보면 다음과 같다.

> 내 나이 36세가 되어 연담蓮潭 이선생李先生을 모시고 공부하기 시작하였다. 선생이 이자二字의 호를 내려주기를 관벽觀碧이라하고 시를 한 구절 주시기를 다음과 같이 하였다. "맑음을 봄은

---

1) 金恒, 『正易』 一夫事蹟, "三千年積德之家에 通天地第一福祿云者는 神告也요 六十年奉性之工이 秉義理大著春秋事者는 上敎也시니라. 一夫敬書하노니 庶幾逃罪호인져. 辛巳 六月 二十二日 一夫."
2) 김일부의 스승인 연담蓮潭 이李선생의 본명과 내력에 관하여는 여러 가지 설이 있으나 밝혀진 바가 없다. 이에 대하여서는 유남상柳南相, 임병학林炳學 공저, 『一夫傳記와 正易哲學』을 참고하기 바란다.

물과 같음이 없고, 덕을 좋아함은 마땅히 인을 행하여야 한다. 천심월天心月의 그림자가 움직였으니 그대에게 권하노니 이 진리를 찾으라."3)

위의 내용을 보면 그의 일생을 좌우할 화두를 내려준 연담선생을 36세에 만났으며, 그를 모시고 학문을 하였음을 알 수 있다. 이후의 그의 삶은 연담선생으로부터 받은 화두를 해결하고, 그것을 『정역』이라는 저작을 통하여 세상에 드러내고, 『정역』의 내용을 제자들에게 가르쳐서 세상에 전하는 과정으로 점철되었다.

이러한 점에서 보면 연담 이 선생은 그에게 있어서 삶의 방향을 결정하는 중요한 역할을 하였음에도 불구하고 그에 대한 자료가 전혀 남아 있지 않다. 다만 『정역』의 내용으로 보아서 그러한 학문적 화두를 줄 수 있는 정도의 사람이라면 그의 학문적 경지는 이미 높은 경지에 올랐음을 알 수 있다.

그러면 그가 연담 이 선생으로부터 일생의 삶의 방향을 결정할 화두를 받고서 어떻게 학문을 했을까?

그는 연담 이 선생으로부터 자신에게 주어진 성학적聖學的 사명을 부여받은 후에 그것을 해결한 54세가 되기까지 18년 동안 『서경』과 『주역』을 중심으로 학문을 하였다. 이 기간 동안 그는 오로지 학문에만 매진하였을 것으로 보인다. 이는 그가 "성의誠意, 정심正心으로 종시終始를 게으름이 없이하면 정녕 우리 화화옹化化翁이 반드시 친히 가르침을 베풀어 주실 것이다."4)라고 한 부분을 통하여 알 수 있다.

그는 스스로를 육십 평생을 학문의 기쁨에 빠진 미친 한 남자로 표현하고 있다. 미쳤다는 것은 분별심을 버리고 오로지 하나의 문제 곧 화두에만 몰두하였음을 뜻한다. 오로지 학문에 매진을 하게 되면 스스로 체득하지 않을 수 없고, 자득自得이 있게 되면 학문의 자미滋味를 느끼지 않을 수 없다. 그는 다음과 같이 그 경지를 밝히고 있다.

스스로 웃고 다른 사람이 웃어서 항상 웃음이 많다. 웃음 가운데 웃음이 있으니 그 웃음이 어떤 웃음인가! 능히 그 웃음을 웃으니 웃으면서 노래를 부른다.5)

위의 내용을 보면 그가 웃음은 자득의 웃음이고, 다른 사람들이 웃은 것은 그것을 보고

---

3) 金恒 『正易』 第十九張, "余年三十六에 始從蓮潭李先生하니 先生이 賜號二字日觀碧이라하고 賜詩一絕日觀淡은 莫如水요 好德은 宜行仁을 影動天心月하니 勸君尋此眞하소."
4) 金恒, 『正易』 九九吟, "誠意正心하야 終始无怠하면 丁寧我化化翁이 必親施敎시리니 是非是好吾好아."
5) 金恒, 『正易』 九九吟, "凡百滔滔儒雅士아 聽我一曲放浪吟하라 讀書學易은 先天事요 窮理修身은 后人誰오 三絕韋編吾夫子도 不言无極有意存이라 六十平生狂一夫는 自笑人笑恒多笑라 笑中有笑笑何笑오 能笑其笑笑而歌라."

웃는 웃음임을 알 수 있다. 그런데 웃음은 단순한 웃음이 아니라 곧 자득의 웃음이기 때문에 그것을 드러내지 않을 수 없다. 그것이 바로 웃으면서 노래를 한다는 의미이다.

웃으면서 노래를 한다는 것은 자신이 해결한 내용이 율려律呂의 소리임을 나타낸다. 그가 웃으면서 노래를 한다고 한 후에 이어서 그 내용을 밝히고 있기 때문이다. 그는 자신이 자득한 내용이 바로 『주역』에서 밝히고 있는 "360일이 기일에 해당된다."는 내용임을 다음과 같이 밝히고 있다.

> 삼백육십은 기일朞日에 해당된다. 대일원大一元의 삼백수는 구구중九九中에 배열排列하고, 무무위无无位 육십수는 일육궁一六宮에 분장分張한다.6)

위의 인용문을 통하여 그가 공자가 『주역』을 통하여 밝힌 360일역日曆의 원리를 밝혔음을 나타낸 것임을 알 수 있다. 그는 그것을 정역正曆으로 규정하고 있다. 그리고 인용문에서 정역의 분석을 통하여 역수원리가 모두 그 안에 들어있음을 밝히고 있기 때문이다.

인용문에서 그가 밝히고 있는 내용은 곧 『서경』과 『주역』 그리고 『논어』에서 밝히고 있는 역수원리이다. 위의 전적들에서는 천도의 내용이 역수원리이고 그것에 근거하여 인간이 존재하게 됨을 밝히고 있는데 그 내용을 살펴보면 다음과 같다.

> 천지의 역수曆數가 내 몸에 있으니 너는 마침내 원후元后에 오를 것이다. 인심人心은 위태롭고 도심道心은 은미하니 오직 순수하고 한결같아야 그 중도中道를 잡을 수 있을 것이다. 사해가 곧 궁해지면 천록天祿이 영원히 끊어질 것이다.7)

위의 내용을 보면 정일精一해야 집중執中이 가능함을 밝히고 있다. 그리고 천의 역수원리 곧 천도가 인간의 본래성이 되었음을 밝히고 있다. 따라서 인간이 자신의 본성을 깨달아서 더불어 천지의 도를 깨닫는 것은 오직 집중을 통하여 가능하고 그것은 정일精一이라는 심법心法을 통하여 가능함을 밝히고 있다.

김일부가 학문을 통하여 솔성率性하는 사람들에게 『서경』을 읽을 것을 강조한 것은 심법을 올바로 갖도록 하기 위함인 동시에 그것이 바로 자신의 학문의 방법임을 밝힌 것이다. 그리고 역학을 연구함은 내용에 관한 것이다. 다시 말하면 역학이라는 학문을 하기 위

---

6) 金恒, 『正易』 九九吟, "三百六十當朞日을 大一元三百數는 九九中에 排列하고 无无位六十數는 一六宮에 分張하야"

7) 『書經』 大禹謨篇, "天之曆數가 在汝躬하니 汝終陟元后하리라. 人心惟危하고 道心惟微하니 惟精惟一이라사 允執厥中하리라. 四海困窮하면 天祿永終하리라."

한 심법과 방향을 『서경』으로부터 찾고 그 내용을 역학으로부터 찾을 것을 주문한 것이다. 그것은 자신의 학문방법을 밝힌 것이기도 하다.

그는 구체적으로 학문의 방법을 밝히고 있다. 다시 말하면 『서경』을 읽고 역학易學을 연구함을 선천의 심법을 위한 방법으로 밝히면서 구체적으로는 마음을 어떻게 쓸 것인지를 밝히고 있는데 그 내용은 다음과 같다.

> 무릇 학문을 하고자 입지立志가 굳은 유아사儒雅士들아! 나의 한 곡조 방랑음放浪吟을 들어보아라. 『서경』을 읽고 역학을 연구함은 선천先天의 일이니 궁리窮理, 수신修身을 후인后人 가운데 누가 할 것인가. 『주역』을 묶은 가죽 끈이 세 번 끊어지도록 공부한 우리 부자夫子도 무극无極은 말하지 않고 뜻으로만 간직하였다. 60 평생을 미친 듯이 살아온 일부一夫는 스스로 웃고, 다른 사람들이 웃으니 항상 웃음이 많다. 웃음 가운데 웃음이 있으니 웃음이 무엇을 웃음인가? 능히 그 웃음을 웃으니 웃으면서 노래를 하노라.[8]

위의 내용을 보면 선천의 유아사儒雅士들이 해야 할 일들이 독서학역讀書學易 곧 『서경』과 역학을 바탕으로 학문을 해야 하며 그 구체적인 방법으로는 궁리와 수신을 해야 함을 밝히고 있다.

궁리를 통하여 깨달아야할 내용은 김일부와 공자가 그랬듯이 무극无極의 세계이다. 무극의 세계는 정일을 통하여 열린다. 무극의 세계는 객관적인 세계가 아니라 정일의 심법을 통하여 드러나는 세계이다.

정일의 상태에서는 항상 웃음이 많게 된다. 정일이 이루어져서 오로지 자신의 중심, 근원과 하나가 되어 살아갈 수 있을 때 삶이 웃음이 될 수 있다. 스스로 웃는 것은 항상 근원과 일체가 되어 살아가는 기쁨 때문에 웃는 것이고, 자신을 보고 웃는 사람들의 웃음을 보면서 그것 또한 근원의 작용임을 알기 때문에 웃는 웃음이다. 그것을 김일부는 다음과 같이 밝히고 있다.

> 성의誠意하고 정심正心하여 종시終始에 게으름이 없으면 정녕丁寧코 우리의 화화옹化化翁이 반드시 친히 가르침을 베풀어 주실 것이니 이것이 바로 내가 좋아하는 것을 좋아하는 것이 아니겠는가.[9]

---

8) 金恒, 『正易』 九九吟, "凡百滔滔儒雅士아 聽我一曲放浪吟하라 讀書學易은 先天事요 窮理修身은 后人誰오 三絶韋編吾夫子도 不言无極有意存이라 六十平生狂一夫는 自笑人笑恒多笑라 笑中有笑笑何笑오 能笑其笑 笑而歌라."

9) 金恒, 『正易』 九九吟, "誠意正心하야 終始无怠하면 丁寧我化化翁이 必親施敎시리니 是非是好吾好아."

위의 내용을 통하여 학문은 오로지 자신의 근원인 화화옹과 하나가 되었을 때 비로소 이루어지는 것으로 그것이 바로 이른바 천인합일天人合一이며, 천인합일이 되었을 때 근원의 세계, 무극의 세계에 도달할 수 있음을 나타낸 것이다.

성의와 정심으로 항상 집중하는 과정을 통하여 이루어지는 것은 억음존양抑陰尊陽이다. 이 때 억음抑陰은 분별심을 버리는 것이다. 그것은 천지와 인간, 근원 곧 무극, 화옹, 화화옹과 인간인 자신을 둘로 보는 마음을 버리는 것이다. 그리고 존양尊陽은 무극과 하나가 된 상태, 천인합일의 상태를 유지는 것이다. 그러므로 집중의 구체적인 방법이 바로 억음존양이라고 할 수 있다.

억음존양을 통하여 드러나는 것은 조양율음調陽律陰의 세계이다. 그것이 바로 천인天人이 합일이 되고, 신인神人이 합일이 된 후천后天의 세계이다. 그러므로 김일부는 자신이 제시한 학문의 방법을 통하여 그의 나이 54세가 되던 해(1879년)에 비로소 후천의 세계를 깨달았다.

그것은 천심월天心月의 그림자가 움직인 결과 자신의 본성에서 황중월皇中月을 깨달았음을 뜻한다. 그는 『정역』을 통하여 자신이 54세에 비로소 연담 이 선생이 제시한 문제를 해결하였음을 다음과 같이 밝히고 있다.

> 고요히 끊임없이 변화하는 창공을 바라보니 54세에 비로소 그 천공天工을 보았네. 묘하고 묘하며 그윽하고 그윽한 현묘한 이치는 무无는 무无이고, 유有는 유有이면서도 유무有无가 하나인 가운데 있도다.[10]

위의 내용을 보면 그가 54세에 비로소 연담선생이 준 화두를 타파하였음을 알 수 있다. 그런데 그는 그것을 도를 세움(立道)으로 표현하고 있다.

그것은 도라는 어떤 것이 존재하고 그것을 깨달았음을 뜻하는 것이 아니라 비로소 천인天人이 합일이 되고, 신인神人이 합일된 차원에서 말로써 드러나고 표현되어졌음을 밝힌 것이다. 이 때 도의 내용은 유有와 무无를 포함하면서도 유有와 무无를 넘어선 그래서 중도中道라고 할 수 있는 존재임을 밝히고 있다.

김일부는 자신에게 주어진 우주사적인 문제를 해결하고 다음 해부터 『정역』을 저작하기 시작하였다. 그는 2년 후 그의 나이 56세가 되던 해(1881)에 『정역』의 서문격인 대역서大易序를 저작하였다. 이를 통하여 『정역』의 성격과 내용 그리고 성통사적 의의가 밝혀

---

10) 金恒, 『正易』 立道詩, "靜觀萬變一蒼空하니 六九之年에 始見工을 妙妙玄玄에 玄妙理는 无无有有无中을."

지는 동시에 역학의 학문적 특성과 성격 그리고 내용이 비로소 밝혀지게 된다.

그로부터 3년 후 59세(1884)에 『정역』의 상편上篇인 십오일언十五一言을 저술하였으며, 1년 후인 60세(1885)에는 그 하편下篇인 십일일언十一一言을 저술하여 『정역』을 완성하고 영남嶺南 출신의 문도門徒들에 의해 출간하였다. 이후 1898년 73세로 세상을 떠날 때까지 논산論山을 떠나지 않고 후학들의 지도에 전념하였다.

앞에서 살펴본 바와 같이 김일부의 삶은 36세를 기준으로 그 이전과 그 이후로 구분할 수 있다. 36세 이전은 자신의 본성을 확인하기 위하여 닦아가는 수성修性의 과정이라고 할 수 있다.

그리고 36세 이후의 후반기의 그의 삶 역시 두 부분으로 구분하여 이해할 수 있다. 그것은 그가 처음으로 천지의 무형지경無形之景을 깨달은 54세를 기준으로 그 이전의 18년과 그 후의 73세까지의 대략 22년의 삶으로 18년은 자신에게 주어진 천명을 자각하기 위한 학문의 과정이었다면 그 후의 삶은 자신의 본성을 주체로 천명을 실천하며 살아간 삶이었다고 할 수 있다.

그런데 그가 스스로 자신의 삶을 "육십년의 솔성率性의 과정"으로 규정하였듯이 그의 삶은 곧 학문의 과정이었다. 크게 보면 54세에 무형지경을 자각하기까지를 수성의 과정으로 그리고 그 후의 삶을 본성에 맡기고 살아가는 임성任性의 과정, 천명을 실천하는 과정이라고 할 때 그의 삶이 그대로 학문의 과정이었음을 알 수 있다.

2. 김일부의 학문연원

김일부의 생애에 대한 자료가 많지 않듯이 그의 학문연원에 대하여서는 더욱 자료가 없다. 그런 점에서 그의 학문적 연원을 밝히는 문제는 참으로 어려운 문제라고 할 수 있다. 그렇다면 우리는 그것을 어떻게 해결할 수 있을까?

사실 그 문제는 학문을 어떻게 규정하느냐에 따라서 그 외연이 달라지지 않을 수 없다. 만약 학문을 본성本性이라는 차원, 형이상의 차원, 인간 본질의 차원에서 언급한다면 당연히 모든 인간의 학문적 연원은 천지 또는 도道 자체라고 하지 않을 수 없다. 사실 그런 점에서 보면 김일부金一夫 만의 학문연원이라는 것은 없다고 할 수 있다. 왜냐하면 모든 학문의 연원이 도 자체일 수밖에 없기 때문이다.

　그럼에도 불구하고 이러한 논의를 진행할 수밖에 없는 이유는 광의적인 측면에서의 학문과 더불어 다양한 측면에서의 학문을 논할 수 있고, 그에 따라서 다양한 학문적 연원을 논할 수 있기 때문이다. 사실 이 부분에서 그의 학문적 연원을 살펴보는 이유는 그것을 통하여 『정역』이라는 저작의 회통적 성격을 밝히려는 것이다.

　김일부는 『정역』에서 자신의 학문적 연원을 밝히고 있는데 그 내용을 살펴보면 다음과 같다.

　　연원淵源은 천지天地의 무궁無窮한 화무옹化无翁이며, 내력來歷은 신라新羅의 37三十七 왕손王孫이다. 연원이 무궁하고 내력이 장원長遠함이여! 도道는 천지무형天地無形의 밖을 통하였도다. 아마도 천지의 제일원第一元을 통한 사람은 김일부金一夫이리라.[11]

　위의 내용을 보면 김일부가 자신의 연원을 천의 화무옹으로 제시하고 있음을 알 수 있다. 이는 자신의 존재근거와 학문적 근거가 동일하게 천지의 근원인 화무옹임을 밝힌 것이다. 화무옹은 근원적 존재를 인격화하여 나타낸 개념이다.

　화무는 무위적 변화, 조화를 주재함, 무위無爲로 화함의 의미이다. 그러므로 화무옹은 무위로 자신을 변화시키는 영원한 존재라는 의미이다. 따라서 일차적으로 그가 밝힌 자신의 학문적 연원뿐만 아니라 존재근거는 천지의 근원임을 알 수 있다.

　사실 학문이 곧 우리의 삶의 내용이며, 삶의 주체가 바로 형이상적 존재인 도라고 할 때 인간의 삶의 연원은 도가 되지 않을 수 없다. 인간의 존재근거가 도인 점에서 모든 학문의 근거 역시 도라고 하지 않을 수 없는 것이다.

　그가 자신의 학문의 연원을 천지의 화무옹으로 곧 우주의 근원적 존재로 제시하였다면 자신의 학문적 특성에 대하여서는 어떻게 밝히고 있는가? 그는 자신의 학문의 특성을 다음과 같이 밝히고 있다.

　　만변하는 영원한 공空을 바라보니, 54세에 비로소 화옹化翁의 조화를 보았네. 묘하고 묘하며, 그윽하고 그윽하여 현묘玄妙한 이치는 무无이면서 무无이고, 유有이면서 유有인 유무有无 가운데 있네.[12]

---

11) 金恒, 『正易』 一夫事實, "淵源은 天地無窮化无翁이오 來歷은 新羅三十七王孫이라 淵源은 無窮이오 來歷은 長遠兮여 道通天地無形之外也니라我馬頭通天地第一元은 金一夫니라."

12) 金恒, 『正易』 立道詩, "靜觀萬變一蒼空하니 六九之年에 始見工을 妙妙玄玄에 玄妙理는 无无有有无中을"

위의 내용을 보면 김일부의 학문의 특성은 유有와 무无를 초월하면서도 그것을 포괄하고 있는 중中의 세계, 공空의 세계임을 알 수 있다. 그것은 동북아 사상의 세 지주라고 할 수 있는 유가와 불가 그리고 도가를 넘어서 있는 근원의 세계가 바로 자신의 학문의 세계임을 나타낸 것이라고 할 수 있다.

그는 입도시立道詩를 통하여 자신의 세계가 공, 중의 세계임을 밝히면서 그것을 기존의 유가와 불가 그리고 도가를 중심으로도 밝히고 있는데 그 내용은 다음과 같다.

> 도가 셋으로 나누어지는 것은 이치의 자연스러움이니, 이에 유儒가 되고, 불佛이 되고, 선仙이 되는구나. 누가 일부一夫가 참으로 이 셋을 거쳤음을 알리오! 사람이 없다면 지킬 것이요, 사람이 있다면 전할 것이다.13)

이는 자신의 학문이 유가와 불가 그리고 선가로 드러나기 이전의 도 자체를 대상으로 함을 나타낸 것이다. 그러나 그것은 인간에 의하여 계승되어진 도, 성통聖統을 따라서 전하여진 도라는 점에서 성인의 도라고 할 수 있다. 그가 성통을 논하고 있는 부분을 통하여 그 점을 확인할 수 있는데 그 내용은 다음과 같다.

> 기린처럼 뛰어난 우리 성인이여! 건곤의 가운데 서서 위로는 천도를 본받고 아래로는 성인의 도를 계승하였으니 오늘에 전하여 졌다. 아, 오늘, 오늘이여! 63, 72, 81은 일부一夫에서 하나가 된다. 14)

위의 내용은 반고盤古라는 근원적 존재의 작용에 의하여 유소有巢, 수인燧人으로부터 시작된 성통이 공자에게 이어지고 이어서 자신에게 전하여졌음을 밝히고 있다. 이는 유가에서 제시하고 있는 성통을 따라서 전하여진 성인의 도가 자신의 학문연원임을 밝힌 것이다.

그러나 『정역』을 통하여 제시하고 있는 역수원리의 내용이 『주역』과 다르기 때문에 『주역』과 구분하여 천지의 도를 표상하는 형식인 천지의 수를 중수中數라고 하여 그것이 근원적인 세계를 상징적으로 나타내는 이수理數임을 밝힌 후에 이러한 중수가 바로 요와 순이

---

13) 金恒, 『正易』 无位詩, "道乃分三理自然이니 斯儒斯佛又斯仙을 誰識一夫眞蹈此오 无人則守오 有人傳을 歲甲申月丙子日戊辰二十八에 書正하노라."

14) 金恒, 『正易』 十五一言 第一張, "嗚呼라 盤古化하시니 天皇无爲시고 地皇載德하시고 人皇作이로다. 有巢旣巢하시고 燧人乃燧로다. 神哉라 伏羲劃結하시고 聖哉라 神農耕市로다. 黃帝甲子星斗요 神堯日月甲辰이로다. 帝舜七政玉衡이오 大禹九州玄龜로다. 殷廟에 可以觀德이오 箕聖乃聖이시니 周德在玆하야 二南七月이로다. 麟兮我聖이여 乾坤中立하사 上律下襲하시니 襲于今日이로다. 嗚呼라 今日今日이여 六十三 七十二 八十一은 一乎一夫니라."

주고받은 성인의 도인 윤집궐중允執厥中의 집중執中이고, 공자가 밝힌 시중時中[15]이라고 하여 자신이 『정역』에서 밝히고 있는 내용이 성인의 도에 연원이 있음을 나타내고 있다.

『정역』이 『주역』을 비롯한 인도 중심의 중국 유가전적에서 밝히고 있는 내용들과는 서로 다르기는 하지만 그 내용을 포괄하고 있다. 그렇기 때문에 공자 이후의 중국 유가儒家의 이론들도 선택적으로 수용하고 있다.

특히 송대宋代의 이기론理氣論과 선후천론先后論을 수용한 흔적이 보인다. 『정역』에서 천지의 도를 언급하면서 신명이 있고, 이理와 기氣가 있다고 하였으며, 선천과 후천을 논하면서 후천을 성리性理의 도를 통하여 언급하고 있고, 태양과 태음의 성격을 밝히면서 태양이 성性이 온전하고 이치가 곧다고 하였을 뿐만 아니라 태음의 영허盈虛소장消長을 모두 이기로 밝히고 있다. 이는 송대의 이기론을 부분적으로 수용한 것이라고 할 수 있다.

그리고 『주역』의 설괘편說卦篇을 도상화한 삼역팔괘도三易八卦圖를 제시하면서 복희팔괘도伏羲八卦圖와 문왕팔괘도文王八卦圖의 도상을 그대로 수용하고 있고, 본문에서 세 도상을 구성하는 수와 괘상卦象을 논하면서도 역시 송대의 선후천학설의 일부를 수용하고 있는 것으로 보아 송대의 선후천론을 비판적 관점에서 선택적으로 수용하였음을 알 수 있다.

한국철학, 한국사상의 관점에서 보면 그가 스스로 밝힌 바와 같이 연담蓮潭 선생의 학문을 계승했음을 알 수 있다. 연담 이선생의 학문연원과 그의 학문의 내용을 파악할 수 있는 자료가 없으나 그 또한 앞사람으로부터 전해 받았음을 추론할 수 있다.

다만 고조선의 사상을 살펴보면 『정역』적 사유의 대강이 수數와 신화神話를 통하여 상징적으로 표현되어 있음을 살펴볼 수 있다.[16] 먼저 단군신화檀君神話를 보면 환인桓因, 환웅桓雄과 곰과 호랑이 그리고 단군檀君이라는 인간의 구조와 천지인의 삼원적三元的 구조가 『정역』의 삼극三極, 삼황적三皇的 구조와 일치하며, 그 구체적인 내용이 모두 천부인天符印 삼개三個, 백일百日, 기삼칠일忌三七日, 삼백육십여사三百六十餘事와 같이 이수理數로 표현되어 있을 뿐만 아니라 그 내용 자체가 변화원리인 것을 통하여 『정역』의 내용이 한국철학의 관점에서는 고조선의 사상이 그 연원임을 추측할 수 있다.

또한 조선시대에는 윤선거尹宣擧의 선후천론先后天論과도 맥이 닿으며, 이퇴계李退溪의 역학설易學說[17]과도 연결점을 찾을 수 있다. 이로서 보면 『정역』의 역학이론이 한국역학의

15) 金恒, 『正易』 十五一言 第二十五張, "十은 十九之中이니라. 九는 十七之中이니라. 八은 十五之中이니라. 七은 十三之中이니라. 六은 十一之中이니라. 五는 一九之中이니라. 四는 一七之中이니라. 三은 一五之中이니라. 二는 一三之中이니라. 一은 一一之中이니라. 中은 十十一一之空이니라. 堯舜之厥中之中이니라. 孔子之時中之中이니라. 一夫所謂包五含六十退一進之位니라."
16) 이는 고조선철학의 내용이 무엇인지를 고찰하는 과정을 통하여 밝혀질 것이다. 고조선철학에 대하여는 현재 저작 작업이 진행 중이다.

전통을 계승하고 있음을 알 수 있다. 한국역학은 전통적으로 괘효卦爻보다는 이수理數를 중심으로 한 도서상수圖書象數, 간지도수干支度數 중심의 역학[18]이라고 할 수 있다.

그리고 이미 단군신화나 천부경天符經, 삼일신고三一神誥에서도 나타나듯이 한국사상은 천도, 신도 중심의 사상이다. 그것은 공간적 사고가 중심인 중국과 달리 한국사상은 시간적 사고가 중심임을 뜻한다. 천부경의 내용[19] 역시 구구九九팔십일八十一의 수가 표상하는 근원적인 세계를 이수를 중심으로 역수원리로 표상하고 있고, 삼일신고의 내용을 나타내는 항목이 모두 합하여 366항목임도 우연의 일치가 아니라 구구법九九法에 의하여 추수推數된 역수원리에 근거하고 있다.

또한 김일부 자신이 밝히고 있는 바와 같이 그는 성인의 도를 계승하였다. 그는 "문학文學의 종장宗長은 공구孔丘이며, 치정治政의 종장은 맹가孟軻이니 아, 두 선생은 만고의 성인聖人이다."[20]고 하여 자신이 공맹孔孟의 학문을 계승하고 있음을 밝히고 있다.

앞에서 우리는 김일부의 생애와 학문연원에 대하여 살펴보았다. 그것은 개체적 관점에서 김일부라는 존재의 삶의 과정이 무엇이며, 그의 학문의 과정이 무엇인지를 살펴보는 과정이었다고 할 수 있다.

그러나 그의 삶을 학문과 구분하여 살펴보거나 그의 학문을 삶을 떠나서 살펴보는 것은 무의미하다. 왜냐하면 모든 삶이 그렇듯이 그의 삶 역시 학문과 일체가 되어 이루어졌기 때문이다. 그의 삶은 『주역』과 『서경』을 비롯한 유가儒家의 전적을 중심으로 수성修性하고 그 결과를 『정역』이라는 저작으로 천명闡明한 후에 제자들을 가르치는 과정이었다.

그의 삶은 자신이 규정한 바와 같이 모두 솔성率性의 과정이다. 솔성은 본성을 체험하는 과정으로서의 수성修性과 본성을 주체로 살아가는 순성順性의 과정으로 구분하여 나타낼 수 있다. 수성은 선천적 과정이라면 순성은 후천적 과정이라고 할 수 있다.

선천적 수성과 후천적 순성을 하나의 솔성이라는 개념을 통하여 나타낸 것은 스스로 선천과 후천, 학문과 실천, 삶과 학문이 일체임을 밝힌 것이다. 그는 자신의 학문의 과정을 삶 그 자체로 인식하고, 삶을 통하여 학문을 드러냄으로서 생애가 학문의 과정인 동시에 학문의 과정이 그대로 삶임을 보여주었다.

한 사람이 삶의 과정에서 자신의 개체성을 중심으로 자신이 어떤 성씨에 속하는 어느

---

17) 柳南相, 「李退溪之啓蒙傳疑研究」, 提要.
18) 이 점은 고조선의 사상을 담고 있는 檀君史話나 天符經이 모두 數를 통하여 세계관, 인간관, 수행론을 전개하고 있음을 보면 알 수 있다.
19) 천부경의 이수체계가 표상하는 내용에 대하여서는 이현중의 「천부경의 세계관과 인간관」, 『東아시아古代學』第39輯, 東아시아古代學會, 2015.의 9쪽에서 28쪽을 참고하기 바란다.
20) 金恒, 『正易』 大易序, "文學宗長은 孔丘是也요 治政宗長은 孟軻是也시니 嗚呼 兩夫子萬古聖人이시니라."

파의 사람이라는 분별의식에 갇혀 있거나 학문의 관점에서 자신이 성리학性理學이나 양명
학陽明學이라는 하나의 학파나 더 나아가서 유학이라는 학파에 함몰되어 도가道家나 불가佛
家를 배척함은 자신을 성품이라는 참나의 관점에서 보지 않고, 육신이나 끊임없이 일어나
는 사고를 자신으로 여기는 어리석음으로 인하여 나타나는 현상이다.

　인간을 비롯한 모든 존재근거가 도이기 때문에 생애의 근거도 도이고 모든 학문의 연원
도 도라고 하지 않을 수 없다. 김일부는『정역』에서 자신의 생애를 솔성의 학문과정으로
밝히고 있을 뿐만 아니라 학문의 연원을 천지 자체로 제시함으로써 그의 학문연원이 도
자체임을 밝히고 있는 동시에 생애의 근거 역시 도임을 밝히고 있다.

　학문과 삶의 주체인 본성의 관점에서 보면 동북아 철학 사상의 세 지주라고 할 수 있는
도가와 불가 그리고 유가를 막론하고 모두 가치가 있고, 의미가 있는 학문의 일파일 뿐만
아니라 예술과 종교 그리고 과학 역시 가치가 있고, 의미가 있는 존재이다.

　사람들의 본성이 같지만 남과 여의 생리적 구조가 다르기 때문에 다른 삶을 살아야하듯
이 모든 사람들이 각각의 관심과 소질 그리고 능력에 따라서 각각 다른 관점에서 학문을
할 수 있다. 그러므로 철학적 관점에서 볼 때 어떤 학문을 하느냐는 오로지 자신의 선택의
문제일 뿐으로 그것 자체가 옳고 그름이 있을 수 없다.

　그가 도가 유가와 불가 그리고 선가仙家를 중심으로 학문이 일체임을 밝히는 동시에 그
것이 다양하게 드러나는 것임을 밝히고 있음을 보면 이 점을 확인할 수 있다. 또한 그는
스스로 유가와 불가 그리고 선가를 모두 연구하였음을 밝히고 있다. 그것은 그의 주장이
단순한 이론의 차원에서 제시한 것이 아니라 삶의 과정에서 체득體得된 것임을 뜻한다.

　우주가 비록 천지와 인간의 삼재三才로 구분되고, 그 사이에 온갖 만물들이 존재하지만
서로 조화를 이루면서 서로는 서로의 존재근거가 되어 아름답게 살아간다. 모든 존재가
서로의 스승이 되어 서로를 가르치고 배우면서 삶이 이루어진다. 그렇기 때문에 사람의
삶 자체가 그대로 학문함이다.

　삶의 과정에서 만나는 수많은 사건과 물건 그리고 사람은 경험이 되고, 체험이 되어 끊
임없이 자신을 확인해가는 학문의 과정이 된다. 당말唐末의 한유韓愈는 "도가 있는 곳이 스
승이 있는 곳"21)이라고 하였다. 모든 존재의 본성이 도이고, 모든 인간은 나타난 도이다.
곧 모든 사람의 사고와 언행이 도의 나타남이니 어찌 모든 존재가 가르침을 베푸는 스승이
아니고, 모든 사건이 가르침의 내용이 되지 않으랴!

　앞에서『정역』의 저자인 김일부의 생애와 학문연원에 대하여 살펴보았다. 우리가 일반

---

21) 李漢編,『昌黎先生集』乾, 師說, 上海商務印書館, "道之所存 師之所存也" 474쪽.

적으로 어떤 사상가나 철학자의 학문연원을 살펴보는 것은 그 사람의 사상의 근원, 뿌리를 찾으려는 것이다.

그런데 학문연원을 찾는 것은 그 사람이나 그 사상의 과거를 찾는 점에서 제한을 갖는다. 만약 어떤 사람의 학문연원이 유학이나 역학이라면 그는 오로지 유학자이거나 역학자로 규정되고 만다. 이는 한 사람의 학문의 연원을 고찰하는 것이 아니라 그 사람의 학문의 범위를 의도적으로 제한하는 것에 불과하게 된다.

시간은 존재하지 않는다. 다만 인간의 과거와 미래 그리고 현재라는 분별심에 의하여 구분되어 의식될 뿐이다. 따라서 만약 과거적 관점에서 그 사람의 학문적 연원을 고찰하였다면 그것은 반드시 그 사람, 그 사람의 미래를 밝히려는 목적에서 이루어져야 한다.

그것이 바로 도생역성을 바탕으로 이루어지는 역생도성의 관점에서의 학문연원에 대한 고찰이다. 사실 학문이라는 인간의 삶의 과정에서 일어나는 활동은 삶과 다르지 않을 뿐만 아니라 어떤 사람이 비록 하나의 학문분야를 중심으로 학문을 하지만 그것은 일종의 출발점일 뿐으로 결국에서 모든 학문의 근원이 되는 곳에서 서로 만나게 된다.

김일부의 생애를 고찰하고 그 과정에서 이루어졌던 학문의 연원이 무엇이었는지를 고찰하는 문제는 그의 삶의 결과로 나타난 『정역』을 고찰하는 일과 다르지 않다. 그의 생애는 학문이 전부였고, 학문이 삶이었으며, 그의 학문의 결과는 『정역』이라는 단 한권의 저작으로 온축蘊蓄이 되었기 때문이다.

김일부의 생애를 이끌어 왔던 주체는 본래성이다. 그의 생애와 학문은 본래성을 주체로 끊임없이 이어져온 창조의 과정이었으며, 매 순간 자신을 다양하게 드러내는 변화의 연속이었고, 창조와 변화의 과정을 통하여 자신을 확인하고 경험해가는 체험의 연속이었다.

그의 본래성은 온 우주의 모든 존재의 본래성이었기에 그는 자신과 우주가 일체임을 체험하면서 살아왔다. 온 우주의 근원적 존재인 화무상제化无上帝, 상제上帝와 하나가 되어 서로의 마음을 주고받는 대화를 하고, 하늘의 뜻을 전달하는 『정역』을 저작했던 일들이 김일부를 매개로 한 신도神道, 신명神明, 반고盤古, 상제上帝의 나툼이었다.

그는 스스로의 삶을 학문의 관점에서 자신의 본성을 주체로 이루어지는 과정임을 밝히고 있다. 그는 자신의 삶을 한마디로 솔성의 과정으로 규정하여 삶이 곧 학문임을 나타내고 있다. 그것은 공간적 관점에서 모든 존재의 현존이 본성의 나툼임을 밝힌 것이다.

또한 자신의 학문의 연원이 신도, 천도, 역도, 천天, 성통을 따라서 전하여진 성인의 도, 상제, 반고임을 밝히고 있다. 그것은 도라는 근원적 세계, 형이상적 세계를 바탕으로 현상적 측면에서 삶과 학문을 영위하였음을 뜻한다.

인간의 본래성은 일체이기 때문에 모든 사람이 일체일 뿐만 아니라 온 세계의 모든 존재의 본래성이 일체이기 때문에 우주의 모든 존재 역시 일체이다. 그러므로 솔성의 과정으로서의 학문함은 그가 비록 유가철학, 역철학易哲學을 바탕으로 이루어졌지만 선도仙道와 불교佛敎 역시 연구하였음을 밝히고 있다.

그리고 중국철학과 한국철학, 한국 상고시대의 철학 곧 고조선의 철학을 연구하였음도 미루어 알 수 있다. 일찍이 최고운崔孤雲은 나라에 현묘玄妙한 도가 있었으며, 그것이 선사仙史에 기록되어 있고, 그 내용이 공자와 부처 그리고 노자의 가르침을 포함하고 있다[22]고 하였다. 『정역』에서도 도가 셋으로 나누어지고, 그 내용이 유불선儒佛仙임을 밝히고 있다.

그의 삶의 과정을 보면 성균관의 유생儒生들이 유학을 벗어난 이단異端이라는 의심을 제기하여 오늘날의 청문회聽聞會에 소환되기도 하였으나 오해가 풀리면서 유생들이 돈암서원遯巖書院에서 『정역』을 판각하여 전국에 배포하기도 하였다.

김일부의 생애와 학문은 본래 하나였고, 그에 있어서 유학儒學과 역학易學도 하나였으며, 유불도儒佛道 삼가三家도 하나였고, 역법曆法이라는 과학과 역학이라는 철학도 하나였으며, 학문과 종교도 하나였고, 세계 자체가 일체였다. 그렇기 때문에 일체의 구성요소인 모든 존재가 가치가 있고, 의미가 있으며, 아름다운 존재로 인식되었다. 그가 스스로 웃고, 남들이 웃고, 함께 웃으면서 살았음[23]은 이를 보여준다.

---

22) 金富軾, 『三國史記』新羅本紀4－眞興王－37年, "崔致遠 鸞郎碑序曰 國有玄妙之道曰風流設敎之源 備詳仙史 實乃包含三敎, 接化群生. 且如入則孝於家, 出則忠於國, 魯司寇之旨也 處無爲之事 行不言之敎 周柱史之宗也 諸惡莫作, 諸善奉行, 竺乾太子之化也."

23) 金恒, 『正易』九九吟, "六十平生狂一夫는 自笑人笑恒多笑라 笑中有笑笑何笑오 能笑其笑笑而歌라."

제**삼**장

『정역』의 구조와 회통적 특성

　『정역』은 내용뿐만 아니라 그것을 표상하는 형식이 다른 전적과 다른 독특한 형식과 체계를 갖고 있다.

　먼저 구조를 보면 『주역』의 경우와 같이 상권上卷과 하권下卷의 구조로 되어 있다. 상권과 하권은 각각 「십오일언十五一言」과 「십일일언十一一言」이라는 제목이 붙어 있어서 그 내용의 성격을 나타내고 있다.

　모두 32장으로 구성되어 있으며, 각 장은 두 쪽으로 구성되어 있다. 그러므로 『정역』은 전체가 64쪽으로 구성된 비교적 짧은 글이다. 그 밖에도 각 쪽의 대부분이 문자와 이른바 육갑도수六甲度數라고 불려왔던 간지도수干支度數 그리고 하도河圖와 낙서洛書를 구성하는 도서상수圖書象數로 구성되어 있다. 다시 말하면 『정역』의 많은 부분들이 갑을甲乙 병정丙丁과 같은 도수나 구일九一 이팔二八과 같은 도수로 구성되어 있다.

　또한 정역팔괘도正易八卦圖, 하도, 낙서와 같은 도상이 제시되어 있을 뿐만 아니라 「십이월이십사절기후도수十二月二十四節氣候度數」와 같은 후천의 책력冊曆이 제시되어 있다. 이처럼 『주역』의 형식과 비교하여 보면 매우 다른 독특한 형식을 갖고 있다.

　『정역』의 형식이 독특함은 그 내용으로 인하여 발생하는 현상이라고 할 수 있다. 왜냐하면 나타내고자 하는 내용을 가장 효과적으로 표현할 수 있는 방법에 의하여 책이 구성될 수밖에 없기 때문이다.

　『주역』에는 점사占辭가 많으나 『정역』에는 점사가 없다. 그것은 『정역』의 내용이 길흉吉凶 회린悔吝을 판단하는 인사人事를 나타내지 않음을 뜻한다. 뿐만 아니라 삼역팔괘도三易八卦圖와 본문의 일부에서 괘상卦象이 제시되고 있을 뿐으로 괘효卦爻가 거의 보이지 않는다. 『주역』과 『정역』이 책의 이름에서부터 다를 뿐만 아니라 형식이 다른 것은 『주역』이 인도人道를 중심으로 역도를 표상하고 있는 것과 달리 『정역』이 신도神道, 천도天道를 중심으로 역도를 표상하고 있기 때문이다.

먼저 『정역』의 형식과 체계에 대하여 살펴본 후에 그 내용을 중심으로 특성에 대하여 살펴보고자 한다. 이를 통하여 『정역』이라는 저작에 대한 그동안의 곡해와 오해가 대부분 소멸된 것으로 생각된다.

1. 『정역』의 형식과 체계

『정역』은 먼저 본문에 들어가기 이전에 서문인 「대역서大易序」가 있고, 이어서 일부사실一夫事實과 일부사적一夫事蹟이 있다. 그리고 본문인 상편의 「십오일언」과 하편인 「십일일언」으로 구성되어 있다.

본문은 두 쪽이 한 장張을 이루어 모두 32장張으로 구성되어 있다. 그러므로 본문은 전체 쪽수로 보면 64쪽이 된다. 본문의 내용 가운데는 도표가 있는데 21장에는 「금화정역도金火正易圖」가 있고, 28장에는 하도와 낙서의 도상이 제시되어 있으며, 29장에는 복희팔괘도와 문왕팔괘도가 제시되어 있고, 30장에는 정역팔괘도와 십간원도수十干原度數가 제시되어 있다. 또한 31장과 32장에는 「십이월이십사절기후도수」가 제시되어 있다.

『정역』의 본문이 32장으로 구성되어 있지만 쪽수로는 64쪽인 점을 보면 『주역』의 64괘卦와 같고, 각각 두 쪽이 하나의 장으로 구성되어 있음은 음양이 합덕된 후천의 세계, 선천과 후천이 합덕된 원천原天의 세계를 표상한다고 할 수 있다.

본문의 내용을 「십오일언」과 「십일일언」으로 구분한 것은 『주역』의 상경과 하경의 구분과 같은 의미가 있는 것으로 생각된다. 「십오일언」은 십무극十无極과 오황극五皇極이 합덕된 세계, 천지가 합덕된 세계, 천인天人이 합덕된 세계에서 이루어지는 말씀을 기록한 것이라는 의미가 담겨 있다.

「십일일언」은 십오 본체에 의하여 이루어지는 십일十一의 작용을 나타낸 것이다. 그러므로 「십오일언」과 「십일일언」의 내용은 체용의 관계로 이해할 수 있다. 십오의 본체에 의하여 이루어지는 작용을 나타내는 것이 십일인 것이다.

본문의 내용을 기술하는 형식은 천간天干과 지지地支가 사용되고 있으며, 천지의 수 역시 사용되고 있다. 그러므로 본문의 기술은 주로 간지도수와 천지의 수에 의하여 이루어지고 있다. 당연히 간지도수를 언급하면서 오행五行의 개념도 함께 사용되고 있다.

간지도수와 천지의 수는 전통적으로 역법을 기술하는데 사용되어온 형식이다. 그런 점에서 보면 『정역』 역시 역법을 언급하지 않을 수 없다. 본문의 마지막 부분에 음역과 양력이 합덕된 중정역中正曆으로서의 정역正曆을 제시하고 있을 뿐만 아니라 본문의 많은 부분에서 여수를 언급하고 있다.

그리고 역법을 언급하면서 천문을 언급하지 않을 수 없다. 그렇기 때문에 『정역』의 본문에서는 「이십팔수운기도二十八宿運氣圖」와 같이 천문을 언급한 부분도 있다. 태양과 태음을 언급하고, 한 달을 월상月相에 따라서 선천과 후천으로 구분하여 나타내거나 현재 사용되고 있는 인월寅月세수歲首와 장차 사용하게 될 묘월卯月세수歲首를 언급하고 있다. 그런 점에서 보면 『정역』은 인사가 위주라기보다는 천도天道, 신도神道가 위주임을 쉽게 파악할 수 있다.

2. 『정역』의 회통적 특성

『정역』의 내용과 특성을 한마디로 나타내면 세계의 본질 그 자체를 그대로 밝히고 있다고 할 수 있다. 그것은 「천부경天符經」[1]에서 밝히고 있는 하나의 세계, 일체의 세계를 나타낸 것이라고 할 수 있다. 「천부경」에서는 세계의 본질을 일一로 규정하면서 그것은 시종始終이라는 시간을 넘어선 세계임을 밝히고 있다.

『정역』에서는 일체의 세계, 본질의 세계를 신명神明, 반고盤古로 규정하고 그것을 태극太極과 무극无極 그리고 황극皇極의 삼극三極으로 밝히고 있다. 신명은 『주역』에서 천지인이라는 세계의 근원으로 제시하고 있는 개념이다. 그것은 역도를 그 본질의 측면에서 나타낸 개념이라고 할 수 있다. 『주역』에서는 음과 양을 통하여 도를 밝히면서 음양으로 구분하여 나타낼 수 없는 본질적인 세계를 신神으로 규정하고 있다.

---

1) 天符經이 저작되고 세상에 나타난 과정이 분명하지 않을 뿐만 아니라 그것이 실려 있는 『桓檀古記』마저도 僞書의 논란에 휩싸여 있다. 이 책에서는 그것의 眞僞문제는 姑舍하고 단지 그 속에 담겨있는 사유구조를 중심으로 그 내용을 이해하고자 한다.

　　그런데 일반적으로 신명 또는 신을 귀신이나 천지를 주재하는 신령한 존재와 같은 대상적 존재 곧 개체적 존재로만 이해하고 있다. 신, 신명은 우주, 천지, 세계의 본질을 나타내는 개념이다. 신, 신명의 세계는 형이상적 세계이며, 절대적 세계이다. 그러므로 하나의 세계라고 할 수 있고, 영원한 세계이며, 자유로운 세계이고, 존재하는 모든 것이라고 할 수 있으며, 현상 사물의 존재근거라고 할 수 있다.

　　신명이 자신의 본성에 의하여 자신으로부터 벗어나서 모든 존재로 화化하는 점에서 화옹化翁, 화화옹化化翁으로도 규정하고 있다. 그리고 변화가 자화自化여서 함이 없이 이루어지는 점에서 화무상제化无上帝로 규정하기도 하고, 또한 만물의 근원이라는 의미를 드러내기 위하여 상제上帝라고도 한다.

　　『정역』이 삼재의 관점에서 땅과 만물 그리고 인간의 근원인 천도를 밝히고 있고, 천지인의 삼재의 근원이 되는 신명의 세계를 밝히고 있기 때문에 그 특성상 항상 일체의 관점에서 모든 존재를 언급하지 않을 수 없다.

　　신명의 세계는 시공을 초월하고 있기 때문에 과거와 미래 그리고 현재가 없으며, 하늘과 땅 그리고 인간의 구분이 없다. 그렇기 때문에 『정역』에서는 원천原天이라는 시간으로 구분할 수 없는 근원의 세계를 바탕으로 선천과 후천이라는 구분을 제시하고 있다. 그리고 공간을 언급하면서도 이理의 세계, 성性의 세계라는 하나의 차원에서 언급을 하고 있다.

　　한국고유의 전통사상을 나타내고 있는 단군신화檀君神話[2]에서 나타난 것처럼 시간성을 중심으로 이수理數를 통하여 세계의 본질을 밝히고 있는 전적이 『정역』이다. 시간성은 유학儒學의 여러 경전들에 속에서 언급되고 있는 동북아 상고문화의 근원으로서의 역수원리이다.

　　『정역』이 신, 신명의 관점에서 세계, 우주의 본질을 밝히고 있는 점을 단적으로 보여주는 것은 저자인 김일부와 상제上帝, 화무상제化无上帝, 화화옹化化翁과 나눈 대화에서 찾을 수 있다. 이는 김일부와 상제가 일체적인 상태에서 이루어지는 현상이다.

　　그것은 개체적 존재인 김일부와 근원적 존재인 상제, 화무상제가 본래 일체이기 때문에 가능한 현상이다. 상제上帝는 일체적 관점에서 세계의 근원을 나타낸 개념일 뿐으로 그것이 개체적 관점에서는 각 개체의 본성이다. 상제는 오로지 김일부金一夫와 같은 모든 개체적 존재로 자신을 나툰다. 그러므로 모든 존재는 나타난 상제이다.

　　또한 상제가 근원적 존재를 나타내는 점에서 하느님이라고 할 수도 있고, 이理, 태극太極

---

2) 단군신화는 사실을 나타내고 있는 점에서 단군사화檀君史話이다. 다만 그것을 시공을 초월한 형이상의 관점, 철학적 관점에서 이해하기 위하여 언어와 문자를 통하여 표상할 수 없는 근원적인 세계를 신화神話라는 형식을 통하여 상징적으로 나타내고 있는 점에서 단군신화라고 할 수 있다.

이라고 할 수도 있으며, 신이라고 할 수도 있고, 무극无極이라고 할 수도 있다. 결국 모든 존재가 그 본질의 차원에서 보면 곧 상제이기 때문에 특정한 개체적 존재만을 상제라고 할 수 없을 뿐만 아니라 김일부와 같은 특정한 존재만이 상제와 대화를 하는 것은 아니다.

모든 존재가 근원적 존재인 상제의 분신分身이자 구성원인 점에서 상제와 김일부의 대화는 세계, 우주의 근원과 개체적 존재로서의 사람과의 관계를 상징적으로 나타낸 것이라고 할 수 있다. 김일부가 "천지는 일부一夫의 말을 하고, 일부一夫는 천지의 말을 한다."[3]고 하였던 것은 신의 차원, 신명의 차원, 상제의 차원, 화무상제의 차원에서 모든 존재가 하나인 절대의 차원을 나타내는 것이다.

우리는 고조선시대부터 신과 일체, 우주와 일체의 상태에서 신의 뜻, 우주의 뜻, 천지의 뜻을 파악하고 그것을 사람들에게 알려서 삶의 방향을 설정해주는 존재가 바로 통치자의 역할을 하는 단군檀君임을 알고 있다. 단군은 널리 인간을 이롭게 함으로써 우주와 하나가 되는 홍익인간弘益人間이 환인桓因 곧 하늘의 뜻임을 알고 그것을 백성들과 더불어 실천하였던 존재이다.

그러나 시간이 흐르면서 하늘의 뜻을 파악하는 제사장적 역할과 통치자로서의 역할이 분리가 되면서 통치자적 역할만을 중시하게 되었다. 그러면서 제사장 역할은 이른바 무당巫堂이라는 집단이 수행해왔다. 오늘날의 사람들은 무당을 미신을 쫓는 어리석은 존재, 미개한 존재로 업신여기면서도 어려운 일을 만나면 몰래 찾아가서 도움을 청하는 이중적인 태도를 보이고 있다.

지금 서구사회에서는 외계의 존재와 대화를 하거나 예수 또는 하느님과 대화를 하는 채 럴링(channeling)이나 심령술心靈術이 유행하고 있다.

미국의 심리학자였던 헬렌 슈크만이 예수로 자신을 소개한 내면의 음성을 받아 적은 책인 『기적수업(A Course In Miracles)』은 1975년 발간된 이후 18개 언어로 번역되어 지금까지 수많은 사람들에 의하여 읽히고 있다.

1977년 제이지 나이트라는 여성은 자신을 35,000년 전 레무리아에서 인간으로 태어나 인류 역사상 처음으로 인간의 세계를 초월하여 신이 된 존재라고 소개한 영혼의 소리인 람타를 만나서 그의 가르침을 책을 통하여 전하였을 뿐만 아니라 지금도 학교를 운영하면서 그의 가르침을 전하고 있다.

그리고 미국인 닐 도널드 월쉬(Neale Donald Walsch)는 1992년부터 우연히 신과 나눈 대화를 기록하여 출판한 『신과 나눈 이야기』를 비롯한 여러 저작들을 출판하였다. 그의

---

3) 金恒, 『正易』 十五一言 第九張, "嗚呼라 天地无言이시면 一夫何言이리오 天地有言하시니 一夫敢言하노라. 天地는 言一夫言하고 一夫는 言天地言이니라."

여러 저작들은 지금도 세계의 34개 국어로 번역되어 읽히고 있다.

앞의 예뿐만 아니라 수많은 사람들에 의하여 채널링이 이루어지고 있으며, 그 대상이나 내용도 다양할 뿐만 아니라 세계인들이 공유하도록 사이트가 개설되어 언제나 어디서나 쉽게 접촉할 수 있다.

우리나라에서도 『람타』, 『기적수업』, 『신과 나눈 이야기』와 같은 책들을 읽고 그 내용을 공유하려는 사이트가 개설되었고, 수백 명에서 수천 명의 가입자가 있을 뿐만 아니라 람타의 강연을 듣거나 그의 학교에 가서 가르침을 받는 사람들도 있다.

그런데 왜 우리나라 사람들은 수천 년 전부터 전해져 온 우리의 전통적인 무속은 멸시를 하고 최근에 일어난 외국의 채널링에 대하여서는 열광하는 것일까?

우리가 너무 스스로를 멸시하는 열등감 속에서 새로운 사대주의에 빠져서 사는 것은 아닌지 다시 생각해볼 필요가 있다. 왜 우리의 것은 비천하고 남의 것은 아름답다는 생각에 빠져있는 것일까?

그 까닭은 한마디로 우리 자신의 정체성을 파악하지 못하고 있기 때문이다. 인간을 본성의 차원에서 보면 온 인류가 하나일 뿐만 아니라 과거의 사람이나 미래의 사람과도 다르지 않다. 그것은 오늘날의 우리가 자신의 정체성을 확인할 수 있는 문화, 역사, 사상에 대한자료가 적은 것과는 아무런 상관이 없다.

지금 우리가 옛 역사와 문화, 철학을 살펴볼 수 있는 직접적인 자료를 확보하지 못하고 있고, 그것으로 인하여 우리 자신의 과거에 대한 연구가 충분하지 못하다고 할지라도 그것이 우리의 열등함을 나타내는 것은 아니다.

오늘날 대부분의 학자들은 기록물을 대상으로 그것을 언어분석의 방법을 통하여 해석하거나 감각기관에 의하여 관찰이 가능한 자료를 대상으로 그 의미를 찾는 것만을 학문으로 생각한다. 그렇기 때문에 학문의 대상이나 자료가 제한적이지 않을 수 없다.

우리의 역사와 문화, 철학에 관한 직접적인 기록물이 없다고 하여 그리고 유물이나 유적이 많지 않다고 하여 우리의 풍습, 언어, 신화, 전설과 같은 자료마저 없는 것은 아니다. 뿐만 아니라 설사 그러한 자료가 없다고 할지라도 우리 자신이 존재하는 한 우리의 문화, 철학, 역사정신이 사라질 수 없다.

사실 한국인으로서의 오늘날의 우리가 살아있음 자체가 가장 완벽하고 직접적인 자료이다. 그 나머지는 이차적인 것들이다. 동양의 선각자들은 오래 전부터 내면의 소리 곧 본성의 소리, 하늘의 소리를 듣는 것이 수기修己이고, 학문임을 밝히고 있다.

공자孔子는 언제나 내면의 소리를 들으라고 하였고, 내면의 하늘과 합일合一하는 것을 삶의 목표로 삼았다. 그는 "그만두고 싶구나. 남의 허물을 보고 능히 안으로 허물을 보는 자신의 마음을 살펴서 그 분별심分別心을 버리고자 하는 자를 보지 못하였다."4)라고 하여 내면으로 들어갈 것을 주문하였고, 자신의 삶의 과정에서 "오십五十에 천명天命을 알고, 육십六十에 하늘의 소리에 순응順應하였으며, 칠십七十에 마음이 하고자 하는 바를 따라서 살아도 하늘의 뜻에 어긋남이 없었다."5)고 하였다.

『원각경』의 시작 부분을 보면 "나는 이와 같이 들었다.(如是我聞)"6)로 시작하고 있다. 불경의 결집은 석가모니의 법문을 많이 듣고 기억했던 아난이 기억한 내용을 진술하고 나머지 장로들이 그것을 확인하는 과정을 거쳐서 문자화하였기 때문이다.

그런데 대승불교의 경전은 부처가 열반하고 아난마저도 죽은 지 오랜 후에 형성된 경전들이다. 당연히 석가모니가 말했을 리가 없고, 그것을 아난이 들었을 수도 없으며, 아난이 기억한 내용을 구술한 것을 듣고 정리할 장로들도 없었다.

그렇다면 이는 무엇을 뜻하는 것인가? 사실 석가모니라는 역사속의 인물은 모든 중생이 본래 부처임을 보여주는 예일 뿐이다. 그렇기 때문에 누구나 본성이 주체가 되어 말을 하면 그것이 그대로 불경이 된다. 그러한 의미에서 "여시아문"은 내가 본성本性, 불성佛性의 소리를 들었음을 나타내는 것이다.

『능엄경』에서는 수행의 방법으로 소리를 들으면서 그 소리를 듣는 성품을 듣는 "반문문성反聞聞性"7)을 제시하고 있다. 이는 본래의 나라고 할 수 있는 내면의 자기를 잊지 않고 돌아보는 수행법이다. 그것은 본래 불성이라는 근원적인 존재가 주체가 되어 듣고, 보고, 생각하고, 말하고, 살아가는 것이 삶 그 자체임을 나타내는 것이다.

유가儒家와 불가佛家를 막론하고 내면의 자신과 대화를 하고, 마음의 다양한 작용으로 드러나기 이전의 참자기를 스승으로 삼아 수행하는 방법을 제시하고 있다. 『주역』에서도 신명神明, 신神이라는 근원적 존재와의 감통感通8)을 수양의 방법으로 제시하고 있다.

최근에 열반한 한마음 선원의 노대행盧大行 스님도 자기 안의 참자기를 주인공主人空이라는 이름으로 부르면서 그와 대화를 하고 그를 스승으로 삼아서 믿고 맡기면서 관觀하는 수행법으로 대중을 지도하였다.9)

---

4) 『論語』公冶長, "子曰 已矣乎, 吾未見能見其過而內自訟者也."
5) 『論語』爲政篇, "子曰, "吾十有五而志于學, 三十而立, 四十而不惑, 五十而知天命, 六十而耳順, 七十而從心所欲, 不踰矩."
6) 『圓覺經』序分, "如是我聞"
7) 『楞嚴經』第十九册, "大衆及阿難 旋汝倒聞機 反聞聞自性 性成無上道 圓通實如是 此是微塵佛 一路涅槃門 過去諸如來 斯門已成就 現在諸菩薩 今各入圓明 未來修學人 當依如是法 我亦從中證 非唯觀世音 誠如佛世尊 詢我諸方便 以救諸末劫."
8) 『周易』繫辭上篇 第十章, "易은 无思也하며 无爲也하야 寂然不動이라가 感而遂通天下之故하나니 非天下之至神이면 其孰能與於此리오."

　　김일부의 생애에 관한 자료들이 많지 않기 때문에 그의 학문의 과정과 관련하여 많은 일화들이 전해지고 있다. 어떤 사람들은 그가 영가무도詠歌舞蹈를 통하여 학문을 하였다고 말하기도 한다. 영가무도를 하는 사람들은 무의식의 상태에서 초월적인 존재를 만나서 그의 뜻을 나타내는 글을 받았다고 주장하면서『정역』이 일종의 접신接神의 상태에서 외적인 존재를 통하여 얻어진 것처럼 말하기도 한다.

　　자신의 의식을 놓아버린 채 다른 의식에 점령을 당하여 그의 지배를 받는 접신은 자신이 어떤 존재인지를 파악하고 그것을 바탕으로 세계의 본질을 파악하는 수행과는 다르다. 그것은 단지 다른 존재에게 의식을 빼앗긴 상태에서 지배를 받는 노예의 상태일 뿐으로 그것을 참나와 합일合一이나 본성을 주체로 하여 이루어지는 의식작용이라고 할 수 없다.

　　『정역』에서 근원적 존재를 상제上帝나 천天으로 지칭하면서 그와 대화를 나누는 형식을 취하는 것은 형이상의 근원적 차원에서 이루어지는 것이다. 그러므로 형이하의 차원에서 여전히 나와 남이 구분되어지는 분별심分別心에 의하여 자신의 의식을 상실하고 다른 존재의 의식을 통하여 그의 뜻을 드러내는 것은 학문이 아닐 뿐만 아니라 수양이라고 할 수 없다.

　　그리고『정역』과 관련하여 언급해야할 점은『정역』에서 후천의 세계를 역수曆數를 통하여 정역正曆의 세계로 제시하고 있다고 해서 그것이 그대로 특정한 시간에 정역이 운행되어지는 세계가 도래할 것이라는 예언을 나타내는 것이 아니라는 점이다. 본래『정역』을 비롯하여 철학의 세계는 세계 자체를 대상으로 하지 않는다.

　　세계는 나타난 현상일 뿐으로 그 근저에 있는 근원, 본질, 근본을 논하는 것이 철학이다. 그러므로 정역이 운행되는 후천세계라고 하여도 물리적인 측면에서 봄과 같은 날씨가 계속 된다는 등의 현상적인 세계를 언급하는 것이 아니다.[10)]

　　근원적 존재인 상제, 화무상제, 화화옹과 철학이라는 학문을 하는 나 곧 삶을 살아가는 나는 둘이 아니라 하나이다. 그리고 역易이라는 변화는 매 순간 끊임없이 새로운 세계가 재창조됨을 뜻한다. 이 때 창조주는 당연히 상제, 화옹로 규정된 근원적 존재이다.

　　그런데 창조는 변화의 개념을 두 측면에서 나타낸 것으로 변화에는 창조와 진화라는 두 의미가 모두 포함되어 있다. 그리고 근원적 존재인 시간성의 차원에서는 창조와 창조주, 창조물이라는 구분이 없다. 다만 그것을 공간적 관점에서 살펴보면 상제, 천, 신으로 개념화된 근원적 존재가 바로 인간에 있어서는 인간의 본성이기 때문에 후천의 세계를 구현하

---

9) 그의 수행론에 대한 내용은 한마음선원에서 편찬한『한마음요전』을 통하여 확인할 수 있다.

10) 실제로 그러한 세계가 오느냐는 별개의 문제일 뿐만 아니라 그것이 중요한 문제가 아니다. 이는 수행이나 수양, 학문의 의미가 무엇인가에 따라서 달라지기 때문이다.

는 것은 나의 문제가 된다.

근원적 존재를 나타내는 화옹, 상제라는 개념은 자유로운 존재, 완전한 존재, 자비慈悲 자체인 존재를 나타낸다. 그렇기 때문에 그 본성에 의하여 자기를 분화分化한다. 이 때 인간의 관점에서 보면 세계에 대한 생각이 창조 에너지가 되고, 그것이 물질화하여 현상 세계가 드러난다고 할 수 있다.

그것은 삼극의 관점에서 살펴보면 오황극의 작용이다. 일태극과 십무극을 하나로 집약한 존재인 오황극이 인간의 본성이다. 다만 새로운 세계의 창조로서의 변화가 진화를 역행하지 않고 순행하기 위해서는 순성順性하는 정성精誠이 필요하다. 『중용』에서는 성誠을 천도와 인도로 규정하고[11], "중화中和를 이루면 천지가 자리를 잡고 만물이 길러진다."[12]고 하여 그 점을 밝히고 있다.

이제 앞에서 살펴본 내용을 바탕으로『정역』의 내용이 담고 있는 특성이 무엇인지 정리하여 보자. 『정역』이 본질적으로 근원의 세계, 하나의 세계를 나타내고 있기 때문에 그 특성이 회통적會通的이고, 합덕合德, 합일合一의 관점에서 이루어지는 분별, 구분의 세계를 나타낸다고 할 수 있다.

도 그것도 역시 하나의 개념에 불과할 뿐으로 그 자체를 다 드러내는 것은 아니다. 근원적 존재인 신, 화옹, 상제, 화무상제, 신명은 그 자체를 그대로 나타낼 수 없기 때문에 그것이 아닌 타자로 나타내지 않을 수 없다. 그것이 바로 분리할 수 없는 존재를 구분하여 이것과 저것으로 나누어서 나타내는 것이다.

만약 하나의 세계, 전체의 세계, 형이상의 세계만을 고집하면 그것을 나타낼 수 없다. 그렇기 때문에 어쩔 수 없이 형이하의 사물들을 활용하여 그것들의 특성을 통하여 상징적으로 나타내게 된다.

그런 점에서 보면『정역』뿐만 아니라 근원적인 세계, 본질적 존재를 나타내는 전적들은 반드시 모순을 안게 된다. 하나이기 때문에 나누어서 나타낼 수 없는 존재를 구분하여 나타냄으로 인하여 구분되어 나타낸 세계는 하나인 세계 자체일 수 없다.

『정역』역시 하나의 세계를 구분하여 나타내고 있기 때문에 그것을 읽으면서 구분된 개념이나 도상 그리고 세계에 머물지 않고 그것을 따라서 그것이 나타내고자 하는 세계를 보아야 한다. 이것이『정역』을 비롯하여 이른바 경전들을 이해하기 어려운 점이라고 할

---

11) 『中庸章句』第二十章, "誠者 天之道也 誠之者 人之道也 誠者 不勉而中 不思而得 從容中道 聖人也 誠之者 擇善而固執之者也"
12) 『中庸章句』第一章, "喜怒哀樂之未發 謂之中 發而皆中節 謂之和 中也者 天下之大本也 和也者 天下之達道也 致中和 天地位焉 萬物育焉"

수 있다.

　『정역』의 특성을 한마디로 요약하여 나타낼 수 있는 개념은 하나됨, 하나의 세계, 회통의 세계, 합덕의 세계라고 할 수 있다. 그것은 형이상과 형이하, 신과 인간, 이상과 현실, 종교와 과학, 시간과 공간, 과거와 미래, 인간과 사물, 사람과 사람, 같음과 다름, 있음과 없음과 같은 모든 분별되고 나누어지는 것들이 일체가 된 세계를 나타내고 있다고 할 수 있다. 그러면 『정역』이 나타내고 있는 세계가 무엇인지 좀 더 구체적으로 살펴보자.

　첫째로 과학과 종교, 철학이 하나가 된 세계를 나타내고 있다. 『정역』의 내용을 보면 많은 부분에서 원역原曆, 윤역閏曆, 정역正曆과 같은 역수가 언급되고 있고, 일년一年의 달력이 제시되고 있을 뿐만 아니라 월건月建을 세우는 방법과 같은 천문학적인 일들이 언급되고 있다.

　그런데 이러한 형식적인 측면을 잘못 이해하여 독자가 『정역』을 단순한 과학적 서적으로 오해할 수도 있기 때문에 저자도 그 점을 적시하여 나타내고 있다. 그것은 달을 언급하면서 천상에 있는 물리적인 달을 찾지 말고 심성 내면에서 달을 찾을 것을 주문하고 있는 다음 부분을 보면 알 수 있다.

　　"복상復上에서 달을 찾으면 천심天心에 도달하고, 황중皇中에서 달을 찾으면 황심皇心에 이른다. 감히 말도 많았던 옛 사람들의 달에 관한 언급들이 얼마나 복상復上에서 시작하여 천심天心에 닿았던가?" "달을 복상復上에서 찾으면 천심월天心月에 이를 것이며, 황중皇中에서 찾으면 황심월皇心月을 찾을 것입니다. 널리 한 하늘을 교화하는 화옹의 마음이 정녕코 황중월皇中月을 당부합니다."[13]

　위의 문장도 『정역』의 저자인 김일부와 근원적 존재인 화무상제와의 문답의 형식을 띠고 있다. 화무상제가 말하기를 "물리적인 하늘에서 달을 찾으면 하늘 가운데 있는 달을 볼 수 있을 것이고, 인간이 자신의 심성 내면에서 달을 찾으면 본성에 도달할 것이다. 옛날부터 수많은 사람들이 달에 대하여 무수한 언급들을 하였지만 얼마나 많은 사람들이 복상에서 달을 찾아서 천심에 이르고 말았던가!"라고 한탄을 하고 있다.

　복상復上은 지뢰복괘地雷復卦에서 표상하고 있는 것과 같이 끊임없이 일어나고 있는 천지의 변화 현상들을 가리킨다. 인간이 자신의 심성 밖으로 나가서 관심을 가지면 언제나 대상 사물과 만나게 된다.

---

13)　金恒, 『正易』化无上帝言, "復上에 起月하면 當天心이오 皇中에 起月하면 當皇心이라. 敢將多辭古人月이 幾度復上當天心고. 月起復上하면 天心月이오 月起皇中하면 皇心月이니 普化一天化翁心이 丁寧分付皇中月이로소이다."

그런데 대상 사물은 항상하지 않은 점에서 실재하지 않는 일종의 환상幻像과 같다. 그것은 달리 말하면 내 감각기관에 의하여 포착된 그래서 뇌의 작용에 의하여 지각되고 인식된 내용은 언제나 내 스스로 과거에 지각했던 내용들을 저장하여 그것과 일치된 내용들을 인식하고 있는 것이다.

밖의 대상 사물 역시 이미 사라지고 없는 사물의 모습이 우리의 감각기관에 포착되고 있을 뿐이다. 왜냐하면 내 감각기관에 도달하기 전에 이미 사물 자체는 변화하여 예전의 모습은 사라지고 없기 때문이다. 그럼에도 불구하고 우리의 감각기관은 과거의 것을 그대로 지각하게 된다. 따라서 대상 사물을 쫓아서 인식하면 언제나 실재實在하지 않는 환상을 벗어날 수 없다.

천심天心은 물리적 천지를 나타낸다. 그러므로 천심월은 물리적 하늘 곧 실재하지 않는 환상 속에서 만나게 되는 달을 가리킨다. 화무상제가 과거의 수많은 사람들이 복상에 기월해서 오로지 천심에만 이르렀다는 것은 고인古人들이 진리를 올바로 파악하지 못하였음을 가리킨다. 그것은 근원적인 존재인 신의 인간에 대한 안타까움을 나타내는 것이라고 할 수 있다.

김일부가 말하는 황중은 인간의 본질인 본성을 가리킨다. 사람들은 물질적인 요소에 의하여 구성된 몸을 자신으로 여기고, 그 안에 마음이 있다고 생각하면서 그것이 자신이라고 여긴다. 그러나 본성이라는 근원적 요소가 몸을 감싸고 있다. 그렇기 때문에 『금강경金剛經』에서는 중생을 바다에서 일어났다가 사라지는 물방울[14]에 비유하기도 하였다. 사실 물방울은 실체가 있는 것이 아니라 바닷물의 일부가 잠시 모습을 갖추었다가 다시 새로운 모습으로 변화하는 것일 뿐이다.

본성이 에너지로 화化하여 흐름을 형성하면서 그것이 마음이 되고, 에너지가 물질이 되면서 사람의 몸이 형성된 것이다. 그러므로 사람의 근본, 근원은 본성이지 몸이나 마음이 아니다. 그렇기 때문에 『정역』에서는 본성의 차원에서 달을 찾았을 때 비로소 황중월과 만날 수 있다고 하였다.

이 때 황중월은 지혜의 빛을 가리킨다. 인간의 본성을 통하여 밝혀지는 우주의 근원이 황중월이다. 그렇기 때문에 『정역』의 저자인 김일부가 화무상제의 의도가 황중월을 밝힘에 있다고 말한 것은 화무상제의 뜻이 황중월을 밝힘에 있음을 파악한 것을 나타낸 것이다.

앞의 내용을 통하여 『정역』에서는 역수, 역법이라는 형식을 통하여 천심과 황중을 함께

---

14) 『金剛經』 應化非眞分 第三十二, "一切有爲法이 如夢幻泡影하며 如露亦如電하니 應作如是觀하라."

언급함으로써 양자가 일체임을 밝히고 있다. 이는 역수가 표상하는 과학의 세계, 형이하의 세계와 역도가 표상하는 형이상의 세계 곧 철학, 종교의 세계가 일체임을 뜻한다.

그것은 정역팔괘도正易八卦圖를 보면 분명하게 드러난다. 정역팔괘도는 우주의 성도成道된 세계를 상징적으로 나타내는 도상이다. 정역팔괘도를 보면 다른 도상에서 나타나지 않은 중천건괘重天乾卦와 중지곤괘重地坤卦가 나타나고 있다. 이는 물리적 천지와 형이상적 건곤이 합덕된 형태를 띠고 있다. 이로서 보면『정역』이 제시하고자 하는 세계는 형이하적인 과학의 세계와 형이상적인 철학, 종교의 세계가 하나가 된 세계임을 알 수 있다.

둘째는『정역』에서는 삼세三世가 회통되고, 삼재三才가 회통된 세계, 시공이 하나가 된 세계를 나타내고 있다.

『정역』에서는 우주를 시간의 관점에서 선천과 후천으로 구분하여 나타내고 있다. 선천은 과거의 세계이며, 후천은 미래의 세계이다. 그런데 양자의 관계를 밝히면서 "선천은 후천을 향하여 작용하고, 후천은 선천을 향하여 작용한다."15)고 하였다. 뿐만 아니라 양자가 하나인 세계를 원천原天으로 규정하고 있다. 이를 통하여 시간의 관점에서 과거와 미래가 하나가 된 영원한 현재 곧 원천이 드러난 매 순간만이 존재함을 알 수 있다.

또한 공간의 관점에서는 "천지에 일월이 없으면 빈껍데기와 같고, 일월에 사람이 없으면 헛된 그림자와 같다."16)고 하여 천지일월과 사람이 일체적인 관계임을 밝히고 있다. 그리고 "이치理致는 본원本源에 모이니 본원이 곧 성품이다."17)고 하여 천지의 이치와 인간의 성품이 하나임을 밝히고 있다.

셋째는『정역』에서는 유가儒家와 불가佛家 그리고 선가仙家가 회통會通된 하나의 세계를 밝히고 있다.

본래의 세계, 도의 세계는 하나이지만 그것을 이치로 구분하여 나타내면 셋으로 나누어지는 것이 자연스러운 것으로 그것이 바로 유가와 불가 그리고 선가라고 밝힌 후에 김일부가 이 세 이치를 모두 밟았다고 하여『정역』의 내용이 유가와 불가 그리고 도가가 회통되어 하나가 된 도의 세계18)를 밝히고 있음을 나타내고 있다.

넷째는『정역』에서는 유소有巢, 수인燧人, 복희伏羲, 신농神農, 황제黃帝, 요堯, 순舜으로 시작하여 공자에서 마무리된 인도 중심의 성통과 일부一夫 자신에 의하여 계승된 천도 중심의 성통聖統이 일체임을 밝힘으로써 천도와 인도가 일체임을 밝히고 있다.

---

15) 金恒,『正易』十五一言 第四張, "后天은 政於先天하니 水火니라. 先天은 政於后天하니 火水니라."
16) 金恒,『正易』十五一言 第八張, "天地는 匪日月이면 空殼이오 日月은 匪至人이면 虛影이니라."
17)『正易』十五一言 第七張, "理會本原하니 原是性이라."
18) 金恒,『正易』无位詩, "道乃分三理自然이니 斯儒斯佛又斯仙을 誰識一夫眞蹈此오 无人則守오 有人傳을."

『주역』에서는 "역易의 글됨이 광대하여 모든 것을 갖추고 있어서 천도天道가 있고, 인도
人道가 있으며, 지도地道가 있다."[19]고 하여 삼재의 도를 언급하고 있지만 천도의 내용을
언급하지는 않고 오로지 인도를 밝히고 있다.

『정역』에서는 공자가 비록 천도를 알았지만 인도를 밝힐 천명天命이 있었기 때문에 천
도를 밝히지 않았고, 자신은 천도를 밝힐 천명을 받았기 때문에 천도, 신도를 밝혔음을 언
급하고 있다. 그는 공자가 말하지 않은 신도, 천도를 밝힌 것은 때가 되었고 명命이 있기
때문[20]이라고 하였다.

또한 공자는 천지의 유형有形의 이치를 널리 통한 사람이며, 자신은 천지의 무형無形의
경계를 통관洞觀하였음[21]을 밝힘으로서 공자에 의하여 완성된 『주역』과 김일부에 의하여
완성된 『정역』의 내용이 서로 다름을 분명하게 밝히고 있다.

"역易은 상象이다."[22]고 규정하고 있는 『주역』과 달리 "역易은 역曆이다."[23]고 하여 역
에 관한 규정을 달리하고 있음을 보아도 이 점을 분명하게 알 수 있다. 그럼에도 불구하고
공자가 천지의 도를 계승하였으며, 그것이 자신에게까지 계승이 되었음[24]을 밝혀서 인도
중심의 『주역』과 신도, 천도 중심의 『정역』이 일체임을 밝히고 있다.

다섯째는 『정역』에서 밝히고 있는 음역과 양역이 합덕된 중정역인 정역正曆의 세계는
인간이 지향하는 미래적 이상의 세계인 동시에 과거적 본질의 세계이다. 본래 시간의 관점
에서는 과거와 미래가 하나이다. 그런 점에서 보면 과거적 본질과 미래적 이상이 둘 일
수 없다.

정역의 세계는 모든 대립적인 요소가 합덕되어 하나가 된 세계이다. 그렇기 때문에 그것
은 근원적 세계가 그대로 드러난 세계라는 점에서 청정淸淨의 세계이다. 불성佛性이 드러난
본래의 세계이며, 하느님의 뜻이 그대로 구현된 점에서 보면 하나님의 나라인 천국天國이
라고 할 수 있다.

『정역』에서는 정역의 세계를 「십이월이십사절기후도수十二月二十四節氣候度數」로 나타내
고 있다. 그것은 『정역』의 관점에서 밝힌 일년一年의 달력이다. 그러나 그것은 단순한 미래
의 시간을 나타내는 책력에 불과한 것이 아니라 인간의 이상향이 실현된 세계, 곧 본래의

---

19) 『周易』 繫辭下篇 第十章, "易之爲書也 廣大悉備하야 有天道焉하며 有人道焉하며 有地道焉하니 兼三才而
　　兩之라 故로 六이니 六者는 非他也라 三才之道也니."
20) 金恒, 『正易』 金火五頌, "聖人所不言이시니 豈一夫敢言이리오마는 時오 命이시니라."
21) 金恒, 『正易』 大易序, "洞觀天地無形之景은 一夫能之하고 方達天地有形之理는 夫子先之시니라."
22) 『周易』 繫辭下篇 第三章, "是故로 易者는 象也니 象也者는 像也오."
23) 金恒, 『正易』 大易序, "聖哉라 易之爲易이여 易者는 曆也니"
24) 金恒, 『正易』 十五一言 第一張, "麟兮我聖이여 乾坤中立하사 上律下襲하시니 襲于今日이로다. 嗚呼라 今
　　日今日이여 六十三 七十二 八十一은 一乎一夫니라."

우주, 세계를 나타낸다. 『주역』에서 "만물의 본질이 드러남으로써 모든 세계가 편안한 세계"[25]로 밝히고 있는 미래의 세계, 본래의 세계를 상징적으로 나타내는 것이 바로 「십이월이십사절기후도수」[26]이다.

---

25) 『周易』 重天乾卦 彖辭, "首出庶物에 萬國이 咸寧하나니라."
26) 金恒, 『正易』 第三十一張에서 第三十二張.

변화와 신도神道

모든 인간의 활동은 항상 지금－여기－있음으로 나타난다. 지금－여기－있음의 지금은 과거와 미래가 배제된 현재가 아니며, 여기는 하늘과 땅이 배제된 여기가 아니다. 지금은 과거와 미래가 하나가 된 현재이며, 여기는 하늘과 땅이 하나가 된 여기이다.

지금－여기－있음은 존재 자체의 나타나 있음이다. 그것은 시간과 그 존재근거인 시간성이 하나가 된 본질적 시간을 나타내며, 형이상과 형이하가 하나가 된 본질적 공간을 나타낸다. 따라서 지금－여기－있음은 물리적 시간과 물리적 공간을 초월한 동시에 물리적 시간과 물리적 공간을 포함한다.

지금－여기－있음은 존재 자체가 자신을 드러냄이다. 그것은 존재 자체가 스스로 자신을 변하여 타자화他者化하는 변화이다. 존재 자체가 스스로의 본성에 의하여 자신의 상태에서 벗어나는 탈자脫自로서의 변變과 그것이 타자他者로 화化하는 변화가 지금－여기－있음으로 나타난다.

존재 자체의 변화가 이루어지는 범주는 시간과 공간이다. 시간과 공간은 존재의 범주이자 자각의 범주인 동시에 실천의 범주이다. 시간과 공간은 일체이지만 시간이 공간에 우선하는 점에서 양자는 구분된다.

존재 자체의 현존은 시간성의 시간화로부터 시작된다. 시간성의 시간화時間化에 의하여 선천과 후천이 구분되고 다시 그것을 구분하는 여기의 나를 중심으로 과거와 미래, 현재라는 시간이 된다.

미래라는 시간을 객관화, 대상화하여 천天으로, 그리고 과거라는 시간을 대상화하여 지地로, 그리고 현재라는 시간을 대상화하여 인人이라는 삼재적三才的 공간 세계가 형성된다.

시간성의 시간화 그리고 공간화는 지금－여기의 나를 통하여 표상된다. 지금의 나를 중심으로 과거와 미래가 나누어지고, 하늘과 땅이라는 공간이 존재하게 되는 것이다. 그것은 시간성의 시간화, 공간화가 지금－여기－나로서의 본성을 매개로 하여 분화分化함을 뜻한다.

『정역』에서는 시간적 측면에서 선천과 후천을 구분하고, 공간적 측면에서 천과 지를 구분하며, 선천의 세계를 나타내는 윤역閏曆과 후천의 세계를 나타내는 정역正曆을 구분하여 나타내지만 그것을 모두 오늘로 나타내고 있다.1) 그것은 『정역』이 밝히고자 하는 내용이 선천도 후천도 아니며, 신神의 세계와 물질物質의 세계도 아니고, 도道의 세계나 만물의 세계도 아닌 지금－여기－있음임을 뜻한다.

지금－여기의 나는 시간화할 수 있는 가능성으로서의 시간성이며, 공간화할 수 있는 가능성으로서의 공간성이다. 그러므로 지금－여기의 나를 시간적 측면에서 나타내면 과거와 미래의 기준점이 되는 현재가 된다.

그리고 지금－여기의 나를 공간적 측면에서 나타내면 형이상과 형이하, 도道와 만물, 신神과 사물, 하늘과 땅을 구분하여 나타내는 인간이 된다. 시간상의 과거와 미래를 규정하는 기준이 되는 현재적 존재가 인간이며, 공간상의 하늘과 땅 그리고 형이상과 형이하를 구분하여 나타내는 중심적 존재가 인간이다.

『정역』에서는 지금－여기－있음의 존재로서의 인간 존재의 분석을 통하여 존재세계를 밝히고자 한다. 왜냐하면 "천지에 일월이 없으면 빈껍데기와 같고, 일월에 사람다운 사람이 없으면 헛된 그림자와 같기"2) 때문이다. "누가 하늘의 일이 인간을 기다려서 이루어짐을 아는가?"3)

지금－여기 나타나 있음으로서의 세계의 본질은 천지의 도道, 역도易道, 도道라고 불리는 이름에 대응하는 객관적 존재 또는 대상화된 존재가 아니라 오로지 인간 본성의 차원에서 밝혀질 수 있는 존재이다. 세계의 본질은 몸이나 마음을 통하여 밝혀지는 것이 아니라 양자를 포괄할 수 있는 차원 곧 형이상의 차원, 본성의 차원에서 밝혀진다.

지금－여기－있음으로서의 현존現存 자체는 분석할 수 없다. 그럼에도 불구하고 역도, 천지의 도와 같이 형이상과 형이하를 나누고 그것을 다시 구분하여 각각의 관계를 나타내는 것은 정형화할 수 없는 세계를 시간과 공간이라는 범주를 통하여 대상화함으로써 그 본질을 밝히고자 함이다.

끊임없이 변화하여 개체적 존재로 구분하여 나타낼 수 없는 상태 자체를 정지시켜서 개체로 화하여 나타내는 일은 움직이는 사물을 정지시켜서 사진을 찍는 일과 같다. 그것은

---

1) 金恒, 『正易』 十五一言 第一張, "嗚呼라 今日今日이여 六十三 七十二 八十一은 一乎一夫니라."
2) 金恒, 『正易』 十五一言 第八張, "天地는 匪日月이면 空殼이오 日月은 匪至人이면 虛影이니라."
3) 金恒, 『正易』 十一一言 布圖詩, "誰識天工待人成가."

일종의 생명을 가진 존재의 생명을 사상시켜서 박제剝製하는 것과도 같다. 그렇다면 왜 이러한 분석을 하는가?

『정역』의 저자인 김일부金一夫는 천지를 인격적 존재인 부모로 부르면서 오로지 부모님의 마음이 편안하기를 바라기 때문이라고 하였다.4) 이는 김일부가 천지의 뜻을 드러내기 위하여 『정역』을 저작했음을 밝히는 것이다. 그것은 지금-여기-있음 자체가 김일부를 통하여 『정역』의 저작으로 나타났음을 뜻한다.

근원적 존재5)로서의 천지는 자신을 확장하는 성질을 본성으로 한다. 『정역』에서는 그러한 특성을 중심으로 천지를 화화옹化化翁, 화옹化翁으로 규정하고 있다. 그것은 천지가 끊임없이 자신을 벗어나서(脫自) 다른 존재로 화化하여 자신을 드러내는 존재임을 나타낸 것이다.

그런데 부모와 자식은 육체적 측면에서는 둘이지만 그 뜻을 서로 계승하는 측면에서는 하나이다. 보다 구체적으로 말하면 본성은 하나인 것이다. 그렇기 때문에 김일부는 『정역』에서 "천지는 일부의 말을 말하고, 일부는 천지의 말을 말한다."6)고 하였다. 이는 김일부와 천지가 하나가 된 상태에서 이루어지는 것이 바로 『정역』의 저작임을 밝힌 것이다. 따라서 『정역』의 저작은 곧 천지 자신의 자화自化 작용의 결과이다.

그것은 근원적 존재와 인간의 관계를 삼재의 관점에서 나타낸 것이다. 첫째로는 천지와 인간의 본성이 일체이기 때문에 인간이 천지의 자화 작용 곧 천지의 세계경영, 세계 창조에 참여하고 있음을 뜻한다. 하늘의 일이 사람을 기다려서 이루어진다고 함은 바로 이러한 뜻을 나타낸다.

둘째는 천지의 자화 작용 곧 창조 작용은 끊임없이 이루어지고 있음을 뜻한다. 천지의 자화 작용이 김일부를 매개로 하여 『정역』의 저작으로 나타났듯이 천지의 끊임없이 이루어지는 자화작용이 지금-여기-있음으로 나타난다.

지금-여기의 나는 있음 자체, 존재 자체, 천지의 나툼, 자화 작용의 드러남이기 때문에 그것을 구분하여 나타낼 수 없음에도 불구하고 그것을 구분하여 나타내고자 하는 것은 일차적으로는 그것을 통하여 나의 본성을 밝히고자 함이다.

그것은 무지無知, 불각不覺, 시각始覺의 상태에서 일정한 행위를 통하여 지혜로워지고, 깨

---

4) 金恒, 『正易』 化无上帝言, "不肯敢焉推理數리오마는 只願安泰父母心이로소이다."
5) 易經인 『正易』과 『周易』에서 근원적 존재를 나타내는 개념은 다양하다. 그 가운데서 일반적으로 사용되어지는 몇 가지 개념들을 열거하면 다음과 같다. 『正易』의 第一張에서는 근원적 존재를 時間의 측면에서 盤古로 나타내었고, 第十張에서는 化无上帝, 化翁으로 나타내었으며, 第二十七張에서는 上帝로 나타내었고, 第十八張에서는 化化翁으로 나타내고 있다. 또한 第一張과 第八張에서는 神明原理로 나타내었으며, 大易序에서는 曆數原理로 나타내고 있다. 『周易』의 繫辭上篇 第九章에서는 神道, 變化之道로 나타내었고, 繫辭下篇 第十一章에서는 易道로 나타내고 있다.
6) 金恒, 『正易』 十五一言 第八張, "天地는 言一夫言하고 一夫는 言天地言이니라."

닫고, 본각과 일치하여 구경각究竟覺에 이르는 것이 아니다. 그러한 과정을 통하여 본래의 자신을 체험하고, 체험을 통하여 자신으로 존재함이다.

자신의 본성을 밝힘은 자신을 관념적으로 분석하는 인위적인 조작이 아니라 그것 자체가 바로 창조적인 행위이다. 다시 말하면 지금 - 여기 - 있음의 분석을 통하여 나를 밝히는 것이 바로 개체적인 나의 창조이다.

김일부가 『정역』의 상편을 십오일언十五一言으로 그리고 하편을 십일일언十一一言으로 규정하고 있음을 통하여 이점을 확인할 수 있다. 십오十五는 역도의 본성을 상징하는 십十과 인간의 본성을 상징하는 오五가 하나가 된 것이다. 그러므로 십오일언은 역도와 인간이 하나가 된 차원에서 드러나는 하나같은 진리(말씀)를 뜻한다.

반면에 십일일언의 십일十一은 하늘의 도를 표상하는 십十과 땅의 도를 표상하는 일一이 하나가 된 상태를 나타낸다. 그러므로 십일일언은 천지가 하나가 된 세계에 관한 한결같은 말씀이라는 의미가 된다. 다시 말하면 천지가 합덕된 세계를 나타내는 하나같은 말씀이라는 의미가 된다.

십十과 오五 그리고 일一은 일체이다. 그럼에도 불구하고 삼자를 구분하여 십오十五와 십일十一의 양자로 나타내고 있다. 이는 십과 오라는 천과 인간의 합일合一에 의하여 비로소 십과 일이라는 천지의 합일이 이루어짐을 나타낸다. 그것은 천인의 공동 작업에 의하여 천지의 작용이 이루어짐을 뜻한다.

십오와 십일을 중심으로 한 지금 - 여기 - 있음의 분석은 하도河圖와 낙서洛書라는 도상에서 보다 분명하게 드러난다. 하도의 본체는 십과 오이다. 그리고 십오十五를 본체로 하여 그 사상四象 작용을 나타내는 동서남북의 각 자리에 위치하는 수들이 모두 오五를 중심으로 일一과 육六, 이二와 칠七, 삼三과 팔八, 사四와 구九와 같은 짝을 이루고 있다. 이는 하늘과 인간의 공동작업에 의하여 세계의 변화가 이루어짐을 나타낸 것이라고 할 수 있다.

십오의 합일에 의하여 이루어지는 작용을 표상하고 있는 도상인 낙서에 이르면 이 점이 보다 분명하게 드러난다. 낙서의 본체는 인간의 본성을 상징적으로 나타내는 오五라는 수이다. 낙서는 오五를 본체로 하여 이루어지는 사상四象의 작용 곧 천지의 작용을 나타내는 도상이다.

『정역』에서 밝히고 있는 십오일언과 십일일언의 내용은 십과 오 그리고 일로 나누어지기 이전의 근원의 세계가 바탕이 되고 있다. 그것을 한마디로 요약하여 나타내면 근원적 존재인 반고盤古의 변화에 의하여 이루어지는 천황天皇과 지황地皇 그리고 인황人皇의 세계를 나타내는 것이 바로 십오일언과 십일일언이다.

그런데 반고화를 나타내면서 십오일언을 상편으로 그리고 십일일언을 하편으로 나타낸 의도가 있다. 그것은 형식적인 측면에서는 『정역』의 전체 체계의 구조가 갖는 특성을 나타내는 동시에 내용의 측면에서는 도생역성倒生逆成을 바탕으로 이루어지는 역생도성逆生倒成의 관점을 견지하고 있음을 나타낸다.

『정역』에서 비록 선천과 후천을 구분하여 나타내고, 천과 지를 구분하여 나타내고, 윤역과 정역, 역수曆數와 괘상卦象을 구분하여 나타내고 있지만 언제나 순順의 관점, 도倒의 관점에서 근원적 존재로서의 역도 또는 천지의 화옹化翁이 주체가 되어 이루어지는 작용으로서의 변화를 나타내고 있다.

『정역』에서는 윤역과 정역이 모두 원역이라는 본체에 의하여 이루어지는 작용임을 나타내고 있을 뿐만 아니라 선천과 후천을 언급하면서도 양자가 모두 원천原天에 의하여 이루어짐을 밝히고 있다.

그것은 『정역』이 일체의 세계, 하나의 세계, 본질의 세계, 본성의 세계, 도의 세계, 시간성의 세계를 바탕으로 역逆의 관점에서 구분되고 나누어지는 세계, 다양의 세계, 현상의 세계, 사물의 세계, 시간의 세계를 밝히고 있음을 뜻한다. 그러므로 불완전한 상태, 부족한 상태, 불선不善한 상태, 지혜롭지 못한 상태에서 완전하고, 충분하고, 지선하고, 지혜로운 사람이나 세계로 변화하는 것이 아니라 선천과 후천, 과거와 미래를 막론하고 모두 본성의 작용이다.

지금-여기-있음은 끊임없는 변화의 과정일 뿐만 아니라 역逆의 관점에서는 끊임없는 새로운 세계, 새로운 존재의 창조이지만 그것이 결코 무无에서 유有로의 변화나 유有에서 무无로의 변화가 아닌 점에서 창조도 아니고 변화도 아니라고 할 수 있다.

『정역』에서 밝히고 있는 세계의 변화나 그 가운데서 함께 존재하는 인간의 삶의 변화는 존재 자체의 변화, 화옹化翁의 자화自化 작용, 인간 본성의 현현顯現인 점에서 질적인 변화가 아니라 동질적인 차원에서 이루어지는 다양한 측면으로서의 자기自己 확장擴張이라고 할 수 있다.

1. 금일今日과 반고화盤古化

『정역』은 지금 여기 있음을 논의의 출발점으로 삼는다. 그것은 시간의 측면에서는 과거와 미래가 하나가 된 **지금**이 중심이 되며, 공간의 측면에서는 형이상의 세계와 형이하의 세계, 하늘의 세계와 땅의 세계, 신선神仙의 세계와 인간의 세계가 하나가 된 **여기**가 중심이 되어 『정역』의 논의가 이루어지고 있음을 뜻한다.

과거와 미래가 하나가 된 지금은 영원한 **현재**이며, 형이상과 형이하, 하늘과 땅이 하나가 된 여기는 무한無限의 **여기**이다. 영원한 현재가 무한의 여기이다. 그것은 시간의 관점에서는 시간의 본질, 본성으로서의 시간성과 시간이 하나가 된 세계이며, 공간의 관점에서는 만물의 근원으로서의 도와 그것을 담고 있는 그릇과 같은 만물이 하나가 된 세계이다.

영원한 현재이자 무한의 여기는 있음 자체이며, 존재 자체인 동시에 현존現存 그 자체이다. 지금 여기 나타나 있음으로서의 변화, 역易을 나타내는 개념이 정역正易이다. 정역正易의 "정正은 그것에 상응함"의 의미이다. 그러므로 정역은 변화 곧 지금 여기 나타나 있음을 가리킨다.

정역을 상징적으로 나타내는 기수는 정역正曆이다. 정역正曆은 음력과 양력으로 나누어진 윤역閏曆과 다르며, 본체를 표상하는 이수理數인 십오十五를 작용수에 더하여 체용을 모두 나타내고 있는 원역原曆과도 다르다. 그것은 변화의 세계, 있음 자체의 세계로서의 정역의 세계가 다양하게 드러나고 표상됨을 뜻한다.

있음 자체, 현존 자체는 지금 여기의 나를 통하여 이루어진다. 왜냐하면 지금-여기의 나는 있음 자체, 존재 자체, 지금-여기-있음이 그대로 나타난 존재이기 때문이다. 그러므로 『정역』이라는 저작을 중심으로 지금-여기의 있음을 나타내기 위해서는 저자인 김일부를 중심으로 논하게 된다.

『정역』에서는 지금을 오늘의 의미로서의 금일今日로 그리고 여기의 나를 김일부金一夫로 하여 지금-여기-있음을 다음과 같이 밝히고 있다.

> 아, 기린처럼 뛰어난 우리 성인이여! 건곤乾坤 가운데 서서 위로는 천지의 도를 본받아서 계승하여 오늘(今日)에까지 전하였다. 오오라, 오늘(今日), 오늘(今日)이여, 육십삼六十三, 칠십이七十二, 팔십일八十一은 일부一夫에서 하나가 된다.[7]

위의 내용은 반고盤古의 화化라는 근원적 존재의 자화自化 작용을 언급하고 이어서 유소有巢, 수인燧人으로부터 시작하여 공자孔子에 이르는 이른바 유가儒家의 성통聖統을 언급한 후에 언급한 것이다.

그런데 인용문의 내용을 보면 금일今日, 금일今日, 금일今日이라고 하여 세 번을 언급하고

---

7) 金恒, 『正易』十五一言 第一張, "麟兮我聖이여 乾坤中立하사 上律下襲하시니 襲于今日이로다. 嗚呼라 今日今日이여, 六十三 七十二 八十一은 一乎一夫니라."

있다. 이는 시간상의 과거와 현재 그리고 미래를 나타낸다. 이처럼 과거와 미래, 현재를 모두 오늘로 나타낸 것은 본질적인 시간은 오로지 영원한 현재만이 존재함을 나타낸다. 그러므로 과거와 미래, 현재는 영원한 현재를 구분하여 나타내는 것임을 알 수 있다.

영원한 현재는 시간의 본성으로서의 시간성이 나타난 현재를 뜻한다. 영원한 점에서 시간을 초월하지만 현재인 점에서 시간 내적 존재이다. 그것은 시간성과 시간이 하나가 된 존재이다.

다음 부분은 영원한 현재가 『정역』의 관점임을 분명하게 드러내고 있는 부분이다. 63에서 81로의 방향은 윤역閏曆에서 원역原曆으로 근원을 찾아가는 방향을 나타낸다.[8] 그것은 시간상으로는 현재로부터 과거를 향하여 그 본성을 찾아가는 것을 나타낸다. 그런데 그것이 바로 일부에서 하나가 된다는 것은 시간상으로는 지금-여기에 과거가 있음을 뜻하는 동시에 공간상으로는 여기에 만물이 있음을 뜻한다.

그것은 지금과 여기가 하나가 된 존재로서의 일부가 곧 현존 자체임을 나타낸다. 나타난 존재로서의 현존은 지금-여기-있음이 나타난 지금-여기의 나이다. 이러한 현존은 『정역』의 저자인 김일부의 관점에서는 일부 자신이라고 하지 않을 수 없다.

지금-여기-있음으로서의 존재가 지금-여기의 나로 현존한 김일부는 물리적 생명에 한정된 존재가 아니면서도 물리적 생명을 포함한 존재이다. 그 자리에는 영원과 순간, 하늘과 땅, 화옹化翁과 사물, 일부一夫와 천지가 구분되지 않는 하나의 자리이다. 공간적 측면에서 형이상과 형이하가 하나가 되고, 시간적 측면에서 시간성과 시간이 하나인 자리가 바로 현존의 자리인 것이다.

현존의 세계는 고정되어 있지 않으며, 영원히 살아있는 생명의 자리이다. 그러므로 현존의 세계는 끊임없이 자신을 확장하는 과정으로 존재한다. 그것은 존재 자체가 시간을 초월하고 공간을 초월하였지만 끊임없이 시간과 공간으로 자신을 드러냄을 뜻한다.

『정역』에서는 현존, 있음 자체, 존재 자체에 대하여 다양한 측면에서 화옹化翁, 화화옹化化翁, 화무상제化无上帝, 상제上帝, 공空, 원천原天, 원역原曆, 반고盤古, 무극无極, 태극太極, 황극皇極, 천황天皇, 지황地黃, 인황人皇과 같은 여러 개념을 통하여 표현하고 있다. 먼저 모든 가능성을 간직한 영원한 존재의 자기 전개라는 측면에서 반고화盤古化로 개념화하여 밝히고 있는 부분부터 살펴보자.

---

8) 이는 일원추연수一元推衍數인 216을 추연推衍하는 방법을 나타내고 있는 부분이다. 216은 『주역』에서 건책도수乾策度數로 언급된 이수理數이다. 추연의 의미와 이수에 대하여서는 오장에서 자세하게 논의가 이루어질 것이다.

아, 반고盤古가 화化하니 천황天皇은 함이 없고, 지황地皇은 덕을 싣고, 인황人皇이 흥작興作한다.⁹⁾

반고盤古는 중국의 전적典籍들 속에서 천지를 개벽한 전설상의 신神으로 묘사되고 있다.¹⁰⁾ 신화를 보면 그는 일정한 기간 동안 살다가 수명이 다하여 죽었다.

그러나 『정역』에서는 화옹, 상제와 같은 개념들과 함께 사용하고 있지만 원역原曆, 원천原天이나 무극无極과 같은 개념을 사용하고 있다. 이는 반고라는 개념이 신화상의 개념과 달리 원리적 존재로 사용되고 있음을 나타낸다.

대역서에서 "역易은 역曆이다."¹¹⁾라고 밝힌 바와 같이 『정역』의 내용이 시간의 관점에서 그 본성인 형이상적 존재로서의 시간성을 밝히고 있음을 볼 때 반고라는 개념이 갖고 있는 태고太古의 의미를 중심으로 영원을 나타내고 있는 것으로 이해하는 것이 타당하다.

반고는 옛날을 머금고 있음의 의미로 시간의 본질, 근원으로서의 영원을 가리킨다. 시간으로 화하기 이전의 존재, 장차 시간으로 화化할 수 있는 근원으로서의 시간성時間性을 반고로 규정한 것이다.

반고는 시간상의 과거와 미래를 포함하고 있으면서도 시간을 초월한 존재이다. 이는 다시 말하면 영원한 현재로서의 지금-여기-나타나 있음이라고 할 수 있다. 과거와 현재 그리고 미래가 하나가 된 있음 자체, 존재 자체를 나타내는 개념이 반고이다. 그러면 반고화는 무엇인가?

반고가 있음, 존재 자체를 나타내기 때문에 반고화는 있음 자체로부터 나타나는 변화이다. 반고화는 반고가 스스로 변화하는 점에서 자화自化이며, 자신의 본성을 고수하지 않고 그로부터 벗어나는 점에서 탈자脫自이고, 탈자하여 다른 존재로 화하는 점에서 타자화他者化라고 할 수 있다.

인용문을 보면 반고가 변하여 천황과 지황 그리고 인황으로 화함을 알 수 있다. 그러므로 천황과 지황 그리고 인황이 곧 반고인 점에서 반고가 삼황三皇¹²⁾인 동시에 삼황三皇이 곧 반고이다. 그러므로 반고와 삼황은 하나이면서 셋이고, 셋이면서 하나라고 할 수 있다.

---

9) 金恒, 『正易』 十五一言 第一張, "嗚呼라 盤古化하시니 天皇无爲시고 地皇載德하시고 人皇作이로다."
10) 徐整, 『三五曆紀』, "天地混沌如雞子, 盤古生其中. 萬八千歲, 天地開闢, 陽淸爲天, 陰濁爲地. 盤古其中, 一日九變, 神于天, 聖于地. 天日高一丈, 地日厚一丈. 如此萬八千歲, 天數極高, 地數極深, 盤古極長."
11) 金恒, 『正易』 大易序, "易者는 曆也니"
12) 여기서 사용하는 三皇이라는 개념 역시 중국의 역사상 언급되는 三皇, 五帝의 三皇과는 그 의미가 다르다. 삼황은 원리적 측면에서 天道와 地道 그리고 人道로 표상되기 이전의 근원적 세계를 나타내는 개념이다. 삼황이 표상하는 내용은 공간적 관점에서 道를 나타낸 三才의 道와 다르기 때문에 양자를 구분하여 사용한 것이다.

먼저 천황을 언급하면서 무위無爲라고 하였다. 천황은 하늘의 임금, 하늘의 우두머리라는 의미이다. 그러므로 천황은 하늘 세계에서의 근원이라는 의미라고 할 수 있다. 이 때 하늘은 대상적 존재를 가리키는 것이 아니라 시간의 세계를 나타낸다.

하늘의 세계를 선천과 후천으로 구분하고 본래의 하늘을 원천原天으로 나타내는 것은 모두 천天이 시간의 세계임을 나타낸다. 그러므로 천황은 시간의 근원, 본성으로서의 시간성 자체를 나타낸다고 할 수 있다. 그러면 천황이 무위라는 것은 무엇을 의미하는가?

무위는 함이 없음이다. 무위는 행의 주체와 그 작용 그리고 대상이 일체여서 삼자가 서로 구분되지 않음을 뜻한다. 주체와 객체가 없어서 일체인 세계를 주체를 중심으로 나타내면 무아無我이다. 무아는 상대방에 대응하는 내가 없음이 아니라 어떤 것이라고 나타낼 수 있는 고정된 사물이 없음을 뜻한다.

시간성이 무아라는 것은 고정되지 않고 변하여 화함을 뜻한다. 다시 말하면 시간성은 자신의 상태를 고집하지 않고 자신의 상태에서 스스로 벗어나서 다른 존재로 화한다. 자신이 스스로 자신을 벗어나는 탈자로서의 변變이며, 다른 존재가 되는 점에서 화化이다. 그러므로 천황이 무위라는 것은 시간성이 변하여 시간으로 화하는 본성을 갖고 있음을 나타내는 것이다. 매 순간에 끊임없이 자신을 새롭게 드러내는 것이 시간의 본질, 본성으로서의 시간성임을 무위로 나타낸 것이다.

시간의 관점에서 보면 천황은 미래성을 나타낸다. 그것은 미래 시간의 본성이라고 할 수 있다. 미래시간은 장차 현재화할 존재이지만 아직은 현재화하지 않은 측면에서 아직 오지 않음으로서의 미래이다. 그런 점에서 미래성을 공간적 관점에서 나타내면 무성無性, 공성空性이라고 할 수 있다.

다음에는 지황이 덕을 싣는다고 하였다. 지황의 지地는 공간적 세계를 나타내고, 황皇은 왕으로 곧 근원을 나타낸다. 그러므로 지황은 공간적 세계의 근원을 나타낸다. 공간의 근원으로서의 공간성空間性을 지황으로 나타낸 것이다.

지황이 덕德을 싣는다고 하였다. 이 때 덕은 만물의 본질, 본성을 나타낸다. 그러므로 지황이 덕을 싣는다는 것은 공간성이 만물의 본성, 본질로 그것이 덕으로 드러남을 뜻한다. 시간성이 변하여 공간성으로 화함으로써 만물의 본질인 덕德으로 화함을 지황이 덕을 싣는다고 하였다.

지황이 덕을 싣는다는 것은 공간성의 본질을 나타낸다. 공간성의 본질은 확장성으로 시간성, 무아성이 변하여 개체성으로 화하면서 끊임없이 새로운 존재로 자신을 드러냄을 뜻한다. 그것은 일종의 자기自己 분화分化라고 할 수 있다.

공간성은 시간성이 변하여 화한 시의성時義性이다. 시간성이 그 본성에 의하여 시간의 본성인 시의성으로 화한 것이다. 그러므로 시간성이 곧 시의성이지만 시간성이 일체적 관점에서 언급된 시의성이라면 시의성은 매 순간이라는 시간의 관점에서 언급된 시간성이라는 점에서 서로 구분된다.

시의성의 측면에서 지황이 덕을 실음은 시간성이 변하여 시의성으로 화함을 나타낸다. 시의성은 그것이 나타난 시간의 측면에서 미래시간의 근거가 되는 미래성과 과거시간의 근거가 되는 과거성 그리고 현재시간의 근거가 되는 현재성으로 구분하여 나타낼 수 있다.

지황을 시간의 측면에서 나타내면 과거시간의 본질인 과거성이라고 할 수 있다. 과거는 미래시간이 이미 현재를 통과하였다는 의미를 갖는 동시에 시종始終의 시작점이라는 의미를 갖는다. 과거성은 이미 나타난 미래성이라는 의미와 더불어 장차 미래성으로 화하여 가는 변화의 시작점이라는 의미이다. 과거성을 공간적 관점에서 나타내면 유성有性, 색성色性, 물성物性이라고 할 수 있다.

시간성이 시의성 곧 공간성으로 화함은 모든 존재의 본질인 시간성, 분별하여 나타낼 수 없는 일체적 존재가 변하여 개체의 본질로 화하는 개체화個體化이다. 천황으로 표상된 시간성이 본체가 되어 시간의 세계, 곧 공간의 세계에서 물리적 존재, 개체적 존재의 본질인 덕으로 화함으로써 만물이 생성됨을 나타낸 것이 "천황은 함이 없고, 지황은 덕을 싣는다."는 표현이다.

마지막 부분에서 "인황이 흥작興作한다."고 하였다. 인人은 글자 그대로 인간의 세계이다. 그리고 황은 근원을 가리킨다. 이 때 사람은 물건적인 존재를 나타내는 것이 아니라 관계, 작용을 뜻한다. 천과 지의 관계를 나타내는 개념이 인人인 것이다. 그러므로 인황은 시간성과 공간성의 본질로서의 선성善性을 나타낸다.

선성善性은 시간상으로는 항구하여 그침이 없음을 나타내며, 공간상으로는 잘 드러남, 확장성, 합일성合一性을 나타낸다. 시간의 측면에서는 현재시의 본질로서의 현재성이 선성善性이다. 지금-여기-나타나 있음으로서의 현존성이 선성善性이다.

공간적 관점에서 선성은 인간의 본성을 나타낸다. 인간은 시간상으로는 과거와 미래가 하나가 된 현재적 존재이며, 공간상으로는 하늘과 땅을 포함한 여기를 나타낸다. 영원한 현재와 천지를 포함한 여기가 하나가 된 존재 그것이 바로 인간이다. 그러므로 인황이 흥작함은 "천지의 작용이 시작됨."을 뜻한다.

천황은 인간을 비롯한 온 우주의 만물이 모두 동일한 하나의 근원에 의하여 존재함을 나타내는 개념이다. 모든 존재가 일체임을 나타내는 개념이 천황인 것이다. 그리고 지황은 근원적 존재의 개체성을 나타내는 개념이다. 반면에 인황은 근원적 존재의 작용성을 나타낸 개념이라고 할 수 있다. 이를 체용상의 개념과 대응하여 나타내면 천황은 본체를 그리고 지황은 현상을, 인황은 작용을 나타낸다고 할 수 있다. 지금까지 살펴본 내용을 도표화하여 나타내면 다음과 같다.

	반고盤古	천황天皇	지황地皇	인황人皇
시간	시간성時間性	미래성未來性	과거성過去性	현재성(現存性)
공간	공간성空簡性	천도(天性)	지도(地性)	인도(人性)
시공	도道, 상제上帝, 신神	시간성	공간성	인간성
인간	인성人性	지성智性	인성仁性	선성善性

도표 1. 반고와 반고화

반고가 시간성을 중심으로 지금-여기-있음으로서의 현존 곧 나타난 존재 자체를 나타낸 개념이듯이 천황과 지황 그리고 인황 역시 현존 자체를 나타낸 개념이다. 이처럼 존재가 천황, 지황, 인황의 삼황으로 분화分化되는 것은 지금-여기의 나를 통하여 이루어진다.

반고화는 지금-여기-있음으로서의 존재가 지금-여기의 나를 통하여 현존함을 나타낸다. 그것이 천황의 무위와 지황의 재덕이 인황의 흥작으로 나타남이다. 인황의 흥작을 『정역』에서는 유소有巢, 수인燧人과 같은 성통聖統을 통하여 나타내고 있다. 이는 유소, 수인 등의 인간에 의하여 도道가 전수되어짐으로 인류의 역사가 전개됨을 나타낸다.

유소, 수인, 복희伏羲와 같은 인명人名은 단순하게 개체적인 존재만을 나타내지 않는다. 그들은 보편적 인간을 나타내는 개념으로 인간의 본성을 개체적 존재에 의하여 상징적으로 나타낸다. 이는 성통을 통하여 계대繼代 관계를 형성하면서 시간이 전개됨을 상징적으로 나타낸 것이다. 따라서 성통의 전개는 인류의 역사를 유소, 수인과 같은 인간을 중심으로 상징적으로 나타낸 것이다.

반고화의 관점에서 인황의 흥작은 인간 본래성의 현현, 인간 본래성의 자기自己 개시開示이다. 시간성의 시간화에 의하여 시간이 형성되고, 그것이 공간적인 만물로 화하면서 매시간에 있어서 시간성이 시의성이 되듯이 만물에 있어서 만물의 본성으로 화함, 시간성 곧 공간성이 만물의 본성으로 화함, 인간의 본성으로 화함이 인황의 흥작이다.

인황의 흥작을 시간의 관점, 공간적 관점에서 개체적 존재로서의 나를 중심으로 이해하면 지금-여기를 통하여 나타난 하늘의 뜻, 하늘의 의지로서의 자유의지自由意志이다. 그것을 『주역』에서는 성인의 천하의 미래를 걱정하는 우환의식으로 나타내기도 하고, 성인의 뜻, 천지의 뜻으로 나타내기도 하였다.

　　전체, 일체, 하나인 스스로가 자신의 상태를 벗어나서 다른 존재로 변하여 화하고자 하는 의지, 뜻을 일으킴이 인황의 흥작이다. 그것은 자유의지로 나타나는 시간성의 본성으로서의 무위성無爲性, 공간성, 확장성擴張性으로 인간의 관점에서는 사랑, 자비慈悲, 지혜智慧의 현현이다. 그것이 개체적 관점에서는 개체적 존재의 삶의 의지라고 할 수 있다.

　　『정역』에서는 흥작한 인황을 일부一夫의 말을 통하여 나타내고 있다. "천지는 일부一夫의 말을 하고, 일부는 천지의 말을 한다."13)고 하여 일부의 말에 천지의 뜻이 담겨 있음을 나타내고 있다.

　　하늘과 인간, 인간과 근원, 인간과 천지가 하나가 된 상태에서 이루어지는 인간의 뜻은 인간의 뜻이라고도 할 수 없으며, 반고의 뜻이라고 할 수도 없을 뿐만 아니라 천지의 뜻이라고도 할 수 없다. 그렇기 때문에 반고의 뜻이고, 천지의 뜻이며, 인간의 뜻이다.

　　『정역』에서는 인간의 관점에서 일부의 뜻으로 나타내기도 하고, 화옹化翁 또는 근원적 존재로서의 상제上帝의 뜻으로 나타내기도 하였다. 이러한 뜻은 본성에 의하여 이루어지는 자유의지이며, 인간의 본성인 사랑 곧 인仁에 의하여 자신을 던져서 타자가 되는 자기 확장인 동시에 사랑의 베풂이라고 할 수 있다.

　　앞에서 살펴본 바와 같이 반고화는 천지인의 공간적 관점에서는 천황과 지황 그리고 인황의 합일合一작용이다. 그것을 인간을 중심으로 나타내면 반고가 스스로 인간의 본래성을 매개로 자기를 드러내는 자기自己 개시開示이다.

　　『정역』에서는 반고화를 삼황을 중심으로 밝힌데 이어서 삼극三極을 중심으로 밝히고 있다. 삼황이 천지인이라는 공간적 세계를 중심으로 반고화를 밝히고 있는 것과 달리 삼극은 반고화를 시간의 측면에서 나타낸 것이다. 먼저 삼극과 관련하여 반고화를 밝히고 있는 부분의 내용을 살펴보자.

　　　　문득 손가락을 들어보니 무극无極이니 십十이다. 십이 곧 태극太極이니 일一이다. 일에 십이 없으면 본체가 없고, 십에 일이 없으면 작용이 없다. 합하면 토土가 되니 그 가운데 있는 것이 오五이니 황극皇極이다.14)

　　무극과 태극 그리고 황극은 앞의 천황과 지황 그리고 인황의 다른 표현이다. 천황의 다른 표현이 무극이며, 지황을 태극으로, 인황을 황극으로 나타낸 것이다. 삼황이 황극皇極을 중심으로 반고의 내용을 나타낸 것과 달리 삼극은 반고를 세 측면에서 나타낸 것이라고

---

13) 金恒, 『正易』 十五一言 第八張, "天地는 言一夫言하고 一夫는 言天地言이니라
14) 金恒 『正易』 第一張, "擧便无極이시니 十이니라. 十便是太極이니 一이니라. 一이 无十이면 无體요 十이 无一이면 無用이니 合하면 土라 居中이 五니 皇極이니라."

할 수 있다.

무극과 태극, 황극을 통하여 밝히고 있는 내용은 『주역』에서 언급이 있었을 뿐 그 구체적인 내용이 제시되지 않았던 삼극의 도이다. 『주역』에서는 "육효六爻의 변화가 나타내는 것은 삼극의 도"[15]라고 하여 삼극의 도를 언급하고 있다.

그러나 『주역』에서는 삼극의 도의 내용을 밝히지 않고 있다. 그리고 육효가 표상하는 내용을 삼재의 도[16]로 규정하고, 그 구체적인 내용을 각각 음양陰陽원리인 천도天道와 강유剛柔원리인 지도地道 그리고 인의仁義원리인 인도人道로 제시하고 있다. 이를 통하여 삼극의 도와 삼재의 도가 모두 역도의 내용이지만 『주역』의 관점이 삼재의 도에 있음을 알 수 있다.

무극과 태극 그리고 황극은 『정역』 이전에는 병칭되었던 개념이 아니다. 『주역』의 십익十翼에서는 오직 태극太極의 개념만을 언급하고 있다.[17] 태극은 공간의 관점에서 그 본질인 공간성을 나타내는 개념이다. 이는 삼재라는 공간적 세계를 중심으로 괘효가 형성되었음을 단적으로 보여주는 것이다. 주희朱熹도 삼극에 대하여 그것이 천극天極과 지극地極 그리고 인극人極을 나타내는 것[18]이라고 하여 삼재의 관점 곧 공간적 관점에서 이해하였다.

황극은 『서경』의 홍범洪範에서 제시된 개념이며, 무극은 『노자』에서 처음 보이는 개념[19]이다. 송대宋代에 이르러서 주렴계周濂溪의 「태극도설太極圖說」에서 비로소 "무극이태극無極而太極"[20]이 언급되면서 무극과 태극이 하나임을 제시하였으나 양자와 황극을 연결하여 삼극을 이해하지는 않았다.

『정역』에서 시간성 곧 역수원리를 중심으로 삼극을 이해함은 삼극을 회통적 관점, 융합의 관점, 합일의 관점에서 이해한 것이다. 그것은 삼극이 셋이기 때문에 셋을 회통시키거나 융합시켜서 이해했음을 뜻하는 것이 아니라 본래 일체여서 하나라고 할 것도 없음을 밝히고 있음을 뜻한다.

『서경』과 『논어』에서는 천도의 내용이 역수원리임을 밝히고 있지만 시간성 자체의 관점에서 구체적인 내용을 밝히지는 않았다. 그렇기 때문에 삼극을 언급하면서도 셋을 함께

---

15) 『周易』 繫辭上篇 第二章, "六爻之動은 三極之道也니."
16) 『周易』 繫辭下篇 第十章, "易之爲書也 廣大悉備하야 有天道焉하며 有人道焉하며 有地道焉하니 兼三才而兩之라 故로 六이니 六者는 非他也라 三才之道也니."
17) 『周易』 繫辭上篇 第十一章, ",是故로 易有太極하니 是生兩儀하고 兩儀生四象하고 四象이 生八卦하니 八卦定吉凶하고 吉凶이 生大業하나니라."
18) 朱熹 『周易本義』, "三極天地人之至理 三才各一太極也", 명문당, 2001.
19) 『書經』의 洪範에서는 "五皇極, 皇建其有極, 斂時五福, 用敷錫厥庶民, 惟時厥庶民, 于汝極, 錫汝保極."라고 하였고, 『老子』 第二十八章에서는 "爲天下式, 常德不忒, 復歸於無極."라고 하였다.
20) 周濂溪, 「太極圖說」, "無極而太極　太極動而生陽　動極而靜　靜而生陰　靜極復動."

언급하지 않고 각각 나누어서 언급하였다. 그것은 삼극을 공간적 관점에서 객관화하여 이해한 것이 『서경』과 『주역』, 『논어』의 관점임을 나타낸다.

인용문에서는 무극과 태극 그리고 황극을 언급하면서 그것을 수와 결합시켜서 무극은 십+으로, 황극은 오五로, 그리고 태극은 일一로 나타내고 있다. 그것은 『주역』에서 천지의 수로 언급되었고, 『정역』에서 천지의 도수度數21)로 규정했던 이수理數가 삼극의 도를 표상하는 형식임을 나타낸다.

인용문의 마지막 부분에서는 무극과 태극을 본체와 작용의 관계로 나타내면서 양자를 합한 것이 오행五行의 개념에서의 토土임을 밝히고 이어서 십과 일의 중심에 있는 존재가 오황극五皇極임을 밝히고 있다. 이를 통하여 삼극이 일체임을 알 수 있을 뿐만 아니라 삼극의 도가 바로 오행의 내용임을 알 수 있다. 지금까지 살펴본 내용을 정리하여 도표로 나타내면 다음과 같다.

삼황三皇	천황(무위)	지황(재덕)	인황(흥작)
삼극三極	무극无極	태극太極	황극皇極
삼재三才	천도天道	지도地道	인도人道
수數	십+	일一	오五

도표 2. 반고화와 삼극 그리고 삼재

삼극은 본래 반고화의 내용을 나타내기 때문에 일체적 존재이다. 『정역』에서는 삼극의 관계를 두 측면에서 구분하여 나타내고 있다. 그 하나는 지금 – 여기의 **나**를 중심으로 지금 – 여기 – 있음을 나타내는 방법이며, 나머지는 지금 – **여기**를 중심으로 지금 – 여기 – 있음을 나타내는 방법이다.

지금 **여기**를 중심으로 한 현존의 표상은 무극과 태극의 관계를 통하여 표상된다. 무극은 본체이며, 태극은 작용이다. 이는 공간적 관점에서 근원적 존재를 나타낸 것으로 무극이 변하여 태극으로 화함을 뜻한다.

무극은 시간성을 표상하는 개념이며, 태극은 시간성을 현상적 관점에서 나타낸 것으로 시의성이다. 시간성이 매 시간에 있어서 시의성으로 나타난다. 그러므로 시의성은 나타난 시간성이며, 시간성은 시의성의 총체적 표상이라고 할 수 있다.

---

21) 金恒, 『正易』十一一言 第二十二張, "九七五三一은 奇니라. 二四六八十은 偶니라. 奇偶之數는 二五니 先五는 天道요 后五는 地德이니라. 一三五次는 度天이오 第七九次는 數地니 三天兩地니라."

무극과 태극을 수를 통하여 나타내면 십+과 일—이다. 십+은 상하, 사방이라는 공간의 중심, 근원을 상징하는 기호이다. 그것은 원형과 방형을 네 등분하여 나타낸 것으로 중심으로부터 밖으로 퍼져나가는 빛을 통하여 우주의 근원을 상징한다.

예로부터 태양을 우주의 근원으로서의 천신天神으로 숭배하였던 까닭이 여기에 있다. 태양을 숭배하는 것은 인류의 공통적인 현상이다. 세계 곳곳에 산재하는 구석기시대의 암각화나 동굴벽화에서 십자 형태의 그림이 발견되는 것은 이를 보여준다.

오늘날 기독교에서 상징물로 사용하는 십자가나 불교의 만(卍) 역시 그 기원은 십자+字라고 할 수 있다. 수메르 문명의 유적들이나 인도 문명의 유적들에서 십자+字 형태의 그림들이 발견되는 것은 이를 단적으로 보여주는 것이다.

나타난 시간성으로서의 시의성을 표상하는 일—은 십자+字의 사방으로 퍼져가는 빛들을 표상한다. 그것은 나타난 시간성의 상징이다. 매 시간이 갖는 시간의 본성, 본질, 근원을 나타내는 것이 일—이라는 수이다.

십과 일을 통하여 무극과 태극의 관계를 나타내면 무극이면서 태극 곧 무극이태극无極而太極으로 표상할 수 있다. 그것을 수로 나타내면 십일+—이 된다. 십일+—은 십+과 일—을 더한 산수로서의 십일+—이 아니라 십+과 일—이 하나이면서도 둘로 구분됨을 나타낸다.

무극과 태극을 공간적 관점, 삼재의 관점에서 나타내면 천도天道와 지덕地德이다. 천도는 시간성 자체를 표상하고, 지덕은 시간성이 시간 즉 공간에서 그 본질, 본성으로서의 시의성을 나타낸다. 그러므로 십일을 천지天地의 도덕道德의 세계22)로 규정하고 있다.

무극이면서 태극인 관점에서 보면 반고의 세계는 곧 천지가 합덕된 세계이다. 그러면 무극이면서 태극인 천지는 어떤 세계인가?

> 지地는 천天을 싣고 있으니 방정方正하니 체體이며, 천은 지를 감싸고 있어서 원환圓環하니 영影이다. 위대하다, 체영의 도여! 이기理氣가 담겨 있고, 신명神明이 모여 있다.23)

위의 내용을 보면 천지를 체영體影의 관계로 나타내고, 그 본질을 이기理氣와 신명神明으로 나타내고 있다.

하늘은 원환圓環한 빛(影)으로 규정하면서 그것이 땅을 감싸고 있다고 하였고, 땅은 하늘을 싣고 있는 방정한 몸(體)이라고 하였다. 원환한 빛은 하늘의 세계로서의 시간의 세계

22) 金恒, 『正易』雷風正位用政數, "无極而太極이니 十一이니라. 十一은 地德而天道니라."
23) 金恒, 『正易』第一張, "地는 載天而方正하니 體니라. 天은 包地而圓環하니 影이니라. 大哉라 體影之道여 理氣囿焉하고 神明이 萃焉이니라."

를 나타내며, 방정한 몸은 땅의 세계로서의 공간의 세계를 나타낸다. 그러므로 체영의 도
는 천지가 합덕된 세계, 반고의 세계를 시간성과 공간성(時義性)의 측면에서 나타낸 것이
다.

그런데 체영의 도의 내용을 이기理氣와 신명으로 밝히고 있다. 이기理氣를 만물의 본체로
제시한 사람들은 송대宋代의 성리학자性理學者들이다. 그들은 형이상적 존재인 도를 이理로
그리고 형이하적 존재인 물질의 근원을 기氣로 하여 이理와 기氣의 합덕체가 바로 만물임을
밝히고 있다. 그런 점에서 보면『정역』에서도 세계의 본질을 나타냄에 있어서 송대의 이
기론理氣論을 수용했음을 볼 수 있다.

그러나 천지의 도 곧 체영의 도는 이기론과 같지 않다. 그것은 신명이라는 개념으로부터
찾을 수 있다.『정역』에서는 체영의 도에는 이기理氣만 아니라 신명이 존재한다고 하여 그
점을 밝히고 있다.『주역』에서도 복희伏羲가 팔괘八卦를 그릴 수 있었던 결과는 신명神明한
덕德에 통하였기 때문이라고 하여 신명神明을 언급하고 있고,『주역』이 저작되었던 과정을
밝히면서 그윽이 신명神明에 참여[24]하였다고 하여 신명에 통함으로서 비로소 역경이 저작
되었음을 밝히고 있다.

『정역』에서는 신명神明을 존공尊空을 해야 할 존재[25]로 규정하여 신명이 근원적 존재임
을 밝히고 있다. 신명은 인간에 있어서는 본성本性과 관련되어 있는 개념이다. 신명은 지성
智性을 나타내는 개념으로 지성과 인성仁性은 인간의 본성이기 때문이다. 신명의 세계는 이
기를 통하여 드러나지 않는다.[26]

『주역』에서는 천지의 관계를 팔괘八卦의 건괘乾卦와 곤괘坤卦를 통하여 나타내고 있다.
건괘와 곤괘를 통하여 천지의 관계를 표상하는 방법은 두 가지이다. 천지의 관계를 그 구
조를 중심으로 나타내는 것과 작용을 중심으로 나타내는 것이 그것이다.

그런데 작용은 양자가 합덕하여 하나가 됨으로써 이루어지기 때문에 구조가 드러나지
않는다. 오히려 그 구조는 서로가 자신의 위치를 고수하면서 작용을 하지 않을 때 드러나
게 된다. 천지의 관계를 그 구조를 중심으로 나타내고 있는 괘가 천지비괘天地否卦이며, 작
용을 중심으로 나타내고 있는 괘가 지천태괘地天泰卦이다.

---

24)『周易』說卦 第二章, "昔者聖人之作易也, 幽贊於神明而生著, 參天兩地而倚數, 觀變於陰陽而立卦, 發揮於
剛柔而生爻, 和順於道德而理於義, 窮理盡性以至於命."
25) 金恒,『正易』亢角二宿尊空詩, "何物이 能聽角고 神明도 氏不亢을"
26) 성리학자들은 성性이 리理라고 하여 만물의 본질과 인간의 본성이 일체임을 밝히고 있다. 그러나 거경궁리居
敬窮理의 방법을 통하여 격물치지格物致知를 해야 비로로 활연관통豁然貫通하는 역逆의 측면만을 제시하고 있
기 때문에 거경궁리 그것도 본래는 본성 곧 이理의 작용이라는 순順의 측면을 간과하여 신명神明이라는 개념
의 의미를 제대로 드러낼 수 없었다. 그것은 성리학의 역逆의 관점이 위주가 되어 세계를 이해하였음을
뜻한다. 그러나 이것이 성리학의 학문적 가치나 의미가 없음을 뜻하지 않는다.

천지비괘는 천도를 표상하는 건괘乾卦가 위에 있고, 지덕地德을 표상하는 곤괘坤卦가 아래에 있어서 각각 제 자리를 지키고 있을 뿐으로 서로 작용하고 있지 못함으로써 각각의 본질이 드러나지 않는 세계를 나타내는 괘이다.

『정역』에서는 천지가 서로 막혀서 상호 작용을 하지 못하여 하나가 되지 못한 상태를 선천先天으로 규정하고 있다. 천지비괘天地否卦의 단사彖辭를 보면 그 내용을 다음과 같이 언급하고 있다.

> 비괘否卦가 표상하는 세계가 인간의 세계가 아님은 군자의 바름이 이롭지 않음으로 군자의 도가 사라지고, 소인의 도가 창성하기 때문이다. 이는 천지가 서로 작용하지 않아서 만물이 통하지 않으며, 상하가 작용하지 않아서 천하에 질서가 없음이다. 음陰이 안이 되고, 양陽이 밖에 있으며, 안은 유柔하고, 밖은 강剛하여, 안으로 소인小人이 득세하고, 밖으로 군자가 소외疏外를 당하니, 소인의 도가 자라고, 군자의 도가 소멸되기 때문이다.[27]

위의 내용은 인간이 자신의 본성과 하나가 되어 인간답게 살아가는 과정에서 겪어야할 과정으로서의 자기 확장의 과정을 나타낸 것이라고 할 수 있다. 그것은 마치 어린아이가 성인成人으로 살아가기 위하여 걸음마를 배우면서 몸과 마음이 성장해가는 과정과 같다.

천지가 서로 사귀지 못한다는 것은 인간에 있어서의 하늘인 본성과 땅인 몸이 일체가 되지 않아서 서로 어긋남을 뜻한다. 이러한 상태를 인간의 삶을 중심으로 살펴보면 학문을 하는 때, 수기修己, 수양修養을 하는 때이다.

학문을 하는 때는 학문의 주체와 대상이 둘인 상태에서 상대를 통하여 본래의 세계, 일체의 세계로서의 본성의 세계를 끊임없이 체험하는 때이다. 물리적 육신이 위주가 되어 자신의 주체인 본성과 일체가 되어가는 연습을 하는 과정, 본성과 하나로 살아가는 체험의 과정이 천비비괘가 표상하는 세계이다. 그것을 『정역』에서는 선천으로 규정하고 있다.

삼극의 도는 삼효 단괘를 중첩하여 구성한 『주역』의 64괘를 통하여 나타내기도 하지만 팔괘 전체를 한 곳에 모아서 나열하여 그것을 통하여 표상하는 방법이 있다. 삼극의 도를 팔괘를 통하여 표상한 도상은 『정역』에서 처음 제시하고 있는 삼역팔괘도三易八卦圖[28]이다.

삼역팔괘도 가운데서 복희팔괘도는 선천의 세계를 표상하고 있다. 선천에는 인간의 본성이 드러나지 않는다. 그것은 본성 자체가 삶의 중심 문제가 되지 못하였음을 뜻할 뿐이다. 왜냐하면 본성은 본래 드러나지 않거나 드러남을 벗어나 있을 뿐만 아니라 있고 없음

---

27) 『周易』 天地否卦 彖辭, "彖曰否之匪人不利君子貞大往小來는 則是天地가 不交而萬物이 不通也며 上下不交而天下无邦也라. 內陰而外陽하며 內柔而外剛하며 內小人而外君子하니 小人道가 長하고 君子道가 消也라."

28) 삼역팔괘도의 구성과 그것이 표상하는 내용에 대하여는 제십장 성통과 괘효에서 자세하게 논할 것이다.

을 초월하기 때문이다.

본래 인간의 본성이 인간을 떠나지 않았음에도 불구하고 그것을 대상화, 타자화하여 끊임없이 체험하고, 경험하면서 확장해가는 과정을 선천이라고 규정한 것이다. 그런 점에서 보면 인간의 본성을 찾는 문제가 중심이 되어 이루어지는 세계가 선천이라고 할 수 있다.

인간의 본성을 나타내는 오수五數가 표상하는 오황극五皇極이 복희팔괘도에서 드러나지 않을 뿐만 아니라 인간 본성을 통하여 밝혀 지는 온 세계의 근원인 십수十數로 표상되는 무극十无極 역시 드러나지 않는다.

무극과 태극의 관계는 천지의 관계를 통하여 나타낼 수 있다. 그러나 본래 삼자가 일체임에도 불구하고 셋으로 구분하여 나타낸 것이기 때문에 무극과 황극의 관계를 나타낼 때 비로소 무극과 태극의 관계 역시 드러나게 된다.

삼재적 관점에서 보면 천지가 인간을 매개로 함으로써 비로소 그 본질과 관계가 드러난다. 그것은 지금-여기-있는 나를 통하여 지금-여기-있음의 세계가 밝혀짐을 뜻한다. 지금-여기의 나를 통하여 밝혀지는 반고의 세계를 『정역』에서는 황극이면서 무극의 세계로 나타내고 있다.

무극이면서 황극인 세계는 수로는 오십五十이다. 오십은 오五와 십十이 합덕된 일체의 세계를 나타낸다. 십十으로 표상된 무극은 시간성의 세계를 나타내고, 오五로 표상된 황극은 현존성, 현재성의 세계를 나타낸다.

현존성, 현재성은 곧 공간의 본질로서의 공간성이다. 그것이 만물에 있어서는 만물의 본질이 된다. 그렇기 때문에 오황극이 인간에 있어서는 인간의 본성이 된다. 따라서 오십五十의 세계는 공간성, 물성으로 나타난 시간성의 세계를 나타낸다.

황극이면서 무극인 오십의 세계는 삼재의 관점에서는 천지의 본성의 세계, 신명의 세계를 표상하는 도수度數의 세계이다. 『정역』에서는 오십五十을 천지의 도수度數로[29]로 규정하고 있다. 이는 황극과 무극이 일체임을 나타낸다.

황극과 무극이 합덕合德된 세계는 인간이 자신의 본성을 자각하고 그것을 통하여 천의 본성을 자각하여 양자가 합일合一된 상태이다. 그것은 비록 양자를 구분하여 합일이라고 하였지만 본래는 오십五十과 십일十一이 일체여서 일체라는 것도 없다.

오십은 십오와 그 성격이 서로 다르다. 십오는 오와 십 또는 십과 오를 더한 수이다. 그것은 양자가 합덕된 상태를 나타내는 수라고 할 수 있다. 그러나 오십은 오와 십이 서로 곱해진 수이다. 그것은 완전하게 하나가 되어 함께 작용함을 나타낸다.

---

29) 金恒, 『正易』 雷風正位用政數, "皇極而无極이니 五十이니라. 五十은 天度而地數니라."

『주역』에서는 오십을 대연(大衍)의 수[30]로 규정하고 있다. 그것은 천도의 항구하여 그침이 없는 작용을 표상하는 수라는 점에서 대연이라고 하였다. 대(大)는 하늘을 나타내는 개념이며, 연(衍)은 윤(潤)과 같이 불어남, 늘어남, 생생(生生)의 의미를 갖는다. 그러므로 대연의 수는 십오의 합덕에 의하여 이루어지는 작용을 나타낸다.

황극과 무극이 하나가 된 세계는 인간의 본성은 물론 세계의 본질이 나타난 세계이다. 그러므로 천지인의 본질이 모두 드러나서 각각이 성도(成道)하여 합덕함으로서 각각의 존재로 존재하는 세계를 나타낸다. 그것을 『정역』에서는 후천(后天)으로 규정하고 있다.

후천은 신인(神人)이 합덕되고, 천인(天人)이 합덕된 세계로, 천지인의 삼재가 성도하여 합덕된 세계이다. 그것을 역수로 나타내면 음력과 양력이 하나가 되어 윤역이 필요가 없는 정역(正曆)의 시대이다.

『주역』에의 지천태괘(地天泰卦)☷☰에서는 천지가 합덕하여 작용하고 있는 후천 세계를 밝히고 있는데 단사(彖辭)를 중심으로 그 내용을 살펴보면 다음과 같다.

> "태(泰)가 작은 것이 가고 큰 것이 와서 길(吉)하고 형통(亨通)하다."고 함은 천지가 서로 사귀어서 만물이 통하고, 상하가 서로 사귀어서 그 뜻이 같음이다. 안으로는 양이요, 밖으로 음이며, 안으로 강건하고, 밖으로 유순하여, 안으로는 군자요, 밖으로는 소인이니, 군자의 도가 주장하고, 소인의 도가 사라진다.[31]

인용문에서 작은 것, 음(陰), 유순(柔順), 소인의 도는 모두 같은 것을 나타낸다. 그것은 분별심에 의하여 구성된 모든 것을 일컫는다. 그리고 큰 것, 양(陽), 강건(强健), 군자의 도는 모두 본성에 의하여 창조된 것을 가리킨다.

인용문을 통하여 군자의 도가 주체가 되어 도덕이 행하여지는 세계를 지천태괘가 표상하고 있음을 알 수 있다. 사람에게 있어서도 군자의 도가 자신의 주체가 되어 삶이 이루어지는 것이 바로 지천태괘의 세계이다.

천지비괘(天地否卦)와 지천태괘(地天泰卦)를 막론하고 천지의 관계를 중심으로 세계를 나타내고 있기 때문에 비록 괘사(卦辭)를 통하여 군자와 소인과 같은 인간이 중심이 되어 언급을 하고 있지만 인간의 본성 자체에 대하여서는 괘상(卦象)으로 표상하고 있지 않다.

---

30) 『周易』繫辭上篇 第九章, "大衍之數는 五十이니 其用은 四十有九라 分而爲二하야 以象兩하고 掛一하야 以象三하고 揲之以四하야 以象四時하고 歸奇於扐하야 以象閏하나니 五歲애 再閏이라 故로 再扐而後애 掛하나니라."

31) 『周易』地天泰卦 彖辭, "彖曰 泰小往大來吉亨은 則是天地이 交而萬物이 通也며, 上下交而其志同也라. 內陽而外陰하며 內健而外順하며 內君子而外小人하니 君子道長하고 小人道消也라."

삼역팔괘도三易八卦圖32)를 보면 지천태괘의 세계는 정역팔괘도正易八卦圖에서 비로소 드러난다. 정역팔괘도는 천지가 합덕合德되어 하나가 된 상태를 나타낸다. 천지가 하나가 되고, 형이상과 형이하가 하나가 되고, 모든 존재가 하나가 되어 작용하는 세계이다. 그것을『주역』에서는 팔괘를 중심으로 물과 불이 서로 작용하고, 우레와 바람이 하나가 되고, 산과 못이 기운을 통함33)으로 나타내고 있다.

반고의 자화自化작용은 자신의 상태에서 벗어나는 탈자脫自로서의 변變과 그 결과 다른 존재로 화化하는 변화이다. 이 때 다른 존재로 화함은 하나의 개체적 존재가 다른 개체적 존재로 화하는 것이 아니라 일체적 존재가 자신을 나누어서 개체적 존재로 드러나는 점에서 분화分化라고 할 수 있다.

그러나 분화라고 하여 반고의 본성 자체가 질적으로 변화를 하는 것은 아니다. 분화의 결과로서의 개체는 그대로 반고 자체의 특성을 갖는다. 또한 분화의 결과가 반고 자체와 분리되는 것이 아니기 때문에 나누어도 나눔이 없어서 일체인 점에서 분화가 없는 분화라고 할 수 있다.

반고화는 끊임없이 이어지는 반고의 변화 과정으로 지금-여기-있음으로 드러나는 반고, 존재 자체의 작용이 지금-여기의 나를 통하여 이루어짐을 나타낸다. 천황의 무위無爲곧 시간성의 시간화에 의하여 지황의 덕을 실어주는 유위적有爲 작용 곧 공간성의 공간화가 이루어지고, 비로소 인간의 본성이 개시開示되어지는 인황의 흥작이 이루어진다. 그러나 천황, 지황, 인황은 본래 하나로 반고 자체이다.

2. 반고화盤古化와 도역倒逆생성生成

앞에서 살펴본 바와 같이 반고 자체는 이것과 저것으로 구분하여 다시 말하면 대상화하여 나타낼 수 없다. 그것은 지금의 여기-있는 나를 중심으로 분석하여 나타낼 수 없는 것이 본래의 세계임을 뜻한다.

32)『주역』이 표상하는 내용을 세 개의 팔괘에 의하여 구성된 도상을 통하여 표상한 것이다. 그것은 천도인 역수원리를 근거로 괘효원리가 형성되었음을 보여주는 것으로『정역』에서 처음으로 제시되었다.
33)『周易』說卦 第六章, "終萬物始萬物者莫盛乎艮하니 故로 水火相逮하며 雷風이 不相悖하며, 山澤이 通氣然後에야 能變化하야 旣成萬物也하니라."

그러나 본래 분석하여 나타낼 수 없기 때문에 분석하여 나타낼 수 있다. 바로 반고의 특성이 스스로 자신을 벗어나서 자신이 아닌 다른 존재 양상을 통하여 자신을 드러내는 특성을 본성으로 하는 점에서 그렇다.

반고의 화化는 곧 자신을 분화分化하여 개체화함으로써 자신을 드러내는 동시에 그것을 통하여 자신을 확장하고, 확장의 결과를 스스로 수용하여 다시 분화할 준비를 갖춘다. 그러므로 반고의 화化는 시작도 없고 끝도 없는 과정일 뿐이다.

반고의 화가 시작도 없고 끝도 없지만 자기 분화와 자기 합덕의 두 측면에서 구분하여 이해할 수 있다. 『정역』에서는 반고의 화化를 삼극을 중심으로 두 부분으로 구분하여 나타내고 있다. 그것은 십무극으로부터 시작하여 일태극에서 완성되는 부분과 일태극에서 시작하여 십무극에서 완성되는 부분이다.

그런데 이미 살펴본 바와 같이 반고의 화는 글자 그대로 변화이다. 그리고 변화를 그 결과를 중심으로 나타내면 그것은 생성이다. 그러므로 반고의 변화를 생성을 중심으로 두 부분으로 구분하여 나타내면 십무극十无極에서 생生하여 일태극一太極에서 성成하는 측면과 일태극一太極에서 생生하여 십무극十无極에서 성成하는 측면이 그것이다.

이 때 십무극에서 시작하여 일태극에서 완성되는 생성과 일태극에서 시작하여 십무극에서 완성되는 생성은 그 성격이 서로 다르다. 『정역』에서는 양자를 구분하여 십무극에서 시작하여 일태극에서 완성되는 생성을 도생역성倒生逆成으로 그리고 일태극에서 시작하여 십무극에서 완성되는 생성을 역생도성逆生倒成으로 규정하고 있다. 그러면 반고화의 두 부분을 구분하여 나타내는 도역倒逆과 생성의 의미는 무엇인가?

생성은 변화의 성격을 밝히고 있는 부분이다. 생성은 변화 가운데서 화化를 중심으로 그것을 나타낸 것이다. 변화를 화의 관점에서 나타내어 화의 시작을 생으로 그리고 끝을 성으로 규정한 것이다. 이를 공간적 관점에서 이해하면 새로운 존재가 창조되어 완성됨을 나타내는 것이 생성生成이다.

도역은 『주역』에서 사용되고 있는 순역順逆이라는 개념과 유사하면서도 그 의미가 다르다. 『주역』에서는 "지나간 것을 헤아림은 순順이고, 다가올 것을 아는 것은 역逆이다. 그러므로 역易은 역逆으로 헤아림이다."[34]라고 하였을 뿐만 아니라 "역逆을 버리고 순順을 취한다."[35]라고 하여 순역을 나타내고 있다.

그런데 순역順逆이라는 개념을 사용하게 되면 양자가 엄격하게 구분이 되면서 그 사이에 가치 개념이 개재된다. 이로 인하여 두 가지의 문제점이 발생하게 된다.

34) 『周易』 說卦 第二章, "數往者는 順하고 知來者는 逆하니 是故로 易은 逆數也라."
35) 『周易』 水地比卦 九五 爻象, "象曰 顯比之吉은 位正中也일새오 舍逆取順이 失前禽也오"

　　첫째는 두 측면의 생성작용이 본래 일체인데도 불구하고 양자를 구분하여 나타낸 것이기 때문에 양자가 별개가 아니다. 그럼에도 불구하고 순역이라는 개념을 사용하여 양자를 나타내면 그것은 별개의 작용으로 구분되어지는 측면이 부각되게 된다.

　　둘째는 역易을 역逆으로 규정하였을 때 그 이면에 전제가 된 순順의 측면도 반고화 곧 변화임에도 불구하고 그러한 측면이 부각되지 않는다. 『주역』에서 역逆을 강조한 까닭은 역도를 인도의 측면에서 드러내기 위함이다. 그러나 반고화 자체의 측면에서 보면 역逆은 순順을 떠나서는 성립되지 않는다.

　　『정역』에서는 순이라는 개념 대신 역逆이라는 의미와 더불어 순이라는 의미를 동시에 갖고 있는 도倒라는 개념을 사용하고 있다. 도倒는 역逆과 같은 "거꾸로", "거스르다."의 의미가 있을 뿐만 아니라 "뒤집다."는 의미를 갖고 있어서 역逆을 뒤집으면 순順이 됨을 동시에 나타내고 있다.

　　반고의 화化를 도역倒逆의 개념을 사용하여 나타내면 도생역성의 생성과 역생도성의 변화가 계속되어 끊임없이 이루어짐을 나타내게 된다. 『정역』에서는 하도河圖와 낙서洛書가 반고화의 도역 생성 작용을 천지의 수라는 이수理數를 통하여 도상화圖像化하여 나타내고 있음을 밝히고 있는데 그 내용은 다음과 같다.

　　　　천지의 이치는 삼원三元이다. (삼원이 하나 된 일)원元에서 성인을 내려 보내어 신물神物을 보였으니 (그것이)하도河圖이고 낙서洛書이다.[36]

　　위의 인용문에서 천지의 이치라는 것은 반고를 천지를 중심으로 이理로 나타낸 것이다. 근원적 존재를 이치를 중심으로 나타내면 삼원三元으로 그것은 본래 하나의 원元이다. 이 원元이 시공상時空上에서 나타난 존재, 반고의 화가 이루어진 결과 나타난 존재가 성인聖人이다. 그것은 천황의 무위無爲와 지황의 유위有爲에 의하여 성인이 흥작했다는 내용과 같다.

　　성인은 특정한 존재를 나타내는 것이 아니라 모든 인간의 존재 특성을 나타내는 것이다. 천지의 근원 곧 삼원이 육화化하여 나타난 존재가 인간임을 뜻한다. 그러므로 모든 인간은 본래 나타난 하늘이다. 모든 사람이 본래 하늘이고, 상제上帝이고, 하느님이고, 신神이다. 그러므로 특정한 사람이나 특정한 존재를 상제上帝라고 하거나 신神이라고 할 수 없다.

　　신물神物을 내보였다고 할 때 신물神物은 하도河圖와 낙서洛書이다. 이는 『주역』에서도 이미 언급되고 있다.[37] 하도와 낙서는 그 이름만 거론되다가 한대漢代 이후에 도상에 대한

---

36) 金恒, 『正易』 十五一言 第一張, "天地之理는 三元이니라. 元降聖人하시고 示之神物하시니 乃圖乃書로다."
37) 『周易』의 繫辭上篇 第十一章에서는 ",是故로 天生神物이어늘 聖人이 則之하며 天地變化어늘 聖人이 效之하며 天垂象하야 見吉凶이어늘 聖人이 象之하며 河出圖하며 洛出書어늘 聖人이 則之하니"라고 하여 神物

연구가 이루어지기 시작하였고, 송대宋代에 이르러서 비로소 오늘날 우리가 볼 수 있는 도상이 형성되었다.

그러나 하도와 낙서의 도상이 송대宋代의 주희朱熹에 의하여 확정되었음에도 불구하고 『정역』이 저작된 이후에 비로소 하도와 낙서가 표상하는 내용이 밝혀지게 되었다. 이처럼 하도와 낙서는 인간이 만들어낸 하나의 도상에 불과하다. 그러므로 신물神物이라는 개념은 도서圖書[38]가 표상하는 내용이 신도神道, 천지의 도임을 나타낸다.

여기서 중요한 사항은 반고라는 근원적 존재가 육화肉化한 존재가 인간이라는 점과 인간에 의하여 반고의 세계를 나타내는 하도와 낙서라는 도상이 나타나고 그리고 그 내용이 밝혀졌다는 점이다. 그것은 인간을 통하여 근원의 세계, 세계의 본질이 드러나고 밝혀짐을 뜻한다.

인간 이외의 존재 가운데서 이른바 천상의 존재 곧 개체적 존재로서의 신神이나 천사天使, 천선天仙과 같은 육체가 없는 존재들은 사물의 세계와 직접적인 관계가 없다. 그리고 사물적인 존재는 형이상의 세계, 신의 세계에 직접적인 관계가 없다. 오로지 인간만이 형이상과 형이하, 신神과 사물 모두와 관련되어 있다.

인간이라는 개념은 천天을 배제하거나 지地를 배제하고 그리고 천지를 배제한 인간만을 뜻하지 않는다. 인간이라는 개념 자체가 바로 사람과 사람의 사이 곧 관계를 나타내듯이 인간이란 천과 지, 하늘과 땅, 시간과 공간, 형이상과 형이하, 도와 만물이 하나가 된 세계를 나타낸다.

인간의 존재 특성을 나타내기 위하여 반고화, 삼극의 도, 삼재의 도를 표상하는 괘효卦爻, 이수理數, 천지의 수와 같은 형식과 64괘卦, 하도와 낙서, 간지도수干支度數와 같은 체계들이 형성되었다. 바로 그러한 점에서 도생역성과 역생도성의 의미를 찾을 수 있다. 『정역』에서는 도서圖書를 중심으로 도역생성을 밝히고 있는 그 내용은 다음과 같다.

> 용도龍圖는 미제未濟의 상象으로 도생역성하여 선천태극이다. 귀서龜書는 기제旣濟의 수數로 역생도성하여 후천무극이다. 오五는 중위中位에 위치하는데 황극皇極이다. [39]

위의 인용문에서 용도龍圖는 하도를 나타내고, 귀서龜書는 낙서를 나타낸다. 하도는 미제

이 河圖와 洛書임을 밝히고 있다.

38) 하도와 낙서를 함께 부를 때 河洛이라고도 하고 도서라고도 한다. 이 책에서는 하도와 낙서를 병칭하여 도서로 부르고자 한다.

39) 金恒, 『正易』 十五一言 第一張, "龍圖는 未濟之象而倒生逆成하니 先天太極이니라. 龜書는 旣濟之數而逆生倒成하니 后天无極이니라. 五居中位하니 皇極이니라."

의 세계를 상징적으로 나타내고 있는 도상이며, 낙서는 기제의 세계를 헤아려서 나타낸 것이라고 하였다.

아직 건너지 않는 세계인 미제는 아직 현상화하지 않고 가능성, 원리로 존재하는 미래세계를 나타내며, 기제는 이미 건너온 세계로서의 현상화한 과거세계를 나타낸다.

하도를 미제의 상으로 규정하면서도 그 결과 밝혀지는 것이 선천의 태극이며, 낙서를 기제의 수로 규정하면서도 그 결과 밝혀지는 것이 후천의 무극이라고 규정한 것을 보면 하도는 후천의 무극의 세계를 나타내고 있는 도상이며, 낙서는 선천의 태극의 세계를 밝히고 있는 도상임을 알 수 있다.

또한 낙서가 나타내는 기제의 세계는 수로서 헤아릴 수 있는 세계이며, 하도가 나타내는 미제의 세계는 수로 헤아릴 수 없어서 오로지 상象으로 나타낼 수 있는 세계임을 알 수 있다.

미제의 세계를 바탕으로 십무극에 시작하여 일태극에서 완성되는 도생역성에 의하여 선천의 일태극이 밝혀지며, 기제의 세계를 바탕으로 일태극에서 시작하여 역생도성에 의하여 후천의 무극이 밝혀진다.

그런데 이 때 하도와 낙서를 막론하고 그 중심에 오황극이 놓여있다. 그러므로 "오五가 중위中位에 있으니 황극皇極이다."고 하였다. 이는 도역의 생성의 중심에 오황극이 놓여 있음을 뜻한다. 그러면 중위에 오황극에 있다는 의미가 무엇인가? 그것이 도역의 생성과 어떤 관계인가?

오황극이 도역생성의 중위中位에 있다는 것은 오황극이 바로 도역생성의 중심점이 됨을 뜻한다. 그것은 인간 때문에 도역생성의 문제가 발생하고, 그 답 역시 인간에 의하여 주어짐을 뜻한다.

그 점은 『정역』을 저작한 김일부가 인간이며, 역도는 역수원리라고 밝힌 존재도 인간임을 통하여 확인할 수 있다. 하도와 낙서의 내용을 밝히고, 반고라는 개념을 사용하여 근원적 존재를 드러내는 존재도 인간이다. 결국 지금 여기의 나를 떠나서 모든 문제는 성립이 될 수 없다. 도역생성의 문제 역시 인간인 나를 중심으로 이루어지는 것이다. 그러면 구체적으로 도역생성은 무엇인가?

『정역』에서는 중국의 여러 저작들을 통하여 제시된 오행五行을 통하여 도역생성을 밝히고 있다. 그것은 오행이라는 개념이 표상하고 있는 내용이 바로 역도의 내용임을 밝힌 것이다. 그러면 『정역』에서 밝히고 있는 오행의 내용이 무엇인지 살펴보자.

역易은 역逆이니 궁극에 이르면 곧 돌아간다. 토土가 극極하면 수水를 낳고, 수가 극하면 화火

를 낳으며, 화가 극하면 금金을 낳고, 금이 극하면 목木을 낳으며, 목이 극하면 토를 낳으니 토는
화를 낳는다. 금과 화가 서로 자리를 바꾸는 것은 도역倒逆의 이치이다.[40]

위의 인용문에서 "역易은 역逆이다."는 문장은 이미 『주역』에서도 언급되고 있는 내용이
다. 다만 『주역』에서는 역수원리의 측면에서 그 구체적인 내용을 밝히고 있지 않으며, 『정
역』에서 비로소 밝히고 있다.

무극과 태극 그리고 황극을 논할 때 무극과 태극을 체용體用으로 규정하고, 체용을 모두
나타낸 것이 토土임을 밝히고 있음은 이미 살펴본 바이다. 그런데 앞의 인용문의 끝부분에
서 하도와 낙서의 금金과 화火가 서로 그 위치를 바꾸는 것이 바로 도역倒逆의 이치라고
하였다. 이를 통하여 도역의 이치가 바로 오행의 원리임을 알 수 있다.

오행은 반고화를 다섯 마디를 통하여 상징적으로 나타낸 것이다. 그것은 반고화가 변화
이며, 그 변화는 고정되지 않음을 나타낸다. 토土가 궁극에 이르면 수水로 변화하고, 수水가
다시 궁극에 이르면 화火로 변화하며, 화火가 궁극에 이르면 금金으로 변화하고, 금金이 궁
극에 이르면 목木으로 변화하며, 목木이 궁극에 이르면 토土로 변화하며, 토土가 다시 화火
로 변화하는 과정으로 나타난다.

인용문에서 언급되고 있는 내용은 오행의 상생相生과 상극相剋으로 알려진 부분에서 상
극相剋으로 알려진 과정을 나타낸 것이다. 한대漢代 이후에 오행에 대한 이해는 상극相克과
상생相生이라는 대립적 관계, 물리적 관점에 한정되어 있다.

그러나 『정역』에서는 상극과 상생의 관계를 생성의 관계로 밝히고 있다. 그것은 극剋의
관계가 성成의 관계임을 나타낸 것이다. 이는 앞에서 순역을 도역으로 그리고 생성의 개념
을 더하여 도역생성이 형성되었음을 고찰하는 과정에서 밝힌 바와 같다. 상생과 상극을
구분하는 것은 공간적 관점 곧 삼재적 관점이다. 생극의 관계를 통해서는 회통, 합덕을 통
한 조화와 균형을 이룰 수 없다.

오행의 생성에 의하여 천지와 일월이 생성된다. 『정역』에서는 수토水土가 도道를 이룬
것이 천지이며, 천지의 합덕合德에 의하여 일월[41]이 존재함을 밝히고 있다. 이를 통하여
반고화의 내용인 시간성의 시간화가 오행원리임을 알 수 있다.

오행의 변화는 천지의 생성으로 나타나고, 천지의 합덕작용에 의하여 일월이 생성된다.
이때의 천지와 일월을 물리적 관점에서 이해하면 지구를 땅이라고 하고, 지구 밖의 세계를

---

40) 金恒, 『正易』 十五一言 第一張, "易은 逆也니 極則反하나니라. 土極하면 生水하고 水極하면 生火하고 火極
하면 生金하고 金極하면 生木하고 木極하면 生土하니 土而生火하나니라. 金火互宅은 倒逆之理니라."
41) 金恒, 『正易』 十五一言 第八張, "水土之成道가 天地요 天地之合德이 日月이니라."

하늘이라고 하며, 일은 태양을 가리키고, 월은 지구를 공전하는 달을 가리킨다.

그러나 원리적 측면에서 천지일월은 각각 기위己位와 무위戊位, 일극日極과 월극月極을 나타낸다. 『정역』에서는 천지에 의하여 일월이 생성되는 과정을 포胞, 태胎, 양養, 생生, 성成, 종終, 복復의 일곱 단계를 통하여 밝히고 있는데 먼저 태음太陰의 생성에 대하여 논한 부분을 살펴보면 다음과 같다.

> 태음은 역생도성하니 선천이면서 후천이요 기제이면서 미제이다. 일수一水의 혼魂이고, 사금四金의 백魄으로 무위戊位의 성도成度하는 달(月)의 초일도初一度에서 포胞하고, 일구도一九度에서 태胎하고, 십삼도十三度에서 양養하고, 이십일도二十一度에서 생生하며, 삼십三十에서 도度가 성도成道하고, 기위己位의 성도成度하는 해(年)의 초일도初一度에서 종終하고, 무위戊位의 성도成度하는 해의 십일도十一度에서 복復한다. 복復하는 이치는 일팔칠一八七이다.[42]

태음은 역생도성을 한다. 태음의 역생도성은 선천에서 후천을 향하는 작용으로 기제既濟의 세계에서 시작하여 미제未濟의 세계에서 완성된다. 태음은 오행五行 상으로는 일수一水의 혼魂이고, 사금四金의 백魄이 된다.

무위戊位는 기위와 함께 천지의 도를 나타내는 개념이다. 『정역』에서는 신명, 신도를 간지도수를 통하여 표상하고 있다. 그러므로 반고의 화로서의 도역생성 역시 간지도수를 통하여 표상하고 있다.

삼극의 관점에서는 무극체위도수와 황극체위도수 그리고 월극체위도수와 일극체위도수를 중심으로 신도를 표상하고 있다. 무극체위도수는 체수와 위수를 중심으로 무극을 표상한 것으로 간지도수로는 기사궁己巳宮으로 나타내기도 하고, 기위己位로 나타내기도 한다.

황극체위도수 역시 체수와 위수를 중심으로 황극을 나타낸 것으로 간지도수로는 무술궁戊戌宮으로 나타내기도 하고, 무위戊位로 나타내기도 한다.

무극의 체위도수는 기사己巳, 무진戊辰, 기해己亥, 무술戊戌로 나타내고, 황극의 체위도수는 무술戊戌, 기해己亥, 무진戊辰, 기사己巳로 나타낸다. 기사, 무진, 기해, 무진은 무극의 연월일시를 나타내며, 무술, 기해, 무진, 기사는 황극의 연월일시를 나타낸다.

무위의 성도成道하는 달의 도수는 기해己亥로 그 초일도初一度는 경자庚子이다. 그러므로 태음이 포胞하는 도수는 경자庚子이다. 이와 같이 추연推衍하면 태음의 포胞, 태胎, 양養, 생生, 성成, 종終, 복復 도수는 각각 경자庚子, 무신戊申, 임자壬子, 경신庚申, 기사己巳, 갑오甲午,

---

42) 金恒, 『正易』 十五一言 第三張, "太陰은 逆生倒成하니 先天而后天이오 旣濟而未濟니라. 一水之魂이오 四金之魄이니 胞於戊位成度之月 初一度하고 胎於一九度하고 養於十三度하고 生於二十一度하니 度成道於三十이니라. 終于己位成度之年 初一度하고 復於戊位成度之年 十一度니라. 復之之理는 一八七이니라."

기유己酉이다.

『정역』에서는 태양의 생성도수도 역시 밝히고 있는데 그 내용을 살펴보면 다음과 같다.

> 태양은 도생역성하니 후천이면서 선천이고 미제이면서 기제이다. 칠화七火의 기氣이고, 팔목八木의 체體이다. 기위己位의 성도成度하는 날(日)의 일칠도一七度에서 포胞하고, 십오도十五度에서 태胎하며, 십구도十九度에서 양養하고, 이십칠도二十七度에서 생生하며, 삼십육도三十六度에서 성도成道하고, 무위戊位의 성도成度하는 해(年)의 십사도十四度에서 종終하고, 기위己位의 선도成度하는 해(年)의 초일도初一度에서 복復한다. 복復하는 이치는 일칠사一七四이다.43)

태양은 도생역성을 하는데 후천에서 시작하여 선천에서 완성된다. 그러므로 미제의 세계에서 기제의 세계로서의 변화가 도생역성이다. 태양은 오십五十의 합덕에 의하여 이루어지는 십오十五의 생성작용이다. 태양은 오행상으로는 칠화七火의 기氣가 되고, 팔목八木의 체體가 된다.

태양은 기위己位가 성도하는 일의 칠도七度에서 포胞한다. 그러므로 태양은 병오丙午에서 포胞하여 갑인甲寅, 무오戊午, 병인丙寅, 임인壬寅, 신해辛亥, 갑진庚辰, 경오庚午에서 태胎, 양養, 생生, 성成, 종終, 복復한다.

앞에서 천지의 합덕에 의하여 태양과 태음이 생성되는 과정을 살펴보았다. 태양과 태음은 일체적이면서도 그 성격이 서로 다르다. 태양은 변함이 없는 본체적 존재이지만 태음은 항상 변화하는 작용적 존재이다.『정역』에서는 태양과 태음에 대하여 다음과 같이 밝히고 있다.

> 태양이 항상함은 그 성품이 온전하고 이치가 곧기 때문이며, 태음이 소멸하였다가 자라남은 수數가 찰수록 기氣가 비워지기 때문이다.44)

위의 내용을 보면 태양과 태음의 성격이 서로 다름으로 인하여 그 역할이 서로 다름을 알 수 있다. 태음을 중심으로 선천과 후천의 정사政事가 이루어진다. 이는 천지의 선후천 변화가 일월의 변화에 의하여 이루어짐을 뜻한다. 그러면 반고화에 의하여 천지와 일월이 생성됨은 무엇을 뜻하는가?

반고의 화 곧 오행에 의한 천지와 일월의 생성은 시간의 생성을 뜻한다. 반고는 본래

---

43) 金恒,『正易』十五一言 第四張, "太陽은 倒生逆成하니 后天而先天이오 未濟而旣濟니라. 七火之氣요 八木之體니 胞於己位成度之日 一七度하고 胎於十五度하고 養於十九度하고 生於二十七度하니 度成道於三十六이니라. 終于戊位成度之年 十四度하고 復於己位成度之年 初一度니라. 復之理는 一七四니라.

44) 金恒,『正易』十五一言 第八張, "太陽恒常은 性全理直이니라. 太陰消長은 數盈氣虛니라."

시간과 공간을 초월한 존재이다. 그러므로 반고의 화가 시간의 생성으로 나타난다는 것은 반고가 자신을 분화分化하여 시간을 낳음을 뜻한다.

『정역』에서는 일월의 포태생성을 논한 후에 그것이 갖는 의미를 밝히고 있는데 그 내용은 다음과 같다.

> 오일五日이 일후一候이며, 십일十日이 일기一氣이고, 십오일十五日이 일절一節이며, 삼십일三十日이 일월一月이고, 십이월十二月이 일기一朞이다. 십오분十五分이 일각一刻이고, 팔각八刻이 일시一時이며, 십이시十二時가 일일一日이다.[45]

위의 내용은 가장 적은 시간 단위인 분分으로부터 시작하여 일 년의 길이를 규정하고 있다. 이를 통하여 일월의 생성이 결국 시간의 생성을 의미함을 알 수 있다. 일이 기본이 되어 일년의 길이를 규정함은 태음의 생성을 중심으로 그리고 분으로부터 시작하여 하루에 이르는 시간의 생성은 태양의 생성을 통하여 밝히고 있다.

천지와 일월에 의하여 시간이 생성됨을 나타내는 것이 태음과 태양의 생성이다. 이로부터 반고화는 결국 시간의 생성으로 드러남을 알 수 있다. 『정역』에서는 천지와 일월의 관계를 중심으로 시간에 대하여 언급하고 있는데 그 내용을 살펴보면 다음과 같다.

> 오호嗚呼라, 일월日月의 덕德이여! 천지의 天地의 분分이니, 분分을 열 다섯을 쌓으면 각刻이고, 각을 여덟 번 쌓으면 시時이며, 시를 열두 번 쌓으면 일日이고, 일을 삼십 번 쌓으면 월月이며, 월을 열 두 번 번 쌓으면 기朞가 된다. 일 년은 달을 낳고, 달은 일 낳으며, 일은 시를 낳고, 시는 각을 낳으며, 각은 분을 낳고, 분은 공空을 낳는다. 공은 무위无位이다.[46]

위의 내용을 보면 일월의 작용에 의하여 천지가 나누어짐으로써 시간이 생성됨을 알 수 있다. 『주역』에서는 "천지가 마디를 지음으로써 사시四時가 이루어진다."[47]고 하여 이 점을 밝히고 있다.

여기서 천지의 나누어짐으로서의 분分이 공空으로 귀결됨을 밝히고 있다. 그리고 공은 무위无位라고 하였다. 무위는 시간적 위상이 없음을 나타내는 것이다. 그것은 시공을 초월한 존재가 공임을 뜻한다. 그것은 앞에서 살펴본 반고라고 할 수 있고, 현대적 개념으로

---

45) 金恒, 『正易』 十五一言 第三張, "五日一候요 十日一氣요 十五日一節이오 三十日一月이오 十二月一朞니라...十五分이 一刻이오 八刻이 一時요 十二時_ 一日이니라."
46) 金恒, 『正易』 十五一言 第六張, "嗚呼라 日月之德이여 天地之分이니 分을 積十五하면 刻이오 刻을 積八하면 時요 時를 積十二하면 日이오 日을 積三十하면 月이오 月을 積十二하면 朞니라. 朞는 生月하고 月은 生日하고 日은 生時하고 時는 生刻하고 刻은 生分하고 分은 生空하니 空은 无位시니라."
47) 『周易』 水澤節卦 彖辭, "天地節而四時成하나니."

나타내면 시간성이라고 할 수 있다.

이 때 일월의 덕에 의하여 천지가 나누어진다는 것은 곧 일월의 운행에 의하여 천지가 마디를 짓게 됨으로써 시간이 생성됨을 밝힌 것이라고 할 수 있다. 그런데 일월의 운행에 의하여 발생하는 천지의 마디는 사실은 시간을 인식할 수 있는 자료는 될 수 있지만 그것이 곧 시간은 아니다. 오히려 시간은 시간성인 공空으로부터 생성된다고 할 수 있다. 그렇다면 공으로부터 시간의 생성은 어떻게 이루어지는가?

그것은 시간을 생성하는 일월의 작용 곧 운행이 어떻게 이루어지는가의 문제이기도 하다. 시계 안에 시간이 없는 점에서 보듯이 시간은 물리적 존재가 아닐 뿐만 아니라 그렇다고 인간의 의식으로만 존재하는 것도 아니다. 인간의 의식은 매 순간 변화하여 고정되지 않을 뿐만 아니라 과거의식과 미래의식 역시 현재의식에 불과하기 때문이다.

반고화의 중심에 인간이 있는 것처럼 천지와 일월에 의하여 천지의 변화가 이루어지만 그 이면에서는 인간이 있다. 태양과 태음에 의하여 선천과 후천이 형성되지만 그것을 조율調律하는 존재는 인간이다. 『정역』에서는 "천지는 일월이 없으면 빈껍데기이고, 일월은 지극한 인간이 아니면 헛된 그림자이다."[48]라고 하여 이 점을 밝히고 있다.

일월의 생성은 하늘과 인간의 공동 작업이다. 그것은 하늘과 인간이라는 개체가 하나가 되어 일월이 생성되는 것이 아니라 하늘과 인간이라는 구분이 없는 반고의 자화自化에 의하여 천지가 생성되고, 일월이 생성됨을 삼재의 관점에서 나타낸 것이다. 『정역』에서는 인간에 의하여 음양이 조율됨을 밝히고 있는데 그 내용은 다음과 같다.

> 음陰을 억제하고 양陽은 높이는 것은 선천의 심법心法의 학學이며, 양을 따르고 음을 고르는
> 것은 후천의 성리性理의 도道이다.[49]

위의 내용을 보면 선천은 음과 양이 조화를 이루지 못한 세계이며, 후천은 음과 양이 조화를 이룬 세계임을 알 수 있다. 그러므로 선천에서 후천으로의 변화 곧 시간의 흐름은 조화와 균형을 향한 과정임을 알 수 있다.

선천이라는 시간의 흐름 속에서 인간이 하는 일은 용심用心을 통한 학문함이다. 그리고 용심의 구체적인 방법은 음을 누르고 양을 높이는 방법이다. 이는 선천이 가득 찬 음을 매개로 하여 그것을 덜어내면서 미미한 양이 자라도록 하는 과정임을 뜻한다. 그리고 학學은 효效와 같다. 그것은 실천함이다. 그러므로 억음존양은 음을 억제하고 양을 확장하는

---

48) 金恒, 『正易』 十五一言 第八張, "天地는 匪日月이면 空殼이오 日月은 匪至人이면 虛影이니라."
49) 金恒, 『正易』 十五一言 第八張, "抑陰尊陽은 先天心法之學이니라. 調陽律陰은 后天性理之道니라."

실천이다. 그러면 억음존양의 음양은 무엇을 나타내는가?

그것은 뒷부분에서 밝히고 있는 조양율음의 세계 곧 후천이 무엇인지를 보면 알 수 있다. 후천은 성리의 세계, 도의 세계이다. 그렇다면 선천에 겉으로 드러나지 않고 미미하게 존재하는 것은 곧 성리性理임을 알 수 있다.

성리는 인간의 본성과 사물의 본질로서의 이理를 가리키는 동시에 인간의 성명지리性命之理를 가리킨다. 그러므로 양은 성명이며, 음은 분별심으로『서경』에서 위태로움으로 밝히고 있는 인심人心임을 알 수 있다. 따라서 억음존양은 이분법적인 사고, 이성적인 사고, 분별심을 덜어냄을 뜻한다.

선천의 과정에서 음陰을 억제하고 양陽을 높여서 음과 양이 조율이 되는 후천에 이르면 성품性稟이 곧 리理가 되어 삶이 그대로 도가 되는 상태에 이른다. 조양율음調陽律陰의 후천의 세계는 천인天人이 합덕되고, 천지가 합덕되어, 천지인이 합덕된 세계를 나타낸다. 그것은 천지의 오행과 일월의 포태양생성종복이 합덕하여 하나가 됨을 뜻한다. 이처럼 천지인이 합덕되는 위치는 당연히 인간이다. 그러므로 천지일월의 오행, 생성이 인간에 의하여 하나가 된다.

그러나 그것은 공간적 관점 곧 삼재의 관점에서 선천과 후천이라는 시간의 세계를 중심으로 나타낸 것일 뿐이다. 그 이전의 시간성의 세계 자체에는 선천과 후천이라는 구분이 없을 뿐만 아니라 하늘과 땅 그리고 인간이라는 삼재의 구분이 없다. 단지 시간성의 자화 곧 변화에 의하여 선천과 후천이라는 흐름 그리고 하늘과 땅 그리고 인간이라는 다양성으로 드러날 뿐이다. 앞에서 살펴본 내용을 도표화하여 나타내면 다음과 같다.

반고화	도생역성	역생도성
삼극	무극 ⇒ 태극	무극 ⇐ 태극
일월	일월의 생성	일월의 성도·합덕
시간	시간성의 시간화	시간의 시간성화
선후천	후천 ⇒ 선천	후천 ⇐ 선천

도표 3. 반고화와 도역생성

3. 도역倒逆생성生成과 신도神道

앞에서 반고의 화가 오행적 구조에 의하여 도역의 생성을 이루고, 도역생성이 일월의 생성으로 나타나며, 그 과정이 포태양생성종복의 일곱 단계로 나타남을 살펴보았다. 그러면 도역생성의 내용으로서의 오행과 일월의 생성으로서의 포태양생성종복이 무엇을 의미하는지 살펴보자.

먼저 도역의 생성이 무엇을 의미하는지 살펴보자. 도생역성과 역생도성을 한마디로 나타내면 생성이다. 어떤 존재의 생生이 이루어지고 그것이 완성되는 작용이 도생역성과 역생도성인 것이다. 그러므로 도생역성과 역생도성은 그 방향이 서로 다른 생성을 나타낸 것이다.

이 때 도倒와 역逆은 존재의 상태를 나타낸다. 『정역』에서는 하도와 낙서를 중심으로 도역생성을 논하고 있다. 미제未濟의 상象을 나타내는 하도의 작용이 도생역성으로 그 결과가 선천의 태극이라고 하였다.

그리고 기제既濟의 수數를 나타내는 낙서의 작용이 역생도성으로 그 결과가 후천의 무극이라고 하였다. 이를 통하여 도倒는 무극의 상태를 나타내고, 역逆은 태극의 상태를 나타냄을 알 수 있다. 그러므로 도생역성은 무극에서 시생始生하여 태극에서 종성終成하는 작용이며, 역생도성은 태극에서 시생하여 무극에서 종성하는 작용이다.

무극과 태극 그리고 황극은 근원적 존재를 각각 다른 관점에서 나타낸 것이다. 무극은 근원적 존재의 절대성과 무한한 가능성, 일체성, 그리고 무규정성无規定性을 나타내며, 태극은 근원적 존재를 현상적 측면에서 나타낸 것이며, 황극은 인간을 중심으로 근원적 존재를 표상한 것이다. 그러므로 무극에서 시작하여 태극에서 완성되는 도생역성과 태극에서 시작하여 무극에서 완성되는 역생도성은 모두 근원적 존재의 자화를 나타낸 것이다.

도생역성은 도倒에서 시작되어 역逆에서 완성되는 작용으로 무극이 변하여 태극으로 화하는 변화이며, 역생도성은 역逆에서 시작하여 도倒에서 완성되는 작용으로 태극이 변하여 무극으로 화하는 작용이다.

무극과 태극 그리고 황극은 모두 형이상적 존재이다. 그러므로 도역의 생성작용이 변화라고 하여 물리적 존재의 변화와 같이 형상이 변화하는 것이 아니다. 그렇다면 무극이 변하여 태극으로 화하고, 태극이 변하여 무극으로 화하는 변화는 어떤 것인가?

도생역성은 근원적 존재가 변하여 현상적 존재로 화하는 작용이다. 근원적 존재인 반고가 변하여 삼황으로 화하고, 삼황이 천지와 일월로 화함이 도생역성인 것이다. 반면에 현상으로부터 근원적 존재를 향하여 완성되는 작용이 역생도성으로 천지와 일월이 변하여 반고와 합일함이 역생도성이다.

도역생성을 현상적 측면에서 나타내면 도생역성은 만물의 창조이며, 역생도성은 창조創造된 만물의 진화進化이다. 이러한 창조와 진화의 동시에 갖고 있는 개념이 변화이다. 그리고 변화를 한마디로 나타내면 역易이라는 개념이 된다.

『정역』에서는 반고의 화를 시간의 생성으로 나타내고 있다. 그것은 반고의 변화가 시간의 생성으로 나타남을 뜻한다. 『주역』에서는 "지나간 것을 헤아림은 순이며, 다가올 것을 앎은 역이다. 그러므로 역易은 역逆으로 헤아림이다."50)라고 하여 도역생성을 순역으로 밝히면서 그것이 시간의 문제와 관련됨을 밝히고 있다.

순은 미래에서 출발하여 과거를 향하는 관점이며, 역은 과거에서 출발을 하여 미래를 향하는 관점이다. 순 곧 도에서 시작하여 역에서 완성되는 도생역성을 미래에서 시작하여 과거를 향하는 방향으로 나타낸 것이며, 역에서 시작하여 도에서 완성되는 역생도성을 과거에서 시작하여 미래를 향하는 방향으로 나타낸 것이다.

이 때 반고의 화가 도역생성으로 그리고 그것이 시간의 생성으로 나타날 때 그것을 과거와 미래 그리고 현재로 나타내고 있음을 주목할 필요가 있다. 『정역』에서는 철저하게 반고의 화가 일월의 생성으로 드러남을 밝히고 있을 뿐이다.

그러나 연월일시로 구성된 시간을 공간적 관점에서 나타내면 『주역』에서 밝힌 것과 같이 과거와 미래 그리고 현재라는 시간의 세 양상이 된다. 그리고 이러한 시간의 세 양상에 의하여 천과 지 그리고 인이라는 공간적 세계가 형성된다. 미래적 세계로서의 천과 과거적 세계로서의 지 그리고 현재적 세계로서의 인이 형성되는 것이다.

공간적 관점에서 보면 도생역성은 근원으로부터 만물이 창조되어지는 작용이다. 그것은 노자老子가 "도道가 일一을 낳고, 일一이 이二를 낳고, 이二가 삼三을 낳고, 삼三이 만물을 낳는다."51)고 표현한 것에서 보이는 것처럼 근원으로부터 현상을 향하여 나아가는 작용이라고 할 수 있다.

반면에 역생도성은 만물로부터 근원을 향하는 작용이다. 노자가 천하의 만물이 유有에서 생하고, 유有가 무無에서 생한다고 말한 방향이 그것이다. 만물로부터 그 근원인 태극太極을 찾고, 태극으로부터 무극无極을 찾아가는 방향이 바로 역생도성의 방향이다.

무극과 태극은 본체와 작용의 관계이다. 그러므로 도생역생과 역생도성 또한 본체와 작

---

50) 『周易』 說卦 第二章, "數往者는 順하고 知來者는 逆하니 是故로 易은 逆數也라."
51) 『道德經』 第四十二章, "道生一, 一生二, 二生三, 三生萬物,"

용의 관계이다. 그것은 양자가 일체적 관계이면서도 도생역성을 바탕으로 이루어지는 작용이 역생도성임을 뜻한다. 따라서 도생역성을 바탕으로 역생도성을 이해하여야 한다.

『주역』에서는 변화를 중심으로 역학을 논하면서 "역학은 역으로 헤아림이다."고 하였다. 이때 헤아림은 순의 방향 곧 도생역성을 나타내며, 역이라는 것은 글자그대로 역생도성을 가리킨다. 그러므로 이 문장을 역수원리의 관점에서 이해하면 도생역성을 체로 하여 이루어지는 역생도성이 바로 역학의 학문방법임을 나타낸 것이라고 할 수 있다.

『정역』에서는 도역의 생성을 논하면서 오행과 일곱 단계의 포태도수를 논하고 있다. 오행은 천지의 관점에서 언급되고 있는 반면에 포태도수를 일월을 중심으로 일월의 생성단계로 밝히고 있다. 이를 천지인의 삼재적 관점 곧 공간적 관점에서 나타내면 오행은 천도이고, 포태도수는 지도地道 또는 인도人道라고 할 수 있다.

반고의 화가 천황과 지황 그리고 인황으로 변화하고, 무극과 태극 그리고 황극의 삼극으로 변화하면서 천황과 지황이 인황으로 그리고 무극과 태극이 황극으로 집약되듯이 천지의 본성이 인간의 본성으로 집약된다.

『서경』과 『논어』에서는 "천天의 역수가 네 몸에 있다."고 표현하였고, 『주역』에서는 "음陰과 양陽으로 질운迭運 작용하는 것이 도이며, 그것이 영원히 작용함이 선성善性이고, 선성이 이루어진 것이 본성이다."[52]고 하여 천도가 인간의 본래성으로 주체화함을 밝히고 있다.

그것은 반고화가 천지의 도가 변하여 인간의 본래성으로 화하는 천도의 인간 주체화원리임을 뜻한다. 『정역』에서 반고화를 밝히면서 삼황, 삼극을 논하고 이어서 인간의 관점에서 유소, 수인으로부터 시작하여 요, 순, 우, 탕과 문, 무, 주공, 공자에서 일부로 이어지는 성통을 논하여 지금－여기의 나로서의 김일부에서 하나가 됨을 통하여 그것을 밝히고 있다.

천도의 인간 주체화를 내용으로 하는 역도, 변화의 도의 관점에서 오행과 일월의 포태생성 과정을 살펴보면 오행은 인간의 본성을 나타내고, 포태도수는 인간의 본성을 몸을 중심으로 일곱단계로 나타낸 것이라고 할 수 있다.

오행이 본성이 나타난 인예의지仁禮義智의 사덕四德과 그 본체를 상징적으로 나타낸 것인 반면에 일곱 단계는 우리 몸을 일곱 부분으로 나누어서 나타낸 것이다. 그러므로 천도로서의 오행과 일월의 운행원리로서의 포태도수가 인간에 있어서 하나가 되면서 각각 본성과 몸을 구성하는 일곱 마디를 형성한 것이라고 할 수 있다.

52)『周易』繫辭上篇 第五章, "一陰一陽之謂道니 繼之者善也오 成之者性也라."

역생도성의 관점에서 보면 포태양생성종복의 일곱 단계는 이른바 일곱 차크라 또는 삼단전三丹田이나 중궁中宮53)으로 표현된 단계를 차례로 계발하여 마지막으로는 자신의 본성을 자각하고 더불어 천지의 본성을 자각함으로써 천지와 일체가 되고, 신인神人이 합일이 되는 과정으로 이해할 수 있다.

이러한 역생도성이 가능한 까닭은 도생역성의 관점에서 이미 천도가 인간의 본래성으로 주체화하였기 때문이다. 그러므로 역생도성의 관점에서의 수행修行, 수련修鍊, 수양修養, 학문學問은 도생역성의 관점에서 본래의 나의 작용으로 곧 본래 천지와 인간이 하나이고 신神과 내가 하나이기 때문에 그것을 경험하고 체험하는 과정일 뿐이다.

근원적 존재인 반고의 변화가 천황과 지황 그리고 인황으로 나타남은 반고가 천지와 인간의 본성임을 뜻한다. 그것은 천지인이라는 온 세계의 근원이 동일함을 뜻하는 동시에 하늘의 본성을 나타내는 천황과 땅의 본성을 나타내는 지황 그리고 인간의 본성을 나타내는 인황이 구분되어지는 점에서 서로 다름을 뜻한다.

형이상의 관점에서 보면 천지와 인간의 본성이 같지만 형이하의 관점에서 보면 천지와 인간이 서로 구분되어진다. 그것은 현상이 다양한 변화로 드러나는 하나의 과정의 연속이지만 그 본질은 변화가 없는 일체임을 뜻한다.

그런데 반고도 삼황도 삼극도 모두 형이상적 존재라면 그러한 존재의 변화가 성립할 수 있는가 하는 문제가 발생한다. 반고와 반고화를 그리고 삼황과 삼극을 언급하는 존재는 인간이다. 그것은 인간과 대립하는 천지가 존재하는 것이 아니라 천지를 인간과 대립적 관계로 나타내는 존재가 인간임을 뜻한다.

인간과 천지의 본성이 일체이기 때문에 천지와 인간이 구분되어지지 않음에도 불구하고 그것을 구분하여 나타냄으로써 천지가 천지로 존재하고 인간이 인간으로 존재하도록 해주는 것이 바로 인간이다.54)

형이상과 형이하, 천지와 인간의 본성이 같음과 다름도 인간에 의하여 규정된 것일 뿐으로 세계 자체에는 그러한 것이 없다. 그것은 형이상과 형이하 그리고 양자가 같고 다르다는 인간의 생각 또는 그 생각을 드러낸 주장이나 명제가 있을 뿐으로 세상 자체에는 그러

---

53) 內丹을 수련하는 道教의 수련가들은 사람을 精氣神의 세 구조로 인식하고 인체의 상중하의 세 단전을 바탕으로 煉精化氣, 煉氣化神, 煉神還虛, 練虛合道의 수련과정을 거쳐서 삼자가 하나가 되어 세계와 하나가 되고 도와 하나가 되는 天仙의 경지를 추구한다. 任脈과 督脈을 중심으로 수련을 하기도 하고, 삼단전이 하나로 연결된 中宮을 중심으로 수련하기도 한다. 요가의 일부 수행자들은 인체를 일곱 차크라로 구분하여 상하의 合一을 추구한다.

54) 『中庸』第一章, "喜怒哀樂之未發 謂之中 發而皆中節 謂之和 中也者 天下之大本也 和也者 天下之達 道也 致中和 天地位焉 萬物育焉"

한 구분이 없음을 뜻한다.

반고도 하나의 개념이며, 삼황도 그리고 삼극도 모두 하나의 개념이다. 도역의 개념도, 일월도, 생성도, 오행도, 포태 도수도 모두 저자인 김일부에 의하여 제시된 하나의 개념에 불과하다. 그렇다면 그러한 개념 자체에는 그리고 그러한 개념에 의하여 구성된 이론이나 사상, 개념체계에는 시비是非가 없다.

단지 김일부는 그러한 세계를 스스로 창조하여 드러냈을 뿐이다. 그것은 천지가 김일부라는 인간을 통하여 자신을 그렇게 드러내었음을 뜻한다. 일월을 정역正曆이라는 360일을 일년의 단위로 하여 한 달이 30일이 되고, 열두 달과 일 년의 길이가 정확하게 일치가 되어 태음역과 태양력이 하나가 되는 역을 제시한 것도 천지와 일부에 의하여 창조된 세계의 나타남이라고 할 수 있다.

객관적 세계가 있고, 그 세계의 본질을 나타내는 진리가 있어서 인간이 수동적으로 그것을 깨달아서 나타내는 것이 아니라 하늘과 인간의 본성이 본래 하나이기 때문에 인간이 본성에 의하여 어떤 세계를 나타냄으로써 그것이 바로 땅에서, 공간 세계에서 드러나게 된 것이다. 천인의 합덕에 의하여 이루어진 창조 행위가 땅에서 그대로 드러남 곧 천지인天地人의 자화가 바로 『정역』에서 밝히고 있는 음력과 양력이 하나가 된 정역이다.

『정역』에서 무극과 태극을 본체와 작용으로 규정하고 그것이 합덕되어 하나가 된 존재를 황극이라고 한다고 하였다. 이는 인간의 본성은 다른 것이 아니라 천지의 본성이 하나가 된 존재임을 나타낸 것이다. 천지의 본성이 인간을 매개로 하여 하나가 됨으로써 비로소 천지인의 세계가 형성된다.

『정역』에서는 무극과 태극 그리고 황극이 일체임을 밝히면서 삼자의 관계를 무극과 황극이 일체임을 나타내는 동시에 무극과 태극이 일체임을 나타내고 있다. 수를 통하여 삼극을 나타내면 무극과 태극은 십일이며, 황극과 무극은 오십이다. 이 때 삼자가 일체이기 때문에 오십이나 십오, 일십이나 십일이 모두 가능함에도 불구하고 각각 오십과 십일로 나타내고 있다.

오십은 황극과 무극이 합덕하여 일체임을 나타내는 것이다. 이 때 십오와 오십은 그 의미가 다르다. 십오는 십과 오의 양자가 서로 만난 것을 나타내지만 오십은 십과 오가 서로 만나서 하나가 된 상태를 나타낸다.

십오는 십과 오가 각각의 위상을 지키면서 자신을 드러내고 있을 뿐으로 상호 작용을 하지 않는 상태이지만 오십은 십과 오가 서로의 위치에서 벗어나서 서로 만나 하나가 되어 오는 십의 위치에서 작용하고, 십은 오의 위치에서 작용함을 나타낸다.

사물적 차원에서 이해하면 오십은 인간이 자신의 본성을 자각하고 더불어 천의 본성을 자각함으로 천명을 자각하여 인간이 하늘의 일을 대행하고, 하늘이 인간의 일을 대행함을 뜻한다. 십과 오가 오십이 되어 오가 십의 역할을 하고, 십이 오의 역할을 하는 것이 변화이다.

천인이 합덕하여 작용하는 결과를 나타내는 것이 십일이라고 할 수 있다. 십일은 무극과 태극이 합덕하여 일체임을 나타낸다. 십과 오의 상호 작용, 합덕작용에 의하여 비로소 십이 본체가 되어 일의 작용으로 나타나는 것이다.

십과 일은 천과 지의 본성을 나타내는 개념이다. 이 때 천과 지라는 개념은 하늘과 땅이라는 물리적 세계를 나타내는 것이 아니라 각각 시간과 공간의 세계를 나타내는 개념이기 때문에 하늘과 땅이라는 개념과는 서로 다른 점에서 천과 지를 그대로 하늘과 땅으로 나타낼 수 없다.

십十이 시간성의 세계를 나타내며, 일은 공간성의 세계를 나타낸다. 십이 표상하는 시간성의 세계는 영원한 세계로 시간을 초월한 세계이다. 그렇기 때문에 한계가 없고, 끝이 없으며, 구분이 없을 뿐만 아니라 인위적인 행위가 없어서 모든 분별이 사라진 세계로서의 무극으로 나타내고 있다.

일一이 표상하는 공간성의 세계는 시간성이 나타난 것으로 그것은 분별이 있지만 무분별이 그대로 나타난 점에서 하나이다. 그러므로 분별이 있음으로서의 유극有極이지만 그러나 그 분별이 하나인 점에서 태극이라고 하였다. 분별의 가장 근본적인 상태 그것이 바로 수로서는 일一이라고 할 수 있다.

무극이 곧 태극이라는 것은 본체가 그대로 나타난 것이 작용이라는 의미인 동시에 무분별이 그대로 나타난 분별이라는 의미라고 할 수 있다. 그것은 『도덕경』에서 언급된 "도가 일을 낳는다."는 의미인 동시에 도를 무명無名으로 규정하고 아직 쪼개지 않은 통나무와 같은 존재로 규정한 의미라고 할 수 있다.

십과 오가 하나가 되어 오십이 되는 것도 변화이며, 오십이 십오로 나타나는 것도 변화이다. 오십은 인간의 본성을 자각함으로써 더불어 천의 본성을 자각함이다. 그것은 본질적인 변화가 아니라 본래 오와 십과 일이 일체임에도 불구하고 그것을 경험하지 못하였다가 경험을 통하여 온 몸으로 확인하는 과정이라고 할 수 있다.

오십의 결과는 십일로 나타난다. 십일은 무극이 본체가 되어 현상에서 태극으로 드러남이다. 무극이라는 근원적 존재, 분별하여 나타낼 수 없는 존재가 자화하여 만물로 드러남이 바로 십일이라는 수에 의하여 표상된 변화이다.

무극을 태극의 관점에서 나타내면 각 사물의 본성이 본래 일체임을 나타내는 점에서 총체 태극이라고 할 수 있고, 태극을 무극의 관점에서 나타내면 만물 각각의 본성, 본질이라는 점에서 태극이라고 할 수 있다.

이제 무극과 태극 그리고 황극이 일체가 된 관점에서 삼자의 관계를 나타내면 무극은 모든 것이면서 근원으로 곧 천지인의 본체이며, 황극은 무극의 작용이고, 태극은 무극과 황극에 의하여 이루어진 작용의 결과를 나타내는 개념이다. 그러므로 체용상體用相의 관계를 통하여 나타내면 무극은 본체를 나타내고, 황극은 작용을 나타내며, 태극은 상相을 나타낸다.

삼극 또는 삼황의 관점에서 보면 하늘도 땅도 인간도 없다. 그러므로 우주 밖에 존재하면서 인간을 비롯한 세계를 지배하는 대상적 존재로서의 상제上帝나 신神과 같은 존재는 없다. 세계를 상제나 신을 중심으로 이해하면 모든 존재가 나타난 상제이고, 나타난 부처이며, 나타난 신이고, 나타난 하느님이며, 나타난 도道이기 때문이다. 그러므로 어떤 사람이나 존재를 상제나 하느님, 부처라고 주장을 한다면 그는 여전히 나와 남을 구분하는 분별심分別心에서 벗어나지 못하였음을 나타낸다.

동산양개洞山良价선사는 저간의 사정을 다음과 같이 표현하고 있다. "그는 지금 바로 나이지만 나는 지금 그가 아니다."[55] 이를 체용상體用相의 관점에서 나타내면 현상은 도 자체가 나타난 것이지만 고정되지 않고 항상 변화하기 때문에 그것이 그대로 하느님이라거나 도라고 할 수 없음을 나타내는 것이다. 만물은 나타난 도이지만 그것이 그대로 도 자체는 아닌 것이다.

그러면 『정역』에서 반고화의 내용으로 제시하고 있는 오행이나 일월의 생성단계를 나타내고 있는 포태도수는 어떻게 이해하여야 할까?

반고화의 과정을 나타내는 오행은 글자그대로 다섯 마디로 나타나는 작용, 다섯 마디에 의하여 운용되는 작용이라고 할 수 있다. 그것은 시간의 관점에서 반고의 화를 나타낸 것이다. 반고의 화를 다섯 마디의 시간적 단계, 과정으로 나타낸 것이 오행인 것이다.

일월의 생성 과정을 나타내는 포태도수 역시 그렇다. 그것도 일월의 생성을 시간적 관점에서 일곱 마디, 일곱 단계에 의하여 나타낸 것이다. 그렇지만 시간을 떠난 일월 자체의 관점에서 보면 그것은 일곱 마디의 구성요소를 통하여 표상된 일월의 내용이라고 할 수 있다.

오행과 포태도수를 막론하고 도역생성의 구체적인 내용을 나타내는 개념이다. 그러므로 포태도수도 도역생성을 하고, 오행도 도역생성을 한다. 양자의 관계를 보면 오행이 천지의 관점에서 반고화를 나타낸 것이라면 포태도수는 일월의 관점에서 그것을 나타낸 것이다.

---

55) 『禪宗全書』 史傳部九 禪宗正脈卷第七 曹洞宗, "切忌從他覓 迢迢與我疎 我今獨自往 處處得逢渠 渠今正是我 我今不是渠 應須恁麼會 方得契如如." 및 "如臨寶鏡 形影相覩 汝不是渠 渠正是汝."

양자의 관계를 오십의 관점에서 보면 오행과 포태도수가 하나이며, 십일의 관점에서 보면 양자는 각각 천지와 일월의 생성과정을 나타내는 점에서 서로 다르다. 오행원리가 오십의 관점에서 반고화의 체용을 밝히고 있는 것이라면 포태도수는 일월의 관점, 작용의 관점에서 반고화를 나타낸다.

천지의 본성이 하나가 된 오십의 관점에서 인간을 중심으로 포태도수를 살펴보면 인간의 본성이 일곱마디의 구조를 통하여 몸으로 자신을 드러냄을 상징한다.

포태도수가 표상하는 태양은 뜨고 짐이 없이 항상하여 인간의 본성 자체의 성격을 그대로 나타낸다. 반면에 달의 일정한 주기로 모양이 변화하여 고정되지 않음을 통하여 인간의 의식, 마음을 나타낸다.

역逆의 관점에서 포태도수를 이해하면 일곱 단계를 거치면서 본래의 자신의 자리인 본성의 세계로 의식이 상승함으로써 역생도성이 되어 도생역성이 이루어짐을 나타낸다. 이때 포태도수가 표상하는 일곱단계와 오행이 일치하여 본체를 나타내는 오행의 토土와 그 사상四象 작용을 나타내는 목木, 화火, 금金, 수水가 하나가 된다.

인간 본래성을 본체로 하여 이루어지는 인예의지仁禮義智의 사덕四德이 포태도수가 표상하는 인간의 몸의 구성요소인 일곱 가지 차크라, 빛으로 나타나는 것이다. 일곱 차크라는 몸을 통하여 나타나는 본성의 작용을 나타낸다. 그러므로 『정역』에서 천지의 도에 이理와 기氣 그리고 신명이 담겨 있다고 하였듯이 포태도수는 일곱 가지의 기운 또는 기운을 담고 있는 빛이라고 할 수 있다.

그것은 오행과 포태도수의 일곱 단계를 일치시켰을 때 곧 역생도성의 자기 본질을 찾아가는 과정을 거쳐서 도생역성의 자신으로 살아갈 때, 있음 자체가 되어 존재할 때 비로소 십오와 십일이 하나가 된 상태에서 나타나는 현상이라고 할 수 있다. 앞에서 살펴본 내용을 도표화하여 나타내면 다음과 같다.

	도생역성	역생도성
삼재	천도의 인간 주체화	천도의 인간 주체적 자각
인간	본성本性 ⇒ 심신心身	본성本性 ⇐ 심신心身
변화	창조創造	진화進化
학문	실천, 안인安人, 안백성安百姓	수양修養, 수기修己,

도표 4. 도역생성과 인간

앞에서 근원적 존재인 반고의 자화自化, 탈자脫自에 의하여 이루어지는 변화가 바로 도역 생성임을 살펴보았다. 그것은 비록 반고라는 근원적 존재를 상정하였지만 사실은 그러한 고정된 존재가 없음을 뜻한다. 반고가 변하여 화함으로서 천지가 생성되고, 천지가 변하여 화함으로써 일월이 생성되듯이 끊임이 없이 변화하기 때문이다.

반고가 천지로 변화하고, 천지가 일월로 변화함은 곧 우주간의 모든 존재는 고정불변의 실체가 아님을 뜻한다. 이처럼 모든 존재의 실체성을 인정하지 않는 점에서 보면 역도의 내용은 한마디로 무아無我라고 할 수 있다. 공자의 제자들이 공자를 도를 체득한 성인으로 여기면서 그를 무아로 표현한 것[56]은 그러한 관점의 일면이라고 할 수 있다.

변變이 극極에 이르면 화化하고, 화의 결과가 극에 이르면 다시 변한다. 변화는 공간적 상의 변화도 있지만 그것이 성립하기 위해서는 시간적인 변화가 전제가 되어야 한다. 다시 말하면 어느 하나의 시점으로서의 시각과 시각의 거리 곧 시간이 필요하게 된다.

시간의 변화에 따라서 나타나는 현상이 바로 공간적인 변화, 물리적인 변화, 모습의 변화이다. 시간의 변화는 의식의 변화, 마음의 변화이다. 마음의 변화는 에너지의 변화이다. 빛의 존재에서 에너지로 그리고 물질로 변화하는 것이 바로 형이상적 차원에서 형이하적 차원으로의 변화이며, 그것이 바로 도역생성이다.

도생역성은 형이상적 존재, 무극의 차원이 변하여 그것이 극에 이르러서 역으로 화하는 것이다. 그것을 화의 관점 곧 변의 결과를 중심으로 나타내면 도에서 생하기 시작하여 역에서 완성되는 변화이다.

시간성이 변하여 시간으로 화하고 그것이 다시 물질로 화하는 것이 도생역성이다. 천지가 생성되고, 일월이 생성되며 만물이 생성되는 변화가 모두 도생역성이라고 할 수 있다. 그것은 무無로부터 유有로 그리고 하나로부터 여럿으로 화하는 변화이다.

근본은 언제나 근본을 고집하지 않고, 하나도 하나를 고집하지 않으며, 무無도 역시 무無를 고집하지 않고 지말枝末로, 여럿으로, 유有로 변화한다.

역생도성은 형이하적 존재, 만물적 존재가 변하여 태극으로 화하고, 그것이 다시 변하여 무극으로 화하는 것이다. 사물로부터 그 근저에 있는 본질을 자각하고, 그 본질로부터 시작하여 모든 존재의 본성을 자각함으로써 무극에 이르는 과정이 역생도성이다.

그것은 여럿으로부터 하나를 찾아가고, 그 하나로부터 시작하여 무로 향하는 과정이다. 인간이 자신의 근본인 본성을 찾고, 그것을 통하여 다시 우주와 만물의 본성을 찾아서 본래의 내 근원이 바로 우주, 만물의 근원임을 자각하는 과정이라고 할 수 있다.

---

56) 『論語』 子罕, "子絶四 毋意 毋必 毋固 毋我"

역생도성은 만물로부터 시작하여 그 근원인 유有를 찾고 다시 유有의 근원인 무無를 찾아가는 과정인 동시에 그것을 통하여 우주와 만물과 일체임을 확인하는 과정이다. 그러므로 인간을 중심으로 도역생성을 이해하면 자신의 본성을 찾고 그 본성이 모든 존재의 본성이어서 모든 존재가 일체임을 확인하는 과정이 역생도성이며, 모든 존재를 자신으로 대하는 삶을 살아가는 실천의 과정이 도생역성의 과정이라고 할 수 있다.

그런데 도생역성과 역생도성은 일체적인 관계이다. 하나의 근원적 존재의 변화인 반고화를 두 측면에서 구분하여 나타낸 것이기 때문이다. 그렇다면 도생역성과 역생도성은 같은 평면의 반대관계인가?

그렇지 않다. 두 가지의 관계를 체용으로 나타내면 도생역성이 본체이며, 역생도성은 작용이라고 할 수 있다. 그러므로 도생역성이 전제가 될 때 비로소 역생도성이 이루어진다. 그러나 역생도성을 바탕으로 도생역성이 이루어지는 것은 아니다.

예를 들면 역생도성의 관점에서 보면 인간은 자신이 어떤 존재인가 그리고 어떻게 살아야하는지를 모르기 때문에 수행, 수양, 수기, 학문을 통하여 자신의 본성을 찾아가는 과정이 반드시 필요하다고 생각할 수 있다.

그러나 삶 자체가 본래 불완전하거나 부족하기 때문에 수행이나 수기修己, 학문學問과 같은 인위적인 행위를 통하여 본성을 깨달아서 완전해지고, 충분해지고, 지혜로워지고자 한다면 설사 인위적인 과정을 통하여 본성을 깨달았을지라도 언젠가는 다시 사라질 수 있다.

그리고 만약 변화하는 존재라면 그것은 영원한 존재로서의 본성이라고 할 수 없다. 보다 근원적인 문제는 본성이 깨닫거나 잊어버릴 수 있는 그런 존재라면 그것이야말로 근원적인 존재가 아니라 이차적인 존재이다.

역생도성의 관점에서 수행, 수양, 수기를 하고 삶을 살아가는 것은 곧 육신을 통하여 마음을 찾고, 마음을 통하여 그 근원으로서의 참나, 본성을 찾는 것이라고 할 수 있다. 이처럼 육신이나 마음을 중심으로 수행이나 수양, 삶을 살아갈 때 그러한 존재의 삶을 소인의 삶, 중생의 삶이라고 하였다.

인간의 육신이나 마음은 형이상적 존재가 아니라 형이하적 존재이기 때문에 생사라는 시간을 초월하여 영원할 수 없으며, 여기에 있으면서 동시에 다른 공간을 점유할 수 없다. 그것은 비록 육신이나 마음도 근원적 존재가 나타난 것이지만 그것이 바로 형이상적 존재인 본성이 아니기 때문에 그것을 통해서는 형이상적 존재인 자신의 본성을 알 수 없음을 뜻한다. 그러므로 몸으로부터 시작하여 그 근저에 있는 마음을 찾아가고, 마음을 통하여 그 근저에 있는 본성을 찾아갈 수 없다.

도생역성을 본체로 하여 이루어지는 역생도성의 관점에서 보면 모든 사건과 물건은 모두 반고의 변화 곧 도의 작용에 의하여 이루어지는 결과인 점에서 나타난 도라고 할 수 있다. 인간의 삶 역시 참나인 본성의 작용에 의하여 이루어진다. 본성의 작용에 의하여 마음의 여러 작용이 이루어지고 그리고 육신에 의한 언행이 이루어지는 것이다.

인간의 삶도 수행도, 수기도, 수양도 모두 본성이 나타난 점에서 같다. 삶이 본성을 떠나서 이루어지지 않기 때문에 수기나 수양을 통하여 본성을 얻거나 그 결과 완전하고 자유로워지는 것이 아니라 본래 삶도 수행도, 수기도, 수양도 완전하고 자유로울 뿐만 아니라 시비是非와 선악善惡이 없다.

인간의 삶이나 그 과정에서 이루어지는 수행, 수양, 수기, 학문은 그것을 통하여 무엇을 얻거나 변화하는 것이 아니라 단지 본래 육신이나 마음을 통하여 변화하는 사고나 언행이 곧 본성의 작용임을 끊임없이 체험하고 확인하는 것일 뿐이다. 수행이나 수기, 수양을 통하여 본래의 자신을 경험하고 자신으로 살아가는 과정일 뿐이다. 그런 점에서 삶은 실천이고, 경험이며, 체험이다.

모든 존재가 나타난 근원이며, 모든 존재의 행위는 근원의 작용이기 때문에 선善과 악惡이 없으며, 옳고 그름이 없다. 오로지 끊임없이 이루어지는 변화만이 있을 뿐이다. 영원한 삶의 과정이 있을 뿐으로 목적이나 정해진 방향이나 정해진 원리나 이치 같은 것도 없다. 또한 모든 존재가 일체이기 때문에 세상 밖에서 우주와 만물을 창조하고 통제하는 그래서 시비是非와 선악善惡을 심판하는 하느님이나 상제와 같은 존재는 없다.[57]

앞에서 『정역』에서 밝히고 있는 근원적 존재의 존재원리로서의 신명원리, 반고화원리에 대하여 살펴보았다. 『정역』에서 우주와 만물의 본질을 밝히면서 사용했던 대부분의 개념들 예를 들면 반고, 천황과 지황, 인황의 삼황 뿐만 아니라 무극과 태극, 황극 역시 『정역』이 저작되기 이전에 중국의 여러 전적들에서 사용되어 왔던 개념들이다. 상제와 화옹, 이기理氣, 신명神明 역시 그렇다.

『정역』에서 사용되고 있는 개념들이 중국의 전적들을 통하여 기록되고 오랜 세월 동안 사용되어왔음이 확인되기 때문에 그것이 기존의 중국사상, 중국철학의 집대성이 아닌가라고 의문을 제기할 수도 있다.

---

57) 『정역』에서 밝히고 있는 일체적 존재, 근원적 존재로서의 盤古, 神, 上帝는 일반적으로 인식하고 있는 개체적 존재로서의 上帝, 神과는 그 의미가 다르다. 따라서 『정역』에서 말하고 있는 상제나 신명이라는 개념은 특정한 존재를 가리키지 않는다. 『정역』의 관점에서 보면 개체적 존재로서의 神을 만나서 그의 뜻을 전하는 무속행위나 채널링은 있을 수 없다. 마찬가지로 깨달음을 얻기 위하여 또는 神人合一을 이루기 위하여 수행을 하는 인위적인 행위는 필요 없다. 이는 도생역성의 관점에서 근원적 존재와 인간의 삶을 이해한 것이다. 도생역성을 바탕으로 이루어지는 역생도성의 관점에서 보면 모든 인간의 행위가 의미를 갖게 된다. 따라서 오늘날 많은 학자들이 관심을 갖고 있는 동북아 상고시대의 샤머니즘에 대한 이해 역시 그러한 관점에서 이해가 되어야 한다. 이에 대하여서는 다른 지면을 통하여 밝히고자 한다.

　　그러나 여러 개념들이 중국 측의 전적들에 의하여 기록되었다고 하여 그것이 중국 사람들에 의하여 형성된 개념들이라고 할 수 없다. 인간의 본성이 같음은 사유구조나 능력이 같음을 뜻한다. 다만 관심을 어디에 두느냐에 따라서 그것을 사용하는 방법이 달라질 뿐이다. 그러므로 어떤 개념들은 동서를 막론하고 인류가 보편적으로 사용해왔던 개념들도 있다. 이때 그것을 기록에 의하여 전승하기도 하고, 때로는 구전이 되기 한다.

　　또한 같은 개념이라도 사용하는 사람에 따라서 다양한 의미를 가질 수 있다. 삼극의 경우 중국사상에서는 셋이 따로 사용되었으며, 무극이태극無極而太極과 같이 양자가 함께 사용되었으나 셋이 함께 사용되어 근원적 존재의 존재진리를 나타낸 적이 없었다.

　　삼황이라는 개념도 그 의미가 전혀 다를 뿐만 아니라 반고 역시 중국에서는 신화로 사용되었으나 『정역』에서는 원리적 측면에서 사용되고 있다. 중국사상에서 사용되고 있는 개념들이 모두 삼재라는 공간적 관점에서 사용되고 있기 때문에 시간적 관점에서 사용되고 있는 『정역』의 여러 개념들은 그 의미가 서로 다르다.

　　김일부는 괘상卦象을 중심으로 인간의 본질인 성명性命의 이치를 밝히고자 했으면서도 길흉吉凶이라는 이분법적인 사고를 통하여 세계를 나타내고 있는 『주역』의 관점을 그것을 집대성한 공자를 중심으로 자신의 관점과 구분하여 다음과 같이 밝히고 있다. 공자는 "천지의 유형지리有形之理"를 방달方達하였으나 김일부는 "천지의 무형지경無形之景"을 통관洞觀했다.58) 그것은 "역易은 상象이다."라고 한 『주역』과 달리 『정역』에서는 "역易은 역曆이다."고 하여 표상체계를 중심으로 구분하고 있음을 보아도 알 수 있다.

　　또한 『주역』에서 사용되고 있는 순역順逆이라는 개념을 도역倒逆이라는 개념으로 바꾸어서 사용하고 있을 뿐만 아니라 중국의 학자들이 복희팔괘도와 문왕팔괘도를 중심으로 그것을 각각 선천과 후천의 도상으로 규정하고 더불어 선천학과 후천학을 언급하였음에 반하여 거기에 정역팔괘도를 추가하고 복희팔괘도와 문왕팔괘도가 모두 선천의 세계를 표상하고 있으며, 정역팔괘도에 이르러서야 비로소 후천의 세계가 드러나게 됨을 밝히고 있다.

　　김일부가 만약 『정역』을 『주역』과 구분하여 오로지 그 차별성만을 부각시키고자 했다면 주요 개념들을 모두 자신의 뜻에 맞게 다른 개념들로 바꾸어서 사용하였을 것이다. 오히려 그것이 자신의 이론을 제시하는데 효과적임을 모르지 않았을 것이다. 그럼에도 불구하고 이미 사용되어왔던 여러 개념들을 다시 사용한 까닭은 무엇인가?

　　오늘날의 영토 또는 국가개념을 중심으로 생각할 때 한국과 중국의 구분이 존재할 뿐으로 역철학의 관점, 역도易道, 신명神明의 관점, 형이상의 근원적 관점에서는 중국과 한국이

---

58) 金恒, 『正易』 大易序, "洞觀天地無形之景은 一夫能之하고 方達天地有形之理는 夫子先之시니라."

라는 공간적인 구분이 없을 뿐만 아니라 옛날과 지금이라는 시간적 구분도 없다.

인간 본성의 차원에서는 인류가 하나일 뿐만 아니라 우주의 모든 존재가 모두 일체이다. 바로 이러한 우주, 만물의 본질 그 자체의 차원에서 『정역』이 저작되고 있기 때문에 중국과 한국이라는 구분을 하지 않았음이 그 첫 번째 이유라고 할 수 있다.

그것은 도생역성의 관점, 원역原曆, 원천原天, 신명神明, 반고盤古, 신도神道의 관점이 『정역』을 일관하는 근본임을 뜻한다. 그러한 하나의 세계, 일체의 세계, 무분별의 세계를 바탕으로 그것을 역생도성의 관점에서 분별하여 나타내고 있다.

개체적 관점에서 보면 김일부는 조선의 학자이면서 유학자이다. 그러므로 자신의 학문이 유가철학을 계승하고 있음을 나타내지 않을 수 없다. 그러므로 "문학文學의 종장宗長은 공구孔丘 바로 그분이며, 치정治政의 종장宗長은 맹가孟軻 바로 그분이니 오호라, 두 선생님은 만고의 성인聖人이다."59)고 하여 그 점을 분명하게 밝히고 있다.

두 번째는 역수와 괘상, 신도神道와 인도, 천도와 인도의 특성과 관계를 밝힘으로써 양자를 회통시키고자 함이다. 그것은 본래의 둘을 하나로 모아서 통하도록 하는 것이 아니라 양자로 구분되어 표상되기 이전의 본래의 세계를 드러내기 위함이다.

세 번째는 『정역』에서 제시하고 있는 역수원리가 바로 동북아 사상의 연원임을 밝히기 위함이다. 그러므로 도가 셋으로 나누어지는 것은 이치의 자연스러움으로 유가儒家와 불가佛家 그리고 선가仙家가 그것60)이라고 하였다. 이는 중국사상의 삼대 지주라고 할 수 있는 유가儒家, 불가佛家, 도가道家가 나타나기 이전의 근원의 세계가 『정역』에서 밝히고 있는 내용임을 나타낸다.

그렇다면 앞에서 살펴본 내용들을 우리말로 나타내면 무엇인가? 먼저 반고는 우리말로 표현하면 하나님이다. 하나는 글자그대로 하나, 일체, 모든 것, 근원, 중심, 영원함, 한결같음과 같은 의미이며, 님은 임, 님과 같이 존칭이다. 따라서 반고의 작용으로서의 반고의 화는 하나님의 작용이다.

시간의 관점에서는 반고를 원천原天으로 표현하고 있다. 원천原天 역시 하나님의 의미이다. 하나님은 변화하는 과정으로 존재한다. 그것은 하나님이 끊임없이 변하여 시간의 흐름으로 나타나고, 그것이 공간상에서 사물로 나타남을 뜻한다.

그것을 반고가 변하여 삼황으로 화한다고 표현하였다. 하나님이 변하여 천황이 되고, 지황이 되고, 인황이 된다. 천황과 지황 그리고 인황이 셋이지만 하나님이 변화한 점에서 모두 나타난 하느님이다.

59) 金恒, 『正易』 大易序, "文學宗長은 孔丘是也요 治政宗長은 孟軻是也시니 嗚呼 兩夫子萬古聖人也시니라."
60) 金恒, 『正易』 无位詩, "道乃分三理自然이니 斯儒斯佛又斯仙을 誰識一夫眞蹈此오"

삼황을 우리말로 나타내면 천황은 하늘님이고, 지황은 땅님이며, 인황은 사람님이다. 시간의 관점에서는 하늘님은 선천을, 땅님은 후천을, 사람님은 선천과 후천의 회통, 합덕, 합일을 나타낸다. 하늘님은 선천으로 나타난 원천이며, 땅님은 후천으로 나타난 원천이고, 사람님은 선천과 후천의 합덕으로 나타난 원천이다.

그런데 한국과 중국이라는 공간적인 영토 개념은 오직 현대의 일일 뿐으로 오늘날의 우리가 국가사회로 규정하고 있는 사회가 나타나기 이전의 상고上古 시대에는 그러한 구분이 없었을 뿐만 아니라 인간 본래성의 차원에서 보면 당연히 한국과 중국이라는 구분이 존재할 수 없다. 그러므로 어떤 나라의 어떤 언어로 표현을 하거나를 막론하고 오로지 근원적 존재의 현현, 본래적 세계의 나툼일 뿐이다.

신도와 천도 그리고 인도, 성명은 그 관점에 따라서 하나이면서 고정되지 않고 다양하게 드러나는 점에서 신도라고 하고, 시간의 관점에서 영원함을 나타내기 위하여 천도라고 하며, 공간의 관점에서 무소부재無所不在함을 나타내기 위하여 지도라고 하고, 사람이 살아가야할 길이라는 점에서 인도라고 하며, 인간의 근본이라는 점에서 본성이라고 하고, 성명이라고 하였다.

또한 반고나 하나님이라는 개념이 지칭하는 대상이 존재하는 것은 아니다. 그것은 반고나 하나님이 객관적 실체로 존재하지 않음을 뜻한다. 오히려 끊임없이 변하여 화하고 있는 상태를 인간이 규정한 순간 세계가 그러한 규정으로 나타났을 뿐이라고 할 수 있다.

객관적 실체로 존재하지 않음을 나타내는 말이 불교의 중심 개념인 무아無我이다. 그것은 고정화된 실체가 없음을 뜻한다. 그런 점에서 보면 하나님이나 반고는 무无라고 할 수 있다. 그것은 있음으로서의 유有에 대립하는 반대의 개념으로서의 무无가 아니다. 따라서 무无로부터 유有가 생성되었다고 말할 수 없다.

『정역』에서도 근원적 존재를 무위无位, 공空으로 언급하고 있다. 그러나 그것은 아무것도 없음의 절대무가 아니다. 그렇다고 하여 반고나 상제, 화무옹과 같은 존재를 생성하는 또 다른 근원적 존재가 아니라 상제나 하나님, 반고를 나타내는 다른 개념에 불과하다.

상제, 화옹과 하나가 된 관점 곧 도생역성을 바탕으로 한 역생도성의 관점에서 보면 무无나 유有 또는 상제나 화옹이라는 어떤 존재가 있어서 그것을 나타내는 것이 아니라 그러한 규정을 통하여 그러한 존재로 세계를 드러낼 뿐이다. 그런 점에서 보면 매 순간 그러한 규정을 통하여 세계가 끊임없이 새롭게 창조되어진다고 할 수 있다.

세계는 고정되어 있지 않아서 인간에 의하여 끊임없이 변하여 다양한 존재로 화하는 것이다. 그러므로 인간의 사고에 의하여 나타나는 세계 자체를 고정화시켜서 그것에 얽매이지 않는다면 끊임없는 세계의 생성 그 자체 그대로 아름답고 진실하다.

우리는 선천과 후천, 형이상과 형이하, 무無와 유有, 근원과 현상, 하늘과 땅, 하늘과 사람, 사람과 신神, 사람과 만물과 같은 모든 존재가 하나가 된 아름다운 세계를 나타내는 말을 갖고 있다. 그것은 일상의 삶 가운데서 자주 사용하는 신명神明이라는 개념이다. 어떤 일을 할 때 그것과 하나가 됨으로써 느끼게 되는 기쁨의 상태를 우리는 "신명난다."고 표현한다.

근원적 세계, 반고의 세계, 본래의 세계를 나타내는 개념이 바로 신명이다. 그것은 하늘과 땅의 신령神靈이라는 한자적 의미로서의 신명神明을 포함하고 있는 의미라고 할 수 있다. 하늘과 땅의 신령과 내가 하나가 되었을 때를 신바람, 신명이 난다고 표현한다.

그것은 나와 세계가 둘의 상태에서 이루어지는 접신接神의 상태가 아니라 지성智性이 깨어난 상태, 곧 지혜智慧의 상태를 나타낸다. 그리고 지혜는 자비로 나타나기 때문에 자비가 동반되지 않는 상태는 신명의 상태라고 할 수 없다. 뿐만 아니라 자비는 자신뿐만 아니라 주변을 변화시키는 창조의 힘이 있다. 그리고 이러한 창조의 힘과 자비에 의하여 열정과 기쁨이 나타난다.

근원적 존재의 변화는 신명의 상태에서 이루어지는 변화라는 점에서 신도神道라고 규정하고 있다. 『정역』에서는 신명을 무위적无位的 존재, 존공尊空하여 주체로 삼아야할 존재로 규정[61]하고 있다. 『주역』에서도 "천지의 신도神道를 봄으로서 사시四時가 어긋나지 않는다."[62]고 하고, 복희伏羲가 괘를 만든 것을 "신명한 덕에 통함"[63]이라고 하여 신명, 신도를 언급하고 있다.

근원적 존재, 우주와 만물의 본질을 신神, 시간성時間性, 반고盤古, 신도神道, 화옹化翁, 상제上帝, 하늘(天)과 같은 다양한 개념으로 나타내기도 하고 그것을 다시 십十과 오五 그리고 일一이라는 수를 통하여 나타낸 까닭은 그것이 시간과 공간상의 위상이 없는 시공을 초월한 존재일 뿐만 아니라 시간상으로는 영원하고 공간상으로는 무소부재無所不在한 존재여서 시공을 함유하고 있기 때문이다.

시간성은 곧 신이다.[64] 그것이 영원한 존재임을 나타내기 위하여 반고라고 하였고, 그것

61) 金恒, 『正易』 亢角二宿尊空詩, "何物이 能聽角고 神明도 氐不亢을"
62) 『周易』 風地觀卦 彖辭, "觀天之神道而四時不忒하니"
63) 『周易』 繫辭下篇 第二章, "古者包犧氏之王天下也애 仰則觀象於天하고 俯則觀法於地하며 觀鳥獸之文과 與地之宜하며 近取諸身하고 遠取諸物하야 於是애 始作八卦하야 以通神明之德하며 以類萬物之情하니."
64) 『수메르 혹은 신들의 고향』을 보면 수메르 사람들이 태양계의 행성을 神으로 규정하고 있다고 하였다. 행성들을 중심으로 그들의 운행 현상을 마디지어서 시간을 규정하기 때문에 시간이 신이라는 결론을 낳을 수 있다. 만약 시간이 신이라면 인간이 시간을 조정할 수 있는 점에서 신은 일종의 시공 내적 존재, 개체적 존재로 전락하고 만다. 시간은 곧 공간으로 시간이 신이라면 모든 개체적 존재로서의 만물이 신이 된다. 그런데 만물은 나타난 신이지만 만물이신은 아니다. 따라서 근원적 존재로서의 신이라는 개념과는 전혀

이 변화의 주체임을 나타내기 위하여 화옹化翁이라고 하였으며, 그것이 근원임을 나타내기 만물을 주재하는 존재로 나타내어 상제라고 하였고, 그것이 시간의 근원이라는 점에서 시간성이라고 하였으며, 끊임없이 사물로 자신을 드러내면서도 자신은 드러내지 않는 점에서 화무상제化无上帝라고 하였다.

시간성의 구조는 과거성과 미래성 그리고 현재성으로 그것을 원리적 측면에서 나타내어 삼황 또는 삼극이라고 하였다. 그것은 모두 반고, 상제, 시간성이 화한 점에서 삼신三神이라고 한다. 그리고 삼신은 본래 시간성, 신, 상제, 반고로 다양하게 언급된 일신一神이 변하여 화한 존재이다. 이처럼 양자가 셋이면서도 일체인 점을 들어서 삼신일체三神一體라고 한다.

일신과 삼신의 관계를 공간적 관점에서 형이상과 형이하를 구분하여 나타내면 본체와 작용의 관계로 나타낼 수 있다. 일신一神은 본체가 되고, 삼신三神은 일신一神의 작용을 나타낸다고 할 수 있다. 그것을 작용의 관점에서 나타낸 것이 도생역성과 역생도성이다.

무극을 나타내는 십十과 황극을 나타내는 오五 그리고 태극을 나타내는 일一은 삼신三神을 수로 나타낸 것이다. 그리고 무극의 무극을 나타내는 무위수无位數인 이십二十은 곧 반고, 상제, 시간성 자체를 나타내는 수라고 할 수 있다.

일신一神과 삼신三神의 관계를 본질과 현상의 관점에서 나타내면 체용상體用相으로 구분하여 나타낼 수 있다. 십十으로 표상된 무극无極은 본체의 관점에서 일신一神을 나타내고, 오五로 표상된 황극皇極은 작용의 관점에서 일신一神을 나타내며, 일一로 표상된 태극太極은 현상의 관점에서 일신一神을 나타낸다.

앞에서 살펴본 바와 같이 『정역』이라는 저작을 통하여 나타나는 신도神道, 천도天道, 역수원리, 시간성의 원리, 도서圖書원리, 간지도수干支度數원리, 신명神明원리, 삼극三極의 도, 도역생성원리는 한국 사람인 김일부金一夫에 의하여 제시된 점에서 보면 한국역학韓國易學, 한국유학韓國儒學, 한국철학韓國哲學, 한국문화韓國文化이지만 그가 인간이라는 점에서 보면 인류사상, 인류문화, 인류철학이고, 그가 우주의 구성원이라는 점에서 보면 우주철학, 우주사상, 우주문화라고 할 수 있다. 따라서 『정역』을 통하여 표상된 역학, 철학, 유학을 통하여 지금-여기의 내가 개체적 존재가 아니라 우주의 구성원이면서 인류의 구성원으로 존재함을 파악하고 본성, 성명을 주체로 살아가는 삶을 영위하는 것이 필요하다.

다른 의미를 갖게 된다. 그것이 접신이나 채널링, 오늘날의 타락한 무속과 같은 현상을 낳게 된다. 그것이 불교에서 말하는 相에 빠진 결과이다.

제 **오** 장

신도와 이수理數

　앞에서 살펴본 바와 같이 역도는 형이상적 세계와 현상 세계를 일관하는 점에서 현상 세계를 나타내는데 사용되는 언어와 문자를 통하여 그 전모를 드러낼 수 없다. 그러므로 역도를 드러내어 밝히는 수단은 일상의 언어와 문자와는 다른 형식이 필요하다.『주역』에서 괘효卦爻라는 문자와 다른 새로운 표상체계를 통하여 역도를 표상하고 있는 것도 이러한 까닭이다.

　인도人道를 밝히기 위하여 공간적 관점에서 삼재三才의 도를 표상하고 있는『주역』과 달리『정역』은 삼극三極의 도를 표상하고 있다. 간지도수干支度數라는 표상형식을 통하여 신도神道를 표상하고, 하도河圖와 낙서洛書를 통하여 그것을 다시 역수원리를 중심으로 표상하고 있다.

　간지도수는 수數적인 특성과 상象적인 특성을 함께 갖고 있다. 하도와 낙서를 구성하는 도서상수圖書象數는 간지도수가 갖고 있는 수적 특성을 중심으로 역수원리를 표상하고 있다. 그러므로 간지도수와 도서상수를 막론하고 수적인 특성은 갖고 있다.

　그러나 신도의 표상체계인 간지도수가 표상하는 내용과 천도, 역수원리의 표상형식인 수가 표상하는 내용은 서로 다르다. 왜냐하면 형식적인 측면에서는 간지도수와 도서상수를 구성하는 기본수들이 같지만 그것이 표상하는 내용은 서로 다르기 때문이다.

　간지도수를 구성하는 천간天干과 지지地支가 표상하는 수와 하도와 낙서를 구성하는 수는 일一에서 십十까지의 열 가지 수이다.『주역』에서는 그것을 천지의 수[1]로 규정하고 있

---

1)『周易』繫辭上篇 第九章, "天一地二天三地四天五地六天七地八天九地十이니 天數五오地數五니 五位相得하야 而各有合하니 天數二十有五오 地數三十이라 凡天地之數가 五十有五니 此所以成變化하야 而行鬼神也라."

으며, 『정역』에서는 천지의 수가 표상하는 내용이 일월의 운행도수이며, 그 내용이 천지의 도덕원리를 표상하는 도수度數임을 밝히고 있을 뿐만 아니라 그것을 이수理數로 규정하고 있다.

이수理數라는 개념은 『정역』에서 사용되고 있는 수가 역수曆數, 기수基數나 기수奇數와 우수偶數 같은 형식적인 특성을 가진 수와는 다른 용법으로 사용되고 있음을 나타낸다. 이수도 역시 수이기 때문에 일상의 수가 갖는 수와 수의 관계를 통하여 새로운 수를 도출하는 이른바 계산의 기능을 갖는다.

그러나 일상의 수가 형식적인 단위일 뿐 내용이 없는 것과 달리 이수는 그것이 역수원리를 상징적으로 나타내고 있는 점에서 일상의 수와 다르다고 하지 않을 수 없다. 『정역』에서는 이수와 이수의 관계를 통하여 새로운 이수를 찾는 일련의 과정을 추수推數, 추연推衍으로 규정하고 있다.

추연은 역수원리를 학문함인 점에서 수행修行, 수양修養인 동시에 천지의 본성이 도덕성이 추연을 통하여 개시開示되어지는 점에서 지금-여기-나를 통한 존재의 현현顯現이다. 그러므로 추연은 모든 존재를 일체로 여기는 자비慈悲로 행하여야 한다.

간지도수나 도서상수를 막론하고 그것이 근원적 존재의 변화원리를 상징적으로 나타내고 있는 점에서 보면 일종의 달을 가리키는 손가락과 같다. 그러므로 도수의 변화 자체에 얽매이거나 도수의 변화를 통하여 도출되는 수에 얽매여서는 안 된다.

간지도수와 도서상수가 달을 가리키는 손가락이지만 그 형식이 수이기 때문에 그것을 따라서 달을 보는 일이 용이容易하지는 않다. 이수를 통하여 일상의 언어와 문자로 표상하기 어려운 세계를 나타내었을 뿐만 아니라 그것이 계산의 기능을 갖는 일상의 수와는 다른 용법으로 사용되기 때문에 그 내용을 파악하는 것이 어렵다.

이수를 통하여 달을 이해함은 일상적인 사유의 틀을 깨고 그 안으로부터 벗어났을 때 비로소 열려지는 세계라고 할 수 있다. 이것과 저것을 나누어서 가치를 부여하고 욕심을 부려서 집착執着하는 분별심分別心을 버리고 무심無心, 무아無我의 상태라야 비로소 열리는 세계가 이수로 표상된 세계이기 때문이다.

주체와 객체, 주관과 객관, 나와 남을 구분하고 가치를 부여하여 가치가 있는 것을 소유하고자 하는 욕심을 일으켜서 그것에 집착하게 되면 결코 현상 너머의 근원의 세계와 하나가 될 수 없다. 그것은 둘인 상태에서 보거나 느끼거나 알거나 깨닫거나 하는 세계가 아니라 오로지 하나인 상태, 본래의 상태에서 체험하고 경험할 수 있는 세계이다.

결국 역수원리를 표상하는 간지도수나 도서상수를 중심으로 그것을 운용하는 추연, 추수를 통하여 분별심의 차원의 넘어서는 것이 『정역』에서 제시하고 있는 역수원리의 관점에서 제시하는 학문의 방법이라고 할 수 있다.

학문은 나와 달리 객관적 실체로 존재하는 도, 역도, 역수원리를 내가 깨닫거나 알아가는 것이 아니라 내 스스로 세계를 보는 눈을 높여서 육안肉眼이 아닌 혜안慧眼으로 바꾸는 것이다. 분별심分別心은 육안에 바탕을 두고 형성된 것이다. 그것을 넘어서 혜안慧眼을 얻었을 때 비로소 참나와 하나인 역수원리, 역도를 체험하게 된다.

그것은 마음을 닦는다고 표현을 하거나 수양修養이나 수행修行, 수련修鍊, 수덕修德과 같이 다양하게 표현하지만 결국은 역생도성의 관점에서 서 있던 자신의 차원을 도생역성으로 바꾸는 것이라고 할 수 있다.

도생역성의 관점을 바탕으로 한 역생도성을 통하여 본래의 자신自身, 본래의 세계를 체험하는 것이 인간의 삶인 동시에 삶 가운데서 이루어지는 학문學問, 수행修行, 수양修養이다. 그러므로 학문이나 수행, 수양은 일종의 변화이다.

1. 이수理數와 변화

『정역』이나 『주역』을 비롯한 역학 관련 서적들을 대할 때 어려운 점은 일차적으로 그 것들이 일상의 언어, 문자와는 다른 형식과 체계를 갖고 있다는 점이다. 『정역』이 전체를 합하여 64쪽에 불과한 소책자의 형식인 것은 그것이 모두 간지도수와 도서상수라는 이수理數를 통하여 역수원리를 표상하고 있기 때문이다.

『주역』의 구성을 보면 괘효卦爻를 기본으로 하여 그것을 바탕으로 괘卦와 효爻를 설명하고 있는 괘사卦辭와 효사爻辭를 부가하였고, 이러한 괘효사에 대하여 다시 그것을 부연하여 설명하고 있는 십익十翼이 있다. 이처럼 괘효를 기본으로 했음에도 불구하고 다시 그것을 설명하는 언사를 첨가하고. 여기에 대하여 십익十翼이라는 언사를 다시 부연한 까닭은 괘효가 고도의 상징체계이기 때문이다.

괘효와 괘효사 그리고 이에 대한 설명인 십익은 당연히 그 내용이 다르다. 이는 괘효와 괘효사 그리고 십익에서 밝히고 있는 내용 자체가 다른 것이 아니라 그것을 나타내는 방법, 관점이 서로 다름을 뜻한다. 신도를 천도, 역수원리로 나타내고, 그것을 다시 인도로 나타내며, 인도를 다시 길흉吉凶 회린悔吝으로 달리 나타낸 것이다.

『정역』의 간지도수와 도서상수가 이수理數이지만 도수라는 수의 형식을 띠고 있을 뿐만 아니라 그것이 일상적으로 시간을 나타내는 형식으로 사용되고 있다. 시간을 나타내는 단위로서의 역수는 천체 현상과 밀접한 관련을 갖고 있다.

이수와 역수의 관계는 외적인 형식이 같을지라도 충차層次가 있다. 이수가 표상하는 역수원리가 근본이 되어 역수가 나타내는 시간의 세계가 전개되기 때문이다. 그러므로 이수의 이해는 역수와의 차이와 관계를 이해하는 것으로부터 시작해야 한다.

괘효를 통하여 표상된 역도의 내용은 인간의 본래성으로서의 성명性命이다. 그러므로 괘효를 중심으로 역도를 표상하고 있는 『주역』을 통하여 인간의 본래성을 파악할 수 있다. 인간의 본래성이 육신과 마음을 벗어나서 그 근원을 찾아서 들어감으로써 드러나는 점에서 지말支末로부터 근본根本을 찾아가는 문제라고 할 수 있다.

그런데 인간의 본래성은 자신의 본래성일 뿐만 아니라 모든 인간의 본래성인 동시에 천지와 만물의 근원이기도 하다. 그러므로 천지와 인간이라는 공간의식, 분별심分別心을 벗어나서 그것을 과거와 미래 그리고 현재라는 의식으로 변환하고 다시 그것을 본질적 시간으로서의 영원한 현재의 차원에서 이해하여야 한다.

천지가 집약되고, 과거와 미래가 집약된 현재로서의 지금-여기-나를 바탕으로 있음, 존재함이라는 세계를 표상한 것이 바로 『정역』의 작업이다. 그것은 『주역』이 공간적 관점에서 그 본질인 공간성으로서의 삼재의 도, 인도, 성명을 제시하고 있는 것과 달리 성명을 시간적 관점에서 그 본질인 시간성으로 파악함으로써 인도와 천도, 지도는 물론 인간과 다른 존재와의 일체성을 밝히고 있는 것이 『정역』임을 뜻한다.

시간성의 세계에는 천지인의 공간적 구분이나 과거, 현재, 미래라는 시간적 구분이 없다. 그러므로 천도, 지도, 인도라는 구분도 없고, 인간의 성명이나 만물의 본성이라는 구분이 없다. 『정역』을 통하여 『주역』에서 밝히고 있는 삼재의 도의 근거를 제시하고 있는 동시에 천도와 지도 그리고 인도가 일체임을 보여주는 것이다.

『정역』이 도 자체의 관점에서 그것이 각각 천도와 지도 그리고 인도로 나타나는 관점을 견지하고 있는 것과 달리 『주역』은 천도와 지도 그리고 인도로 구분되는 관점에서 인간의 본래성으로서의 성명을 추구하고 있는 점이 서로 다르다.

『주역』을 『정역』과 비교하면 『주역』이 인간을 대상으로 그의 본질로서의 성명을 추구하고 있기 때문에 다양한 현상, 다양한 인종, 수많은 사람들로부터 그 일체의 세계를 찾아가는 점에서 보면 인간의 본래성 가운데서 합일의 원리인 인성仁性을 찾아가는 과정이었다고 할 수 있다.

『정역』은 『주역』과 달리 일체인 관점, 근원의 세계에서 다양한 현상의 세계로 향하는 관점이다. 이러한 일체성으로부터 분화되는 다양성의 세계는 지성智性의 기능이다. 그러므로 『정역』이 추구하는 세계는 지성智性, 지혜智慧 그 자체라고 할 수 있다.

『정역』의 연구, 시간성의 추구, 역수원리, 신도의 추구는 일체성을 바탕으로 이루어지는 분화의 세계, 변화를 추구하는 점에서 인성仁性이 바탕이 되어야 한다. 왜냐하면 인성仁性이 바로 일체의 세계를 나타내는 동시에 하나의 세계에 도달하는 원리로서의 합일合一원리이기 때문이다.

인간 본래성, 성명 특히 인성을 바탕으로 신도, 역수원리를 추구하는 것을 그 표상형식에 따라서 이수를 추수함으로서의 추연推衍이라고 한다. 그것은 『주역』에서 사용된 대연大衍이라는 개념과 관련이 있지만 대연과는 다른 의미를 내포하고 있다.

『정역』에서 대연을 추연으로 규정하였을 때 추推라는 개념은 단순하게 연衍의 방법을 나타나는 수식어로 인식할 수도 있지만 오히려 그 안에 연衍의 본질을 나타내는 인성仁性이라는 자비慈悲를 전제로 하고 있다.

추연의 추推를 확산의 의미로 이해하면 추연은 "자비慈悲의 확산", "사랑의 확충擴充"의 의미를 갖는다. 이수의 추수를 통하여 자비의 확산, 사랑의 확충을 표상하는 것이 추연推衍이다. 그러므로 추연 자체가 그대로 성명, 본성의 확충이다.

일반적으로 수행, 수련, 수양, 학문이라는 인위적인 어떤 행위를 통하여 도와 통하고, 깨달음을 얻고, 지혜를 얻는다고 생각한다. 그것은 자신이 깨달음을 얻어서 소유하고, 지혜를 얻어서 소유하겠다는 욕심에 불과하다.

지혜나 진리, 도는 얻어지는 것이 아니다. 본래 자신이 곧 지혜이고, 자비이며, 도이기 때문이다. 그러므로 수행은 지혜나 진리를 얻기 위하여 행하는 인위적인 행위가 아니라 본래의 자신, 본래의 세계를 개체적인 행위를 통하여 체험하는 것이다.

본래의 자신을 체험하는 수행, 학문學問, 수기修己는 분별심分別心으로 인하여 야기되는 욕심을 버렸을 때 이루어진다. 분별심을 버림으로써 인간의 본성인 인성仁性이라는 자비, 사랑을 체험하게 된다.

인성仁性은 아는 주체인 본성과 그 대상인 지식을 일체화시켜준다. 사실 그것은 아는 나와 앎이 일체임을 느끼는 체험이다. 이처럼 분별심分別心을 버렸을 때 지식이 아닌 지혜를 체험하게2) 된다. 그러므로 자비, 사랑이 지혜로 가는 유일한 길이다. 『정역』에서는 이수의 추연推衍을 하는 목적과 태도를 다음과 같이 밝히고 있다.

---

2) 분별심을 버린다는 것은 그것에 집착하지 않음을 뜻한다. 그러므로 분별심을 버려서 지혜를 체험함은 분별심이 본성의 작용임을 체험하는 것이다.

"추연推衍을 함에 있어서 정륜正倫을 어기지 말라." "불초不肖가 어찌 감히 추연을 하겠습니까? 다만 부모님의 마음이 편안하기만을 바랄뿐입니다."3)

　위의 인용문은 『정역』의 저자인 김일부와 근원적 존재와의 문답의 형식을 띠고 있다. 여기서 주목할 점은 양자의 관계를 부모와 자녀의 관계로 표상하고 있는 점이다.

　사실 부모와 자녀의 관계는 일체적인 관계이다.4) 그것은 근원적 존재로서의 역수원리, 신도, 역도가 인간의 본래성으로서의 성명性命으로 주체화한 점에서 역도와 인간은 일체적인 관계이다. 그것을 나타내기 위하여 부모와 자녀의 관계로 나타내고 있다.

　그리고 김일부는 자신이 추연을 하는 것이 아니라 오로지 천지라는 근원적 존재의 뜻을 드러내어 그 뜻에 순응順應하여 살아가는 아름답고 진실한 삶을 드러내고자 하는 뜻의 표현일 뿐이라고 하였다. 그것은 십오十五 곧 하늘과 인간이 합일合一을 하였을 때 인간을 매개로 하여 자연스럽게 이루어지는 하늘의 뜻의 천명闡明, 그것이 추연임을 뜻한다.

　추연이나 추수는 단순하게 수를 운용하는 것이 아니라 근원적 존재가 자기를 표현하는 하나의 수단이자 매개이다. 그런 점에서 보면 그것은 존재적 행위이기 때문에 개체적 존재로서의 한 사람의 분별심分別心에 의하여 이루어지는 인위적인 행위가 아니라 무위적無爲的 행위이다.

　무위적 행위는 소극적으로는 무아無我의 상태에서 이루어지는 행위임을 나타내는 동시에 적극적 측면에서는 세계, 천지, 근원과 일체의 상태에서 이루어지는 자비慈悲, 사랑이라는 의미를 담고 있다.

　공자는 "인仁을 주체로 살아감이 곧 아름다움이다. (스스로) 가려서 인仁을 주체로 하지 않으면 어찌 지혜롭다고 하겠는가?"5)라고 하였다. 이는 오직 무한한 사랑을 통해서만이 지혜의 세계로 갈 수 있음을 나타낸다.

　추연은 존재론적 행위이면서 동시에 수양론적 행위이다. 그것은 추연이 곧 학문의 방법인 동시에 삶의 원리임을 뜻한다. 『정역』에서는 "정성스러운 뜻과 바른 마음으로 게으름이 없이 한결같으면 정녕코 우리의 화화옹이 반드시 친히 가르침을 베풀어줄 것이다."6)라

---

3) 金恒 『正易』 化无上帝重言, "推衍에 无或違正倫하라 倒喪天理父母危시니라. 不肖敢焉推理數리오마는 只願安泰父母心이로소이다."
4) 부모와 자녀라는 관계는 생물학적인 측면에서 형성된 상하관계가 아니라 부모의 자식을 향한 慈愛와 자식의 부모를 향한 孝道를 내용으로 하는 禮라는 덕에 의하여 형성된 일체적 관계이다. 자애와 효도라는 양면을 내용으로 하는 점에서 일체적일 뿐만 아니라 부모와 자녀의 본성이 일체라는 점에서 일체이다. 사실 그것은 인간 본래성이 부모와 자녀의 관계로 나타났음을 뜻한다. 바로 이러한 관계를 통하여 역도, 신도, 천도와 인간의 관계가 일체적 관계임을 상징적으로 나타내고 있다.
5) 『論語』 里仁, "子曰 里仁爲美니 擇不處仁이면 焉得知리오."

고 하였다. 이는 근원적 존재와 만나는 학문의 관점, 수행의 관점에서 추연을 규정한 것이다.

화화옹은 근원적 존재를 가리키는 말이다. 그러므로 친히 가르침을 베풀어준다는 것은 결국 내 안에 존재하는 참나이자 만물의 근원을 통하여 가르침을 받고 배우는 것이 학문임을 나타낸다. 나와 별개의 객관적 존재로서의 역도를 내가 깨닫는 것이 아니라 본래 내 안에 있는 나로서의 역도, 신도, 신神, 상제上帝를 느끼고 체험하는 것이다.

추연을 통하여 나를 발견하고, 확인하고, 그리고 체험하는 것은 본래의 나 자신으로 살아가는 연습으로 그것이 바로 삶이다. 따라서 추연은 학문의 방법, 수행의 방법이면서 동시에 삶의 방법, 삶의 원리임을 알 수 있다. 그러면 구체적으로 추연은 어떻게 하는가?

『정역』에서는 전체의 내용을 요약하여 그 대체를 밝히고 있는 부분을 구구음九九吟으로 규정하고 있을 뿐만 아니라 그 내용을 다음과 같이 밝히고 있다.

> 삼백육십은 기일朞日에 해당된다. 대일원大一元의 삼백수는 구구중九九中에 배열排列하고, 무무위无无位 육십수는 일육궁一六宮에 분장分張한다.[7]

위의 인용문은 『정역』이 추구하는 정역正曆인 360도수度數가 바로 1년의 기일朞日임을 밝히고 있다. 그리고 뒷부분의 내용을 보면 360의 기수를 분석하여 그 구성요소를 밝히고 있다. 만약 단순하게 360의 기수를 구성하는 요소가 무엇인지를 분석하기만 한다면 그것은 역법曆法에 관한 일일 뿐으로 역도의 추연은 아니다.

『정역』에서는 역수의 추연이 단순한 역법상의 문제가 아니라 그것을 통하여 역도易道가 개시開示됨을 밝히고 있다. 구구음의 끝부분에서 "아마도 바른 이치와 현묘하고 현묘한 진경眞經이 바로 이 궁宮 가운데 있다."[8]고 한 것을 보면 이 점을 알 수 있다.

그런데 360수를 분석하여 300수와 60수로 나누고 그것을 각각 대일원수와 무무위수로 규정하고 이어서 대일원삼백수를 구구九九 가운데 배열한다고 하였다. 이는 구구법九九法을 통하여 대일원수인 300수를 추연해야함을 밝힌 것이다.

또한 용육用六과 용팔用八을 언급하고 있을 뿐만 아니라 성통聖統을 논하고 있는 부분에서 63, 72, 81을 언급하고 있다. 이를 통하여 구구법을 활용하여 8×9는 72, 7×9는 63, 9×9는 81이 도출되었음을 쉽게 추측할 수 있다.

---

6) 金恒 『正易』 九九吟, "誠意正心하야 終始无怠하면 丁寧我化化翁이 必親施教시리니 是非是好吾好아."
7) 金恒 『正易』 九九吟, "三百六十當朞日을 大一元三百數는 九九中에 排列하고 无无位六十數는 一六宮에 分張하야"
8) 金恒 『正易』 九九吟, "我摩道正理玄玄眞經이 只在此宮中이니"

구구법은 동북아의 상고시대부터 널리 사용되어 왔을 뿐만 아니라 오늘날 세계에서 널리 사용되고 있는 산수의 기초적인 방법이다. 다만 구구법 가운데서 마지막의 최고의 단계인 9수를 중심으로 이루어지는 방법을 『정역』에서 사용하고 있을 뿐이다.

춘추시대 제齊나라의 관이오管夷吾에 의하여 저술된 것으로 여겨지는 『관자管子』에서도 구구법에 대하여 논하고 있는데 그 내용은 다음과 같다.

> 복희伏羲가 육효六爻를 그어서 음양陰陽의 원리를 드러내었으며, 구구九九의 수를 만들어서 천도天道에 합당하도록 천하天下를 교화敎化하였다.9)

위의 내용을 보면 『주역』에서 복희가 처음으로 팔괘를 만들었다고 한 것과 달리 육효六爻를 만들어서 음양을 모두 드러내었다고 하였을 뿐만 아니라 천도에 순응하여 구구의 수를 만들어서 천하를 교화하였다고 하였다.

이 때 구구의 수를 지었다는 것은 구구법이라는 원리를 밝힌 것이 아니라 구구의 수를 만들어서 계산을 하는 방법을 가르쳐서 백성들의 삶을 풍요롭게 했다는 의미로 이해할 수 있다. 그것은 『구장산술九章算術』의 서문을 살펴보면 더욱 분명하게 알 수 있다.

> 옛날 복희씨伏羲氏 때에 처음으로 팔괘八卦를 그어서 신명神明한 덕德에 통通하여 만물의 정위情僞를 구분하였으며, 구구九九의 술術을 만들어서 육효六爻의 변화를 드러내었다.10)

위의 인용문의 내용 역시 복희가 팔괘를 만들었을 뿐만 아니라 구구의 술術을 만들었음을 밝히고 있다.

여기서 앞의 인용문과 뒤의 인용문을 연결하여 이해하면 복희가 시작한 것은 구구의 술수術數이다. 이는 계산법으로서의 구구법을 사용하였음을 나타낸 것이다. 그것은 복희의 관심이 괘효를 통하여 인간의 도를 밝히는데 있지 천도 자체를 밝히는데 있지 않음을 뜻한다.

육효六爻로 구성된 중괘重卦는 음양원리를 표상한다. 십익에서는 "易은 상象이다."11)고 하였을 뿐만 아니라 "상象을 세워서 뜻을 다 드러내었고, 괘卦를 베풀어서 정위情僞를 다 드러내었다."12)고 하였다. 이는 만물의 정위를 나타내기 위하여 괘가 형성되었음을 밝힌

---

9) 『管子』 輕重戊 第八十四, "包義作造六峜 以仰陰陽 作九九之數 以合天道以天下化之"
10) 『九章算術』, 序文, "昔在包羲氏 始劃八卦 以通神明之德 以類萬物之情 作九九之術 以合六爻之變".
11) 『周易』 繫辭上篇 第三章, "是故로 易者는 象也니 象也者는 像也오."
12) 『周易』 繫辭上篇 第十二章, "聖人이 立象하야 以盡意하며 設卦하야 以盡情僞하며 繫辭焉하야 以盡其言하며 變而通之하야 以盡利하며 鼓之舞之하야 以盡神하니라."

것이다.

그리고 "육효六爻의 변화는 삼극三極의 도이다."[13]라고 하였을 뿐만 아니라 "육효는 삼재의 도를 표상한다."고 하였다. 『논어』에서는 "천天의 역수曆數가 네 몸에 있으니 진실로 그 중中을 잡으라."라고 하여 천도의 내용이 역수원리이며, 그것이 인간의 본래성으로 주체화하였음을 밝히고 있다.

『서경』에서는 "위대한 하늘을 공경하여 일월성신日月星辰을 역曆하고 상象하여 삼가 백성들에게 알려주라."[14]라고 하였다. 이는 일월성신을 통하여 천도의 내용을 역수로 표상하고, 상象으로 표상하여 백성들에게 천도에 순응할 수 있는 때를 알려줄 것을 요청한 것이다. 따라서 『주역』에서 나타내고 있는 인도 중심의 삼재의 도의 근거가 역수원리, 삼극의 도임을 알 수 있다.

구구법은 신도, 천도를 표상하는 방법으로 그것을 근거로 하여 물리적 시간을 나타내는 역曆을 저작하여 백성들에게 때를 알려준다. 그리고 괘효의 상象을 통하여 때에 맞는 삶이 무엇인지를 밝혀주게 된다.

앞에서 살펴본 내용을 종합하여 보면 천도를 표상하는 구구법이 동북아의 상고시대에 보편적으로 사용되고 있었으며, 그것을 인도를 표상하기 위하여 괘효라는 상으로 나타낸 『주역』이 형성되었음을 알 수 있다. 지금까지 살펴본 내용을 정리하여 도표화하여 나타내면 다음과 같다.

	구구법九九法	역수曆數	추연推衍	상징
형이상	역학易學,	이수理數	수양修養	있음
형이하	역법曆法	기수朞數	계산	없음

도표 5. 이수와 역수

그러면 구구법은 구체적으로 어떻게 운용되는가? 김일부는 제자에게 직접 구구법의 추연 방법을 전하였으며, 제자에서 다시 제자로 이어지고 있다. 이 때 구구법을 운용하는 매개가 손가락이기 때문에 그것을 수지상수手指象數라고도 한다. 『정역』에서 수지상수에 대하여 직접 언급하고 있는 부분은 없다.

손가락의 운용을 통하여 구구법을 운용하는 방법 역시 동북아 사회에서 전통적으로 사

---

13) 『周易』 繫辭上篇 第二章, "六爻之動은 三極之道也니."
14) 『書經』 堯典, "欽若昊天, 曆象日月星辰, 敬授人時."

용해왔던 방법이다. 『정역』에서 밝히고 있는 삼역팔괘도 뿐만 아니라 간지도수 그리고 도서상수를 모두 손가락을 통하여 추연을 할 수 있다.

『주역』의 십익에서는 천지의 수를 논하고 대연의 수를 논하면서 그것을 손가락과 연결하여 언급하고 있다.[15] 뿐만 아니라 택산함괘澤山咸卦의 효사爻辭와 뇌수해괘雷水解卦의 효사爻辭에서 "손가락을 곱는다."[16], "손가락을 편다."[17]고 하여 손가락을 통하여 역수원리를 표상하는 이수를 추연함을 밝히고 있다.

그리고 『논어』에서도 "어떤 사람이 체禘에 관한 내용을 묻자 공자가 말하기를 '알지 못한다. 그에 관한 말을 아는 사람은 천하를 대하는 것이 이것을 보여주는 것과 같을 것이다.' 그리고 손바닥을 가리켰다."[18]고 하였으며, 『중용』에서도 "교사郊社의 예禮는 상제上帝를 받드는 예이며, 종묘宗廟의 예는 선조를 제사를 드리는 예이다. 교사郊社의 예와 체상禘嘗의 의리에 밝으면 나라를 다스림은 손바닥을 보여주는 것과 같다."[19]고 하여 손을 통하여 하늘의 뜻을 파악하고 드러낼 수 있음을 밝히고 있다. 그렇다면 간지도수, 도서상수를 바탕으로 추연을 하는 학문의 방법만이 옳은 것인가?

그렇지 않다. 가장 중요한 점은 그것이 어떤 방법이나 형식, 체계를 막론하고 진리 자체, 도 자체, 역도, 역수원리 자체는 아니라는 점이다. 그것은 달을 가리키는 손가락과 같을 뿐으로 달 자체는 아니다. 그렇다고 하여 달이 상징하는 진리라는 어떤 실체가 있다고 주장하는 것은 아니다. 단지 손가락을 통하여 달을 가리키는 순간 그것을 통하여 진리로 드러나기 때문이다.

사람의 삶 자체가 본성의 드러남일 뿐만 아니라 학문의 주체 역시 육신이나 마음이 아닌 본성 자체라는 점에서 보면 삶과 학문이 둘일 수 없다. 그리고 많은 사람의 수만큼 다양한 삶이 있고, 그만큼 학문의 구체적인 방법 역시 다양하다고 할 수 있다.

역도, 역수원리라는 고정된 존재가 있지 않을 뿐만 아니라 단지 그것을 표상하는 인간에 의하여 그것이 표상됨으로서 비로소 존재하게 되기 때문에 세상의 모든 존재가 그대로 진리의 드러남이라는 점에서 보면 그 어떤 하나의 방법이 유일한 진리의 표상방법은 아니다.

그러나 어떤 방법이 한 사람에게는 다른 방법에 비하여 효과적일 수 있다. 사람에 따라서 삶이 다르기 때문에 그 사람의 타고난 소질과 관심에 따라서 효과적인 학문의 방법이

---

15) 『周易』의 繫辭上篇 第九章 가운데서 大衍之數章을 보면 그 점을 분명하게 할 수 있다.
16) 『周易』 澤山咸卦 初六 爻辭, "初六은 咸其拇라."
17) 『周易』 雷水解卦 九四 爻辭, "九四는 解而拇라 朋至斯孚니라."
18) 『論語』 八佾, "或問禘之說 子曰 不知也, 知其說者之於天下也, 其如示諸斯乎 指其掌."
19) 『中庸』 第十九章, "郊使之禮 所以事上帝也 宗廟之禮 所以祀乎其先也 明乎郊使之禮 禘嘗之義 治國 其如示諸掌乎."

다르지 않을 수 없다.

결국 삶이 그렇듯이 학문의 방법이나 수행, 수기, 수양 역시 스스로 선택하여 수용하는 문제일 뿐이다. 어떤 방법을 선택하여 학문을 할 것인가는 자신의 선택에 따른 문제일 뿐으로 정답이 있는 것은 아니다. 그것이 이른바 대도무문大道無門이라는 의미라고 할 수 있다. 삶 자체가 그대로 학문함이니 삶을 떠나서 무엇을 따로 더하겠는가?

그렇다면 다양한 진리의 표상체계가 있을 수 있음에도 불구하고 굳이 간지도수나 도서상수를 통하여 추수, 추연을 함으로써 수행, 수양을 하는 까닭은 무엇인가?

그것은 인간의 존재구조를 통하여 이해할 수 있다. 인간은 본성이라는 형이상적 존재가 그 본질이다. 그러므로 인간은 시공을 초월한 존재인 점에서 생사生死가 없을 뿐만 아니라 그렇기 때문에 천지와 만물과 일체여서 구분할 수 없다.

그럼에도 불구하고 인간은 오랜 세월 지상地上에 살면서 몸 그리고 다른 물체와의 만남에 의하여 몸에 나타나는 그림자와 같은 마음을 자신으로 여김으로써 실재하지 않은 생사의 환영 속에서 살아가고 있다.

삶은 본성이라는 참나, 본래적 자기를 체험을 통하여 확인하는 과정이라고 할 수 있다. 학문 역시 삶의 과정에서 이루어지는 본질적 자신으로의 회귀回歸를 목표로 하는 점에서 삶 그 자체가 그대로 수행이자 학문함이다.

그런데 참나, 본래적 자신의 삶을 드러내는 반고盤古의 화化는 형이상적 존재가 형이하적 세계에서 자신을 드러내는 변화인 점에서 일상의 사람들이 몸과 마음을 자신으로 여기고 살아가는 삶과는 다르다. 그렇기 때문에 역도, 변화의 도를 말하더라도 자신의 그러한 역적逆的인 사고를 벗어나지 못하여 순적順的인 사고를 진행할 수가 없다.

바로 이러한 습에 젖은 상태를 벗어나기 위해서는 시공의 의식에 의하여 구성된 언어와 문자를 매개로 하여 이루어지는 수양과 달리 추수와 추연이 시간의식이나 공간의식의 구속으로부터 벗어날 수 있는 이로움이 있기 때문이다.

문자를 사용하여 어떤 개념을 나타내면 그 개념이 비록 형이상의 본성을 나타낼지라도 그 개념 자체에 얽매여서 그것을 벗어나기가 어렵게 되는 한계가 있다. 왜냐하면 문자의 기능은 이것을 저것과 구분하여 나타내는데 있기 때문이다.

분별에 가치의식이 더하여짐으로써 이것이나 저것을 소유하고자 하는 욕심을 갖게 되고, 그것이 집착을 낳으면서 결국 원하는 것을 얻지 못하거나 얻더라도 원하는 양만큼, 시간만큼 소유할 수 없기 때문에 갈등을 갖게 된다.

물론 그것은 글자, 문자, 개념 자체의 문제가 아니라 자신의 의식의 문제일 뿐이다. 다만 문자와 달리 고도의 추상적인 형식인 수 자체에는 특별한 의미가 담겨 있지 않고 오로지

수와 수의 관계를 통하여 그 의미가 드러나는 추수, 추연이 효과적인 수양의 방법이 될 수 있다.

그러나 추수, 추연도 역시 궁극적으로는 본인이 스스로 의식을 벗어나고자 하는 뜻이 있어야하며, 그것이 자신만을 위한 개체적 의식에서 비롯된 것이 아니라 모든 존재가 일체라는 자비, 사랑의 마음에서 시작된 것이라야 비로소 『정역』에서 제시하고 있는 추연, 추수의 수행방법이 효과를 얻을 수 있다.

추연, 추수를 통한 하나의 수에서 다른 수로의 변화는 선善과 악惡의 관계와 같은 이분법적인 관계가 없다. 선과 악을 인정하는 이분법적인 사고를 통해서는 공존共存하고, 공생共生하고, 공유共有할 수 없다. 왜냐하면 선이 존재하기 위해서는 악이 사라져야하고, 악이 존재하면 선은 존재할 수 없기 때문이다.

그러나 추수, 추연을 통한 변화는 변變하는 수도 고정되지 않고, 화化하는 수도 고정되지 않은 점에서 양자가 없어서 일체일 뿐만 아니라 일체라는 것도 없다. 예를 들면 일一이 변하여 이二로 화化하고, 이二가 변하여 삼三으로 화하는 경우를 살펴보자.

일一과 이二 그리고 삼三은 영원불변의 실체가 아니다. 단지 이二로 화하기 이전의 일一이고, 삼三으로 화하기 이전의 일一일 뿐이다. 일一과 이二 그리고 삼三의 관계를 보면 언제나 그 근저에 일一이 전제가 되어 있다. 그것은 일一과 이二 그리고 삼三으로 나타나는 변화하는 현상의 이면에 그 근거로서의 근원적인 존재가 있음을 뜻한다. 그것은 당연히 일一, 이二, 삼三, 사四로 변화함에 상관이 없이 언제나 하나이다.

이 때 근원으로서의 일一 또한 실체라고 할 수 없다. 만약 이二와 삼三 그리고 사四가 없다면 드러나지 않기 때문에 오로지 일一, 이二, 삼三, 사四라는 현상과 관련하여 그 실체를 알 수 있을 뿐인 점에서 현상과 둘이라고 할 수 없기 때문이다.

만약 언어나 문자를 통하여 이러한 근원적 존재의 중도적中道的 성격을 나타내기 위해서는 반드시 양자가 모두 옳을 수 없는 모순矛盾 관계를 통하여 주체와 객체, 주관과 객관을 나누는 분별심分別心으로부터 벗어나도록 해야 한다.

분별심을 일으켜서 언어와 문자로 표현하려고 할 때 몽둥이(棒)로 때리거나 소리를 지르고(喝), 차(茶)를 권하는 것이 모두 이분법적인 사고의 세계를 벗어나서 그것 자체를 느끼도록 하려는 사랑의 표현이다.

일상의 언어나 문자를 통하여 어떤 주장을 일관성이 있게 나타내는 방법은 곧 논리성이며, 그 근본원리는 어떤 것이 그것이 아닌 것과 같을 수 없다는 원칙이다. 그것은 남자가 여자일 수 없고, 여자가 남자일 수 없으며, 옳은 것이 그른 것일 수 없고, 그른 것이 옳은 것일 수 없다는 원칙이다. 이는 선과 악의 경우와 같이 공존할 수 없는 모순 관계를 취하지 않아야 비로소 어떤 주장이 될 수 있음을 나타내는 것이다.

그러나 근원적 세계는 그렇지 않음은 이미 앞에서 말한 바와 같다. 그러므로 근원적 존재의 변화가 형이상과 형이하의 어느 일면에 치우치지 않은 점에서 중도中道라고 할 때 이러한 중도적인 성격을 그대로 드러낼 수 있는 효과적인 수단이 언어나 문자와 다른 이른바 간지도수, 도서상수, 천지의 수와 같은 이수理數임을 알 수 있다.

2. 변화와 무위수, 삼극의 도

앞에서 반고화의 내용은 도역생성으로 그것이 변화임을 살펴보았다. 그리고 이러한 변화를 가장 효과적으로 표상할 수 있는 형식과 체계가 바로 도수의 형식을 가진 이수理數임도 살펴보았다.

그러면 반고화 곧 근원적 존재의 자화自化, 변화의 내용인 도역생성이 이수理數에 의하여 어떻게 표상되는지 살펴보자.

도역생성은 일一에서 십十까지의 열 가지 수를 통하여 표상된다. 『주역』에서는 그것을 삼재의 관점에서 천지의 수로 규정하고 있다. 『정역』에서도 그것을 수용하여 "천지의 수는 일월의 운행도수를 나타낸다."[20]고 하여 그것이 일월의 생성을 표상하고 있음을 밝히고 있다.

천지의 수는 일一에서 십十까지의 수를 기수奇數와 우수偶數로 나누고 기수를 천수天數로 그리고 우수를 지수地數로 구분하여 나타낸 것이다. 그러나 천부경에서는 일一을 중심으로 그 근원인 십十을 밝히고 그것을 바탕으로 십十의 내용을 일一에서 구九까지의 수를 통하여 밝히고 있다.

십十은 시종의 세계의 본질, 근원으로서의 종시의 세계 곧 시간성 자체를 나타낸다. 그것을 십十이라는 수가 갖는 특성을 통하여 살펴보면 십十은 무无와 유有의 두 측면을 갖고 있다. 십은 일과 무가 결합되어 형성된 수이다. 일一은 유적有的 세계의 근본, 본질인 태극太極을 표상한다. 일一은 그리고 일一이 표상하는 유적有的 세계의 근본, 본질이 무無, 공空이다. 이를 통하여 일一이 표상하는 태극의 본성이 바로 무無, 공空임을 나타내는 수가 십十임

---

20) 金恒 『正易』 正易詩, "天地之數는 數日月이니"

을 알 수 있다.

십+의 특성은 아라비아 숫자 10을 통하여 분명하게 드러난다. 1은 모든 현상세계의 근원이 일체임을 나타내는 동시에 0은 그 근원이 무, 공임을 나타낸다. 1은 유적 세계의 본질을 나타내며, 0은 유적 세계의 본질의 본성을 나타낸다.21)

일一에서 구九까지의 수의 관계를 살펴보면 십+이 갖고 있는 두 측면이 모두 나타나고 있음을 확인할 수 있다.

첫째로 겉으로 드러나는 수의 위상位相을 중심으로 살펴보면 일一의 다음에는 이二가 오고, 이二의 다음에는 삼三이 와서 일一에서 구九까지의 수는 서로 다른 위상位相을 나타낸다. 일一, 이二, 삼三, 사四와 같이 수의 순서를 통하여 표상되는 각각 다른 위상位相은 십+이 갖는 유적有的인 측면이 나타난 것이다. 이처럼 수를 통하여 시종의 시위時位로 나타나는 점에서 보면 시간이 존재한다고 할 수 있다.

둘째는 겉으로 드러난 위상位相과 달리 일一과 이二, 이二와 삼三, 삼三과 사四의 두 수의 사이는 언제나 일一이다. 그것은 일一에서 구九까지의 어느 수를 막론하고 그 본질이 일一임을 뜻한다. 이는 십+이 갖는 무적無的인 측면이 나타난 것이다.

일一, 이二, 삼三, 사四를 통하여 일一과 다른 이二가 있고, 이二와 다른 삼三이 존재하는 것처럼 그것이 표상하는 시위時位가 있는 점에서 시간이 존재하는 것 같지만 사실은 일一과 이二의 사이에는 일一이 있고, 이二와 삼三의 사이에도 일一이 있어서 실재하는 것은 오직 일一뿐이라는 점에서 보면 시위를 통하여 표상되는 시간은 없다.

십+이 갖는 무적無的인 측면은 곧 고정됨이 없이 변화함을 뜻한다. 자신을 고수하지 않고 자신의 상태를 벗어나서 스스로 타자他者로 화化하는 특성이 십+이 갖는 무적인 특성이다. 이러한 특성에 의하여 십+이 표상하는 시간성이 자신의 상태에서 벗어나서 시간으로 타자화他者化하게 된다.

시간성을 중심으로 셋을 살펴보면 십+이 표상하는 세계의 본질, 근원은 시간성이다. 시간성이 현상에서 나타난 시간의 근원으로서의 시의성時義性을 나타내는 수가 일一이다. 그리고 십+이 현상의 세계에서 분화하는 작용 또는 그 기준, 분기점, 현재성을 나타내는 수가 오五이다.

시공성을 중심으로 셋을 살펴보면 십+은 시간성으로서의 무극을 나타내며, 일一은 공간성으로서의 태극을 나타내고, 오五는 시간성과 공간성이 합덕된 현존성現存性으로서의 황극

---

21) 천부경은 一에서 +까지의 수를 중심으로 세계관과 인간관을 표상하고 있는 점에서 『주역』의 천지의 수, 『정역』의 이수理數와 비교하여 연구할 필요가 있다. 이에 대하여는 천부경의 수리철학에 담겨 있는 내용을 시간성을 중심으로 고찰한 이현중의 「천부경의 세계관과 인간관」을 참고하기 바란다.

을 나타낸다.

체용상의 관점에서 셋을 살펴보면 십+은 시간성 자체로 본체이고, 그것이 나타난 공간성이 태극이며, 시간성의 공간성으로서의 분화, 변화하는 작용을 나타내는 것이 황극이다.

그러나 『정역』에서 밝히고 있는 일一에서 십+까지의 수를 통한 추연은 『주역』과도 다를 뿐만 아니라 천부경과도 다르다. 그것은 『주역』이나 천부경의 관점과 『정역』의 관점이 서로 다름을 뜻한다.

천지의 수를 통하여 도역생성을 표상하면 도생역성은 무극을 표상하는 십수+數로부터 시작하여 일태극을 표상하는 일수一數에서 완성된다. 반면에 역생도성은 태극을 표상하는 일수에서 시작하여 무극을 표상하는 십수에서 완성된다. 그러므로 이 양면의 수를 모두 더하면 이십수二十數가 된다.

도역생성은 반고라는 근원적 존재의 작용이다. 그것은 공간적 관점에서 천지인의 삼재가 모두 작용하는 원리라고 할 수 있다. 『주역』에서는 삼재가 모두 양면작용을 함을 밝히고 이어서 그 내용을 밝히면서 천도를 음양을 통하여 음양원리로, 그리고 지도를 강유剛柔원리로, 인도를 인의仁義원리로 밝히고 있다.

본래 도역생성이 일체일 뿐만 아니라 삼재, 삼극 역시 일체이다. 그러므로 근원의 세계를 나타내면 삼재가 모두 도역의 양면작용을 하기 때문에 그것을 육십六十의 수로 나타낼 수 있다. 천과 지 그리고 인이 모두 도역의 작용을 하므로 각각의 도역작용을 모두 더하여 나타내면 육십수가 되는 것이다.

『정역』에서는 육십수를 무무위无无位 육십수六十數 또는 무무위수无无位數로 규정하고 바른 이치와 현묘하고 현묘한 참된 경지가 그 안에 들어있다고 하였다. 그리고 그로부터 하도와 낙서의 수를 추연함으로써 도서원리가 무무위 육십수가 표상하는 원리를 근거로 형성되었음을 밝히고 있다. 이로부터 도역의 생성을 표상하는 도수가 무위수无位數임을 알 수 있다.

무위는 공간적 위상이 없는 형이상적 존재라는 의미이며, 수는 만물의 존재 근거가 되는 가장 근원적 존재를 표상하는 이수라는 의미이다.[22] 따라서 무위수는 형이상의 근원적 존재를 표상하는 이수로 무위수를 통하여 표상된 무위수원리가 근원적 존재의 존재원리라고 할 수 있다.

---

22) 『正易』에서는 물리적 시간이 日月之德과 天地之分에 의하여 生成되었음을 논하고 이어서 分이 空을 근거로 이루어지며, 空은 无位的 존재임을 밝히고 있다. 또한 易道가 儒佛仙의 근원임을 나타내는 詩를 无位詩로 규정하여 易道를 无位的 存在로 규정하고 있다. 이는 无位數가 時間性의 문제를 중심으로 근원적 존재를 표상하는 理數임을 뜻한다.

무위수가 표상하는 도역생성을 다시 체용의 관점에서 나타내면 다음과 같다. 형이상적 관점에서 본체를 표상하는 천지는 천天을 표상하는 십+과 지地를 표상하는 오五가 합덕合德된 십오+五에 의하여 표상된다.

그리고 도역의 생성작용은 다섯 마디의 양면 작용을 내용으로 하는 오행원리이기 때문에 오행원리를 표상하는 오五를 통하여 역도의 작용원리를 표상한다. 따라서 본체원리와 작용원리를 함께 나타내면 십오와 오가 합덕된 이십二+이 된다.

무위수 가운데는 본체성을 표상하는 십+과 작용성을 표상하는 오五 그리고 도덕성을 표상하는 오五가 합덕되어 있다. 그렇기 때문에 근원적 존재의 존재 원리를 밝히기 위해서는 본체성과 작용성 그리고 도덕성을 중심으로 이치로 해부하여 나열함으로써 그 의미를 밝히는 이해와 설명을 통하여 구조 원리와 작용원리를 밝히지 않을 수 없다.

근원적 존재의 존재 원리인 무위수원리를 본체성을 중심으로 나타내면 무극无極이 되고, 작용성을 중심으로 나타내면 태극太極이 되며, 인격성을 중심으로 나타내면 황극皇極이 된다. 무극은 근원적 존재가 시공을 초월한 영원한 존재임을 나타내며, 태극은 근원적 존재가 현상적 존재의 근원임을 나타내고, 황극은 근원적 존재의 본성을 인격성을 통하여 나타낸 것이다.

『정역』에서는 무극과 태극 그리고 황극의 삼극을 인격성을 중심으로 천황天皇과 지황地皇 그리고 인황人皇으로 규정하고 있다. 천황은 무위无爲라고 하여 근원적 존재의 본체성을 중심으로 그것이 형이상적 존재임을 나타내고, 지황地皇은 덕을 싣는다고 하여 근원적 존재의 작용성을 중심으로 그것이 현상적 존재의 근거임을 밝히고, 인황人皇이 흥작興作한다고 하여 본체성과 작용성의 본성이 도덕성임을 밝히고 있다.[23]

황극이라는 개념이 나타나는 곳은 『서경』의 홍범洪範편이다. 홍범편에서는 천하를 다스리는 인사人事의 내용을 여덟 가지 범주에 의하여 나타내고 있다. 오행五行, 오사五事, 팔정八政, 오기五紀를 언급하고 이어서 황극을 언급한 후에 삼덕三德, 계의稽疑, 서징庶徵, 오복五福, 육극六極을 논하고 있다. 이 때 아홉의 범주를 각각 수와 관련하여 논하고 있다. 그러므로 중간의 오수五數에 황극이 해당되어 수와 범주를 함께 논하면 오황극이 된다.

오황극은 나머지 여덟 범주로 언급된 인사人事를 총괄하는 존재로 체용體用의 구조를 통하여 나타내면 음양의 사상四象작용을 하는 본체를 나타내는 개념이라고 할 수 있다. 『서경』의 홍범에서 논하고 있는 황극에 관한 내용은 다음과 같다.

---

23) 金恒 『正易』 十五一言 第一張, "嗚呼라 盤古化하시니 天皇无爲시고 地皇載德하시고 人皇作이로다. 擧便无極이시니 +이니라. +便是太極이니 一이니라. 一이 无十이면 无體요 十이 无一이면 無用이니 合하면 土라 居中이 五니 皇極이니라."

오황극은 임금이 유극有極을 세움으로 오복五福을 거두어서 백성들에게 펴주면 백성들이 너의 극極에 보극保極함을 줄 것이다.24)

위의 내용에서 극極은 기준, 법칙으로 곧 중中과 같은 의미이다. 그러므로 유극은 무無와 대응하는 유有의 중심, 근원, 근본을 뜻한다고 할 수 있다. 따라서 유극有極은 태극太極과 같은 의미라고 할 수 있다. 그리고 임금이 유극有極을 세움은 곧 태극을 세움이다. 그것은 오황극의 의미가 태극을 세움과 같은 의미로 해석되고 있음을 뜻한다.

태극은 『주역』에서 언급되고 있는 개념이다. 계사상편 제십일장에서는 "변화에는 태극이 있다. 그것이 양의兩儀를 낳고, 양의가 사상四象을 낳으며, 사상이 팔괘를 낳고, 팔괘가 길흉吉凶을 정하고, 길흉이 대업大業을 낳는다."25)고 하여 변화의 현상의 근원이 태극임을 밝히고 있다.

위의 내용을 중심으로 살펴보면 태극은 변화하는 현상 곧 유有의 세계의 지극한 존재라는 의미로 그것은 현상의 관점에서 그 근원을 나타내는 개념이라고 할 수 있다. 그런 점에서 보면 태극은 유극有極이라고 할 수 있다.

무극은 태극과 대응하여 형성된 개념이라고 할 수 있다. 태극이 유극有極이라면 유有에 대응하는 무无의 관점에서 그 근원을 나타내는 개념이 무극이다. 무극은 『노자』에서 처음 나타나는 개념26)으로 이것이 유학의 이론체계로 수용된 것은 주렴계周濂溪의 「태극도설太極圖說」로부터이다.

훗날 육상산陸象山은 무극은 도가道家의 개념일 뿐으로 태극 위에 무극을 더할 필요가 없음27)을 주장하였고, 주희는 태극의 성격을 분명하게 드러내기 위해서는 무극이라는 개념이 필요함28)을 주장하였다.

그런데 『주역』의 계사상편에서는 "육효의 움직임은 삼극의 도이다."29)라고 하여 중괘를 구성하는 음양의 효가 변화함을 통하여 표상하는 내용이 삼극의 도임을 분명하게 밝히고 있다. 이처럼 중괘의 내용이 삼극의 도이며, 변화하는 현상의 근원이 태극임을 십익에서 밝히고 있음에도 불구하고 삼극의 도의 내용이 무엇인지는 밝혀지지 않았다.

---

24) 『書經』,洪範, "五皇極, 皇建其有極, 斂時五福, 用敷錫厥庶民, 惟時厥庶民, 于汝極, 錫汝保極."
25) 『周易』繫辭上篇 第十一章, "是故로 易有太極하니 是生兩儀하고 兩儀生四象하고 四象生八卦하니 八卦定吉凶하고 吉凶生大業하나니라."
26) 『道德經』第二十八章, "復歸於無極,"
27) 『陸象山先生全集』卷2, 與朱元晦 2書, "直將無字塔在上面 正是老氏之學 其可諱也 惟其所蔽在此,故其流爲任術數, 爲無忌憚. 此理乃宇宙之所固有, 豈可言無? 若以爲無, 則君不君 臣不臣 父不父 子不子矣."
28) 『朱子語類』卷第九十四, "'無極而太極', 只是無形而有理. 周子恐人於太極之外更尋太極, 故以無極言之. 旣謂之無極, 則不可以有底道理强搜尋也."
29) 『周易』繫辭上篇 第二章, "六爻之動은 三極之道也니"

『정역』에서는『주역』이 표상하고 있는 삼재의 도와 다른 관점에서 삼극의 도가 역도의 내용임을 밝히고 있다. 그리고 십익에서 역도, 변화의 표상형식으로 제시하고 있는 천지의 수에 의하여 구성된 하도와 낙서의 내용이 바로 삼극의 도임을 밝히고 있다. 그러면『정역』에서는 삼극을 어떻게 이해하고 있는가?

『정역』에서는 근원적 존재인 반고盤古의 작용에 의하여 천황과 지황 그리고 인황이 각각 흥작하게 되었음을 밝히고 있다. 그리고 이어서 성통을 논하면서 유소, 수인, 복희로부터 시작되어 신농, 황제, 요, 순, 우, 탕, 문왕, 무왕, 주공, 공자로 이어지는 성통이 일부에 의하여 하나가 되었음을 밝힌 후에 삼극을 논함으로써 성통을 따라서 전하여진 도의 내용이 삼극의 도임을 밝히고 있다.

삼극은 무위수를 통하여 표상된 근원적 존재를 시간의 관점에서 나타낸 개념이기 때문에 공간상의 삼재와 상응하는 개념이라고 할 수 있다. 형이상적 존재의 특성상 삼극 역시 일체적이면서도 구분되어지는 관계이다.

『정역』에서는 삼극을 무극과 태극 그리고 황극으로 제시하고 삼자의 관계가 일체적임을 다음과 같이 밝히고 있다.

> 무극이면서 태극이다...... 황극이면서 무극이다.[30]

위의 내용을 보면 무극과 태극이 일체이며, 황극과 무극이 일체여서 결국은 무극과 태극 그리고 황극이 일체적 존재임을 알 수 있다.

그러나 이미 삼극으로 구분하여 나타낸 이상 삼자의 관계가 어떤지를 살펴보지 않을 수 없다. 삼극을 천지의 수를 중심으로 나타내면 근원적 존재의 본체성은 십十으로 표상되며, 작용성은 일一로 표상되고, 근원적 존재의 본성인 도덕성은 오五로 표상된다.『정역』에서는 무극과 태극 그리고 황극의 관계를 수로 중심으로 다음과 같이 밝히고 있다.

> 곱았던 손가락을 펴니 곧 무극无極을 표상하는 십十이다. 십十은 곧 태극太極이니 일一이다. 일 一이 십十이 없으면 본체가 없으며, 십十이 일一이 없으면 작용이 없다. 십일十一을 합合하여 나타 내면 토土이니 그 가운데 존재하는 것이 오五로 황극皇極이다.[31]

위의 내용을 통하여 십무극은 근원적 존재의 본체성을 표상하며, 일태극은 근원적 존재

---

30) 金恒『正易』雷風正位用政數, "无極而太極이니 十一이니라...皇極而无極이니 五十이니라."
31) 金恒『正易』十五一言 第一張, "便无極이시니 十이니라. 十便是太極이니 一이니라. 一이 无十이면 无體요 十이 无一이면 無用이니 合하면 土라 居中이 五니 皇極이니라."

의 작용성을 표상하며, 십무극과 일태극이 합덕된 존재가 오황극임을 알 수 있다. 그리고 십무극과 일태극을 표상하는 개념이 오행五行의 토土임을 알 수 있다. 이로부터 오행 원리는 근원적 존재의 존재 원리임을 알 수 있다.

삼극의 도의 내용이 무극과 일태극이 합덕된 존재라는 것은 십무극과 일태극이 작용함으로써 형성된 존재가 오황극임을 뜻한다. 삼극원리를 작용원리를 중심으로 나타내면 도역생성원리이다.

십무극의 도생역성 작용에 의하여 일태극에 이르며, 일태극의 역생도성 작용에 의하여 십무극에 이른다. 『정역』에서는 삼극의 도를 표상하는 하도와 낙서를 중심으로 다음과 같이 밝히고 있다.

> 하도河圖(龍圖)는 미제未濟의 상象으로 도생역성倒生逆成하니 선천先天 태극太極이며, 낙서洛書(龜書)는 기제既濟의 수로 역생도성逆生倒成하니 후천后天 무극无極이다. 오五는 중위中位에 존재하니 황극皇極이다.32)

위의 인용문에서 미제는 십무극의 세계를 나타내는 개념이다. 군자의 관점에서 보면 장차 도달해야할 세계라는 점에서 후천인 동시에 미제이다. 미제이기 때문에 상징적으로 드러낼 수밖에 없는 점에서 상象이라고 하였다. 상象을 통하여 근원적 세계를 표상하는 도상이 하도로 하도가 표상하는 작용원리는 도생역성 작용이다.

기제는 일태극의 세계를 나타내는 개념이다. 군자의 관점에서 보면 이미 건너온 세계라는 점에서 기제인 동시에 선천이다. 기제이기 때문에 헤아려서 나타낼 수 있기 때문에 수라고 하였다. 수를 통하여 근본의 세계를 나타내는 도상이 낙서로 낙서가 표상하는 작용원리는 역생도성 작용이다.

하도의 도생역성 작용에 의하여 선천 태극이 밝혀지며, 낙서의 역생도성 작용에 의하여 후천 무극이 밝혀진다. 그런데 앞에서 십무극과 일태극이 합덕된 존재가 오황극이라고 하였다. 그렇다면 십무극과 일태극의 도역생성 작용에 의하여 양자가 합덕함으로써 오황극이 형성됨을 알 수 있다. 이렇게 보면 삼극의 도가 오황극원리로 집약됨을 알 수 있다.

『정역』에서는 도서圖書를 구성하는 천지의 수를 모두 중中으로 규정하고 "중中은 십十과 십十, 일一과 일一의 공空이다."33)고 하여 십十에서 일一로의 도생역성倒生逆成과 일一에서 십

---

32) 金恒『正易』十五一言 第一張, "圖書之理는 后天先天이오 天地之道는 既濟未濟니라. 龍圖는 未濟之象而倒生逆成하니 先天太極이니라. 龜書는 既濟之數而逆生倒成하니 后天无極이니라. 五居中位하니 皇極이니라."

33) 金恒, 『正易』第二十五張「十一歸體詩」, "十은 十九之中이니라. 九는 十七之中이니라. 八은 十五之中이니라. 七은 十三之中이니라. 六은 十一之中이니라. 五는 一九之中이니라. 四는 一七之中이니라. 三은 一五之

十으로의 역생도성逆生倒成이 중도中道이며, 공空임을 밝히고 있다. 그리고 "공空은 무위无位이다."[34]라고 하여 공空원리가 무위수가 표상하는 근원적 세계를 나타내는 개념임을 밝히고 있다.

무위수가 표상하는 작용원리가 십무극과 일태극을 중심으로 이루어지는 "십십일일十十一一의 공空"의 작용으로 그것을 『정역』에서는 십일귀체十一歸體 원리로 밝히고 있다. "십십일일十十一一의 공空"을 무위수를 중심으로 나타내면 십十에서 시작하여 일一에서 마치는 도생역성倒生逆成과 일一에서 시작하여 십十에서 마치는 역생도성逆生倒成이 그 내용이다. 따라서 작용의 측면에서는 도역생성을 표상하는 수가 무위수라고 할 수 있다.

일一에서 시작하여 십十에서 마치는 수의 변화를 통하여 일태극一太極에 의하여 이루어지는 역생도성逆生倒成 작용원리가 표상되며, 십十에서 시작하여 일一에서 마치는 수의 변화를 통하여 십무극十无極에 의하여 이루어지는 도생역성 작용원리가 표상되는 것이다. 이러한 도역 작용의 모든 마디를 나타내는 수가 무위수无位數 이십二十이다.

무위수 이십을 작용원리를 중심으로 나타내면 도생역성을 표상하는 십과 역생도성을 표상하는 십의 합덕에 의하여 이십이 형성된다. 그렇기 때문에 무위수를 무극无極의 무극수无極數라고도 한다. 『정역正易』에서는 무극지무극无極之无極 원리가 공자가 자각한 역도의 근본 원리임을 다음과 같이 밝히고 있다.

> 오호嗚呼라, 지극하다, 무극无極의 무극无極이여! 공부자孔夫子께서 말씀하지 않으셨으니 말씀은 하지 않고 믿은 것은 그것이 부자夫子의 도道이기 때문이다. 만년晩年까지 (무극의 무극원리를) 즐겨서 열편의 십익十翼을 씀으로써 하나로 관통하여 (『주역周易』을 완성하였으니) 진실로 인류의 영원한 스승이시다.[35]

위의 내용을 보면 공자 사상의 근원을 무극의 무극원리로 제시하고 있음을 알 수 있다. 공자가 인류의 영원한 스승인 까닭이 무극의 무극원리를 자각하고 그것을 바탕으로 자신의 사상을 정립하였기 때문이며, 김일부가 건책성통乾策聖統에 참여하여 천도인 역수원리를 천명闡明한 성인임이 밝혀지는 것도 그가 『정역』의 저작을 통하여 무극의 무극원리를 천명하였기 때문이다.

다만 공자에게는 무극의 무극원리를 직접 드러내어 밝혀야 할 천명이 주어지지 않았기

中이니라. 二는 一三之中이니라. 一은 一一之中이니라. 中은 十十一一之空이니라. 堯舜之厥中之中이니라. 孔子之時中之中이니라. 一夫所謂包五含六十退一進之位니라."

34) 金恒, 『正易』第六張 「金火五頌」, "空은 无位시니라."

35) 金恒, 『正易』十五一言 第二張, "嗚呼라 至矣哉라 无極之无極이여 夫子之不言이시니 不言而信은 夫子之道시니라. 晚而喜之하사 十而翼之하시고 一而貫之하시니 儘我萬世師이시다."

때문에 『주역』을 비롯한 여러 경전에 기록된 말씀 가운데 은밀하게 감추어 놓았던 것이다. 그것을 "말씀을 하지 않았으나 믿었다"고 하였다.

무위수가 무극의 무극수라는 것은 도역생성작용원리가 무위수원리의 내용임을 뜻하는 동시에 도역의 생성 작용의 근원이 무극으로 그것이 무위수원리의 가장 근원적 내용임을 나타내는 것이다.

무극은 삼극 가운데서 가장 근원적인 존재로 무극이 체가 되어 태극의 작용이 이루어지는 동시에 무극의 본성인 인격성을 나타내는 황극이 형성된다. 이 무극을 도역작용을 중심으로 나타낸 것이 무극의 무극이다. 그러므로 작용원리를 중심으로 무위수원리를 나타내면 무극의 양면작용원리가 그 내용이라고 할 수 있다.

무극의 무극수가 공자가 근거한 근원적 원리를 나타내기 위하여 밝힌 수임을 논한 후에 이어서 무극의 무극수가 표상하는 내용을 밝히고 있다. 공자가 유가의 경전에서 감추어 놓았던 무극의 무극원리가 바로 '십이익지十而翼之'와 '일이관지一而貫之'임을 밝힌 것이다.

'십이익지'는 공자가 『주역』에 대한 철학적 해설서라고 할 수 있는 열편의 글 곧 십익十翼을 써서 역도의 내용을 천명한 것을 말하며, '일이관지'는 『논어』를 통하여 공자가 자신의 道에 대하여 밝힌 내용이다. 그러므로 십익과 『논어』의 내용이 역도이며, 그것이 무극의 무극원리임을 나타낸 것이다.

'십이익지'와 '일이관지'는 무극의 무극원리의 내용인 도역생성을 나타내는 것으로 '십이익지'는 십무극十无極에서 시작하여 일태극一太極에서 완성되는 도생역성을 나타내고, '일이관지'는 일태극一太極에서 시작하여 십무극十无極에서 완성되는 역생도성을 나타낸다. 따라서 무극의 무극을 수에 의하여 나타내면 도역의 생성을 그 체와 더불어 표상한 이십二十이 된다. 무극의 무극이 바로 무위수无位數이며, 그 내용은 도역의 생성이다.

3. 삼극의 도와 일원수, 무무위수

앞에서 근원적 존재의 존재 원리가 무위수에 의하여 표상된 무위수 원리이며, 무위수 원리를 이해하고 설명한 것이 삼극의 도임을 살펴보았다.

무위수 원리를 이해와 설명을 통하여 삼극의 도로 표상하는 방법은 추연이다. 추연推衍

은 천지의 수라는 이수理數의 관계를 통하여 그 의미를 밝히는 것을 뜻한다. 본래 근원적
존재의 존재 원리가 시간성의 원리이기 때문에 시간성의 원리를 표상하는 형식이 이수理數
일 수밖에 없다. 그렇기 때문에 이수理數의 관계를 통하여 시간성의 원리를 표상할 수밖에
없으며, 이수의 관계를 통하여 근원적 존재의 존재 원리를 표상하는 것을 추연이라고 한
다.

삼극의 도역생성은 무위수를 중심으로 나타내면 본체성을 표상하는 십수十數와 작용성
을 표상하는 오수五數가 합덕된 십오를 중심으로 추연된다. 왜냐하면 무위수 이십 가운데
서 오행원리를 표상하는 오수를 본체로 하였을 때 십오 천지의 작용원리가 밝혀지기 때문
이다.

오행원리를 표상하는 오수는 또한 인간 본래성을 상징하는 오황극을 상징하기도 한다.
그것은 인간의 본래성을 통하여 오행작용이 이루어짐을 뜻하는 동시에 오행원리가 인격적
존재의 존재원리이기 때문에 오행원리가 인간의 본래성의 지평에서 밝혀지게 됨을 뜻한
다. 오수를 본체로 하였을 때 천지의 작용원리가 밝혀지는 것이다.

역수의 추연은 시간성이 현현한 시간의 단위인 연월일시를 기본 단위로 이루어진다. 그
렇기 때문에 『서경』에서는 역수의 내용을 연월일시로 규정하고 있다.[36] 『정역』에서도 천
지원리를 간지도수를 중심으로 기위己位와 무위戊位로 규정하고, 그 내용을 각각 연월일시
를 중심으로 규정하고 있다.[37] 기위와 무위는 각각 삼재적 관점에서는 천天과 지地라는 공
간적 개념으로 표상된다.

연월일시는 공간성을 중심으로 나타낸 천지일월의 사상四象을 시간성을 중심으로 나타
낸 것이다. 연월일시를 중심으로 도역생성 작용을 나타내면 기朞로부터 월月이 추연되는
것은 도생역성의 관점이며, 시時를 십이十二번 쌓아서 일日이 추연되는 것은 역생도성의 관
점이다.[38] 따라서 도역의 생성작용은 일월의 합덕을 통하여 합덕된다. 『정역』에서는 천지
의 합덕에 의하여 일월이 생성되며, 일월의 합덕에 의하여 천지가 합덕됨을 밝히고 있
다.[39]

그런데 월月은 일日을 통하여 추연되고, 일日은 시時를 통하여 추연되기 때문에 일日과

36) 『書經』 洪範篇, "五紀, 一曰歲, 二曰月, 三曰日, 四曰星辰, 五曰曆數"
37) 金恒, 『正易』 第十一張, "无極體位도수라 己巳戊辰己亥戊戌이니라. 度는 逆하고 道는 順하니라. 而數는
六十一이니라. 皇極體位도수라. 戊戌己亥戊辰己巳니라. 度는 順하고 道는 逆하니라. 而數는 三十二니라."
38) 金恒, 『正易』 第六張 「金火五頌」, "嗚呼라 日月之德이여 天地之分이니 分을 積十五하면 刻이오 刻을 積八
하면 時요, 時를 積十二하면 日이오 日을 積三十하면 月이오 月을 積十二하면 朞니라. 朞는 生月하고 月은
生日하고 日은 生時하고 時는 生刻하고 刻은 生分하고 分은 生空하니 空은 无位시니라."
39) 金恒, 『正易』 第八張, "水土之成道가 天地요 天地之合德이 日月이니라."

시時가 기수朞數를 추연하는 기준이 된다. 일日을 중심으로 월月을 추연하는 것은 정령政令작용을 중심으로 도역생성 원리를 추연하는 것이며, 시時를 중심으로 일日을 추연하는 것은 율여律呂작용을 중심으로 도역생성 원리를 추연하는 것이다.

정령작용은 겉으로 드러나는 역수를 구성하는 작용이며, 율여작용은 내면에서 정령작용이 이루어지도록 그 마디를 지어주는 작용이다. 현상의 관점에서 보면 정령작용은 역생도성이며, 율여작용은 도생역성이 된다.

『주역』에서는 대연지수大衍之數 오십五十을 중심으로 사상작용원리四象作用原理를 밝히고 있다.40) 정령작용을 중심으로 사상수에 의한 도역생성원리를 밝히고 있는 것이 대연지수장이다. 이를 통하여 사상 작용원리는 일수日數를 중심으로 추연함을 알 수 있다.

『정역』에서는 일세一歲를 주천周天하는 율여도수가 일수日數로는 구도九度이며, 시수時數로는 백팔도百八度임을 밝히고 있다.41) 십오도十五度 가운데서 일세一歲를 주천하는 율여도수가 구도九度이기 때문에 정령도수는 육도六度가 될 수밖에 없다. 그렇기 때문에 구도九度와 육도六度를 시수時數로 환산한 백팔도百八度와 칠십이도七十二度를 중심으로 율여작용과 정령작용이 이루어진다.

십오도를 중심으로 그것을 시수時數로 환산하면 일백팔십도百八十度가 된다. 일백팔십도는 작용도수인 팔십도와 본체 도수인 백수가 합덕된 것이다. 『정역』에서는 일원一元을 추연하는 방법을 육십삼六十三, 칠십이七十二, 팔십일八十一로 규정하고42) 그것을 합한 이백일십육二百一十六을 일원을 추연하는 수43)로 규정하고 있다.

이는 일원수의 추연이 구구법九九法을 통하여 이루어지며, 일원수가 백수百數임을 나타낸 것이다. 그렇기 때문에 『정역』에서는 천지의 이치는 삼원三元44)이라고 밝힌 후에 그 내용을 하도와 낙서를 통하여 밝히고 있다. 그리고 삼백수를 대일원수大一元數로 규정하고 있다.

무위수를 작용원리를 중심으로 나타내면 역생도성 원리와 역생도성 원리이다. 그런데 합덕은 상승에 의하여 이루어지며, 상승 합덕에 의하여 작용이 이루어진다. 그렇기 때문에 합덕 작용원리를 밝히기 위해서는 십무극의 도생역성과 오황극의 역생도성을 나타내는 수

---

40) 『周易』 繫辭上篇 第九章, "大衍之數_ 五十이니 其用은 四十有九_라 分而爲二하야 以象兩하고 掛一하야 以象三하고 揲之以四하야 以象四時하고 歸奇於扐하야 以象閏하나니 五歲애 再閏이라 故로 再扐而後애 掛하나니라."

41) 金恒, 『正易』 第七張 「一歲周天律呂度數」, "分은 一萬二千九百六十이니라. 刻은 八百六十四니라. 時는 一百八이니라. 日은 一九니라."

42) 金恒, 『正易』 十五一言 第一張, "嗚呼라 今日今日이여 六十三 七十二 八十一은 一乎一夫니라. 擧便无極이시니 十이니라."

43) 金恒, 『正易』 十五一言 第四張, "一元推衍數는 二百一十六이니라."

44) 金恒, 『正易』 十五一言 第一張, "天地之理는 三元이니라."

인 십에 십을 상승합덕相乘合德시킴으로써 추연된 일원수 백을 중심으로 하게 된다. 이 백수가 천지의 삼원적 구조를 구성하는 근원이기 때문에 일원수라고 한다.

일원수가 본체원리 역시 표상하고 있지만 작용원리가 위주이기 때문에 작용원리의 내용인 오행원리를 중심으로 추연이 가능하다. 무위수 이십에 오행원리를 표상하는 오수를 상승함으로써 일원수 백이 추연되는 것이다. 본래 도역의 생성작용은 오행작용으로 오행은 오황극(五)을 본체로 이루어지는 작용(行)이라는 의미이다. 그렇기 때문에 무위수를 오행원리를 중심으로 밝힌 것이 일원수라고 할 수 있다.

오행은 오황극을 중심으로 이루어지기 때문에 오황극을 중심으로 도역의 생성작용을 표상하는 이십수와 상승합덕함으로써 역시 일원수 백이 추연된다. 이처럼 오황극, 오행원리를 표상하는 오수와 도역작용원리를 표상하는 이십수를 상승합덕하여 일원수가 추연됨을 통하여 무극과 무극의 상승합덕이 오황극을 매개로 이루어지는 도역생성작용원리임을 알 수 있다.

양자의 합덕작용은 본체의 합덕을 전제로 이루어지는 것이다. 그렇기 때문에 일원수원리 가운데는 십오 천지의 합덕원리 역시 표상되어 있다. 일원수 원리를 십오 본체도수를 중심으로 추연하면 오와 십을 상승한 수인 오십에 오십을 더함으로써 일원수 백이 형성되는 것이다. 그것은 오수와 십수의 상승 합덕을 통하여 음과 양이 합덕됨으로써 음양의 작용이 각각 오십이 되었음을 뜻하는 것이다. 따라서 무위수를 통하여 표상되어지는 십오 천지의 오행작용원리의 구체적인 내용을 음양으로 나누어서 나타낸 것이 일원수 백이다.

일원수 백을 중심으로 그 정수精髓인 일수一數가 작용수인 팔십八十에 더하여짐으로써 팔십일로부터 정령작용이 시작되며, 동시에 본체수는 구십구九十九로부터 작용을 시작하게 된다. 팔십일은 성수成數의 용구작용의 내용이며, 백팔은 생수의 용일用一 작용의 내용이다. 팔십일과 구십구가 각각 음양으로 작용함으로써 정령도수는 칠십이가 되고, 율여도수는 일백팔이 되면서 용팔작용이 이루어진다.

일원수원리를 오십오수와 사십오수로 나누어서 표상하고 있는 도상이 하도와 낙서이다. 일원수 가운데는 본체도수인 십오와 오가 포함되어 있으며, 나머지 팔십은 작용원리를 표상하는 도수이다. 그렇기 때문에 일원수 백을 음양으로 구분하여 십오를 본체로 하고 사십을 작용수로 하는 오십오五十五와 오를 본체로 하고 사십을 작용수로 하는 사십오四十五가 형성된다.

오십오는 하도의 도상을 표상하는 수의 전체이며, 사십오는 낙서의 도상을 표상하는 수의 전체이다. 음양이 합덕된 일원수 백을 바탕으로 그것을 음양으로 구분하여 십오 천지의 합덕체에 의하여 이루어지는 양적陽的 작용의 결과로 나타나는 오십오수와 음적陰的 작용의 결과로 나타나는 사십오수를 그대로 도표화하여 형성된 것이 하도와 낙서인 것이다. 따라서 일원수원리는 하도와 낙서를 통하여 표상되는 도서원리이다.

『정역』에서는 일원수원리의 성격과 그것을 체용적 구조를 통하여 표상한 도서 그리고 표상의 주체인 성인을 중심으로 다음과 같이 논하고 있다.

> 천지의 이치는 삼원으로 이 삼원이 합덕된 중원中元을 근거로 성인이 탄강한다. 그리고 성인
> 을 통하여 천지의 본성이자 성인의 존재 근거를 표상하는 신물神物을 드러내 보였는데 그것이
> 바로 하도와 낙서이다.[45]

이를 보면 천지 원리의 내용인 삼원三元을 구성하는 수가 일원수임을 알 수 있다. 이 일원이 근거가 되어 삼극이 되고 삼재가 된다. 그러므로 삼원 가운데서 천지의 일원이 합덕된 중원으로서의 일원에서 성인이 탄강하고 그리고 성인에 의하여 도서가 표상되어진다.

하도는 십오 천지의 합덕체를 그대로 상징하기 때문에 그 중심에 놓여있는 본체수가 십오이다. 반면에 낙서는 천지의 합덕에 의하여 이루어지는 작용원리를 표상하기 때문에 그 본체수는 오행작용원리를 나타내는 오수이다. 작용의 측면에서는 하도는 합덕작용을 상징하기 때문에 사상수의 기수와 우수, 생수와 성수가 합덕되어 있으나, 낙서는 합덕작용에 의하여 이루어지는 분생分生 작용을 상징하기 때문에 사상수의 기수와 우수, 생수와 성수가 나누어져 있다.

도서가 표상하는 분합分合원리가 도역생성작용원리이다. 『정역』에서는 하도와 낙서가 표상하는 도역의 생성작용원리를 중심으로 도서원리와 괘효원리, 도서원리와 천지의 도의 관계에 대하여 다음과 같이 논하고 있다.

> 도서의 이치는 후천이면서 선천이고, 천지의 도는 기제이면서 미제이다. 용도龍圖는 미제의
> 상으로 도생역성하여 선천의 태극이 되고, 귀서는 기제의 수로 역생도성하니 후천의 무극이
> 된다. 오는 그 중위에 거쳐하는데 그것이 바로 황극이다. 변화는 역逆으로 극極에 이르면 돌아오
> 게 된다. [46]

위의 내용을 보면 도서원리를 후천이면서 선천으로 규정하고, 천지의 도를 기제이면서 미제로 규정하고 있다. 이는 도서원리와 천지의 도의 관계를 통하여 도서원리의 성격을

45) 金恒, 『正易』, 「十五一言」 第二張, "天地之理는 三元이니 元降聖人하시고 示之神物하시니 乃圖乃書로다."
46) 金恒, 『正易』 「十五一言」 第二張, "圖書之理는 后天先天이요 天地之道는 旣濟未濟이니 龍圖는 未濟之象而
倒生逆成하니 先天太極이요 龜書는 旣濟之數而逆生倒成하니 后天无極이니라. 五居中位하니 皇極이니라.
易은 逆也이니 極則反하나니라."

드러내기 위해서이다. 도서원리와 천지의 도는 체용의 관계로 현상적 존재의 존재 근거가 되는 근원적 존재의 존재 법칙과 현상적 존재의 존재 법칙의 관계와 같다. 따라서 도서원리에 근거하여 천지의 도가 형성된다.

　도서원리와 천지의 도가 체용의 관계이기 때문에 양자를 작용원리를 중심으로 나타내면 천지의 도는 기제에서 미제의 방향으로 이루어지는 역방향의 법칙이나 도서원리는 후천에서 선천의 방향으로 이루어지는 순방향의 법칙이다.

　기제는 이연己然의 변화원리를 나타내며, 미제는 미연未然의 변화원리를 나타낸다. 이연의 변화는 과거적 관점에서 변화를 나타낸 것이며, 미연의 변화는 미래적 관점에서 변화를 나타낸 것이다.

　기제既濟, 미제未濟와 선천, 후천의 관계를 보면 후천을 바탕으로 이루어진 선천으로서의 변화가 기제이며, 선천을 바탕으로 이루어지는 후천으로의 변화가 미제이다.

　기제, 미제의 관계는 도서원리와 천지의 도의 관계에도 그대로 적용된다. 도서원리는 형이상학가 합덕된 후천에서 선천으로 작용하는 분생원리이며, 천지의 도는 이미 이루어진 분생을 바탕으로 기제에서 미제로 작용하는 합덕원리이다. 도서원리는 미제의 세계에서 기제의 세계로 이루어지는 변화원리이며, 천지의 도는 선천에서 후천으로의 변화원리인 것이다.

　하도龍圖는 아직 현상화하지 않은 미래의 이상 세계를 상징적으로 나타난 것이다. 미래성의 세계, 종말성의 세계를 상징적으로 드러낸 도상이 하도인 것이다. 미래성의 본성은 태극 지향성으로 그러한 본성에 의하여 도생역성이 이루어지고, 그 결과 선천의 태극이 밝혀지게 된다.

　반면에 낙서龜書는 이미 드러난 현상 세계의 본성을 헤아려서 나타낸 것이다. 낙서는 과거성의 세계, 태초성의 세계를 중심으로 시간성의 원리를 수에 의하여 나타낸 도상이다. 과거성의 본성은 무극 지향성으로 그러한 본성에 의하여 역생도성이 이루어지고 그 결과 후천 무극이 밝혀지게 된다.

　앞에서 무위수 원리를 표상하는 무위수 가운데서 본체성과 작용성을 표상하는 십오를 중심으로 추연하면 작용원리가 밝혀지며, 그것이 일원수 원리임을 살펴보았다.

　그런데 무위수 원리 가운데서 본체성과 작용성을 표상하는 십오를 본체로 하고 도덕적 본성을 표상하는 오수를 중심으로 추연하면 삼재가 합덕·성도된 세계가 밝혀진다. 이미 논한 것과 같이 오수를 시수로 환산하면 육십수가 된다. 육십수는 무위수원리를 천지인의 삼재를 중심으로 나타낸 것이다. 그렇기 때문에 『정역』에서는 육십수를 무무위수로 규정하고 있다.47)

무무위 육십수가 근본이 되어 간지도수가 형성된다. 그렇기 때문에 간지도수에 의하여 표상된 간지도수원리를 무무위수원리라고 한다. 무무위 육십수 가운데는 천도를 표상하는 육십수와 지도를 표상하는 삼십수 그리고 일극日極을 표상하는 삼십육과 월극月極을 표상하는 이십사가 합덕되어 있다. 『정역』에서는 간지도수를 통하여 무극과 황극 그리고 일극과 월극의 체위體位도수를 밝히고 있다. 그 내용을 보면 무극체위도수는 육십일도, 황극체위도수는 삼십이도, 일극체위도수는 삼십육도, 월극체위도수는 삼십도로 규정하고 있다.[48]

그런데 역도의 근본 원리를 체용적 구조에 의하여 표상한 무위수 원리를 바탕으로 역도를 오행작용원리를 중심으로 표상한 것이 일원수 백수로 그것이 삼재를 일관하는 근본원리를 표상하기 때문에 일원수라고 규정하였음은 앞에서 살펴본 바이다. 이 일원수를 삼재의 합덕·성도를 중심으로 나타내면 무무위수[49] 원리가 된다. 다시 말하면 근원적 존재를 음양으로 나누어서 이해하고 설명한 하도와 낙서의 일원수를 삼재가 합덕 성도된 근원적 존재의 세계를 중심으로 나타내면 무무위 육십수가 밝혀지는 것이다.

그것은 일원수를 삼재를 중심으로 추연한 대일원 삼백수를 중심으로 그 본체수를 추연하였을 때 밝혀지는 것이 무무위 육십수원리임을 뜻한다. 그렇기 때문에 무무위수는 무위수를 삼재를 표상하는 삼수와 상승相乘시킴으로써 추연된 육십수이다. 무무위수도 일원수와 마찬가지로 천지의 합덕체를 표상하는 수이다.

그러나 일원수가 천지의 합덕체를 체용적 구조에 의하여 나타내는 것과 달리 육십수는 천지의 합덕체 자체를 그대로 드러내는 수이다. 그렇기 때문에 무무위수는 천지가 합덕됨으로써 드러나는 천지의 인격성을 표상한다.

천지의 본성인 인격성을 『주역』과 『정역』에서는 신명한 덕, 신명으로 규정하고 있다.[50] 그렇기 때문에 천지가 합덕된 근원적 존재를 표상하는 무무위수가 표상하는 무무위수원리는 신명원리이다. 무무위수원리의 내용인 신명원리를 표상하는 형식은 천간天干과 지지地支가 합덕된 육십六十의 간지도수이다. 그러므로 무무위수원리는 간지도수에 의하여 표상된 간지도수원리이며, 그 내용은 신명원리이다.

무무위 육십수원리는 삼재의 합덕·성도원리이기 때문에 역도의 전모를 나타낸다. 그렇

47) 金恒, 『正易』第十八張 「九九吟」, "无无位六十數는 一六宮에 分張하여"
48) 金恒, 『正易』第十一張, "无極體位도수라. 而數는 六十一이니라. 皇極體位도수라. 而數는 三十二니라. 月極體位도수라. 而數는 三十이니라. 日極體位도수라. 而數는 三十六이니라."
49) 金恒, 『正易』十五一言 第十七張 「九九吟」, "无无位六十數는 一六宮에 分張하야"
50) 『周易』의 說卦 第一章에서는 "昔者聖人之作易也에 幽贊於神明而生著하고"라고 하였으며, 繫辭下篇 第二章에서는 "於是애 始作八卦하야 以通神明之德하며 以類萬物之情하니"라고 하였고, 『正易』의 第一張에서는 "大哉라 體影之道여 理氣囿焉하고 神明이 萃焉이니라."라고 하였다.

기 때문에 무무위 육십수 원리인 간지도수원리를 바탕으로 무위수와 일원수가 추연된다. 무무위 육십수를 삼재를 상징하는 삼수를 기준으로 분석하면 무위수 이십이 추연된다. 그것은 삼재를 일관하는 근본원리를 밝혀냄을 뜻한다.

무위수는 근원적 존재인 천지를 표상하는 십오와 그 작용원리를 표상하는 오가 합덕된 수이다. 그러므로 무무위수 가운데서 십오를 제하면 사십오수가 추연되고, 오를 제하면 오십오수가 추연된다.[51] 이는 오십오수가 십오 천지의 구조와 오행작용원리를 표상하는 사십수로 구성되며, 사십오수가 오황극을 상징하는 오수를 중심으로 오행작용원리를 표상하는 사십수로 구성됨을 뜻한다.

오십오수는 하도의 본체수와 사상작용수를 더한 수이며, 사십오수는 낙서의 본체수와 사상 작용수를 더한 수이다. 이 오십오수와 사십오수가 합덕되어 일원수 백수가 된다. 따라서 논리적 측면에서는 무위수원리를 바탕으로 일원수와 무무위 육십수가 추연되고, 하도와 낙서의 수 역시 추연되지만 본래는 무무위 육십수를 근거로 형성된 것이다. 무무위 육십수를 전제로 할 때 비로소 무위수나 일원수, 도서수가 형성되는 것이다.

간지도수원리는 선후천합덕원리이다. 그것을 『주역』에서는 천간을 중심으로 선갑삼일 후갑삼일 원리와 선경삼일 후경삼일 원리로 구분하여 나타내고 있다. 선갑삼일 후갑삼일은 산풍고괘의 괘사에서 언급[52]되고 있으며, 이에 대하여 단사彖辭에서는 "선갑삼일 후갑삼일은 마친 즉 시작함이 있는 천도의 운행이다."[53]고 하여 그것이 천도의 내용인 종시원리를 표상함을 밝히고 있다. 그리고 중풍손괘의 효사에서는 "처음은 없고 끝은 있으니 선경삼일이요 후경삼일이니 길吉하니라"[54]라고 하였다.

선갑삼일 후갑삼일을 천간을 중심으로 나타내면 신辛, 임壬, 계癸, 갑甲, 을乙, 병丙, 정丁의 칠도七度가 되며, 선경삼일 후경삼일은 정丁, 무戊, 기己, 경庚, 신辛, 임壬, 계癸의 칠도七度가 된다. 그런데 양자의 관계를 보면 신임계를 중심으로 후경삼일과 선갑삼일이 종시 변화하며, 후갑삼일의 정과 선경삼일의 정이 역시 종시 관계를 이룬다. 따라서 선후갑경 삼일 원리는 칠일이면 다시 처음으로 돌아오는 칠일래복七日來復원리라고 할 수 있다.

선후갑경 삼일도수를 중심으로 육십 간지도수를 살펴보면 선갑삼일 후갑삼일은 신유辛酉, 임술壬戌, 계해癸亥, 갑자甲子, 을축乙丑, 병인丙寅, 정묘丁卯의 일곱도수이며, 선경삼일 후

51) 金恒, 『正易』 十五一言 第十七張 「九九吟」, "三百六十當朞日을, 大一元三百數는 九九中에 排列하고, 无无位六十數는 一六宮에 分張하여, 單五를 歸空하면 五十五點昭昭하고, 十五를 歸空하면 四十五點斑斑하다."
52) 『周易』 山風蠱卦 卦辭, "蠱는 元亨하니 利涉大川이니 先甲三日하며 後甲三日이니라."
53) 『周易』 山風蠱卦 彖辭, "先甲三日後三日은 終則有始 天行也라."
54) 『周易』 重風巽卦 九五 爻辭, "九五는 貞이라 吉하고 悔亡하니 无不利니 无初有終이라. 先庚三日하며, 後庚三日이니 吉하니라."

경삼일은 정유丁酉, 무술戊戌, 기해己亥, 경자庚子, 신축辛丑, 임인壬人, 계묘癸卯의 일곱도수이다.

갑자에서 기해까지는 삼십육도이며, 경자로부터 계해까지는 이십사도이다. 이는 육십 간지도수를 태음과 태양을 중심으로 나타낸 것으로 갑자에서 기해까지의 삼십육도는 태양을 나타내며, 경자에서 계해까지의 이십사도는 태음을 나타낸다. 따라서 선후갑경 삼일 도수는 태음과 태양의 합덕원리를 통하여 선후천 합덕원리를 표상한 것이다.

삼십육과 이십사는 삼십도를 기준으로 육도六度가 가감되어 형성된 도수이며, 삼십도는 육십도의 절반이다. 이는 천지일월의 도수가 모두 육십 간지도수에 포함된 것을 나타낸다. 그것은 기朞를 중심으로 살펴보면 월일시가 모두 기朞에 포함되어지는 것과 같다. 그렇기 때문에 무극과 황극의 체위 도수는 무진戊辰·기사己巳와 무술戊戌·기해己亥를 중심으로, 도수로는 무극을 육십일도이며, 황극을 삼십이도 그리고 태양을 삼십육도, 태음을 삼십도로 나타내고 있다. 이는 음양의 윤역이 서로 나누어져서 작용하는 선천이 아니라 음양이 합덕된 후천의 세계임을 뜻한다.

앞에서 살펴본 무위수원리의 내용을 일원수 백수와 무무위 육십수의 관계를 중심으로 도표화하여 나타내면 다음과 같다.

무위수 无位數 이십 二十	십오 +五 + 오五	십오 +五	백팔십百八十(八十一+九十九) = (일원수一元數+ 사역四曆변화도수) 일원一元추연수 중심. 사상四象작용위주: 도서圖書상수 체십용구體十用九의 구구법九九法: 추연推衍
		오五	육십六十: 사상분체四象分體도수중심. 사상구조위주: 간지도수. 체오용육體五用六의 육위법六位法: 입상立象
	십+ + 십+		무극지무극수无極之无極數: 일원백수一元百數위주 도역倒逆생성.

도표 6. 무위无位 이십수의 내용

지금까지 반고와 반고화, 삼황, 삼극 등의 개념과 그것을 표상하는 이수를 중심으로 그것이 어떻게 삶의 원리가 되고, 수행이 되는지 그리고 그것들의 내용과 관계를 살펴보았다.

그런데 지금까지 사용해 온 여러 개념들이나 여러 이수理數들, 『정역』이나 『주역』을 비롯한 여러 전적들, 그리고 이 글마저도 모두 달을 가리키는 손가락과 같은 것이라는 점을 잊지 않는 것이 중요하다.

그것은 손가락이 가리키는 달이라는 어떤 것이 존재함을 뜻하지 않는다. 단지 달과 손가락이라는 관계를 통하여 상징적으로 나타내었을 뿐이다. 그러므로 『정역』이나 『주역』 또는 『금강경』이나 『원각경』 그리고 기독교의 성경聖經이라는 그 어떤 손가락도 역시 달을 담고 있지 않는 점에서 달을 가리키는 손가락이라고 할 수 없다.

진리라는 그 어떤 고정된 실체, 객관적 존재가 없기 때문에 진리를 반고盤古, 상제上帝, 삼재三才의 도, 삼극三極의 도라고 하기도 하고, 역도易道, 변화의 도라고 하기도 한다. 절대시간과 절대공간으로 구성된 객관적인 세계가 있으며, 그 세계가 일정한 질서, 법칙에 의하여 운행하고, 그러한 법칙들의 근거가 되는 원리로서의 도, 신도神道가 있어서 그것을 『정역』이나 『주역』과 같은 유가儒家의 전적들이나 불경佛經, 도장道藏, 기독교의 경전과 같은 전적들을 통하여 표상하지 않는다.

진리는 여러 시대의 다양한 사람들에 의하여 다양한 시간, 다양한 장소에서 다양한 손가락에 의하여 다양한 모양의 달로 끊임없이 창조되는 점에서 영원할 뿐만 아니라 어디서나 진리이다. 그렇다면 지금 필자가 이 글을 저작하고 독자들이 이 글을 읽은 행위는 어떤 의미를 갖는가?

필자는 글을 저작하는 과정을 통하여 용심用心을 하게 되고, 독자들은 이 글을 읽으면서 용심을 하게 된다. 바로 이러한 용심의 주체 곧 육신을 통하여 글을 쓰거나 읽고, 그리고 사고하고, 판단하고, 인식하고, 의지작용을 하는 주체가 바로 근원이며, 존재근거이고, 그것이 참나이자 모든 존재의 근원인 본성이다.

육신을 통하여 글을 쓰거나 글을 읽고 그리고 생각하고, 판단하고, 인식하는 행위 더 나아가서 그것을 바탕으로 어떤 행위를 하는 것이 바로 그대로 지금─여기의 나를 통하여 이루어지는 근원적 존재인 신神, 신명神明의 나툼 곧 신의 작용이다. 그러므로 사고, 인식, 판단, 행위에 함몰되지 않을 때 곧 참나인 신神 곧 자신自神으로 살아가는 것이다. 삶은 바로 자신自身이 자신自神임을 끊임없이 경험하고, 확인하고, 체험하는 과정의 연속이다.

앞에서 추연의 과정을 통하여 여러 이수들을 도출하고, 이수와 이수의 관계를 살펴보는 과정을 통하여 용심用心의 과정을 거쳤다. 이러한 용심의 과정을 통하여 사고하고, 인식하고, 의지작용을 하는 당처當處를 느끼고, 그 자리가 영원함과 그 안이 텅 비었으면서 가득 찬 충만을 느끼며, 충만으로 인하여 넘치는 열정이 또 다른 나로서의 모든 존재들에 대한 무한한 사랑으로 확산이 될 때 그것은 곧 추연을 통하여 자신을 체험하고, 자신과 모든 존재가 일체임을 체험하며, 모든 존재로 하여금 자신으로 살아가도록 하는 긍정 에너지, 자비慈悲의 에너지, 창조의 에너지를 발산하는 실천을 하고 있는 것이다.

이수와 간지도수

우리는 앞에서 『정역』에서 본래의 세계인 하나님, 하나임의 세계를 반고라는 개념으로 규정하고, 반고의 변화를 중심으로 삼황, 삼극의 세계가 전개되며, 그것이 도역의 생성이고, 그 결과를 일월의 생성으로 밝히고 있음을 살펴보았다.

반고 또는 반고의 변화를 통하여 나타내기 이전의 세계 자체는 반고도 아니고, 반고화도 아니다. 그것은 인간이 반고라는 개념을 사용하여 세계를 표현하였을 뿐임을 뜻한다. 그러므로 어떤 개념이나 어떤 형식, 체계를 통하여 세계를 드러내더라도 그것이 그대로 세계 자체는 아니다.

세계의 본질, 인간의 본성을 나타내는 개념들이나 이론체계 자체는 옳거나 그름이 없다. 왜냐하면 세계를 드러내는 인간의 행위 자체가 세계 안에서 이루어질 뿐만 아니라 세계의 본질과 인간의 본질이 둘이 아니어서 세계와 인간의 구분뿐만 아니라 사람과 사람이라는 구분도 없기 때문이다.

인간을 떠난 객관적인 세계가 없기 때문에 인간에 의하여 여러 개념이나 일정한 형식 또는 이론체계들을 통하여 드러나는 세계 역시 고정되지 않는다. 어떤 주장이나 이론체계를 막론하고 단지 매 순간 다양한 사람들에 의하여 다양하게 드러나는 하나의 현상일 뿐이다.

어느 특정한 순간의 특정한 상황에서 제기되어진 개념이나 주장, 이론체계는 오로지 그 상황에서 의미를 갖는 점에서 어느 순간 어디에서 어떤 저작을 하거나 이론체계를 구성하여 세계를 나타내었을지라도 그것을 고수固守할 필요가 없다.

만약 필요하다면 다른 상황에서 다른 개념과 다른 내용을 통하여 세계를 드러내면 된다. 그것이 시의성時義性에 따라서 행위를 하는 시중時中이며, 중도中道에 적중的中하는 정도正道

를 실천하는 중용中庸이다.

모든 존재가 항상 변화하여 고정됨이 없기 때문에 무아無我이며, 나와 남이 없기 때문에 어떤 생각도 함이 없는 무념無念이고, 무념이기 때문에 그 어떤 주장이나 이론을 제기하여도 인위적인 함이 없는 무위無爲이면서 그 결과는 무상無相이다.

그런데 무아라는 것은 나와 남을 구분하는 관점에서의 개체적인 내가 없음을 뜻하는 것이지 행위를 하는 내가 없지 않는 점에서 참나, 대아大我로서의 행위는 있다. 마찬가지로 생각함이 없을 뿐으로 생각하지 않는 것은 아니다. 그렇기 때문에 무아이면서 대아이고, 무념無念이면서 유념有念이며, 유위有爲이면서 무위無爲이다.

무위이지만 유위이고, 무아이면서 대아라는 것은 인간의 어떤 행위나 생각이 모두 본성의 작용임을 뜻한다. 그것은 또한 인간의 모든 행위가 온 우주와 함께 이루어지는 것임을 뜻한다. 그렇기 때문에 어떤 개념이나 이론체계를 통하여 세계를 나타내거나를 막론하고 세계 자체는 지금-여기의 나와 떨어질 수 없다.

고조선의 사상을 상징적으로 나타내고 있는 단군신화檀君神話에서는 환인桓因과 환웅桓雄 그리고 단군檀君을 통하여 그 점을 밝히고 있다. 환인은 빛의 근원이라는 의미와 더불어 하나님, 하나임의 의미이다.[1] 하나는 있음 그 자체, 존재함 그 자체를 나타내는 말이며, 님은 위대함, 지극함의 뜻으로 하나님은 세계는 있음 그 자체로 위대하고, 진실하며, 가치가 있는 아름다움 그 자체임을 나타낸다.

세계의 본성, 근원은 그대로 나타낼 수 없기 때문에 현상적 관점에서 분석하여 나타낼수밖에 없다. 하나님의 세계를 시간의 관점에서 그 본성으로서의 시간성으로 표현하여 원역原曆, 원천原天, 역曆이라는 개념으로 나타낸 까닭이 여기에 있다.

원천, 원역을 나타내는 개념이 반고이다. 반고가 변하여 현상적 관점에서 셋의 상태 곧 무극과 태극 그리고 황극 또는 천황과 지황 그리고 인황으로 화하는 것을 나타낸 것이 간지도수이다.

간지도수는 세계를 시간성의 관점에서 그것을 분석하여 시간을 중심으로 나타낸 것이다. 시간의 관점에서 보면 세계는 언제나 변화한다. 그 어떤 것도 고정되지 않고 변하여 다른 것으로 화하고, 그것이 다시 변하여 또 다른 것으로 화한다. 이처럼 변화하여 고정되게 존재하지 않음을 나타내는 개념이 신神이다.

『주역』에서는 음陰과 양陽으로 헤아릴 수 없는 것을 신神[2]이라고 하였다. 이는 시간의 관점에서는 음에서 양으로 변하고, 양에서 음으로 변하여 고정됨이 없음을 나타내는 동시

---

1) 『揆園史話』 肇判記, "桓者卽光明也象其體也因者本源也萬物之藉以生者也"
2) 『周易』 繫辭上篇 第五章, "陰陽不測之謂神"

에 공간적 관점에서는 음과 양이 합하여 하나가 되어 음과 양으로 구분하여 나타낼 수 없음을 뜻한다. 따라서 간지도수가 표상하는 역수원리의 세계는 신의 세계를 나타내고 있는 점에서 신도神道, 신명神明의 세계를 표상한다고 할 수 있다.

『주역』을 비롯하여 유가철학의 여러 경전에서는 역학의 근본 문제를 역수원리로 규정하고 있다. 『주역』의 계사상편 제구장에서는 천지의 수를 통하여 도서원리가 역수원리임을 밝히고 있을 뿐만 아니라 도서원리를 근거로 괘효가 형성되었음[3]을 논하고 있다.

그리고 육효六爻가 시간성의 원리를 표상함[4]을 밝히고 있을 뿐만 아니라 삼극三極의 도를 표상함[5]을 밝힘으로써 역도의 내용이 시간성의 원리인 역수원리이며, 그것이 삼극의 도임을 밝히고 있다.

『서경』과 『논어』에서도 역수원리를 내용으로 하는 성인의 도가 성통을 따라서 전하여 졌으며[6], 성인의 도를 근거로 공자에 의하여 집대성된 학문이 유학儒學[7]임을 밝히고 있다. 따라서 유학의 본래 면목을 밝히기 위해서는 역수원리를 밝히는 것이 관건이다.

그러나 『주역』이나 『서경』, 『논어』를 비롯하여 역수원리를 언급하고 있는 전적이나 천문학적 관점에서 기수朞數의 구성 법칙을 언급하고 있는 그 어떤 전적에도 역수원리의 구체적인 내용이 무엇인지를 밝히고 있지 않다. 그것은 『주역』이 괘효卦爻를 중심으로 역도를 표상하였음을 보아도 알 수 있다.

역수원리가 역도의 본래적 내용임을 다시 천명하고 그 구체적인 내용을 밝힌 사람은 조선朝鮮 말기의 유학자인 일부一夫 김항金恒이다. 그는 『정역』의 서문인 「대역서大易序」에서 "역도는 역수원리이다."[8]고 하여 역도의 본래 면목이 역수원리임을 밝히고 본문을 통하여 그 구체적인 내용을 밝히고 있다.

그리고 "역수원리가 없다면 성인이 존재할 수 없다."[9]고 하여 성통의 존재 근거가 역수원리임을 논하고 『정역』의 상편인 십오일언十五一言의 시작 부분에서 십오성통十五聖統[10]의

---

3) 『周易』의 繫辭上篇 第九章에서는 天地之數를 형식으로 河圖와 洛書가 형성됨을 논하고 그것이 神道, 變化之道의 표상 형식이며, 그 내용이 曆數原理임을 밝히고 있을 뿐만 아니라 曆數原理를 근거로 乾坤策數를 밝힘으로써 曆數原理에 근거하여 卦爻가 형성되었음을 논하고 있다.

4) 『周易』, 繫辭下篇 第九章, "易之爲書也 原始要終 以爲質也 六爻相雜 唯其時物也"

5) 『周易』, 繫辭上篇 第二章, "六爻之動은 三極之道_니"

6) 『論語』의 堯曰篇에서는 "天之曆數 在爾躬 允執其中 四海困窮 天祿永終"이라고 하였으며, 『書經』의 大禹謨篇에서는 "天之曆數 在汝躬 汝終陟元后 人心惟危 道心惟微 惟精惟一 允執厥中...四海困窮 天祿永終"이라고 하여 聖統을 따라서 전하여진 聖人之道가 曆數原理임을 밝히고 있다.

7) 『中庸』에서는 "仲尼 祖述堯舜 憲章文武 上律天時 下襲水土"라고 하여 孔子가 堯舜으로부터 孔子에게 전하여진 聖人之道를 根據로 자신의 學問이 형성되었음을 밝히고 있다.

8) 金恒, 『正易』大易序, "易者는 曆也니"

9) 金恒, 『正易』大易序, "無曆이면 無聖이오"

10) 金恒, 『正易』十五一言 第一張, "嗚呼라 盤古化하시니 天皇无爲시고 地皇載德하시고 人皇作이로다. 有巢

내용을 제시하고 있다. 또한 "성인이 없다면 역학이 존재할 수 없다"[11]고 하여 역학이 성인이 저작한 성경聖經인 역경을 바탕으로 형성된 성학聖學임을 밝히고 있다.

『정역』은 천지의 수를 중심으로 역수원리의 구체적인 내용을 제시하고 있을 뿐만 아니라 도서원리의 근거가 되는 신명원리를 밝히고 있다. 신명원리는 간지도수에 의하여 표상된 간지도수원리로 그것이 바탕이 되어 도서와 괘효가 형성된다. 따라서 간지도수원리를 이해하는 것이 역도의 본래면목을 이해하는 관건이다.

간지도수원리의 이해를 통하여 도서상수원리와 괘효상수원리의 이해가 가능할 뿐만 아니라 그것을 바탕으로 『정역』과 『주역』의 올바른 이해는 물론 역도를 존재근거로 형성된 유가철학의 올바른 이해가 가능하기 때문에 간지도수원리의 이해는 역학과 유학의 이해를 위한 선결과제이다.

그러나 한대漢代 이후 역학자易學者들의 역학에 대한 인식은 과학적 차원을 넘어서지 못하였다. 역학에서 문제되어지는 역수를 물리적 시간을 나타내는 단위로 인식하여 천문학적 관점에서 이해한 것이나 괘상을 물상物象으로 오해한 것이 모두 그러한 예이다.

한대 이후 역학자들의 간지도수에 대한 이해 역시 과학적 차원을 넘어서지 않는다. 그들은 간지도수를 천문학적인 관점에서 기수朞數와 연관시켜서 이해하고자 하였기 때문에 간지도수가 표상하는 내용이 무엇인지를 알 수 없었을 뿐만 아니라 그것이 역도의 근본원리임을 알지 못하였다. 그러면 왜 『주역』이 저작되었음에도 역수원리가 밝혀지지 않았는가?

그것은 그들이 존재했던 시대적인 상황 때문이었다고 할 수 있다. 『주역』이 집대성된 이후 『정역』이 저작된 후 지금에 이르기까지 대략 3000여 년의 시대적 상황은 천도, 신도를 실천하는 시기가 아니다. 그동안은 인류가 신인합일神人合一, 천인합일天人合一을 이룰 수 있도록 장성하는 시기라고 할 수 있다.

마치 성장의 시기에 남녀가 혼인을 할 수 없듯이 설사 이전에 신도, 천도를 밝힌 『정역』과 같은 전적이 나타났다고 할지라도 그것을 전혀 이해를 할 수 없었을 뿐만 아니라 그것을 거울로 삼아서 실천할 수 없었을 것이다. 이러한 시대적 상황은 그 시대를 살아간 사람의 입장에서 살펴보면 신도, 천도를 밝혀야할 천명天命이 주어지지 않았음으로 이해할 수 있다.

『주역』에서는 "옛 성인이 『주역』을 지은 목적은 후세의 군자로 하여금 성명의 이치에

既巢하시고 燧人乃燧로다. 神哉라 伏羲劃結하시고 聖哉라 神農耕市로다. 黃帝甲子星斗요 神堯日月甲辰이로다. 帝舜七政玉衡이오 大禹九州玄龜로다. 殷廟에 可以觀德이오 箕聖乃聖이시니 周德在茲하야 二南七月이로다. 麟兮我聖이여 乾坤中立하사 上律下襲하시니 襲于今日이로다. 嗚呼라 今日今日이여 六十三 七十二 八十一은 一乎一夫니라."

11) 金恒, 『正易』 大易序, "無聖이면 無易이라"

순응하게 하려함이다."12)고 하여 그 목적이 사람으로 하여금 자신의 본성으로서의 성명, 성명의 이치를 깨달아서 그것을 주체로 살아가도록 하려함으로 제시하고 있다. 인도를 제시하기 위하여 『주역』이 저작되었던 것이다.

인도는 신도, 천도를 근거로 성립되기 때문에 성명, 성명의 이치를 밝히고 있는 『주역』이 역수원리를 바탕으로 저작되었음을 밝히지 않을 수 없다. 『주역』에서는 성인에 의하여 역경이 저작되어지는 과정을 논하고 있는데 역도를 신명원리와 도서원리 그리고 괘상원리로 규정하고, 그것이 각각 간지도수와 도서상수 그리고 괘효상수에 의하여 표상되었음을 밝히고 있다. 역도의 내용과 표상형식에 관하여 『주역』의 설괘편說卦篇에서는 역경의 저작 과정을 중심으로 다음과 같이 논하고 있다.

> 옛 성인이 역경을 저작할 때에 그윽이 신명神明에 참여하여 하도원리를 천명하였으며, 삼천 양지三天兩地원리를 수數에 의하여 표상하였고, 음양의 변화원리를 보고 그것을 괘체卦體로 표상 하였으며, 강유剛柔의 작용을 효爻로 표상하였다.13)

위의 내용 가운데서 신명은 물리적 천지의 존재 근거가 되는 천지의 본성을 가리키는 개념이다. 그렇기 때문에 신명은 존재하는 모든 것들의 근거가 되는 근원적 존재이다. 신명의 내용은 도덕성으로 『주역』에서는 도덕성을 중심으로 신명한 덕으로 규정하기도 하고, 원리적 측면에서 신도로 규정하기도 하였다.

『주역』에서는 "천지의 본성을 체득함으로써 신명한 덕에 통한다."14)고 하여 신명이 천지의 본성이며, 그것이 도덕적 존재임을 밝히고 있고, 역경을 저작한 성인이 신명원리를 자각하여 역수원리를 천명하였음을 논하면서 천지의 신도를 자각하여 그것을 음양이 합덕된 중정역中正曆원리로 밝혔음15)을 밝히고 있다.

삼천양지는 도서를 통하여 표상된 역도를 요약하여 나타낸 것이다. 다만 『주역』은 삼천양지三天兩地를 역수원리의 측면에서 밝히고 있지 않고 인도를 중심으로 밝히고 있기 때문에 그 가운데 삼지양천三地兩天이 포함되어 있음을 밝히지 않고 있다. 앞에서 살펴본 내용을 정리하여 도표화하여 나타내면 다음과 같다.

---

12) 『周易』, 說卦 第二章, "昔者聖人之作易也는 將以順性命之理니"
13) 『周易』, 說卦 第一章, "昔者聖人之作易也애 幽贊於神明而生蓍하고 參天兩地而倚數하고 觀變於陰陽而立卦 하고 發揮於剛柔而生爻하니"
14) 『周易』, 繫辭下篇 第六章, "以體天地之撰하며 以通神明之德하니"
15) 『周易』, 風地觀卦 彖辭, "觀天之神道而四時_ 不忒하니 聖人이 以神道設敎而天下_ 服矣니라."

표상형식	간지도수干支度數	하도河圖와 낙서洛書	괘효卦爻
표상주제	신도	천지의 도	인도
표상논리	선후천합일	삼천양지(삼지양천)	괘체효용
표상내용	하나님. 신명	역수원리	성명의 이치

도표 7. 신도의 표상형식과 내용

『주역』의 계사상편 제구장에서는 하도와 낙서를 통하여 표상된 역수원리가 역도의 근본 내용이며, 역수원리를 바탕으로 괘효가 구성되었음을 밝히고 있다. 도서를 구성하는 일에서 십까지의 기수와 우수를 중심으로 기수를 천수天數로 규정하고, 우수偶數를 지수地數로 규정하여 천지의 수에 의하여 구성된 도서가 역수원리를 표상함을 밝혔던 것이다.16) 『정역』에서는 도서를 구성하는 기수와 우수가 표상하는 내용을 다음과 같이 밝히고 있다.

> 구九 · 칠七 · 오五 · 삼三 · 일一은 기奇이고 이二 · 사四 · 육六 · 팔八 · 십十은 우偶이다. 기우 奇偶의 수數는 두 가지의 다섯 수數로 앞의 다섯 수數인 기수奇數는 천도天道를 표상하고, 뒤의 다섯 수인 우수는 지덕地德을 표상한다. 일一 · 삼三 · 오五의 순서는 천도天道를 도수로 나타낸 것이며, 칠七 · 구九의 순서는 지도地道를 도수로 나타낸 것으로 (그것을 한마디로 나타내면) 삼천양지이다.17)

위의 내용을 보면 기수는 천도를 표상하고, 우수는 지덕을 표상한다고 하였다. 천도는 천의 본성을 나타내며, 지덕은 지의 본성을 나타낸다. 본래 물리적 천지의 본성을 나타내는 형이상적 천지는 합덕 일체적 존재이지만 작용원리를 중심으로 나타내면 천天은 분생작용을 하며, 지地는 합덕 · 성도작용을 한다.

천의 작용원리를 표상하는 기수가 천도를 표상하며, 지의 작용원리를 표상하는 우수가 지덕을 표상한다고 하였다. 기우의 수가 천지의 본성을 나타내며, 그 내용이 도덕원리이기

16) 『周易』 繫辭上篇 第九章, "天一地二天三地四天五地六天七地八天九地十이니 天數五오 地數 五니 五位相得하야 而各有合하니 天數二十有五오 地數三十이라 凡天地之數五十有五니 此所以成變化하야 而行鬼神也라. 大衍之數五十이니 其用은 四十有九라 分而爲二하야 以象兩하고 掛一하야 以象三하고 揲之以四하야 以象四時하고 歸奇於扐하야 以象閏하나니 五歲애 再閏이라 故로 再扐而後애 掛하나니라. 乾之策이 二百一十有六이오 坤之策이 百四十有四라 凡三百有六十이니 當期之日하고 二篇之策이 萬有一千五百二十이니 當萬物之數也하니 是故로 四營而成易하고 十有八變而成卦하니 八卦而小成하야 引而伸之하며 觸類而長之하면 天下之能事畢矣리니 顯道하고 神德行이라 是故로 可與酬酢이며 可與祐神矣니 子曰知變化之道者其知神之所爲乎ᄂ더"
17) 金恒, 『正易』第二十二張, "九七五三一은 奇니라 二四六八十은 偶니라. 奇偶之數는 二五니 先五는 天道요 后五는 地德이니라. 一三五次는 度天이오 第七九次는 數地니 三天兩地니라."

때문에 기우의 수에 의하여 구성된 하도와 낙서는 도덕원리를 내용으로 하는 천지의 도를 표상한다.

기수와 우수가 표상하는 원리가 천도와 지덕이라는 것은 기우의 수가 표상하는 내용을 본체원리를 중심으로 나타낸 것이다. 기우의 수가 표상하는 천지의 도덕원리를 작용원리를 중심으로 나타내면 도역의 생성작용이다.

천도를 표상하는 기수를 나타낼 때는 구九에서 시작하여 일一로 끝내고 있으며, 지덕을 나타내는 우수를 나타낼 때는 이二에서 시작하여 십十으로 끝맺고 있다. 이는 기수가 표상하는 천도를 작용원리를 중심으로 나타내면 도생역성이며, 우수가 표상하는 지덕을 작용원리를 중심으로 나타내면 역생도성임을 밝힌 것이다. 천의 도생역성은 분생작용이며, 지의 역생도성은 합덕·성도작용이다.

기수와 우수가 표상하는 도덕원리의 근거는 도수원리이다. 『정역』의 「뇌풍정위용정수雷風正位用政數」에서는 기우의 수를 간지도수와 함께 논하면서 도수원리와 도덕원리로 나누어서 도수원리는 십오를 중심으로 논하고, 도덕원리는 십일을 중심으로 논하여 도수원리를 근거로 도덕원리가 형성됨을 밝히고 있다.[18]

간지도수를 통하여 천지의 도수원리가 표상되며, 도서상수를 통하여 천지의 도덕원리가 표상된다. 그렇기 때문에 도서상수의 측면에서 천지의 도덕원리를 먼저 논하고 이어서 천지의 도수원리를 밝힌 것이다.

기수와 우수를 도수원리를 중심으로 나타내면 기수 가운데서 일삼오의 생수는 천도天度를 표상하며, 칠구七九의 성수成數는 지수地數를 표상한다. 이를 통하여 우수 역시 도수원리를 중심으로 추연하면 이사二四의 생수生數는 천도天度를 표상하며, 육팔십六八十의 성수成數는 지수를 표상한다. 이를 한마디로 나타내면 기수는 삼천양지이며, 우수는 삼지양천이다. 그렇기 때문에 인용문에서 기수원리를 삼천양지로 규정하고 있다. 이를 통하여 『주역』에서 언급된 삼천양지가 『정역』에서 밝힌 삼천양지와 삼지양천임을 알 수 있다.

삼천양지는 선천원리이며, 삼지양천은 후천원리이다. 『정역』에서는 "선천은 삼천양지이며, 후천은 삼지양천이다."[19]고 하여 이 점을 분명하게 밝히고 있다. 따라서 삼천양지인 기수는 선천원리를 표상하고, 그리고 삼지양천의 우수는 후천원리를 표상함을 알 수 있다.

기수가 표상하는 천도는 분생원리이며, 그것이 선천 원리이기 때문에 선천원리는 분생

---

18) 金恒, 『正易』, 十一一言 「雷風正位 用政數」, "己位는 四金一水八木七火之中이니 无極이니라. 无極而太極이니 十一이니라. 十一은 地德而天道니라. 天道라 圓하니 庚壬甲丙이니라. 地德이라 方하니 二四六八이니라. 戊位는 二火三木六水九金之中이니 皇極이니라. 皇極而无極이니 五十이니라. 五十은 天度而地數니라. 地數라 方하니 丁乙癸辛이니라. 天度라 圓하니 九七五三이니라."

19) 金恒, 『正易』, 十五一言 第十四張, "先天은 三天兩地니라. 后天은 三地兩天이니라."

원리이며, 우수가 표상하는 지덕은 합덕·성도원리이며, 그것이 후천원리이기 때문에 후천원리는 합덕·성도원리이다.

기우의 수가 표상하는 선후천원리를 체용의 구조를 통하여 밝힌 도상이 하도와 낙서이다. 하도는 지수인 우수가 표상하는 합덕원리, 후천원리를 중심으로 역도를 표상하였으며, 낙서는 천수인 기수가 표상하는 분생원리, 선천원리를 중심으로 역도를 표상하였다. 따라서 하도와 낙서를 통하여 표상되는 천지의 도의 내용은 선후천 원리이다.

천지의 수, 기우의 수를 통하여 도서가 표상하는 선후천원리의 내용은 역수변화원리이다. 『정역』에서는 "선천은 낙서를 체로 하여 하도로 작용하기 때문에 이십칠 개월 만에 윤달을 사용한다. 후천은 하도를 체로 하여 낙서로 작용하기 때문에 삼백육십일로 정역이 운행된다."[20]고 하여 선후천원리가 역수원리임을 밝히고 있다.

역수원리는 태음과 태양의 운행의 근거로 그것이 음양원리이다. 『주역』에서는 "음양 원리는 일월원리이다."[21]고 하여 음양원리가 일월의 역수원리임을 논하고 있다. 음양원리가 체가 되어 괘효원리가 형성된다. 앞의 인용문에서 그것을 밝힌 부분이 음양원리를 표상하는 괘체를 세웠으며, 음양의 작용인 강유원리를 표상하기 위하여 효를 낳았다는 것이다.

『주역』에서 괘효원리의 근거를 밝히기 위하여 신명원리를 도서를 통하여 표상하였으며, 도서원리를 근거로 괘효가 형성되었음을 밝힌 것과 달리 간지도수와 도서상수의 관계는 물론 그 내용을 구체적이고 체계적으로 밝힌 『정역』에서는 간지도수와 도서상수의 관계를 수를 중심으로 다음과 같이 논하고 있다.

> 삼백육십수는 기일春日이다. (그 가운데) 대일원大一元 삼백수는 구구법九九法에 의하여 사역변화원리를 표상하는 사상수에 배열排列하고, 무무위육십수는 음양의 합덕위인 용육궁用六宮에 분장分張하여, 단오單五를 귀공歸空하면 오십오점五十五點이 소소昭昭하고, 십오十五를 귀공歸空하면 사십오점四十五點이 반반斑斑하다.[22]

위의 인용문은 내용에 따라서 크게 세 부분으로 구분할 수 있다. 첫째 부분은 '삼백육십당기일三百六十當朞日'로 삼백육십이 기일朞日임을 밝히고 있으며, 둘째 부분은 '대일원삼백수는 구구중에 배열하고, 무무위육십수는 일육궁에 분장하여'로 삼백수를 분석하여 대일원 삼백수와 무무위 육십수가 그 내용임을 밝히고 있고, 셋째 부분은 나머지 부분으로 간

20) 金恒, 『正易』, 十五一言 第十九張, "先天은 體方用圓하니 二十七朔而閏이니라. 后天은 體圓用方하니 三百六旬而正이니라."
21) 『周易』, 繫辭上篇 第六章, "陰陽之義 配日月"
22) 金恒, 『正易』第十七張, "三百六十當朞日을 大一元三百數는 九九中에 排列하고 无无位六十數는 一六宮에 分張하야 單五를 歸空하면 五十五點昭昭하고 十五를 歸空하면 四十五點斑斑하다"

지도수와 하도, 낙서의 관계를 밝히고 있다.

삼백육십수가 기일에 당한다는 것은 삼백육십이 정역正曆23)의 기수朞數임을 밝힌 것으로 본래 삼백육십이라는 수가 기수임을 밝힌 것은 『주역』이다. 공자는 중천건괘重天乾卦와 중지곤괘重地坤卦를 역수원리의 측면에서 도수를 중심으로 밝히면서 건책도수乾策度數 216과 곤책도수坤策度數 144가 합덕된 360이 기수임을 밝히고 있다.24)

삼백육십의 기수를 정역正曆으로 규정한 것은 『정역正易』이다. 정역은 음양이 합덕된 중정역으로 음양이 서로 분리되어 운행하는 음양의 윤역閏曆과는 그 성격이 다르다. 근원적 존재인 십오 천지를 본체로 하여 정역의 운행이 이루어진다.

십오十五는 천天의 본성을 나타내는 십十과 지地의 본성을 나타내는 오五가 합덕된 존재이다. 그렇기 때문에 중정역中正曆인 정역의 구조원리를 파악함으로써 십오十五 천지의 내용을 파악할 수 있다.

이 부분에서 삼백육십수가 기일에 당한다는 것도 정역正曆 기수朞數의 분석을 통하여 정역 원리를 밝힘으로써 십오十五 본체를 밝히고자 한 것이다. 간지도수가 십오가 합덕된 근원적 존재를 표상하기 때문에 십오원리를 파악함으로써 간지도수의 성격이 밝혀지는 동시에 그것과 도서와의 관계도 밝혀지게 된다.

정역의 기수인 삼백육십수를 분석하면 대일원 삼백수와 무무위 육십수로 구성된다. 대일원 삼백수는 하도의 수인 55와 낙서의 수인 45가 합덕된 일원수一元數 100을 삼재三才를 표상하는 삼수三數에 상승相乘하여 추연25)된 수이다.

그것은 대일원 삼백수가 삼재의 합덕·성도원리를 도서원리를 중심으로 표상하였음을 뜻한다. 대일원수가 삼재의 합덕·성도를 표상하는 것과 달리 대일원수를 구성하는 일원수는 역수원리를 표상한다.

반면에 무무위수는 무위수인 이십二十을 삼재를 표상하는 수인 삼三에 상승·합덕시켜서 추연한 것이다. 그것은 무무위 육십수 역시 삼재의 합덕·성도를 표상함을 뜻한다. 다만 무위수가 무극과 무극을 합덕시킨 이십수이기 때문에 무위수를 중심으로 추연된 무무

---

23) 曆數原理의 내용을 作用原理를 중심으로 나타내면 原曆, 閏曆, 閏曆, 正曆의 四曆變化原理이다. 『正易』의 第六張과 第七張에서는 朞數를 밝힌 聖人을 중심으로 四曆의 내용을 밝히고 있으며, 第二十張에서는 四曆의 관계를 논하고 있다. 이 두 부분과 『周易』의 繫辭上篇 第九章의 大衍之數章을 통하여 洛書가 四曆變化原理를 표상함을 알 수 있다.

24) 『周易』, 繫辭上篇 第九章, "乾之策이 二百一十有六이오 坤之策이 百四十有四_라 凡三百有六十이니 當期之日하고"

25) 推衍은 數의 加減乘除를 통하여 새로운 數를 밝히는 것으로 이러한 推衍의 과정을 통하여 曆數原理의 내용이 自覺되어진다. 九九法은 曆數原理의 表象體系인 圖書原理를 이해하기 위하여 사용하는 推衍의 方法이다.

위수는 삼극의 도를 중심으로 삼재의 합덕·성도 원리를 표상한 것이다. 이 무무위수 60은 간지도수를 구성하는 기본이 되는 수이다. 이를 통하여 정역 원리의 내용이 일원수 원리인 도서원리와 무무위수인 간지도수를 내용으로 함을 알 수 있다.

대일원 삼백수를 구구중에 배열하고, 무무위 육십수를 일육궁에 분장한다는 것은 대일원 삼백수와 무무위 육십수의 관계를 나타낸 것이다. 대일원 삼백수를 구구중에 배열하라는 것은 사상수四象數를 중심으로 구구법九九法을 통하여 역수변화를 추연함을 의미한다. 그것은 대일원 삼백수를 분석하여 밝혀지는 기본 요소인 일원수 원리를 중심으로 그 내용인 역수원리를 추연하라는 의미이다.

그리고 무무위 육십수를 일육궁에 분장하라는 것은 무무위 육십수가 일육궁을 통하여 밝혀짐을 나타낸 것이다. 일육궁은 사상수 가운데서 음양이 합덕되는 위치를 나타내는 용육用六을 가리킨다.[26] 용육의 위에서 십오가 합덕됨으로써 음양의 역曆이 합덕된다. 따라서 무무위 육십수를 일육궁에 분장하라는 것은 십오가 합덕된 관점에서 무무위 육십수를 이해하라는 것이다. 그것은 무무위 육십수가 음양의 합덕원리가 위주가 되었음을 밝힌 것이다. 그렇기 때문에 무무위 육십수와 대일원 삼백수는 체용의 관계이다.

무무위 육십수와 대일원 삼백수의 관계를 나타낸 것이 다음의 내용이다. 본래 무위수를 근거로 형성된 것이 무무위수이며, 일원수 역시 무위수를 근거로 형성되기 때문에 무무위수가 도서의 근거이다. 그 점을 분명하게 밝히기 위하여 일원수를 구성하는 하도수 오십오五十五와 낙서수 사십오四十五가 무무위수를 근거로 형성됨을 밝힌 것이다.

무무위 육십수 가운데서 낙서의 본체수인 오五를 귀체歸體시키면 오십오五十五의 하도수가 밝혀진다. 하도수인 오십오를 점點으로 표현한 것은 도서가 점을 통하여 수를 나타내었기 때문이다. 그리고 오십오점이 소소昭昭하다고 한 것은 하도가 천도를 표상함을 나타내기 위함이다.

반면에 육십수 가운데서 하도의 본체수인 십오를 귀체시키면 낙서의 수인 사십오가 밝혀진다. 이 사십오四十五 점點을 반반斑斑하다고 표현한 것은 낙서가 지도를 표상함을 밝히기 위해서이다. 천도는 시간성의 세계이며, 지도는 공간성의 세계이기 때문에 하도가 시간성의 세계인 천도를 표상함을 나타내기 위하여 밝고 밝다고 하였고, 낙서가 공간성의 세계인 지도를 표상함을 나타내기 위하여 아롱졌다고 하였다.

무무위 육십수를 중심으로 도서의 관계를 삼재의 도의 측면에서 나타내면 낙서의 본체수인 오황극이 표상하는 인간 본래성을 본체로 하였을 때 천지의 도가 밝혀지고, 하도의

---

26) 用六은 體五用六으로 이는 지地의 작용을 표상한다. 그러므로 『주역』의 陰爻를 용육을 표상하는 효임을 나타내기 위하여 육육으로 규정하고 있다.

본체수인 십오가 표상하는 천지의 도를 본체로 하였을 때 인간 본래성이 밝혀짐을 알 수 있다. 이처럼 무무위수를 근거로 도서가 형성되었기 때문에 무무위 육십수원리를 표상하는 간지도수와 도서상수는 체용의 관계이다.

간지도수는 신명神明원리를 표상하며, 도서상수는 천지의 도를 표상한다. 신명원리는 도수원리가 중심이며, 천지의 도는 도덕원리가 중심이다. 『정역』에서는 간지도수와 도서의 관계를 천지의 도와 신명원리를 중심으로 다음과 같이 밝히고 있다.

> 지地는 천天을 실어서 방정方正하니 체體이고, 천天은 지地를 안고 있어서 원환圓環하니 영影이다. 크도다, 체영體影의 도道여, 이기理氣가 있고 신명神明이 모여 있다.[27]

위의 내용 가운데서 신명은 간지 도수 원리의 내용을 나타내며, 체영體影의 도는 도서원리를 나타낸다. 지도地道를 방정한 체體로 규정하여 그 내용이 공간성의 원리임을 표상하고, 천도를 원환圓環한 영影으로 규정하여 그 내용이 시간성의 원리임을 표상하고 있다. 그리고 천지의 도인 체영의 도가 신명과 이기理氣를 내용으로 함을 밝히고 있다. 천지의 도의 내용인 이기理氣 원리는 선후천 원리이며, 천지의 도의 본성을 나타내는 것이 신명 원리이다.

『정역』에서는 "영허盈虛는 기氣이니 선천이며, 소장消長은 이理이니 후천이다."[28]고 하여 이기理氣 원리가 선후천 원리임을 밝히고 있다. 그리고 "오호嗚呼라, 일월日月의 정사政事여, 지극히 신명神明하니 글로는 하고 싶은 말을 다 드러낼 수가 없구나."[29]라고 하여 역수원리의 내용이 신명원리임을 밝히고 있다.

간지도수원리가 도서원리와 괘효원리의 근거이기 때문에 『주역』에서도 괘효원리의 근거가 간지도수원리임을 밝히고 있을 뿐만 아니라 괘효원리의 관점에서 간지도수원리를 논하고 있다. 『주역』에서 천간天干의 기己를 통하여 간지 도수 원리를 상징적으로 나타내고 있는 부분은 산천대축괘山天大畜卦의 초효初爻[30]와 산택손괘山澤損卦의 초효初爻[31], 택화혁괘澤火革卦의 괘사卦辭 및 이효二爻 효사爻辭[32]다.

---

27) 金恒, 『正易』 十五一言 第一張, "地는 載天而方正하니 體니라. 天은 包地而圓環하니 影이니라. 大哉라 體影之道여 理氣囿焉하고 神明이 萃焉이니라."

28) 金恒, 『正易』 十五一言 第八張, "太陽恒常은 性全理直이니라. 太陰消長은 數盈氣虛니라. 盈虛는 氣也니 先天이니라. 消長은 理也니 后天이니라."

29) 金恒, 『正易』 十五一言 第八張, "嗚呼라 日月之政이여 至神至明하니 書不盡言이로다."

30) 『周易』 山天大畜卦 初爻 爻辭, 初九는 有厲_니 利己니라."

31) 『周易』 山澤損卦 初爻 爻辭, "初九는 己事_어든 遄이라야 往无咎_니 酌損之니라."

32) 『周易』 澤火革卦 卦辭, "革은 己日이라야 乃孚하리니 元亨利貞하야 悔亡하니라." 및 二爻 爻辭, "六二는 己日乃革之니 征이면 吉하야 无咎하리라."

세 괘卦의 효사爻辭에서 언급된 기己는 천간의 기己를 중심으로 간지도수원리를 나타낸 것이다. 그밖에도 천간의 기己가 표상하는 수인 십을 언급하고 있는 부분으로는 수뢰둔괘水雷屯卦☳의 이효二爻 효사爻辭33), 산택손괘의 오효 효사34)와 풍뢰익괘風雷益卦☳의 이효 효사35)를 들 수 있다. 세 효爻의 효사에서 언급된 십년十年과 십十은 천간의 己를 중심으로 간지도수원리를 수에 의하여 나타낸 것이다.

『주역』에서 간지도수원리를 요약하여 제시하고 있는 부분은 산풍고괘山風蠱卦☶와 중풍손괘重風巽卦☴이다. 고괘蠱卦의 괘사에서는 "고蠱는 원형元亨하니 대천大川을 건너는 것이 이로우니 선갑삼일先甲三日이요 후갑삼일後甲三日이니라."36)라고 하였으며, 이에 대하여 단사彖辭에서는 "선갑삼일先甲三日 후갑삼일後甲三日은 마치고 다시 시작하는 천도天道의 운행 원리를 나타낸다."37)고 하였다.

반면에 중풍손괘 오효의 효사에서는 "구오九五는 정貞이라 길吉하고 후회가 없으니 이롭지 않음이 없다. 처음은 없고 끝이 있으니 선경삼일先庚三日하며 후경삼일後庚三日이다."38)고 하였다.

선갑삼일 후갑삼일과 선경삼일 후경삼일은 간지 가운데서 천간을 중심으로 간지도수 원리를 나타낸 것이다. 선갑삼일 후갑삼일과 선경삼일 후경삼일의 삼일은 날짜를 가리키는 것이 아니라 도수를 가리킨다.

선갑삼일 후갑삼일은 갑甲을 중심으로 앞과 뒤의 삼도三度를 가리키며, 선경삼일 후경삼일은 경庚을 중심으로 앞과 뒤의 삼도를 가리킨다. 따라서 선갑삼일 후갑삼일은 신辛·임壬·계癸·갑甲·을乙·병丙·정丁이 되며, 선경삼일 후경삼일은 정丁·무戊·기己·경庚·신辛·임壬·계癸가 된다.

일곱 도수가 나타내는 원리를 지뢰복괘地雷復卦☳에서는 "그 도를 반복하여 칠일七日이 되어 다시 돌아오는 것이 천도의 운행 원리이다."39)고 하였다. 이는 『주역』을 구성하는 육효괘의 구성원리를 나타낸다. 칠일이 되어 돌아온다는 것은 초효로부터 시작하여 육효에

---

33) 『周易』, 水雷屯卦 二爻 爻辭, "六二는 屯如邅如하며 乘馬班如하니 匪寇라 婚媾니 女子貞하야 不字_라가 十年에아 乃字로다."
34) 『周易』, 山澤損卦 五爻 爻辭, "六五는 或益之면 十朋之라 龜도 弗克違하리니 元吉하니라."
35) 『周易』, 風雷益卦 二爻 爻辭, "二는 或益之라 十朋之니 龜弗克違하나니 永貞이니 吉하며, 王用享于帝라도 吉하니라."
36) 『周易』, 山風蠱卦 卦辭, "蠱는 元亨하니 利涉大川이니 先甲三日하며 後甲三日이니라."
37) 『周易』, 山風蠱卦 彖辭, "先甲三日後甲三日은 終則有始天行也_라."
38) 『周易』, 重風巽卦 五爻 爻辭, "九五는 貞이라 吉하고 悔亡하니 无不利니 无初有終이라. 先庚三日하며 後庚三日이니 吉하니라."
39) 『周易』, 地雷復卦 彖辭, "反復其道七日來復은 天行也일새오"

이르면 다시 처음으로 돌아오는 것을 뜻한다. 따라서 선후갑삼일과 선후경삼일은 괘효의
관점에서 간지도수가 표상하는 내용이 천도임을 밝힌 것이다.

선후갑삼일과 선후경삼일을 더하면 천간의 전체가 된다. 천간은 그 발생적인 측면에서
보면 지지地支보다 먼저 생성되었다고 할 수도 있다. 그러나 천간은 지지를 떠나서 존재할
수 없다. 이미 선후갑삼일과 선후경삼일을 언급하고 그것을 천도로 규정하고 있는 것을
보아도 그렇다. 천도는 지도를 전제로 한다. 그러므로 지도를 표상하는 지지를 전제로 할
때 천간이 존재한다.

천간과 지지가 결합하면 육십 가지의 도수가 형성된다. 예로부터 그것을 갑甲을 중심으
로 육갑도수로 규정하여 왔다. 천간과 지지는 체용의 관계로 천간의 내용이 역수원리이기
때문에 지지가 표상하는 내용 역시 역수원리라고 하지 않을 수 없다. 따라서 선후갑경삼일
을 통하여 표상된 간지도수원리의 내용이 역수원리임을 알 수 있다.

간지도수는 천간과 지지가 결합된 것으로 갑자甲子, 을축乙丑에서 시작하여 임술壬戌, 계
해癸亥로 끝나는 이른바 육갑도수를 가리킨다. 한대 이후의 역학자들이 간지도수를 육갑六
甲으로 규정한 까닭은 선후갑삼일을 중심으로 간지도수를 규정하였기 때문이다.

그러나 간지도수의 전모를 드러내기 위해서는 육갑을 논하기 위해서는 그와 더불어 육
경六庚을 논해야 한다. 『주역』의 육십사괘의 괘서에 육갑도수를 결합을 시켜서 갑자와 중
천건괘를 결합하여 건갑자乾甲子를 납갑納甲하는 것이 바로 그러한 예이다.

『정역』에서는 육갑과 육경을 함께 나타내어 간지도수원리로 규정하고 있다.40) 간지도수
는 갑甲・을乙・병丙・정丁・무戊・기己・경庚・신辛・임壬・계癸의 십천간十天干과 자子・
축丑・인寅・묘卯・진辰・사巳・오午・미未・신申・유酉・술戌・해亥의 십이지지十二地支
로 구성된다.

천간天干과 지지地支의 '천天'과 '지地'는 십천간과 십이지지의 성격을 나타내는 말로 그
것이 각각 천도와 지도를 표상함을 나타내기 위하여 '천天'과 '지地'라고 하였으며, 간干과
지支는 양자의 관계를 나타내는 개념으로 천도天道와 지도地道가 체용의 관계이기 때문에
그것을 나타내기 위하여 간지로 규정한 것이다.

도서상수의 측면에서 나타내면 천간은 천수天數를 표상하며, 지지는 지수地數를 표상한
다. 따라서 천간과 지지가 합덕된 간지도수는 천지의 도수원리를 체용일원體用一源의 관점
에서 표상한 것이다.

---

40) 『正易』의 第十四張에서는 후천원리를 중심으로 己丑에서 戊子의 육십간지도수를 밝히면서 그것을 「上元丑
會干支圖」로 규정하였고, 「雷風正位用政數」에서는 天干을 중심으로 간지도수를 논하면서 "天度而數支"라
고 하였다. 따라서 이 책에서는 기존에 이른바 六甲도수로 불렸던 도수를 간지도수로 부르고자 한다.

간지도수가 표상하는 내용은 천간이 표상하는 천도와 지지가 표상하는 지도(地德)가 하나가 된 세계를 표상한다. 그것은 간지도수를 통하여 천도와 지도로 구분하여 나타내기 이전의 본래의 세계를 표상하였음을 뜻하는 동시에 장차 이루어야할 이상을 표상하고 있음을 뜻한다. 그러므로 간지도수를 구성하는 천간과 지지가 모두 합덕원리를 표상한다.

간지도수는 삼극의 도와 삼재의 도를 포함하고 있다. 천도의 내용은 삼극의 도이며, 지도의 내용은 삼재의 도이다. 삼극의 도의 표상은 도서를 통하여 이루어지며, 삼재의 도의 표상은 괘효를 통하여 이루어진다. 그렇기 때문에 간지도수는 삼극의 도를 표상하는 도서적圖書的 성격과 삼재의 도를 표상하는 괘효적 성격을 함께 갖고 있다.

간지도수가 천도와 지도를 표상하며, 천도와 지도가 체용의 관계이기 때문에 그것을 한 마디로 요약하여 나타내면 천도인 삼극의 도이다. 삼극의 도를 수에 의하여 나타내면 십과 오 그리고 일의 관계에 관한 원리이다.

십오는 본체이며, 일一은 작용의 기본도수로 십오의 합덕에 의하여 십일의 작용이 이루어진다. 그러므로 삼극의 도를 본체 도수를 중심으로 나타내면 십오원리이며, 작용원리를 중심으로 나타내면 십일원리이다.

십오원리는 십오존공위체원리이며, 십일원리는 십일귀체원리로 그 내용은 용구용육원리이다. 간지도수를 구성하는 천간과 지지 역시 십오원리와 십일원리를 위주로 구성된다. 천간은 십오원리를 중심으로 신명원리를 표상하며, 지지는 십일원리를 중심으로 신명원리를 표상한다.[41]

간지도수원리와 도서원리의 내용을 밝히고 있는 『정역』의 구성체계 역시 간지도수원리를 근거로 형성되었다. 『정역』의 상편은 십오원리가 중심이기 때문에 「십오일언十五一言」으로 규정하였고, 하편은 십일귀체원리가 중심이기 때문에 「십일일언十一一言」으로 규정하였다. 「십오일언」은 십오에 관한 열다섯 聖人의 한결같은 말씀을 의미이며, 「십일일언」은 십일원리에 관한 열다섯 聖人의 한결같은 말씀을 의미한다.

간지도수원리를 근거로 도서와 괘효가 형성되었기 때문에 『주역』의 구성원리 역시 간지 도수원리에 그 근거가 있다. 『정역』의 상경과 하경이 각각 십오十五와 십일十一이 중심이듯이 『주역』의 상경은 십오를 표상하는 중천건괘重天乾卦와 중지곤괘重地坤卦로 시작되며, 하경은 십일을 표상하는 군자의 도와 성인의 도를 나타내는 택산함괘澤山咸卦와 뇌풍항괘雷風恒卦로 시작된다.

41) 『正易』의 第二十六張 「雷風正位用政數」에서는 간지도수원리의 내용을 无極而太極의 十一 原理와 皇極而无極의 五十原理를 중심으로 밝히고 있다.

1. 천간天干과 지지地支

앞에서 살펴본 바와 같이 간지도수는 천간과 지지가 합덕하여 형성된 육십의 도수에 의하여 형성된다.

간지도수는 시간성과 시간의 성격을 동시에 갖고 있다. 시간성은 형이상적 존재이며, 시간은 형이하적 존재이다. 그러므로 간지도수는 형이상과 형이하의 두 측면을 모두 갖고 있다. 간지도수를 신명원리라고 말하는 것은 그것의 형이상적 측면을 말하는 것이며, 시간을 나타내는 기수, 도수, 역수로 규정하는 것은 그것의 형이하적 측면을 말하는 것이다.

또한 간지도수는 시간의 측면에서는 선천과 후천이 하나가 된 원천의 세계를 나타내고 있다. 선천과 후천은 시간의 세계로 그것이 하나가 된 세계는 시간으로 드러나기 이전의 근원의 세계로 바로 시간성의 세계이다. 그러므로 원천은 형이상의 세계를 시간의 관점에서 나타낸 것이다.

그러나 그동안 간지도수가 일상적으로 시간을 나타내는 단위로 사용되어 왔기 때문에 형이하적 측면과 형이상적 측면을 혼동할 수 있다. 그것은 간지도수를 사용한 모든 경우에 형이상적 관점에서 신명원리를 표상하고 있다고 할 수 없다는 의미이다. 구구법의 경우도 오늘날 우리가 산수의 기초로 사용하는 것처럼 일상적으로 사용할 때 그것이 그대로 형이상적인 역수원리, 역도를 나타내는 것은 아니다.

오늘날에는 소수의 사람들만이 간지도수를 사용하고 있다. 특히 사주팔자四柱八字를 세우기 위하여 간지도수를 사용하는 경우가 많기 때문에 간지도수를 생각하면 모두 인간의 운명을 점치는 단위로서의 사주팔자로만 이해하게 된다. 사주팔자는 하나의 개체적 생명이 탄생한 연원일시를 나타내는 도수이다. 그러므로 그것은 형이하적 존재이지 형이상적 존재가 아니다.

오늘날에는 시간을 나타내는 단위를 아라비아 숫자를 사용하기 때문에 간지도수가 표상하는 형이상적 측면을 이해하기는 더욱 어렵다. 오늘날의 사람들은 간지도수에 관심을 갖고 연구하거나 실용적 측면에서 사용하는 소수를 제외하고 그것이 예로부터 시간의 단위로 사용되었던 사실마저도 모른다.

그러나 간지도수의 형이상적 측면을 이해하는 일도 역시 간지도수 자체의 문제가 아니라 그것을 이해하려는 인간 자신의 문제이다. 사람이 스스로 형이상적 측면을 이해하려는 뜻을 가지고 마음을 낼 때 비로소 형이상적 측면이 열린다.

형이상적 세계는 나를 떠나서 존재하는 것이 아니라 내 본성 곧 참나가 바로 형이상적 존재이기 때문에 형이상적 세계를 보고자 하는 뜻을 세우고 마음을 내는 순간 내 안에서 형이상적 세계가 열린다.

간지도수가 형이상의 세계인 시간성과 형이하의 세계인 시간을 동시에 갖고 있는 점에서 세계의 근원일 뿐만 아니라 세계 그 자체라고 생각할 수 있다. 그러나 간지도수가 표상하는 세계라는 실체적 존재는 없다. 단지 간지도수를 통하여 상징적으로 나타내는 세계가 있을 뿐이다. 그것은 간지도수로 표상하기 이전의 세계에는 간지도수가 표상하는 세계가 없음을 말한다.

객관적인 실체로서의 진리, 도, 형이상적 세계가 있는 것이 아니라 내 본성이 그러하기 때문에 본성을 발현시켜서 스스로 그것을 체험하는 점에서 보면 곧 진리의 추구는 본래의 나를 체험하는 일련의 경험의 과정일 뿐이다.

간지도수를 형이상적 존재로 이해하는 일은 간지도수를 통하여 형이상의 세계를 창조하는 일이며, 간지도수를 형이하적 존재로 이해하는 일 역시 간지도수를 통하여 형이하의 세계를 창조하는 일이다. 그러므로 형이상도 형이하도 없는 차원이 변하여 형이상으로 또는 형이하로 화하게 하는 일은 바로 나 자신에 의하여 이루어진다.

간지도수를 이해하여 설명하는 방법은 다양하다. 간지도수를 그 구성요소인 천간과 지지를 중심으로 이해하여 설명할 수도 있고, 시간의 관점에서 선천과 후천을 중심으로 이해하여 설명하거나 그것이 표상하는 오행원리와 같은 기본원리를 중심으로 이해하여 설명할 수 있다.

간지도수의 특성은 그것이 가장 근원적 존재를 표상하고 있다는 점이다. 간지도수는 시간적 관점에서는 선천과 후천을 포함하고 있을 뿐만 아니라 공간적 관점에서는 천지인의 도를 포함하고 있다. 표상형식의 측면에서는 도서원리 뿐만 아니라 괘효원리도 포함하고 있다.

간지도수를 구성하는 천간과 지지는 도수적 성격과 상수적 성격을 동시에 갖는다. 예를 들면 천간의 갑을甲乙은 수로는 삼三・팔八이지만 오행五行으로는 목木이다. 『정역』에서는 간지도수를 규정하면서 수를 중심으로 도수원리를 논하는 동시에 상象을 중심으로 도덕원리를 논하여 이점을 분명하게 나타내고 있다.[42]

---

42) 金恒, 『正易』 十一一言 第二十六張, "己位는 四金一水八木七火之中이니 无極이니라. 无極而太極이니 十一이니라. 十一은 地德而天道니라. 天道라 圓하니 庚壬甲丙이니라. 地德이라 方하니 二四六八이니라. 戊位는 二火三木六水九金之中이니 皇極이니라. 皇極而无極이니 五十이니라. 五十은 天度而地數니라. 地數라 方하니 丁乙癸辛이니라. 天度라 圓하니 九七五三이니라."

간지도수원리가 도수원리와 도덕원리를 내용으로 하기 때문에 그것이 역도의 가장 근원적 원리이다. 간지도수원리를 도수원리를 중심으로 표상한 것이 도서상수이며, 간지도수원리를 도덕원리를 중심으로 표상한 것이 괘효상수이다.

간지도수가 갖는 도수적 성격을 중심으로 역도를 천명闡明한 것이 도서이며, 상수적 성격을 중심으로 역도를 천명한 것이 괘효인 것이다. 따라서 간지도수원리는 간지도수의 도수적 측면과 상적 측면을 함께 연구하여야 한다.

천간과 지지의 이해를 통하여 밝혀지는 간지도수의 구성원리는 오행원리, 생성원리, 체용을 통하여 이해할 수 있다. 그것은 간지도수원리의 내용이 오행원리이자 생성원리인 동시에 체용원리임을 뜻한다. 간지도수원리를 작용원리를 중심으로 규정하면 오행원리이고, 구조원리를 중심으로 규정하면 체용원리이며, 본성을 중심으로 규정하면 생성원리가 된다. 『정역』에서는 간지도수원리와 도서상수원리를 다음과 같이 밝히고 있다.

> 역도는 역逆으로 극極에 이르면 반反하게 된다. 토土가 극極하면 수水를 생生하고, 수水가 극極하면 화火를 생生하고, 화火가 극極하면 금金을 생生하고, 금金이 극極하면 목木을 생生하고, 목木이 극極하면 토土를 생生하니, 토土는 화火를 생生한다. 금화金火가 서로 위치를 바꾸는 것은 도역倒逆의 원리를 표상한다.[43]

위의 인용문은 그 내용에 따라서 세 부분으로 구분할 수 있다. 처음부터 '극즉반極則反'까지가 첫 번째 부분이며, 다음부터 '토이생화土而生火'까지가 두 번째 부분이고, 끝 부분이 나머지 내용이다.

첫째 부분은 역도의 내용을 작용원리를 중심으로 밝힌 것이다. 역도의 역易이라는 개념은 역逆과 같은 것으로 극極에 이르면 반反하는 원리를 상징적으로 나타내는 개념이다.

극極하면 반反한다는 것은 하나의 작용이 극단極端에 이르면 그 방향을 바꾸어 다른 방향으로 작용함을 뜻한다. 그것을 도서상수를 중심으로 살펴보면 일수一水로 역생逆生하면 육수六水로 도생倒成하며, 육수六水로 도생倒生하면 일수一水로 역성逆成하게 되고, 이화二火로 역생逆生하면 칠화七火로 도성倒成하며, 칠화七火로 도생倒生하면 이화二火로 역성逆成하고, 삼목三木으로 역생逆生하면 팔목八木으로 도성倒成하며, 팔목八木으로 도생倒生하면 삼목三木으로 역성逆成하고, 사금四金으로 역생逆生하면 구금九金으로 도성倒成하며, 구금九金으로 도생倒生하면 사금四金으로 역성逆成함을 나타낸 것이다. 이처럼 도생하여 역성하는 도생역성과 역생하여 도성하는 역생도성이 역도의 내용이다.

---

43) 金恒, 『正易』第二張, "易은 逆也니 極則反하나니라. 土極하면 生水하고 水極하면 生火하고 火極하면 生金하고 金極하면 生木하고 木極하면 生土하니 土而生火하나니라. 金火互宅은 倒逆之理니라."

도생역성은 도倒 방향으로 시생하여 역逆 방향에서 장성하는 원리이며, 역생도성은 역逆 방향에서 시생하여 도倒 방향에서 장성하는 원리이다. 그렇기 때문에 역도를 작용원리를 중심으로 나타내면 도역의 생성이다. 도는 십무극을 가리키는 개념이며, 역은 일태극을 가리키는 개념이다. 따라서 도생역성은 근원적 존재를 중심으로 그것이 현상하는 원리를 나타내며, 역생도성은 현상된 존재를 중심으로 근원적 존재와 합덕·성도하는 원리를 나타낸다.

『주역』에서는 도역을 순역으로 규정하고 시간의 측면에서 왕래를 중심으로 "지나간 것을 헤아리는 것은 순이며, 다가올 것을 아는 것은 역이다. 그러므로 역도는 역逆으로 헤아리는 것이다."[44]라고 하였을 뿐만 아니라 "역逆을 버리고, 순順을 취한다."[45]고 하여 역도의 내용이 순역작용임을 밝히고 있다.

도역의 생성작용의 이면에는 언제나 오수五數가 전제되어 있다. 오수는 오황극을 표상하는 수로 그것이 생성의 기준이 된다. 오황극을 중심으로 생수生數가 성수成數가 되고, 성수가 생수가 되는 것이다. 생수에 오수가 더하여지면 성수가 되고, 성수에서 오수가 제하여지면 생수가 된다.

『정역』에서는 도역생성을 언급한 후에 이어서 오가 그 중위中位에 있는데 그것이 황극[46]이라고 하여 오황극이 도역생성의 기준이 됨을 밝히고 있다. 이를 통하여 도역생성의 성격을 분명하게 파악할 수 있다.

첫째로 오황극은 인간의 본래성을 나타낸다. 그런데 인간 본래성은 천도와 지덕이 합덕된 도덕성이 그 본질이다. 따라서 오황극에 의하여 생성의 수가 나누어지는 동시에 그것을 바탕으로 도역의 생성이 이루어진다는 것은 도역의 생성이 물리적 존재의 생성이 아니라 도덕적 존재의 작용이며, 그렇기 때문에 도역생성은 도덕적 존재의 존재원리임을 알 수 있다.

둘째로 오황극을 매개로 생수와 성수의 변화를 통하여 도역의 작용이 표상되듯이 시간성의 측면에서는 시간성이 시의성으로 나타나면서 그것이 현재성이 되고, 현재성이 나타난 현재라는 시간을 기준으로 하여 과거와 미래라는 시간이 생성된다. 이러한 시간의 세계를 객관화, 대상화하여 나타낸 것이 공간 세계로서의 천지인의 세계이다.

도역의 작용을 통하여 천지일월의 사상의 세계가 형성됨은 곧 시간의 세계가 창조됨을

---

44) 『周易』 說卦 第三章, "數往者는 順하고 知來者는 逆하니 是故로 易은 逆數也라."
45) 『周易』 水地比卦 九五爻 爻象, "舍逆取順이 失前禽也오"
46) 金恒, 『正易』 第二張, "龍圖는 未濟之象而倒生逆成하니 先天太極이니라. 龜書는 旣濟之數而逆生倒成하니 后天无極이니라. 五居中位하니 皇極이니라."

뜻하는 동시에 시간의 과거와 미래 그리고 현재가 객관화한 천지인의 공간세계가 창조됨을 뜻한다. 그런 점에서 보면 신도가 표상하는 내용이 시간성의 시간화, 공간화원리란 곧 시공의 창조원리라고 할 수 있다.

도역의 생성 원리를 본체와 사상四象의 체용 구조를 나타내는 오행五行을 중심으로 표현한 것이 두 번째 부분이다. 오행원리는 역도의 체용을 모두 나타낸 것이다. 오행원리를 중심으로 역도를 천명한 것이 간지도수이다. 간지도수는 천간과 지지를 막론하고 오행저 구조에 의하여 구성된다.

천간과 지지는 본체원리를 표상하는 토土와 본체의 사상작용四象作用을 표상하는 목木·화火·금金·수水로 구성된다. 본체를 토土로 규정한 것은 작용원리를 표상하는 목화금수木火金水가 모두 땅에서 나는 사물인 것과 같이 토土가 목화금수木火金水의 시원, 근거임을 나타내기 위해서이다. 토가 표상하는 내용은 시간성의 구조원리로 그것을 수로 나타내면 십무극과 오황극의 십오가 된다. 그러므로 토土는 십토十土와 오토五土가 있다.

사상四象 작용을 표상하는 목화금수木火金水는 태양의 작용을 표상하는 목화木火와 태음의 작용을 표상하는 금수金水로 구분된다. 태양의 작용은 선천작용이며, 태음의 작용은 후천작용으로 목木은 선천의 선천작용을, 화火는 선천의 후천작용을, 금金은 후천의 선천작용을, 수水는 후천의 후천작용을 표상한다.

선천작용은 생장작용이며, 후천작용은 성도成道작용이다. 그렇기 때문에 목木은 선천의 시생작용을, 화火는 선천의 생장작용을 표상하며, 금金은 후천의 성도작용을, 수水는 후천의 합덕작용을 표상한다.

오행원리를 중심으로 도역생성을 나타내면 다음과 같다. 앞의 인용문에서는 극생極生을 논하고 있는데 그 내용은 성도成道원리이다. 그것은 생장원리를 중심으로 생성원리를 나타낸 것으로 극생의 내용은 성도이다. 그렇기 때문에 『정역』에서는 여기서 언급된 극생을 성成으로 논하고 있다.

생生의 원리를 언급한 부분을 보면 토생금土生金, 금생수金生水, 수생목水生木, 목생화木生火, 화생토火生土로 그것을 수를 중심으로 나타냄으로써 도역생성원리가 표상된다. 그렇기 때문에 토생금土生金이 두 번 언급되면서 처음에는 신구금辛九金을 논하고 다음에는 경사금庚四金을 논하여, 구금九金으로 도생倒生하여 사금四金으로 역성逆成함을 밝히고 있다.[47] 반면에 성成의 원리는 위의 인용문에서 언급된 것과 같이 토성수土成水, 수성화水成火, 화성금火成金, 금성목金成木, 목성토木成土이다.

---

47) 『正易』第十三張의 五行原理를 논하는 부분은 간지도수와 圖書象數를 함께 五行原理를 논하고 있기 때문에 복잡하게 얽혀있다.

　　오행원리는 간지도수의 정령도수와 율려도수에 의하여 표상된다. 그것은 간지도수가 정령도수와 율여도수로 구성됨을 뜻한다. 『정역』에서는 천간을 중심으로 기己・경庚・임壬・갑甲・병丙을 정령도수로 그리고 무戊・정丁・을乙・계癸・신辛의 율여도수로 규정[48]하고 있다.

　　도생역성과 역생도성에서 도생역성은 분생작용으로 외면적 작용이며, 역생도성은 합덕작용으로 내면적 작용이다. 그것을 정치의 측면에서 나타내면 예악과 문물제도의 관계와 같다. 그렇기 때문에 도생역성을 정령작용으로, 역생도성은 율여작용으로 규정한 것이다.

　　정령도수인 갑甲과 율여도수인 을乙이 합덕하여 갑을甲乙의 목木이 되고, 수數로는 삼三과 팔八이 된다. 이를 통하여 오행원리의 내용이 정령원리와 율여원리임을 알 수 있다. 삼팔三八의 수가 서로 바뀌면서 갑을甲乙 역시 서로 바꾸어짐으로써 도역의 생성작용이 표상된다.

　　간지도수에 의하여 오행원리를 천지의 수를 중심으로 표상한 것이 하도와 낙서이다. 하도와 낙서의 도상을 오행원리를 중심으로 살펴보면 하도의 금화金火의 위치가 서로 바뀌어서 낙서가 되고, 낙서의 금화가 서로 바뀌어서 하도가 된다.

　　금화金火의 교역交易에 의하여 역도의 작용원리인 도역생성원리가 표상된다. 따라서 도서는 금화호역원리金火互易原理를 표상하며, 그 내용은 도역생성이다. 그것을 나타내는 것이 인용문의 마지막 부분이다. 역도의 내용이 도역생성이며, 그 내용이 오행원리임을 밝힌 후에 오행원리를 중심으로 금화의 호역원리가 도역 생성원리임을 밝힌 것이다.

　　『정역』에서는 금金이 화火가 되고, 화火가 금金이 되는 것이 근원적인 천도天道라고 규정하고 있다.[49] 인용문의 내용을 보면 토土에서 수화금목水火金木을 거쳐서 다시 토土에 이르는 것으로 낙서의 도상을 오행五行을 통하여 표상하고 있다. 이것을 토대로 금화金火의 위치를 서로 바꾸면 하도의 도상이 되며, 그것을 간지도수를 중심으로 나타내면 갑을병정무기경신임계甲乙丙丁戊己庚辛壬癸가 된다.

　　하도를 보면 일一과 육六, 이二와 칠七, 삼三과 팔八, 사四와 구九가 서로 합덕되어 있어서 그 가운데 드러나지 않는 오황극五皇極이 전제되어 있다. 그것은 하도가 십오十五 본체 도수를 중심으로 역도를 천명하였기 때문이다. 오황극을 중심으로 그것을 사상四象 작용수가 표상하는 도역생성 작용원리로 도상화圖象化한 것이 낙서이다. 그렇기 때문에 낙서는 오수五數가 본체가 되고 그것에 의하여 이루어지는 도역 생성 작용을 생성의 사상수를 통하여 표상한다.

---

48)　金恒, 『正易』 第二十五張 「十一歸體詩」, "政令은 己庚壬甲丙이오 呂律은 戊丁乙癸辛을 地十爲天天五地하니"
49)　金恒, 『正易』 第二十五張 「十一歸體詩」, "火入金鄕金入火요 金入火鄕火入金을 火金金火原天道라."

그러면 역도를 일관하는 원리인 생성원리, 오행원리, 체용원리를 중심으로 간지도수의 구성원리가 무엇인지 살펴보자. 간지도수를 수를 중심으로 나타내면 무무위 육십수이다. 무무위 육십수는 근원적 존재를 표상하는 무위수 이십二+과 삼재적 구조를 표상하는 삼三을 상승함으로써 형성된다. 그것은 삼재가 합덕·성도됨으로써 밝혀진 근원적 세계인 무위수 세계를 표상하는 것이 무무위 육십수가 표상하는 간지도수원리임을 뜻한다.

성인의 도 곧 군자의 도를 매개로 천지가 합덕되고, 천이天人이 합덕되며, 신물神物이 합덕된 세계를 근원적 존재인 화옹지심化翁之心을 중심으로 표상한 것이 간지도수이다. 그렇기 때문에 무무위 육십수 가운데서 무위수 이십이 근본적인 수이다. 따라서 무무위 육십수의 구성원리는 무위수원리를 중심으로 고찰하지 않을 수 없다.

무위수는 근원적 존재를 수를 중심으로 나타낸 것으로 그것을 인격화하여 나타내면 화옹化翁, 화화옹化化翁, 화무옹化无翁, 화무상제化无上帝이며, 존재 특성을 중심으로 나타내면 무위적无位的 존재이자 공空이며, 반고盤古이다. 화옹, 상제는 근원적 존재가 인격적 존재임을 나타낸 것이며, 공과 무위는 형이상적 존재임을 나타낸 것이고, 반고는 영원한 존재임을 나타낸 것이다.

무위수 이십을 본체를 중심으로 분석하면 무극의 무극이다. 『정역』에서는 무극의 무극원리가 공자가 자각한 성인의 도임을 다음과 같이 밝히고 있다.

> 오호라, 지극하다, 무극无極의 무극无極이여, 공부자孔夫子께서 말씀을 통하여 밝히지 않았으나 그것을 자각하여 믿은 것은 그것이 부자夫子의 도이기 때문이다. 평생 동안 무극지무극无極之无極 원리를 근본으로 하는 역도를 자각함을 기뻐하여 십익十翼을 통하여 도생역성 원리를 중심으로 그것을 밝히고, 『논어』를 통하여 역생도성 원리를 중심으로 그것을 밝혔으니 진실로 만세萬世의 스승이시다.[50]

무극의 무극은 근원적 존재를 삼극의 도를 중심으로 밝힌 것으로 무극과 무극의 합덕을 통하여 형성된 이십수와 상승相乘을 통하여 형성된 일원수一元數 백百을 동시에 나타낸다. 무위수 이십과 일원수 백을 내용으로 하는 무극의 무극원리가 성통聖統을 따라서 전하여진 성인의 도의 내용인 것이다.

『정역』에서는 무극의 무극원리를 중도中道의 내용으로 규정하고 있다. 무극의 무극원리를 표상하는 것이 도서이며, 도서원리가 성통을 따라서 일부一夫에게 전하여짐으로써 간지도수 원리와 도서상수원리가 천명되어진 것이다. 무극의 무극을 작용원리를 중심으로 나

---

50) 金恒, 『正易』十五一言 第二張, "嗚呼至矣哉라 无極之无極이여 夫子之不言이시니라. 不言而信은 夫子之道시니라. 晩而喜之하사 十而翼之하시고 一而貫之하시니 儘我萬世師신져."

타내면 도역생성으로 그것을 『정역』에서는 수를 중심으로 다음과 같이 밝히고 있다.

> 중中은 십十과 십十, 일一과 일一의 공空이다. 요堯가 순舜에게 전한 궐중厥中의 중中이며, 공자孔
> 子의 시중時中의 중中이고, 일부一夫의 이른바 포오함육包五含六, 십퇴일진十退一進의 위位이다.[51]

위의 인용문에서는 먼저 도서를 구성하는 천지의 수가 모두 중도를 표상하는 것임을 나타낸 후에 중도의 내용이 십에서 일로의 도생역성 원리와 일에서 십으로의 역생도성 원리를 내용으로 하는 무위수원리임을 밝힌 것이다.

십십일일十十一一의 공空은 무극의 무극원리를 도역생성의 측면에서 밝힌 것이며, 공은 중도中道의 내용이 무위의 존재인 형이상적 존재임을 밝히기 위하여 사용한 개념이다. 그렇기 때문에 공空은 무위수 원리를 나타내는 것이다. 그러한 무위수 원리가 요堯·순舜에서 공자孔子 그리고 일부一夫에게 전하여진 성인의 도의 내용으로 각각 궐중厥中, 시중時中, 포오함육包五含六 십퇴일진十退一進의 위位로 밝힌 것이다.

무위수 이십을 분석하면 십오와 오의 합덕수인 동시에 십十에서 일一과 일一에서 십十의 두 십十을 합덕한 수이다. 본체 원리를 중심으로 무위수를 분석하였을 때 밝혀지는 것이 십오十五와 오五이며, 작용원리를 중심으로 무위수를 분석하였을 때 밝혀지는 것이 십일十一과 일십一十의 십십일일十十一一이다.

십오와 오는 하도와 낙서의 본체도수이며, 십십일일十十一一은 도역생성원리를 표상하는 두 십十이다. 도서의 합덕수인 일원수 백은 본체 도수인 십오와 오가 더하여진 무위수와 팔십의 작용도수를 모두 밝힌 것이다. 무위수 원리를 체용의 구조를 통하여 밝힌 것이 도서인 것이다. 따라서 도서원리를 중심으로 무위수 원리를 근거로 형성된 무무위 육십수 원리를 고찰해야함을 알 수 있다.

천간과 지지를 나누어서 분석하면 체體와 용用으로 구분되어지지만 천간과 지지가 합덕된 간지도수의 측면에서는 체용이 모두 작용하게 된다. 그렇기 때문에 작용원리를 중심으로 간지도수원리를 규정하면 오행원리가 된다.

오행원리를 표상하는 간지도수는 본체를 표상하는 도수나 작용을 표상하는 도수를 막론하고 시생원리를 표상하는 생수와 장성원리를 표상하는 성수로 구성된다. 그렇기 때문에 간지도수는 오행의 생성수로 구성된다.

---

51) 金恒, 『正易』 十一一言 第二十五張 「十一歸體詩」, "十은 十九之中이니라. 九는 十七之中이니라. 八은 十五之中이니라. 七은 十三之中이니라. 六은 十一之中이니라. 五는 一九之中이니라. 四는 一七之中이니라. 三은 一五之中이니라. 二는 一三之中이니라. 一은 一一之中이니라. 中은 十十一一之空이니라. 堯舜之厥中之中이니라. 孔子之時中之中이니라. 一夫所謂包五含六十退一進之位니라. 小子아 明聽吾一言하라 小子아."

천간과 지지를 막론하고 사상작용원리를 표상하는 도수는 생성의 관계를 나타내는 두 도수로 구성되지만 천간과 지지의 본체 도수가 각각 두 도수와 네 도수가 되어 천간은 열 도수가 되고 지지는 열두 도수가 된다.

천간을 구성하는 도수가 열 도수고, 지지를 구성하는 도수가 열두 도수가 된 것은 천간과 지지가 표상하는 내용이 다르기 때문이다. 천간은 본체원리를 중심으로 구성되며, 지지는 작용원리를 중심으로 구성된다. 그렇기 때문에 오행적 구조원리는 천간에서 분명하게 드러나며, 용구용육用九用六원리는 지지에서 분명하게 드러난다.

천간은 십오 본체도수가 중심이 되어 사상四象이 정위正位에서 용정用政하는 원리를 표상하기 때문에 오행의 생성원리를 표상하는 열 개의 도수로 구성되며, 지지는 사상 작용원리가 중심이기 때문에 용구用九와 용육用六을 표상하는 두 쌍의 기본도수와 사상작용을 표상하는 네 도수가 각각 더하여져서 열두 도수가 된다.

천간과 지지가 합덕되어 형성된 간지도수는 작용원리가 중심이 된다. 그렇기 때문에 본체 도수와 작용도수를 막론하고 모두 작용원리를 표상하게 된다. 간지도수가 표상하는 작용원리를 본체도수를 중심으로 고찰하면 천지의 합덕·성도원리가 되고, 작용도수를 중심으로 고찰하면 태음과 태양의 합덕·성도원리가 된다.

『정역』에서는 간지도수가 표상하는 수를 중심으로 기수는 천생지성天生地成으로 규정하고[52], 우수는 지생천성地生天成으로 규정하여 천지의 생성으로 규정하였다. 또한 기우의 수를 천지의 수로 규정하고 그것이 일월원리를 표상한다.[53]고 하여 천지의 생성이 일월역수의 생성임을 밝히고 그 내용인 태음과 태양의 합덕 성도 원리를 체계적으로 논하고 있다.

간지도수의 내용을 선후천을 중심으로 살펴보면 선천원리는 육갑六甲, 육경六庚으로 나타내고, 후천원리는 육계六癸, 육기六己로 나타난다. 육갑과 육경의 갑甲은 시생의 의미가 있으며, 경庚은 생장의 의미가 있다. 그러므로 육갑과 육경을 통하여 생장을 표상한다. 그것은 육갑과 육경이 시생하여 장성하는 선천에서 후천으로의 변화를 표상함을 뜻한다.

『주역』의 괘효사에서는 천간을 중심으로 육갑과 육경을 언급하고 있다. 천간을 중심으로 선갑삼일과 후갑삼일 그리고 선경삼일과 후경삼일을 언급하고 있는 것이 그것이다. 선

---

52) 金恒, 『正易』 十一一言 第二十三張에서 第二十四張, "洛書九宮 生成數 天一生壬水하고 地一成子水니라. 天三生甲木하고 地三成寅木이니라. 天七生丙火하고 地七成午火니라. 天五生戊土하고 地五成辰土하니 戊五는 空이니라. 天九生庚金하고 地九成申金이니라." 및 "河圖八卦 生成數 地十生己土하고 天十成丑土니라. 地四生辛金하고 天四成酉金이니라. 地六生癸水하고 天六成亥水니라. 地八生乙木하고 天八成未木하니 卯八은 空이니라. 地二生丁火하고 天二成巳火니라."

53) 金恒, 『正易』 十五一言 第二十張 正易詩, "天地之數는 數日月이니 日月이 不正이면 易匪易이라 易爲正易이라사 易爲易이니 原易이 何常用閏易고."

후갑삼일은 신임계갑을병정으로 그것이 육갑을 표상하며, 선후경삼일은 정무기경신임계로 그것이 육경을 표상한다.

선후갑삼일은 시생원리를 표상하며, 선후경삼일은 장성원리를 표상한다. 그것이 육효 중괘에 있어서는 각각 내괘와 외괘를 구성하는 원리가 된다. 선후갑삼일은 내괘원리를 그리고 선후경삼일은 외괘원리를 표상한다.

『주역』에서는 "마친 즉 시작함이 있음이 천도의 운행이다."고 하여 시간성이 변하여 시종의 시간으로 화하는 것이 천도임을 밝히고 있다. 이는 선후갑삼일이 표상하는 내괘원리를 나타낸다.

반면에 선후경삼일에 대하여서는 "처음은 없고 끝이 있다."고 하였다. 이는 시종을 넘어선 종시의 세계, 천도의 세계, 후천의 세계가 선후경삼일도수가 표상하는 내용임을 밝힌 것이다. 그런데 천간은 열 가지인데 왜 갑경을 중심으로 일곱 도수를 언급하고 있는 것인가?

그것은 『주역』이 괘효를 통하여 성명의 이치를 표상하고 있기 때문이다. 하나의 중괘重卦는 육효六爻에 의하여 구성되고, 각 효爻는 시종의 시위를 나타낸다. 그러므로 초효初爻에서 상효上爻에 이르면 다시 초효에 이르게 되는데 그것은 처음부터 일곱 도수가 경과했을 때 이루어진다. 그러므로 갑과 경을 중심으로 일곱 도수를 언급하게 된 것이다. 따라서 간지도수의 선후갑경원리가 근거가 되어 괘효가 구성된다.

반면에 육계는 계해癸亥로부터 시작된 간지도수가 임술壬戌에서 끝나서 계해癸亥, 계축癸丑, 계묘癸卯, 계사癸巳, 계미癸未, 계유癸酉의 여섯 계癸로 끝이 난다. 따라서 선후갑경도수가 천간을 중심으로 언급이 되고 있는 것과 달리 계해는 간지가 함께 언급되고 있다.

간지도수에서 계해와 함께 중요하게 언급되는 도수는 무진戊辰이다. 간지도수는 십오의 합덕작용을 표상한다. 십十을 본체로 하여 이루어지는 구九의 작용을 계해癸亥를 통하여 표상하고, 오五를 본체로 하여 이루어지는 육六의 작용을 무진戊辰을 통하여 표상한 것이다. 따라서 간지도수는 십오十五에 의하여 이루어지는 구육합덕九六合德작용을 표상한다.

간지도수가 표상하는 십오본체에 의하여 이루어지는 구육합덕작용을 체십용구體十用九와 체오용육體五用六으로 나누어서 표상한 것이 하도와 낙서이다. 하도는 십오의 합덕원리를 본체를 중심으로 표상한 도상이며, 낙서는 십오의 합덕에 의하여 이루어지는 구육작용을 표상한 도상이다.

2. 천간天干과 십오

앞에서 살펴본 바와 같이 간지도수 가운데서 천간은 본체원리를 중심으로 역도를 표상하기 때문에 천간의 분석을 통하여 간지도수의 구조원리가 밝혀진다.

역학의 근원적 존재를 표상하는 무위수 이십에서 본체도수인 십오를 중심으로 그것이 합덕하여 성도成道하는 원리를 표상하는 것이 천간이다. 『정역』에서는 천간을 정령도수와 율여 도수로 구분한 후에 "지십地十이 천天이 되고, 천오天五가 지地가 된다."[54)고 하였다. 이는 십과 오가 합덕된 상태를 나타내는 것으로 본래 지수地數인 십十이 천天이 되고, 천수인 오五가 지地가 됨으로써 천지가 합덕됨을 밝힌 것이다.

지십과 천오를 간지 도수에 의하여 나타내면 기己와 무戊이다. 『정역』에서는 기己와 무戊의 내용을 간지도수를 중심으로 밝히고 있을 뿐만 아니라 그 내용도 밝히고 있다. 기위己位는 십무극十无極이며, 무위戊位는 오황극五皇極이라는 것이다. 『정역』에서 밝히고 있는 무기戊己의 내용을 살펴보면 다음과 같다.

> 기위己位는 사금四金과 일수一水 그리고 팔목八木과 칠화七火의 중中으로 무극无極이다. 무극이면서 태극이니 십일十一이다. 십일은 지덕地德이면서 천도天道이다. 천도는 원圓하니 경庚ㆍ임壬ㆍ갑甲ㆍ병丙이요 지덕은 방方하니 이二ㆍ사四ㆍ육六ㆍ팔八이다. 무위戊位는 이화二火와 삼목三木 그리고 육수六水와 구금九金의 중中으로 황극皇極이다. 황극이면서 무극이니 오십五十으로 오십은 천도天度이면서 지수地數이다. 지수는 방하니 정丁ㆍ을乙ㆍ계癸ㆍ신辛이요, 천도天度는 원하니 구九ㆍ칠七ㆍ오五ㆍ삼三이다.[55)

위의 인용문을 보면 천간의 기己를 기위로, 무戊를 무위로 규정하고 기위는 사금, 일수, 칠화, 팔목의 중中이며, 무위는 이화, 삼목, 육수, 구금의 중이라고 하였다. 중中은 본체를 나타내는 개념으로 작용을 나타내는 개념은 정正이다. 따라서 무기는 각각 이화ㆍ삼목ㆍ육수ㆍ구금과 사금ㆍ일수ㆍ칠화ㆍ팔목의 본체임을 알 수 있다.

사금ㆍ일수ㆍ칠화ㆍ팔목은 각각 천간의 경임갑병을 수로 나타낸 것이며, 이화ㆍ삼목

---

54) 金恒 『正易』 「十一歸體詩」, "地十爲天天五地하니"
55) 金恒, 『正易』 第二十六張 雷風正位用政數, "己位는 四金一水八木七火之中이니 无極이니라. 无極而太極이니 十一이니라. 十一은 地德而天道니라. 天道라 圓하니 庚壬甲丙이니라. 地德이라 方하니 二四六八이니라. 戊位는 二火三木六水九金之中이니 皇極이니라. 皇極而无極이니 五十이니라. 五十은 天度而地數니라. 地數라 方하니 丁乙癸辛이니라. 天度라 圓하니 九七五三이니라."

·육수·구금은 천간의 정·을·계·신을 수로 나타낸 것이다. 따라서 기는 경·임·갑·병의 본체이며, 무는 정·을·계·신의 본체이다.

『정역』에서는 천간의 기경임갑병己庚壬甲丙을 정령도수로 규정하고, 무정을계신戊丁乙癸辛을 율여도수로 규정하고 있다.56) 기己는 정령도수인 경임갑병庚壬甲丙의 본체도수이며, 무戊는 율여도수인 정을계신丁乙癸辛의 본체도수이다.

기무己戊가 각각 정령도수와 율려도수의 본체이기 때문에 경임갑병庚壬甲丙의 정령도수는 기위己位의 정령작용을 표상하며, 정을계신丁乙癸辛의 율여도수는 무위戊位의 율여작용을 표상한다. 그렇기 때문에 『정역』에서는 "육수구금六水九金은 모여서 불어난 율律이며, 이화삼목二火三木은 나누어져서 나타난 려呂이다."57)고 하여 이화·삼목·육수·구금二火三木六水九金이 율여도수임을 밝히고 있다.

천간의 기위己位와 무위戊位는 각각 무극과 황극으로 무극은 태극으로 작용하며, 황극은 무극과 합덕하게 된다. 무극과 태극 그리고 황극은 수로는 십十과 일一 그리고 오五로 『정역』에서 삼극으로 규정한 것이다. 따라서 간지 도수가 표상하는 내용은 삼극의 도이다. 그렇기 때문에 기위를 무극으로, 무위를 황극으로 규정한 후에 무극이면서 태극(无極而太極)을 논하고 황극이면서 무극(皇極而无極)을 논하고 있다.

무극이면서 태극(无極而太極)과 황극이면서 무극(皇極而无極)은 삼극의 도를 작용원리를 중심으로 나타낸 것이다. 무극이태극无極而太極은 십무극을 본체로 이루어지는 도생역성을 나타내며, 황극이무극皇極而无極은 오황극을 본체로 이루어지는 역생도성을 나타낸다. 이를 통하여 기위己位의 정령작용은 도생역성이며, 戊位의 율여작용은 역생도성임을 알 수 있다.

기위를 본체로 이루어지는 정령작용은 천지의 도덕원리이다. 그렇기 때문에 무극이태극无極而太極을 수로 나타내기 위하여 십일로 규정하고 십일을 지덕이면서 천도(地德而天道)라고 하였다. 지덕이천도地德而天道는 지덕地德이 체가 되어 천도가 작용함을 나타낸다.

그런데 지덕을 이사육팔二四六八의 우수偶數로 나타내고, 천도를 경임갑병庚壬甲丙의 간지도수로 규정하고 있다. 이를 통하여 기위원리己位原理는 이사육팔二四六八의 우수원리를 본체로 하여 경임갑병庚壬甲丙의 간지도수로 작용함을 알 수 있다.

무위戊位의 율여작용은 천지의 도수원리이다. 그렇기 때문에 황극이무극皇極而无極을 수로 나타내기 위하여 오십으로 규정하고, 오십을 다시 천도이지수天度而地數로 규정하고 있

---

56) 金恒, 『正易』第二十五張 十一歸體詩, "政令은 己庚壬甲丙이오 呂律은 戊丁乙癸辛을 地十爲天 天五地하니"

57) 金恒, 『正易』第七張, "六水九金은 會而潤而律이니라. 二火三木은 分而影而呂니라."

다. 천도이지수天度而地數는 천도天度가 체가 되어 지수地數로 작용함을 나타낸다.

그런데 천도天度를 구칠오삼九七五三의 기수奇數로 규정하고, 지수地數를 정을계신丁乙癸辛의 간지도수로 규정하고 있다. 이를 통하여 무위의 율여작용은 구칠오삼의 기수원리를 본체로 하여 정을계신의 간지도수로 작용함을 알 수 있다.

도수원리와 도덕원리를 수로 나타내면 오십五十과 십일十一이다. 오십五十은 십오본체도수를 중심으로 나타낸 것이며, 십일十一은 십일귀체작용을 중심으로 나타낸 것이다. 십일귀체작용은 십오의 합덕에 의하여 이루어지는 작용으로 포오함육包五含六의 체오용육體五用六과 십진일퇴十退一進의 체십용구體十用九를 나타낸다. 십일귀체十一歸體는 용구用九 용육用六의 구육九六 작용이다. 따라서 오십의 도수원리와 십일의 도덕원리는 체용의 관계이다.

그런데 본체와 작용은 일원一源이다. 그렇기 때문에 황극이면서 무극이고, 무극이면서 태극이라고 하여 황극과 무극 그리고 태극이 일체임을 밝히고 있다. 십오의 천지의 합덕에 의하여 이루어지는 십일귀체작용을 중심으로 살펴보면 무극이면서 태극(无極而太極)은 기위와 무위의 합덕에 의하여 지덕으로 드러난 천도이기 때문에 지덕이면서 천도라고 하였고, 황극이면서 무극(皇極而无極)은 기위와 무위의 합덕에 의하여 천도天度로 드러난 지수地數이기 때문에 천도天度이면서 지수地數라고 하였다. 이를 통하여 천天의 도수가 지地에서는 도덕으로 나타나고, 천지의 도덕원리가 천天에서는 도수로 밝혀짐을 알 수 있다.

십일귀체 작용을 십오 본체도수를 중심으로 나타내면 천天이 지地에서 작용하는 도생역성과 지地가 천天에서 작용하는 역생도성이 된다. 『정역』의 「십일귀체시十一歸體詩」에서는 천간이 정령도수와 율여도수로 구성되었음을 밝힌 후에 본체도수인 무기戊己를 중심으로 양자의 관계를 밝히고 있다. 기위를 나타내는 지십이 천이 되고, 무위를 나타내는 천오가 지가 됨으로써 천지의 합덕에 의하여 정령작용과 율여작용이 이루어짐을 밝힌 것이다.

기위와 무위는 각각 수로는 십과 오로 기수와 우수로 나누면 기위의 십수十數는 지수地數이며, 무위戊位의 오수五數는 천수天數이다. 이 기우의 수가 합덕하여 지수地數인 십수十數가 천수가 되고 천수인 오수五數가 지地가 된다는 것은 십오가 합덕하여 지수인 십十은 땅에서 작용하고, 천수天數인 오五는 하늘에서 작용함을 뜻한다. 이러한 십오의 작용을 표상하는 것이 정령도수와 율여도수인 경·임·갑·병과 정·을·계·신이다. 무기의 합덕에 의하여 기를 체로 정을계신의 율여작용이 이루어지며, 무를 체로 경임갑병의 정령작용이 이루어지는 것이다.

정령작용과 율여작용는 방方과 원圓의 도형을 통하여 상징적으로 이해할 수 있다. 기위의 정령작용은 지덕地德으로 드러나는 천도天道로 방方이면서 원圓으로 나타낼 수 있으며, 무위戊位의 율여작용은 천도天度로 드러나는 지수地數로 원圓이면서 방方으로 나타낼 수 있다. 『정역』에서는 선천은 체방용원體方用圓이며, 후천은 체원용방體圓用方임을 밝히고 있다.58) 따라서 기위의 정령작용은 선천작용이며, 무위의 율여작용은 후천작용이다.

기위의 도덕원리는 선천원리이며, 무위의 도수원리는 후천원리이다. 『정역』에서는 기위를 간지도수의 측면에서 기사궁己巳宮으로, 무위를 간지도수의 측면에서 무술궁戊戌宮으로 규정하고 기사궁은 선천이면서 후천이라고 하였고, 무술궁은 후천이면서 선천이라고 하였다.59) 이로부터 천간이 표상하는 원리는 천지의 도수원리와 도덕원리로 그것이 선후천 원리임을 알 수 있다.

기위와 무위가 표상하는 천간원리가 천지의 도수원리와 도덕원리이며, 도수원리와 도덕원리가 체용의 관계이기 때문에 천간원리를 밝히기 위해서는 도수원리와 도덕원리의 두 측면을 살펴보아야 한다. 그것은 시간성의 원리인 삼극의 도와 공간성의 원리인 삼재의 도를 중심으로 천간이 표상하는 도수원리와 도덕원리를 고찰함을 뜻한다.

삼극의 도를 중심으로 천간원리를 고찰하면 그 본체와 작용은 기위己位·무위戊位와 태음·태양이다. 그런데 기위와 무위의 합덕에 의하여 형성된 존재가 일월이다. 그렇기 때문에 『정역』에서는 "수토水土의 성도成道에 의하여 천지가 생성되고, 천지의 합덕에 의하여 일월日月이 생성된다."60)고 하였다.

일월은 천지의 도를 대행하는 존재이다. 그렇기 때문에 "천지에 일월이 없으면 빈껍데기이다."61)고 하였을 뿐만 아니라 "무위는 도度는 순順하고 도道는 역逆하니 후천의 수금水金태음의 어머니이다. 기위는 도度는 역逆하고 도道는 순順하니 선천의 화목火木 태양의 아버지이다."62)고 하여 무위가 태음의 근본이며, 기위가 태양의 근본임을 밝히고 있다.

기위·무위와 태음·태양이 체용의 관계이기 때문에 기위·무위의 작용은 태음과 태양에 의하여 이루어진다. 그렇기 때문에 기위와 무위의 작용원리를 표상하는 경임갑병의 정령도수와 정을계신의 율여도수는 태음과 태양에 의하여 구성된다.

『정역』에서는 수·금을 태음으로 규정하고, 화·목을 태양으로 규정한 후에 태음이 일수의 혼魂이고 사금의 백魄이라고 하여 태음이 경·임의 근원임을 밝히고 있으며, 태양이 칠화七火의 기氣이며 팔목八木의 체體라고 하여 태양이 갑甲·병丙의 근원임을 밝히고 있

58) 金恒, 『正易』 第十九張 「先后天 正閏도수」, "先天은 體方用圓하니 二十七朔而閏이니라. 后天은 體圓用方하니 三百六旬而正이니라. 原天은 无量이니라."

59) 金恒, 『正易』 第十二張, "化翁은 无位시고 原天火시니 生地十己土니라. 己巳宮은 先天而后天이니라...戊戌宮은 后天而先天이니라."

60) 金恒, 『正易』 十五一言 第八張, "水土之成道가 天地요 天地之合德이 日月이니라."

61) 金恒, 『正易』 十五一言 第八張, "天地는 匪日月이면 空殼이오 日月은 匪至人이면 虛影이니라."

62) 金恒, 『正易』 十五一言 第三張, "戊位는 度順而道逆하야 度成道於三十二度하니 后天水金太陰之母니라. 己位는 度逆而道順하야 度成道於六十一度하니 先天火木太陽之父니라."

다.63) 따라서 정령도수는 경·임의 태음과 갑·병의 태양으로 구성되며, 율여도수 역시 정·을의 태양과 계·신의 태음으로 구성된다.

천간의 정령도수와 율여도수는 무위수 이십으로부터 형성된 것이다. 율여도수인 육수·구금·이화·삼목六水九金二火三木을 모두 합한 수가 무위수 이십이며, 정령도수인 사금·일수·칠화·팔목四金一水七火八木을 모두 더한 수 역시 무위수 이십임을 보아도 알 수 있다.

『정역』에서는 율여도수의 특성을 논하면서 "육수와 구금은 모여서 자라난 것으로 율律이고, 이화와 삼목은 나누어져서 나타난 것으로 여呂이다"64)고 하여 정령도수와 율여도수의 관계를 밝히고 있다. 육수와 구금은 성수로 생수인 사금과 일수가 모여서 형성된 것이며, 이화와 삼목은 생수로 성수인 칠화와 팔목이 나누어져서 형성된 것이다.

율여도수는 태음의 성도수인 육수·구금과 태양의 생도수인 이화·삼목으로 구성되며, 정령도수는 태음의 생도수인 사금·일수와 태양의 성도수인 칠화·팔목으로 구성된다. 그렇기 때문에 정령도수는 태양의 성도수인 팔칠八七을 중심으로 작용하고, 율여도수는 태음의 성도수인 구육九六을 중심으로 작용하게 된다. 태양은 선천적 작용으로 분생分生하여 생장하는 작용을 하며, 태음은 후천적 작용으로 합덕하여 성도하는 작용을 한다.

천간이 표상하는 역도의 내용은 선후천변화이다. 선천에서 후천으로 변화하는 선후천변화가 성령도수와 율여도수가 표상하는 내용인 것이다. 『정역』에서는 "도서원리는 후천에서 선천으로의 변화 원리이며, 천지의 도는 기제에서 미제로의 변화 원리이다."65)라고 하여 도서원리의 내용이 선후천 변화원리66)임을 밝히고 있을 뿐만 아니라 역수원리를 본체도수를 중심으로 표상한 삼극의 도를 논하면서 선천태극, 후천무극이라고 하여 삼극을 선후천으로 나누어서 무극을 후천과 함께 논하고, 태극을 선천과 함께 논하고 있다.

하도의 도생역성 작용은 후천에서 선천으로의 작용이며, 낙서의 역생도성 작용은 선천에서 후천으로의 작용이다. 이러한 선후천의 관계를 『정역』에서는 다음과 같이 밝히고 있다.

후천은 선천에서 정사政事하니 수화水火이며, 선천은 후천에서 정사政事하니 화수火水이다.67)

수화水火는 괘로 나타내면 기제괘旣濟卦이며, 화수火水는 괘로 나타내면 미제괘未濟卦이다.

---

63) 金恒, 『正易』十五一言 第三張, "戊位는 度順而道逆하야 度成道於三十二度하니 后天水金太陰之母니라. 己位는 度逆而道順하야 度成道於六十一度하니 先天火木太陽之父니라. 太陰은 逆生倒成하니 先天而后天이오 旣濟而未濟니라. 一水之魂이오 四金之魄이니...太陽은 倒生逆成하니 后天而先天이오 未濟而旣濟니라. 七火之氣요 八木之體니"

64) 金恒, 『正易』第七張, "六水九金은 會而潤而律이니라. 二火三木은 分而影而呂니라."

65) 金恒, 『正易』十五一言 第一張, "圖書之理는 后天先天이오 天地之道는 旣濟未濟니라."

66) 先後天 變化 原理에 대하여서는 拙稿,「易學의 先後天 變化 原理」를 참고 바람.

67) 金恒, 『正易』十五一言 第三張, "后天은 政於先天하니 水火니라. 先天은 政於后天하니 火水니라."

그러므로 선천에서 후천으로의 변화원리를 표상한 괘가 기제괘이며, 후천에서 선천으로의 변화원리를 표상하는 괘가 미제괘임을 알 수 있다. 하도를 미제괘를 통하여 미제의 상으로 규정하고, 낙서를 기제괘를 통하여 기제의 수로 규정[68]한 까닭이 여기에 있다.

도서원리는 상수원리로 그 내용이 기제괘와 미제괘를 통하여 표상된 선후천변화인 것이다. 기제는 이미 건너온 사건이라는 측면에서 선천적 변화이며, 미제는 아직 건너지 않았기 때문에 장차 건너야할 사건이라는 측면에서 후천적 변화로 선천적 변화를 표상하는 괘가 기제괘이며, 후천적 변화를 표상하는 괘가 미제괘이다.

간지도수가 표상하는 역도가 선후천 원리이기 때문에 천간의 구조 역시 선천원리를 표상하는 도수와 후천원리를 표상하는 도수로 나누어서 구성된다. 선천원리를 표상하는 목화木火가 본체도수인 무기戊己의 앞에 놓이고, 후천원리를 표상하는 금수金水가 본체도수인 무기戊己 뒤에 놓여서 십천간十天干이 형성된다.

선천을 표상하는 태양의 목화는 갑·을과 병·정이며, 후천을 표상하는 태음의 수금은 경·신과 임·계이다. 그러므로 본체를 표상하는 무기를 중심으로 선천원리를 표상하는 갑·을·병·정이 앞에 오고, 후천원리를 표상하는 경·신·임·계가 뒤에 온다.

본체도수인 무기는 합덕작용을 표상하기 위하여 무戊가 앞에 오고 기己가 뒤에 옴으로써 지천태地天泰의 합덕세계를 표상한다. 선천은 생장의 시대이며, 후천은 장성하여 이루어지는 성도·합덕의 시대이다.

선천을 표상하는 도수인 갑·을·병·정의 목화는 생장을 표상하며, 후천을 표상하는 도수인 경·신·임·계의 금수는 합덕·성도 원리를 표상한다.

갑을병정甲乙丙丁과 경신임계庚辛壬癸를 낙서의 사상수를 중심으로 살펴보면 갑을甲乙과 병정丙丁은 삼팔三八과 이칠二七로 생수인 이와 삼은 각각 성수인 용팔用八과 용칠用七에 대응하며, 성수인 칠과 팔은 각각 생수인 용삼用三과 용이用二에 대응한다. 용팔은 윤역의 시생원리를 표상하며, 용칠은 윤역의 장성원리를 표상한다. 용팔과 용칠에 대응하는 용이와 용삼 역시 시생원리와 장성원리를 표상한다. 그러므로 갑을병정은 모두 생수와 성수를 막론하고 각각 윤역의 생성원리를 표상한다.

경신과 임계는 수로는 사구와 일육으로 낙서의 사상수를 중심으로 이해하면 용구와 용일은 원역原曆을 표상하고, 용사用四와 용육用六은 정역正曆을 표상한다. 그런데 원역과 정역은 음양의 합덕역合德曆으로 모두 성도·합덕을 표상한다. 따라서 경신과 임계는 모두 음양의 성도·합덕을 표상한다.

---

68) 金恒, 『正易』 十五一言 第二張, "龍圖는 未濟之象而倒生逆成하니 先天太極이니라. 龜書는 旣濟之數而逆生倒成하니 后天无極이니라."

　선후천원리를 표상하는 천간의 열 도수는 각각 생성원리를 표상하는 두 도수의 조합에 의하여 구성된다. 그것은 선후천원리가 생성원리를 내용으로 함을 뜻한다. 갑·을·병·정과 경·신·임·계가 생성 관계일 뿐만 아니라 갑·을의 갑과 을 역시 생성관계이다. 갑과 을은 수로는 삼과 팔로 생수와 성수의 관계이다. 병과 정은 이와 칠로 역시 생성의 관계이며, 무와 기는 오와 십으로 생성관계이고, 경과 신은 사와 구로 생성관계이며, 임과 계 역시 일과 육으로 생성관계이다.

　선천의 생장원리를 표상하는 갑·을과 병·정 가운데서 갑·을은 천지의 생성원리를 표상하며, 병·정은 만물의 생성원리를 표상한다. 후천의 합덕·성도원리를 표상하는 경·신과 임·계 가운데서 경·신은 성인과 군자의 합덕·성도원리를 표상하며, 임·계는 선천과 후천의 합덕·성도원리를 표상한다.

　『정역』에서는 천간을 중심으로 선후천 원리를 생성원리로 구분하여 나타내고 있다. 기사궁에 의하여 선천에서 후천을 향하는 선천적 작용이 이루지고, 무술궁에 의하여 후천에서 선천을 향하는 후천적 작용이 이루어짐을 밝힌 것이다. 기사궁에 의한 작용은 생작용이며, 무술궁에 의한 작용은 성작용이다. 『정역』에서는 기사궁과 무술궁의 기본 작용을 다음과 같이 밝히고 있다.

> 　기사궁은 선천이면서 후천이다. 지십地十의 기토己土가 천구天九인 신금辛金을 낳고, 천구신금은 지육계수地六癸水를 낳으며, 지육계수는 천을삼목을 낳고, 천을삼목은 지이정화를 낳으며, 지이정화는 천오무토를 낳는다. 무술궁은 후천이면서 선천이다. 천오무토는 지사경금을 낳고, 지사경금은 천일 임수를 낳으며, 천일 임수는 지팔갑목을 낳고, 지팔갑목은 천칠병화를 낳으며, 천칠병화는 지십기토를 낳는다.[69]

　위의 내용을 보면 기사궁에 의한 작용은 지십기토에서 시작하여 천오무토에서 완성되며, 무술궁에 의한 작용은 천오무토에서 시작하여 지십기토에서 완성된다. 기사궁에 의하여 율여작용이 이루어지기 때문에 기사궁에 의한 작용은 수로는 구육삼이의 율여도수에 의하여 표상되며, 천간으로는 기에서 시작하여 신계을정을 거쳐서 무에서 완성된다.

　무술궁에 의하여 정령 작용이 이루어지기 때문에 무술궁의 작용을 수로 나타내면 오에서 시작하여 사일팔칠을 거쳐서 십에서 완성되는 작용으로 천간으로는 무에서 시작하여

---

69) 金恒, 『正易』第十二張, "己巳宮은 先天而后天이니라. 地十己土는 生天九辛金하고 天九辛金은 生地六癸水하고 地六癸水는 生天三乙木하고 天三乙木은 生地二丁火하고 地二丁火는 生天五戊土니라. 戊戌宮은 后天而先天이니라 天五戊土는 生地四庚金하고 地四庚金은 生天一壬水하고 天一壬水는 生地八甲木하고 地八甲木은 生天七丙火하고 天七丙火는 生地十己土니라."

경임갑병을 거쳐서 기에서 완성된다. 이를 통하여 천간이 표상하는 선후천 원리는 율여 작용과 정령 작용임을 알수 있다.

천간에 의하여 표상되는 정령작용과 율여작용은 생성원리이다. 정령작용과 율여작용은 음양작용으로 양자는 합덕작용을 한다. 그렇기 때문에 『정역』에서는 기사궁과 무술궁의 생성 작용을 다음과 같이 밝히고 있다.

> 지십地十의 기토己土는 천구경금天九庚金을 낳고, 천구경금天九庚金은 지육계수地六癸水을 낳으며, 지육계수地六癸水는 천삼갑목天三甲木을 낳고, 천삼갑목天三甲木은 지이병화地二丙火를 낳으며, 지이병화地二丙火는 천오무토天五戊土를 낳고, 천오무토天五戊土는 지사신금地四辛金을 낳고, 지사신금地四辛金은 천일임수天一壬水를 낳고, 천일임수天一壬水는 지팔을목地八乙木을 낳으며, 지팔을목地八乙木은 천칠정화天七丁火를 낳고, 천칠정화天七丁火는 지십기토地十己土를 낳는다. 기십기토地十己土는 천일임수天一壬水를 이루고, 천일임수天一壬水는 지이정화地二丁火를 이루며, 지이정화地二丁火는 천구신금天九辛金을 이루고, 천구신금天九辛金은 지팔을목地八乙木을 이루고, 지팔을목地八乙木은 천오무토天五戊土를 이루며, 천오무토天五戊土는 지육계수地六癸水를 이루며, 지육계수地六癸水는 천칠변화天七丙火를 이루고, 천칠변화天七丙火는 지사경금地四庚金을 이루고, 지사경금地四庚金은 천삼갑목天三甲木을 이루며, 천삼갑목天三甲木은 지십기토地十己土를 이룬다.[70]

위의 내용을 보면 무술궁의 작용과 기사궁의 작용은 정령도수와 율여도수가 각각 합덕 하여 이루어짐을 알 수 있다. 기사궁의 생작용은 기己를 본체로 하고, 병갑경을 중심으로 작용하며, 계癸를 매개로 하여 무술궁의 율여작용과 합덕한다. 무술궁의 생작용은 무戊를 본체로 하고 정을신을 중심으로 작용하며, 임壬을 매개로 하여 기사궁의 정령작용과 합덕 한다.

기사궁과 무술궁의 생작용이 정령도수와 율여도수의 합덕에 의하여 표상되기 때문에 기 사궁의 작용은 기에서 시작하여 경계갑병을 거쳐서 무에서 완성되며, 무술궁은 무에서 시 작하여 신임을정을 거쳐서 기에서 완성된다. 그런데 생작용은 비록 정령도수와 율여도수 가 합덕하지만 모든 천간이 합덕한 것이 아니라 오직 수토만이 합덕한다. 뿐만 아니라 수 역시 율여도수는 구육삼이며, 정령도수는 사일팔칠로 기사궁과 무술궁의 기본작용을 표 상하는 도수와 변함이 없다.

---

70) 金恒, 『正易』 第十二張에서 第十三張, "地十己土는 生天九庚金하고 天九庚金은 生地六癸水하고 地六癸水 는 生天三甲木하고 天三甲木은 生地二丙火하고 地二丙火는 生天五戊土하고 天五戊土는 生地四辛金하고 地四辛金은 生天一壬水하고 天一壬水는 生地八乙木하고 地八乙木은 生天七丁火하고 天七丁火는 成地十 己土니라. 地十己土는 成天一壬水하고 天一壬水는 成地二丁火하고 地二丁火는 成天九辛金하고 天九辛金 은 成地八乙木하고 地八乙木은 成天五戊土니라. 天五戊土는 成地六癸水하고 地六癸水는 成天七丙火하고 天七丙火는 成地四庚金하고 地四庚金은 成天三甲木하고 天三甲木은 成地十己土니라."

　　그러나 기사궁과 무술궁에 의한 성도작용은 도수나 천간을 막론하고 서로 바뀌게 된다. 그것은 정령도수와 율여도수가 서로 합덕함으로써 비로소 음양 합덕 작용이 이루어지기 때문이다. 도수의 관점에서 기사궁의 성도작용은 십에서 일이구팔을 거쳐서 오에 도달하고, 무술궁의 성도작용은 오에서 시작하여 육칠사삼을 거쳐서 십에 이르게 된다.

　　천간의 측면에서 살펴보면 기사궁은 기에서 시작하여 임정신을 거쳐서 무에 도달하며, 무술궁은 무에서 시작하여 계병경갑을 거쳐서 기에 이르게 된다. 이를 보면 기사궁은 기토와 임수가 합덕하여 정을신의 작용이 이루어지며, 무술궁은 무토와 계수가 합덕하여 병갑경의 작용의 이루어짐을 알 수 있다.

　　생성원리와 합덕·성도원리를 표상하는 천간도수 가운데서 병·정과 임·계는 다른 도수와 다른 중요한 의미를 갖는다. 『정역』에서는 "수토가 성도하여 천지가 형성된다."[71]고 하여 간지도수원리를 수토를 중심으로 논하였을 뿐만 아니라 "화옹은 무위이고 원천화原天火이니 지십地十인 기토己土를 생한다."[72]고 하여 근원적 존재를 원천화로 규정하고 있다. 이는 십오 무기의 합덕 작용을 매개하는 존재가 수화임을 밝힌 것이다. 기토의 정기精氣는 임계수壬癸水로 임계를 매개로 수토가 성도하며, 무토戊土의 정기精氣는 병정화丙丁火로 병정을 매개로 화토가 성도한다. 임계와 병정의 수화에 의하여 십오가 합덕·성도할 뿐만 아니라 합덕작용이 이루어진다.

　　십토의 용구작용은 임계수에 의하여 이루어지며, 오토의 용육작용은 병정화에 의하여 이루어지는 것이다. 기토와 임계수, 무토와 병정화의 관계를 도서상수에 의하여 나타내면 체십용구體十用九와 체오용육體五用六이 된다. 무기 십오토를 본체 이루어지는 임계·병정의 구육작용이 이루어지는 것이다.

　　천지의 도를 중심으로 살펴보면 병정은 십오 무기가 합덕됨으로써 천天에서 이루어지는 지地의 작용으로서의 역수원리를 표상하며, 임계는 십오 무기가 합덕됨으로서 지地에서 이루어지는 천天의 작용으로서의 조석潮汐원리를 표상한다.

　　『정역』에서는 "조석의 이치는 일육一六 임계壬癸의 수水가 북방에 위치하고, 이칠二七 병정화丙丁火가 남방에 자리하여 화기火氣가 위로 타오르고, 수성水性이 아래로 내려가서 서로 충격衝激하고 진퇴進退하여 시후기절時候氣節의 일월日月의 정사政事가 뒤따른다."[73]고 하였다.

---

71) 金恒, 『正易』 十五一言 第八張, "水土之成道가 天地요 天地之合德이 日月이니라."
72) 金恒, 『正易』 十五一言 第十二張, "化翁은 无位시고 原天火시니 生地十己土니라."
73) 金恒, 『正易』 十五一言 第八張, "潮汐之理는 一六壬癸水位北하고 二七丙丁火宮南하야 火氣는 炎上하고 水性은 就下하야 互相衝激하며 互相進退而隨時候氣節은 日月之政이니라."

『정역』에서는 십오 무기를 기강紀綱으로 규정하고, 이칠二七을 경위經緯로 규정하고 있다.[74] 이는 십오와 이칠의 무기와 병정을 체용의 관계로 규정한 것이다. 왜냐하면 기강과 경위가 체용의 관계이기 때문이다. 정역팔괘도에서는 십오 무기를 건곤乾坤으로 규정하고, 건곤과 더불어 이와 칠을 천天과 지地로 규정하고 있다.[75] 건곤과 천지의 관계 역시 형이상자形而上者와 형이하자形而下者의 관계로 체용의 관계이다.

병정화丙丁火가 중심이 되어 천지를 논하게 된 까닭은 천天과 지地가 체용의 관계이기 때문에 천에서 작용하는 병정화가 지에서 작용하는 임계수를 포함하기 때문이다. 금화정역도金火正易圖에서는 천도를 표상하는 원도圓圖에는 갑을과 경신만을 배치하고 나머지 무기와 병정, 임계는 지도地道를 표상하는 방도方圖 안에 배치하고 있다.[76] 『정역』에서는 천간이 표상하는 선후천변화를 병정을 중심으로 다음과 같이 나타내고 있다.

> 병 · 갑 · 경의 삼궁三宮은 선천의 천지이고, 정 · 을 · 신의 삼궁은 후천의 지천이다.[77]

위의 내용을 보면 천간원리의 내용이 선후천원리임을 알 수 있을 뿐만 아니라 선후천원리를 집약적으로 표상한 도수가 갑 · 을 · 경 · 신과 병 · 정임을 알 수 있다. 이는 본체도수인 무 · 기가 표상하는 원리가 선후천원리임을 작용도수를 중심으로 나타낸 것이다.

작용원리를 표상하는 정령도수와 율여도수 가운데서 임 · 계는 논하지 않는 것은 임 · 계 역시 천도를 표상하기 때문이다. 병 · 갑 · 경은 선천의 천지비괘天地否卦 원리를 표상하며, 정 · 을 · 신은 후천의 지천태괘地天泰卦 원리를 표상한다. 갑 · 경은 선천원리를 표상하는 도수로 갑은 선천의 천도를 표상하고, 경은 선천의 지도地道를 표상하며, 을 · 신은 후천원리를 표상하는 도수로 을은 후천의 지도地道를 표상하고, 신은 후천의 천도를 표상한다.

그리고 갑 · 경과 을 · 신의 선후천원리를 대표하는 도수가 병과 정이다. 병과 정은 각각 성인의 도와 군자의 도를 표상한다. 성인의 도를 표상하는 병이 선천원리를 표상하는 갑 · 경 도수의 앞에 온 것은 성인의 도가 선천의 중심이기 때문이다. 마찬가지로 군자의 도를 표상하는 정을 후천원리를 표상하는 을 · 신 도수의 앞에 놓은 것은 군자의 도가 후천의 중심이기 때문이다.

성인의 도와 군자의 도가 선후천의 중심이라는 것은 천지의 선후천 변화가 성인과 군자에 의하여 완성되어짐을 뜻한다. 이처럼 성인과 군자라는 인격적 존재에 의하여 십오 천지

---

74) 金恒, 『正易』十五一言 第二張, "十은 紀요 二는 經이오 五는 綱이오 七은 緯니라."
75) 金恒, 『正易』第三十張 正易 八卦圖 參照.
76) 金恒, 『正易』第二十一張, 金火 正易圖 參照.
77) 金恒, 『正易』十五一言 第十四張, "丙甲庚三宮은 先天之天地니라. 丁乙辛三宮은 后天之地天이니라."

의 뜻이 대행되어지는 것이 십오존공위체十五尊空爲體이다. 그렇기 때문에 이 부분은 천간의 내용이 십오존공위체임을 밝힌 것이라고 하겠다.

간지의 정령도수와 율여도수가 표상하는 선후천원리를 인간 주체화하여 이해하면 천지와 성인·군자가 부모와 자녀라는 인격적 관계로 정위正位되는 원리가 된다. 그것을 『정역』에서는 뇌풍雷風이 제자리에서 작용하는 원리로 규정하고 있다. 『정역』에서 정령도수와 율여 도수에 의하여 표상되는 도역생성을 밝히면서 그것을 「뇌풍정위용정수雷風正位用政數」로 규정한 까닭이 여기에 있다. 「뇌풍정위용정수」는 뇌풍이 정위에서 용정하는 원리를 표상하는 도수라는 의미이다.

뇌풍은 십오 천지의 뜻을 대행하는 장자적長子的 존재인 성인과 군자를 지칭하는 개념으로 성인과 군자에 의하여 천지의 뜻이 대행됨으로써 천지가 합덕·성도되는 원리를 간지도수를 중심으로 밝힌 것이 「뇌풍정위용정수」이다. 『정역』에서는 "이치는 본원本原에 모이니 본원은 성품이다. 건곤의 천지에 뇌풍이 중심이다.."[78]고 하여 건곤 천지의 중심이 뇌풍임을 밝히고 있을 뿐만 아니라 "일월은 크게 건곤댁乾坤宅을 밝히고, 천지는 뇌풍궁雷風宮에서 장관壯觀을 이룬다."[79]고 하여 십오 건곤 원리의 내용이 일월원리이며, 천지의 작용이 뇌풍에 의하여 이루어짐을 밝히고 있다.

정령도수와 율여도수가 표상하는 간지도수가 인격적 존재의 존재원리이기 때문에 정령도수의 본체인 기己와 율여도수의 본체인 무戊를 논하면서 그것을 기위와 무위로 규정하고 있다. 기위와 무위의 '위位'는 인격적 위상位相을 나타내는 개념으로 기己와 무戊를 인격적 위상을 통하여 규정함으로써 간지도수를 통하여 천과 지가 각각 정위하게 되는 천지정위 원리가 표상된다.

『주역』에서는 천지의 도덕적 본성을 자각하고 그것을 체용의 관계로 표상하여 건곤괘가 형성되었음을 통하여 천지정위원리를 논하고 있다.[80] 성인이라는 인격적 존재에 의하여 인격적 존재인 천지의 뜻이 자각되고 천명闡明됨으로써 천지와 인간이 부모와 자녀라는 인격적 관계로 정위됨을 밝힌 것이다. 『정역』의 십오일언十五一言에서는 기위와 무위를 태양과 태음의 부모로 규정하여 기위·무위와 태음·태양의 관계를 인격적 관계인 부자로 규정하여 이점을 분명하게 밝히고 있다.[81]

78) 金恒 『正易』 第七張, "理會本原은 原是性이오 乾坤天地에 雷風中이라"
79) 金恒 『正易』 第九張, "日月은 大明乾坤宅이오 天地는 壯觀雷風宮이라."
80) 『周易』, 繫辭上篇 第一章, "天尊地卑하니 乾坤이 定矣오"
81) 金恒, 『正易』, 十五一言 第一張, "戊位는 度順而道逆하야 度成道於三十二度하니 后天水金太陰之母니라. 己位는 度逆而道順하야 度成道於六十一度하니 先天火木太陽之父니라."

3. 지지地支와 구육九六

앞에서 살펴본 바와 같이 천간이 오행, 생성, 체용의 구조를 중심으로 신명원리를 표상하고 있는 것과 달리 지지는 본체에 의하여 이루어지는 작용을 중심으로 신명원리를 표상하고 있다. 그렇기 때문에 지지의 연구는 천간의 분석을 통하여 드러난 구조원리와 더불어 용구용육用九用六을 중심으로 연구하여야 한다.

지지가 구조원리를 중심으로 신명원리를 표상하는 천간과 달리 작용원리가 중심임을 확인할 수 있는 부분은 천간의 본체가 무戊·기己의 음양토陰陽土인 것과 달리 지지의 본체가 진辰·술戌·축丑·미未의 사상토四象土라는 점이다. 지지가 표상하는 용구용육의 내용은 사상작용四象作用이다. 그렇기 때문에 사상작용을 중심으로 본체를 표상하면 본체 역시 네 토가 되지 않을 수 없다. 이처럼 천간은 음양의 토이지만 지지가 사상의 토임을 통하여 지지는 지상에서 작용하는 천도天道를 표상하며, 천간은 천상에서 작용하는 지도地道를 표상함을 알 수 있다. 그렇기 때문에 간지도수와 괘효를 합덕시켜서 표상한『정역』의「금화정역도金火正易圖」82)에서는 지지를 모두 천도를 표상하는 원도圓圖 가운데 배치하고, 천간은 지도를 표상하는 방도方圖 가운데 배치하고 있다.

지지地支도수가 용구용육 위주로 신명원리를 표상하고 있음을 확인할 수 있는 두 번째의 문제는 오행을 구성하는 동질의 생성수가 서로 나누어져 있다는 점이다. 천간의 구조를 보면 목화토금수를 구성하는 생수生數와 성수成數가 모두 하나의 궁宮을 이루면서 합덕되어 있다. 이를 수를 중심으로 살펴보면 천간은 삼三과 팔八, 이二와 칠七, 오五와 십十, 사四와 구九, 일一과 육六이 하나의 궁에서 합덕되어 있다.

그러나 지지는 오직 인묘寅卯와 신유申酉의 목금木金만이 생성의 수가 합덕되어 있을 뿐 나머지 수화水火와 토土는 각각 나누어져 있다. 본체도수인 축丑과 진辰, 미未와 술戌이 십과 오로 음양합덕관계이며, 삼과 팔의 인묘寅卯, 이와 칠의 사오巳午, 구와 사의 신유申酉, 일과 육의 해자亥子가 모두 음양생성합덕 관계임에도 불구하고 오직 목금만이 생성수가 합덕되고 나머지 도수가 생수와 성수가 서로 나누어져 있는 것은 시생원리를 표상하는 목과 장성원리를 표상하는 금을 중심으로 생성작용을 표상하기 위함이다.

지지의 본체도수인 오십의 토는 각각 목화금수의 네 작용을 합덕시키는 본체도수임을

---

82) 金恒,『正易』十五一言 第二十一張, 金火 正易圖 參照.

나타내기 위하여 목·화·금·수의 사이에 놓여 있다. 해자와 인묘의 사이에는 축토丑土가 있고, 인묘와 사오의 사이에는 진토辰土가 있으며, 사오와 신유의 사이에는 미토未土가 있고, 신유와 해자의 사이에는 술토戌土가 있다. 목과 화, 금과 수의 사이에는 진술의 오토가 놓이고 화와 금, 수와 목의 사이에는 축미의 십토가 놓여있다. 이를 통하여 목화와 금수의 사상작용은 오토에 의하여 주재되며, 목화의 선천작용과 금수의 후천작용이 끝나고 시작되는 종시의 계기에는 각각 십토가 주재함을 알 수 있다.

목화와 수금의 사상작용이 오토五土에 의하여 주재된다는 것은 태음과 태양의 작용이 오황극을 중심으로 이루어짐을 뜻한다. 『정역』에서 "천지에 일월이 없으면 빈껍데기이고, 일월도 지인이 없으면 헛된 그림자와 같다."[83]고 한 까닭이 여기에 있다. 지인至人인 성인과 군자에 의하여 성인과 군자가 합덕되고, 군자와 백성이 합덕됨으로써 일월이 동궁同宮·동궁同度되고 천지가 합덕·성도된다.

그러나 태음과 태양의 근원은 성인과 군자가 아니라 천지이다. 그렇기 때문에 천지를 표상하는 십무극에 의하여 선후천변화가 주재된다. 그것을 표상하기 위하여 종시변화의 계기를 표상하는 목화와 금수의 사이에 십토十土가 놓여있다.

지지地支를 오행적 구조와 생성 구조를 중심으로 고찰하면 해자亥子에서 시작하여 술戌에서 끝나게 되어 오행상의 동질의 생수와 성수가 서로 합덕될 뿐만 아니라 수·목·화·금의 사상작용도수 사이에서 그 작용을 주재하는 토가 놓이게 되어 천간을 통하여 그 구조가 밝혀진 오행작용의 구체적인 내용이 분명하게 드러난다. 그럼에도 불구하고 해亥에서 시작하지 않고 자子에서 시작하는 까닭은 천간에 의하여 표상된 구조가 그대로 구현되는 것은 후천이며, 선천에서는 생성의 수가 각각 분리하여 생장하기 때문이다.

천간은 본체원리를 위주로 표상하였기 때문에 본체도수인 무기戊己 역시 십오의 지천태괘가 표상하는 후천을 표상하고, 지천地天이 합덕된 세계를 바탕으로 갑·을·병·정의 목·화를 통하여 선천원리를 표상하는 동시에 경·신·임·계의 수금을 통하여 후천원리를 표상한다. 지지는 작용원리가 중심이기 때문에 자子에서 시작하여 해亥에서 끝남으로서 용구용육원리를 표상한다. 천간이 갑·을에서 시작되고 지지가 자·축으로 시작됨을 『정역』에서는 다음과 같이 논하고 있다.

천일天一의 임수壬水는 만 번 꺾여도 반드시 동東으로 돌아가고, 지일地一의 자수子水는 만 번 꺾여도 반드시 본체本體로 돌아간다.[84]

---

83) 金恒, 『正易』 十五一言 第八張, "天地는 匪日月이면 空殼이오 日月은 匪至人이면 虛影이니라."
84) 金恒, 『正易』 十五一言 第九張, "天一壬水兮여 萬折必東이로다. 地一子水兮여 萬折于歸로다."

임수는 천간으로 그것이 반드시 동으로 돌아간다는 것은 천간이 갑·을의 목으로 시작됨을 나타낸다. 반면에 자수는 지지로 그것이 본체로 돌아간다는 것은 해수亥水로 성도成道함을 뜻한다. 이는 자해의 일육수를 중심으로 인·묘와 신·유의 목금의 작용이 이루어짐을 나타낸 것으로 천간의 임수가 계수로 성도하여 갑을의 목으로 작용함을 나타내는 동시에 지일의 자수가 육수인 해수로 성도함을 나타낸다.

『정역』의 십일일언에서는 지지를 중심으로 천지의 개벽원리85)를 논하여 선천의 지지가 자축으로 시작됨을 다음과 같이 논하고 있다.

> 십토十土와 육수六水는 바뀌지 않는 지地이며, 일수一水와 오토五土는 바뀌지 않는 천天이다. 하늘의 정사는 자子에서 열리고, 땅의 정사는 축丑에서 열린다.86)

위의 인용문에서 일수一水는 천간天干의 임壬과 지지地支의 자子로 임자壬子의 일수一水가 오토五土와 성도·합덕하여 육수六水인 계해癸亥가 되고, 오토五土는 육수六水와 성도·합덕하여 십토十土가 된다. 천정天政은 임자壬子의 일수一水에서 열려서 계해癸亥로 성도하고, 지정地政은 기축己丑의 십토十土에서 열려서 무술戊戌로 합덕·성도한다.

천간이 선후천원리를 표상한 것과 같이 지지 역시 용구용육도수를 통하여 선후천변화원리를 표상한다. 지지 가운데서 선천원리를 표상하는 도수는 자子·인寅·진辰·오午·신申·술戌이며, 후천원리를 표상하는 도수는 축丑·묘卯·사巳·미未·유酉·해亥이다. 『정역』에서는 앞의 여섯 도수를 천간의 정령도수인 경庚·임壬·갑甲·병丙·무戊와 함께 논하고, 뒤의 여섯 도수는 천간의 율려도수인 기己·정丁·을乙·계癸·신辛과 함께 논하고 있다.87) 이를 통하여 선천원리를 표상하는 자子·인寅·진辰·오午·신申·술戌은 정령작용을 표상하는 정령도수이며, 후천원리를 표상하는 축丑·묘卯·사巳·미未·유酉·해亥는 율려작용을 표상하는 율려도수임을 알 수 있다. 『정역』에서는 지지를 구성하는 도수를 선후천원리를 중심으로 다음과 같이 논하고 있다.

> 자子·인寅·오午·신申은 선천의 선천과 후천이며, 축丑·묘卯·미未·유酉는 후천의 선천과

---

85) 開闢은 물리적 天地가 열리는 것을 뜻하지 않는다. 天政의 開闢은 聖統이 전개됨으로써 先天이 시작됨을 뜻하며, 地政의 開闢은 君子와 聖人의 合德에 의하여 君民合德이 이루어짐으로써 後天이 시작됨을 뜻한다. 그러므로 天地設位와 地政闢丑, 君民合德의 의미는 같다.

86) 金恒, 『正易』 十五一言 第二十二張, "十土六水는 不易之地니라 一水五土는 不易之天이니라. 天政은 開子하고 地政은 闢丑이니라. 丑運은 五六이오 子運은 一八이니라."

87) 金恒, 『正易』 十一一言 第二十三張에서 第二十四張 參照.

후천이다.[88]

위의 내용을 통하여 자子·인寅·오午·신申은 선천을 표상하며, 축丑·묘卯·미未·유酉는 후천을 표상함을 알 수 있다. 자子·인寅은 선천의 선천을 표상하며, 오午·신申은 선천의 후천을 표상하고, 축丑·묘卯는 후천의 선천을 표상하며, 미未·유酉는 후천의 후천을 표상한다. 지지 역시 합덕원리를 표상하기 때문에 선천과 후천을 표상하는 정령도수와 율려도수가 합덕하여 자子·축丑·인寅·묘卯와 오午·미未·신申·유酉가 형성된다.

그런데 위의 인용문 가운데서 진辰·사巳와 술戌·해亥의 네 도수는 언급되지 않고 있다. 이는 진辰·사巳와 술戌·해亥가 앞의 여덟 도수와 그 성격이 다르기 때문이다.『정역』의 무극과 황극의 체위도수를 언급하고 있는 부분을 보면 정령도수인 진·술은 천간의 무戊와 합덕하고, 율려도수인 사·해는 천간의 기己와 합덕하여 기사己巳, 무진戊辰, 무술戊戌, 기해己亥 도수를 형성하고 있다.[89]

기사는 기위를 표상하며, 무진은 기위와 무위의 합덕에 의하여 천天에서 이루어지는 지地의 작용인 용육작용을 표상하고, 무술은 무위를 표상하며, 기해己亥는 기위와 무위의 합덕에 의하여 지地에서 이루어지는 천天의 작용인 용구작용을 표상한다. 결국 기사·무진과 무술·기해는 기위와 무위의 합덕작용을 표상한다.

천간이 표상하는 선후천원리는 십오 무기戊己의 합덕에 의하여 지십地十의 기토己土가 천天에서 작용하고, 천오天五의 무토戊土가 지地에서 작용하는 십오의 합덕작용에 의하여 표상된다. 그러한 십오의 합덕에 의하여 이루어지는 작용원리를 표상한 것이 지지地支이다. 천간을 논한 부분에서 밝힌 것과 같이『정역』에서는 십오의 합덕에 의하여 이루어지는 작용을 십일귀체十一歸體[90]로 규정하고 있다. 십일귀체는 오황극을 체로 하여 용육으로 작용하는 동시에 십무극이 본체가 되어 일태극으로 작용함을 뜻한다. 십오 천지의 합덕에 의한 용구용육이 십일귀체인 것이다.

『정역』에서는 도서를 구성하는 천지의 수가 십일귀체임을 밝히고 그것이 요·순과 공

88) 金恒,『正易』十五一言 第十三張, "子寅 午申은 先天之先后天이니라. 丑卯 未酉는 后天之先后天이니라."
89) 金恒,『正易』十五一言 第十一張, "无極體位度數 己巳戊辰己亥戊戌 度逆道順 而數六十一 皇極體位度數 戊戌己亥戊辰己巳 度順 道逆 而數三十二"
90)『正易』의 十五一言 第二十四張「十一歸體詩」에서는 "地十爲天天五地하니 卯兮歸丑戌依申을 十은 十九之中이니라. 九는 十七之中이니라. 八은 十五之中이니라. 七은 十三之中이니라. 六은 十一之中이니라. 五는 一九之中이니라. 四는 一七之中이니라. 三는 一五之中이니라. 二는 一三之中이니라. 一은 一一之中이니라. 中은 十十一一之空이니라. 堯舜之厥中之中이니라. 孔子之時中之中이니라. 一夫所謂包五含六十退一進之位니라."라고 하였고, 第二十七張「十一吟」에서는 "十一歸體兮여 五八尊空이로다."라고 하였으며, 第十張의「化翁親視監化事」"嗚呼라 五運이 運하고 六氣가 氣하야 十一歸體하니 功德无量이로다."라고 하였다.

자가 밝힌 집중執中과 시중時中의 내용이라고 규정한 후에 일부一夫 자신이 밝힌 포오함육包
五含六 십퇴일진十退一進의 위位라고 하였다.[91] 포오함육은 체오용육의 위를 나타내며, 십퇴
일진은 체십용구의 위를 나타낸다. 그렇기 때문에 「화옹친시감화사化翁親視監化事」에서는
"오운五運과 육기六氣가 작용하여(運氣하니) 십일十一이 귀체歸體하니 공덕이 무량無量하다."[92]
고 하였다. 이는 간지도수의 측면에서 계해癸亥와 무진戊辰을 중심으로 용구용육을 나타낸
것이다.

십일귀체작용을 지지地支를 중심으로 나타내면 묘술卯戌이 귀체되는 오팔존공五八尊空이
된다. 『정역』에서는 십일귀체를 천간과 지지를 중심으로 "지십地十이 천天이 되고, 천오天
五가 지地가 되며, 묘卯는 귀체되어 축丑으로 돌아가고, 술戌은 신申에 의지한다."[93]고 하였
다. 오팔五八은 묘술卯戌을 도수를 중심으로 나타낸 것으로 묘卯가 귀체됨으로써 진辰·사巳
가 용육작용의 기본도수가 되고, 술戌이 귀체됨으로써 해亥가 용구작용의 기본도수가 되어
용구용육이 이루어진다.

천간을 논하는 부분에서 이미 밝혔듯이 일육의 임계수는 용구작용을 하며, 이칠의 병정
화는 용육작용을 한다. 지지 역시 진사와 오미의 이칠화는 용육작용을 표상하고, 술해와
자축의 일육수는 용구작용을 표상한다. 진·사의 이화가 용육작용의 기본도수가 되고, 술
·해의 육수가 용구작용의 기본도수가 된다.

이칠화二七火를 도덕원리의 측면에서 나타내면 경위經緯이며, 천지의 도의 측면에서는 천
지이다. 그렇기 때문에 이칠화 가운데서 사이화巳二火가 용육의 기본도수가 된다. 화는 역
생도성을 하기 때문에 사화巳火가 기본 도수가 된 것이다. 반면에 수는 도생역성을 하기
때문에 일육수 가운데서 성도된 수인 해수亥水가 용구작용의 기본 도수가 된다. 진사와 술
해가 무기와 결합하여 용구용육을 표상하는 기본도수가 된 까닭이 여기에 있다.

용구원리는 기본도수인 술해戌亥와 그 구체적인 내용을 표상하는 자子·축丑·인寅·묘
卯의 네 도수에 의하여 표상되고, 용육원리는 기본도수인 진사辰巳와 그 구체적인 내용을
표상하는 오午·미未·신申·유酉의 네 도수에 의하여 표상된다.

자축인묘는 선천의 선천원리를 표상하는 도수인 자인과 후천의 선천원리를 표상하는 축

91) 金恒, 『正易』 十五一言 第二十四張 「十一歸體詩」, "地十爲天天五地하니 卯兮歸丑戌依申을 十은 十九之中
이니라 九는 十七之中이니라. 八은 十五之中이니라. 七은 十三之中이니라. 六은 十一之中이니라. 五는 一九
之中이니라. 四는 一七之中이니라. 三은 一五之中이니라. 二는 一三之中이니라. 一은 一一之中이니라. 中은
十十一一之空이니라. 堯舜之厥中之中이니라. 孔子之時中之中이니라. 一夫所謂包五含六十退一進之位니
라."
92) 金恒, 『正易』 第十張 「化翁親視監化事」, "嗚呼라 五運이 運하고 六氣가 氣하야 十一歸體하니 功德无量이
로다."
93) 金恒, 『正易』 第二十五章, "地十爲天天五地 卯兮歸丑戌依申"

묘가 합덕된 것으로 모두 선천 원리를 표상한다. 용구용육작용 가운데서 용구는 선천적 작용을 하며, 용육은 후천적 작용을 하기 때문에 자축인묘가 용구원리를 표상하는 도수가 된다.

반면에 오미신유는 선천의 후천원리를 표상하는 오신과 후천의 후천원리를 표상하는 미유가 합덕하여 형성된 도수로 모두 후천원리를 표상한다. 용구용육작용 가운데서 용구는 선천적 작용을 하며, 용육은 후천적 작용을 하기 때문에 오미신유가 용육원리를 표상하는 도수가 된다. 지지가 표상하는 용구용육원리를 구체적으로 살펴보면 다음과 같다.

자축子丑은 일一과 십十으로 본체도수인 십이 기본 도수인 일로 작용함을 나타낸다. 그것은 자축이 천지의 합덕원리를 표상함을 뜻한다. 일은 십오의 합덕에 의하여 씨로 심어진 정수精髓를 나타낸다. 그것이 기본이 되어 지의 작용이 이루어진다. 십오의 합덕 작용은 십일귀체 작용으로 자축의 일십에 의하여 십일귀체 작용이 표상된다.

천지의 합덕에 의하여 만물이 생성된다. 그러므로 자축에 의한 천지의 합덕원리의 내용은 만물생성원리이다. 이러한 만물의 생성원리를 표상하는 것이 인묘寅卯이다. 인묘는 수로는 삼팔로 삼과 팔은 생성관계이다.

사역변화원리四曆變化原理를 표상하는 낙서洛書의 사상수四象數를 중심으로 살펴보면 팔은 윤역의 시생을 표상하며, 삼은 윤역의 생장을 표상한다. 그러므로 삼팔이 모두 음양이 분리되어 성장하는 음양의 생성을 표상한다. 이러한 자·축·인·묘는 술해를 기본 도수로 하여 이루어지는 용구작용의 구체적인 내용으로 용구작용은 체십體十에 의하여 이루어지는 천도天道의 작용이다. 술해자축인묘戌亥子丑寅卯의 작용을 살펴보면 해자의 일육수와 술축의 오십토가 합덕하여 인묘寅卯의 작용이 이루어진다.

진사辰巳는 오미午未와 더불어 십오의 합덕에 의하여 이루어지는 사오巳午의 작용을 표상한다. 진미辰未의 오십五十에 의하여 사이화巳二火가 오칠화午七火로 성도成道함을 나타내는 것이 진사辰巳와 오미午未다. 사오화巳午火는 지地의 작용이기 때문에 용육작용을 표상하고 그 구체적인 내용을 표상하는 도수가 오미午未와 신유辛酉이다.

오미午未는 성도成道된 화火인 오화午火가 위주가 된 도수로 성인과 군자의 합덕원리를 표상한다. 오午는 성인의 도를 표상하며, 미未는 군자의 도를 표상하여 오미午未가 하나의 궁宮에서 합덕함으로써 성인과 군자의 합덕원리를 표상한다. 미토未土는 수數로는 십十이지만 작용할 때는 팔수八數로 작용한다. 묘팔卯八이 귀공歸空되어 본체도수가 되면서 진오辰五가 용육작용을 하기 때문에 묘팔卯八의 작용을 미십未十이 대행하여 팔목八木으로 작용하는 것이다.

신유申酉는 성도·합덕원리를 표상하는 도수로 선후천의 성도·합덕원리를 표상한다.

신유申酉는 시생원리를 표상하는 인묘寅卯와 대응하여 종성終成 원리를 표상한다. 신유申酉 도수가 표상하는 선후천합덕원리를 인도를 중심으로 나타내면 군자와 백성의 합덕원리가 된다. 신유申酉가 한 궁宮에서 합덕하여 군민합덕君民合德원리를 표상하는 것이다.

지지원리를 생성원리를 중심으로 살펴보면 오행상五行上 동질同質의 생성의 수가 결합된 인묘寅卯와 신유申酉로 집약됨을 알 수 있다. 자일수子一水와 축십토丑十土의 합덕에 의하여 인목寅木이 생生하고, 술오토戌五土와 해육수亥六水의 합덕에 의하여 묘목卯木이 성成하며, 진 오토辰五土와 사이화巳二火의 합덕에 의하여 신금申金이 생生하고, 오칠화午七火와 미십토未十 土의 합덕에 의하여 유구금酉九金이 성成한다. 이를 인도를 중심으로 살펴보면 자축子丑의 십일十一합덕에 의하여 성인의 도가 인寅으로 시생하고, 술해戌亥의 오육五六에 의하여 성인 의 도가 묘卯로 성도成道되며, 오황극五皇極과 이경二經원리의 합덕에 의하여 군자의 도가 신 申으로 시생하고, 칠위七緯원리와 십무극의 합덕에 의하여 군자의 도가 유酉로 성도成道한다.

앞에서 간지도수가 표상하는 내용을 고찰하기 위하여 그것을 천간天干과 지지地支로 나 누어서 고찰하였다. 천간에 나타나듯이 무기戊己의 시간성을 바탕으로 갑을甲乙, 병정丙丁과 경신庚辛, 임계壬癸가 표상하는 선후천의 시간의 세계가 전개된다.

천간이 표상하는 시간성의 시간화원리를 구체적으로 나타내고 있는 것이 지지이다. 기 십己十의 체십용구를 표상하는 술해와 자축인묘는 선천원리를 표상한다. 그것은 술해의 기 본도수를 바탕으로 이루어지는 선후천합덕원리를 바탕으로 한 선천원리이다..

무오戊五의 체오용육을 표상하는 진사와 오미신유는 후천원리를 표상한다. 그것은 진사 의 기본도수를 바탕으로 이루어지는 선후천합덕원리를 바탕으로 한 후천원리이다.

그런데 본래 천간과 지지는 각각 분리하여 사용되기도 하지만 양자가 하나가 된 간지도 수를 전제로 할 때 비로소 각각의 천간과 지지가 의미를 갖게 된다. 그것은 천간이 표상하 는 본체, 구조중심의 시간성의 시간화가 지지가 표상하는 작용중심으로 시간성의 시간화 원리와 만나서 비로소 그 전모를 표상하게 되는 점을 보면 알 수 있다.

천간과 지지가 하나가 된 간지도수는 시간성을 표상하고 있는 점에서는 시공의 초월한 형이상적 세계, 근원적 세계를 나타내지만 그것이 현상화, 변화한 시간의 세계를 표상하고 있는 점에서 보면 현상의 세계를 나타내고 있다. 그러므로 간지도수가 표상하는 세계는 현상을 초월한 세계를 나타내는 동시에 현상의 세계를 나타내고 있는 점에서 유무를 초월 하면서도 유무를 포함하고 있다고 할 수 있다.

역수의 측면에서 간지도수가 표상하는 세계를 살펴보면 윤역閏曆과 정역正曆이라는 작용 을 표상하는 역수와 본체를 포함한 역수인 원역原曆과 같으며, 시간상으로는 물리적 세계 인 선천·후천과 선천과 후천으로 구분할 수 없는 근원의 세계 곧 시간성의 세계를 포함한 원천原天과 같다.

간지도수가 표상하는 세계는 『정역』에서 이理와 기氣라는 형이상과 형이하의 근원의 본질을 나타내는 개념으로 제시한 신명神明이다. 신명의 세계는 형이상과 형이하를 포함하고 있는 점에서 중도中道적 세계이며, 동시에 형이상과 형이하를 넘어서 있는 점에서 무위无位의 세계이다.

그것은 원리적 측면에서는 『주역』에서 변화의 도, 역도의 근원으로 제시한 신도神道이다. 『주역』에서는 신도를 음陰과 양陽으로 구분하여 나타낼 수 없는 음양의 합덕체로 그것이 만물의 근원임을 밝히고 있다.

신명은 모든 것을 포괄하고 있는 일체적 세계이면서도 다양한 세계를 내함內含하고 있는 다양의 세계이다. 그것을 현상적 측면에서 나타낸 개념이 반고盤古이다. 반고는 신명을 시간의 관점에서 나타낸 것이라고 할 수 있다.

신명의 세계, 신도의 세계는 언어와 문자 또는 간지도수와 같은 그 어떤 수단을 매개로 나타내더라도 그것 자체는 아니다. 그것은 이미 그것 자체를 대상화하여 나타낸 점에서 이차적이기 때문이다.

그런 점에서 보면 달을 가리키는 손가락과 같은 것이 『정역』일 뿐만 아니라 『정역』을 통하여 신명, 신도를 밝히고 있는 이 책 역시 하나의 달을 가리키는 손가락에 불과하므로 『정역』이나 이 책에 빠지지 말고 이 책을 따라서 달을 보는 것이 현명한 태도라고 할 수 있다.

그것은 책을 읽고 그 내용을 음미하면서 이루어지는 사고나 사고의 결과로서의 내용에 빠지지 말고 사고하는 작용으로 나타나는 근본당처를 놓치지 말아야함을 뜻한다. 그러한 작용으로 드러나는 근본은 항상 사고 작용을 떠나서 존재하지 않지만 사고 작용이 근본 자체는 아니기 때문이다.

간지도수를 통하여 신도를 표상하는 주체, 신명, 신도와 같은 개념을 통하여 신명을 체험하고자 하는 주체는 육신이나 마음이 아닌 신명 그 자체이다. 달을 가리키는 행위도 손가락을 따라서 달을 보는 행위도 모두 하나의 당처에서 이루어진다. 그것을 다양한 각도에서 여러 가지 개념이나 이수와 같은 다양한 표상수단을 통하여 나타낸 까닭은 그것에 얽매이지 않게 하려는 것이다.

신명, 신 또는 개체적 관점에서의 본성, 참나라는 근본 당처가 시공에서 자신을 드러내는 양상은 다양하다. 그것은 동일한 본성을 가진 일체적 존재인 만물이 하늘과 땅 그리고 사람을 비롯하여 온갖 만물의 다양한 삶, 다양한 양태로 나타나기 때문에 그 어떤 것에도 얽매이지 않아야 자유로운 삶, 함께 하는 삶, 모든 존재를 자신으로 대하며 살아가는 삶,

삶과 하나가 된 삶, 모두가 행복하고 모두가 이로운 삶, 서로가 서로를 위하여 살아가는 삶을 살 수 있기 때문이다.

제 칠 장

간지도수와 선후천

앞에서 살펴본 바와 같이 간지도수가 표상하는 신명원리, 신도는 시간성의 시간화원리
이다. 시간성 자체는 무기戊己를 통하여 표상되고, 시간화는 술해戌亥와 진사辰巳를 바탕으
로 한 자축子丑인묘寅卯와 오미午未신유申酉를 통하여 표상된다. 따라서 간지도수는 시간성
과 시간이 합덕일체화된 중도적中道的 존재, 일체적 존재를 표상한다.

『정역』에서는 시간성을 반고라는 개념을 통하여 표상하고 있다. 그러므로 시간성의 본
성에 의하여 이루어지는 자화自化로서의 시간화는 반고화로 나타내고 있다. 반고의 본성은
무위無爲와 재덕載德, 흥작興作으로 표상된 세 가지 특성을 갖는다.

무위는 시간과 공간의 위상이 없는 점에서 시공을 초월했음을 나타내는 동시에 자신을
고집하지 않는 무아無我임을 뜻한다. 그것이 자신의 상태를 벗어나서 다른 존재로 자신을
드러나는 변화의 결과를 낳는다.

재덕은 시간성이 변하여 공간성으로 화함으로써 만물의 본성, 본질이 됨을 뜻한다. 그것
은 시간성의 공간화, 시간성의 시의성화時義性化이다.

흥작은 삼재의 세계 곧 시의성에 의하여 공간화가 이루어짐으로써 천지인의 삼재의 세
계가 나타남을 뜻한다. 그것은 시간적 측면에서는 미래성과 과거성의 합덕일체화에 의하
여 현재성으로 나타남이다. 결국 흥작은 시간성이 시의성으로 변함으로써 시간이 전개됨
을 나타내낸다.

시간성이 변하여 화한 시간은 영원한 현재이다. 그것은 시간성을 초월한 시간성이 나타
난 점에서 영원하며, 과거와 현재를 내함內含한 점에서 현재이다. 그러므로 본질적 시간으
로서의 영원한 현재는 시간성과 시간을 포함하면서도 양자를 넘어서 있다.

영원한 현재를 『정역』에서는 원천으로 규정하고 있다. 원천을 바탕으로 하여 선천과 후

천이 형성된다. 그것은 원천을 근거로 하여 선천과 후천이라는 시간화가 이루어짐을 뜻한다. 따라서 간지도수가 표상하는 신명원리, 신도를 이해하기 위해서는 그것이 변하여 시간으로 화하는 시간성의 시간화원리를 중심으로 고찰하는 것이 필요하다.

시간성의 시간화는 선천에서 후천으로의 변화와 후천에서 선천으로의 변화로 구분하여 나타낼 수 있다. 후천에서 선천으로의 변화는 도생역성의 관점에서 시간성이 시간으로 화하는 작용이며, 선천에서 후천으로의 변화는 역생도성의 관점에서 시간이 시간성의 차원으로 변화하는 작용이다.

간지도수가 표상하는 신도를 시간의 관점에서 선천과 후천으로 구분하여 나타낼 때 시간은 공간과 상즉적이다. 이미 시간으로 드러난 세계는 곧 공간의 세계이다. 물론 논리적으로는 양자가 구분되어진다. 그러므로 『정역』에서는 선천과 후천을 언급하면서도 공간적 관점에서 천지와 일월을 언급하고 있다.

천지와 일월은 무위와 기위, 혹은 황극과 무극을 삼재적 관점에서 나타내는 천지와 일극 그리고 월극을 공간상의 삼재적 관점에서 나타낸 것이다. 천지는 무극과 황극, 기위와 무위의 공간적 표현이며, 일월은 일극과 월극의 공간적 표현이다.

간지도수가 표상하는 선후천원리를 공간적 관점에서 나타내면 천지일월의 생성이 됨은 이미 앞에서 살펴본 바와 같다. 천지의 합덕작용에 의하여 일월이 생성하고, 일월의 합덕·성도成道에 의하여 천지 역시 합덕하여 성도하는 것이다. 그렇기 때문에 간지도수원리는 본체를 중심으로 나타내면 천지원리이며, 작용을 중심으로 나타내면 일월원리가 된다.

『정역』에서 "천지의 도를 표상하는 천지의 수가 일월원리를 표상한다."[1]고 하여 천지원리를 일월원리로 나타낸 까닭이 여기에 있다. 『주역』에서도 천지의 도를 일월의 도를 통하여 나타냄으로써 천지의 도의 내용이 일월의 도임을 밝히고 있다.[2]

천지와 일월은 체용의 관계로 『정역』에서는 간지도수를 중심으로 기위己位와 태양, 무위戊位와 태음의 관계를 통하여 나타내고 있다. 『정역』의 제삼장第三張과 제사장第四張에서는 천지일월을 기위己位와 무위戊位, 태음, 태양의 작용원리를 중심으로 도수를 통하여 논하고 있으며[3], 『정역』의 제십일장에서는 육십간지도수를 중심으로 무극체위无極體位도수와 황

---

1) 金恒,『正易』十五一言 第二十張 正易詩, "天地之數는 數日月이니 日月이 不正이면 易匪易이라 易爲正易이라사 易爲易이니"
2)『周易』의 繫辭上篇 第九章에서는 天地의 數를 통하여 圖書가 표상하는 내용이 曆數原理임을 밝히고 그것이 神道, 變化之道, 天地之道임을 밝히고 있다.
3)『正易』의 第三張에서는 "戊位는 度順而道逆하야 度成道於三十二度하니 后天水金太陰之母니라. 己位는 度逆而道順하야 度成道於六十一度하니 先天火木太陽之父니라."라고 하였으며, 第四張에서는 太陰과 太陽의 胞胎養生成終復度數를 논하고 있다.

극체위皇極體位도수 그리고 일극체위日極體位도수와 월극체위月極體位도수를 논하고 있다.[4)]

간지도수에 의하여 표상된 신명원리가 기위와 무위에 의하여 도역생성을 하게 되고, 기위와 무위에 의하여 태음과 태양도 역시 도역의 생성작용을 함으로써 무기일월에 의하여 사상작용이 이루어진다. 『정역』에서는 사상분체도수四象分體度數를 통하여 십오의 본체도수가 각각 나누어져서 사상의 본체가 되는 원리를 밝히고 있다.

십오의 본체도수가 천지일월의 사상四象에 분체分體됨으로써 무극체위도수와 황극체위도수, 일극체위도수, 월극체위도수가 형성되는 것이다. 『주역』에서는 그것을 "역易에는 태극太極이 있으니, 그것이 양의兩儀를 낳고, 양의가 사상四象을 낳는다."[5)]고 하였다. 이는 육효 중괘의 획괘劃卦 과정을 통하여 사상의 분체작용을 상징적으로 나타낸 것이다.

사상이 분체되는 과정을 보면 십무극을 본체로 하여 작용의 기본도수인 일一이 형성되고, 일이 역생작용을 하여 이二가 되면서 오황극의 기본 도수가 되고, 구육의 합덕에 의하여 육六이 태음과 태양의 기본도수가 됨으로써 십오 본체도수가 모두 천지일월의 사상에 분체된다.

십오의 본체도수가 사상에 분체됨으로써 위수位數가 형성된다. 무극의 위수는 육십六十이며, 황극의 위수는 삼십三十이고, 태음의 위수는 이십사二十四이며, 태양의 위수는 삼십三十이다. 그래서 무극의 체위도수는 육십일도六十一度이며, 황극의 체위도수는 삼십이도三十二度이고, 일극의 체위도수는 삼십육도三十六度이며, 월극의 체위도수는 삼십도三十度이다.[6)] 사상의 체위도수를 모두 더하면 십오본체도수에 곤책수坤策數인 일백사십사一百四十四를 더한 일백오십구一百五十九가 된다. 그것을 『정역』에서는 사상분체도수로 규정하고 있다.[7)]

사상분체도수가 사상이 분체되는 도생역성의 관점인 것과 달리 사상이 분체되는 근원적 존재인 일원을 추연하는 역생도성의 관점에서 언급된 도수가 일원추연수一元推衍數이다.[8)]

---

4) 金恒 『正易』 第十一張, "无極體位도수라 己巳, 戊辰, 己亥, 戊戌이니라. 度는 逆하고 道는 順하니라 而數는 六十一이니라. 皇極體位도수라 戊戌, 己亥, 戊辰, 己巳니라. 度는 順하고 道는 逆하니라 而數는 三十二니라. 月極體位도수라 庚子, 戊申, 壬子, 庚申, 己巳니라. 初初一度는 有而无니라. 五日而候니라. 而數는 三十이니라. 日極體位도수라 丙午, 甲寅, 戊午, 丙寅, 壬寅, 辛亥니라. 初初一度는 无而有니라. 七日而復이니라 而數는 三十六이니라"

5) 『周易』 繫辭上篇 第十一章, "是故로 易有太極하니 是生兩儀하고 兩儀_ 生四象하고 四象이 生八卦하니 八卦_ 定吉凶하고 吉凶이 生大業하나니라."

6) 金恒 『正易』 第十一張, "无極體位도수라 己巳, 戊辰, 己亥, 戊戌이니라. 度는 逆하고 道는 順하니라 而數는 六十一이니라. 皇極體位도수라 戊戌, 己亥, 戊辰, 己巳니라. 度는 順하고 道는 逆하니라 而數는 三十二니라. 月極體位도수라 庚子, 戊申, 壬子, 庚申, 己巳니라. 初初一度는 有而无니라. 五日而候니라. 而數는 三十이니라. 日極體位도수라 丙午, 甲寅, 戊午, 丙寅, 壬寅, 辛亥니라. 初初一度는 无而有니라. 七日而復이니라 而數는 三十六이니라"

7) 金恒 『正易』 第四張, "四象分體도수 一百五十九"

8) 金恒 『正易』 第四張, "一元推衍數 二百一十六"

일원추연수는 이백일십육二百一十六으로 건책도수乾策度數와 일치한다. 이는 건도乾道의 자각을 통하여 역도의 자각이 가능함을 나타낸 동시에 건도가 근원적 원리임을 뜻한다.

『정역』에서는 일원수를 추연하는 구체적인 방법을 논하고 있다. 그 내용을 보면 "육십삼, 칠십이, 팔십일은 일부一夫에서 하나된다."[9]고 하였다. 이는 성통과 관련하여 일원추연수를 추연하는 방법을 나타낸 것이다. 육십삼은 용칠역用七曆을, 칠십이七十二는 용팔역用八曆을, 팔십일八十一은 용구역用九曆을 나타낸다.

용팔역과 용칠역은 윤역이며, 용구역은 원역으로 원역은 본체도수인 십오도와 작용도수인 삼백육십이 합덕된 역이다. 윤역과 정역은 원역을 근원으로 형성된 역이다. 그렇기 때문에 윤역으로부터 역생도성의 방향으로 나아가서 원력原曆이 밝혀짐으로써 비로소 역도의 전모가 밝혀진다. 그것은 도서의 측면에서는 근원적 존재인 일원수원리가 밝혀짐을 의미한다.

『주역』의 설괘편說卦篇에서는 팔괘의 관계를 중심으로 사상의 분체작용을 상징적으로 나타내고 있다. 건곤괘乾坤卦를 부모로 규정하고 진손震巽, 감리坎離, 간태艮兌의 여섯 괘를 육자녀六子女에 비유하여 부모로부터 자녀가 생성되는 현상을 통하여 사상의 분체과정을 상징적으로 나타낸 것이다.[10]

사상四象의 분체작용을 부모와 자녀의 관계를 통하여 인격적 존재인 자녀의 생성원리로 표상한 까닭은 천지일월의 사상원리가 인도人道로 집약되어짐을 나타낸다. 『정역』에서 "천지는 일월이 아니면 빈껍데기이며, 일월은 지인至人이 아니면 헛된 그림자이다."[11]라고 하여 천지일월원리가 지인인 성인과 군자의 도로 집약되어짐을 밝히고 있다.

선후천원리인 시간성의 원리를 공간성의 원리로 객관화하여 나타내고자 할 때 천지를 범주로 하지 않을 수 없다. 『주역』에서는 "역도는 천지의 근거가 된다. 그러므로 역도에 의하여 능히 천지의 도가 구축된다."[12]고 하였다. 또한 『주역』과 『정역』에서 간지도수가 표상하는 수를 천수와 지수로 규정한 까닭도 여기에 있다.

『정역』에서는 천간을 중심으로 간지도수원리를 논하면서 선천은 천지로 그리고 후천은 지천地天으로 규정하고 있다.[13] 이는 선후천원리를 삼재의 도의 측면에서 나타낸 것으로

---

9) 金恒 『正易』 十五一言 第一張, "六十三, 七十二, 八十一은 一乎一夫"
10) 『周易』 說卦 第十章, "乾은 天也라 故로 稱乎父오 坤은 地也라 故로 稱乎母오 震은 一索而得男이라 故로 謂之長男이오 巽은 一索而得女라 故로 謂之長女오 坎은 再索而得男이라 故로 謂之中男이오 離는 再索而得女라 故로 謂之中女오 艮은 三索而得男이라 故로 謂之少男이오 兌는 三索而得女라 故로 謂之少女라."
11) 金恒 『正易』 第八張, "天地는 匪日月이면 空殼이오 日月은 匪至人이면 虛影이니라."
12) 『周易』, 繫辭上篇 第四章, "易이 與天地準이라. 故로 能彌綸天地之道하나니."
13) 金恒, 『正易』 第十二張에서 第十四張, 第二十三張에서 第二十四張 參照.

천지비괘天地否卦의 세계가 선천이며, 지천태괘地天泰卦의 세계가 후천임을 밝힌 것이다.[14)]

천지를 중심으로 선후천원리를 규정하면 선천원리는 기제괘원리이며, 후천원리는 미제괘 원리이다. 『정역』에서는 도서원리와 천지의 도의 관계를 선후천과 기제, 미제괘를 중심으로 다음과 같이 논하고 있다.

도서圖書는 후천이면서 선천이고, 천지의 도는 기제이면서 미제이다.[15)]

이는 도서원리가 선후천원리를 표상하고, 선후천원리에 근거한 천지의 도는 기제·미제원리임을 밝힌 것이다. 도서원리가 후천이면서 선천이라는 것은 후천원리를 표상하는 하도와 선천원리를 표상하는 낙서 가운데서 후천원리를 표상하는 하도가 중심임을 밝힌 것이다.

선후천 원리에 근거한 천지의 도 가운데서 기제원리는 선천원리이며, 미제원리는 후천원리이다. 그렇기 때문에 천지의 도가 기제이면서 미제라는 것은 선천원리가 중심이 되어 후천을 향하여 작용함을 뜻한다.

선천과 후천은 별개의 존재가 아니라 상호 작용한다. 선천은 후천을 향하여 작용하고, 후천은 선천을 향하여 작용한다. 『정역』에서는 선후천의 관계를 기제괘와 미제괘를 중심으로 다음과 같이 논하고 있다.

후천은 선천에서 정사政事하니 수화水火이며, 선천은 후천에서 정사하니 화수火水이다.[16)]

위의 내용은 후천은 선천을 향하여 작용하며, 그것을 표상하는 것이 수화기제괘이고, 선천은 후천을 향하여 작용하며, 그것을 표상하는 것이 화수미제괘임을 밝힌 것이다. 이를 통하여 선후천변화원리를 천지의 도의 측면에서 나타내면 기제적 변화와 미제적 변화로 구분할 수 있음을 알 수 있다.

기제적 변화는 후천을 체로 하여 이루어지는 선천적 변화이며, 미제적 변화는 선천을 체로 하여 이루어지는 후천적 변화이다. 기제적 변화가 끝나고 미제적 변화가 이루어지며, 미제적 변화를 근거로 기제적 변화가 이루어지는 것이다. 공간성의 측면에서는 기제적 변화에서 미제적 변화를 향하여 작용하며, 시간성의 측면에서는 미제적 변화에서 기제적 변

---

14) 金恒『正易』第十四張, "丙甲庚三宮은 先天之天地니라 丁乙辛三宮은 后天之地天이니라. 先天은 三天兩地니라. 后天은 三地兩天이니라. 子寅 午申은 先天之先后天이니라. 丑卯 未酉는 后天之先后天이니라."
15) 金恒, 『正易』第二張, "圖書之理는 后天先天이오 天地之道는 旣濟未濟니라."
16) 金恒, 『正易』第四張, "后天은 政於先天하니 水火니라. 先天은 政於后天하니 火水니라."

화를 향하여 작용한다.

　　기제적 변화와 미제적 변화를 『주역』과 『정역』에서는 천지의 개벽開闢이라고 규정하였을 뿐만 아니라 『주역』에서는 설위設位로 규정하고 있다. 『정역』에서는 삼재三才의 세계가 전개되기 이전의 근원적 존재를 반고盤古로 규정하고, 반고에 의하여 천황과 지황, 인황의 삼극의 도가 전개됨을 논하였으며, 삼극의 도를 근거로 십오성통이 전개되었음을 논하고 있다.

　　그러나 『주역』에서는 "천지가 있은 연후에 만물이 존재하며, 만물이 존재한 연후에 남녀가 존재한다."[17]고 하여, 천지가 전개된 이후를 문제로 삼고 있을 뿐만 아니라 "천지가 각각 정위正位에 거처함으로써 성인이 그 권능을 완성한다."[18]고 하여 천지설위의 문제를 중시하고 있다.

　　기제적 음양 합덕에 의한 분생이 천지의 시생으로 나타나고, 미제적 음양 합덕에 의한 분생이 천지의 장성으로 나타난다. 근원적 존재인 신명의 작용에 의하여 기제적 천지의 시생과 미제적 천지의 장성이 이루어지는 것이다. 따라서 간지도수원리는 선천적변화인 천지개벽과 후천적 변화인 천지설위가 그 내용이다.

　　천지의 개벽을 『정역』에서는 반고화로 규정하고 있다. 따라서 간지도수는 반고화와 천지설위가 그 내용이다. 신명원리를 기제적 관점에서 나타낸 것이 반고화이며, 미제적 관점에서 신명원리를 나타낸 것이 천지설위이다. 반고화는 천지의 과거적 본성을 중심으로 신명을 표상하였으며, 천지설위는 미래적 이상을 중심으로 신명을 표상하였다. 간지도수에 의하여 표상된 신명원리가 반고화원리와 천지설위원리인 것이다.

1. 반고화와 육갑六甲

　　간지도수가 표상하는 신명원리를 객관화하여 나타내면 시간성時間性의 자화自化에 의하여 이루어지는 선후천변화이다. 선후천변화는 신명의 본성인 무위無爲와 재덕載德 그리고

---

17) 『周易』의 序卦上篇에서는 "有天地然後에 萬物이 生焉하니"라고 하였으며, 序卦下篇에서는 "有天地然後애 有萬物하고 有萬物然後에 有男女하고"라고 하였다.
18) 『周易』, 繫辭下篇 第十二章, "天地設位에 聖人이 成能하니 人謀鬼謀에 百姓이 與能하나니라."

흥작興作에 의하여 천지와 일월이라는 사상四象의 생성으로 나타난다.

천지를 비롯한 만물의 존재 근거가 되는 형이상의 근원적 존재를 『정역』에서는 반고盤古로 규정하고 있다. 반고는 생명의 원리元氣가 온축蘊蓄되어있는 가장 오래된 존재 곧 영원한 존재라는 의미이다.

『주역』에서는 반고를 반환磐桓으로 규정하고 있다.[19] 반환은 빛으로 서려있는 생명의 원기를 나타낸다. 반고가 신명의 본성인 인격성을 시간의 측면에서 나타낸 것과 달리 반환은 공간적 측면에서 원리적으로 표상한 것이다.

『정역』에서는 반고의 본성에 의한 자기전개작용을 반고화로 규정하고 있다. 그리고 신명神明을 반고화盤古化의 측면에서 인격적 존재인 화옹化翁, 화화옹化化翁, 화무옹化无翁, 화무상제化无上帝, 상제上帝로 규정하고 있다.

반고화가 인격적 작용이기 때문에 반고화에 의하여 인격적 천지가 생성된다. 이러한 인격적 천지의 생성원리가 역도이며, 그것이 선후천 변화원리이다. 『정역』에서는 반고화에 대하여 삼극의 도와 관련하여 다음과 같이 논하고 있다.

> 아! 반고盤古가 변화하니 천황天皇은 함이 없고, 지황地皇은 덕德을 싣고, 인황人皇이 흥작興作한다.[20]

위의 내용을 보면 근원적 존재인 반고의 작용이 천황과 지황 그리고 인황이라는 인격적 존재의 작용임을 알 수 있다. 이처럼 반고의 작용을 인격적 존재로 표상한 까닭은 반고 자체가 인격적 존재이기 때문에 그 작용 역시 인격적 작용임을 나타내기 위해서이다. 천황과 지황 그리고 인황은 삼극을 인격성을 중심으로 표상한 것으로 반고화는 삼극의 도역생성작용이다. 따라서 반고화는 삼극의 도의 기제적既濟的 표현이다.

삼극의 도를 본체도수를 중심으로 살펴보면 십무극과 일태극의 합덕 일체화에 의하여 오황극이 형성되는 원리이다. 『정역』에서는 삼극의 관계를 논하면서 "일一이 십十이 없으면 체體가 없고, 십十이 일一이 없으면 용用이 없으니, 체용을 합하면 토土이다. 그 가운데 존재하는 것이 오五이니, 황극이다."[21]고 하였다.

오황극은 인간 본래성을 표상하는 개념이다. 따라서 십일의 천지 합덕에 의하여 오황극이 형성된다는 것은 천지의 합덕에 의하여 인간 본래성이 형성됨을 나타낸다. 십일의 천지 합덕에 의하여 이루어지는 인간 본래성의 형성을 『정역』에서는 성통을 통하여 밝히고 있

---

19) 『周易』, 水雷屯卦 初九爻 爻辭, "初九는 磐桓이니 利居貞하며 利建侯하니라."
20) 金恒, 『正易』 十五一言 第一張, "嗚呼 盤古化 天皇无爲 地皇載德 人皇作."
21) 金恒, 『正易』 十五一言 第一張, "一 无十无體 十无一無用 合土 居中五 皇極."

다. 십오 천지의 합덕에 의하여 십오 천지의 인격성이 본성이 된 인격적 존재인 성인聖人이 인류 역사상에 탄강하여 십오十五 성통이 전개되는 것이다.

반고화를 간지도수를 중심으로 나타내면 간지가 모두 십수十數인 기축己丑에서 시작하여 간지가 오수五數인 무술戊戌을 거쳐서 임인壬寅에 이르고, 임인壬寅에서 다시 시작하여 임술壬戌에서 그친다. 기축에서 무술까지는 십도十度이며, 무술에서 임인까지는 오도五度로 기축에서 임인까지의 전체 도수는 십오도이다. 그리고 임인에서 임술까지는 이십일도二十一度로 기축에서 임술까지의 전체 도수는 삼십육도가 된다.

십오는 천지의 합덕체를 표상하는 도수이다. 기축에서 시작된 천天의 작용이 무술에 이르러서 지地에 도달하게 되고, 다음 도수인 기해己亥에서 비로소 천지의 합덕이 이루어진다. 『정역』에서는 "천지는 삼십이도에서 합덕된다."[22]고 하여 무진戊辰에서 시작하여 삼십이도三十二度가 되는 기해己亥에서 천지가 합덕됨을 논하고 있다.

천지의 합덕이 이루어지면 그 결과 이세二世가 포태胞胎된다. 무술에서 시작하여 오도가 되는 임인壬寅은 천지의 본성인 인격성이 천지의 안에서 포태되는 원리를 표상한다. 따라서 기축에서 무술까지는 천지의 합덕원리를 표상하는 도수이며, 무술에서 임인까지는 천지의 포태원리를 표상하는 도수이다.

『정역』에서는 임인을 반고오화盤古五化의 원년元年으로 규정하고 있다.[23] 반고 오화는 반고화의 내용을 좀 더 구체적으로 나타낸 개념이다. 근원적 존재인 반고의 작용으로서의 반고화를 선천을 중심으로 나타내면 천지의 도가 실존적 존재로 변화하는 원리가 된다. 천지의 도가 인격적 존재인 성인의 본래성으로 주체화함을 황극을 표상하는 오수를 통하여 오화五化로 규정한 것이다.

선천은 천의天意가 인신화人身化된 존재인 성인이 인류 역사상에 탄강하여 자신의 존재근거인 역수원리를 천명闡明하는 성통사聖統史이다. 임인은 태양의 생도수[24]로 태양의 생성을 인도를 중심으로 이해하면 태양의 생生은 성인의 도의 시생을 의미한다. 그렇기 때문에 임인을 반고 오화의 원년으로 규정한 것이다.

임인에서 포태된 천지가 이십일도인 임술에서 비로소 태어나게 되는데 그것을 개벽開闢이라고 한다. 임술에서 천지가 개벽되었기 때문에 계해癸亥를 거쳐서 갑자甲子에서 비로소 현상적 작용을 하게 된다. 임술도수에 대응하는 서괘序卦가 기제괘旣濟卦가 되는 까닭이 여

---

22) 金恒, 『正易』, 十五一言 第四張, "天地合德三十二"
23) 金恒, 『正易』 第十九張 先后天周回度數, "盤古五化元年壬寅으로 至大淸光緖十年 甲申에 十一萬八千六百四十三年이니라."
24) 金恒 『正易』 第十一張, "日極體位度數라 丙午甲寅戊午丙寅壬寅辛亥니라."

기에 있다.

　기제괘는 후천에서 선천을 향하여 이루어진 이미 완성된 변화를 나타내는데, 그것을 천지의 측면에서 이해하면 천지의 개벽이 된다. 『정역』에서는 반고화를 천지개벽天地開闢을 중심으로 다음과 같이 논하고 있다.

> 　십토十土와 육수六水는 바뀌지 않는 지地이며, 일수一水와 오토五土는 바뀌지 않은 천天이다. 천天의 정사政事는 자子에서 열리고, 지地의 정사政事는 축丑에서 열린다. 축운丑運은 오육五六이며, 자운子運은 일팔 一八이다.[25]

　위의 인용문은 수토水土의 성도·합덕에 의하여 천지가 개벽됨을 논한 것으로 천지의 개벽을 각각 선천과 후천으로 나누어서 논하고 있다.

　십토와 육수는 천간의 기己와 해癸를 일컫는 말로 수로는 우수이기 때문에 지地라고 하여 그것이 지수地數임을 밝히고 있고, 일수와 오토는 천간의 임壬과 무戊를 일컫는 말로 수로는 기수이기 때문에 천天이라고 하여 그것이 천수임을 밝히고 있다.

　십오와 일육의 수토를 "불역不易"으로 규정한 까닭은 천간과 지지의 특성을 나타내기 위함이다. 간지도수 가운데서 지지는 선천과 후천을 막론하고 수가 변하지 않으나 천간은 생수와 성수의 변화를 통하여 선후천원리를 표상한다.

　병정화丙丁火의 경우 선천에는 병이정칠丙二丁七이지만 후천에는 병칠정이丙七丁二가 된다. 그러나 무기戊己와 임계壬癸의 수토는 성도·합덕하여 천지를 형성하는 도수기 때문에 선후천을 막론하고 변하지 않는다. 무기와 임계는 본체원리를 표상하는 도수기 때문에 선후천을 막론하고 수가 변화하지 않으며, 선후천의 변화는 천간 자체가 변화함으로써 나타낸다. 수토가 합덕하여 성도함으로써 천지가 형성된다. 무기 십오의 합덕에 의하여 일수인 임수가 육수인 계수로 성도하는 것이 수토의 성도이다.

　다음의 부분은 지지를 중심으로 천지의 개벽에 관하여 논하고 있다. 천정天政이 자子에서 열리고, 지정地政이 축丑에서 열린다는 것은 하늘의 정사政事가 지지의 자子에서 시작되고, 땅의 정사가 지지의 축丑에서 시작됨을 뜻한다.

　그것은 지지가 천지의 작용원리를 표상하는 도수임을 밝힌 것이다. 천정天政은 자子에서 용구用九작용을 시작하며, 지정地政은 축丑에서 용육用六작용을 시작한다. 이를 간지도수를 중심으로 살펴보면 천정은 임자壬子에서 시작하여 계해癸亥에서 성도하며, 지정은 기축己丑

25) 金恒, 『正易』十五一言 第二十二張, "十土六水는 不易之地니라 一水五土는 不易之天이니라. 天政은 開子하고 地政은 闢丑이니라. 丑運은 五六이오 子運은 一八이니라."

에서 시작하여 무술戊戌에서 성도한다.

다음 부분은 자子에서 시작된 천정天政의 시대와 축丑에서 시작된 지정地政의 시대가 선천과 후천임을 밝힌 것이다. 자운子運은 자子에서 시작된 천정의 시대를 일컬으며, 축운丑運은 축丑에서 시작된 지정의 시대를 일컫는다. 축운이 오육五六이라는 것은 체오용육體五用六의 정역正曆이 운행되어지는 시대가 축운丑運임을 뜻한다. 그리고 자운이 일팔一八이라는 것은 용팔用八의 윤역閏曆의 시대가 자운의 시대임을 뜻한다.

『정역』에서는 "선천은 오五에서 구九로 작용하니 역작용逆作用으로 용팔역用八曆이 운행되니 음양이 나누어진 윤역이라 윤달을 사용하여 음양의 윤역을 합덕시킨다. 후천은 십오의 합덕작용으로 순작용順作用이기 때문에 용육用六의 정역正曆이 운행되니 음양이 합덕된 중정역中正曆이기 때문에 정히 중도中道에 맞는다."[26]고 하였다. 이를 통하여 자운인 천정의 시대는 윤역이 운행되는 선천이며, 축운인 지정의 시대는 정역이 운행되는 후천임을 알 수 있다.

『정역』에서 반고화를 간지도수를 중심으로 직접 언급하고 있는 부분은 「선후천주회도수先后天周回度數」로 반고오화원년에서 갑신년甲申年까지의 도수를 다음과 같이 밝히고 있다.

> 선천은 216만리萬里이며, 후천은 324만리萬里이니, 선후천을 합하면 540만리萬里이다. 반고 오화원년은 임인으로 임인에서 청淸나라의 광서光緖 10년인 갑신甲申까지는 118, 643년이다.[27]

위의 인용문은 그 내용에 따라서 두 부분으로 구분할 수 있다. 첫째 부분은 선후천합덕을 공간적 측면에서 나타낸 것이다. 둘째 부분은 선후천합덕을 시간의 측면에서 간지도수를 중심으로 나타낸 것이다.

앞부분의 내용을 살펴보면 선후천을 공간화하여 공간상의 거리로 상징적으로 나타낸 것이다. 선후천의 합계는 용구용육의 합덕을 표상한다. 구육九六의 합덕은 인격적 천지의 합덕으로 인격적 천지의 합덕에 의하여 물리적 천지가 개벽되고, 물리적 천지가 합덕合德함으로써 성도成道하게 된다. 따라서 앞부분에서 선후천합덕을 표상한 까닭은 그것을 바탕으로 뒷부분에서 천지의 개벽을 밝히고자 함이다.

용구用九원리를 표상하는 구九와 용육用六원리를 표상하는 육六의 상승 합덕수인 오십사에 일원수백을 상승합덕시킨 수가 선후천합계수인 오백사십만이다. 이를 공간적 측면에서

---

26) 金恒, 『正易』 十五一言 第二十六張, 四正七宿 用中數, "先天五九 逆而用八 錯閏中. 后天十五 順而用六 合正中. 五九太陰之政 一八七. 十五 太陽之政 一七四."

27) 金恒, 『正易』 十五一言 第十九張 先后天 周回 度數, "先天二百一十六萬里 后天三百二十四萬里 先后天合計數五百四十萬里 盤古五化元年壬寅 至大淸光緖十年甲申 十一萬八千六百四十三年."

거리로 상징적으로 나타낸 것임을 드러내기 위하여 리里를 사용하였다. 이 선후천합계도수를 용구와 용육으로 나누면 건도乾道를 표상하는 삼십육도에 태음의 작용을 표상하는 육六을 승하여 일원수의 상승수를 승하면 이백일십육만이 되고, 삼십육도에 태양의 작용을 표상하는 구九를 승하여 일원수의 상승수를 승하면 삼백이십사만이 된다.

선천을 이백십육二百十六만리로 나타낸 것은 용육用六의 태음太陰의 정사가 이루어지는 시대가 선천임을 나타낸다. 그리고 후천이 삼백이십사三百二十四만리라는 것은 용구用九의 태양太陽의 정사가 이루어지는 시대가 후천임을 나타낸 것이다.

『정역』의 「사정칠수용중수四正七宿用中數」에서는 "선천은 오五에서 구九로 작용하니 역逆이다...후천은 십十에서 오五로 작용하니 순順이다...오구五九는 태음지정太陰之政이며.... 십오十五는 태양지정太陽之政으로..."라고 하여 태음의 정사가 선천적 작용이며, 태양의 정사가 후천적 작용임을 나타내고 있다.[28]

앞에서 살펴본 바와 같이 반고화를 표상하는 도수는 무술戊戌이며, 오화五化를 표상하는 도수는 임인壬寅이다. 그러므로 반고오화의 원년元年은 임인이라고 하였다. 그런데 갑신년甲申年으로부터 역산逆算하여 118,643년을 산출하면 임인이 아닌 임술壬戌이 된다. 임인에서 임술까지는 21도度로 21도는 태음과 태양이 시생하는 도수이다. 따라서 천지의 개벽에 있어서도 포태로부터 21도를 거쳐서 시생한다면 임인에서 포胞하여 임술에서 시생할 수밖에 없다. 그렇기 때문에 반고오화 원년은 임인이지만 생도수인 임술로부터 갑신년에 이르기까지를 추연한 것이다.[29]

그런데 「상원축회간지도上元丑會干支圖」에서 볼 수 있는 바와 같이 원元, 회會를 언급하고 있다. 이와 더불어 상원上元, 일원一元, 삼원三元, 오원五元, 칠원七元을 언급하였을 뿐만 아니라 자운子運과 축운丑運을 언급하고 있다. 그리고 「일세주천율려도수一世周天律呂度數」에 나타난 바와 같이 세世를 언급하고 있다. 이를 보면 송대宋代의 소강절邵康節이 우주의 역사를 나타나는 단위로 제시한 원회운세元會運世를 『정역』에서도 수용하였음을 알 수 있다.

그러나 『정역』에서는 소강절의 원회운세법元會運世法을 그대로 수용한 것이 아니다. 그것은 『정역』에서 역법曆法의 형식으로서의 원회운세법元會運世法을 활용하고 있지만 역법 자체를 언급하고 있는 것이 아니라 그것이 가능한 변화원리를 언급하고 있음을 뜻한다.

역법의 세계는 천문학이라는 자연과학의 세계이다. 과학의 세계는 형이하의 세계이다.

---

28) 金恒, 『正易』 十一一言 第二十六張, 四正七宿用中數, "先天은 五九니 逆而用八하니 錯이라 閏中이니라. 后天은 十五니 順而用六하니 合이라 正中이니라. 五九는 太陰之政이니 一八七이니라. 十五는 太陽之政이니 一七四니라. 易은 三이니 乾坤이오 卦는 八이니 否泰損益咸恒既濟未濟니라. 嗚呼라 既順既逆하야 克終克始하니 十易萬曆이로다."

29) 李正浩, 『正易과 一夫』 25쪽에서 28쪽 參照.

그러나 변화원리는 형이상적 존재이다. 천체 현상을 관찰하여 그것을 자료로 하여 시간을 구성하는 것이 역법이라면 역법이 가능한 근거, 시간의 존재근거로서의 시간성이 어떻게 시간으로 전개되는지를 추구하는 형이상학이 『정역』이 밝히고자 하는 변화철학, 역철학이 다.30)

중국사상의 근원이라고 여겨지고 있는 『주역』에서는 후천에서 선천으로의 변화 곧 반고화를 간지도수를 통하여 표상된 간지도수원리임을 밝히고 있다. 그러나 간지도수원리를 밝히지 않고 그것을 공간적 관점 곧 삼재의 관점에서 밝히고 있다.

삼재의 도의 표상은 괘상卦象에 의하여 이루어진다. 그리고 괘상卦象의 구성은 육효六爻에 의하여 이루어진다. 그렇기 때문에 육효를 구성하는 근거가 되는 근본원리로서의 간지도수를 언급하고 있다. 그것이 바로 육갑六甲과 육경六庚이다.

산풍고괘山風蠱卦의 괘사에서는 "고蠱는 원형元亨하니 대천大川을 건너는 것이 이로우니 선갑삼일先甲三日이요 후갑삼일後甲三日이니라."31)라고 하여 육갑六甲을 언급하고 있다. 단사彖辭에서는 "선갑삼일先甲三日 후갑삼일後甲三日은 마치고 다시 시작하는 천도天道의 운행원리를 나타낸다."32)고 하였다.

중풍손괘重風巽卦 오효의 효사에서는 "구오九五는 정貞이라 길吉하고 후회가 없으니 이롭지 않음이 없다. 처음은 없고 끝이 있으니 선경삼일先庚三日하며 후경삼일後庚三日이다."33)고 하여 육경을 언급하고 있다.

선갑삼일 후갑삼일과 선경삼일 후경삼일은 간지 가운데서 천간을 중심으로 간지도수 원리를 나타낸 것이다. 선갑삼일 후갑삼일과 선경삼일 후경삼일의 삼일三日은 날짜를 가리키는 것이 아니라 도수를 가리킨다. 선갑삼일 후갑삼일은 갑甲을 중심으로 앞과 뒤의 삼도三度를 가리키며, 선경삼일 후경삼일은 경庚을 중심으로 앞과 뒤의 삼도를 가리킨다. 따라서 선갑삼일 후갑삼일은 신辛·임壬·계癸·갑甲·을乙·병丙·정丁이 되며, 선경삼일 후경삼일은 정丁·무戊·기己·경庚·신辛·임壬·계癸가 된다.

---

30) 자연과학의 차원에서 이루어지는 천문을 통하여 시간을 구성하는 역법과 시간의 본질 곧 세계의 본질과 현상의 관계를 밝히는 형이상학으로의 철학, 역철학은 그 관계를 나타내면 체용의 관계라고 할 수 있다. 그러므로 역법을 통하여 역철학을 이해하는 것이 아니라 역철학을 통하여 역법을 이해하는 것 곧 도생역성의 관점에서 역철학을 이해하고 그것을 바탕으로 역생도성의 관점에서 역법을 이해하는 것이 필요하다. 그것을 구분하지 못하면 역법의 근거가 되는 천문학을 결정론적 관점에서 이해하여 미래를 예측하는 점성술로 모든 세계를 이해하려고 시도하게 된다.

31) 『周易』, 山風蠱卦 卦辭, "蠱는 元亨하니 利涉大川이니 先甲三日하며 後甲三日이니라."

32) 『周易』, 山風蠱卦 彖辭, "先甲三日後甲三日은 終則有始天行也라."

33) 『周易』, 重風巽卦 五爻 爻辭, "九五는 貞이라 吉하고 悔 亡하니 无不利니 无初有終이라.先庚三日하며 後庚三日이니 吉하니라."

일곱 도수가 나타내는 원리를 지뢰복괘地雷復卦에서는 "그 도를 반복하여 칠일七日이 되어 다시 돌아오는 것이 천도의 운행원리이다."[34]고 하였다. 이는 『주역』을 구성하는 육효괘를 나타내는 것이다. 칠일이 되어 돌아온다는 것은 초효로부터 시작하여 육효에 이르면 다시 처음으로 돌아오는 것을 뜻한다. 따라서 선후갑삼일과 선후경삼일은 괘효의 관점에서 간지도수가 표상하는 내용이 천도임을 밝힌 것이다.

육갑도수는 중괘에 있어서는 내괘, 64중괘에 있어서는 상경이 표상하는 선천을 나타내며, 육경도수는 중괘에서는 외괘, 64중괘에서는 하경이 표상하는 후천을 나타낸다. 육갑도수와 육경도수는 각각 선천의 선천과 선천의 후천을 나타낸다. 그러므로 공간적 관점에서 삼재를 중심으로 역도를 표상하는 『주역』의 입장에서 보면 간지도수 역시 육갑과 육경을 중심으로 선천의 관점에서 이해하고 있다.

중국사상 가운데서 유학의 대표적 경전인 오경五經과 사서四書 가운데 하나인 『논어』와 『서경』에서는 반고화를 삼재의 도의 측면에서 천지의 도의 인간주체화로 밝히고 있다. 『논어』를 중심으로 그 내용을 살펴보면 "천의 역수원리가 네 본래성으로 주체화하였으니, 진실로 본성을 자각하라. 사해가 곤궁하면 천록이 영원히 끊어지리라."[35]라고 하였다. 이는 성통에 참여한 요堯가 순舜에게 그리고 순舜이 우禹에게 전한 성인의 도의 내용이다. 이를 통하여 역수원리를 내용으로 하는 천도가 인간의 본성으로 주체화함으로써 성통이 전개됨을 알 수 있다.

2. 천지설위天地設位와 육계六癸

인격적 존재인 반고의 자기 전개에 의하여 시생된 물리적 천지가 장성하여 합덕함으로써 성도하게 된다. 천지의 합덕·성도는 일월의 장성에 의한 동궁同宮·동도同度와 더불어 성인과 군자의 합덕·성도에 의하여 이루어진다. 이처럼 천지인의 삼재가 합덕·성도된 세계가 후천이다.

삼재가 성도된 후천은 삼재가 정위된 세계이다. 천지가 정위하고, 일월이 동궁·동도되

34) 『周易』, 地雷復卦 彖辭, "反復其道七日來復은 天行也일새오"
35) 『論語』 堯曰, "堯曰 咨爾舜 天之曆數 在爾躬 允執厥中 四海困窮 天祿永終"

고, 성인과 군자가 정위된 세계가 후천인 것이다. 『주역』에서는 천지를 중심으로 삼재가 합덕·성도함으로서 천지가 정위된 세계를 천지가 설위된 세계로 규정하고 있다.[36] 따라서 『주역』에 의하여 천지의 합덕·성도를 규정하면 천지설위이다.

천지가 정위되면 그것을 본체로 하여 용구용육 작용이 이루어진다. 천지가 설위됨으로써 이루어지는 용구용육 작용은 일월과 인간의 측면에서 살펴볼 수 있다. 『정역』에서는 역수원리를 중심으로 간지도수에 의하여 천지설위와 용구용육을 표상하고 있는데 그것이 천지설위도수와 용구용육도수이다. 『정역』에서 천간의 본체도수인 무기戊己를 중심으로 천지설위의 대체를 논하고 있는 부분의 내용을 보면 다음과 같다.

> 아! 기위己位가 체體가 되어 친히 정사政事를 베푸니 무위戊位는 존공귀체尊空歸體된다. 아! 축궁 丑宮이 그 위位를 얻어서 작용하니 자궁子宮은 그 위位에서 물러난다.[37]

위의 내용을 보면 천지설위를 천도와 지도의 측면에서 각각 천간과 지지로 나누어서 논하고 있다. 무위인 지덕이 존공尊空되고, 기위인 천도가 행하여지며, 선천의 자운子運이 끝나고, 후천의 축운丑運이 시작되는 것이 천지가 정위하는 천지설위이다.

간지를 연결하면 선천의 무자戊子의 세계가 물러나고, 후천의 기축己丑의 세계가 전개되는 것이 천지정위로, 반고화의 본체인 기축己丑이 밝혀지고 그것이 현실에서 실천되어지는 것이 천지설위이다.

천지의 합덕에 의한 설위와 그 작용으로서의 용구용육은 일체적 작용이다. 그것은 천지의 합덕에 의하여 이루어지는 작용이 용구용육이라고 할 수도 있고, 용구용육에 의하여 천지의 합덕이 이루어진다고 할 수도 있음을 뜻한다. 그러므로 십오 본체도수가 구와 육의 작용으로 나타나는 체십용구와 체오용육을 나타내는 것이 바로 천지설위와 용구용육이다.

천지설위도수는 지지를 중심으로 추수推衍하며, 용구용육도수는 천간을 중심으로 추수한다. 이는 간지 도수가 근본적으로 체오용육에 의하여 구성되었기 때문이다. 용구용육 작용은 간지도수의 운행을 통하여 표상된다.

천간은 여섯 번 순회함으로써 육십六十 간지를 다 나타내게 되고, 반대로 지지는 다섯번 순회巡廻함으로써 육십六十 간지를 다 나타내게 된다. 천간은 용육用六 작용을 표상하고, 지지地支는 용오用五 작용을 표상한다. 체오體五의 관점에서 이루어지는 천지설위도수의 추수推數는 용육작용을 표상하는 지지地支를 중심으로 이루어지고 반대로 용구용육도수는 용

---

36) 『周易』의 繫辭上篇 第七章에서는 "天地設位 而易行乎其中矣"라고 하였고, 繫辭下篇 第十二章에서는 "天地設位 聖人成能 人謀鬼謀 百姓與能"이라고 하였다.
37) 金恒, 『正易』 十五一言 第十張 化翁親視監化事, "嗚呼 己位親政 戊位尊空 嗚呼 丑宮得旺 子宮退位."

오用五작용을 표상하는 천간을 중심으로 이루어진다.

선천의 간지가 계해癸亥에서 끝나기 때문에 종즉유시終卽有始의 원리에 의하여 그 자리에서 다시 계해癸亥로부터 시작하여 갑자甲子·을축乙丑·병인丙寅·정묘丁卯·무진戊辰·기사己巳·경오庚午·신미辛未·임신壬申·계유癸酉·갑술甲戌로 이어지는 것이 천지설위도수이다. 이처럼 천지가 설위됨으로써 선천에서 드러나지 않았던 일월원리, 계해원리가 밝혀지면서 더불어 갑자甲子원리인 천도가 밝혀지게 된다.

천도가 자각되어졌기 때문에 을축乙丑의 곤도坤道와 병인丙寅의 성인의 도, 정묘丁卯의 군자의 도, 무진戊辰의 용육원리가 건乾의 사상四象으로 작용하게 된다. 건괘의 육효의 구성원리를 표상하는 도수는 계해癸亥·갑자甲子·을축乙丑·병인丙寅·정묘丁卯·무진戊辰이다.

기사己巳의 천도를 주체성으로 경오庚午·신미辛未·임신壬申·계유癸酉의 곤사상坤四象이 형성되고, 갑술甲戌까지가 곤괘坤卦의 육효를 구성하는 원리를 표상하는 도수이다. 이처럼 계해癸亥에서 갑술甲戌까지의 열 두 도수가 각각 건괘乾卦의 육효와 곤괘坤卦의 육효六爻를 형성하게 되는 것이 천지설위도수이다.

경오庚午와 신미辛未는 군자의 도를 정령과 율려의 측면에서 왕도정치와 군자의 도로 표상한 것이다. 그리고 임신壬申과 계유癸酉는 군민합덕君民合德을 정령과 율려의 측면에서 천명闡明한 것이다.

천지가 설위된다는 것은 천지가 합덕하여 천天은 지地에서 작용하고, 지地는 천天에서 작용함을 뜻한다. 천지가 설위되면 용구용육도수가 밝혀지게 된다. 용구용육작용을 살펴보면 신유辛酉와 임술壬戌을 거쳐서 계해癸亥에서 용구작용이 시작되어 갑자甲子·을축乙丑·병인丙寅·정묘丁卯로 작용하고, 용육은 정묘丁卯를 체體로 하고 무진戊辰·기사己巳를 기본도수로 하여 경오庚午·신미辛未·임신壬申·계유癸酉로 작용하게 된다. 이렇게 보면 임술壬戌·계해癸亥를 기본도수로 갑자甲子·을축乙丑·병인丙寅·정묘丁卯로 용구작용이 이루어지고, 무진戊辰·기사己巳를 기본도수로 경오庚午·신미辛未·임신壬申·계유癸酉로 용육작용이 이루어진다.

천지설위도수와 용구용육도수의 관계를 보면 천지설위도수에서 정묘丁卯의 자리에 을축乙丑이 닿고 갑술甲戌의 자리에 임신壬申이 오는 것이 용구용육 도수이다. 『정역』에서는 "지십地十이 천天이 되고, 천오天五가 지地가 되니 묘卯가 축丑으로 돌아가고 술戌이 신申에 의지한다."[38]고 하였다. 이는 십오의 합덕에 의하여 지수인 십十이 천天에서 작용하고, 천수인

---

38) 金恒, 『正易』 十一一言 第二十五張 十一歸體詩, "卯兮歸丑戌依申을"

오五가 지地에서 작용함을 뜻한다.

천지의 합덕작용을 지지地支를 중심으로 나타낸 것이 다음 부분이다. 묘卯가 축丑으로 돌아가고, 술戌이 신申에 의지한다는 것은 간지의 묘술卯戌이 존공尊空되어 그것이 본체本體가 됨으로써 용구용육 작용이 이루어짐을 뜻한다.

정묘丁卯가 본체가 되고 무진戊辰・기사己巳가 용육의 기본 도수가 되어 경오庚午・신미辛未・임신壬申・계유癸酉의 작용이 이루어지고, 술戌이 본체本體도수가 되고 해亥를 기본도수로 하여 갑자甲子・을축乙丑・병인丙寅・정묘丁卯의 용구작용이 이루어지는 것이다. 그러므로 묘술卯戌의 귀공위체歸空爲體는 천지설위와 용구용육의 관건이라고 할 수 있다.

『정역』에서는 묘술卯戌의 귀공위체歸空爲體를 도서상수의 측면에서는 오팔존공五八尊空[39]으로 규정하고 있다. 오팔五八의 묘술卯戌이 존공尊空됨으로써 선천에서 후천으로의 변화와 후천에서 선천으로의 변화가 이루어진다. 오팔의 존공에 의하여 구이착종九二錯綜과 삼오착종三五錯綜이 이루어진다.

『정역』에서는 구육九六의 합덕에 의하여 이루어지는 체오용육體五用六 작용인 십일귀체十一歸體가 오팔존공五八尊空이며, 오팔존공五八尊空이 바로 구이착종九二錯綜임을 논하고 있다.[40] 오팔五八의 존공에 의하여 정묘丁卯가 정유丁酉가 되면서 선천이 후천으로 변화하는 구이착종의 변화가 이루어지고, 무술戊戌이 무진戊辰이 됨으로써 후천이 선천으로 변화하게 된다.

천지설위도수와 용구용육도수에 의하여 표상된 후천세계는 용칠用七의 윤역이 용육의 정역으로 변화하여 음양의 합덕역인 중정역이 운행되는 세계이다. 따라서 천지설위를 천도를 중심으로 나타내면 윤역이 정역으로 변화하면서 선천의 시대에 윤역의 생장과 함께 윤도수로 나타났던 십오 본체도수가 귀체歸體되고 그에 따라서 용구용육 작용이 이루어지면서 360의 중정역이 운행됨이다.

십오본체도수가 귀체되는 현상은 천지가 정위定位되면서 천지의 뜻이 장자長子에 의하여 계승되는 천지정위원리와 십오존공위체원리를 내용으로 한다. 천지가 정위定位됨으로서 십오존공이 이루어지고, 십오가 존공됨으로서 천지가 정위된다. 그러므로 본체를 중심으로 보면 천지정위天地定位원리이며, 장자長子를 중심으로 보면 십오존공위체十五尊空爲體원리가 된다.

십오존공위체十五尊空爲體원리는 천지의 장자인 성인과 군자에 의하여 십오천지의 뜻이

39) 『正易』의 十五一言 第二十三張과 二十四張에서는 "戊五는 空이다", "卯八은 空이다"고 하였으며, 第二十七張 十一吟에서는 "十一歸體하여 五八尊空이로다."라고 하였다.
40) 金恒, 『正易』, 十一一言 第二十七張, "十一歸體兮 五八尊空 五八尊空兮 九二錯綜 九二錯綜兮 火明金淸"

대행되는 것이다. 선천의 성인은 천지의 뜻을 주체적으로 자각하고, 그것을 경전의 저작을 통하여 천명함으로써 후천의 군자를 기르는 것이다. 그런 점에서 선천의 성통사는 십오존공위체十五尊空爲體원리의 자기전개 현상이라고 할 수 있다.

후천의 군자는 선천의 성인이 저작한 경전을 연구하여 천지의 뜻을 자각하고 그것을 현실에서 실천하는 존재이다. 군자가 왕도정치를 통하여 군민君民을 합덕시킴으로서 삼재의 도가 합덕·성도되는 것이 후천적 의미의 십오존공위체十五尊空爲體원리인 것이다. 『정역』에서는 괘효원리를 중심으로 다음과 같이 십오존공위체원리에 대하여 논하고 있다.

> 괘卦의 진손震巽은 수로는 십오十五이니, 오행五行의 마루요 육자녀六子女의 어른이니, 중위中位의 정역正易이다.[41]

위의 내용 가운데서 진손震巽은 성인과 군자를 상징하는 괘이다. 진손괘는 수로는 육六과 일一로 그것이 십오라는 것은 진손이 십오천지의 일을 대행함을 뜻한다. 이를 진손이 오행의 으뜸이요, 만물인 육자녀의 어른이라고 표현하였다.

『정역』에서는 "건곤 천지에 뇌풍雷風이 중中이다."[42]고 하여 성인과 군자가 천지의 중심임을 나타내고 있다. 이처럼 성인과 군자에 의하여 천지의 뜻이 대행代行되는 것이 중위中位에서 정역正易되는 원리이다. 따라서 십오존공위체원리는 중위정역원리로 그것을 본체의 측면에서 나타내면 천지가 정위됨으로서 정역이 운행되는 원리이다.

선천의 성인은 이미 인류 역사상에 탄강하여 성경聖經의 저작을 통하여 천지의 도와 인도를 천명함으로써 주어진 천명을 유감없이 봉행하였다. 따라서 천지설위의 문제는 후천 군자에 의하여 인도가 실천되는 문제만이 남는다. 그렇기 때문에 『주역』에서는 천지의 설위에 대하여 군자를 중심으로 다음과 같이 논하고 있다.

> 천지가 제 자리를 잡았을 때 비로소 변화가 그 가운데서 일어난다. 그러므로 군자가 타고난 본성을 보존하고 보존하는 것이 도의道義의 세계에 들어가는 관문이다.[43]

위의 인용문은 천지설위원리를 논한 앞부분과 군자의 정위용정正位用政원리를 논한 뒷부분으로 구분할 수 있다. 천지의 설위를 군자를 중심으로 논하면 군자가 자신의 본래성을 자각하여 그것을 따르는 것으로 그것이 후천 도의의 세계로 들어가는 관문이다.

---

41) 金恒, 『正易』, 十一一言 第二十二張, "卦之震巽 數之十五 五行之宗 六宗之長 中位正易."
42) 金恒, 『正易』, 十五一言 第七張, "理會本原 原是性 乾坤天地 雷風中"
43) 『周易』, 繫辭上篇 第七章, "天地設位 而易行乎其中矣 成性存存 道義之門"

군자에 의하여 군자의 도가 행하여짐으로써 삼재의 도가 합덕·성도하게 된다.『주역』
에서는 삼재의 도의 측면에서 천지설위를 다음과 같이 논하고 있다.

> 천지가 설위되면 비로소 성인의 도가 행하여지니, 군자가 도모하고 귀신이 도모함으로써 백
> 성이 더불어 성인의 도를 행하게 된다.[44]

성인의 도는 천지의 도가 그 내용이다. 따라서 성인의 도가 행하여진다는 것은 천지의
도가 행하여짐을 뜻한다. 군자를 매개로 하여 성인과 백성이 모두 천지의 도를 인간 주체
적으로 자각하여 인도로 실천함으로써 비로소 천지의 설위가 완성되어지는 것이다. 따라
서 천지의 설위는 새로운 천지가 개벽되는 것을 뜻하는 것이 아니라 이미 천지가 개벽되면
서 그 본성으로 제시되어진 본체 즉 반고의 뜻이 드러나고 밝혀져서 그것이 실천되어지는
세계가 구축됨을 뜻한다.

천지가 설위되어 구육九六작용이 이루어진 세계를 나타내는 것이 「금화정역도金火正易圖」
이다. 「금화정역도」는 삼역팔괘도 가운데서 정역팔괘도와 천간과 지지를 합덕시킨 것으로
천도를 표상하는 원圓과 지도地道를 표상하는 방方을 중심으로 간지도수와 정역팔괘도가
결합되어 있다.

지지地支는 천도를 표상하는 원도圓圖에 모두 위치하여 천지의 합덕에 의하여 천天에서
이루어지는 지地의 작용을 표상하고 있으며, 천간 가운데서는 갑을甲乙과 경신庚辛의 목木과
금金만이 원도圓圖에 있어서 천도의 선후천원리를 표상하는 도수가 갑을甲乙과 경신庚辛임
을 나타내고 있다.

십오 천지를 표상하는 무기戊己와 일월이 사상四象을 이루면서 방도方圖의 네 방위에 위
치하여 각각 정역팔괘도의 진손震巽과 감리坎離에 대응하고 있다. 방도 안의 임계병정壬癸丙
丁의 병화丙火는 곤괘坤卦와 대응하고, 임수壬水는 건괘乾卦와 대응하며, 계수癸水는 간괘艮卦
와 대응하고, 정화丁火는 태괘兌卦와 대응하고 있다. 이로써 간태합덕艮兌合德과 건곤乾坤천
지의 합덕이 각각 정계丁癸와 병임丙壬의 수화水火를 매개로 이루어짐을 밝히고 있다.

또한 원도圓圖의 이괘離卦와 방도方圖의 월月이 대응하고, 방도方圖 가운데의 병정丙丁이 대
응하며, 원도圓圖의 감괘坎卦와 방도의 일日이 대응하고, 방도 가운데의 임계壬癸가 대응하
여, 각각 일월의 성도·합덕원리를 표상하고 있다.『정역』에서 제시한 「금화정역도」는 다
음과 같다.

---

44) 『周易』, 繫辭下篇 第十二章, "天地設位 聖人成能 人謀鬼謀 百姓與能"

金 火 正 易 圖

천지설위에 의하여 이루어지는 중위정역中位正易의 세계를 간지도수를 중심으로 나타내면 육계六癸와 육기六己가 된다. 그것은 천간을 중심으로 후천을 나타낸 것으로 육계는 계癸를 전후로 하여 경庚, 신辛, 임壬의 세 도수와 갑甲, 을乙, 병丙의 세 도수를 나타낸다. 이 일곱 도수가 후천의 선천을 나타낸다.

그리고 육기六己는 기己의 전후의 세 도수로 병丙, 정丁, 무戊의 세 도수와 경庚, 신辛, 임壬의 세 도수를 합한 일곱 도수이다. 육기는 후천의 후천을 나타내는 도수라고 할 수 있다.

『태백일사』에서는 신시神市의 때에 책력을 사용하였는데 옛날에는 계해癸亥를 사용하다가 단군시대에 이르러서 단군구을이 갑자甲子를 사용하였으며, 10월을 세수로 하였음을 밝히고 있다. 그리고 이어서 육계六癸를 언급하면서 육계는 신시 때 곧 환웅桓雄의 시대에 사용되었음을 밝히고 이어서 천간과 지지를 다음과 같이 밝히고 있다.

신시의 때에 칠회제신七回祭神의 책력이 있었다. 첫회의 날에는 천신天神에 제사를 지내고, 둘째의 날에는 월신月神, 셋째의 날에는 수신水神, 넷째 날에는 화신火神, 다섯째 날에는 목신木神, 여섯째 날에는 금신金神 그리고 일곱째 날에는 토신土神에게 제사를 지냈다. 대저 책력의 제정이 이로부터 시작되었다. 그런데 옛날에는 계해를 사용하다가 단군구을檀君邱乙이 처음으로 갑자를 써서 10월을 상달로 명하고 한 해의 시작으로 삼았다. 육계六癸는 신시씨神市氏 때에 신지神誌에 명하여 제정된 것으로 계를癸 시작으로 한다. 계는癸 계啓이며, 해亥는 핵核으로 일출의 뿌리이다.[45]

45) 『桓檀古記』「神市本紀제3」, "神市之世有七回祭神之曆 一回日祭天神 二回日祭月神 三回日祭水神 四回日祭火神 五回日祭木神 六回日祭金神 七回日祭土神 蓋造曆始於此然 舊用癸亥而檀君邱乙始用甲子 以十月爲上月 是謂歲首 六癸自神市氏命神誌所製而以癸爲首 癸啓也亥核也 日出之根"

위의 내용을 보면 환웅시대에 육계가 바탕이 되어 형성된 책력을 사용하고 있었으며, 세수는 10월이었음을 알 수 있다. 10월은 해월亥月로 이는 선천의 역 곧 갑자에서 시작되는 육갑을 중심으로 나타낸 것이다. 그것은 인월寅月로부터 거꾸로 기산하여 후천의 세수를 나타낸 것이다. 이를 『정역』에서는 묘월卯月로 나타내고 있다. 자월子月로부터 역逆으로 추연하면 묘월이 된다. 따라서 태백일사에서 언급하고 있는 육계는 곧 묘월을 세수로 하는 후천의 책력을 가리킴을 알 수 있다,

그리고 계해를 각각 계핵啓核으로 설명하면서 그것을 일출의 근본이라고 설명한 부분을 주목할 필요가 있다. 계핵啓核은 "근원을 열다, 드러내다."의 의미이다. 그것을 다시 일출의 근원으로 규정하고 있다.

일출의 근원은 시간이 운행되어지는 근원으로서의 시간성을 상징한다고 할 수 있다. 그렇다면 이는 단군신화檀君神話에서 빛의 근원, 곧 시간성을 나타내고 있는 개념인 환인桓씨을 가리킴을 알 수 있다. 그렇다면 계해癸亥는 무엇을 뜻하는가?

계해는 용구작용을 나타내는 근본도수이다. 그리고 용구작용은 본체가 십이다. 그러므로 도서상수의 관점에서 이해하더라도 체십용구를 표상하는 도수가 계해임을 나타낸 것이라고 할 수 있다.

계해가 표상하는 용구와 더불어 무진이 표상하는 용육작용이 함께 이루어지는 구육합덕위용의 세계가 중위정역의 후천세계이다. 그것은 단군신화에서 환인의 뜻이 구현된 홍익인간弘益人間의 세계로 나타내고 있다. 그런 점에서 보면 환인桓씨의 세계가 바로 장차 한국인이 이루어야할 이상으로서의 후천의 세계 곧 홍익인간의 세계임을 뜻한다.

그것은 후천의 시대가 되어 정역의 세계가 되면 비로소 그 본체도수가 드러나면서 원역으로 돌아가게 되어 원역原曆의 세계, 신神의 세계, 환인桓씨의 세계가 드러나게 됨을 뜻한다. 환인은 시간성의 세계, 신의 세계, 반고의 세계를 가리킨다.

3. 간지도수와 일월

간지도수를 통하여 표상된 신명원리의 내용은 역수원리이다. 그것을 사상四象작용을 중심으로 나타내면 천지의 도와 일월日月의 도道가 된다. 『주역』에서는 "천天의 신도神道를

자각하면 음양의 합덕역인 중정역이 밝혀진다."46)고 하여, 신명원리의 내용이 역수원리임
을 밝히고 있다.

그리고 천도를 음양원리로 규정하고, 음양원리가 일월원리47)임을 논하여 천도의 내용이
역수원리임을 밝히고 있다. 천지의 합덕·성도에 의하여 일월이 생성되며, 생성된 일월에
의하여 시간을 주재하는 천지의 정사가 대행되어지기 때문에 천지의 도의 내용이 일월의
도인 것이다. 『정역』에서는 "수토水土가 성도·합덕하여 천지가 개벽하고, 천지의 합덕에
의하여 일월이 생성된다."48)고 하여 천지와 일월의 관계가 체용의 관계임을 밝히고 있다.

일월의 도의 내용이 역수원리이기 때문에 천도의 내용 역시 역수원리이다. 『주역』에서
는 역수원리의 표상체계인 도서圖書를 구성하는 기우奇偶의 수를 천지의 도를 표상하는 천
지의 수로 규정하여 천지의 도의 내용이 일월역수원리임을 밝히고 있으며49), 『정역』에서
도 천지의 도를 표상하는 천지의 수가 일월역수원리를 표상한다.50)고 하여 도서를 통하여
표상된 역수원리가 천지의 도의 내용임을 밝히고 있다.

천지의 도의 내용이 일월의 도이기 때문에 일월이 없다면 천지의 존재의의가 드러나지
않는다. 그렇기 때문에 『정역』에서는 "천지에 일월이 없으면 속이 비어있는 껍데기와 같
다."51)고 하였을 뿐만 아니라 "아, 일월의 정사여, 지극히 신명하니 글로는 능히 말을 다
할 수 없다."52)고 하여 신명원리의 내용이 일월원리임을 밝히고 있다.

간지도수에 의하여 표상된 신명원리를 체용적 구조를 중심으로 나타내면 십오천지의 합
덕合德원리를 본체로 하여 이루어지는 용구용육원리이다. 십오본체도수의 측면에서 그 본
성인 도덕성을 중심으로 나타내면 신명원리가 되고, 용구용육 작용의 측면에서 간지도수
원리를 나타내면 역수변화원리가 된다. 십오본체가 표상하는 천지와 용구용육 작용은 체
용의 관계이기 때문에 신명원리와 역수원리 역시 체용의 관계로 신명원리의 내용이 역수
원리이다.

역수변화는 선천역에서 후천역으로 변화하는 선후천변화이다. 그렇기 때문에 역수원리
의 측면에서 간지도수원리는 선후천변화원리이다. 신명원리를 역수원리를 중심으로 선천

46) 『周易』, 風地觀卦 彖辭, "觀天之神道而四時不忒 聖人 以神道設敎而天下服矣"
47) 『周易』의 說卦篇 第二章에서는 "立天之道曰陰與"이라고 하였고, 繫辭上篇 第六章에서는 "陰陽之義 配日
月"이라고 하였다. 이를 통하여 天道가 陰陽原理이며, 陰陽原理가 日月曆數原理임을 알 수 있다.
48) 金恒, 『正易』 十五一言 第八張, "水土之成道天地 天地之合德日月"
49) 『周易』의 繫辭上篇 第九章에서는 圖書를 구성하는 一에서 十까지의 數를 天數와 地數로 규정하고 天數와
地數에 의하여 구성된 圖書가 曆數原理를 표상함을 밝히고 있다.
50) 金恒, 『正易』 十五一言 第二十張 正易詩, "天地之數는 數日月이니"
51) 金恒, 『正易』 十五一言 第八張, "天地 匪日月 空殼 日月匪至人 虛影."
52) 金恒, 『正易』 十五一言 第八張, "嗚呼 日月之政 至神至明 書不盡言."

적 관점과 후천적 관점으로 나누어서 고찰하면 천지의 합덕에 의한 용구용육 작용에 의하여 일월이 포태胞胎 생성되는 기제적 변화와 생성된 일월이 합덕 성도하여 천지가 합덕·성도하는 미제적 변화로 구분할 수 있다.

천지의 합덕작용에 의하여 일월이 포태·생성되고, 생성된 일월이 장성하여 합덕·성도함으로써 천지가 합덕·성도하는 원리는 일월의 작용원리의 내용이 된다. 천지의 합덕작용으로서의 용구용구 작용의 내용이 일월의 포태·생성원리와 합덕·성도원리인 것이다. 그렇기 때문에 간지도수에 의하여 표상된 신명원리, 역수원리의 내용을 이해하기 위해서는 태음과 태양의 포태·생성원리와 합덕·성도원리를 고찰하지 않을 수 없다.

1) 일월의 포태·생성胞胎生成

천지의 도와 일월의 도는 체용의 관계이기 때문에 현상적 측면에서는 천지와 일월이 능산자와 소산자의 관계가 된다. "수토水土가 합덕하여 천지가 형성되고, 천지의 합덕에 의하여 일월이 생성된다."[53]고 한 것을 보면 이 점을 알 수 있다. 천지의 합덕에 의하여 일월이 포태·생성되기 때문에 일월의 포태·생성은 본체인 천지의 본성에 대한 고찰로부터 시작하지 않을 수 없다.

천지의 본성은 천지를 구분하여 나타내기 이전의 합덕된 상태를 중심으로 고찰할 수 있다. 천지의 본성은 형이상적 존재이기 때문에 천天과 지地로 구별되어 따로 존재하지 않기 때문이다. 천지의 합덕체를 신명神明, 신도로 규정하고 있음을 앞에서 살펴본 바이다. 신명을 삼극의 도를 중심으로 체용으로 구분하여 나타내면 천天의 본성을 나타내는 개념이 무극이고, 지地의 본성을 나타내는 개념이 태극이지만 천지의 합덕체의 관점에서 논할 때는 천天의 본성은 무극으로, 지地의 본성은 황극으로 나타내게 된다.

『정역』에서는 천지의 합덕체인 무극과 황극에 대하여 간지도수를 중심으로 본체도수와 작용도수로 나누어서 다음과 같이 논하고 있다.

> 무극체위无極體位 도수는 기사己巳·무진戊辰·기해己亥·무술戊戌이니라. 도度는 역逆하고 도道는 순順하니라. 수數는 육십일六十一이니라. 황극체위皇極體位 도수는 무술戊戌·기해己亥·무진戊辰·기사己巳니라. 도度는 순順하고 도道는 육逆하니라. 수數는 삼십이三十二니라.[54]

53) 金恒, 『正易』 十五一言 第八張, "水土之成道가 天地요 天地之合德이 日月이니라."
54) 金恒, 『正易』 十五一言 第十二張, "无極體位도수라 己巳戊辰己亥戊戌이니라. 度는 逆하고 道는 順하니라 而數는 六十一이니라. 皇極體位도수라 戊戌己亥戊辰己巳니라. 度는 順하고 道는 逆하니라 而數는 三十二니라."

위의 내용은 무위戊位와 기위己位의 곧 황극과 무극의 체위도수를 나타낸 것이다. 위의 내용은 본체의 관점에서 구조를 중심으로 이해하는 것과 더불어 작용을 중심으로 이해하는 두 측면에서 접근이 가능하다. 작용을 중심으로 한 이해는 선후천 변화를 중심으로 무위戊位, 기위己位의 체위도수를 이해하는 것이며, 본체를 중심으로 한 이해는 체용적 구조를 중심으로 무위戊位, 기위己位의 체위도수를 이해하는 것이다.

통시적 측면에서 무위와 기위의 체위도수는 각각 무위와 기위가 성도하는 연월일시를 나타낸 것이다. 무극체위도수는 기위가 성도하는 년월일시를 나타낸 것으로 그 내용은 기사년己巳年·무진월戊辰月·기해일己亥日·무술시戊戌時가 된다.

반면에 황극체위도수는 무위가 성도하는 연월일시를 나타낸 것으로 그 내용은 무술년戊戌年·기해월己亥月·무진일戊辰日·기사시己巳時가 된다. 그렇기 때문에 『정역』에서는 무위와 기위의 성도지년成道之年을 논하고 있을 뿐만 아니라 무위의 성도지일成道之月과 기위의 성도지일成道之日을 논하고 있다.[55]

공시적 측면에서 무위와 기위의 체위도수는 체오용육과 체십용구를 표상한다. 무극과 황극의 체위를 표상하는 도수는 네 도수로 구성된다. 체위도수는 체수體數와 위수位數를 나타내는 개념으로 십오 천지의 합덕에 의하여 이루어지는 체십용구와 체오용육을 간지도수에 의하여 나타낸 것이다. 그렇기 때문에 기위의 체위를 나타내는 기사己巳·무진戊辰 도수와 무위의 체위를 나타내는 무술戊戌·기해己亥가 더 하여져서 무극과 황극의 체위도수를 나타낸다.

무극과 황극의 체위도수를 구성하는 네 도수는 천간의 본체도수인 무기戊己와 지지地支의 용구용육도수인 진사辰巳, 술해戌亥가 합덕하여 구성된다. 이는 그대로 십오의 합덕에 의한 용구용육 작용을 통하여 무위와 기위의 본체도수와 작용을 표상한 것이다.

네 도수 가운데서 기사己巳는 본래의 수數는 십十과 이二이지만, 작용의 측면에서는 사巳가 육六으로 작용하여 무극의 본체도수가 되며, 무술은 본래 수로는 오五와 오五이지만 작용의 측면에서는 술戌이 구九로 작용하여 황극의 본체도수가 된다.

반면에 무진戊辰은 본래 수로는 각각 오五와 오五이지만 작용의 측면에서는 진辰이 육六

---

55) 金恒, 『正易』, 十五一言 第二張, "太陰은 逆生倒成하니 先天而后天이오 旣濟而未濟니라. 一水之魂이오 四金之魄이니 胞於戊位成度之月 初一度하고 胎於一九度하고 養於十三度하고 生於二十一度하니 度成道於三十이니라. 終於己位成度之年 初一度하고 復於戊位成度之年 十一度니라. 復之理는 一八七이니라. 五日一候요 十日一氣요 十五日一節이오 三十日一月이오 十二月一朞니라. 太陽은 倒生逆成하니 后天而先天이오 未濟而旣濟니라. 七火之氣요 八木之體니 胞於己位成度之日 一七度하고 胎於十五度하고 養於十九度하고 生於二十七度하니 度成道於三十六이니라. 終於戊位成度之年 十四度하고 復於己位成度之年 初一度니라. 復之之理는 一七四니라. 十五分이 一刻이오 八刻이 一時요 十二時一日이니라."

으로 작용하여 체오용육을 표상하며, 기해己亥는 본래 수로는 십十과 육六이지만 작용의 측면에서는 해亥가 구九로 작용하여 체십용구를 표상한다.

천天의 본체를 표상하는 기사己巳와 체오용육작용을 표상하는 무진戊辰이 합덕하여 형성된 무진戊辰·기사己巳는 천天에서 이루어지는 지地의 작용을 표상하며, 지地의 본체를 표상하는 무술戊戌을 바탕으로 체십용구를 표상하는 기해己亥가 합덕하여 형성된 무술戊戌·기해己亥는 지地에서 이루어지는 천天의 작용을 표상한다.

무극과 황극의 체위도수는 합덕작용을 표상하기 때문에 그것을 도수로 표상하면 같은 도수에 의하여 표상되지만 그러나 작용이 다르기 때문에 각각 달리 표상될 수밖에 없다. 무극은 도역도순度逆道順의 작용을 하며, 황극은 도순도역順道逆 작용을 한다. 그렇기 때문에 무극의 체위도수는 기사己巳에서 무술戊戌로 향하는 기사己巳·무진戊辰·기해己亥·무술戊戌이 되며, 황극의 체위도수는 무술戊戌에서 기사己巳를 향하는 무술戊戌·기해己亥·무진戊辰·기사己巳가 된다.

무극은 기사己巳를 중심으로 육십도六十度 전체가 그 위수가 되며, 황극은 무술戊戌을 중심으로 삼십도三十度가 그 위수가 된다. 기사己巳에서 시작하여 기해己亥에서 끝나게 되어 도역度逆을 나타내는 동시에 기사己巳·무진戊辰의 천天에서 무술戊戌·기해己亥의 지地로 끝나게 되어 도순道順을 나타낸다.

반면에 황극체위도수는 무술戊戌에서 시작하여 기사己巳에 끝나 도순度順을 나타내는 동시에 무술戊戌·기해己亥의 지地에서 시작하여 무진戊辰·기사己巳의 천天에서 끝나기 때문에 도역道逆을 나타낸다.

무극과 황극의 관계를 간지도수가 표상하는 위수를 중심으로 살펴보면 황극의 위수인 삼십은 그대로 한 달의 일수日數가 된다. 그리고 무술戊戌·기해己亥와 무진戊辰·기사己巳는 선천에서는 각각 초하루와 초이틀이 되지만 후천에서는 16일과 17일이 된다. 반면에 무극의 위수인 육십은 황극의 두 위수를 더한 것으로 두 달의 일수日數가 된다.

무극과 황극의 체위도수가 나타내는 도역생성을 구체적으로 살펴보면 태음과 태양의 포태胞胎·생성작용이 밝혀지게 된다. 태음과 태양의 포태·생성은 무극과 황극의 합덕·성도에 의하여 이루어지기 때문에 무극과 황극의 체위도수가 각각 무극과 황극이 성도하는 연월일시를 표상하게 된다.

『정역』에서는 천지의 합덕, 합도와 일월의 동궁同宮, 동도同度에 대하여 간지도수를 중심으로 다음과 같이 밝히고 있다.

천지는 삼십이도三十二度에서 합덕하며, 지천地天이 합도合度하는 것은 육십일도六十一度이다. 일

월은 유무지有无地에서 동궁同宮하며, 월일月日은 선후천을 동도同度한다.[56]

위의 내용은 일월의 동궁, 동도에 의하여 천지가 합덕·성도됨을 간지도수에 의하여 나타낸 것이다. 천지가 합덕되는 도수는 천지의 본체도수인 기사己巳, 무진戊辰으로부터 시작하여 삼십이도三十二度인 무술戊戌, 기해己亥에 이르러서이다. 천지가 기해己亥에서 합덕됨으로써 일월이 포태되기 때문에 태음은 경자庚子에서 포태胞하게 되고, 태양은 육도六度를 지난 병오丙午에서 포태胞하게 된다.

천지가 합덕되는 도수인 기해己亥에서 일월 역시 합덕하게 되는 데 이러한 일월의 합덕을 동궁으로 규정하였다. 일월이 동궁되는 도수가 유무지有无地로 기해己亥로부터 시작하여 경자庚子·신축辛丑·임인壬寅·계묘癸卯·갑진甲辰·을사乙巳의 여섯 도수이다. 이 유무지 육도를 지나서 병오丙午에 이르렀을 때 비로소 태양이 포胞하게 된다.

선천이나 후천을 막론하고 천지의 합덕에 의하여 일월이 포태 생성되는 도수는 이십일도二十一度이다. 다만 태양은 유무지 육도가 더하여져서 이십칠도가 되었을 뿐이다. 그렇기 때문에 월일이 선후천을 동도한다고 하였다.

일월의 동궁同宮, 동도同度에 의하여 천지가 합덕 성도되는 것은 육십일도에 이르러서이다. 육십일도는 무극의 위도수로 기사己巳에서 시작하여 다시 기사己巳에 이르렀을 때 비로소 간지도수의 전모가 밝혀지게 되는데 수로는 육십일도가 된다. 이를 통하여 체용의 관계인 천天과 지地가 도수로는 육십과 그 반분半分인 삼십으로 표상되고 있음을 알 수 있다.

태음과 태양의 도수는 지地의 도수인 삼십을 기준으로 유무지 육도에 의하여 태양은 장차 없어질 육도를 포함하여 삼십육도이며, 태음은 장차 얻게 될 육도를 포함하지 않은 이십사도가 된다. 그래서 간지도수는 삼십육도의 태양과 이십사도의 태음으로 구성되어 있다.[57]

태음과 태양의 포태생성에 대하여 구체적으로 살펴보면 태음은 무위가 성도成度하는 달의 초일도初一度에서 포胞하고, 태양은 기위가 성도成度하는 일日로부터 칠도에서 포胞한다. 이를 통하여 태음과 태양이 각각 무위와 기위의 성도에 의하여 생성됨을 알 수 있는 동시에 태음이 무위의 정기精氣를 얻어서 생성되며, 태양이 기위의 정기를 얻어서 생성됨을 알 수 있다.

---

56) 金恒, 『正易』 十五一言 第三張, "天地合德三十二요 地天合道六十一을 日月同宮有无地요 月日同度先后天을 三十六宮先天月이 大明后天三十日을."
57) 이러한 三十六과 二十四度가 卦爻에 있어서는 각각 陽爻와 陰爻의 本性을 나타내는 도수가 된다. 그렇기 때문에 乾策數와 坤策數를 推衍함에 있어서 陽爻는 三十六度에 六度를 乘하여 二百一十六度가 되고, 陰爻는 二十四度에 六度를 乘하여 一百四十四度가 된다.

태음과 태양은 기해己亥로부터 시작하여 각각 초일도初日度와 칠도에서 포하게 된다. 그 것은 무극과 황극의 합덕이 기해己亥에서 이루어짐을 뜻한다. 기해己亥는 황극의 체위도수 인 무술戊戌・기해己亥 가운데서 용구작용을 표상하는 도수이다. 이처럼 기해己亥에서 무극 과 황극의 합덕이 이루어진다는 것은 천지의 합덕이 지地에서 이루어지며, 지地 가운데서 도 합덕문合德門에서 이루어짐을 뜻한다. 또한 기해己亥는 일월이 합덕 성도하는 도수로 무 극의 성도지일成道之日과 황극의 성도지월成道之月이 된다.

태음과 태양이 초일도와 일칠도에서 포하여 육도의 차이를 보이는 까닭은 그것이 태음 과 태양의 합덕 작용을 표상하는 도수이기 때문이다. 『정역』에서는 이 육도를 유무지로 규정하고 유무지에서 일월이 동궁이 된다고 하였다. 이 육도를 유무지라고 규정한 까닭은 태음의 측면에서는 없으나 장차 태양으로부터 받게 될 도수기 때문에 없어도 있는 것과 같으며, 태양의 측면에서는 지금은 있지만 장차 태음에게 주어야할 도수기 때문에 있어도 없는 것과 같기 때문이다.

태음의 태胎는 구도에서 이루어지며, 태양의 태는 십오도에서 이루어진다. 태양의 태도 수는 생장의 극수極數인 구도로 표상되는데, 그것은 모체 안에서의 생장을 뜻하는 것이 태 이기 때문이다. 태음의 양養은 십삼도에서, 태양의 양은 십구도에서 이루어진다. 포胞는 음 체 안에서 음양이 합덕되어 수정受精이 되는 현상에, 태胎는 음체에 착상한 후에 태반胎盤이 형성되어 모체와 연결됨에, 양養은 사람의 형체를 갖추면서 자라는 것에 비유할 수 있다.

태음의 생生은 이십일도에서 이루어지고, 태양의 생은 이십칠도에서 이루어진다. 태음의 성도는 삼십도에서, 태양의 성도는 삼십육도에서 이루어진다. 태음의 종終은 기위의 성도 지년成道之年의 초일도이며, 태양의 종은 무위의 성도지년成道之年의 십사도이다. 태음의 복 復은 무위의 성도지년成道之年의 십일도에서 이루어지고, 태양의 복은 기위의 성도지년成道 之年의 초일도에서 이루어진다. 태음은 기위에서 종하고, 태양은 무위에서 각각 종하나, 복 은 태음은 무위에서, 태양은 기위에서 이루어진다.

태음과 태양은 각각 역생도성과 도생역성을 하기 때문에 태음의 작용은 무위에서 시작 하여 기위에서 끝나고, 태양의 작용은 기위에서 시작하여 무위에서 끝난다. 그러나 복은 다시 처음으로 돌아가기 때문에 태음과 태양이 각각 무위와 기위에서 복하게 된다.58)

태음과 태양의 포태양생성종복胞胎養生成終復 도수를 간지를 중심으로 나타내면 태음은 경자庚子에서 포胞하여, 무신戊申에서 태胎하고, 임자壬子에서 양養하며, 경신庚申에서 생生하 고, 기사己巳에서 성成하며, 경오庚午에서 종終하여, 기유己酉에서 복復한다.

---

58) 金恒, 『正易』 十五一言 第三張에서 第四張 參照.

반면에 태양은 병오丙午에서 포胞하여, 갑인甲寅에서 태胎하고, 무인戊寅에서 양養하며, 병인丙寅과 임인壬寅에서 생生하고, 신해辛亥에서 성成하며, 임자壬子에서 종終하고, 경오庚午에서 복復한다. 이렇게 하여 형성된 태음의 포태생성도수는 경자庚子·무신戊申·임자壬子·경신庚申·기사己巳의 다섯 도수이며, 태양의 포태생성도수는 병오丙午·갑인甲寅·무오戊午·병인丙寅·임인壬寅·신해辛亥의 여섯 도수이다.

『정역』에서는 이를 가가 일극체위日極體位도수와 월극체위月極體位도수로 규정하고 있다.[59] 기해己亥는 태음과 태양이 합덕하는 위位를 나타내는 수로 태음의 측면에서는 기해己亥가 있지만 나타내지 않아서 오도五度가 되고 태양의 측면에서는 없지만 있어서 칠도七度가 된다.

태음과 태양은 각각 역생도성과 도생역성을 한다. 태음은 선천적 작용으로 후천을 향하여 이루어지며, 태양은 후천적 작용으로 선천을 향하여 이루어진다. 이러한 태음과 태양의 작용을 육효 중괘重卦의 측면에서 나타내면 태음은 기제적旣濟的 작용으로 미제未濟를 향하여 그 작용이 이루어지며, 태양은 미제적未濟的 작용으로 기제旣濟를 향하여 그 작용이 이루어진다.

태음은 수금水金의 근본이고, 태양은 화목火木의 근본이다. 태음은 일수一水의 혼魂과 사금四金의 백魄이 되며, 태양은 칠화七火의 기氣가 되고 팔목八木의 체體가 된다. 이를 천간을 중심으로 나타내면 태음은 경임庚壬의 혼백魂魄이 되고, 태양은 갑병甲丙의 기체氣體가 된다. 이는 정령도수를 중심으로 나타낸 것으로, 율려의 측면에서는 태음은 일수사금一水四金인 임壬·경庚을 성장시켜서 육수구금六水九金인 계癸·신辛으로 성도成道하게 된다. 그것을 『정역』에서는 모여서 늘어나니 율律이라고 하였다. 회會는 음양의 합덕을 상징하며, 윤潤은 성도成道를 뜻한다.

반면에 태양은 갑甲·병丙의 기체氣體가 되어 그것을 각각 나누어서 이화삼목二火三木의 정丁·을乙을 생生하니 그것이 려呂이다.[60] 율려도수는 이화삼목육수구금二火三木六水九金의 정丁·을乙·계癸·신辛으로 그 본체도수는 오황극이다. 오황극을 본체로 하여 일사一四의 경임庚壬을 육구六九의 계癸·신辛으로 장성하여 성도成道시키는 태음의 작용과 칠팔七八의 갑甲·병丙을 이삼二三의 을乙·정丁으로 분생分生하는 태양의 작용이 이루어진다.

그리고 십무극을 본체로 하여 육수六水와 구금九金을 바탕으로 일수一水와 사금四金을 분생分生하는 태음의 작용과 이화二火와 삼목三木을 생장시켜서 칠화七火와 팔목八木으로 성도하는 태양의 작용이 이루어진다. 이렇게 보면 정령작용은 수금水金을 분생分生하고 화목火木

---

59) 金恒, 『正易』 十五一言 第十一張 參照.
60) 金恒, 『正易』 十五一言 第六張, "六水九金 會而潤而律 二火三木 分而影而呂."

을 성도하는 작용이며, 율려작용은 화목火木을 분생分生하고 수금水金을 성도하는 작용이다. 태음의 분생과 태양의 성도가 정령작용이며, 태양의 분생과 태음의 성도가 율려작용인 것이다. 그것은 십무극에 의한 정령작용이 목화木火의 성도를 내용으로 하는 태양작용이 중심이며, 오황극에 의한 율려작용이 수금水金의 성도를 내용으로 하는 태음작용이 중심임을 뜻한다.

2) 일월의 합덕·성도

앞에서 살펴본 바와 같이 천지의 합덕작용에 의하여 일월이 포태하여 양생하게 되고 장성함으로써 성도·합덕한다. 일월의 성도·합덕에 의하여 천지 역시 성도·합덕하게 된다. 그렇기 때문에 천도의 내용인 시간성의 원리가 일월의 운행원리를 내용으로 하게 된다.

태음·태양의 포태·생성은 일월의 생성으로 그것이 역수의 생성·변화로 나타난다. 따라서 태음·태양의 성도·합덕원리 역시 역수원리를 중심으로 살펴보지 않을 수 없다. 역수의 생성 변화는 기수朞數 자체의 변화로 그것이 우주 역사의 전개 현상이다. 『정역』에서는 일월의 합덕작용에 의하여 시간이 생성되고 주재되어짐을 논하면서 물리적 시간의 생성이 일월과 천지의 덕분德分에 의하여 이루어진다.[61]고 하였다.

일월의 운행은 천지를 마디 짓는 것으로 그것을 통하여 물리적 시간의 생성이 이루어진다. 그렇기 때문에 일월의 덕에 의하여 천지가 나누어짐으로서 물리적 시간으로서의 분分이 생성된다고 하였다. 『주역』에서도 "천지가 마디가 지어짐으로서 사시가 이루어진다."[62]고 하였을 뿐만 아니라 "일월이 질운迭運 작용을 하여 시간이 생성된다."[63]고 하여, 일월의 운행에 의하여 물리적 시간이 생성됨을 밝히고 있다.

형이상자인 천지의 본성이 근거가 되어 시간이 생성되기 때문에 천지의 본성을 시간의 근원이라는 측면에서는 시간성이라고 할 수 있다. 시간성에 의한 시간의 생성은 물리적 생명의 생성으로 그것이 만물의 생성 현상으로 나타난다. 천지의 덕분에 의하여 시간이 생성됨으로써 천지와 만물이 생성되는 원리가 천지의 도와 일월의 도인 것이다.

일월의 운행에 의한 기수의 생성은 천지 자체의 변화이다. 천지의 선후천 변화가 일월의

---

61) 金恒, 『正易』十五一言 第六張, "嗚呼 日月之德 天地之分 分積十五刻 刻積八時 時積十二日 日積三十月 月積十二朞 朞生月 月生日 日生時 時生刻 刻生分 分生空 空无位"
62) 『周易』, 水澤節卦 彖辭, "天地節而四時成하나니"
63) 『周易』, 繫辭下篇 第六張, "日往則月來 月往則日來 日月相推而明生焉 寒往則暑來 暑往則寒來 寒暑相推而歲成焉."

측면에서는 기수의 변화로 나타나는 것이다. 『주역』에서는 "천지가 변화하여 사시가 완성
된다."[64]고 하여, 천지의 변화에 의하여 역수가 변화하며, 역수의 변화에 의하여 일년의
기수 내에서의 사시四時가 형성됨을 밝히고 있다.

천지의 변화인 선천에서 후천으로서의 변화는 윤역에서 정역으로 변화이다. 『정역』에서
는 "선천은 체는 낙서요 용은 하도로 27개월 만에 윤달을 사용한다. 후천은 체는 하도요
용이 낙서로 360의 정역正曆이다."[65]고 하였다. 이는 선천이 윤역의 시대이며, 후천이 정
역의 시대임을 밝힌 것이다. 일월의 생성이 윤역으로 나타나고, 성도·합덕이 정역으로 나
타난다.

「사정칠수용중수四政七宿用中數」에서는 선천은 용팔역用八曆의 시대로 음양으로 나누어지
는 윤역의 시대이며, 후천은 용육역用六曆으로 음양이 합덕된 중정역의 시대임을 밝히고 있
다.[66] 따라서 일월의 성도·합덕은 합덕역이자 중정역인 정역의 성취로 나타난다.

『정역』에서는 윤역에서 정역으로 변화하는 역수변화의 과정을 네 역수의 관계를 통하
여 논하고 있다. 윤역에도 두 윤역이 있으며, 정역에도 역시 두 역수가 있음을 밝히면서
역수의 관계를 통하여 다음과 같이 역수변화원리를 밝히고 있다.

천지의 수는 일월의 운행도수를 표상하니, 일월의 운행이 바르지 않으면 역易이 역易이 아니
다. 역曆이 정역正曆이라야 역易이 역易이니, 원역原曆이 어찌 항상 윤역閏曆만을 사용하겠는가?[67]

인용문에서 천지의 수가 일월의 운행도수를 표상한다는 것은 『주역』에서 도서를 구성
하는 형식을 천지의 수로 규정한 것에 대하여 그 성격을 밝힌 것이다. 천지의 수는 천지의
도를 표상하는 상수象數라는 의미로 그것이 일월원리를 표상한다는 것은 천지의 도가 일월
의 도임을 밝힌 것이다.

다음에는 천지의 도가 역도이기 때문에 일월의 도가 밝혀지지 않으면 역도가 밝혀질 수
없음을 밝히고 있다. 일월이 바르지 않으면 역이 역일 수 없다는 것은 일월원리가 올바로
밝혀져야 역도의 전모가 밝혀지게 됨을 밝힌 것이다.

원역이 언제나 윤역만을 사용하지 않는다는 것은 첫째로 원역과 윤역 그리고 정역이 체

64) 『周易』, 澤火革卦 彖辭, "天地 革而四時成"
65) 金恒, 『正易』 十五一言 第十九張 先后天 正閏도수, "先天 體方用圓 二十七朔而閏 后天 體圓用方 三百六旬
而正."
66) 金恒, 『正易』 十一一言 第二十六張, "先天五九 逆而用八錯閏中 后天十五 順而用六 合正中 五九太陰之政
一八七 十五太陽之政 一七四."
67) 金恒, 『正易』 十五一言 第二十張 正易詩, "天地之數는 數日月이니 日月이 不正이면 易匪易이라 易爲正易
이라사 易爲易이니 原易이 何常用閏易고"

용의 관계임을 밝힌 동시에 둘째로는 윤역에서 정역으로의 변화가 역도의 내용임을 밝힌 것이다. 이처럼 원역과 정역 그리고 윤역이 언급되고 있다. 그리고 윤역은 출생역과 생장역의 두 종류가 있어서 결국 사역四曆이 된다. 따라서 역수 변화 원리는 사역의 생성・변화가 된다.

앞의 인용문에서 용육역이 정역이며, 그 내용이 360이고, 용팔역이 윤역임을 논하였다. 그런데 『주역』의 계사상편繫辭上篇 제구장第九章을 보면 역수변화를 표상하는 사상수四象數가 성수成數는 구九, 팔八, 칠七, 육六으로 변화하며, 생수生數는 일一, 이二, 삼三, 사四로 변화함을 밝히고 있다. 이를 통하여 용팔역이 윤역이고 용육역이 정역이기 때문에 용구역用九曆와 용칠역用七曆이 있음을 알 수 있다. 이러한 네 역수의 내용을 『정역』에서 다음과 같이 구체적으로 밝히고 있다.

> 제요帝堯가 밝힌 기수는 366일이며, 제순帝舜이 밝힌 기수는 365와 1/4일이고, 일부一夫의 기수는 375일로 15를 존공尊空하면 우리 부자夫子의 기수인 360이 된다.[68]

인용문에서는 요와 순 그리고 일부와 공자가 밝힌 네 기수를 논하고 있다. 부자는 공자를 가리키는 말로 공자가 『주역』에서 밝힌 기수가 360이기 때문에 부자의 기수라고 하였다. 이로부터 공자의 기수가 360임을 알 수 있다. 그리고 요의 기수와 순의 기수는 윤역이기 때문에 원역은 일부가 밝힌 375도임을 알 수 있다.

기수의 관계를 보면 일부의 기수와 요의 기수, 순의 기수 그리고 공자의 기수가 9시간의 등차적 감소 관계를 나타내고 있다. 그리고 요의 기수가 『서경』에서 언급된 당시에 사용되었던 기수이며, 순의 기수가 현행의 역임을 감안할 때 다음의 역수변화가 공자의 기수를 향하여 이루어질 것임을 알 수 있다. 이를 통하여 일부의 원역에서 요의 윤역으로, 요의 윤역에서 순의 윤역으로, 순의 윤역에서 공자의 정역으로의 변화가 사역변화의 내용이며, 그것이 역수변화의 내용임을 알 수 있다.

사역변화의 현상을 통하여 도달되는 정역의 세계는 지천태괘地天泰卦가 표상하는 후천세계이다. 정역은 음양이 합덕된 중정역이기 때문에 정역의 후천세계는 일월이 합덕・성도된 세계이면서 천지가 합덕・성도된 세계이다. 『정역』에서는 간지도수원리를 통하여 선천에서 후천으로의 변화를 다음과 같이 논하고 있다.

---

68) 金恒, 『正易』 十五一言 第六張에서 七張, "帝堯之朞는 三百有六旬有六日이니라. 帝舜之朞는 三百六十五度四分度之一이니라. 一夫之朞는 三百七十五度니 十五를 尊空하면 正吾夫子之朞로 當朞三百六十日이니라."

아, 금화金火가 바르게 바뀌니 천지비天地否가 가고 지천태地天泰가 오는 구나. 아, 기위己位가 친히 정사政事하니 무위戊位가 존공尊空되는구나. 아, 축궁丑宮이 세歲를 만나니 자궁子宮이 퇴위退位하는구나. 아, 묘궁卯宮이 정사政事를 행하니 인궁寅宮이 그 위位를 사양辭讓한다. 아, 오운五運과 육기六氣가 운기運氣하여 십일十一이 귀체歸體되니 공덕功德이 무량無量하다.[69]

위의 내용을 보면 도서의 금화가 교역함은 천지비天地否의 선천이 가고 지천태地天泰의 후천이 오는 선후천변화임을 알 수 있다. 선천은 윤역이 생장하는 시대이며, 후천은 정역의 시대로, 그것을 천지의 측면에서 간지도수원리를 중심으로 나타낸 것이 다음의 내용이다.

기위가 친정하고 무위가 존공된다는 것은 천도가 널리 행하여진다는 것으로 『주역』에서 언급한 "만물의 존재 근거인 천도가 밝혀서 그것을 근거로 인격적 세계가 전개됨으로써 천하가 모두 평안하다."[70]는 의미이다. 그것을 지지를 중심으로 나타낸 것이 다음 부분이다. 축궁이 득왕하고 자궁이 퇴위라는 것은 축운丑運이 열리고 자운子運이 끝남을 의미한다. 자운은 선천의 시대이며, 축운은 후천의 시대이다. 이에 대하여 『정역』에서는 다음과 같이 논하고 있다.

천天의 정사政事는 자子에서 시작되고, 지地의 정사政事는 축丑에서 시작된다. 자운子運은 일팔一八이고, 축운丑運은 오육五六으로, 일팔一八은 복상월復上月 영생수影生數요, 오육五六은 황중월皇中月 체성수體成數이다.[71]

자운子運은 천정天政이 이루어지는 선천의 시대이며, 축운丑運은 지정地政이 이루어지는 후천의 시대이다. 그것을 나타내기 위하여 자운子運이 일팔一八이며, 축운丑運이 오육五六이라고 하였다.

일팔一八은 용팔역用八曆이 운행되어지는 윤역의 시대를 뜻하며, 오육五六은 용육의 정역이 운행되는 후천의 시대를 뜻한다. 이를 선천달인 복상월復上月과 후천달인 황중월皇中月로 나누어서 나타낸 것이 다음 부분이다.

복상월復上月은 수가 채워지면서 기氣가 비워지는 대신에 천도天道가 생生하는 작용을 하는 달로 그렇기 때문에 팔八을 복상월復上月의 영影이 생生하는 수라고 하였다. 그리고 황중

69) 金恒, 『正易』, 十五一言 第十張 化翁親視監化事, "嗚呼라 金火正易하니 否往泰來로다. 嗚呼라 己位親政하니 戊位尊空이로다. 嗚呼라 丑宮이 得旺하니 子宮退位로다. 嗚呼라 卯宮이 用事하고 寅宮이 謝位로다. 嗚呼라 五運이 運하고 六氣가 氣하야 十一歸體하니 功德无量이로다."
70) 『周易』, 重天乾卦 彖辭, "首出庶物에 萬國咸寧"
71) 金恒, 『正易』, 十一一言 第二十二張, "天政은 開子하고 地政은 闢丑이니라. 丑運은 五六이오 子運은 一八이니라. 一八은 復上月影生數오 五六은 皇中月體成數니라."

월皇中月은 이理가 자라는 달로 지도地道가 완성되어지는 원리를 나타내는 수이다. 그렇기 때문에 육六을 황중월皇中月의 체體가 완성完成되어지는 수라고 하였다.

복상월은 하늘이라는 객관적 세계에 나타나는 달이다. 그리고 황중월은 내 마음 가운데 서 존재하는 달이다. 복상월의 그림자가 생한다는 것은 그 근원인 원역의 본질, 본성이 드러남을 뜻한다. 그리고 황중월의 체가 이루어진다는 것은 내면의 본성과 밖의 천도가 일체가 됨을 뜻한다.

본래 복상월과 황중월은 서로 다르지 않다. 다만 역생도성의 관점에서 복상월을 통하여 밖에서 안으로의 작용을 나타내고, 도생역성의 관점에서 황중월을 통하여 안에서 밖으로의 작용을 상징적으로 나타낸 것이다. 복상월의 작용이 윤도수의 감소로 인하여 본체도수인 십오도수가 드러나듯이 황중월의 작용은 본체도수가 증가하면서 십오도가 드러나는 과정을 통하여 표상된다.

선천월과 후천월의 변화를 구체적으로 살펴보면 선천의 초하루는 무진戊辰과 무술戊戌이며, 보름은 임자壬子와 임오壬午이고, 16일은 계미癸未와 계축癸丑이며, 그믐날은 정유丁酉와 정묘丁卯이다.

그러나 후천달은 초하루가 계미癸未와 계축癸丑이 되고, 보름은 정유丁酉와 정묘丁卯이며, 16일은 무진戊辰과 무술戊戌이 되고, 그믐날은 임자壬子와 임오壬午가 된다. 이처럼 무진戊辰, 무술戊戌의 초하루가 계미癸未, 계축癸丑의 초하루로 바뀌기 위해서는 계미癸未에서 정유丁酉까지의 15도가 존공尊空되는 과정이 필요하다. 이를 『정역』에서는 다음과 같이 논하고 있다.

> 오도五度에 월혼月魂이 신申을 생生하니 초삼일이며, 달이 해亥에서 상현上弦이 되니 초팔일初八日이고, 월月의 백魄이 오午에서 완성되니 십오일十五日이라 보름이니 선천이다. 달이 술戌에서 나누어지니 십육일十六日이고, 달이 사巳에서 하현下弦하니 이십삼일二十三日이며, 달이 진辰에서 굴窟하니 이십팔二十八日이고, 달이 자子에서 복復하니 삼십일三十日이라 그믐이니 후천이다.[72]

위의 내용은 두 부분으로 나눌 수 있다. 앞부분은 선천달을 나타내고 있으며, 뒷부분은 후천달을 나타내고 있다. 앞부분은 무진戊辰 초하루의 선천달을 나타낸 것으로 초하루로부터 오도五度는 임신壬申이며, 초팔일初八日은 을해乙亥이고, 선보름은 임오壬午이다.

그런데 십육일十六日인 계미癸未에서 그믐날인 정유丁酉까지가 존공尊空되어 귀체歸體됨으

로써 무술戊戌이 후천의 초하루가 된다. 그것을 달이 술戌에서 나누어진다고 하였다. 그렇기 때문에 이십삼일二十三日의 하현달은 을사乙巳가 되고, 이십팔일二十八日은 경진庚辰(庚戌)이 되며, 그믐날은 임자壬子로 삼십일三十日이다. 이를 통하여 태음과 태양의 작용에 의하여 이루어지는 선후천변화는 선천의 보름이 후천의 초하루가 되는 망변위삭望變爲朔임을 알 수 있다.

기수의 변화를 통한 선후천의 변화를 세수歲首의 월건月建을 중심으로 나타낸 것이 ㄱ 다음의 내용이다. 묘궁卯宮이 용사用事하기 때문에 자궁子宮이 그 위에서 물러난다는 것은 후천의 세수歲首 월건月建이 묘월卯月임을 나타낸다. 물론 윤역의 선천에는 인월寅月이 세수가 되었다.

『정역』에서는 삼오三五가 착종錯綜하여 삼원두三元頭를 사용하며, 구이九二가 착종하여 오원두五元頭를 사용함으로서 선천에는 병인丙寅·무인戊寅·경인庚寅·임인壬寅·갑인甲寅의 인월寅月 세수를 사용하며, 후천에는 정묘丁卯·기묘己卯·신묘辛卯·계묘癸卯·을묘乙卯의 묘월卯月 세수를 사용한다고 하였다.[73)]

세수의 월건은 일년의 시작을 나타내는 것으로 그 체가 된다고 할 수 있다. 따라서 세수의 월건은 중요한 의미를 갖는다. 예로부터 자월세수子月歲首와 축월세수丑月歲首, 인월세수寅月歲首를 사용하였다. 하夏나라에서는 인월세수를 사용하였으며, 은殷나라에서는 축월세수를 사용하였고, 주周나라에서는 자월세수를 사용하였다. 그리고 각각의 동지冬至를 천정동지天正冬至, 지정동지地正冬至, 인정동지人正冬至라고 하였다.

그러나 자축인묘子丑寅卯의 자와 축은 각각 천정天政과 지정地政의 시대를 나타내며, 인寅과 묘卯는 모두 인정人政의 시대를 나타낸다. 인월세수의 시대는 성인의 시대로 역시 선천의 시대이며, 묘월세수의 시대는 군자의 시대로 군자의 시대가 바로 후천 시대이다.

선천에서 후천으로서의 변화를 간지도수를 중심으로 나타낸 것이 마지막 부분으로 무진戊辰의 용육작용과 계해癸亥의 용구작용을 밝히고 있다. 오운五運이 운運한다는 것은 무진이 용육작용을 함을 뜻하며, 육기六氣가 기氣한다는 것은 계해가 용구작용을 함을 뜻한다.

『정역』의 「이십팔수운기도二十八宿運氣圖」에서는 간지도수를 통하여 두 달의 역수를 규정하고 그것을 각각 이십팔수와 연관시켜서 논하고 있다. 그 내용을 보면 계미癸未와 계축癸丑의 초하루에서 시작하여 정묘丁卯, 정유丁酉가 선보름이 되고, 임자壬子와 임오壬午가 그믐이다. 먼저 『정역』에서 밝힌 「이십팔수운기도二十八數運氣圖」의 내용을 제시하면 다음과 같다.

---

73) 金恒, 『正易』 十一一言 第二十三張 및 第二十四張 參照.

丁酉	丙申	乙未	甲午	癸巳	壬辰	辛卯	庚寅	己丑	戊子	丁亥	丙戌	乙酉	甲申	癸未
壁	奎	婁	胃	昴	畢	觜	參	井	鬼	柳	星	張	翼	軫
丁卯	丙寅	乙丑	甲子	癸亥	壬戌	辛酉	庚申	己未	戊午	丁巳	丙辰	乙卯	甲寅	癸丑

壬子	辛亥	庚戌	己酉	戊申	丁未	丙午	乙巳	甲辰	癸卯	壬寅	辛丑	庚子	己亥	戊戌
角	亢			氐	房	心	尾	箕	斗	牛	女	虛	危	室
壬午	辛巳	庚辰	己卯	戊寅	丁丑	丙子	乙亥	甲戌	癸酉	壬申	辛未	庚午	己巳	戊辰

「이십팔수운기도」는 간지도수와 도서 그리고 서괘序卦를 종합적으로 나타내고 있다. 「이십팔수운기도二十八宿運氣圖」의 성격은 「사정칠수용중수四正七宿用中數」와 「뇌풍정위용정수雷風正位用政數」를 통하여 알 수 있다.

「사정칠수용중수」는 사정방四正方의 칠수七宿가 중도中道를 사용하는 원리를 표상하는 수라는 의미로 그 내용은 선천과 후천의 태음과 태양의 작용을 중심으로 역수원리를 논하고 있다. 「뇌풍정위용정수」는 뇌풍雷風이 정위正位에서 용정用政하는 원리를 표상하는 수라는 의미로 무위戊位와 기위己位에 의하여 이루어지는 천지도수와 천지도덕을 종합적으로 나타내고 있다. 용중用中은 중도中道를 사용한다는 것으로 그것은 정도正道로 작용함을 뜻한다. 용정用政은 정사政事를 행행行함의 뜻으로 용중用中의 의미와 같다. 따라서 양자의 내용을 비교하여 살펴보면 천지의 작용은 일월에 의하여 이루어지고, 일월의 작용이 이십팔수二十八宿에 의하여 이루어짐을 알 수 있다.

사정칠수四正七宿는 이십팔수二十八宿 가운데서 각각 사방에 배정된 칠수七宿를 가리키는 것으로 각각의 칠수七宿가 춘하추동의 사계절을 주관한다. 그리고 용중수用中數는 중수中宿를 쓴다는 것으로 칠수七宿 가운데서 중수中宿가 본체가 되어 정도正道로 작용함을 뜻한다. 『서경』에서는 그 구체적인 내용을 다음과 같이 밝히고 있다.

> 이에 희화羲和에게 명命하여 "호천昊天을 공경恭敬하여 일월성신日月星辰의 운행원리인 천도를 역수원리와 괘상원리卦象原理로 밝혀서 백성들에게 인시人時를 알려 주라."고 하였다. 희중羲仲에게 명하여 우이嵎夷에 살게 하니 양곡暘谷이라고 한다. 뜨는 해를 공경하게 맞아 봄 농사를 고르게 다스리도록 하니 춘분의 황혼昏에 나타나는 남방칠수南方七宿의 성星을 기준으로 하여 중춘仲春을 바로 잡는다... 희숙羲叔에게 명하여 남교南郊에 살게 하니 명도明都라는 곳이다. 여름 농사를

고루 다스리도록 하여 공경하게 이루며, 하지夏至에 나타나는 동방칠수東方七宿의 화성火星을 기준으로 중하仲夏를 바로 잡았다... 화중和仲에게 명하여 서쪽에 살게 하니 매곡昧谷이다. 지는 해를 공경히 보내고 추수秋收를 고루 다스리게 하였다. 추분秋分에 나타나는 서방칠수西方七宿의 허성虛星으로 중추仲秋를 바로 잡는다... 화숙和叔에게 명命하여 북쪽에 살게 하니 유도幽都라고 한다. 겨울 농사를 바르게 다스리게 하였다. 동지에 나타나는 묘성昴星으로 중동仲冬을 바로 잡는다... 요堯가 말하기를 "그대 희씨羲氏와 화씨和氏야 일 년은 366일이니 윤달을 사용하여 사시를 정하면 일 년이 이루어진다..."[74]

위의 인용문에서는 사정칠수四正七宿 가운데서 중성中星을 통하여 사계절을 조절하는 원리를 나타내고 있다. 사정칠수의 내용을 보면 남방칠수南方七宿는 정귀유성장익진井鬼柳星張翼軫이며, 동방칠수東方七宿는 각항저방심미기角亢氐房心尾箕이고, 서방칠수西方七宿는 규루위묘필자삼奎婁胃昴畢觜參이며, 북방칠수北方七宿는 두우여허위실벽斗牛女虛危室壁이다. 이 사방의 칠수 가운데서 중수中宿는 성星, 방房, 묘昴, 허虛로 그것이 각각 사계절을 주관하는 중심이 된다.

남방칠수의 중수인 성성星星(鳥星)을 기준으로 봄을 고르게 하며, 동방칠수의 중수인 방성房星(火星)을 기준으로 여름을 고르게 하고, 북방칠수의 중수인 허성虛星을 기준으로 가을을 고르게 하며, 서방칠수의 중수인 묘성昴星을 기준으로 겨울을 고르게 한다. 이처럼 사정칠수의 중수를 사용하여 사계절을 고르게 하는 것이 기수의 측면에서는 음양의 기수를 합덕시키는 원리이다.

그렇기 때문에 이어서 윤달을 사용하여 사계절을 정한다고 하였다. 이는 선천이기 때문에 음양의 윤역이 나누어져서 운행하므로 윤달을 사용하여 합덕시키는 것을 뜻한다. 그러나 『정역』에서 밝힌 「이십팔수운기도」는 음양의 합덕역인 정역이 운행되는 후천을 나타낸다. 그렇기 때문에 인위적인 윤달의 사용이 없이도 저절로 음양이 합덕된다. 그것은 사정칠수의 중수에 의하여 사계절이 운행됨을 뜻한다.

간지도수를 중심으로 「이십팔수운기도」를 살펴보면 그 가운데는 십오존공위체원리와 사역변화원리가 담겨 있다. 사역변화원리는 계미癸未와 계축癸丑을 초하루로 하여 이루어지는 두 달의 후천역을 제시하는 것으로 나타내고 있다.

십오존공위체는 각항角亢의 이수二宿가 존공되는 현상을 통하여 표상하고 있다. 기유己酉

74) 『書經』 堯典, "乃命羲和, 欽若昊天, 厤象日月星辰, 敬授人時. 分命羲仲, 宅嵎夷, 曰暘谷, 寅賓出日, 平秩東作, 日中星鳥, 以殷仲春, 厥民析, 鳥獸孳尾. 申命羲叔, 宅南交, 平秩南訛, 敬致, 日永星火, 以正仲夏, 厥民因, 鳥獸希革. 分命和仲, 宅西, 曰昧谷, 寅餞納日, 平秩西成, 宵中星虛, 以殷仲秋, 厥民夷, 鳥獸毛毨. 申命和叔, 宅朔方, 曰幽都, 平在朔易, 日短星昴, 以正仲冬, 厥民隩, 鳥獸氄毛. 帝曰咨汝羲暨和, 朞, 三百有六旬有六日, 以閏月定四時成歲, 允釐百工, 庶績咸熙."

· 기묘己卯와 경술庚戌 · 경진庚辰의 이도二度는 항각亢角의 이수二宿가 있을 자리이지만 존공위체를 나타내기 위하여 두 자리가 비어있고, 신해辛亥 · 임자壬子의 자리로 옮겨져 있다.

서괘를 중심으로 위의 내용을 살펴보면 기유己酉와 경술庚戌의 사이에는 곤정혁정困井革鼎의 포태궁괘胞胎宮卦가 있다. 따라서 이에 대응하는 기묘己卯와 경진庚辰은 모체를 나타내는 도수라고 할 수 있다.

포태궁괘가 표상하는 내용은 군자의 도이다. 따라서 군자의 도를 잉태하여 기르는 모체는 천지의 측면에서는 천이 아닌 지地이며, 인도의 측면에서는 성인이다. 그렇기 때문에 기묘己卯 · 경진庚辰 도수는 성인의 도로 잉태된 군자의 도를 표상한다고 할 수 있다.

『정역』에서는 「항각이수존공시亢角二宿尊空詩」를 통하여 이를 밝히고 있는데 그 내용을 보면 다음과 같다.

> 어떤 존재가 능히 각성角星의 소리를 듣는가? 신명神明이라 저氐에서 항亢으로 이어지지 못한다. 실성室星에서 장성張星까지는 36도로 막막莫莫하여 무량 无量하다. 무공武功은 평위산平胃散이고, 문덕文德은 양심탕養心湯이다. 금화교역金火交易원리를 바로 밝히니 율려律呂와 음양이 조화를 이룬다.[75]

저氐에서 항亢까지의 사이에는 간지도수로는 두 도수로 이십팔수二十八宿로는 비어 있다. 그 자리가 신명神明을 표상하는 자리이기 때문에 그 곳을 비워두었다고 하였다. 신명은 십오 천지의 합덕체를 인격적으로 부르는 개념이다. 따라서 항각亢角 이수二宿의 존공尊空을 통하여 십오존공위체원리를 알 수 있다.

실室에서 장張까지가 36도라는 것은 각각 무술戊戌에서 을유乙酉까지의 18도와 무진戊辰에서 을묘乙卯까지의 18도를 더하여 언급한 것이다. 『정역』의 끝 부분에서 제시하고 있는 「십이월이십사절기후도수十二月二十四節氣候度數」를 보면 초삼일初三日이 을묘乙卯와 을유乙酉로 되어 있으며, 「이십팔수운기도」역시 을묘乙卯와 을유乙酉가 초삼일初三日로 제시되어 있다.

을묘乙卯는 오효의 용구도수의 끝으로 병진丙辰의 본체도수가 되며, 을유乙酉는 이효의 용육도수의 끝으로 삼효의 용구도수의 시작이 된다. 을묘乙卯와 을유乙酉는 서괘원리와 관련하여 이해하면 각각 화산려괘火山旅卦☲☶와 산화비괘山火賁卦☶☲에 대응한다. 여괘旅卦는 선후천변화원리를 역수원리를 중심으로 표상하였으며, 비괘賁卦는 군자의 도를 표상하는 卦이다.

---

75) 金恒, 『正易』第十七張, "何物이 能聽角고 神明도 氐不亢을 室張三十六하니 莫莫莫无量을 武功은 平胃散이오 文德은 養心湯을 正明金火理하야 律呂調陰陽을"

무공과 문덕은 정령작용과 율려작용의 측면에서 군자의 도를 표상한 개념이다. 무공은 정령작용의 측면에서 군자의 도를 표상한 개념이며, 문덕은 율려작용의 측면에서 군자의 도를 표상한 개념이다.

무공이 평위산平胃散이라는 위성胃星에 당하는 갑자甲子와 갑오甲午를 통하여 천인天人의 도가 표상됨을 밝힌 것이며, 문덕이 양심탕養心湯이라는 것은 심성心星에 당하는 병자丙子와 병오丙午를 통하여 성인聖人·군자의 도가 표상됨을 밝힌 것이다.

무공과 문덕을 육십사괘 서괘를 중심으로 살펴보면 갑자甲子와 갑오甲午와 상응하는 괘는 중천건괘重天乾卦≡와 택산함괘澤山咸卦≡이다. 그리고 병자丙子와 병오丙午와 상응하는 육십사괘는 천화동인괘天火同人卦≡와 택천쾌괘澤天夬卦≡이다. 건괘乾卦는 천도를 표상하고, 함괘咸卦는 인도를 표상하며, 동인괘同人卦는 성인의 도를 표상하고, 쾌괘夬卦는 군자의 도를 표상한다.

역수의 측면에서는 저氐에서 항亢까지의 두 도수는 27일과 28일이다. 이를 『정역』에서는 "달이 진辰에서 굴窟하니 28일이다."[76]라고 하였다. 그것은 태음의 정사를 통하여 항각亢角 이수二宿가 존공尊空되는 원리를 표상한 것이다.

달이 진辰에서 굴속으로 들어간다는 것은 지지地支의 측면에서는 묘卯와 술戌이 존공尊空됨을 밝힌 것이다. 묘卯가 존공尊空되어 진辰이 용육으로 작용하고, 술戌이 존공尊空되어 해亥가 용구로 작용하게 되는 원리를 밝힌 것이다.

지금까지 간지도수가 표상하는 시간성의 원리, 신도를 이해하기 위하여 본체도수를 중심으로 한 천지원리와 용구용육도수를 중심으로 한 일월원리를 중심으로 고찰하였다.

간지도수는 역도의 근본원리인 삼극의 도를 도덕성을 중심으로 표상한 것이다. 『주역』과 『정역』에서는 간지도수원리를 도덕성을 중심으로 신명원리로 규정하고 있다.

신명원리는 본체를 중심으로 나타내면 십오원리이며, 작용을 중심으로 나타내면 용구용육 원리이다. 십오는 천지를 표상하는 도수로 십오 천지의 작용은 일월에 의하여 대행된다. 따라서 신명원리는 본체의 측면에서는 천지원리이며, 작용의 측면에서는 일월원리이다.

천지원리는 선후천변화원리로 시생된 천지가 합덕·성도하는 원리가 선후천변화원리이다. 선천원리가 반고화원리이며, 후천원리가 천지설위원리이다. 반고화는 천지가 시생하여 장성하는 작용이며, 천지설위는 천지가 합덕·성도하는 작용이다.

---

76) 金恒, 『正易』 第七張, "月分于戌하니 十六日이오 月弦下巳하니 二十三日이오 月窟于辰하니 二十八日이오 月復于子하니 三十日이 晦니 后天이니라."

천지의 합덕·성도는 일월의 합덕·성도에 의하여 이루어진다. 천지에 의하여 시생된 일월이 생장하여 합덕·성도함으로써 천지가 합덕·성도하는 것이 선후천변화이다. 그러므로 선후천원리의 내용은 일월원리인 역수원리가 된다.

앞에서 살펴본 내용을 이해하는데 있어서 유의해야할 점이 있다. 그것은 달을 가리키는 손가락을 달 자체로 오해하지 말라는 의미인 동시에 손가락을 통하여 달을 찾을 것이 아니라 손가락이 가리키는 방향을 따라야 비로소 달을 볼 수 있음을 뜻한다.

시간성의 세계는 형이상의 세계이기 때문에 언어와 문자나 이수로도 완전하게 표상할 수 없다. 단지 시간을 나타내는 이수로서의 간지도수를 통하여 상징적으로 나타낼 수 있을 뿐이다. 이처럼 시간성의 세계, 형이상의 세계, 근원적 세계를 역수를 통하여 나타내기 때문에 간지도수 자체가 역수를 나타내는 기능을 하고 있는 점에서 역수로 이해하는 데 그칠 수 있다.

역수의 세계는 천문의 세계이다. 그것은 형이하적 세계로서의 과학의 세계이다. 물리적 시간을 중심으로 이해한 세계가 천문天文의 세계이다. 천문의 세계 자체는 형이하의 세계이기 때문에 인간의 삶과 관련은 있지만 그것이 인간의 삶의 기준이나 준칙, 방향, 준거로 기능할 수 없다.

천문은 하늘이 그린 무늬, 하늘이 나타난 현상을 뜻한다. 이때의 하늘은 물리적 시간의 세계를 가리키는 것이 아니라 그 근원으로서의 시간성의 세계를 가리킨다. 그러므로 우리가 천문을 보고 그 안에 담긴 겉으로 드러나지 않는 시간성의 세계를 중심으로 인간의 관점에서 다시 그 의미, 뜻을 드러내게 된다. 그것이 바로 인문이다.

인문은 천체의 변화로 나타나는 현상을 관찰하여 그것의 의미를 인간의 본성으로 내재되어 있는 시간성을 통하여 파악하고 그것을 다시 인간을 통하여 현실에서 나타내는 것이다. 천문을 인간 주체적으로 해석하여 나타낸 모든 것이 인문人文인 것이다.

그것은 본래 천지와 인간이 본질에 있어서 둘이 아니기 때문에 하나로 표상하는 작업이다. 그러한 작업이 때로는 천인합일, 천인합덕, 신인합덕이라는 사상적 측면이나 도덕적 측면에서 이루어지기도 하고, 천체 현상과 연계하여 인간의 삶의 환경을 조성해가는 건축이나 음악으로 나타나기도 하고, 그러한 관계를 나타내는 예술로 드러나기도 한다.

그러나 천체 현상과 인간의 삶의 환경을 그대로 재현할 필요는 없다. 사람의 삶도 본성은 하나이지만 그것을 나타내는 다양한 직업의 다양한 삶이 있듯이 천체 현상은 천체 현상으로의 현상화의 기능이 있고, 인간은 인간으로서의 본성을 현실화하는 기능이 있다.

인간은 기본적으로 우주와 만물과 더불어 살아가기 때문에 천체 현상과 조화와 균형을 이루는 삶을 추구해야 한다. 그러나 구체적인 삶은 천체와 다를 뿐만 아니라 인간의 세계 자체 내에서도 모든 사람들이 획일적인 삶을 살아가지 않고 자유로운 삶을 살아간다.

인간은 스스로 시간과 공간을 다양하게 창조하면서 다양한 삶을 살아가고 있다. 그렇기 때문에 세계 자체에는 공간상의 천지가 없음에도 불구하고 인간과 하늘을 구분하여 천문과 인문으로 나타낸다. 그러므로 천문과 인간은 일체이면서도 서로 다르다.

본래 천문과 인문의 구분이 있어서 인간이 천문을 관찰하여 인문의 세계를 나타내는 것이 아니다. 이 세계 지체는 형이상과 형이하의 구분이 없을 뿐만 아니라 그래서 세계라는 것도 없다. 이처럼 천지인이라는 공간상의 구분이 없는 세계, 과거와 미래, 현재라는 시간상의 구분도 없는 세계, 천도와 지도 그리고 인도라고 구분지어 나타낼 수 없는 세계를 천문과 인문으로 구분하여 이해한 것이다.

그것은 정확하게 표현하면 인간이 일체의 세계를 분화하여 천과 인이라는 공간을 창조한 것이다. 그리고 다시 그것을 바탕으로 천문의 세계와 인문의 세계를 구분하여 나타내고 양자의 관계를 밝힘으로써 인간의 삶을 나타낸 것이다. 인문은 인간의 삶을 위하여, 인간의 삶을 통하여 나타낸 세계, 우주이다.

간지도수가 표상하는 내용은 천체 현상을 관찰하여 그것을 바탕으로 시간을 나타내는 책력을 제정하는 방법을 나타낸 것이 아니다. 간지도수가 표상하는 세계는 천문이라는 외적인 대상세계를 관찰자인 인간으로서의 내가 관찰하는 것이 아니라 바로 인간 자신의 내면의 세계, 본성의 세계를 천체 현상을 통하여 상징적으로 나타내는 점에서 인간의 세계, 인간 본래성이 그대로 드러난 세계로서의 인문人文이다.[77]

---

[77] 천문과 인문의 관계는 세계와 인간 곧 나와 세계의 관계로 그것이 바로 이른바 천인天人 관계이다. 천문과 인문의 구체적인 내용에 대하여서는 다른 책을 통하여 밝히고자 한다. 이 책을 통하여 인간에 있어서 학문함의 의미가 무엇인지 삶과 학문이 어떤 관계인지, 학문함과 삶 그리고 수행이 무엇인지 그리고 인문학문과 다른 학문이 어떤 관계이며, 어떻게 해야 하는지를 밝히고자 한다.

제 **팔** 장

간지도수와 도서圖書

앞에서 간지도수는 세계 자체를 시간의 관점에서 시간성과 시간 다시 말하면 원천과 선후천의 변화를 통하여 표상하였으며, 그 구체적인 내용이 물리적 천지와 일월을 통하여 현현되는 반고화 곧 신도, 신명의 자기 현현임을 살펴보았다.

간지도수가 표상하는 신도, 신명의 세계를 선천과 후천의 관점에서 역수변화 곧 일월의 생성·변화를 통하여 표상한 것이 하도와 낙서이다. 그러나 중국의 상고시대에서는 하도와 낙서라는 개념이 병칭되지 않았을 뿐만 아니라 그 도상도 드러나지 않았다. 따라서 하도와 낙서가 표상하는 내용이나 간지도수와의 관련에 대한 구체적인 내용이 밝혀지지 않았다.

하도와 낙서가 병칭되면서 역학과 관련되어 이해되어진 것은 십익十翼에 이르러서이다. 십익十翼에서는 역경을 저작한 성인을 중심으로 하도와 낙서에 대하여 다음과 같이 논하고 있다.

> 그러므로 하늘이 신물神物을 낳았으니 성인이 그것을 법칙으로 삼았으며, 천지가 변화하자 성인이 그것을 본받았다. 하늘이 상象을 드리워서 길흉吉凶을 보이니 성인이 그것을 표상하였고, 하수에서 도圖가 나오고 낙수에서 서書가 나오니 성인이 그것을 법칙으로 삼았다.[1]

위의 내용을 보면 하늘이 낸 신물이 하도河圖와 낙서洛書이며, 그것이 천지의 변화원리를 표상하고 있음을 알 수 있다. 그리고 천지의 변화를 통하여 변화원리가 나타나기 때문에 그것을 기준으로 순응하는 삶과 역행하는 삶에 의하여 길흉吉凶이 나타남을 알 수 있다.

---

1) 『周易』 繫辭上篇 第十一章, "是故로 天生神物이어늘 聖人이 則之하며 天地變化_어늘 聖人이 效之하며 天垂象하야 見吉凶이어늘 聖人이 象之하며 河出圖하며 洛出書이어늘 聖人이 則之하니"

그러나 십익에서도 하도와 낙서의 도상은 제시되지 않았다. 단지 천지의 수와 대연의 수를 통하여 그것이 일정한 법칙에 의하여 하나의 도상을 형성함을 밝히고 있는데 그 내용을 살펴보면 다음과 같다.

> 천일天一, 지이地二, 천삼天三, 지사地四, 천오天五, 지육地六, 천칠天七, 지팔地八, 천구天九, 지십地十이니, 천수天數는 다섯이며, 지수地數도 다섯으로 다섯 위를 서로 얻어서 각각 합하여지니 천수天數는 25이고, 지수地數는 30으로 무릇 천지의 수는 55이다. 이것이 변화를 이루고 귀신을 행하는 근거이다. 대연大衍의 수는 50으로 그 작용은 49이다. 나누어서 둘이 되어 둘을 상징하고, 하나를 걸어서 셋을 상징하고, 손가락 사이에 끼워서 사시四時를 상징하며, 하나를 새끼손가락에 돌려서 윤달을 상징한다. 5년에는 다시 윤달을 넣는다. 그러므로 다시 새끼 손가락을 움직여서 건다. 건책乾策이 216이고, 곤책坤策이 144이니 무릇 360으로 기일에 해당되며, 상하편의 책수가 11,520으로 만물의 수에 해당된다. 그러므로 네 번 운영하여 역易이 이루어지며, 10과 8이 변하여 괘가 이루어진다. 팔괘八卦는 소성小成이므로 팔괘를 바탕으로 그것을 인신하며, 그 무리를 따라서 확대하면 천하의 가능한 일들을 마친다. 도를 드러내고, 신묘한 덕을 행함이니 그러므로 신과 더불어 수작을 할 수 있고, 신과 더불어 도울 수 있다. 공자가 말하였다. "변화의 도를 아는 사람은 신의 하는 바를 안다."[2]

위의 내용을 보면 천지의 수는 일에서부터 십까지의 수를 각각 천수와 지수로 구분하여 나타낸 것으로 천수는 일·삼·오·칠·구의 기수이며, 지수는 이·사·육·팔·십의 우수이다.

천지의 수를 밝힌 후에 천지의 수가 다섯의 위치에서 하나가 됨을 밝히고 있다. 이는 천수와 지수가 각각 일정한 법칙에 의하여 한 자리에서 하나가 됨으로써 하나의 도상이 형성됨을 밝힌 것이다. 천수의 합은 25이고, 지수의 합은 30으로 천지의 수를 모두 더 하면 55수가 됨을 밝히고 있다.

그리고 이어서 두 수가 한 자리에서 합덕하여 형성된 도상의 성격을 밝히고 있다. 이 천지의 수에 의하여 구성된 도상이 변화를 이루고 귀신을 행하는 근거라는 것이다. 공자가 이 부분을 정리하여 나타낸 부분을 보면 "변화의 도를 아는 사람은 신의 행하는 바를 알

---

2) 『周易』 繫辭上篇 第九章, "天一地二天三地四天五地六天七地八天九地十이니 天數五요地數五이니 五位相得하야 而各有合하니 天數二十有五요 地數三十이라 凡天地之數는 五十有五이니 此所以成變化하야 而行鬼神也라. 大衍之數는 五十이니 其用은 四十有九라 分而爲二하야 以象兩하고 掛一하야 以象三하고 揲之以四하야 以象四時하고 歸奇於扐하야 以象閏하나니 五歲에 再閏이라 故로 再扐而後애 掛하나니라. 乾之策이 二百一十有六이오 坤之策이 百四十有四_라 凡三百有六十이니 當期之日하고 二篇之策이 萬有一千五百二十이니 當萬物之數也하니 是故로 四營而成易하고 十有八變而成卦하니 八卦而小成하야 引而伸之하며 觸類而長之하면 天下之能事가 畢矣리니 顯道하고 神德行이라 是故로 可與酬酌이며 可與祐神矣니 子曰 知變化之道者는 其知神之所爲乎인져"

수 있다."고 거듭 밝히고 있다. 이를 통하여 천지의 수를 통하여 구성된 도상이 변화의 도道, 신도神道를 표상하는 형식임을 알 수 있다.

또한 대연大衍의 수數를 밝히는 곳에서는 천지의 수가 합덕하여 형성된 도상이 표상하는 내용이 무엇인지를 밝히고 있다. 이 부분을 통하여 천지의 수가 표상하는 성격을 확인할 수 있다. 그것은 "사시四時를 표상함", "윤달을 표상함", "오년五年에 다시 윤달을 넣음"과 같은 부분을 통하여 역수歷數와 관련된 변화임을 알 수 있다.

대연의 수를 언급한 후에 『주역』의 64괘를 구성하는 중천건괘와 중지곤괘를 책수策數로 나타내어 건책수乾策數인 216과 곤책수坤策數인 144가 합덕하여 하나가 된 64괘가 표상하는 내용이 360일日의 기수朞數임을 밝히고 있다. 이를 통하여 천지의 수를 통하여 표상되는 변화의 도가 역수변화와 관련이 있음을 알 수 있다.

대연의 수가 오십五十이라는 점으로부터 변화의 근거가 무엇인지를 파악할 수 있는 동시에 천지의 수가 구성되는 법칙의 대체를 파악할 수 있다. 우선 천지의 수 가운데서 오五와 십十을 합하면 십오十五가 되고, 양자를 곱하면 오십五十이 된다. 이 오십을 대연의 수로 규정하고 있다.

오와 십은 64괘를 구성하는 음효陰爻와 양효陽爻의 성격을 밝히고 있는 9와 6이라는 수를 통하여 그 성격을 확인할 수 있다. 중천건괘와 중지곤괘에서 밝히고 있듯이 음양의 효는 각각 용육用六과 용구用九를 표상한다.

『주역』이 본체인 천도를 밝히고 있지 않기 때문에 본체를 나타내지 않았지만 본체는 오와 십이다. 그러므로 체십용구와 체오용육을 작용의 관점에서 용구와 용육으로 나타낸 것이다. 이로부터 음양의 효의 본체인 십과 오를 상승합덕하여 대연의 수인 오십이 형성됨을 알 수 있다.

그것은 천지의 수가 다섯의 위에서 서로 합덕됨을 밝힌 부분과 관련하여 이해하면 천지의 수 가운데서 오와 십이 합덕하여 대연의 수가 형성됨을 알 수 있다. 그렇다면 나머지 일一에서 사四까지의 수와 육六에서 구九까지의 수가 합덕함으로 하도와 낙서라는 도상이 형성됨을 알 수 있다.

한대漢代 이후 여러 학자들에 의하여 하도와 낙서의 도상이 제시되었다. 북송北宋의 진단 陳摶으로부터 도상을 계승한 유목劉牧은 도구서십圖九書十을 주장하였고, 남송南宋의 상수역과 의리역을 집대성한 주희朱熹에 의하여 저작된 『역학계몽易學啓蒙』에서는 도십서구圖十書 九의 도상을 제시하였다.

『역학계몽』에서는 공안국孔安國의 말을 빌려서 "하도河圖는 복희가 천하를 다스릴 때 용마龍馬가 황하黃河에서 나와서 마침내 그 무늬를 본떠서 팔괘를 그린 것이다. 낙서洛書는 우

禹가 홍수를 다스릴 때 신명스런 거북의 등에 무늬가 있었는데 그 수가 9에 이르렀다. 우禹가 이에 따라서 차례를 정하여 아홉 개의 법을 이루었다.”3)고 하였다.

이는 십익의 도서에 관한 내용을 구체적으로 언급한 것이다. 황하와 낙수洛水는 상고시대부터 중원문명이 싹트고 발전해온 중요한 지역이다. 그러므로 하도와 낙서를 황하와 용마, 그리고 낙수와 거북이라는 자연물을 매개로 하여 형성되었음을 밝힘으로써 그것이 중원문명과 함께 발전했음을 나타내는 동시에 팔괘를 저작한 것으로 알려진 복희와 홍범洪範을 기자箕子에게 전하여준 것으로 알려진 우왕禹王이 하도와 낙서를 저작했다고 함으로써 도서가 역학과 관련이 있음을 나타낸 것이다.

『역학계몽』에서는 십익의 천지의 수의 장에서 밝히고 있는 내용이 하도의 도상을 나타내고 있음을 분명히 밝히면서 수와 위치를 제시하고 있다. 이는 오늘날 우리가 보는 하도의 도상과 일치한다. 그리고 수의 변화에 대하여 논하고 있는 부분을 통하여 그가 십익의 천지지수天地之數장과 복희팔괘도의 근거로 여겨지는 설괘 제사장의 내용을 통하여 하도의 수와 상 그리고 그것이 나타내고 있는 내용을 설명한 것임을 알 수 있다.

그는 하도는 완전함을 위주로 하기 때문에 수가 10까지 이르고, 낙서는 변화를 위주로 하기 때문에 수가 9에 이르렀다고 말하면서 하도는 오행五行의 상생相生을 표상하고, 낙서는 오행의 상극相克을 표상한다고 하였다.4)

또한 하도를 통하여 성인이 본받은 것은 그 중심으로 비우는 것이고, 낙서를 통하여 본받은 것은 모든 수를 합하는 것이라고 하였다.5) 이는 하도가 본체도수인 십오가 위주가 된 도상이고, 낙서는 사상수가 표상하는 홍범洪範의 구주九疇인 오행五行, 오사五事, 팔정八政, 오기五紀, 황극皇極, 삼덕三德, 계의稽疑, 서징庶徵, 복극福極을 표상한 것으로 이해하였음을 뜻한다. 그는 하도의 본체도수인 십오를 태극으로 규정하였다.

그리고 하도와 낙서가 모두 오행원리를 표상하고 있는 점에서 같을 뿐만 아니라 하도의 오행이 홍범의 구주 가운데 하나인 오행원리를 나타내고 있기 때문에 홍범과 하도가 같다고 하였다. 하도가 『주역』이 되고, 또한 홍범도 될 수 있다는 것이다. 그는 하도와 낙서의 수가 서로 다르고 그것이 나타나는 시간상의 차이가 있지만 그 원리는 하나라고 하였다.6)

『역학계몽』에서 하도와 낙서를 태극을 중심으로 이해한 것과 달리 『정역』에서는 도서

---

3) 朱熹, 『易學啓蒙』 本圖書第一, “孔安國云 河圖者 伏羲氏王天下 龍馬出河 遂則其文 以畫八卦 洛書者 禹治水時 神龜負文 而列於背 有數至九 禹遂因而第之 以成九類”
4) 朱熹, 『易學啓蒙』 本圖書第一, “...河圖主全 故極於十...洛書主變 故極於九...河圖以生出之次言之....洛書之次 其運行則水克火.....”
5) 朱熹, 『易學啓蒙』 本圖書第一, “聖人之則之也奈何 曰則河圖者 虛其中 則洛書者總其實也”
6) 朱熹, 『易學啓蒙』 本圖書第一, “是其時雖有先後 數雖有多寡 然其爲理則一而已”

의 성격과 의의를 삼극의 도와 관련하여 다음과 같이 밝히고 있다.

> 천지의 이치는 삼원三元으로 원元에서 성인을 내려 보내어 신물神物을 내어 보이이니 그것이
> 하도와 낙서이다. 도서가 표상하는 원리는 후천이면서 선천이고, 천지의 도는 기제旣濟이면서
> 미제未濟이다. 용도龍圖(河圖)는 미제未濟의 상象으로 도생역성하니 선천의 태극이요, 귀서龜書(洛
> 書)는 기제旣濟의 수로 역생도성하니 후천의 무극이다.[7]

위의 내용을 보면 천지의 근원인 신명, 신도 자체가 인신화人身化된 존재가 성인이며, 성
인에 의하여 자신의 존재근거인 천의天意가 표상되었는데 그것이 하도와 낙서라는 도상임
을 알 수 있다. 그것은 황하와 낙수에서 나온 용마와 거북의 등에 새겨진 무늬와 글을 보
고 그 내용을 파악했다는 것과는 다른 의미를 갖는다.

그리고 위의 내용에는 도서와 괘효의 관계를 밝히고 있다. 도서는 후천원리가 본체가
되어 이루어지는 선천원리를 표상하며, 괘효원리의 내용인 삼재의 도 가운데서 본체인 천
지의 도는 기제에서 미제를 향하여 작용하는 원리를 표상한다. 기제원리는 선천원리이며,
미제원리는 후천원리이다. 그러므로 후천원리 중심의 도서원리가 선천원리 중심의 괘효원
리의 근거가 된다.

마지막 부분에서는 도서가 표상하는 원리가 미제의 상象과 기제旣濟의 수로 작용의 측면
에서 도생역성과 역생도성을 표상하고, 작용의 결과는 각각 선천의 태극과 후천의 무극임
을 밝히고 있다. 이를 통하여 하도와 낙서가 모두 태극을 표상하고 있는 것이 아님을 알
수 있다.

하도는 미제의 세계를 상징적으로 나타낸 도상이며, 낙서는 기제의 세계를 헤아려서 나
타낸 도상이다. 도서를 작용원리를 중심으로 나타내면 하도는 도생역성을 표상하며, 낙서
는 역생도성을 표상한다. 하도적 작용을 통하여 선천 태극이 밝혀지며, 낙서적 작용을 통
하여 후천 무극이 밝혀지게 된다.

하도와 낙서의 성격이 밝혀지면서 도서를 구성하는 천지의 수의 성격 역시 드러나게 된
다.『정역』에서는『역학계몽』에서 생성의 수로 밝히고 있는 천지의 수의 성격을 다음과
같이 밝히고 있다.

> 천天이 사四면 지地는 육六이며, 천天이 오五면 지地도 오五이고, 천天이 육六이면 지地는 사四이

7) 金恒,『正易』十五一言 第一張, "天地之理는 三元이니라. 元降聖人하시고 示之神物하시니 乃圖乃書로다.
圖書之理는 后天先天이오 天地之道는 旣濟未濟니라. 龍圖는 未濟之象而倒生逆成하니 先天太極이니라. 龜
書는 旣濟之數而逆生倒成하니 后天无極이니라."

니 천지天地의 도度를 표상하는 수는 십十에 그친다.[8]

위의 내용을 보면 간지도수에 포함되어 있는 수는 일에서 십까지의 수에 불과하며, 그러한 수와 수의 관계를 통하여 변화의 도가 표상됨을 알 수 있다. 천사지육天四地六은 천지의 천생지성天生地成 곧 도생역성을 나타내고, 천오지오天五地五는 천지의 합덕원리를, 천육지사天六地四는 역생도성을 나타낸다.

도서를 구성하는 천지의 수의 성격을 밝힌 후에 그것이 표상하는 구체적인 내용도 밝히고 있는데 그 내용은 다음과 같다.

> 9, 7, 5, 3, 1은 기수奇數이며, 2, 4, 6, 8, 10은 우수偶數로 기우奇偶의 수는 두 다섯수이다. 앞의 다섯 수인 기수는 천도天道를 표상하고, 뒤의 다섯 수인 우수는 지덕地德을 표상한다. 기수 가운데서 1, 3, 5는 천도를 표상하는 도수이고, 뒤의 7, 9는 지도地道를 표상하는 수로 그것은 삼천양지三天兩地원리이다. 이러한 기우의 수에 의하여 천지天地가 지천地天되고, 후천이 선천되는 선후천변화를 표상한다. 선천의 변화는 교역交易의 변화이고, 후천의 변화는 변역變易의 변화이다.[9]

기수는 천도를 표상하는 수이기 때문에 9, 7, 5, 3, 1의 순順으로 나타내어, 그것이 도생역성의 하도적 작용원리를 표상함을 나타내고 있다. 그리고 우수는 지덕地德을 표상하는 수이기 때문에 2, 4, 6, 8, 10의 역逆으로 나타내어, 우수가 역생도성의 낙서적 작용원리를 표상함을 밝히고 있다.

그리고 기수와 우수를 생수生數와 성수成數로 나누어서 각각 생수는 천수天數로, 성수成數는 지수地數로 규정하여, 기수가 표상하는 원리를 삼천양지三天兩地원리로 규정하고, 우수가 표상하는 원리를 삼지양천三地兩天원리로 규정하였다. 따라서 기수와 우수를 통하여 표상하는 원리는 삼천양지三天兩地와 삼지양천三地兩天이다.

기수와 우수를 통하여 선후천변화가 표상된다. 그렇기 때문에 기수가 삼천양지를 표상하며, 우수가 삼지양천을 표상한다고 논한 후에 그것이 선후천변화임을 밝히고 있다. 선천의 변화는 원역에서 윤역이 시생하고 윤역이 다시 생장하는 변화로 그것을 교역交易의 변화라고 하였고, 후천은 윤역에서 정역으로의 변화로 그것을 변역變易의 변화라고 하였다. 교역은 음양이 서로 사귀면서 자라는 원리를 나타내고, 변역은 장성한 음양이 합덕하여

---

8) 金恒,『正易』十五一言 第二張, "天四면 地六이오 天五면 地五요 天六이면 地四니라. 天地之道는 數止乎十이니라."
9) 金恒, 正易 十五一言 第二十二張, "九七五三一은 奇니라. 二四六八十은 偶니라. 奇偶之數는 二五니 先五는 天道요 后五는 地德이니라. 一三五次는 度天이오 第七九次는 數地니 三天兩地니라. 天地地天이니 后天先天이니라. 先天之易은 交易之易이니라. 后天之易은 變易之易이니라."

성도함으로써 이루어지는 질적 변화를 나타낸다.

　그런데 앞에서 살펴본 바와 같이 근원적 세계인 신명, 신도의 세계는 간지도수를 통하여 표상된다. 신명, 신도의 세계는 일체의 세계, 불가분리의 세계로 그것을 시간의 관점에서 나타내면 선천과 후천의 관계를 통하여 표상됨을 살펴보았다. 따라서 선후천변화를 표상하는 하도와 낙서는 간지도수가 표상하는 신명, 신도를 근거로 형성되었음을 알 수 있다.

　『주역』에서는 역을 저작한 성인이 신명의 세계를 자각하고 그것을 천지의 수에 의하여 도서를 통하여 표상하고, 다시 그것을 괘효를 통하여 표상하였음을 다음과 같이 밝히고 있다.

> 옛 성인이 역을 지을 때 그윽히 신명에 참여하여 시초를 낳았으며, 수에 의하여 삼천양지를 표상하고, 음양의 변화를 보고 괘를 세웠으며, 강유로 발휘됨을 보고 효를 낳았다.[10]

　위의 내용을 보면 역을 지은 성인이 신명의 세계에 참여했다는 것은 신명을 자각하였음을 뜻함을 알 수 있다. 그러므로 복희가 팔괘를 그린 것을 "신명한 덕에 통하였음"으로 밝히고 있다.

　그리고 시초는 천지의 수와 대연의 수에서 밝히고 있는 것과 같이 역수의 변화를 통하여 표상되는 신도, 변화의 도를 나타낸다. 이러한 변화의 도를 삼천양지원리에 의하여 수로 표상한 것이 하도와 낙서이다.

　간지도수를 천지의 수와 관련하여 논하는 까닭은 간지도수가 수와 상의 양면을 동시에 갖고 있기 때문이다. 그 가운데서 수를 중심으로 역도를 표상한 것이 하도와 낙서이며, 상을 중심으로 역도를 표상한 것이 괘효이다.

　도서는 간지도수원리를 체와 용으로 구분하여 표상한 것이며, 괘효는 간지도수원리를 합덕작용을 중심으로 표상한 것이다. 간지도수에 내함된 수는 천지의 도수원리를 표상하며, 상은 천지의 도덕원리를 표상한다. 『정역』의 「뇌풍정위용정수」에서는 십오를 천지의 간지도수원리로, 십일을 천지의 도덕원리로 규정하고 있다.[11]

　십오十五와 십일十一은 체용의 관계로 도수원리를 근거로 도덕원리가 형성된다. 따라서

10) 『周易』 說卦 第一章, "昔者聖人之作易也애 幽贊於神明而生蓍하고 參天兩地而倚數하고 觀變於陰陽而立卦하고 發揮於剛柔而生爻하니."
11) 金恒, 『正易』 第二十六張, "己位는 四金一水八木七火之中이니 无極이니라. 无極而太極이니 十一이니라. 十一은 地德而天道니라. 天道라 圓하니 庚壬甲丙이니라. 地德이라 方하니 二四六八이니라. 戊位는 二火三木六水九金之中이니 皇極이니라. 皇極而无極이니 五十이니라. 五十은 天度而地數니라. 地數라 方하니 丁乙癸辛이니라. 天度라 圓하니 九七五三이니라."

도수와 상象의 관계 역시 체용의 관계이다. 수를 중심으로 간지도수원리를 표상한 도서는 천지의 도수원리인 역수원리가 그 내용이며, 상을 중심으로 간지도수원리를 표상한 괘효는 천지의 도덕원리인 성명지리性命之理가 그 내용이다.

간지도수는 천지의 합덕작용에 의하여 일월이 생성되고, 일월의 정사에 의하여 시간이 주재되어지는 원리이다. 본체인 천지를 중심으로 간지도수를 나타내면 천지의 합덕·성도 원리이며, 작용원리를 중심으로 간지도수원리를 나타내면 일월의 역수변화원리이다.

간지도수원리의 내용이 선후천원리이기 때문에 도서가 표상하는 원리 역시 선후천원리이다. 『정역』에서는 도서의 도상을 중심으로 하도와 낙서가 표상하는 선후천원리를 다음과 같이 논하고 있다.

> 선천은 체는 방方이요, 용은 원圓이니 27삭朔에 윤달을 사용한다. 후천은 체는 원이고 용은 방이니 360이기 때문에 중정中正하다. 원천原天은 무량无量하다.[12]

위의 내용은 방원원리를 통하여 선후천을 규정하고 그 내용을 역수원리의 측면에서 다시 논하고 있다. 원은 하도원리를 가리키며, 방은 낙서원리를 가리킨다. 『정역』에서는 "천도는 원하며, 지덕은 방하다"[13]고 하여 천도를 원으로, 지도를 방으로 규정하고 있다. 『주역』에서도 도서와 괘효의 관계를 천도와 지도에 비유하여 도서원리는 원圓하며, 괘효원리는 방方하다고 하였다.[14]

『정역』에서는 천지의 수를 기우의 수로 규정하면서 기수가 천도를 표상하고, 우수는 지덕을 표상[15]한다고 하였다. 이를 보면 분생원리를 표상하는 기수가 낙서적 작용원리를 표상함에도 불구하고 기수가 천도를 표상한다고 하였고, 합덕원리를 표상하는 우수가 하도적 작용원리를 표상함에도 불구하고 우수가 지덕을 표상한다고 하였다. 이는 기우의 수를 선후천 원리를 중심으로 체용으로 구분하여 나타내었기 때문이다. 그것이 위의 인용문에서 밝히고 있는 내용이다.

선천이 체방용원體方用圓이라는 것은 낙서원리를 체로 하고, 하도원리를 용으로 한다는 뜻이다. 그것은 선천이 생장원리를 체로 하여 합덕원리를 용으로 한다는 것으로, 낙서가 역생도성을 표상한다는 의미와 같다.

---

12) 金恒, 『正易』 十五一言 第十九章 先后天 正倫度數, "先天은 體方用圓하니 二十七朔而閏이니라. 后天은 體圓用方하니 三百六旬而正이니라. 原天은 无量이니라."
13) 金恒, 『正易』 第二十六張 雷風正位用政數, "天道라 圓하니… 地德이라 方하니."
14) 『周易』, 繫辭上篇 第十一章, "是故로 蓍之德은 圓而神이오 卦之德은 方以知오"
15) 金恒, 『正易』 第二十二張, "九七五三一은 奇니라 二四六八十은 偶니라. 奇偶之數는 二五니 先五는 天道요 后五는 地德이니라."

반면에 후천이 체원용방體圓用方이라는 것은 하도원리를 체로 하고, 낙서원리를 용으로 한다는 의미이다. 그것은 후천이 장성의 원리를 체로 하여 생장의 원리를 용으로 한다는 것으로, 하도가 도생역성을 표상한다고 말하는 것과 같다.

하도의 도상은 본체도수인 십오를 중심으로 사방의 사상수가 방형을 띠고 있다. 이는 원을 바탕으로 그 안에 들어있는 방을 나타내는 것으로 후천원리인 체원용방이 그대로 표상된 것이다.

반면에 낙서의 도상은 오를 중심으로 사상도수가 나누어져 있어서 원을 이루고 있다. 그것은 방을 바탕으로 원으로 나타나는 형상을 나타낸 것으로 선천원리인 체방용원이 그대로 표상된 것이다. 따라서 하도는 후천원리를 중심으로 역수원리를 표상하며, 낙서는 선천원리를 중심으로 역수원리를 표상함을 알 수 있다.

도서가 간지도수가 표상하는 수를 중심으로 역수원리를 표상하였지만 그러나 60 간지도수 자체와는 서로 그 성격이 다르다. 간지도수는 천간과 지지가 합덕된 합덕원리가 중심이기 때문에 작용원리 역시 합덕작용원리가 위주가 된다.

도서원리는 체용적 구조를 중심으로 간지도수가 표상하는 역수원리를 표상하고 있기 때문에 간지를 구성하는 천간과 지지를 구분하여 체용적 측면에서 나타낸 것이다. 그렇기 때문에 『정역』에서는 간지도수원리가 표상하는 작용원리를 나타낼 때는 일월의 포태도수나 천지의 작용원리를 표상할 때를 막론하고 기사궁己巳宮과 무술궁戊戌宮을 중심으로 기사己巳·무진戊辰·기해己亥·무술戊戌과 같이 간지를 중심으로 논하고 있다.

그러나 도서원리를 중심으로 간지도수원리를 나타낼 때는 천간과 지지를 구분하여 그 작용원리를 논하고 있다.[16] 간지도수의 천간은 상象이 고정되어 있기 때문에 작용원리를 표상하기 위해서는 수를 변화시키지 않을 수 없다. 지지도 역시 상이 고정되어 있기 때문에 수의 변화를 통하여 작용원리를 표상한다.

수의 변화는 극즉반極則反의 원리에 의하여 도생이 역성되고, 역생이 도성되는 원리를 표상하기 위함이다. 간지도수를 작용을 중심으로 나타내면 역생도성과 도생역성이다. 그것을 상象에 의하여 나타낸 것이 "토극생수土極生水, 수극생화水極生火, 화극생금火極生金, 금극생목金極生木, 목극생토木極生土"이다. 이를 수에 의하여 나타내면 3과 8, 2와 7, 5와 10, 4와 9, 1과 6이 된다.

---

16) 『正易』에서 太陰·太陽의 胞胎도수를 논한 第三張에서 第四張의 내용이나 无極, 皇極, 日極, 月極의 體位도수를 논한 부분은 간지도수가 표상하는 合德原理를 중심으로 작용원리를 논하고 있으며, 第十二張에서 第十四張의 天干을 중심으로 五行作用原理를 논한 부분과 第二十三張에서 第二十四張의 先后天 原理를 논한 부분은 天干과 地支를 나누어서 作用原理를 논하고 있다.

『정역』의 「십간원도수+干原度數」와 「뇌풍정위용정수雷風正位用政數」를 보면 갑을甲乙과 병정丙丁 그리고 경신庚辛이 각각 팔삼八三, 칠이七二, 사구四九로 되어 있고, 무기戊己와 임계 壬癸는 오십五十과 일육一六으로 규정되고 있다. 그런데 간지도수의 작용원리를 나타내는 부분에서는 각각 삼팔三八, 이칠二七, 구사九四와 오십五十, 일육一六으로 규정되고 있다. 천간의 수가 변화하는 내용을 도표화하여 나타내면 다음과 같다.[17]

	甲乙	丙丁	戊己	庚辛	壬癸
십간원도수+干原度數 뇌풍정위용정수雷風正位用政數	八三	七二	五十	四九	一六
생장작용수生長作用數	三八	二七	五十	九四	一六

도표 8. 간지도수와 수

위의 내용을 보면 갑을甲乙, 병정丙丁, 경신庚辛은 선천과 후천에서 각각 수가 변화하나 무기戊己와 임계壬癸는 변화하지 않음을 알 수 있다. 그것은 무기戊己의 토土와 임계壬癸의 수水에 의하여 갑을甲乙, 병정丙丁, 경신庚辛이 작용함을 뜻한다. 『정역』에서는 "십토+土와 육수六水는 바뀌지 않는 지수地數이며, 일수一水와 오토五土는 바뀌지 않는 천수天數이다."[18] 고 하여 이 점을 분명하게 밝히고 있다.

위의 도표에서 「십간원도수」와 「뇌풍정위용정수」가 표상하는 수는 후천원리를 표상하는 수이며, 생장작용을 표상하는 수는 선천원리를 표상하는 수이다. 선천원리를 표상하는 수를 보면 갑을甲乙과 병정丙丁이 모두 삼三에서 팔八로 이二에서 칠七로 역생도성작용을 하는 반면에 경신庚辛과 임계壬癸는 구九에서 사四로의 도생역성과 일에서 육으로서의 역생도성이 이루어지고 있음을 볼 수 있다. 이는 선천이 역생도성의 세계이며, 후천이 도역의 생성이 합덕됨으로써 도생역성 작용이 체가 되고 역생도성 작용이 용이 되는 세계임을 표상한 것이다.

---

17) 아래의 圖表는 『正易』의 「雷風正位用政數」와 「十干原度數」 그리고 第十二張에서 第十四張의 五行原理를 논한 부분을 참고하여 정리하였다.
18) 金恒, 『正易』 十一一言 第二十二張, "十土六水는 不易之地니라 一水五土는 不易之天이니라."

1. 간지도수와 하도

　도서는 간지도수가 표상하는 신명의 세계를 역수원리를 중심으로 체용적 구조에 의하여 나타낸 것이다. 그렇기 때문에 하도와 낙서가 체용의 관계일 뿐만 아니라 하도와 낙서의 구조가 본체와 작용을 표상하는 수로 엄격하게 구분되어 있다.

　도서가 간지도수가 표상하는 신명원리를 체용적 구조를 통하여 표상했다는 점과 수를 중심으로 표상하였다는 두 가지 점을 유의할 필요가 있다. 체용적 구조에 의한 표상은 시간성과 공간성으로 나누어서 신명원리를 표상하였음을 뜻한다. 『정역』에서는 시간성의 원리를 원圓으로 표상하고, 공간성의 원리를 방方으로 표상하고 있다. 그것을 삼재의 도를 중심으로 나타내면 합덕과 분생에 의하여 신명神明의 세계를 표상하였음을 뜻한다. 원으로 표상된 시간성은 합덕이 위주이며, 방으로 표상된 공간성은 분생이 위주이다.

　시간성은 형이상적 존재로 원리적 성격을 갖기 때문에 시간성을 원리적 측면에서 나타내면 시간성의 원리라고 할 수 있고, 그것이 역수를 통하여 상징적으로 표상되기 때문에 역수원리라고 할 수 있다. 그것이 바로 『서경』이나 『논어』에서 밝히고 있는 천도의 내용이다.

　인간이 천도를 밝히고자 함은 자신과 세계의 관계를 밝히고자 함이다. 시간성의 세계는 일체이다. 그러므로 인간이 우주의 모든 존재와 더불어 일체임을 나타내기 위하여 천도의 내용인 시간성의 원리를 밝히고자 하였다.

　공간성, 공간성의 원리는 지도地道이다. 공간성의 원리를 밝히고자 하는 까닭은 인간의 세계 안의 자신의 정체성을 밝히고자 함이다. 공간성을 통하여 인간의 개체성이 밝혀진다. 그것을 『주역』에서는 성명性命, 성명의 이치라고 하였다. 성명의 이치는 괘효를 통하여 표상되었다.

　도서가 신명의 세계를 체용적 구조에 의하여 표상하였기 때문에 하도와 낙서는 체용의 관계라고 할 수 있다. 그러므로 양자를 나누어서 분석적인 관점에서 이해하는 것과 더불어 하나의 관점에서 이해하는 것이 필요하다.

　하도와 낙서를 구분하여 이해하면 하도에도 본체를 표상하는 도수와 작용을 표상하는 도수가 있으며, 낙서에도 역시 본체를 표상하는 도수와 낙서를 표상하는 도수가 있다. 그러나 하도와 낙서의 구조는 서로 다르다. 하도의 본체수는 십오이며, 낙서의 본체수는 오이다. 그리고 하도의 사상수와 낙서의 사상수는 내용은 같지만 그 구조는 서로 다르다.

하도는 작용을 표상하는 사상수四象數인 일·이·삼·사와 육·칠·팔·구가 네 위치에서 서로 하나가 되어 일·육, 이·칠, 삼·팔, 사·구가 한 자리에 있다. 그러나 낙서는 삼과 팔이 비록 동방에 있지만 서로 떨어져 있고, 사와 구가 남방에 있지만 서로 떨어져 있으며, 이와 팔이 서방에 있지만 서로 떨어져 있고, 일과 육이 북방에 있지만 서로 떨어져 있다.

도서가 표상하는 역수원리를 작용을 중심으로 나타내면 도역의 생성이다. 오황극을 중심으로 성수에서 도생역성하여 생수가 형성되고, 생수에서 역생도성하여 성수가 형성된다. 그것을 본체도수인 십오를 중심으로 나타낸 것이 하도이며, 오수를 본체로 하여 이루어지는 작용원리를 나타낸 것이 낙서이다.

그런데 도서가 하나인 관점에서 도서의 본체도수는 하도의 본체도수인 십오이며, 도서의 작용은 낙서의 사상수를 통하여 표상된다. 하도에서는 십오 본체도수를 통하여 이루어지는 사상원리가 표상되면서 도역의 생성은 오위五位에서 합덕된 두 수를 통하여 표상되고, 낙서에서는 오황극을 본체로 이루어지는 사상작용이 표상되지만 십오 본체도수는 겉으로 드러나지 않고 오황극과 대응하는 두 수를 합한 세 수의 합덕을 통하여 밝혀질 따름이다. 그렇기 때문에 하도는 십오 본체도수의 합덕원리가 위주이고, 낙서는 사상수에 의하여 표상되는 도역생성이 위주이다.

도서는 간지도수의 수를 위주로 도상화圖象化한 것으로 간지도수를 수를 중심으로 공간화하여 나타낸 것이다. 간지도수가 나타내는 수를 공간화하여 작용을 표상하는 도수를 사방에 배치하고, 본체를 표상하는 도수를 중심인 중앙에 배치하여 도서의 도상이 형성된다.

하도는 천지의 합덕원리가 중심으로 간지도수의 천간이 표상하는 무기戊己 십오의 합덕원리를 수를 중심으로 도상화한 것이다. 천간은 십오 본체도수를 표상하는 무기를 중심으로 앞에는 삼·팔·이·칠의 갑·을·병·정이 위치하며, 뒤에는 사·구·일·육의 경·신·임·계가 위치한다.

주희는 십익의 천지의 수를 주해하면서 "이 한 구절은 공자가 하도의 수를 밝힌 것이다. 천지의 사이에 한 기氣가 있을 뿐이다. 나누어져서 두 개가 되니 음양이다. 오행의 조화와 만물의 시작과 끝남이 이로부터 주관되지 않음이 없다. 그러므로 하도의 자리는 1과 6이 함께 마루가 되어 북쪽에 위치하고, 2가 7과 더불어 벗이 되어 남쪽에 있으며, 3은 8과 더불어 도를 함께 함으로써 동쪽에 위치하고, 4는 9와 더불어 벗이 되어 서쪽에 위치하며, 5는 10과 더불어 서로 지키면서 중심에 위치한다. 대개 그 수가 되는 것은 하나의 양과 하나의 음, 하나의 홀수와 하나의 짝수에 불과하다. 음과 양, 홀수와 짝수를 가지고 오행으로 나타내었다."[19]고 하였다. 하도의 도상을 제시하면 다음과 같다.

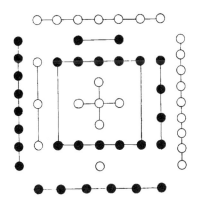

圖　河

하도의 도상을 통하여 천간이 표상하는 합덕원리가 보다 분명하게 드러난다. 하도에는 오로지 검은 색의 원과 하얀 색의 원을 통하여 수가 표상되어 있지만 그것을 천간과 관련하여 이해하면 본체도수인 무기를 비롯하여 작용을 표상하는 갑을과 병정 그리고 경신과 임계가 모두 생수와 성수, 기수奇數와 우수偶數가 합덕되어 있다.

또한 갑을의 삼팔과 경신의 사구가 대응하고, 병정의 이칠과 임계의 일육이 서로 대응하여 수화를 매개로 갑을의 선천과 경신의 후천이 합덕하는 선후천합덕이 표상되고 있다.

하도가 표상하는 선후천합덕은 삼재의 도의 측면에서 살펴보면 천지의 성도·합덕이다. 천지의 성도·합덕은 군자에 의하여 이루어지는 간태합덕艮兌合德을 매개로 이루어진다. 그것을 『주역』에서는 천지설위원리天地設位原理로 규정하고 있다. 천지설위는 천지가 정위正位하고, 뇌풍雷風이 용정用政하는 원리로 그것을 인격성을 중심으로 나타내면 십오존공위체十五尊空爲體가 된다. 십오의 존공위체원리를 15와 1·6, 2·7, 3·8, 4·9의 사상수에 의하여 표상한 것이 하도이다.

하도의 도상이 본체도수인 십오를 중심으로 그 사상작용을 일육, 이칠, 삼팔, 사구의 수에 의하여 표상하고 있을 뿐만 아니라 사상작용을 표상하는 사상수가 오황극을 기준으로 형성된 생수와 성수가 합덕되어 있음을 통하여 그것이 천간이 십오존공위체원리를 표상함을 알 수 있다.

19) 朱熹 『易學啓蒙』, 原圖書, “此一節夫子所利發明河圖之數也 天地之間一氣而已 分而爲二則爲陰陽 而五行造化萬物始終無不管於是焉 故河圖之位 一與六共宗而居乎北 二與七爲朋而居乎南 三與八同道而居乎東 四與九爲友而居乎西 五與十相守而居乎中 蓋其所以爲數者不過一陰一陽 一奇一偶 以兩其五行而已”

『주역』에서는 천지의 수가 다섯 위位에서 생수生數와 성수成數, 기수奇數와 우수偶數가 합덕되었다고 하여 하도가 15 천지의 합덕원리를 표상함을 밝히고 있다. 생수와 성수의 합덕을 통하여 일월의 합덕원리가 표상되고, 기수와 우수의 합덕을 통하여 천지의 합덕원리가 표상된다. 이처럼 천지일월의 사상四象이 성도·합덕하는 원리가 하도의 사상수四象數를 통하여 표상된다.

천지일월의 사상이 성도·합덕하는 원리를 작용의 측면에서 표상한 것이 낙서이다. 낙서는 오황극을 본체로 이루어지는 도역생성원리를 표상하는데 그 내용은 일월합덕원리이다. 이를 통하여 인간 본래성을 매개로 천지일월의 사상이 성도·합덕함을 알 수 있는 동시에 사상의 성도·합덕을 통하여 15 천지가 성도·합덕되는 십오존공위체十五尊空爲體를 알 수 있다.

십오존공위체十五尊空爲體의 십오존공은 『정역』에서 처음 사용된 것으로 네 성인이 천명한 사역四曆을 밝히는 과정에서 사용되었다. 일부一夫의 기朞가 375도의 원역原曆임을 밝히고, 원역에서 본체도수인 십오를 존공하면 공자가 밝힌 360의 정역正曆이 된다고 하였다. 이는 도수의 측면에서 본체도수인 십오도가 본체가 되는 현상인 귀체歸體를 나타낸 것이다. 이를 존공尊空이라는 개념을 통하여 나타낸 것은 그것이 인격적 원리임을 나타내기 위한 것이다.[20] 본체도수인 십오도가 윤도수가 되면서 윤역이 생장하고 그것이 다시 귀체됨으로서 정역이 형성되기 때문에 십오 본체도수의 존공, 귀체가 사역변화의 근본내용이다.

십오존공위체는 천간이 표상하고 있는 것과 같이 십오를 본체로 갑甲·을乙· 병丙·정丁과 경庚·신辛·임壬·계癸의 사상이 작용하는 것을 인격적 측면에서 나타낸 것이다. 갑甲·을乙과 경庚·신辛은 각각 병丙·정丁과 임壬·계癸의 수화水火를 매개로 합덕작용을 하게 된다.

갑甲·을乙은 생生의 원리를 표상하고, 경庚·신辛은 성成의 원리를 표상한다. 생의 원리는 천지의 합덕에 의하여 이루어지는 천天의 작용으로 천天에서 작용하는 지地의 작용인 병丙·정丁과 천天의 작용 자체인 갑甲·을乙이 더하여진 것으로 역수원리를 매개로 한 생작용이다. 그리고 성成의 원리는 천지의 합덕에 의하여 이루어지는 지地의 작용으로 임계壬癸의 지地에서 이루어지는 천天의 작용과 지地의 작용원리를 표상하는 경庚·신辛이 더하여진 것이다.

갑甲·을乙·병丙·정丁과 경庚·신辛·임壬·계癸에 의하여 표상된 생성원리를 천도의 측면과 인도의 측면으로 나누어서 살펴보면 병정丙丁과 임계壬癸의 역수원리와 성인·군자

20) 金恒, 『正易』 十五一言 第六張에서 第七張, "帝堯之朞는 三百有六旬有六日이니라 帝舜之朞는 三百六十五度四分度之一이니라. 一夫之朞는 三百七十五度니 十五를 尊空하면 正吾夫子之朞로 當朞三百六十日이니라."

의 도에 의하여 갑을甲乙과 경신庚辛의 생성작용이 이루어진다. 그것은 15 무기戊己의 작용이 병정丙丁과 임계壬癸에 의하여 대행되어지는 것을 나타낸다. 이처럼 15의 작용이 병정丙丁과 임계壬癸를 매개로 갑을甲乙과 경신庚辛에 의하여 대행되어지는 원리를 『정역』에서는 뇌풍정위용정雷風正位用政으로 규정하고 있다.

뇌풍정위용정은 괘효를 중심으로 십오존공위체를 나타낸 것이다. 뇌풍雷風은 팔괘 가운데서 장남과 장녀를 표상하는 진손괘震巽卦를 가리키는 것으로 장남과 장녀에 의하여 부모의 일이 대행代行되어진다. 그것은 장남과 장녀에 의하여 천지의 뜻이 대행되어지는 것이 십오존공위체임을 뜻한다. 『정역』에서는 진손과 건곤의 관계를 다음과 같이 나타내고 있다.

팔괘에 있어서 진손은 수로는 십오十五이니 오행의 으뜸이요 육종六宗의 어른이니, (震巽에 의하여) 중위中位에서 정역正易된다.[21]

진손괘는 정역팔괘도正易八卦圖에 의하면 수로는 육六과 일一로 십오가 아니다.[22] 그럼에도 불구하고 십오라고 한 것은 일과 육이 각각 십과 오를 대행하는 존재이기 때문이다. 그렇기 때문에 천도의 측면에서는 오행의 으뜸이요, 인도의 측면에서는 육자녀의 어른이라고 하였다.

진손에 의하여 십오 천지의 뜻이 대행되어짐으로써 역수로는 중정역인 정역이 운행되어지며, 인도의 측면에서는 정륜正倫이 행하여지는데 그것을 중위에서 정역된다고 하였다. 이처럼 십오가 존공됨으로써 중정역이 운행되는 동시에 정륜이 행하여지는 것을 『주역』에서는 "중정역中正曆으로 크게 형통하는 것이 천도天道이다"[23]고 말하였을 뿐만 아니라 "정역원리를 크게 자각하는 것이 천명이다."[24]고 하였다.

뇌풍雷風에 의하여 십오十五가 존공尊空되기 때문에 뇌풍雷風을 중도中道의 위치인 중위中位로 규정하게 된다. 괘효의 측면에서 장남과 장녀가 역수원리의 측면에서는 중위로 규정되는 것이다. 『정역』에서는 뇌풍이 건곤의 중위임을 다음과 같이 밝히고 있다.

리理는 본원本源에 모이니 본원은 성품이다. 건곤의 천지에 뇌풍이 중中이다.[25]

선후천변화의 이치는 본원本源인 인간의 본래성을 통하여 밝혀진다. 그것은 천지의 도가

21) 金恒,『正易』十一一言 第二十二張, "卦之震巽은 數之十五니 五行之宗이오 六宗之長이니 中位正易이니라."
22) 金恒,『正易』第三十張, 正易 八卦圖 參照.
23)『周易』, 地澤臨卦 彖辭, "大亨以正하니 天之道也일새라."
24)『周易』, 天雷无妄卦 彖辭, "大亨以正하니 天之命也일새라."
25) 金恒,『正易』十五一言 第七張, "理會本原은 原是性이오 乾坤天地에 雷風中이라"

인간의 본래성으로 주체화하는 원리를 밝힌 것이다. 이를 다시 괘효의 측면에서 건곤과 뇌풍으로 나타낸 것이 다음 부분이다. 건곤 천지의 중中이 뇌풍이라는 것은 장남과 장녀인 뇌풍이 부모인 건곤을 대행代行하는 중심적 존재임을 나타낸다.

인간 가운데서 천지·부모의 장남과 장녀는 성인과 군자이다. 그렇기 때문에 뇌풍이 정위에서 정사政事를 행한다는 것은 성인이 선천에서 역도를 자각하고 그것을 경전을 통하여 천명闡明함으로써 후천의 군자를 길러서 천지의 뜻을 봉행奉行하며, 군자가 경전에 담긴 성인이 남긴 말씀을 통하여 역도를 자각하여 그것을 현실에서 실천하여 구현함을 뜻한다.

천도인 역수원리를 천명闡明할 성인을 인류 역사상에 내려 보내서 천지의 마음을 밝히는 원리를 나타내는 것이 갑甲·을乙·병丙·정丁이며, 성인이 밝힌 역수원리 곧 선후천변화원리를 자각하고 그것을 현실에서 실천하여 구현하는 군자를 통하여 천하가 화성化成됨으로서 군민합덕君民合德, 천지합덕天地合德이 이루어지는 원리를 표상하는 것이 경庚·신辛·임壬·계癸이다.

천도를 중심으로 십오존공위체를 살펴보면 중위정역中位正易이 그 내용이다. 일월은 천지의 정기精氣가 합덕하여 형성된 존재로 천지의 시간으로 화하는 정사政事가 일월의 운행을 통하여 이루어진다. 천지의 합덕작용에 의하여 일월이 윤역으로 출생하고, 생장하여 정역으로 성도·합덕함으로써 시간이 운행된다. 일월이 합덕됨으로써 중정역인 정역이 운행되어지는 동시에 본체도수인 십오도가 존공하여 귀체된다.

중위정역은 윤역이 정역으로 변화하는 윤변위정閏變爲正으로 인도의 측면에서는 소인의 도가 물러가가 군자의 도가 행해져서 정륜正倫의 세계로 화하는 패화위륜悖化爲倫이다. 윤역이 정역으로 변화하는 가운데는 가을이 봄이 되는 추변위춘秋變爲春과 보름이 초하루가 되는 망변위삭望變爲朔이 포함되어 있다. 윤변위정閏變爲正이 낙서를 통하여 표상되기 때문에 추변위춘과 망변위삭 역시 낙서를 통하여 추연된다.

2. 간지도수와 낙서

앞에서 살펴본 바와 같이 간지도수가 표상하는 내용을 작용을 중심으로 나타내면 용구용육이 된다. 간지도수에 의하여 표상된 용구용육은 역수의 측면에서는 일월의 생성으로 그 구체적인 내용은 사역변화四曆變化이다. 사역변화는 낙서의 사상수를 통하여 표상된다.

낙서는 지지地支가 표상하는 작용원리를 중심으로 간지도수원리를 표상하기 때문에 본체 도수는 십이 아닌 오이다. 오수는 황극을 표상하는 수로 인간 본래성을 표상한다. 이처럼 오황극이 낙서의 본체도수가 된다는 것은 천지의 도의 작용이 인간의 본래성을 매개로 이루어짐을 뜻한다.

낙서의 작용을 표상하는 사상수는 하도의 사상수와 같다. 그러나 낙서의 본체도수가 하도의 본체도수와 다르기 때문에 사상작용의 내용 역시 다를 수밖에 없다. 하도가 사상이 정위正位에서 성도하여 합덕함을 나타내고 있는 것과 달리 낙서는 사상의 생성을 표상하고 있다. 사상四象이 성도·합덕함으로써 본체가 성도·합덕하는 원리를 표상한 도상이 하도이며, 사상의 생성작용을 표상하고 있는 도상이 낙서인 것이다.

낙서의 사상수 역시 일一과 육六, 이二와 칠七, 삼三과 팔八, 사四와 구九이지만 하도와 달리 생수와 성수, 기수와 우수가 한 자리에서 합덕하지 않고 서로 떨어져 있어서 분생작용을 표상하고 있다. 하도가 생수와 성수의 합덕 관계를 중심으로 역수원리를 표상한 것과 달리 낙서는 서로 마주하는 동질의 수를 중심으로 생성원리를 표상하고 있다. 낙서의 사상수는 일과 구, 이와 팔, 삼과 칠, 사와 육이 서로 대응하고 있다.

낙서의 사상수는 서로 합덕되지 않고 분리되어 있을 뿐만 아니라 사상수의 위치 역시 하도와 다르다. 하도의 이칠二七화火는 남방에 위치하고, 사구四九금金은 서방에 위치하나, 낙서의 남방에는 사구금이 위치하고, 서방에는 이칠화가 위치한다. 이렇게 형성된 낙서의 도상을 제시하면 다음과 같다.

書　　　洛

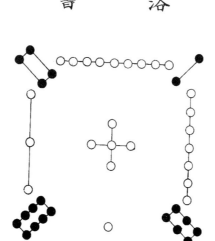

하도와 낙서의 사상수를 비교하여 보면 금과 화가 서로 위치를 바꾸어 배열되어 있다. 『정역』에서는 금화金火가 교역交易함이 도서의 근본내용임을 밝히고 있는데 그 내용은 다음과 같다.

사구四九와 이칠二七의 금화문金火門은 옛 사람들의 생각이 미치지 못하였던 경지境地이다. 내가 주인主人이 되어 차례로 여니, 일육一六과 삼팔三八이 좌우로 분렬分列하여, 고금古今의 천지에 일태一大의 장관壯觀이오, 금고今古의 일월日月에 제일第一의 기관奇觀이다. 『시경』의 빈풍豳風 칠월장七月章을 가송歌頌하고 주공周公의 성덕聖德을 경모景慕하니, 아, 공부자孔夫子께서 말씀하시지 않은 세계가 바로 금일今日이로구나.[26)]

위의 내용 가운데서 사구四九와 이칠二七은 수를 중심으로 간지도수와 도서상수圖書象數를 논한 것으로 오행으로는 금화이다. 하도와 낙서의 관계를 오행을 중심으로 나타내면 금화가 서로 바뀌는 원리로 이해할 수 있다.

"금화金火가 서로 바뀌는 것은 도역倒逆의 원리를 표상하기 위함이다."[27)] "금화의 교역은 금화가 바르게 바뀌는 정역正易으로 그것이 바로 회삭현망晦朔弦望과 진퇴굴신進退屈伸, 율여도수律呂度數, 조화공용造化功用을 세우는 것이다."[28)]

위의 인용문에서 "내가 주인이 되어."는 것은 금화의 호역원리를 『정역』을 통하여 처음으로 밝혔음을 뜻한다. 인류의 역사 이래 그 경지境地를 처음으로 밝혔기 때문에 고금古今의 천지에 일대一大 장관壯觀이라고 하였다. 그렇다고 하여 『서경』과 『논어』에서 밝힌 역수원리와 그 내용이 다르지 않다. 그렇기 때문에 금화교역을 통하여 밝혀진 역수원리의 세계는 비록 인도로 밝혔지만 이미 주공周公이 빈풍豳風 칠월장七月章을 통하여 밝힌 세계일 뿐만 아니라 공자孔子가 자각自覺하였지만 말로 드러내지 않은 세계라고 하였다.

금화의 교역을 통하여 밝히고 있는 도서의 작용원리는 역생도성과 도생역성이다. 『정역』에서는 도서의 내용을 작용원리를 중심으로 다음과 같이 논하고 있다.

하도河圖(龍圖)는 미제未濟의 상象으로 도생역성하니 선천의 태극이다. 낙서洛書(龜書)는 기제旣濟의 수로 역생도성하니 후천의 무극이다. 5는 중위中位에 있으니 황극이다. 역易은 역逆이니 극極하면 곧 반反한다. 토土가 극極하면 수水를 생生하고, 수水가 극極하면 화火를 생生하고, 화火가

---

26) 金恒, 『正易』 十五一言 第六張 金火四頌, "四九二七金火門은 古人意思不到處라 我爲主人次第開하니 一六三八左右分列하야 古今天地一大壯觀이오 今古日月第一奇觀이라 歌頌七月章一篇하고 景慕周公聖德하니 於好夫子之不言이 是今日을"
27) 金恒, 『正易』 十五一言 第二張, "金火互宅 倒逆之理."
28) 金恒, 『正易』 十五一言 第六張 金火五頌, "嗚呼라 金火互易은 不易正易이니 晦朔弦望進退屈伸律呂도수造化功用이 立이라."

극極하면 금金을 생生하고, 금金이 극極하면 목木을 생生하고, 목木이 극極하면 토土를 생生하니 토土는 화火를 생生한다.[29]

위의 내용을 보면 하도는 미제의 세계를 상징적으로 나타낸 것으로 작용의 측면에서는 도생역성을 하며, 그 결과 선천의 태극이 밝혀지고, 낙서는 기제의 세계를 헤아려서 나타낸 것으로 역생도성을 하여 후천의 무극이 밝혀짐을 알 수 있다.

미제의 상은 미래의 이상 세계를 상징적으로 나타낸 것을 의미하며, 기제의 수는 과거의 본성을 밝힌 것을 의미한다.

위의 인용문을 통하여 낙서의 도상을 구성할 수 있다. 천간을 중심으로 그것이 어떻게 수를 중심으로 낙서의 도상을 형성하게 되는지 살펴보자. 위의 내용을 보면 토에서 시작하여 수화금목을 거쳐서 다시 토로 돌아온다. 그것을 낙서의 도상과 더불어 문왕팔괘도를 설명하고 있는 『주역』의 설괘 제오장을 중심으로 살펴보자.

설괘 제오장을 보면 수는 비록 낙서의 수를 중심으로 나타내고 있지만 방위는 하도의 방위를 중심으로 나타내고 있다. 문왕팔괘도에서 언급되는 방위는 동방에서 남방, 서방을 거쳐서 북방에 이른다. 그리고 낙서의 도상은 하도의 도상과 반대의 방향으로 작용할 수밖에 없다.

문왕팔괘도에 관한 설명의 방위와 반대로 시작하면 임계壬癸의 일육一六수水가 북방에 위치하고, 병정丙丁의 이칠二七화火가 서방에 위치하며, 경신庚辛의 사구四九금金이 남방에 위치하고, 갑을甲乙의 삼팔三八목木이 동방에 위치하게 된다. 이러한 간지도수를 수를 중심으로 나타내면 그대로 낙서가 된다.

도역생성은 극極에 이르면 작용의 방향이 바뀌어서 돌아오는 것으로 오행의 작용이 각각 극極에 이르면 작용의 성격이 변화하여 생生이 성成으로 작용하게 된다. 『정역』에서는 천간을 중심으로 하도와 낙서가 표상하고 있는 도역생성을 다음과 같이 밝히고 있다.

기사궁己巳宮은 선천이면서 후천이다. 지십地十의 기토己土는 천구天九의 신금辛金을 생生하고, 천구天九의 신금辛金은 지육地六의 계수癸水를 생生하며, 지육地六의 계수癸水는 천삼天三의 을목乙木을 생生하고, 천삼天三의 을목乙木은 지이地二의 정화丁火를 생生하고, 지이地二의 정화丁火는 천오天五의 무토戊土를 생生한다. 무술궁戊戌宮은 후천이면서 선천이다. 천오天五의 무토戊土는 지사地四인 경금庚金을 생生하고, 지사地四의 경금庚金은 천일天一의 임수壬水를 생生하며, 천일天一의 임수壬水는 지팔地八의 갑목甲木을 생生하고, 지팔地八의 갑목甲木은 천칠天七의 병화丙火를 생生하며, 천칠天七의

---

29) 金恒, 『正易』 十五一言 第二張, "龍圖는 未濟之象而倒生逆成하니 先天太極이니라. 龜書는 旣濟之數而逆生倒成하니 后天无極이니라. 五居中位하니 皇極이니라. 易은 逆也니 極則反하나니라. 土極하면 生水하고 水極하면 生火하고 火極하면 生金하고 金極하면 生木하고 木極하면 生土하니 土而生火하나니라."

병화丙火는 지십地十의 기토己土를 생生한다.[30]

위의 내용은 기사궁己巳宮과 무술궁戊戌宮의 작용원리를 나타낸 두 부분으로 나누어진다. 기사궁은 십무극의 원리를 간지도수로 표상한 것이며, 무술궁은 오황극의 원리를 간지도 수로 표상한 것이다. 기사궁에 의하여 율려작용이 이루어지며, 무술궁에 의하여 정령작용 이 이루어진다.

기사己巳에 의한 율려작용은 수로는 십十·구九·육六·삼三·이二·오五이며, 간지도수 로는 기己·신辛·계癸·을乙·정丁·무戊이고, 오행으로는 토·금·수·목·화·토이 다. 무술에 의한 정령작용은 오五·사四·일一·팔八·칠七·십十이고, 간지도수로는 무戊 ·경庚·임壬·갑甲·병丙·기己이며, 오행으로는 토·금·수·목·화·토이다. 오행으 로는 정령도수와 율려도수가 토금수목화로 같지만 그러나 수는 서로 다르다. 율려의 구九 와 정령의 사四, 율려의 육六과 정령의 일一, 율려의 삼三과 정령의 팔八, 율려의 이二와 정 령의 칠七이 서로 대응하고 있다.

「십일귀체시十一歸體詩」에서는 정령도수를 기己·경庚·임壬·갑甲·병丙으로, 율려도수 를 무戊·정丁·을乙·계癸·신辛으로 규정하고 있다.[31] 인용문을 보면 정령작용을 표상 하는 정령도수는 경庚·임壬·갑甲·병丙으로 수와 간지도수가 일치하며, 율려작용을 표상 하는 율려도수는 신辛·계癸·을乙·정丁으로 수와 간지도수가 일치한다.

그러나 본체도수인 기己와 무戊는 서로 바뀌어져 있다. 이는 무기의 합덕에 의하여 지수 地數인 기己가 하늘에서 작용하고, 천수天數인 무戊가 땅에서 작용함을 뜻한다. 정령작용과 율려작용은 십오 무기의 합덕에 의하여 이루어지는 작용인 것이다. 그것을 『정역』에서는 "지수地數인 십十이 천天에서 작용하고, 천수天數인 오五가 지地에서 작용한다."[32]고 하였다.

인용문을 보면 정령작용과 율려작용을 막론하고 모두 생生으로 표현되어 있다. 그것은 이 부분이 정령작용과 율려작용의 기본원리를 나타내고 있음을 뜻한다. 정령작용과 율려 작용을 막론하고 생의 작용과 성의 작용은 다르다. 생의 작용은 음과 양이 서로 분리 생장 하는 작용이며, 성의 작용은 음양의 합덕작용이다. 그런데 위의 내용을 보면 정령도수와 율려도수가 서로 대응하고 있을 뿐 착종錯綜하여 합덕을 표상하지 않고 있다. 그렇기 때문

---

30) 金恒, 『正易』 十五一言 第十二張, "己巳宮은 先天而后天이니라. 地十己土는 生天九辛金하고 天九辛金은 生地六癸水하고 地六癸水는 生天三乙木하고 天三乙木은 生地二丁火하고 地二丁火는 生天五戊土니라. 戊 戌宮은 后天而先天이니라 天五戊土는 生地四庚金하고 地四庚金은 生天一壬水하고 天一壬水는 生地八甲木 하고 地八甲木은 生天七丙火하고 天七丙火는 生地十己土니라."
31) 金恒, 『正易』 第二十五張, "政令은 己庚壬甲丙이오 呂律은 戊丁乙癸辛을"
32) 金恒, 『正易』 第二十五張 十一歸體詩, "地十爲天天五地하니"

에 기본 작용원리를 표상한 것이라고 할 수밖에 없다.

도역의 생성작용은 정령도수와 율려도수의 착종을 통하여 표상된다. 정령과 율여의 착종은 변화가 없는 임계와 무기의 일육수一六水와 오십토五十土를 제외한 오행과 도수를 중심으로 이루어진다. 그 내용을 살펴보면 다음과 같다.

> 지십地十의 기토己土는 천구天九의 경금庚金을 낳(生)고, 천구天九의 경금庚金은 지육地六의 계수癸水를 낳으며, 지육地六의 계수癸水는 천삼天三의 갑목甲木을 낳고, 천삼天三의 갑목甲木은 지이地二의 병화丙火를 낳으며, 지이 地二의 병화丙火는 천오天五의 무토戊土를 낳고, 천오天五의 무토戊土는 지사地四의 신금辛金을 낳으며, 지사地四의 신금辛金은 천일天一의 임수壬水를 낳고, 천일天一의 임수壬水는 지팔地八의 을목乙木을 낳으며, 지팔地八의 을목乙木은 천칠天七의 정화丁火를 낳고, 천칠天七의 정화丁火는 지십地十의 기토己土를 낳는다. 지십地十의 기토己土는 천일天一의 임수壬水를 이루고(成)고, 천일天一의 임수壬水는 지이地二의 정화丁火를 이루며, 지이地二의 정화丁火는 천구天九의 신금辛金을 이루고, 천구天九의 신금辛金은 지팔地八의 을목乙木을 이루며, 지팔地八의 을목乙木은 천오天五의 무토戊土를 이루고, 천오天五의 무토戊土는 지육地六의 계수癸水를 이루며, 지육地六의 계수癸水는 천칠天七의 병화丙火를 이루고, 천칠天七의 병화丙火는 지사地四의 경금庚金을 이루며, 지사地四의 경금庚金은 천삼天三의 갑목甲木을 이루고, 천삼天三의 갑목甲木은 지십地十의 기토己土를 이룬다.[33]

위의 내용을 보면 간지와 수를 통하여 정령작용과 율여작용을 중심으로 생生의 작용과 성成의 작용을 논하고 있음을 알 수 있다.

먼저 생生의 작용을 논하고 있는 부분을 살펴보면 다음과 같다. 기사궁己巳宮의 생작용은 수로는 십이 구를 생하고, 구가 육을 생하며, 육이 삼·이를 거쳐서 오로 작용하며, 상을 중심으로 살펴보면 토가 금을 생하고, 금이 수를 생하고, 수가 목·화를 거쳐서 토로 작용하여 기사궁의 기본 작용과 변함이 없다. 간지도수는 신辛·계癸·을乙·정丁의 율여도수 가운데서 계癸만이 변함이 없고 나머지 세 도수는 병丙·갑甲·경庚의 정령도수로 바뀌어져 있다.

무술궁戊戌宮의 생작용은 수로는 오가 사를 생하고, 사가 일을 생하며, 일이 팔·칠을 거쳐서 십을 생하며, 상을 중심으로 살펴보면 토가 금을 생하고, 금이 수를 생하고, 수가 목·화를 거쳐서 토로 작용한다. 간지도수는 경庚·임壬·갑甲·병丙의 정령도수 가운데

33) 金恒, 『正易』 十五一言 第十三張에서 第十四張, "地十己土는 生天九庚金하고 天九庚金은 生地六癸水하고 地六癸水는 生天三甲木하고 天三甲木은 生地二丙火하고 地二丙火는 生天五戊土하고 天五戊土는 生地四辛金하고 地四辛金은 生天一壬水하고 天一壬水는 生地八乙木하고 地八乙木은 生天七丁火하고 天七丁火는 生地十己土니라. 地十己土는 成天一壬水하고 天一壬水는 成地二丁火하고 地二丁火는 成天九辛金하고 天九辛金은 成地八乙木하고 地八乙木은 成天五戊土니라. 天五戊土는 成地六癸水하고 地六癸水는 成天七丙火하고 天七丙火는 成地四庚金하고 地四庚金은 成天三甲木하고 天三甲木은 成地十己土니라."

서 오직 임壬만이 변하지 않고 나머지 세 도수는 정丁·을乙·신辛의 율려도수로 바뀌어져 있다.

인용문에서 기사궁과 무술궁을 중심으로 밝히고 있는 생의 원리를 살펴보면 본체도수인 무기戊己와 임계壬癸의 수토만이 변화하지 않을 뿐 나머지 간지도수는 모두 변화하고 있다. 이는 무기戊己와 임계壬癸의 수토水土의 합덕에 의하여 갑을병정甲乙丙丁과 경신庚辛의 작용이 이루어짐을 나타내는 것으로, 기토己土와 계수癸水의 합덕에 의하여 병갑경丙甲庚이 작용하고, 무토戊土와 임수壬水의 합덕에 의하여 정을신丁乙辛이 작용한다. 그것을 『정역』에서는 "수토水土의 성도成道에 의하여 천지가 이루어진다."고 하였다.

그러나 수를 중심으로 살펴보면 보면 구육과 사일이 대응하고, 삼이와 팔칠이 대응하고 있다. 구육삼이는 율려도수이며, 사일팔칠은 정령도수이다. 따라서 위의 내용은 율려도수와 정령도수가 서로 나누어져서 대응하고 있을 뿐 합덕이 되지 않고 있음을 나타낸다. 이는 생의 작용이 본체의 합덕에 의하여 이루어지는 분생작용임을 나타내는 것이다.

기사궁과 무술궁에 의한 성成작용을 논하고 있는 부분을 보면 수와 상이 모두 바뀌어 있다. 이는 성도 작용이 합덕 작용이기 때문이다. 그러므로 수와 상을 막론하고 정령도수와 율여도수가 서로 착종錯綜하게 된다.

기사궁의 성成작용은 수로는 십十이 일一을 성成하고, 일一이 이二를 성하며, 이二가 구九·팔八을 거쳐서 오五를 성成하게 된다. 이를 상象을 중심으로 살펴보면 토土가 수水를 성成하고, 수水가 화火를 성成하며, 화가 금金·목木을 거쳐서 토土를 성한다. 이를 간지도수를 중심으로 살펴보면 기己가 임壬을 성成하고, 임壬이 정丁을 성成하며, 정丁이 신辛·을乙을 거쳐서 무戊를 성成한다.

반면에 무술궁의 성작용은 수로는 오五가 육六을 성成하고, 육六이 칠七을 성成하며, 칠七이 사四·삼三을 거쳐서 십十을 성한다. 이를 상象을 중심으로 살펴보면 토土가 수水를 성하고, 수水가 화火를 성하며, 화火가 금金·목木을 거쳐서 토土를 성成한다. 간지도수를 중심으로 성작용을 살펴보면 무戊가 계癸를 성成하고, 계癸가 병丙을 성하며, 병丙이 경庚·갑甲을 거쳐서 기己를 성成한다.

기사궁과 무술궁의 성작용을 살펴보면 기사궁은 일팔의 정령도수와 이구의 율려도수가 합덕하고 있고, 무술궁은 사칠의 정령도수와 삼육의 율려도수가 합덕하고 있다. 기사궁은 일과 이가 정령, 율려도수로 합덕하고, 구와 팔이 율려와 정령도수로 각각 합덕하면서 일이의 역생과 구팔의 도생을 표상하고 있다. 반면에 무술궁은 육과 칠이 각각 율려도수와 정령도수로 합덕하면서 역생작용을 표상하고, 사와 삼이 각각 정령도수와 율려도수로 합덕하면서 도생작용을 표상하고 있다.

앞에서 살펴본 간지도수의 정령, 율려작용을 수를 중심으로 나타내면 하도와 낙서의 작용원리가 밝혀진다. 상과 수를 통하여 표상하고 있는 기사궁과 무술궁의 생작용을 수를 중심으로 나타내면 하도의 도상이 그려지며, 성작용을 나타내면 낙서의 도상이 형성된다.

생生의 작용원리를 중심으로 십十에서 출발하여 서방의 구를 거쳐서 북방의 육으로 그리고 동방의 삼을 거쳐서 남방의 이에 도달하고, 다시 중앙의 오로 돌아오며, 오에서 시작하여 서방이 사를 지나서 북방의 일로 그리고 동방의 팔과 남방의 칠을 거쳐서 다시 중앙의 십으로 돌아오면 하도의 도상이 형성된다.

반면에 성成의 작용원리를 중심으로 십에서 시작하여 북방의 일을 거쳐서 서방의 이를 지나서 남방의 구를 거쳐서 동방의 팔을 지나고 중앙의 오로 돌아오며, 오에서 다시 시작하여 북방의 육을 거쳐서 서방의 칠과 남방의 사 그리고 동방의 삼을 거쳐서 중앙으로 돌아오면 낙서의 도상이 형성된다.

다만 낙서는 십이 표상되지 않기 때문에 시始와 종終의 종시근원이 나타나지 않고 오직 오수五數의 본체만이 드러난다. 이를 통하여 하도는 도생역성을 표상하며, 낙서는 역생도성을 표상함을 알 수 있다. 하도는 도생작용을 중심으로 그것이 역성하면 선천의 태극이 되는 원리를 표상하며, 낙서는 역생작용을 중심으로 그것이 도성하면 후천의 무극이 되는 원리를 표상한다. 태극은 생작용生作用의 기본도수이며, 무극은 성작용成作用의 기본도수기 때문에 그것이 각각 하도와 낙서의 작용원리를 표상하는 개념이 된 것이다.

천간과 지지를 통하여 표상된 간지도수를 그 작용을 중심으로 나타낸 것이 하도와 낙서이다. 낙서의 중심 도수인 오는 인간의 본래성인 황극을 표상하며, 그것을 바탕으로 십무극의 자기분화에 의하여 각각 사상수로 나누어지는 작용을 표상한다. 그것이 바로 하도적 작용인 도생역성과 낙서적 작용인 역생도성이다.

도서가 표상하는 내용이 역수원리임은 이미 앞에서 밝힌 바이다. 역수원리는 태음과 태양의 포태·생성을 통하여 표상되는 음양원리이다. 음양의 역수원리를 이해하기 위해서는 간지도수를 통하여 표상된 일월원리를 고찰하지 않을 수 없다.

『정역』에서는 간지가 합덕된 측면에서 음양원리를 일극체위도수와 월극체위도수를 중심으로 나타내고 있다.[34] 일극체위 도수와 월극체위도수 가운데서 위수를 중심으로 고찰하면 태음의 도수는 삼십도이며, 태양의 도수는 삼십육도이다.

그런데 태음의 삼십도 가운데는 아직은 비어 있어서 장차 채워져야 할 육도六度가 더하여졌기 때문에 본래의 도수는 이십사도가 된다. 그리고 태양의 삼십육도는 장차 비워질

---

34) 金恒, 『正易』 第十一張 參照.

육도가 포함된 것으로 태음과 태양이 합덕되면서 태음에게 주어질 육도이다. 이 육도가 태음과 태양의 합덕을 주관하는 기본基本도수로 그것을 유무지有无地라고 한다. 태음의 측면에서는 지금은 없으나 장차 있게 될 도수로 무이유无而有 도수이며, 태양의 측면에서는 지금은 있으나 장차 없어질 도수로 유이무有而无의 도수이다.

유무지 육도를 기준으로 보면 삼십육과 이십사의 기준은 삼십도이다. 이 삼십도는 황극의 위수이며, 무극의 위수는 육십이다. 이로부터 무극의 위수 가운데 황극의 위수가 포함됨을 알 수 있다. 그것은 무극 가운데서 황극이 존재함을 나타낸 것으로 무극을 본체로 황극의 작용이 이루어진다.

또한 태음과 태양의 작용이 황극의 위수를 기준으로 이루어짐을 알 수 있다. 삼십도를 기준으로 육도가 더하여진 상태에서 장차 감소될 작용이 태양의 작용이며, 육도가 덜어진 상태에서 장차 증가될 작용이 태음의 작용인 것이다.

태양의 위수位數인 삼십육도는 양효陽爻의 본성을 규정하는 도수이며, 태음의 위수인 이십사도는 음효陰爻의 본성을 규정하는 도수로 삼십육과 이십사에 의하여 음양의 효가 구성된다. 그렇기 때문에 건책乾策도수를 추연할 때는 양효의 본성을 나타내는 삼십육에 육효를 나타내는 육을 상승相乘하여 이백일십육이 추연되며, 음효陰爻의 본성을 나타내는 이십사에 육효를 나타내는 육을 상승하여 일백사십사의 곤책수坤策數가 추연推衍된다.

태음과 태양의 포태·생성을 수를 중심으로 나타낸 낙서가 표상하는 도역생성의 내용은 사역의 생성·변화이다. 「사정칠수용중수四正七宿用中數」에서는 선천을 용팔用八의 윤역이 운행되는 시대로 규정하고, 후천을 용육用六의 정역正曆이 운행되는 시대로 규정하고 있다.[35]

또한 선천은 낙서를 체體로 하여 하도河圖로 작용하며, 역수의 측면에서는 이십칠 개월에 한 번 윤달을 사용해야 하는 윤역의 시대이고, 후천은 하도를 체로 하여 낙서로 작용하며, 역수의 측면에서는 음양의 윤역이 합덕된 중정역인 360일의 정역이 운행되는 시대이다.[36] 이처럼 『주역』에서 천수天數와 지수地數로 규정한 도서의 수가 일월의 역수를 표상함[37]을 나타내어 도서의 내용이 역수원리임을 밝히고 있다.

「정역시正易詩」에서는 천지의 수가 표상하는 역수원리가 원역과 윤역 그리고 정역을 통하여 표상됨을 논하고 원역을 체로 하여 윤역과 정역이 운행됨을 논하고 있다. 또한 윤역

---

35) 金恒, 『正易』 十一一言 第二十六張, "先天은 五九니 逆而用八하니 錯이라 閏中이니라. 后天은 十五니 順而用六하니 合이라 正中이니라."

36) 金恒, 『正易』 第十九張 先后天 正倫 도수, "先天은 體方用圓하니 二十七朔而閏이니라. 后天은 體圓用方하니 三百六旬而正이니라. 原天은 无量이니라."

37) 金恒, 『正易』 第二十張 正易詩, "天地之數는 數日月이니"

에서 정역으로 변화하는 역수변화가 장차 이루어질 변화임을 나타내고 있다.[38]

그리고 원역이 삼백칠십오도三百七十五度이며, 정역이 삼백육십도三百六十度이고, 윤역이 삼백육십육도三百六十六度와 삼백육십오도사분도지일三百六十五度四分度之一임도 밝히고 있다. 이와 더불어 각각의 기수와 그것을 밝힌 사람을 서로 관련하여 정역은 공자가 『주역』을 통하여 밝힌 역이며, 정역에 본체도수인 십오도十五度를 더한 원역은 일부一夫가 『정역』을 통하여 밝힌 역이고, 366일의 윤역은 제요帝堯가 밝혔으며, 365와 1/4일 윤역은 제순帝舜이 밝혔음을 논하고 있다.[39]

용육역이 정역인 삼백육십역이며, 용팔역이 두 윤역 가운데 하나인데 현행의 윤역이 삼백육십오와 사분도지일四分度之一이기 때문에 그것에서 정역으로 변화할 것임을 알 수 있다. 사역의 관계를 보면 원역에서 366도 윤역, 365와 1/4일 윤역, 360일 정역이 모두 구도가 감소하는 관계를 이루고 있다.

그리고 『정역』의 「십오일언十五一言」에서 육십삼, 칠십이, 팔십일은 일부一夫에서 하나가 된다[40]고 하여 칠, 팔, 구의 역逆으로 수數를 논하고 있다. 이를 통하여 낙서의 성수인 구·팔·칠·육이 사역의 구성원리를 표상함을 알 수 있다.

용구역은 본체도수인 15 도度와 작용역인 360도度를 함께 논한 것으로 그것은 구구법九九法에 의하여 나타내면 팔십일역八十一曆이다. 구구법은 『정역』에서 밝힌 역수추연의 방법으로 정역正曆기수를 분석하면서 대일원수는 구구법을 통하여 추연됨[41]을 밝히고 있다.

팔십일은 도서의 작용도수인 팔십과 일이 더하여진 도수로 음양이 합덕된 상태를 나타낸다. 용팔은 칠십이로 360에 칠십이 시간을 일日로 환산한 육일六日이 더하여진 것이 366일의 윤역이다.

반면에 용칠역은 육십삼 시간의 윤도수가 더하여진 역으로 그것을 일日로 환산하여 나타내면 365와 1/4일이 된다. 반면에 용육은 오십사 시간의 윤도수가 더하여진 것이 아니라 윤도수가 탈락하여 귀체됨으로써 음양이 합덕된 역이다.

정령작용을 표상하는 정령도수의 추연은 도생역성을 표상하는 성수인 구, 팔, 칠, 육에 구를 승乘함으로써 이루어지며, 율려작용을 표상하는 율려도수의 추연은 역생도성을 표상하는 생수인 일, 이, 삼, 사에 구를 승함으로써 이루어진다.

정령도수의 측면에서 사상작용은 팔십일(9×9)의 용구역과 칠십이(8×9)의 용팔역, 육십

38) 金恒, 『正易』第二十張, "日月이 不正이면 易匪易이라 易爲正易이라사 易爲易이니 原易이 何常用閏易고"
39) 金恒, 『正易』第六張에서 第七張, "帝堯之朞는 三百有六旬有六日이니라 帝舜之朞는 三百六十五度四分度之一이니라. 一夫之朞는 三百七十五度니 十五를 尊空하면 正吾夫子之朞로 當朞三百六十日이니라."
40) 金恒, 『正易』十五一言 第一張, "嗚呼라 今日今日이여 六十三 七十二 八十一은 一乎一夫니라."
41) 金恒, 『正易』第十八張 九九吟, "三百六十當朞日을 大一元三百數는 九九中에 排列하고"

삼(7×9)의 용칠역 그리고 오십사(6×9)의 용육역의 생성·변화로 드러난다. 반면에 율려도수의 측면에서 사상작용은 구(9×1)의 용일用一도수, 십팔(9×2)의 용이用二도수, 이십칠(9×3)의 용삼用三도수 그리고 삼십육(9×4)의 용사用四도수의 변화로 드러난다. 사역의 생성·변화가 정령도수의 측면에서는 구도九度의 등차적 감소 현상으로 나타나는 반면에 율려도수의 측면에서는 구도九度의 등차적 증가 현상으로 나타나는 것이다.

먼저 정령작용의 측면에서 사력四曆의 생성·변화에 대하여 구체적으로 살펴보자. 사력이 생성되면서 이루어지는 변화의 주체는 하도의 본체수인 십오도이다. 그러므로 십오도수가 자기분화하는 과정이 곧 사역의 변화라고 할 수 있다.

그런데 도수의 추연은 연월일시가 기본이다. 그것은 연월일시의 관계를 중심으로 도수가 추연됨을 뜻한다. 사역은 곧 일년의 기수를 나타낸다. 그리고 일년의 기수는 12개의 달과 360의 일수를 중심으로 나타낼 수 있을 뿐만 아니라 360일을 구성하는 각각의 일수는 시수에 의하여 추연된다.

이 때 일년의 기수는 360을 기준으로 6일, 5와 4분도지1일이 추가되고 감소되는 현상을 통하여 변화를 추연하게 된다. 그러므로 일수를 구성하는 시수를 중심으로 추연하지 않을 수 없다.

역수의 변화의 본체수인 십오를 시수로 환산하면 백팔십一百八十 시수가 된다. 180의 시수는 도서의 합덕수인 일원수 100과 그 중정中正의 기氣를 나타내는 중심의 일수一數가 객관적 시간상에서 사력을 생성시키는 도수인 팔십일八十一까지를 포함한 수이다. 따라서 모체수母體數는 구십구九十九이며, 실제로 사력의 생성·변화를 표상하는 수는 팔십八十에 불과하다.

팔십일八十一에서 9시간九時間이 등차적으로 감소함으로써 사력의 변화가 이루어진다. 이러한 사력변화의 정령작용은 천天의 정기精氣가 부체父體에서 떨어져서 모체母體에 더하여짐으로써 새로운 생명을 형성하는 작용이며, 율려작용은 부체로부터 주어진 정기가 모체를 기반으로 성장하는 작용이다.

역수의 측면에서는 원력에서 윤력이 출생하고 그것이 성장하여 정역으로 완성되는 과정을 거치게 된다. 용구역인 원역에서 용팔의 윤역이 출생하여 용칠의 윤역으로 성장하고 그것이 다시 용육의 정역으로 완성되는 것이 사역변화의 내용이다.

용구역은 구九×구九는 81의 원역이다. 원역은 360의 정역도수에 본체도수인 15가 더하여진 역수이다. 원역은 본체도수와 작용도수가 모두 드러난 점에서 근원적인 역이다. 그러므로 두 종류의 윤역이나 정역을 막론하고 모든 역수의 본체가 되는 역이다.

원역에서 윤역이 생성되고 그것이 정역으로 완성되는 사역변화는 원역의 본체도수인 십오도가 각각 나누어짐으로써 시작된다. 용구역에서 용팔역으로의 변화는 음양의 합덕역에서 음양의 윤역으로 역이 나누어지는 변화이다.

본체도수인 십오가 십과 오로 나누어지면서 체십용구와 체오용육의 구도와 육도로 나누어져서 작용한다. 이 때 구도九度는 율려도수가 되고, 육도六度는 정령도수가 된다. 율려도수인 구도九度는 정령작용의 이면에서 사역이 생성되는 마디를 형성하고, 정령도수인 육도六度는 직접 사역을 구성하는 도수가 된다.

구도와 육도를 시수로 환산하면 각각 108시와 72시수가 된다. 이처럼 음양이 나누어짐으로써 칠십이 시수가 윤도수閏度數가 된다. 따라서 9×9=81의 용구역에서 9시수가 감소하여 72 시수 곧 6일의 윤도가 형성된다. 이 6도의 윤도가 360의 중정역수에 더하여져서 366일의 윤역이 형성되는 것이다. 용팔역은 8×9=72 시수의 윤도수를 가진 윤역이다.

용팔역에서 9시수가 감소함으로써 용칠역이 된다. 용팔역의 윤도 육도인 칠십이 시수에서 다시 9시수가 감소함으로써 육십삼 시수인 5와 1/4일이 된다. 이 63 시간의 윤도수가 중정역에 더하여짐으로써 365와 1/4일의 윤역이 된다. 이 용칠역은 용팔역이 용구역으로부터 출생한 윤역인 것과는 달리 용팔역에서 생장한 역이다.

용칠역의 윤도수 63시수에서 다시 9시수가 감소되면서 용칠역은 용육역으로 변화한다. 이 때 용칠역에서 용육역으로의 변화는 음양의 분생작용에 의하여 생한 역수가 장하는 용팔역에서 용칠역으로의 변화와는 달리 음양의 합덕작용에 의하여 이루어지는 성의 변화이다. 63 시간에서 9시간의 윤도수가 귀체되는 것과 더불어 54 시간이 귀체됨으로서 72 시간의 윤도수 전체가 귀체되어진다.

낙서의 본체도수인 오수가 모두 본체로 돌아가는 단오귀공單五歸空에 의하여 이루어지는 구×오=사십오 시수와 이미 귀체된 구×삼=이십칠 시수를 더한 칠십이 시수가 귀체됨으로써 윤도수 72 시수(6일)가 모두 귀체된다. 이를 율려작용과 더불어 살펴보면 용구작용과 용육작용이 합덕하는 용육역의 위位에서 정령작용에 의하여 이십칠도가 감소되고, 율려작용에 의하여 27도가 증가함으로써 54 시수가 모두 합덕귀체된다.

용육의 위에서 정령작용과 율려작용 곧 도역생성이 합덕됨으로써 윤도수 십오도 전체가 본체로 변화하고 360이 작용이 되어 체십오體十五 용삼백육십用三百六十의 용구역의 상태로 돌아간다. 따라서 용육의 위位에서 낙서의 본체도수인 오수와 하도의 본체도수인 십이 함께 귀체되어 십오존공위체十五尊空爲體가 되면서 역수는 용육역이 운행된다. 그러므로 용육역은 동시에 용구역으로 용육역은 그 용用의 측면에서 본 음양 합덕역이며, 용구역은 용육역에 그 체를 더한 체용 모두를 지칭하는 역이다.[42]

사역의 생성·변화는 용구역에서 용팔역이 출생하고 그것이 장성하여 용칠역이 되고,

용칠역이 다시 용육역으로 완성되어지는 과정을 거치게 된다. 용구역에서 용팔역으로의 변화는 음양이 합덕된 상태에서 음양이 분생하는 변화이며, 용팔역에서 용칠역으로의 변화는 출생에서 장성으로의 변화이고, 용칠역에서 용육역으로의 변화는 음양의 합덕이다. 따라서 사역의 생성·변화는 한마디로 말하면 음양의 합덕과 분생작용이다. 합덕을 전제로 한 분생에 의하여 용팔역과 용칠역이 생장하고, 분생을 전제로 한 합덕에 의하여 용육역이 형성되는 것이다.

사역변화의 과정을 기수를 밝힌 성인의 전승 계통을 중심으로 살펴보면 요에서 순으로 순에서 공자로 공자에서 일부로 성통聖統이 이어지기 때문에 그들이 밝힌 윤역과 윤역 그리고 정역과 원역이 차례대로 생성·변화되는 것으로 생각할 수 있다.

그러나 기수의 관계를 보면 두 윤역과 정역은 원역의 내에서 구성되어질 뿐만 아니라 원역에서 구도가 감소하여 제요의 윤역이 형성되고, 제요의 윤역이 구도가 감소하여 제순의 윤역이 형성되며, 제순의 윤역에서 다시 구도가 감소함으로서 공자의 정역이 형성된다. 따라서 사역은 원역에서 윤역으로, 윤역에서 다시 윤역으로 그리고 윤역에서 정역으로 변화하게 됨을 알 수 있다.

375도度의 원역에서 366도의 윤역으로, 그리고 366도의 윤역에서 365¼이 윤역으로, 365¼의 윤역에서 다시 360도의 정역으로 변화하게 된다. 따라서 일부의 원역에서 제요의 윤역을 거쳐서 제순의 윤역으로 그리고 다시 공자의 정역으로 변화하는 것이 사역변화의 내용이다. 그러면 율려작용의 측면에서 사역변화가 어떻게 추연되는지 살펴보자.

본래 율려도수인 구도는 시간으로 환산하면 백팔시간이다. 이 백팔시간에는 도서가 합덕된 일원수 백을 근원으로 하고 그 중정지기中正之氣를 나타내는 중심의 일이 구수까지 성장한 도수 구수($九×一=九$)가 포함된 것이다. 다시 말하면 108 시수는 그 모체로서의 일원수一元數 99에 81의 이면裏面에서 72 윤도수閏度數를 생하기 위하여 정령작용에 의하여 부체로부터 받은 정기精氣를 나타내는 일수가 자란 구수가 포함되어 있다. 따라서 81에서 73까지의 율려도수는 구九이다.

용구역의 율려도수 108은 72 시간의 윤도수가 붙은 용팔역이 되면 9수가 증가하여 18 시간($九×二=十八$)이 된다. 따라서 72에서 64까지의 율려도수는 모체수 99에 증가한 18 시간이 더하여진 117 시간이 된다.

9×1은 9의 용일도수에서 92는 18의 용이도수가 되어 율려도수는 9수가 증가하게 된다. 용이의 117시간의 율려도수는 다시 9시간이 자라서 용삼의 126시간이 된다. 이 126도수

42) 柳南相,「正易의 圖書象數原理에 關한 硏究」, 15쪽에서 18쪽.

는 정령의 용칠역에 대응하는 율려도수로 정령의 63에서 55까지의 율려도수이다.

용삼도수에 9를 승한 3×9는 27시간이 증가하여 모체수 99에 더하여짐으로써 형성된 126시간의 율여도수는 용육역인 6×9는 54역이 되면서 다시 9시간이 더 자라서 율려도수는 135도가 된다. 4×9는 36의 시수에 모체수인 99가 더하여진 135도가 용사用四 율려도수이다. 이처럼 율려도수가 135도가 되면서 15도 전체가 귀체가 되면서 15존공이 완성된다.

135도는 15도에 9수를 승한 도수로 9×5는 45와 9×10은 90의 두 수를 합한 도수이다. 이는 15도 전체를 율려도수 9도에 의하여 나타낸 것이다.[43] 이 135도의 율려도수와 정령의 54도를 합하면 189도로 15도 전체를 시수로 환산한 180도에 율려도수 9도가 더하여짐으로써 이미 귀공, 귀체된 상태를 나타낸다. 정령작용에 의한 9도의 감소가 율여의 9도의 증가로 나타남으로써 용일 율려도수의 상태로 돌아간 것이다.

율려도수가 135도에 이르러서 십오의 존공이 이루어짐은 일수日數의 변화에 의하여 월수月數의 변화가 일어남을 의미한다. 다시 말하면 정령도수에 의하여 시수時數의 변화를 통한 기수朞數의 변화가 추연되어지는 것과는 달리 율려도수에 의하여 일수의 변화에 의하여 월수의 변화가 추연되는 것이다. 그러므로 율려도수 135도의 귀공은 일년의 기수에서 135도의 귀공이 된다. 이는 월月의 변화가 일日의 변화에 의하여 이루어지는 동시에 시時에 의한 일日의 변화도 함께 이루어짐을 뜻한다.

율려도수의 측면에서 사역의 생성·변화는 앞에서 살펴본 바와 같이 용일도수에서 용이도수로 그리고 용이도수에서 용삼도수로 용삼도수에서 다시 용사도수로 변화하는 과정을 거친다. 용사도수의 위位는 용일도수의 위와 동일한 위로 용일도수는 용구역의 위이며, 용사도수는 용육역의 위이다. 따라서 용사도수와 용일도수의 위는 용구용육이 용육의 위에서 합덕하듯이 용사의 위에서 합덕하게 된다. 그러므로 1에서 2, 3, 4와 6에 9를 승乘한 수를 더하면 곤책수坤策數인 144와 일치一致하게 된다.

지금까지 정령과 율려의 측면에서 사역의 생성·변화에 대하여 살펴보았다. 정령과 율려작용의 결과는 사역의 생성과 변화로 나타나고, 사역의 변화는 용육역의 운행으로 귀결된다. 천지와 일월에 의하여 이루어지는 분생과 성장 그리고 합덕작용은 용육역의 성취로 완성된다. 지금까지 살펴본 내용을 도표화하여 나타내면 다음과 같다.[44]

---

43) 柳南相, 「正易의 圖書象數原理에 關한 硏究」, 18쪽에서 19쪽.
44) 위의 도표는 柳南相 敎授의 「曆과 易」(『百濟硏究』 제17집, 忠南 大學校 百濟 硏究所, 1986)의 236쪽을 인용한 것임.

	政令 度數	→十五 歸體←	律呂 度數	四 曆	
體十用九	9×9=81(時)		108時	用九曆	用六曆
↑		生變化(陰陽分離)			↑
↑	9×8=72(時)		117時	用八曆	↑
十五尊空		長變化(陰陽分離)			十五 尊空
↓	9×7=63(時)		126時	用七曆	↓
↓		成變化(陰陽合德)			↓
體五用六	9×6=54(時)	→ 十五 歸體 ←	135時	用六曆	用九曆

도표 9. 사역의 생성 · 변화

다음에는 사역변화를 통하여 성취되어지는 용육역인 정역이 어떻게 구성되는지 살펴보자. 앞에서 살펴본 바와 같이 사역의 생성 · 변화의 귀결점은 15가 합덕하여 본체를 이루고 360의 정역이 작용을 이루는 것이다. 그러므로 정역이 이루어져 가는 과정으로서의 사역의 생성 변화에서 사역은 네 단계를 나타내지만 한편으로는 정역의 구성요소가 된다. 정역의 구성원리와 형성원리는 같은 것으로 형성원리는 시간의 측면에서 논한 것이며, 구성원리는 공간의 측면에서 논한 것이기 때문이다.

사역의 생성 · 변화는 정령작용과 율려작용으로 그것은 내외작용이기 때문에 사역의 생성 변화를 이루는 각 단계에 있어서 두 작용의 합을 표상하는 도수는 언제나 변함이 없다. 다시 말하면 정령작용이 81에서 54까지 등차적으로 감소하는 만큼 율려작용의 측면에서는 9에서 36까지 등차적으로 증가하여 사상작용의 각 단계를 나타내는 도수의 합은 언제나 90이 된다.

81의 원역의 단계에서 율려도수는 9이므로 81과 9를 더하면 90이 된다. 마찬가지로 72 윤역의 단계에서는 율려도수가 18이므로 72와 18을 더하면 역시 90이 된다. 정령의 63윤역에 대응하는 율여도수는 27이다. 그러므로 양자를 더하면 역시 90이 되며, 정역의 단계에서 정령도수 54와 율려도수 36을 더하면 또한 90이 된다. 따라서 각 단계의 도수를 더하면 360의 정역도수가 형성된다.

정역도수를 구구법에 의하여 추연하면 사상의 작용수에 각각 9수를 승하여 더하면 된다. 낙서의 사상은 대대對待 관계를 이루는 네 쌍으로 이루어졌으며, 각 쌍의 합은 모두 10이다. 따라서 이 생성작용을 표상하는 네 쌍의 사상수에 9를 승乘하면 각각 90이 되어 그것을 모두 더하면 역시 360이 된다. 이러한 정역의 구성원리를 사역의 생성 · 변화와 연관시켜서 도표화하면 다음과 같다.[45]

九六 原理	體十用九(用一)	用八(用二)	用七(用三)	體五用六(用四)
四曆 原理	原曆(正曆)	閏曆	閏曆	正曆(原曆)
三易 原理	生의	變化　　長의	變化　　成의	變化
成數變化	八十一(九×九)	七十二(九×八)	六十三(九×七)	五十四(九×六)
生數變化	九(九×一)	十八(九×二)	二十七(九×三)	三十六(九×四)
曆數	九十	九十	九十	九十

도표 10. 정역正曆의 구성

앞에서 간지도수에 의하여 표상된 신도, 신명원리를 음양적 구조, 체용적 구조에 의하여 역수원리로 표상한 도서를 중심으로 역수변화에 대하여 살펴보았다.

그런데 사상수를 중심으로 낙서가 표상하는 사역의 생성·변화와 정역의 구성원리가 동일하다는 것은 낙서가 표상하는 내용이 사역의 생성·변화라는 현상 자체를 나타내는 것이 아니라 그것을 통하여 근원적 존재의 존재원리를 표상하고 있음을 뜻한다. 그것은 원역과 윤역 그리고 정역을 막론하고 모두 일체일 뿐만 아니라 한마디로 나타내어 시간성의 자화, 시간화임을 뜻한다.

간지도수와 도서를 막론하고 그것을 통하여 표상하는 내용은 시간성 자체이다. 그러므로 선천과 후천을 구분할 수 없을 뿐만 아니라 그렇기 때문에 선천과 후천을 구분하면서도 양자가 모두 원천의 작용이라고 하였다. 마찬가지로 시간성 자체는 본체와 작용으로 구분하여 나타낼 수 없지만 그것을 구분하여 하도와 낙서로 표상한 것이다.

도서를 통하여 표상되고 있는 역도의 내용은 본체의 측면에서는 십오존공위체이고, 작용의 측면에서는 구육합덕위용으로 그 내용은 사역변화이다. 사역변화의 목표는 15 본체도수가 360의 정역으로 드러나는 정역의 성취에 있다. 따라서 십오본체의 구조는 정역의 구조로 드러나기 때문에 십오본체도수와 정역의 구조를 살펴보는 것이 필요하다.

다만 이미 원역의 구조를 통하여 본체도수의 구조를 고찰하였으므로 지금부터는 정역의 구조를 분석하고자 한다. 이러한 구조의 분석을 통하여 정역의 존재론적 의의가 밝혀질 것이다. 정역수正曆數는 대일원수大一元數와 무무위수无无位數로 구성된다. 대일원수는 도서의 합덕수로 본체수에 작용수를 더하여 이루어진 일원수에 의하여 이루어진다. 일원수에 삼재를 상징하는 3을 승乘하여(一元數를 三才에 배당하여) 대일원수가 형성된다.

그리고 무무위수는 도서의 도역생성을 나타내는 무위수에 삼재를 상징하는 3을 승乘하

---

45) 柳南相, 앞의 論文, 202쪽 圖表8 參照.

여 이루어진 수이다. 무무위수와 대일원수는 체용의 관계로 무무위수가 체가 되어서 대일원수가 형성되는 것이다.

『정역』에서는 계사상편繫辭上篇 제구장第九章에서 공자가 언급한 「삼백육십당기일三百六十當朞日」로부터 시작하여 그 내용인 무무위수와 대일원수에 대하여 다음과 같이 논하고 있다.

> 360은 기일朞日에 해당하니 대일원수인 300은 구구중九九中에 배열配列하고, 무무위를 나타내는 60수는 일육궁一六宮에 분장分張하여, 5를 귀공歸空하면 55의 하도수河圖數가 형성되고, 15를 귀공하면 낙서수洛書數인 45수가 형성된다. 내가 자각한 역도의 바른 이치와 오묘한 참된 경전이 이 일육궁 가운데 존재한다.[46]

360의 정역수는 본체를 나타내는 무무위수 60과 작용을 나타내는 대일원수 300으로 구성되어 있다. 대일원수 300은 도서의 합덕수인 일원수 100을 각각 삼재에 배분한 삼원수三元數이며, 무무위수 60은 하도와 낙서의 체수인 15와 5를 더하여 삼재三才에 배분配分한 수이다. 다시 말하면 무무위수는 15 천지의 합덕체인 50에 음양적 작용을 표상하는 10이 더하여진 수라고 할 수 있다.

오행을 중심으로 살펴보면 15 천지의 합덕체인 50이 바로 변화를 시작하는 기본수 곧 대연의 수가 된다. 이에 대하여 양적 작용을 하는 5수와 음적 작용을 하는 5수를 더하면 60이 된다. 50수에서 음적으로 5가 증가하면 45수가 되고, 양적으로 증가하면 55수가 된다.

무무위 60의 수는 역수의 측면에서는 일월이 합덕된 수로 36의 태양수와 24의 태음수가 합덕된 수이다. 36과 24는 체십용구와 체오용육을 표상하는 용구용육의 수를 사상四象에 의하여 나타낸 수이다. 다시 말하면 용구용육의 합덕수가 바로 60수이다.

체십용구를 나타나는 9수에 사상작용을 표상하는 4를 승하면 36수가 추연되고, 체오용육을 표상하는 6수에 사상작용을 표상하는 4를 승하면 24가 추연된다. 이 두 수를 합하면 60수가 된다. 이를 통하여 십오존공위체가 되면서 이루어지는 구육합덕위용의 세계를 표상하는 수가 무무위 60수임을 알 수 있다.

무무위 60수에서 낙서의 본체수인 5수를 제하면 하도의 55수가 되고, 무무위 60수에서 하도의 본체수인 15을 제하면 낙서의 45수가 된다. 무무위수에서 15 천지를 표상하는 도

---

46) 金恒, 『正易』九九吟, "三百六十當朞日을 大一元三百數는 九九中에 排列하고 无无位六十數는 一六宮에 分張하여 單五를 歸空하면 五十五點昭昭하고 十五를 歸空하면 四十五點斑斑하다. 我摩道 正理玄玄眞經이 只在此宮中하니."

수를 귀체시킴으로써 낙서원리가 밝혀지게 되는 동시에 인간의 본래성을 표상하는 5수를 귀체시킴으로써 하도원리가 밝혀지게 된다.

5수의 귀체를 통하여 하도원리가 밝혀진다는 것은 인간 본래성의 자각을 통하여 15 천지의 마음, 본성이 밝혀짐을 뜻하며, 15 도수의 귀체에 의하여 낙서원리가 밝혀진다는 천지의 마음, 본성이 인간의 본래성으로 주체화됨을 뜻한다. 따라서 무무위수 60은 천지, 신인神人, 천인天人, 신물神物이 일체화된 합덕체 자체를 표상한다. 이러한 무무위수원리를 그대로 표상하고 있는 것이 간지도수이다.

간지도수의 내용은 무무위수원리이다. 무무위수는 음양합덕체로서의 근원적 존재인 신神, 신도神道를 표상한다. 앞의 내용을 통하여 도서가 간지도수에 근거하여 형성되었음을 알 수 있다. 그러면 무무위수가 태음과 태양의 정사를 통하여 어떻게 나타나는지 구체적으로 살펴보자.

태음 정사의 측면에서 일개월 가운데서 5일은 달이 겉으로 드러나지 않으며, 드러나는 것은 오직 25일 만이 나타난다. 이 태음의 무형적 정사는 그 체수인 유무지有无地 6도六度에 의하여 나타나는 현상이다. 이 유무지 도수는 본래 6도이지만 장차 플러스 방향으로 작용할 1도가 겉으로는 드러나 있지 않기 때문에 현상의 측면에서는 5도가 된다.

반면에 태양 정사의 측면에서 유무지 6도는 장차 마이너스 방향으로 작용하게 될 1도를 포함하여 7도가 된다.[47] 이 태음의 무형적 정사를 나타나내는 5도를 십이개월로 합하면 일년의 기수에서는 60이 되면서 무무위 60수와 일치하게 된다. 이렇게 보면 일월의 합덕이 이루어지는 태음을 중심으로 규정한 것이 바로 360의 정역수임을 알 수 있다. 다시 말하면 태음의 영허소장盈虛消長을 중심으로 역수원리가 표상되어지는 것이다. 이상에서 살펴본 내용을 도표화하여 나타내면 다음과 같다.[48]

正曆數 三百六十 = 大一元數 (三百) + 无无位數 (六十)	
大一元數(三百) = 一元數(百) × 三才(三)	无无位數(六十) = 无位數(二十) × 三才(三)
一元數(百) = 圖書의 體用 合德數 (五十五 + 四十五)	无位數(二十) = 圖書의 體 合德數 (十五 + 五)

도표 11. 정역수正曆數의 구조

---

47) 金恒, 『正易』 十五一言 第十一張 및 第十二張, "初初一度는 有而无이니 五日而候니라, 初初一度는 无而有이니 七日而復이니라."
48) 柳南相·申東浩, 「主體的 民族史觀의 體系化를 爲한 韓國易學的 研究」, 15쪽 參照.

위의 내용을 통하여 정역의 구성이 십오十五와 오五 그리고 그것을 표상하는 하도와 낙서를 표상하는 수의 합덕체로 형성되었음을 알 수 있다. 그것은 천지의 합덕체인 십오十五와 작용원리를 표상하는 오五가 기본이 되었으며, 그것이 근원적 존재를 나타내는 무위수인 동시에 시간성 자체라고 할 수 있다. 따라서 낙서가 표상하는 사역변화원리나 하도가 표상하는 십오존공위체를 막론하고 모두 무위수에 담겨진 삼극의 도가 표상되고 있음을 알 수 있다.

그것은 시간이라는 객관적 세계가 있어서 이루어지는 변화를 나타내는 것이 아니라 시간성이라는 근원적 존재의 본성에 의하여 스스로 시간으로 자신을 드러내는 변화임을 뜻한다. 근원적 존재의 자화自化, 나툼, 그것이 바로 시간의 전개이다.

3. 도서와 선후천변화

앞에서 간지도수와 도서의 관계를 살펴보았다. 간지도수는 음양, 체용, 오행이 모두 합덕된 본래의 세계이다. 그러므로 시간성과 시간을 모두 내함內含하고 있어서 그것을 이해하기 위해서는 시간성과 시간을 구분하여 표상하지 않을 수 없다.

시간성은 천지의 측면에서는 매 시간의 본질인 시의성이 되고, 인간에 있어서는 인간의 본성이 된다. 하도와 낙서는 이러한 두 측면을 본체와 작용의 측면에서 천지의 수를 통하여 표상하고 있다.

하도는 시간성 자체와 인간의 본성이 합덕하여 본체가 됨으로써 공간적인 사상작용이 이루어짐을 표상하고 있다. 그것은 십오가 존공되어 본체가 되는 십오존공위체라고 할 수 있다.

십오존공위체는 인간의 관점에서는 인간이 자신의 본성을 자각하고 하늘의 본성을 자각하여 그것을 주체로 함으로써 천인이 합일하고 천지가 합일하여 그 작용이 이루어짐을 뜻한다. 그러므로 십오존공위체는 인간의 관점과 천지의 관점에서 그 작용을 고찰할 수 있다.

낙서는 십오존공위체가 되었을 때 이루어지는 작용을 나타낸다. 십오의 합덕에 의하여 이루어지는 작용은 체십용구와 체오용육이 합덕하여 작용하는 구육합덕위용이다. 그러므로 낙서가 표상하는 내용은 구육합덕위용이라고 할 수 있다.

구육합덕위용 역시 인간과 천지의 관점에서 고찰할 수 있다. 인간의 관점에서는 인간의 수양, 삶과 관련되고 천지의 관점에서는 역수와 관련이 있다. 앞에서 살펴본 바와 같이 천지 곧 일월의 관점에서 구육합덕위용은 정역의 운행으로 나타난다.

그런데 하도와 낙서는 간지도수가 표상하는 신명의 세계, 시간성의 세계를 구분하여 나타낸 것이다. 그렇기 때문에 양자를 분석적 관점에서 고찰하는 것과 더불어 양자를 하나의 관점에서 이해하는 것이 필요하다. 앞에서는 간지도수와 도서의 관계를 중심으로 분석적 관점에서 살펴보았기 때문에 지금부터는 양자를 일체적인 관점에서 살펴보고자 한다.

1) 십오존공위체

하도와 낙서를 일체적 관점에서 살펴보면 본체의 관점에서는 십오존공위체가 되고, 작용의 관점에서는 구육합덕위용이 된다. 십오존공위체는 사역변화의 관점을 통하여 분명하게 드러나고, 구육합덕위용은 십오가 존공위체되면서 사상이 정위에서 합덕작용하는 하도를 통하여 분명하게 드러난다.

사역변화는 음양의 윤역이 생장하여 합덕함으로써 중정역인 정역으로 변화하는 과정을 거친다. 사역변화는 음양의 합덕역인 정역을 향하여 이루어지는 역수의 생성·변화이다.

사역의 변화과정은 십오본체도수가 윤도수로 변하여 윤역으로 화하고, 그것이 다시 정역으로 변화하여 본체도수로 돌아가는 과정이다. 이처럼 사역변화가 모두 십오 본체도수가 변하여 윤역으로 화하고, 그것이 다시 변하여 윤역으로 화하며, 이 윤역이 다시 변하여 정역으로 화하면서 동시에 윤도수가 변하여 십오본체도수로 화하는 과정이다. 이처럼 십오 본체도수가 존공되어 본체로 돌아감이 십오존공위체이다.

십오존공위체는 본체로 돌아가는 귀체歸體라는 현상과 존공尊空이라는 현상을 동시에 갖고 있다. 이는 십오 본체도수가 갖는 성격으로 인한 것이다. 십오 본체도수는 시간성이라는 근원적 존재를 나타내는 수로 그것이 인간에 있어서는 인간의 본래성이 되고, 사물 곧 시간에 있어서는 시간의 본질인 시의성이 된다.

시의성의 관점에서 보면 십오존공위체는 십오 본체도수가 분화하여 윤도수로 화하는 선천적 과정과 그것이 다시 변화하여 정역으로 화하는 후천적 과정을 거치면서 윤도수가 변하여 본체도수로 화하는 과정을 통하여 윤역이 정역으로 변화하게 된다.

십오존공위체를 체십용구와 체오용육의 구육작용의 관점에서 나타낸 것이 낙서이다. 낙서는 사상수를 통하여 사역변화를 표상함으로써 십오존공위체를 표상한다. 낙서의 사상수가 표상하는 사역변화는 기수의 변화를 중심으로 십오존공위체를 표상한 것이다.

십오존공위체는 일년의 역수 안에서는 가을이 변하여 봄으로 화하는 선후천 변화가 일어나고, 한 달을 기준으로 하면 보름이 변하여 초하루가 되는 선후천 변화로 나타난다. 앞의 변화를 추변위춘秋變爲春이라고 한다면 뒤의 변화는 망변위삭望變爲朔이라고 할 수 있다.

망변위삭望變爲朔은 선천의 보름이 후천의 초하루로 변하는 현상이다. 그것은 선천의 16일부터 30일까지의 15일이 귀체됨으로써 일어난다. 이에 대하여 『정역』에서는 다음과 같이 논하고 있다.

> 5도에 월혼月魂이 신申을 낳으니 초삼일初三日이다. 월月이 해亥에서 초승달이 되니 초팔일初八日이다. 월백月魄이 오午에서 이루어지니 십오일十五日 보름으로 선천이다. 월月이 술戌에서 나누어지니 십육일十六日이며, 달이 사巳에서 하현下弦이 되니 이십삼일二十三日이며, 달이 진辰에서 굴窟하니 이십팔일二十八日이요, 자子에서 처음으로 돌아가니 삼십일三十日 그믐으로 후천이다.49)

위의 내용은 달을 중심으로 한 달의 역수를 간지도수에 의하여 나타낸 것이다. 앞부분은 무진戊辰 초하루에서 시작하여 임오壬午가 보름이 되는 선보름을 나타내고, 뒷부분은 무술戊戌에서 16일이 되고, 임자壬子에서 30일이 되는 후보름을 나타내고 있다.

그런데 임오壬午가 보름이 되면 계미癸未가 16일이 되어야 하는데 무술戊戌이 16일이 되고, 을사乙巳가 23일, 경진庚辰(庚戌)이 28일, 임자壬子를 그믐으로 규정하고 있다. 이는 선천의 후보름인 계미癸未에서 정유丁酉에 이르는 15일이 귀체歸體되었음을 뜻한다. 그렇기 때문에 선보름의 15일이 초하루가 되는 역수변화가 일어난다. 이 또한 15도의 귀체에 의하여 이루어지는 변화인 점에서 역시 십오존공위체의 변화이다.

망변위삭望變爲朔의 구체적인 내용을 보면 선천先天에서는 무진戊辰과 무술戊戌이 초하루가 되고, 임자壬子와 임오壬午가 보름이 되며, 계미癸未와 계축癸丑이 십육일十六日이 되고, 정유丁酉와 정묘丁卯가 그믐이 된다.

그런데 후천에서는 계미癸未에서 정묘丁卯의 십오도十五度가 귀체됨으로써 무술戊戌이 16일이 되고, 임자壬子가 그믐이 되어 계축癸丑이 초하루가 되고, 무진戊辰이 16일이 되며, 임오壬午가 그믐이 된다.

마찬가지로 계축癸丑에서 정묘丁卯의 15도가 귀체됨으로써 무진戊辰이 16일이 되고, 임오壬午가 보름이 되며, 계미癸未가 초하루가 되고, 정유丁酉가 보름이 되며, 무술戊戌이 16일이

---

49) 金恒, 『正易』十五一言 第七張, "五度而月魂生申하니 初三日이요 月弦上亥하니 初八日이요 月魄成午하니 十五日이 望이니 先天이요 月分于戌하니 十六日이요 月弦下巳니 二十三日이요 月窟于辰하니 二十八日 이요 月復于子하니 三十日이 晦니 后天이니라."

되고, 임자壬子가 그믐이 된다. 이러한 망변위삭望變爲朔의 원리를 『정역』에서는 64 중괘重
卦의 서괘序卦와 관련시켜서 다음과 같이 논하고 있다.

> 좋도다! 일부一夫의 장관壯觀이로다. ……이로부터 관觀을 보니 대장大壯이라 예禮는 삼천三千이
> 나 의義는 하나로다. 50)

위의 내용은 도서원리를 나타내는 것으로 역수원리 가운데서 십오존공위체원리를 십오
가 귀체되는 현상을 통하여 논한 것이다. 도서는 일월이 합덕·성도됨으로써 십오 천지가
합덕되는 세계를 예의禮義가 행하여지는 도덕 세계로 표상하고 있는 것이다. 이처럼 예의
가 행하여지는 도덕 세계는 십오 귀체에 의하여 망변위삭望變爲朔이 된 세계이다. 그것을
중괘와 연관시켜서 논한 것이 바로 위 부분인 것이다.

풍지관괘風地觀卦는 간지도수에 근거한 서괘원리를 중심으로 살펴보면 계미癸未가 닿으
며, 뇌천대장괘雷天大壯卦에는 정유丁酉가 닿는다. 그러므로 풍지관괘에서 뇌천대장괘까지
의 15도가 귀체됨으로써 무술戊戌이 닿는 화지진괘火地晋卦로 이어진다.

화지진괘가 16일이 됨으로써 비로소 계축癸丑이 닿는 뇌택귀매괘雷澤歸妹卦가 초하루가
되고, 무진戊辰이 닿는 수천수괘水天需卦가 16일이 된다. 이처럼 선천의 보름이 후천에서
는 그믐이 되고, 선천의 16일이 후천에서 초하루가 되는 것이 망변위삭望變爲朔의 변화이
다.

망변위삭望變爲朔의 변화는 추변위춘秋變爲春의 변화와 더불어 동시에 이루어진다. 윤역이
성장하여 정역으로 변화하는 윤변위정閏變爲正의 내용이 바로 망변위삭과 추변위춘인 것이
다. 그러므로 이어서 추변위춘秋變爲春의 내용을 살펴보자.

추변위춘은 글자 그대로 가을이 변화하여 봄이 되는 사시四時의 변화이다. 이는 일 년의
기수朞數 가운데서 135일이 귀체됨으로서 일어나는 사시의 변화이다. 8월 15일부터 다음
해 정월 30일까지의 135일이 귀체됨으로써 가을이 봄으로 변화하는 현상인 것이다. 이러
한 추변위춘秋變爲春의 변화 역시 사역변화원리에 그 근거가 있다.

율려도수의 변화에 의하여 이루어지는 일수日數의 귀체는 108에서 9도의 증가를 통하여
135일에 이르게 된다. 이러한 135일이 일년의 기수 내에서 귀체됨으로써 사시 상으로는
가을이 변하여 봄이 되는 변화가 이루어지는 것이다. 지택임괘地澤臨卦에서는 추변위춘秋
變爲春의 변화를 다음과 같이 논하고 있다.

---

50) 金恒, 『正易』十五一言 第四張에서 第五張, "好一夫之壯觀이여 風三山而一鶴하고 化三碧而一觀하니 觀於
   此而大壯하여 禮三千而義一이라."

팔월八月에 이르면 흉할 것이다.51)

팔월에 이르러 흉사凶事가 있을 것이라는 말에 대하여 공자는 다음과 같이 설명하였다. "사역변화에 의하여 중정역으로서의 정역이 운행되어지는 것이 천도의 내용이다. 그러므로 '팔월에 이르면 흉사凶事가 있을 것이라는 것은 윤역의 운행이 소진하여 오래가지 않을 것이다.'"52) 이를 통하여 팔월에 이르러 흉함이 있다는 것은 팔월에 이르러 역수의 변화가 있을 것임을 나타내는 것이라고 할 수 있다.

십오존공위체의 변화를 선천이 변하여 후천으로 화하는 선후천 변화라고 할 때 그 변화는 윤변위정, 추변위춘, 망변위삭의 변화가 된다. 이는 다시 세수의 월건月建의 변화를 수반한다. 이를 한마디로 나타내면 인변위묘寅變爲卯라고 할 수 있다. 선천의 인월寅月이 변하여 후천에서 묘월卯月로 화하는 변화이다.

인변위묘의 변화를 이해하기 위해서는 구이착종과 삼오착종을 이해하여야 한다. 『정역』에서는 선후천변화를 구이착종九二錯綜과 삼오착종三五錯綜으로 나타내고 있다. 구이착종과 삼오착종을 이해하기 위하여 먼저 간지도수의 구조와 성격에 대하여 살펴보자.

간지도수에는 선천을 표상하는 36도와 후천을 표상하는 24도가 합덕되어 있다. 선천과 후천이 36도와 24도로 구분되어지는 까닭은 용구용육원리에 의한 것이다. 용구를 표상하는 9수에 사상작용을 4수를 상승相乘하여 36이 형성되며, 용육을 표상하는 6수에 사상작용四象作用을 표상하는 4수四數를 상승하여 24가 형성된다. 이 36도수와 24도수가 합덕됨으로써 60도수가 형성된다. 따라서 간지도수는 용구용육의 합덕에 의한 15 천지의 합덕체 곧 신명, 신도를 나타낸다.

간지도수에서 선천의 36도와 후천의 24도는 경자庚子를 중심으로 구분된다. 갑자甲子에서 기해己亥까지의 36도는 천도를, 경자庚子에서 계해癸亥까지의 24도는 지덕地德을 표상한다. 그러므로 갑자甲子에서 경자庚子로 변화하는 것이 선천에서 후천으로의 변화이며, 경자庚子에서 갑자甲子로 변화하는 것이 후천에서 선천으로의 변화이다.

선후천변화를 갑자甲子와 경자庚子를 중심으로 나타낸 것이 구이착종과 삼오착종이다. 갑자甲子의 앞선 세 도수인 선갑삼일先甲三日과 뒤의 세 도수인 후갑삼일後甲三日을 통하여 천도를 규정하고, 경자庚子의 앞선 세 도수인 선경삼일先庚三日과 뒤의 세 도수인 후경삼일後庚三日을 통하여 지덕地德을 표상한다.

『주역』의 산풍고괘山風蠱卦䷑에서는 "고蠱는 크게 형토亨通하니 대천大川을 건넘이 이로우

51) 『周易』 地澤臨卦 卦辭, "臨은 元亨利貞하니 至于八月하여 有凶하리라."
52) 『周易』 地澤臨卦 彖辭, "大亨以貞은 天之道也라. 至于八月有凶은 消不可久也이라."

니 선갑삼일先甲三日하고 후갑삼일後甲三日이니라"53)라고 하였으며, 이에 대하여 공자는 "선갑삼일先甲三日 후갑삼일後甲三日은 마친 즉 다시 시작하여 그침이 없는 천도의 운행원리를 나타낸다."54)라고 하였다. 이는 선후갑삼일이 천도를 표상하고 있음을 뜻한 것이다.

중풍손괘重風巽卦䷸에서는 "바르면 길吉하여 후회가 없어서 이롭지 않음이 없다. 처음이 없고 끝이 있으니 선경삼일先庚三日하며 후경삼일後庚三日이면 길吉하리라."55)고 하였다. 선후경삼일을 종즉유시終則有始와 달리 무초유종无初有終으로 규정한 깃은 신후경삼일이 지도地道를 표상함을 뜻한다.

중지곤괘重地坤卦䷁의 문언文言에서는 "음陰이 비록 아름다움이 있으나 그것을 머금고 밖으로 드러내지 않으니 왕천하王天下의 사업에 참여하여도 감히 스스로 완성하지 못한다. (왜냐하면) 그것이 지도地道이며, 처도妻道이며, 신도臣道이기 때문이다. 지도地道는 감히 스스로 완성하지 않으며 대신하여 그 마침이 있을 따름이다."56)라고 하여 지도가 무초유종의 원리임을 나타내고 있다. 이를 보면 선후경삼일은 지도를 표상함을 알 수 있다.

선갑삼일은 신유辛酉, 임술壬戌, 계해癸亥이며, 후갑삼일은 을축乙丑, 병인丙寅, 정묘丁卯이고 선경삼일은 정유丁酉, 무술戊戌, 기해己亥이며, 후경삼일後庚三日은 신축辛丑, 임인壬寅, 계묘癸卯, 정묘丁卯이다.

선후갑삼일과 선후경삼일의 관계를 살펴보면 선갑삼일의 시작은 후경삼일의 끝이며, 선경삼일의 시작 역시 후갑삼일의 끝이다. 그러므로 갑자甲子에서 경자庚子로의 변화는 신유辛酉에서 정유丁酉로의 변화이다.

그것은 선천에서 후천으로의 변화로 그것을 수에 의하여 나타내면 신구辛九가 정이丁二로 변화함이다. 이를 구이착종이라고 한다. 반면에 후경삼일의 다음 간지는 갑진甲辰이며, 후갑삼일의 다음 간지는 무진戊辰으로 경자庚子에서 갑자甲子로의 변화는 갑진甲辰에서 무진戊辰으로의 변화이다. 이를 수를 통하여 나타내면 갑삼甲三에서 무오戊五로의 변화로 그것을 삼오착종이라고 한다. 이러한 삼오착종은 후천에서 선천으로의 변화이다.

구이착종과 삼오착종은 윤역이 정역으로 변화하는 원리와 원역에서 윤역이 생장하는 원리로 그것은 세수歲首의 변화로 나타난다. 구이착종원리에 의하여 선천의 인월寅月 세수가 묘월卯月 세수로 변화함으로써 정역이 운행되는 후천세계가 전개된다.

---

53) 『周易』 山風蠱卦 卦辭, "蠱는 元亨하니 利涉大川하니 先甲三日하고 後甲三日이니라."
54) 『周易』 山風蠱卦 彖辭, "先甲三日後甲三日은 終則有始이 天行也"
55) 『周易』 中風巽卦 九五爻 爻辭, "貞이면 吉하여 悔이 亡하여 无不利하니 无初有終이라 先庚三日하며 後庚三日하면 吉하리라."
56) 『周易』 重地坤卦 文言, "陰雖有美나 含之하여 以從王事하여 弗敢成也이니 地道也이며 妻道也이며 臣道也이니 地道는 无成而代有終야이니라."

　　반면에 삼오착종원리에 의하여 후천의 정역이 운행되어지는 세계를 목표로 한 인월寅月 세수의 선천 윤역 세계가 전개된다. 이처럼 구이착종에 의하여 인월寅月 세수가 묘월卯月 세수로 바뀌고, 삼오착종에 의하여 인월寅月 세수가 형성되는 것은 삼오착종과 구이착종이 월건月建을 세우는 세수원리에 있어서는 삼원두三元頭원리와 오원두五元頭원리임을 뜻한다. 삼오착종에 의하여 선천의 갑기년甲己年에는 삼원두원리에 의하여 갑자甲子, 을축乙丑을 거쳐서 병인丙寅이 세수가 된다.

　　반면에 구이착종에 의하여 후천의 기갑년己甲年에는 계해癸亥, 갑자甲子, 을축乙丑, 병인丙寅을 거쳐서 정묘丁卯가 세수가 된다. 먼저 선천에 사용하는 인월세수는 병인丙寅, 무인戊寅, 경인庚寅, 임인壬寅, 갑인甲寅으로 그 내용을 살펴보면 다음과 같다.

　　　　갑기甲己년의 야반夜半에는 갑자甲子로 시작하니 병인丙寅이 머리가 되며, 을경乙庚년의 야반夜半에 병자丙子로 시작하니 무인戊寅이 머리가 되고, 병신丙辛년의 야반辛夜半에는 무자戊子로 시작하니 경인庚寅이 머리가 되며, 정임丁壬년의 야반夜半에 경자庚子로 시작하니 임자壬寅가 머리가 되고, 무계戊癸의 야반夜半에 임자壬子로 시작하니 갑인甲寅이 머리가 된다.[57]

　　위의 내용은 선천에는 매 해의 시작이 인월寅月로 이루어짐을 나타낸다. 모두 자시로 시작하여 삼원두의 법칙에 따라서 인월을 세수로 사용한다.

　　그런데 후천에는 묘월卯月 세수를 사용한다. 후천의 월건月建은 정묘, 기묘, 신묘, 계묘, 을묘로 그 내용은 다음과 같다.

　　　　기갑己甲년의 야반夜半에 계해癸亥로 시작하니 정묘丁卯가 머리가 되고, 경을庚乙년의 야반夜半에는 을해乙亥로 시작하니 기묘己卯가 머리가 되며, 신병辛丙년의 야반夜半에는 정해丁亥로 시작하니 신묘辛卯가 머리가 되고, 임정壬丁년의 야반夜半에는 기해己亥로 시작하니 계묘癸卯가 머리가 되며, 계무癸戊년의 야반夜半에는 신해辛亥로 시작하니 을묘乙卯가 머리가 된다.[58]

　　위의 내용을 보면 후천에는 계해, 을해, 정해, 기해, 신해로 시작되어 각각 오원두 법칙에 의하여 정묘, 기묘, 신묘, 계묘, 을묘로 한 해의 상달이 시작된다.

　　추변위춘, 망변위삭, 인변위묘는 윤역이 변화하여 정역이 이루어지는 사역변화이다. 이

---

57) 金恒, 『正易』 三五錯綜三元數, "甲己夜半에 生甲子하니 丙寅頭니라. 乙庚夜半에 生丙子하니 戊寅頭니라. 丙辛夜半에 生戊子하니 庚寅頭니라. 丁壬夜半에 生庚子하니 壬寅頭니라. 戊癸夜半에 生壬子하니 甲寅頭니라."
58) 金恒, 『正易』 九二錯綜五元數, "己甲夜半에 生癸亥하니 丁卯頭니라. 庚乙夜半에 生乙亥하니 己卯頭니라. 辛丙夜半에 生丁亥하니 辛卯頭니라. 壬丁夜半에 生己亥하니 癸卯頭니라. 癸戊夜半에 生辛亥하니 乙卯頭니라."

처럼 윤역이 변하여 정역이 되는 것을 『정역』에서는 중위정역中位正易으로 규정하고 있다. 태음과 태양의 정령작용과 율려작용에 의하여 일월이 성도·합덕됨으로써 천지가 성도·합덕되는 것이 중위정역中位正易59)인 것이다. 따라서 중위에서 역이 바르게 된다는 것은 십오 천지가 본체가 되어 음양이 합덕된 중정역으로서의 정역이 운행되어짐을 뜻한다.

그런데 정역의 운행은 추변위춘, 망변위삭의 변화현상에 의하여 이루어진다. 그러므로 중위정역은 윤변위정, 추변위춘, 망변위삭에 의하여 이루어진다고 하겠다. 사역변화에 의하여 십오가 존공된 세계가 바로 중위정역의 세계인 것이다.

중위정역은 사역변화로 나타나는 모든 변화가 본체인 중위에서 이루어지는 바른 변화임을 뜻한다. 그것을 인간을 중심으로 나타내면 인간이 본성을 주체로 살아감으로 인하여 나타난 천지의 변화가 바로 중위정역이다. 따라서 십오존공위체를 귀체歸體와 다른 존공尊空을 중심으로 살펴보는 것이 필요하다.

십오 본체도수를 십十과 오五를 구분하여 나타내면 십十은 천지와 만물의 본래성으로서의 도, 무극, 근원과 같은 다양한 개념으로 나타낼 수 있고, 오五는 성명性命, 인성人性, 본성本性, 불성佛性과 같은 여러 개념으로 나타내는 인간의 본래성을 나타낸다.

그러나 십오본체도수를 하나의 관점에서 나타내어 신, 신명, 하나님, 하느님으로 표현하기도 한다. 그것은 본래 십오가 구분되어지거나 하나인 고정된 존재가 아니라 인간에 의하여 그렇게 인식되고 표현되어질 뿐임을 뜻한다.

십오 본체도수를 하나의 측면, 일체의 측면에서 살펴보면 십오존공위체는 십오의 본체를 공의 세계, 근원의 세계로 받들어 모심의 뜻이다. 그것은 인간에 의하여 이루어지는 인격적 행위이다.

십오존공위체는 천지와 일월을 중심으로 살펴보면 일월에 의하여 천지의 작용이 대행되어지는 일이지만 천지와 인간의 관점에서는 인간에 의하여 천지의 일이 대행되어지는 행위이다. 『정역』에서는 십오존공위체를 천지와 일월 그리고 인간의 관계를 통하여 밝히고 있는데 그 내용은 다음과 같다.

> 천지에 일월이 없으면 빈껍데기와 같고, 일월에 지인至人인 성인과 군자가 없으면 헛된 그림자와 같다.60)

위의 내용을 보면 천지의 일을 대행하는 존재가 일월이며, 일월의 작용과 그 본체인 천

---

59) 金恒, 『正易』 十一一言 第二十三張, "卦之震巽은 數之十五이니 五行之宗이요 六宗之長이니 中位正易이니라."

60) 金恒, 『正易』 十五一言 第八張, "天地는 匪日月이면 空殼이오 日月은 匪至人이면 虛影이니라."

지의 뜻을 파악하고 그것을 드러내어 실천하는 존재가 인간임을 알 수 있다. 이를 통하여 일월의 성도·합덕에 의하여 천지가 성도·합덕되며, 성인과 군자의 성도·합덕에 의하여 일월이 성도·합덕되어짐으로써 결국 천지의 성도·합덕이 성인과 군자에 의하여 이루어짐을 알 수 있다.

　성인과 군자를 팔괘를 중심으로 나타내면 장남과 장녀를 표상하는 진손괘震巽卦와 같다. 장남과 장녀는 나머지 여섯괘 곧 육자녀六子女를 대표하여 건곤乾坤 부모의 뜻을 대행하는 존재이다. 『정역』에서는 진손괘를 통하여 중위정역을 밝히고 있는데 그 내용은 다음과 같다.

　　　괘의 진손은 수로는 십오로 오행의 으뜸이요 육종의 우두머리이다.[61]

　위의 내용을 보면 진손괘가 십오 천지의 뜻을 대행하는 존재로 오행과 육종이 모두 진손에 의하여 이루어짐을 알 수 있다. 이 때 진손괘는 지인至人으로서의 성인과 군자를 가리킨다. 그러므로 성인과 군자에 의하여 천지의 일이 대행되어짐을 알 수 있다.

　진손괘가 건곤을 대행함을 역수원리의 측면에서 살펴보자. 십오의 귀체에 의하여 중위정역된 세계는 일육一六의 용정用政에 의하여 이루어진다. 십오의 귀체가 십일귀체十一歸體에 의하여 이루어지며, 십일귀체는 포오함육包五含六 십퇴일진十退一進을 내용으로 한다. 그러므로 십오의 귀체는 일육의 용정으로 드러난다. 십오와 일육을 괘상卦象으로 나타내면 천지와 뇌풍雷風으로 십오존공은 십오가 합덕귀체되어 정위에 거처하는 건곤정위乾坤正位와 일육이 건곤을 대신하여 용정하는 뇌풍정위용정雷風正位用政이다.

　건곤이 합덕함으로써 뇌풍의 용정이 이루어지며, 뇌풍의 용정에 의하여 건곤이 귀체존공된다. 천지가 정위됨으로써 천지의 정사가 뇌풍에 의하여 대행되어지는 것이 뇌풍정위용정이며, 뇌풍정위용정에 의하여 십오존공이 이루어지기 때문에 뇌풍정위용정원리가 십오존공위체의 내용이라고 하겠다.

　뇌풍은 천지부모의 정사를 대행하는 존재를 상징하는 장남과 장녀괘이다. 『주역』에서는 "천제天祭를 지내는 기구인 정鼎을 주관하는 사람은 장자長子와 같은 존재가 없다."[62]라고 하여 천지·부모의 장자를 표상하는 괘가 바로 중뢰진괘重雷震卦☳임을 밝히고 있다.

　장자長子는 여러 아들을 대표하여 부모를 뜻을 대행하는 존재로 장자에 의하여 천지·부모가 존공된다. 진손괘가 장자 곧 장남과 장녀를 표상한다고 하여 생리적인 존재로서의

---

61) 金恒, 『正易』 十一一言 第二十三張, "卦之震巽은 數之十五이니 五行之宗이요 六宗之長이니."
62) 『周易』 序卦 重雷震卦, "主器者이 莫若長子라."

육신을 가리키는 것은 아니다. 『정역』에서는 진손이 무엇을 나타내는지를 다음과 같이 밝히고 있다.

> 이치는 본원에 모이니 본원은 성품이다. 건곤의 천지에 뇌풍이 중이다.[63]

위의 내용을 보면 성품을 중심으로 뇌풍을 나타낸 것임을 알 수 있다. 진손은 성명의 이치를 중심으로 그것을 각각 두 측면에서 뇌풍으로 나타낸 것이다. 그렇다면 뇌풍은 곧 인간의 성품 가운데서 지성智性과 인성仁性을 가리킴을 알 수 있다.

『주역』의 산풍고괘山豊蠱卦에서 십오존공위체를 부모와 자식의 관계를 통하여 다음과 같이 논하고 있다.

> 오육初六은 자식이 아버지를 대신하여 그 일을 주관하는 것을 상징한다. 아버지의 일을 대행할 자식이 있어야 돌아간 아버지가 허물이 없게 된다. 비록 위태로우나 마침내 길할 것이다.[64]

아버지의 일을 주관한다는 것은 아버지의 뜻을 계승하여 실천하는 것이다. 그러므로 공자는 소상에서 "간부지고幹父之蠱는 돌아간 아버지의 뜻을 계승하는 것이다."[65]라고 하였다. 여기서 아버지는 성인聖人이고 자식은 군자이다. 그러므로 위의 내용은 군자가 성인과 합덕하여 성인의 일을 대행하는 것을 뜻한다.

군자가 대행하는 성인의 일은 성인이 말씀을 통하여 미리 밝힌 천지의 도이다. 따라서 성인과 군자를 막론하고 천지·부모를 대신하여 그 뜻을 받들어 행하는 존재이다. 성인은 천의天意를 미리 밝히는 점에서 지성智性의 화현이라고 할 수 있고, 군자는 성인이 밝힌 천의를 실천함으로써 비로소 천의가 널리 행하여지는 점에서 인성仁性의 화현이라고 할 수 있다.

『정역』에서는 역수의 추연을 통한 역도의 천명闡明이 십오천지를 존공하는 것임을 다음과 같이 논하고 있다.

> 불초不肖가 어찌 이수理數를 추연推衍하겠습니까마는 제가 바라는 것은 오직 천지天地 부모父母의 마음이 편안하고 태평하는 것입니다.[66]

---

63) 『正易』 十五一言 第七張, "理會本原하니 原是性이라 乾坤天地에 雷風이 中이니라."
64) 『周易』 山風蠱卦 初六爻 爻辭, "初六은 幹父之蠱이니 有子면 考이 无咎하리니 厲하나 終吉이리라."
65) 『周易』 山風蠱卦 初六爻 小象 "象曰幹父之蠱는 意承考也라."
66) 金恒, 『正易』 十五一言 第十張 化无上帝 重言, "不肖이 敢焉推理數리오마는 只願安泰父母心하노이다."

이를 보면 성인이 천지·부모의 뜻을 받들어 봉행하고자 하는 효심孝心에서 역도를 천명闡明하였으며, 그것이 십오존공위체十五尊空爲體의 실천實踐임을 알 수 있다.

15 천지가 존공되고 그 뜻이 뇌풍雷風에 의하여 대행되어지는 세계는 천지의 도덕성을 쫓아서 그 존비성尊卑性이 상하를 이루는 도덕적 세계이다. 기강紀綱과 경위經緯가 바로 선 윤리의 세계가 바로 15가 존공되고, 뇌풍이 용정하는 세계인 것이다. 그러한 세계를 『중용中庸』에서는 "소리개는 하늘에서 날고 물고기는 연못에서 뛰어 논다."[67]고 하였다. 그리고 『주역』에서는 "천지天地가 제 자리를 잡음으로써 그 가운데서 변화變化가 이루어진다."[68]고 하였다. 이는 건곤乾坤이 정위正位에 거처하고, 뇌풍雷風이 그 정사政事를 대행함으로써 십오가 존공귀체된 도덕적 세계가 펼쳐짐을 나타낸다.

2) 구육합덕위용

앞에서 하도와 낙서가 성도·합덕된 관점에서 십오존공위체의 의미가 무엇인지를 살펴보았다. 그 과정에서 일월의 관점에서 귀체를 중심으로 그 의미를 살펴보고 이어서 인간의 관점에서 존공을 중심으로 그 의미를 살펴보는 과정에서 십오존공위체가 곧 중위정역임을 살펴보았다.

중위정역의 중위는 본체를 나타내며, 본체가 변하여 화한 세계를 나타내는 것이 정역이다. 그러므로 십오본체도수가 변하여 정역으로 화한 세계를 나타내는 것이 중위정역이다. 중위정역을 한마디로 나타내면 중정의 도라고 할 수 있다. 그것은 중도가 변하여 정도로 화함을 나타낸다.

중위정역의 세계는 윤변위정閏變爲正, 추변위춘秋變爲春, 망변위삭望變爲朔, 인변위묘人變爲卯의 현상으로 드러난다. 그것을 본체도수를 중심으로 나타내면 구육합덕위용의 세계이다. 사역변화의 과정이 체십용구와 체오용육의 작용이며, 사역변화를 거쳐서 중위정역에 이르렀을 때 비로소 십오가 합덕함으로써 용구와 용육이 함께 작용하는 구육합덕위용이 이루어진다.

그러면 중위정역이 이루어진 후 곧 정역이 운행되어지는 때에 이르러서야 비로소 구육합덕위용이 이루어지는 것인가?

구육합덕위용이 이루어지는 형태는 체십용구와 체오용육으로 이루어지는 경우와 구육합덕위용으로 행하여지는 두 가지 형태라고 할 수 있다. 사역변화를 통하여 확인할 수 있

67) 『中庸』 第十二章, "鳶飛戾天하고 魚躍于淵하니"
68) 『周易』 繫辭上篇 第六章, "天地設位에 而易行乎其中矣니라."

듯이 선천의 관점에서는 십오본체도수가 십+과 오五로 나누어짐으로써 체십용구와 체오
용육작용을 한다.

그러나 후천의 관점에서 구육합덕위용은 십오를 본체로 하여 이루어지는 구육의 합덕작
용을 나타낸다. 십오 본체도수가 십+과 오五로 분화分化하는 것은 자신의 본성을 지키지
않고 스스로 벗어나서(脫自) 타자로 화하는 변화이다. 그것은 십+과 오五라는 관점에서
보면 새로운 존재의 창조라고 할 수 있다.

원역에서 용팔의 윤역이 시생하면서 비로소 양윤역과 음윤역이 창조되는 것은 곧 원역
이 변하여 음력과 양력으로 화하는 것이다. 이처럼 분화된 음력과 양력이 생장하고 다시
그것이 변하여 정역으로 화한다.

정역으로 화함은 동시에 다시 십오가 합덕한 상태로의 변화이다. 그것은 새로운 원역의
탄생이다. 이러한 새로운 원역의 탄생은 곧 새로운 음력과 양력의 시생을 위한 것이다. 이
처럼 새로운 원역이 창조되었을 때 다시 용구와 용육이 합덕하여 작용을 하게 된다.

그것은 구와 육이 나누어져서 작용하던 때와 달리 합덕된 상태에서 작용하는 점에서 다
르지만 그러나 본질은 언제나 십오를 벗어나지 않는 점에서 영원한 하나이다. 이러한 특성
은 십+과 오五 그리고 십오+五가 이루어진 현상의 측면에서 언급된 일임을 생각할 필요가
있다.

십+과 오五를 막론하고 일一을 바탕으로 형성된 수이다. 그것은 일一이 누적되어 오五와
십+이 형성되었음을 의미한다. 이 때 일一이 표상하는 것은 개체의 본성, 본질을 나타낸
다. 그러므로 오五는 일一이 다섯 번 쌓여서 형성된 수이며, 십+은 오五가 두 번 쌓여서
형성된 수이다.

그런데 십+은 아라비아숫자 10이 나타내는 것처럼 일一과 영零이라는 두 요소로 구성된
다. 그것은 일一이라는 수의 본성이 곧 무위无位, 공空임을 뜻한다. 모든 존재의 본질을 나
타내는 일一의 본성이 무無, 공空이라는 것은 모든 존재의 본성이 일체여서 그 일체마저도
넘어서 있음을 나타낸다.

이미 살펴본 바와 같이 십+은 무극을 표상하고, 일一은 태극을 표상하며, 오五는 황극을
표상한다. 그리고 십+이 일一에서 구九까지의 모든 수의 근본이어서 일一에서 구九까지의
수는 십+으로부터 분화分化하여 형성된다. 그러므로 십+이 가장 근원적인 존재를 표상하
며, 나머지 수는 작용을 표상한다.

오五는 일一이 쌓여서 형성되었지만 그러나 본성은 일一과 다르지 않을 뿐만 아니라 다
른 수와도 다르지 않다. 단지 수가 나타내는 위상이 다를 뿐이다. 그것은 오五가 일一과
다르고, 이二와도 다르며, 삼三과도 다르고, 사四와도 다른 수임을 뜻한다.

오五가 표상하는 수적 위상은 시위時位를 중심으로 이해하면 시위가 다름을 나타낼 뿐이다. 오五라는 시위가 갖는 일一을 나타내는 것이 오五이며, 십十이라는 시위가 갖는 일一을 나타낸 것이 십十이다.

그러면 십十과 오五의 합덕에 의하여 형성된 십오는 어떤 수인가? 십오는 십十과 오五가 더하여진 수라는 의미와 더불어 그 가운데는 십十과 오五가 합덕된 결과로서의 오십五十도 동시에 갖고 있다. 오십五十의 관점에서 보면 그것이 곧 구육합덕위용이며, 십오十五의 관점에서 보면 그것이 바로 체십용구와 체오용육이다.

구육합덕위용의 용구用九는 하늘의 작용, 도의 작용, 본체의 작용을 나타내고, 용육用六은 땅의 작용, 우주 만물의 작용, 사람의 작용을 나타낸다. 그러므로 구육합덕위용은 신인합일, 천인합일의 상태에서 이루어지는 인간의 삶, 천지인의 삼재가 성도·합덕된 삶, 성인과 군자가 합덕된 삶이다. 그것을 『주역』에서는 순천응인順天應人의 삶, 성명性命의 이치에 순응하는 삶으로 규정하고 있다.

그러면 구체적으로 구육합덕위용은 무엇을 의미하는가? 인간의 관점에서 보면 인간의 자신의 본래성을 주체로 살아가는 자유로운 삶을 가리킨다. 공자는 "원하는 바를 따라서 행하여도 법도에 벗어남이 없는 삶"[69]이라고 하였다. 이는 옳음이나 그름이라는 틀이 없는 자유로운 삶이다. 인위적으로 무엇을 하려고 하거나, 반드시 무엇을 하겠다는 마음, 그것으로 인하여 집착됨이 없는 무아의 상태, 마음대로 살아도 모든 일이 본성과 일치되는 상태이다.

『정역』에서는 구육합덕위용의 세계를 일월의 측면에서는 음양이 조율된 세계로 그리고 인간의 관점에서는 성즉리性卽理가 되어 그것이 그대로 삶으로 드러나는 세계로 나타내고 있다. 그것은 성품이 주체가 되어 밖의 이치와 성품이 하나가 된 삶, 본성이 그대로 드러난 삶, 도가 구현된 삶이다.

중위정역된 세계 곧 구육합덕위용의 세계는 천지와 일월, 일월과 인간의 세계가 하나가 된 본래의 세계, 원천의 세계로 그것을 역수의 측면에서 나타내면 중정역의 세계 곧 원역의 세계이자 정역의 세계이다. 『정역』에서는 중위정역된 세계, 구육합덕위용의 세계를 「십이월이십사절기후도수十二月二十四節氣候度數」로 표상하고 있는데 그 내용은 다음과 같다.

---

69) 『論語』 爲政, "七十而從心所欲, 不踰矩."

十二月 二十四節 氣候度數

卯月 初三日 乙酉酉正一刻 十一分 元和
　　　十八日 庚子子正一刻 十一分 中化
辰月 初三日 乙卯卯正一刻 十一分 大和
　　　十八日 庚午午正一刻 十一分 布化
巳月 初三日 乙酉酉正一刻 十一分 雷和
　　　十八日 庚子子正一刻 十一分 風化
午月 初三日 乙卯卯正一刻 十一分 立和
　　　十八日 庚午午正一刻 十一分 行化
未月 初三日 乙酉酉正一刻 十一分 建和
　　　十八日 庚子子正一刻 十一分 普化
申月 初三日 乙卯卯正一刻 十一分 淸和
　　　十八日 庚午午正一刻 十一分 平化
酉月 初三日 乙酉酉正一刻 十一分 成和
　　　十八日 庚子子正一刻 十一分 入化
戌月 初三日 乙卯卯正一刻 十一分 咸和
　　　十八日 庚午午正一刻 十一分 亨化
亥月 初三日 乙酉酉正一刻 十一分 正和
　　　十八日 庚子子正一刻 十一分 明化
子月 初三日 乙卯卯正一刻 十一分 至和
　　　十八日 庚午午正一刻 十一分 貞化
丑月 初三日 乙酉酉正一刻 十一分 太和
　　　十八日 庚子子正一刻 十一分 體化
寅月 初三日 乙卯卯正一刻 十一分 仁和
　　　十八日 庚午午正一刻 十一分 性化

　　위의 내용을 보면 일 년을 24절기로 구분하여 나타낸 정역正曆이다. 묘월卯月로 시작하며, 인월寅月로 마치게 된다. 그리고 음력과 양력이 하나가 된 중정역中正曆이기 때문에 윤달이 없다.

　　그런데 「십이월이십사절기후도수」는 단순한 일 년의 책력이 아니다. 그것은 「십이월이십사절기후도수」가 시간을 구분하여 일 년을 나타내고 있음에 그치지 않고 시간을 통하여 시간성을 표상하고 있음을 뜻한다. 이 점은 각 절기마다 인화仁和, 성화性化와 같은 개념들을 통하여 그 성격을 나타내고 있음을 보아도 알 수 있다.

　　각 절기의 성격을 나타내고 있는 개념들은 화化와 화和이다. 이는 『주역』에서 밝히고 있는 "건도변화乾道變化"의 화化와 "각정성명各正性命 보합대화保合大和"의 화和를 나타내는 것이다.

건도변화의 화化는 천도의 관점에서 정역正曆의 세계를 나타내고, 보합대화의 화和는 지도地道, 인도人道의 관점에서 정역正曆의 세계를 나타낸다. "정역이 널리 통하는 세계(大亨以正)"가 구육합덕위용의 세계이다.

그런데 십오존공위체와 구육합덕위용은 체용의 관계로 일체적 관계이다. 비록 그것을 체용으로 나누고 다시 선천과 후천으로 나누어서 설명하였지만 선천과 후천은 본래 일체로 하나의 원천原天일 뿐이다.

사역변화의 관점에서 윤변위정이나 추변위춘, 망변위삭, 인변위묘는 모두 원역原曆의 십오본체도수의 변화이다. 그렇기 때문에 모두가 십오 본체도수의 변화라는 점에서 그대로 중도中道가 나타난 정도正道이다. 그것을 중위정역이라고 규정하였다.

음역과 양력으로 나누어져서 생장하는 선천이라고 하여 후천과 가치상의 우열이 있지 않을 뿐만 아니라 시비도 없다. 후천은 옳은 세계이고, 선천은 그른 세계도 아니다. 모두 중위 곧 십오 본체도수의 작용이다.

십오 본체도수는 무엇인가? 그것은 우주와 만물의 근원, 본성이다. 그것은 인간에 있어서는 인간의 본래성이고, 만물에 있어서는 만물의 본질이다. 그러므로 세상에서 일어나는 모든 현상은 그것이 선천이나 후천을 막론하고 본래성의 작용이다.

십오 본체도수를 한마디로 나타내면 신神, 신명神明이다. 그것은 대상적 존재를 가리키는 것이 아니라 음과 양으로 구분하여 나타낼 수 없는 일체적 존재라는 점에서 그렇다. 그러므로 모든 존재는 나타난 신이며, 모든 현상은 신의 작용이다.

시간적 측면에서의 사건과 공간적 측면에서의 물건 곧 사람과 사물이 모두 본래부터 시비, 선악을 넘어서 평등하고, 자유롭고, 완전하며, 아름답다. 윤역의 시생도, 생장도 그리고 정역으로의 장성도 모두 변화이다. 신이, 천지가, 십오 본체도수가, 인간의 본래성이, 도가, 무극이 나타난 다양한 현상일 뿐이다.

그렇다면 인간의 삶은 무엇인가? 왜 선천과 후천이라는 구분이 필요한가? 왜 선천에는 수양, 수행, 학문을 해야 하는가?

본래 선천도 후천도 없다. 수양, 수행, 수기修己도 없다. 학문도 없다. 단지 끊임없는 자기 체험, 자기경험의 연속일 뿐이다. 자신이 그대로 신의 상태로 있을 때는 자신을 체험하고 경험할 수 없다. 오로지 대상화하여 자기를 타자화他者化했을 때 곧 자기를 벗어나서 자기와 둘이 되었을 때 비로소 자기를 경험하고 체험할 수 있다. 바로 이러한 자기 체험의 과정이 인간의 삶이다.

사역변화를 통하여 표상된 구육합덕위용은 후천에만 이루어지는 것이 아니라 선천에도 이루어진다. 단지 선천에는 체십용구體十用九와 체오용육體五用六의 과정을 통하여 체험하였고, 후천에는 십오존공위체하여 구육합덕위용을 체험하였을 뿐이다. 그러므로 본래 선천과 후천이 없을 뿐만 아니라 선천과 후천이 하나인 것도 아니다.

수행도 수양도 수기도 학문도 하나의 체험일 뿐이고 경험일 뿐이다. 지금의 내가 불완전한 상태에서 수행修行, 수양修養, 수기修己, 학문을 통하여 완전해지거나 선해지고 지혜로워지는 것이 아니다. 본래 내가 완전한 지혜와 무한한 사랑을 갖고 있고, 영원한 창조의 힘을 갖고 있음을 체험을 통하여 확인할 뿐이다.

멸진정滅盡定, 해탈解脫, 열반涅槃, 깨달음, 구원救援이 있는가? 만약 그렇다면 부처와 중생을 철저하게 구분하는 것이다. 그렇다면 부처와 중생 그리고 마음이 하나[70]라고 하지 못하였을 것이다. 무위법無爲法으로부터 일체의 유위법有爲法이 나온다고 하였다. 부처도 중생도 없고, 진리마저도 없는 세계로부터 일체의 구분이 나온다.

그것은 십오본체도수와 윤도수, 정역도수라고 구분할 수 없는 일체의 세계, 일체라고 할 수도 없는 근원으로부터 그것을 구분하여 다양한 이론과 지식이 나왔음을 뜻한다. 그러므로 시비是非, 선악善惡의 분별은 유위有爲의 세계이지 무위無爲의 세계는 아니다. 그러나 무위와 유위가 둘이 아니므로 그러한 세계도 없다.

그런 점에서 보면 지금 여기의 있음으로 드러나는 다양한 현상이 그대로 지극히 선한 세계, 아름다운 세계, 진실한 세계이다. 자유롭고, 평화롭고, 평등하고, 완전하면서, 사랑으로 가득 찬 세계가 지금 바로 여기에 있다. 단지 그것과 하나가 되어, 체험하고, 느끼고, 만끽하면서, 자유롭게, 아름답게, 사는 것은 우리 자신의 몫이다.

그러나 그것은 지금 여기 있음이라는 어떤 사태를 말하는 것이 아니다. 어떤 사건을 말하거나 물건을 말하는 것도 아니다. 그것은 고정된 어떤 것도 아니다. 단지 그냥 하나의 과정이고, 다양한 나타남의 일부일 뿐이다. 그러면 인간은 그냥 아무렇게나 살면 되는가?

사역四曆의 변화가 십오 본체도수의 변화이었듯이 인간의 삶도 참나인 인간 본래성의 현현이다. 그러므로 매 순간 안팎에서 일어나는 사고와 언행 그리고 모든 사건과 물건은 본래성의 현현顯現이다.

그러나 낙서의 본체도수인 오수五數가 바탕이 되었을 때 비로소 사역의 변화가 이루어지듯이 인간이 몸이나 마음이 자신이 아니라 본성을 자신으로 여기는 십오존공위체가 필요하다. 십오존공위체는 몸과 마음이 자신이 아니라 본성을 자신의 주체로 하는 과정과 그것

---

70) 『華嚴經』卷第十 夜摩天宮偈品, "心如工畵師 畵種種五陰 一切世界中 無法而不造, 如心佛亦爾 如佛衆生然 心佛及衆生 是三無差別."

을 바탕으로 삶을 살아가는 행이 필요함을 뜻한다.

사역변화는 우주나 인류의 측면에서는 우주의 역사, 인류의 역사가 되지만 지금 여기의 나에게 있어서는 본래성을 자신의 주체로 하는 과정과 그것을 바탕으로 살아가는 삶이다.

제 **九** 장

도서圖書와 성통聖統

앞에서 간지도수와 도서를 통하여 표상된 신도, 역수원리를 고찰하였다. 그것은 선후천 변화, 사역변화로 나타나는 반고화 곧 시간성의 자화에 의한 시간의 생성으로 그것이 일월의 생성으로 나타남을 살펴보았다.

신도, 역수원리, 삼극의 도 자체에는 과거와 미래 그리고 현재라는 시간이 없을 뿐만 아니라 천지인이라는 공간적 세계가 없다. 그러므로 간지도수가 표상하는 신도의 내용인 선후천변화 그리고 도서를 통하여 표상된 사역의 변화를 통하여 나타나는 변화는 일체적 세계를 바탕으로 이루어지는 다양화라고 할 수 있다.

시간성이라는 통일적 세계, 일체적 세계, 무분별의 세계로부터 세 양상으로 나타나는 시간의 세계와 천지인으로 구분되어지는 공간의 세계가 나타나는 것이 바로 신도, 도서원리, 역수원리의 내용이다.

시간성의 자화自化, 분화分化에 의하여 개체적 세계, 다양의 세계를 나타내기 위하여 사용된 것이 괘효卦爻이다. 괘효는 시간성의 시간화를 공간적 관점에서 표상하였다. 괘효를 통하여 시간성이 시의성으로 변화하여 만물의 본질이 되면서 천지인이라는 공간의 세계가 전개됨을 나타낸다.

시간성이 만물의 본질인 공간성이 되면서 천지인의 삼재의 세계를 구성하는 만물이 나타남을 표상하는 괘효에 이르러서 비로소 인간의 본래성과 삶의 원리로서의 인도人道가 문제가 된다. 괘효를 통하여 표상하고자 하는 내용이 바로 개체적 존재로서의 인간의 세계이다.

인간의 본성은 곧 시의성이다. 시의성은 각각의 사람에 있어서는 삶의 과정에서 자신에게 주어진 역사적 사명으로 자각된다. 그것을 유학의 전적에서는 천명天命으로 정의하고 있다. 천명은 인간의 존재근거인 점에서 곧 본성이라고 할 수 있다.

그런데 천명은 하늘이라는 고정된 존재가 내려주는 일정한 내용을 가진 명령이 아니다. 그것은 매 순간에 다양하게 드러나기 때문에 고정되지 않는다. 그러므로 인간의 본래성 역시 고정되지 않는다. 그럼에도 불구하고 사람의 본성을 육신이나 마음 안에 있는 일종의 속성으로 고정시켜서 오해할 수 있다.

인간의 본성으로 나타나는 시의성이 고정되어 있지 않음을 나타내기 위하여 그것을 다시 시간의 관점에서 시간적 계대관계를 통하여 나타내는 것이 성통聖統이다. 성통은 본성을 주체로 살아가는 인간인 성인을 통하여 그들이 시간적 계대관계를 이루면서 계속됨을 밝힌 것이다.

성통이 비록 성인의 계대관계를 나타내지만 그것이 인간의 물리적 생명이 계대관계로 나타나는 영원한 존재임을 밝히기 위함이 아니라 형이상적 생명으로서의 본성이 영원함을 나타내기 위함이다.

그것은 성인이라는 인간을 매개로 하여 도가 계대관계를 이루면서 계속되어 영원함을 나타낸다. 이 때 성인은 개체적 인간을 나타내는 것이 아니라 인간의 본성을 나타낸다. 그러므로 인간의 본성이 영원함을 통하여 도가 영원함을 나타낸 것이 성통이라고 할 수 있다.

그런데 인간의 본래성이 시공에서 드러나는 양태는 다양하다. 그것은 인간이 자신의 본래성을 매개로 하여 도를 드러내는 방법이 다양함을 뜻한다. 학문이나 종교, 예술, 철학, 과학과 같은 여러 방면에서 본성을 나타낼 뿐만 아니라 학문에 있어서도 다양한 학문으로 자신을 드러낸다.

성통을 역학의 관점에서 이해하면 도서상수를 통하여 표상된 역수원리와 괘효상수를 통하여 표상된 인도, 성명지리性命之理를 연결하는 매개의 문제라고 할 수 있다. 그것은 삼재三才의 도의 관점에서 보면 천도와 인도의 관계를 밝히는 문제이다.

학문의 관점에서는 성통의 문제가 곧 자신의 학문의 연원을 밝히는 문제이기도 하다. 그렇기 때문에 괘효상수가 표상하는 성명지리, 인도를 근거로 형성된 유가儒家철학에서는 인도의 근거를 제시하기 위하여 성통을 논하고 있다.

『서경』에서는 요堯와 순舜으로부터 성통을 시작하고 있고, 『주역』에서는 복희伏羲와 신농神農, 황제黃帝로부터 시작하고 있으며, 『논어』에서도 요堯, 순舜, 우禹, 탕湯, 문왕文王, 무왕武王, 주공周公으로부터 공자에게 전하여진 도를 언급하고 있다.

『정역』에서는 『서경』, 『주역』, 『논어』와 같은 유가의 전적들에서 언급되고 있는 성통과 달리 유소有巢, 수인燧人, 복희伏羲, 신농神農, 황제黃帝, 요堯, 순舜을 언급하고 있다. 이 때 성통에 참여한 개체적 존재는 오직 그가 인류역사에서 도를 어떻게 실천하였는가의 천명을 중심으로 이해되어야 한다.[1]

그런데 앞에서 『정역』의 특성을 살펴보는 과정에서 언급하였듯이 그 내용은 유가나 불가 그리고 도가 사상으로 나타나기 이전의 사상을 나타내고 있다. 이는 사상사적 측면에서는 유불도儒佛道의 삼가三家가 나타나기 이전의 사상 곧 최고운崔孤雲이 현묘玄妙한 도라고 언급하고 있는 내용임을 알 수 있다. 따라서 『정역』에서 언급되고 있는 성통은 동북아 고대사회의 사상의 전승 계통을 나타내고 있음을 미루어 할 수 있다.

또한 『주역』에서도 밝히고 있는 바와 같이 도는 형이상적 존재이다. 그것은 도라는 존재가 있고 없음을 넘어서 있음을 뜻한다. 그렇기 때문에 도를 주고받음은 있을 수 없다. 그렇다면 도의 전수계통으로서의 도통道統이나 도통에 참여한 성인의 계통으로서의 성통이라는 것은 존재할 수가 없다.

그러나 도가 형이상적 존재이지만 그것을 학문하는 존재가 사람이기 때문에 사람을 매개로 밝혀지고 드러나는 점에서 보면 한편으로는 도는 사람을 떠나서 논의가 될 수 없다. 그것은 도 자체를 문제로 삼아서 그 본래적 의의를 드러내고 밝히는 존재가 사람이라는 점에서 사람과 도는 불가분의 관계임을 뜻한다.

도, 역도, 신도가 사람을 떠나서 존재할 수 없기 때문에 성통이나 도통 역시 존재의의가 있다. 다만 도 자체가 형이상적 존재이기 때문에 성통이나 도통 역시 개체적 존재로서의 사람이 아닌 보편적 입장에서 이해되어야 한다.

만약 유가철학에서 제시하는 성통이 유학儒學에 한정된 문제라면 민주주의 국가인 오늘날의 우리나라에서는 아무런 의미를 갖지 못할 뿐만 아니라 사회주의 이념을 치국治國이념으로 하는 오늘날의 중국과도 아무런 관련이 없고, 유학儒學을 치국이념으로 하지 않은 세계의 다른 나라들에게도 역시 아무런 의미가 없다.

또한 성통이 특정한 국가의 특정한 민족과 관련된 일이라면 그것은 어느 집안의 가계를 밝히고 있는 족보族譜와 다름이 없다. 한 집안의 족보는 그 집안의 사람들에게 의미가 있는 것이지 다른 성씨姓氏를 가진 사람은 물론 같은 성씨를 가진 사람이라도 그 집안의 성씨가 아니면 전혀 의미가 없다.

이는 성통의 문제를 역생逆生의 관점에 한정시켜서 이해할 경우 그것이 유가철학의 문

1) 개체적 관점에서 성통에 참여한 有巢, 燧人, 伏羲, 神農, 黃帝, 堯, 舜 등이 東夷族인지 漢族인지를 문제로 삼을 수 있다. 그러나 聖統은 인류사적 문제일 뿐만 아니라 우주사적 문제이기 때문에 그들이 어느 민족이고 어떤 국가에 속한지는 성통과는 관련이 없다. 오히려 그들이 모두 인간이며, 그들의 본성이 오늘날의 나의 본성과 하나이기 때문에 인간의 본성이 時空을 超越하여 영원한 점 그것이 중요하다.

제, 역학易學의 문제일 뿐만 아니라 공간적 측면에서는 어느 특정한 나라에 한정된 문제에 그칠 수 있으며, 시간적 측면에서 과거에 발생한 문제에 불과하게 됨을 의미한다.

그러나 세계의 본질은 도생역성倒生逆成을 본체로 하여 역생도성逆生倒成의 관점에서 고찰할 때 비로소 밝혀진다. 그렇기 때문에 성통 역시 도생역성의 관점을 바탕으로 역생도성의 관점에서 고찰하는 것이 필요하다.

그것은 공간적 관점에서는 형이상의 세계를 바탕으로 형이하의 현상을 이해함을 뜻한다. 인간의 본래성의 세계, 성인의 도는 형이상적 존재일 뿐만 아니라 그렇기 때문에 일체이다. 성인의 도에는 다른 성인의 다른 도가 있을 수 없으며, 인간 본래성의 세계에는 각각 다른 이름을 가진 여러 사람이 없을 뿐만 아니라 인간과 다른 세계로서의 천지도 없다.

그러나 형이하의 측면에서는 각각 다른 이름을 가진 여러 사람이 존재하고, 다른 민족이 모여서 형성된 다양한 국가가 존재한다. 뿐만 아니라 과거와 현재 그리고 미래의 다양한 시대도 존재한다. 다양한 사람에 의하여 형성된 다양한 서로 다른 학문도 존재한다.

성통도 형이상적 측면에서 인간의 본성, 도를 중심으로 이해하고 그것을 바탕으로 형이하적 측면에서 각 성인의 존재의의를 밝히는 것이 필요하다. 도생역성의 관점을 바탕으로 역생도성의 관점에서 이해할 때 비로소 성통의 존재의의가 밝혀진다.

도생역성을 바탕으로 하여 역생도성의 관점에서 성통을 이해하면 유가儒家의 성통聖統이나 불가佛家의 성통 또는 기독교基督敎나 도교道敎의 성통을 막론하고 여러 방면에서 언급되는 성통들이 모두 인간의 본성이 하나임을 나타낼 뿐만 아니라 그렇기 때문에 여러 성통은 하나의 세계를 여러 관점에서 다양하게 드러내는 점에서 모두 의미를 갖는다.

형이상적 측면에서 보면 성통은 천도가 본래 인간의 주체성임을 밝히는 천도의 인간주체화를 상징적으로 나타낸 것이다. 천도의 인간 주체화는 천도가 인간을 통해서 그 본래성으로 드러남을 뜻한다. 그러므로 성통은 천도와 인도가 하나임을 나타낸다.

그것은 반고화의 과정을 통하여 살펴보았듯이 시간성이 매 순간에 시의성時義性으로 드러날 때 그것을 인간을 중심으로 그의 본성, 본질인 본래성으로 규정하였음을 뜻한다. 이처럼 인간 본래성으로 드러난 시간성은 인간의 몸을 통하여 다양한 시간과 장소 그리고 사람에 따라서 여러 생각과 언행言行, 사상思想, 이론으로 드러난다.

성통은 천도가 인간 본래성을 매개로 하여 인간과 인간의 계대관계 곧 역사로 드러남을 밝힌 것이다. 그러므로 성통의 역사는 성인을 중심으로 인류의 역사를 나타낸 것이라고 할 수 있다.

그런데 성통사가 시간의 관점에서 본성이 영원함을 나타낸 것이라면 시간성의 관점에서 본성이 영원함을 나타낼 수 있다. 본질적 시간으로서의 영원한 현재 그 자체를 중심으로 인간의 세계를 나타내면 그것이 바로 군자의 세계이다.

성인을 중심으로 이루어지는 인류의 역사는 군자를 중심으로 이루어지는 인류의 역사와 그 성격이 다르다. 성인이 중심이 되어 전개되는 인류의 역사는 음양이 조율되어 조화와 균형을 이루기 위하여 흘러가는 역사라면 군자가 중심이 되는 역사는 음양이 조율되어 조화와 균형을 이루는 시대이다.

『정역』에서는 인류의 역사를 선천과 후천으로 구분하여 나타내고 있다. 성인이 중심이 된 성통사가 바로 선천이며, 군자가 중심이 되어 이루어지는 시대가 후천이다. 선천은 성장의 시대이기 때문에 성인이라는 선각자가 필요하며, 후천은 성인이 밝힌 도를 실천하는 군자의 시대이기 때문에 성인이라는 선각자가 필요하지 않는 점에서 서로 다르다.

성통에 참여한 성인 곧 인간을 중심으로 선천의 역사를 살펴보면 성인은 개체적인 존재를 가리키는 것이 아니라 특정한 시대에 인간의 육신肉身을 통하여 지상에서 나타난 역도易道 또는 도道라는 의미를 갖는다. 그것은 곧 인간의 천지에 있어서 공능을 상징적으로 표현한 것이라고 할 수 있다.

성통의 관점에서 보면 인간은 천지의 본성을 본성으로 하는 점에서 천지의 정수精髓인 동시에 그것을 드러내어 밝히는 존재인 점에서 천지의 나툼이다. 예로부터 인간을 소우주로 규정한 까닭은 인간이 도 자체와 그것이 작용한 결과로 나타난 만물 그리고 도가 만물로 변화하여 창조되는 과정과 원리 그리고 창조력을 그대로 갖기 때문이다.

도는 기氣의 측면에서는 음과 양으로 나누어지기 이전의 순수한 존재인 점에서 원기元氣라고 할 수 있으며, 아직 자신을 벗어나서 타자他者로 화化하는 탈자화脫自化가 이루어지지 않는 순수한 이理의 측면에서는 원리元理라고 할 수 있고, 그것이 존재 자체인 점에서 대상화시킬 수 없는 점에서는 무无, 무극无極, 무명無名이라고 할 수 있다.

예로부터 인간을 통하지 않고서는 근원의 세계에 이를 수 없고, 부처를 이룰 수 없으며, 신과 합일合一을 할 수 없다고 한 까닭이 여기에 있다. 형이상적 측면에서의 순수한 이적理的 존재나 순수한 기적氣的 존재는 인간의 감정 곧 인위적인 요소를 갖지 못한다. 그것은 시비是非와 미추美醜를 구분하는 분별심分別心이 없음을 뜻한다.

일반적으로 분별심分別心은 그 부정적 작용만을 부각하여 반드시 없애야할 대상으로 여긴다. 그러나 분별심은 곧 그 근원이 청정한 원각묘심圓覺妙心2)이다. 분별이 없는 청정한 원각묘심이 나타난 것이 바로 분별심이다. 그러므로 분별심의 본성이 원각묘심이지 분별심을 떠나서 원각묘심이 따로 없다. 그렇기 때문에 분별심을 버리고는 자신의 본성에 이를

---

2) 『圓覺經』 普賢菩薩章, "善男子 一切衆生 種種幻化 皆生如來圓覺妙心"

수 없다.

그것은 무명無明을 버리는 것이 아니라 무명의 본질이 공성空性이며, 자성自性이 공空함을 알아야 함을 뜻한다. 무명을 버리고 열반을 얻는 것이 아니라 번뇌煩惱가 바로 보리菩提임을 아는 것이다. 그런 점에서 역逆의 관점에서 천지와 만물을 보는 것이 아니라 순順의 관점에서 보는 것이 필요하다.

성통 역시 지금까지 역逆의 관점에서 이해한 것과 달리 순順의 관점에서 보아야 한다. 그럴 때 비로소 성통이 인간의 존귀함과 위대함 그리고 그 본질이 천지의 본성인 역도 그 자체임을 나타내는 것임을 알게 된다.

사실 이는 어떤 종교를 막론하고 갖고 있는 점이다. 기독교에서도 예수의 가계를 하나님으로부터 전개하고 있다. 그런데 그것이 이스라엘에서 태어나 33년을 살다간 여호수아 벤 조셉이라는 한 사람의 가계를 나타내는 것이라면 그가 아닌 다른 사람들이나 다른 존재들과는 전혀 무관한 일이다.

또한 그것을 통하여 예수의 위대함을 나타내거나 기독교의 우수함을 나타내는 증거로 여기는 것은 어리석은 행위이다. 왜냐하면 그리스도는 예수라는 특별한 존재를 나타내는 개념이 아니라 모든 존재가 하나님이라는 근원적 존재의 나툼이기 때문에 누구나 자신의 본성이 하나님임을 알면 그가 곧 구세주救世主인 그리스도이기 때문이다.

예수는 항상 마음 안에 아버지가 있다고 하여 누구나 자신의 본성을 주체로 살아갈 것을 요구하였다. 그것은 그가 모든 사람이 하나님의 아들 곧 그리스도로 살아가기를 바랐음을 뜻한다,

자신과 근원적 존재인 하나님이 둘이라는 생각이 바로 우상偶像이다. 그리고 자신 또는 자신의 세계와 다른 세계에 존재하는 하나님이나 신을 믿는 것을 우상숭배라고 한다. 불교에서도 부처를 대상적 존재로 볼 수 없음[3]을 말하고 있다. 그것은 역사상 나타난 고타마 싯다르타만이 부처가 아니라 본래 모든 중생衆生이 곧 부처임을 나타내는 것이다.

본래 이 세계는 우상이 없는 진실한 세계이다. 그럼에도 우상을 숭배하지 말 것을 요구하는 마음 자체가 바로 우상을 인정하는 점에서 시공의 한계에 갇혀 있는 사고이다. 시공의 한계에 갇힌 사고는 시비是非를 구분하여 자신 이외는 모두 그르다는 주장을 낳는다.

기독교나 불교 그리고 선도仙道나 도교道敎와 같은 종교나 수행단체에 소속된 일부단체들이 자기 단체 이외의 모든 단체를 이단異端으로 규정하거나 성리학性理學이나 불교, 도교 또는 노장老莊이나 유학儒學을 연구하는 학자들 가운데서 오로지 자신의 지견知見만이 옳고

---

3) 『金剛般若波羅蜜多經』, "須菩提 於意云何 可以身相見如來不 不也世尊 不可以身相得見如來. 何以故 如來 所說身相 即非身相. 佛告須菩提 凡所有相 皆是虛妄. 若見諸相非相 則見如來."

남은 그르다고 주장하는 것이 모두 분별심에 의하여 가치를 평가하고 집착하기 때문에 빚어지는 현상이다.

동양에서 상제上帝 또는 천天이라는 개념은 여러 가지 의미가 있지만 만물의 존재근거라는 측면에서 보면 그것은 형이상적 존재일 수밖에 없다. 형이상적 존재로서의 상제, 천은 공간을 초월한 존재인 점에서 무소부재無所不在하고, 시간을 초월한 점에서 영원永遠하다. 그렇다면 상제나 천이 특정한 때나 특정한 장소에 나타났다면 그것은 정의에 의하여 결코 상제나 천 자신이라고 할 수 없다.

불교나 유교 그리고 도교를 막론하고 상제나 불성佛性, 본성本性, 인성人性, 도道, 무극无極, 리理와 같은 그 어떤 개념으로 나타내더라도 궁극적으로는 그것이 인간의 본성으로 내재화되었음을 항상 밝히고 있다. 이는 모든 존재가 나타난 하느님이고, 나타난 상제이며, 나타난 천, 나타난 도, 나타난 부처임을 뜻한다.

인간을 비롯한 모든 존재를 창조한 존재가 상제, 천이라면 그 본성이 창조된 결과물에 반영되지 않을 수 없다. 『정역』에서 창조라는 개념을 사용하지 않고 변화, 역이라는 개념을 통하여 시간성의 원리를 밝히고 있는 까닭은 비록 역이라는 개념 안에 이미 창조와 진화의 의미가 들어있지만 공간적 관점에서 양자를 둘로 오해할 수 있기 때문이다.

시간성이 변하여 시간으로 화하는 변화를 그 세계에 본래 자타自他의 주객主客이 없음에도 불구하고 굳이 자화自化로 나타낸 것 역시 시간성과 시간을 둘로 볼 수 있기 때문이다. 만약 시간성이라는 시간 밖의 존재, 그것을 규정하고 드러내는 나를 떠난 존재가 있어서 그것이 시간을 창조한다면 그것이야말로 우상偶像이다.

모든 존재가 나타난 하느님이고, 부처이며, 모든 존재가 상제上帝이다. 그러므로 그 어떤 존재도 하느님이나 부처, 상제라고 할 수 없어서 하느님, 상제, 부처는 없다. 그럼에도 불구하고 어떤 사람이 다른 존재를 배제하고 오직 자신만이 하느님이라고 하거나 부처라고 하고, 상제라고 한다면 그는 근원적 존재를 모를 뿐만 아니라 자신도 전혀 모르는 사람이라고 할 수밖에 없다.

『정역』에서는 성통이 전개되는 시기를 선천으로 규정하고 있다. 그것은 분열과 성장의 역사이다. 분열과 대립 자체는 나타난 일체, 일체가 나타난 다양성이라는 점에서 아무런 문제가 없다. 나와 남을 구분하여 남을 이해할 때 비로소 자신을 이해하고, 나와 남의 구분이 없어서 일체인 근원의 세계에 도달할 수 있기 때문이다. 그러므로 선천은 스스로 타자화他者化하여 자신을 경험하고 체험해 가는 때라고 할 수 있다.

선천에는 인류의 삶의 방향을 제시할 존재가 필요하다. 그들이 바로 인류의 스승이라고 일컬어졌던 성인聖人들이다. 물론 역학에서는 나름대로 성통에 참여한 성인을 열거하고 있다. 이 때 열거된 성인이라는 존재는 특별한 존재를 나타내는 것이 아니라 단지 인류를 대표하는 존재일 뿐이다. 그러므로 그 안에 예수가 제외되거나 부처가 제외되고 또는 인도印度나 다른 지방의 성인들이 제외된 것이 아니다.

유가에서는 유가의 성인들을 통하여 성통을 논함으로써 그 안에 불교의 성인과 기독교의 성인을 비롯하여 모든 성인들을 포함하고 있고, 불교의 성통을 논하면 그 가운데 유교의 성인뿐만 아니라 모든 인류 역사상에 나타났거나 앞으로 나타날 모든 성인들을 포함하여 나타내었을 뿐이다.

사실 성인을 통하여 도가 전수되는 성통을 언급한 것은 선천의 역사를 성인을 통하여 나타낸 것에 불과하다. 그러므로 성통이 갖는 보다 중요한 의미는 그것을 통하여 인간의 본질, 본성을 밝히고 있는 점이다.

성통은 신과 인간, 하늘과 인간이 합일한 결과이다. 다시 말하면 신인합일, 천인합일의 결과가 성통의 전개로 나타난 것이다. 그러므로 지금 여기라는 본래적 시간, 영원한 현재를 중심으로 성통을 이해하면 지금 나의 본성을 매개로 신과 합일하고 하늘과 합일하였을 때 지금의 내가 곧 성인임을 나타내는 것이다.

성인은 모든 인간을 나타내는 하나의 개념에 불과하다. 다만 인간의 존재 특성이 천지의 조화, 신물神物의 합일合一이 가능하게 하는 존재라는 점을 부각시켜서 나타내기 위하여 성인이라는 개념을 사용하였을 뿐이다. 『정역』에서는 "하늘의 일이 사람을 기다려서 이루어짐을 누가 알겠는가?"4)라고 하였고, 『주역』에서는 "진실로 사람다운 사람이 아니면 도는 행하여지지 않는다."5)고 하였다.

『중용』에서도 "사람이 본성대로 살아가면 천지가 제 자리를 잡고 만물이 만물로 존재하게 된다."6)고 하여 신입합일, 천인합일이 곧 천지의 합일의 요건임을 밝히고 있다. 이는 선천에서 후천으로의 변화가 인간에 의하여 이루어짐을 밝힌 것이다. 사람이 자신의 본성을 매개로 천과 합일하고 신과 합일함으로써 비로소 천지가 합일하여 하나로 작용하는 후천의 세계가 전개되는 것이다.

그러나 이러한 관점은 역생도성의 관점으로 역생도성은 도생역성을 전제로 하지 않고는 성립이 되지 않는다. 그것은 세계 자체가 신도, 천도를 근거로 인도가 형성되었기 때문에 신도, 천도를 바탕으로 인도를 고찰하는 도생역성의 관점에서 성통의 의미를 고찰하는 것

---

4) 金恒, 『正易』布圖詩, "萬古文章日月明하니 一張圖畵雷風生이라 靜觀宇宙无中碧하니 誰識天工待人成가."
5) 『周易』繫辭下篇 第八張, "苟非其人이면 道不虛行하나니라."
6) 『中庸』第一章, "喜怒哀樂之未發 謂之中 發而皆中節 謂之和 中也者 天下之大本也 和也者 天下之達 道也 致中和 天地位焉 萬物育焉."

이 필요함을 뜻한다. 『주역』에서 제시하고 있는 성통과 『정역』에서 제시하고 있는 성통의 성격이 서로 다름은 이러한 까닭이다.

『주역』에서는 역생도성의 관점에서 유가철학의 존재근거를 밝히기 위하여 그 근거가 역도 곧 천도에 있음을 나타내고자 성통을 제시하였지만 『정역』에서는 도생역성의 관점에서 신도, 천도가 인간의 삶의 원리인 인도임을 밝히기 위하여 성통을 언급하고 있다. 그렇기 때문에 『정역』에서는 그 전편의 내용을 십오일언이라고 하였다.

십오일언은 하늘과 인간이 합일하여 한마디로 나타낸 말씀이라는 의미이다. 그것은 십오가 본체가 되어 이루어지는 세계를 나타낸 하도의 원리를 말씀으로 나타낸 것이 성인들의 말씀임을 나타낸 것이다.

십오가 합덕하여야 비로소 천지가 합덕하게 된다. 그렇기 때문에 『정역』에서는 십오일언을 전편으로 밝힌 후에 후편으로 십일일언을 제시하고 있다. 십일은 천지를 각각 나타낸다. 그러므로 십일일언은 천지가 하나가 되어 한 말씀으로 말씀함의 의미인 동시에 천지가 합일한 내용을 밝힌 말씀이라는 의미가 된다.

역수원리를 체용으로 나타내면 십오존공위체원리와 사역변화원리를 내용으로 하는 구육합덕위용원리이다. 십오존공위체원리를 바탕으로 그것이 현상 세계에서 구육합덕위용 곧 사역변화로 드러난다.

십오존공위체는 뇌풍雷風이 정위正位에서 용정用政하는 뇌풍정위용정雷風正位用政이다. 그것은 뇌풍雷風에 의하여 십오十五의 정사政事가 대행되어짐으로써 비로소 십오 천지가 정위에서 용정用政하게 되는 것이다. 이러한 뇌풍의 정위용정은 십오 천지의 자기전개작용으로 그것이 시간적 과정으로 드러나면서 우주의 역사를 형성한다. 다시 말하면 십오 천지의 자기전개가 우주의 역사로 드러나는 것이다.

뇌풍의 정위용정에 의한 천지의 자기전개를 역수의 생성·변화로 표상한 것이 낙서이다. 낙서에 의하여 표상된 사역변화는 십오 천지의 시간적 자기전개원리이다. 낙서에 의하여 표상된 사역의 변화는 그 체인 오황극이 귀체됨으로써 이루어진다. 이는 뇌풍의 정위용정이 오황극의 귀체작용에 의하여 이루어짐을 뜻하는 것이다.

오황극은 인간의 본래성을 상징한다. 따라서 오황극의 귀체에 의한 뇌풍의 정위용정은 결국 인간이 자기의 본래성을 자각하고 그것을 현실에서 실천·구현함으로써 이루어진다. 자신의 본래성을 자각하는 동시에 자신의 존재 근거인 천지의 도덕적 의지를 자각하여 그것을 드러내어 밝히는 존재는 성인이다.

성인은 천의天意 자체가 인신人身이 되어 나타난 존재로 천의가 시간적으로 전개되면서 그것이 성인의 계대 관계를 형성한다. 이처럼 성인을 통하여 이루어지는 천의의 전승傳承

계통을 성통聖統이라고 한다. 이렇게 보면 십오의 존공에 의한 자기전개역사는 성인이 시간적 계대 관계를 이루면서 인류 역사상에 탄강誕降하여 십오 천지의 뜻을 역도로 천명하는 성통의 전개사로 나타난다. 십오 천지의 자기 전개 역사인 역도 자체의 자기 전개 역사가 성인의 도의 전승 계통인 성통의 전개 역사로 나타나는 것이다.

역도 자체의 자기 전개가 성통의 전개로 드러남은 천도가 성인의 본래성으로 내재화함으로써 성인 본래성의 지평에서 자신을 전개함을 뜻한다. 천도의 성인 주체적 자각에 의하여 천도의 성인 주체화 원리가 밝혀지고, 그것을 천명闡明함으로써 군자를 길러서 천도의 자기 전개가 완성된다.

이에 본장에서는 성통의 존재론적 의의를 밝히기 위하여 역수원리를 중심으로 성통을 고찰하고자 한다. 이를 통하여 일차적으로는 성통의 존재근거가 역수원리 곧 천도임을 밝혀질 뿐만 아니라 성통의 존재의의 역시 밝혀질 것이다.

먼저 천도와 인간의 관계를 나타내는 천도의 인간 주체화 원리와 그것의 객체화 현상으로서의 성통에 대하여 살펴보고 이어서 성통의 역수원리적 연원과 그 의의에 대하여 살펴본 후에 건곤책수乾坤策數 원리에 의한 십오 성통의 전개에 대하여 논하고자 한다.

1. 역수원리와 반고盤古 오화五化

앞에서 살펴본 바와 같이 역수원리는 하도가 표상하는 십무극과 오황극이 일체가 되어 본체가 되는 십오존공위체원리와 그것을 바탕으로 이루어지는 구육합덕위용의 작용을 표상하는 낙서에 의하여 나타나는 사역변화원리를 내용으로 한다.

십오공위체원리와 사역변화원리는 시간성이 그 본성에 의하여 탈자함으로써 타자화하는 자기 분화 원리이다. 십무극과 오황극이 합덕하여 본체가 되어 용구의 율려작용과 용육의 정령작용에 의하여 사역의 생성·변화가 이루어진다.

사역변화는 연월일시라는 시간의 단위를 나타내는 역수를 중심으로 용구용육작용을 나타낸 것이다. 사역은 네 가지 역수가 각각 계대관계를 이루면서 변화함을 뜻한다. 사역의 변화는 현상에서 시간의 흐름으로 나타나고, 그것이 인간에 있어서 인류의 역사가 되는 동시에 우주에 있어서는 우주의 역사가 된다.

사역이 시간의 단위를 나타내는 역수이며, 그것을 통하여 역수변화를 나타냄은 역수원리가 반고화 곧 시간성의 시간화원리임을 뜻한다. 그러므로 사역변화를 통하여 표상하는 내용은 원역이라는 본체를 근거로 하여 생성되는 윤역과 정역의 운행으로 나타난다.

원역에 근거하여 이루어지는 윤역의 시생과 시생한 윤역이 생장하는 시대는 선천이라고 하고, 생장한 윤역이 변하여 정역으로 장성하여 정역이 운행되는 시대를 후천이라고 한다. 이는 우주의 역사, 인류의 역사를 선천과 후천이라는 두 시대로 구분하여 나타내었음을 뜻한다.

선천과 후천이라는 시간의 마디를 구분함은 원천이라는 근원적 세계가 시간화하는 양상이 서로 다름을 나타내기 위함이다. 그것은 다시 말하면 시의성이 시간으로 나타나는 양상이 서로 다름을 뜻한다.

선천은 두 윤역의 시대이다. 366일역과 365와 1/4일역의 공통점은 양자가 모두 음력과 양력으로 분리되어 있는 점이다. 그것은 현상적 측면에서는 양력의 기준인 지구가 태양을 공전하는 시간과 음력의 기준인 달이 지구를 공전하는 시간이 같지 않음을 뜻한다.

또한 그것은 인간이 제정한 책력과 천체 현상이 일치하지 않음을 뜻한다. 그렇기 때문에 윤역의 시대에는 음력에 윤달을 넣어서 음력과 양력을 일치시켜서 천체 현상과 일치시키려는 노력이 필요하게 된다.

음력과 양력이 괴리되는 현상을 좀 더 구체적으로 살펴보자. 음력과 양력이 분리되는 현상은 지구의 태양을 공전하는 시간이 360일보다 더 걸려서 360일이 아닌 대략 366일이 소요되고, 달이 지구를 공전하는 시간이 30일보다 짧아서 29.5만에 이루어지기 때문이다. 그러므로 태양의 넘치는 6일과 태음의 부족한 5일을 더하면 일 년의 양자의 차이는 대략 11일이 된다.

삼년이 되면 33일이 되어 한 달이 이상 차이가 나므로 3년에 한 번 윤달을 넣어서 양자의 차이를 메꾼다. 그리고 5년이 되면 한 달 가까이 차이가 나기 때문에 윤달을 다시 넣어서 양자를 일치시킨다.

『주역』에서는 "새끼손가락에 끼워서 윤달을 상징한다. 5년에는 다시 윤달을 넣기 때문에 (그것을 표상하기 위하여) 다시 새끼손가락을 움직임으로써 비로소 중괘가 나타난다."[7]고 하여 역수를 조정하는 법칙을 통하여 변화원리를 표상하고 있다. 그러면 윤역이라는 역법을 통하여 표상되는 역수원리와 괘효가 표상하는 삼재의 도와는 어떤 관계인가?

---

7) 『周易』繫辭上篇 第九章, "大衍之數는 五十이니 其用은 四十有九라 分而爲二하야 以象兩하고 掛一하야 以象三하고 揲之以四하야 以象四時하고 歸奇於扐하야 以象閏하나니 五歲에 再閏이라 故로 再扐而後에 掛하나니라."

천도인 역수원리를 통하여 선천과 후천을 구분한 까닭은 인류의 역사를 두 마디로 구분하여 나타내기 위함이다. 사역변화를 통하여 표상되는 선천과 후천이라는 시간상의 두 마디와 그것을 구분하는 기준으로서의 지금을 합하여 과거와 미래 그리고 현재라는 시간의 세 양상이 형성된 것이다.

시간의 측면에서는 시간성이 매 시간의 근거가 되는 시의성으로 존재한다. 그러므로 시의성은 나타난 시간성이라고 할 수 있다. 시의성의 관점에서 보면 미래 시간의 근거가 되는 시간성 곧 미래의 시의성은 미래성이다. 그리고 과거 시간의 근거가 되는 시간성, 과거 시간의 시의성은 과거성이다. 마찬가지로 현재시간의 근거가 되는 시간성, 현재시간의 시의성은 현재성이다.

그런데 시의성은 곧 공간성이다. 그것은 시간의 관점에서의 시의성이 공간적 측면에서는 공간의 근거, 본질인 공간성임을 뜻한다. 공간적 관점에서 공간성을 나타내면 미래성은 곧 천도가 되고, 과거성은 지도가 되며, 현재성은 인도가 된다.

도서를 통하여 표상된 역수원리는 삼극의 관계를 통하여 표상되는 시간성의 시간화원리이다. 시간성의 시간화에 의하여 형성된 시간의 세계를 원역에 의한 윤역의 시생을 중심으로 나타내면 선천의 천지개벽이라고 할 수 있다. 그것은 시간성이라는 일체의 세계로부터 비로소 하늘과 땅 그리고 인간이라는 공간의 세계가 형성되었음을 나타낸다. 선천의 개벽이 반고라는 근원으로부터 시작되는 변화인 점에서 반고화이다.

그런데 선천의 개벽은 천이 먼저 열리고 이어서 지가 열리며, 마지막으로 인간의 세계가 열린다. 이는 선천의 개벽을 시간의 측면에서 선후관계를 통하여 나타낸 것이다. 『정역』에서는 "천정天政은 자회子會에서 열리고, 지정地政은 축회丑會에서 열린다."[8]고 하여 천지의 개벽을 자축子丑의 회會로 구분으로 나타내고 있다.

천지가 자축의 회에 열린다면 다음에 이어서 열리는 인간의 세계는 인회寅會로 표상할 수밖에 없다. 지금 우리가 자월子月과 축월丑月의 세수를 사용하지 않고 인월寅月로 월건月建을 세워서 세수로 삼는 까닭이 여기에 있다. 그러면 천지의 개벽은 무엇인가?

『정역』에서는 수토를 중심으로 천지의 개벽에 대하여 밝히고 있는데 그 내용을 살펴보면 다음과 같다.

> 십토十土와 육수六水는 바뀌지 않는 땅이요, 일수一水와 오토五土는 바뀌지 않는 하늘이다. 하늘 정사는 자子에서 열리고, 땅 정사는 축丑에서 열린다.[9]

---

8) 金恒, 『正易』 十一一言 第二十二張, "天政은 開子하고 地政은 闢丑이니라."
9) 金恒, 『正易』 十一一言 第二十二張, "十土六水는 不易之地니라. 一水五土는 不易之天이니라."

인용문에서 토와 수는 천지를 구성하는 요소이다. 그것은 "수토가 성도한 것이 천지이며, 천지가 합덕한 것이 일월이다."는 내용을 통하여 확인할 수 있다. 이를 보면 일수와 오토의 성도에 의하여 천정이 열리고, 십토와 육수에 의하여 지정이 열림을 알 수 있다.

천지의 개벽에서 천의 개벽은 시간성의 세계가 열림이며, 지의 개벽은 시의성 곧 공간성의 열림이다. 그것은 도서를 통하여 표상되는 도생역성과 역생도성이라고 할 수 있다. 시간성이 변하여 시간으로 화하는 것이 도생역성의 작용이며, 공간성이 변하여 공간으로 화하는 것이 역생도성의 작용이다. 그리고 합덕하여 하나가 되는 것을 인간 세계의 열림, 개벽이라고 한다.

선천의 반고화는 천지인의 삼재의 세계가 열림 곧 개벽됨이다. 천지인의 삼재의 세계가 열리면 비로소 만물의 세계가 전개된다. 그것을 『정역』에서는 인간의 세계의 개벽을 근원적 존재인 반고와 관련하여 다음과 같이 밝히고 있다.

> 반고盤古 오화五化의 원년元年은 임인壬寅이다.[10]

위의 내용을 보면 "사람의 세계가 인寅에서 열린다."는 의미가 반고의 오화임을 알 수 있다. 오는 인간의 관점에서는 인간의 본래성을 상징하는 수이다. 그러므로 반고라는 근원적 존재의 작용이 인간본래성으로 화함을 나타내는 것이 반고盤古오화五化이다.

반고를 간지도수로 나타내면 천간과 지지가 모두 십수인 기축己丑이 된다. 이 기축己丑으로부터 십무극을 표상하는 경인庚寅, 신묘辛卯, 임진壬辰, 계사癸巳, 갑오甲午, 을미乙未, 병신丙申, 정유丁酉를 거쳐서 무술戊戌에 이르기까지의 십도十度를 거친다. 이렇게 해서 도달한 무술戊戌은 천간과 지지가 모두 오수五數이다.

무술戊戌로부터 다시 오도五度를 거치면 기해己亥, 경자庚子, 신축辛丑을 거쳐서 임인壬寅에 이르게 된다. 십무극을 표상하는 기축己丑으로부터 시작하여 십오도를 거쳐서 임인壬寅에 이르러서 비로소 삼재의 세계가 개벽이 된다.

반고 오화가 이루어지면 만물의 세계가 전개된다. 그 때 역수원리 곧 시간성은 시의성이 되면서 만물의 본질이 된다. 그것을 『주역』에서는 도에 의하여 만물의 본질이 형성됨을 다음과 같이 밝히고 있다.

> 음양陰陽의 질운迭運 작용作用을 도道라고 한다. 그런데 음양의 질운 작용은 항구恒久하여 그침

---

10) 金恒, 『正易』 先后天周回度數, "盤古 五化元年壬寅으로 至大淸光緖十年 甲申에 十一萬八千六百四十三年이니라."

이 없다. 이러한 음양 질운 작용의 항구성恒久性을 일러 선성善性이라고 한다. 이 성선善性이 이루어진 것이 성품이다.[11]

위의 인용문을 보면 도가 만물의 관점에서는 만물의 본성이 됨을 알 수 있다. 인간을 비롯한 모든 존재의 측면에서 보면 도이고, 그것을 개체적 관점에서 보면 각각의 본질, 본성으로서의 성품이라고 할 수 있다.

여기서 음과 양은 역수원리의 측면에서 용구用九와 용육用六을 가리킨다. 도생역성倒生逆成의 체십용구體十用九는 양陽으로 그리고 역생도성逆生倒成의 체오용육體五用六은 음陰으로 규정하였다. 그리고 음양의 관계를 시간적 선후 관계를 통하여 나타내어 음양의 작용을 질운迭運 작용으로 나타내고 있다.

그런데 음과 양으로 구분하여 나타내기 이전의 존재 곧 십오十五가 합덕된 세계를 신神으로 규정하고 있다. 인용문은 계사상편 제오장으로 이장의 끝부분에서는 "음陰과 양陽으로 구분하여 나타낼 수 없는 것을 신神이라고 한다."[12]고 하여 그 점을 밝히고 있다.

음과 양으로 구분하여 나타낼 수 없는 존재는 음양이 합덕된 존재이다. 시간적 관점에서는 음과 양으로 구분하여 나타내기 이전의 근원적 존재라고 할 수 있다. 이는 도역의 생성으로 구분하여 나타내기 이전의 세계를 나타낸다.

신은 반고盤古, 역도易道, 상제上帝와 같은 여러 개념으로 나타내는 이른바 근원의 세계이다. 이러한 세계를 둘로 나타낸 것이 음양이다. 그러므로 신의 본성에 의하여 이루어지는 변화가 음양작용이라고 할 수 있다.

인용문에서 밝히고 있는 바와 같이 음과 양의 질운작용으로 드러나는 것을 도라고 하였다. 이 도는 신이라는 근원적 존재로부터 이루어지는 점에서 신도이며, 음과 양으로 질운하는 점에서 변화의 도이다.

『주역』에서는 "천지의 신도神道를 보아야 비로소 사시四時가 어긋나지 않는다."[13]고 하여 신도의 세계가 음과 양으로 나타나기 이전의 원역의 세계인 동시에 정역의 세계임을 밝히고 있다. 뿐만 아니라 "변화의 도를 알면 신의 행하는 바를 안다."[14]고 하여 신도神道가 변화의 도임을 밝히고 있다.

그런데 음과 양으로 구분하여 나타낼 수 없는 근원의 세계인 신으로부터 음와 양의 질운작용이 이루어지기 때문에 음양의 질운작용은 음과 양의 합덕을 향하여 끊임없이 이루

11) 『周易』 繫辭上篇 第五章, "一陰一陽之謂이 道이니 繼之者이 善也요 成之者性也니라."
12) 『周易』 繫辭上篇 第五章, "陰陽不測之謂神이라."
13) 『周易』 風地觀卦 彖辭, "觀天之神道而四時不忒하니"
14) 『周易』 繫辭上篇 第九章, "子曰 知變化之道者其知神之所爲乎인져."

어진다. 그것은 세계 자체가 시간적 측면에서는 영원함을 뜻한다. 이처럼 신의 본성에 의하여 이루어지는 음양의 질운작용이 계속하여 그침이 없음을 선성善性이라고 하였다.

선성은 시간상으로는 시간성이 변하여 시간으로 화하는 작용의 항상성을 나타낸다. 그것은 시간의 관점에서는 시간이란 영원한 현재만이 있음을 뜻한다. 영원한 현재는 영원한 점에서 과거와 미래를 포함한 현재이며, 현재인 점에서 과거와 미래가 아닌 현재이다. 그러므로 영원한 현재는 시간이 본질로서이 시이성이 나타난 시간을 뜻한다.

마지막 부분에서는 시의성이 공간의 본질로서의 공간성으로 드러남을 밝히고 있다. 공간적 존재는 만물이다. 그러므로 공간성은 곧 만물의 본성을 나타낸다. 그것을 인용문에서는 "이루어진 것을 성性이라고 한다.(成之者性)"고 하였다. 성成은 완성完成, 종성終成의 의미로 반고화의 한 마디를 뜻한다. 반고화의 한 마디가 만물의 성품으로 나타난 것이다.

완성, 종성은 끝이 아니라 새로운 시작을 위한 한 마디의 종결을 뜻한다. 시간적 관점에서 보면 시간성이 시의성으로 화하면서 그것이 공간성이 되고, 공간성이 만물의 본질이 된다. 이러한 반고화는 그침이 없이 계속된다.

선성의 종성은 고정된 것이 아니라 매 순간이라는 본질적 시간으로의 영원한 현재에서 이루어진다. 영원한 현재에는 과거와 미래가 없기 때문에 간단이나 지속이라는 의미 곧 영원함과 순간이라는 의미가 없다.

그러나 공간적 관점에서 종성이라는 하나의 마디가 이루어졌다는 것은 영원한 현재를 과거와 미래 그리고 현재로 구분하여 나타내었음을 뜻한다. 하나의 마디로서의 종성이란 과거이며, 아직은 마디가 지어지지 않았으나 앞으로 지어질 세계는 미래이다.

그것은 공간상으로 지금 여기의 나를 기준으로 미래의 세계로서의 천天과 이미 드러나서 온갖 존재로 가득 찬 만물의 세계로서의 지地 그리고 천지를 구분하고 그것을 다시 그 본질인 합일合一에의 세계에 이르는 존재로서의 인간이라는 세계를 구분한 것이다. 그것이 바로 천지인이라는 공간적 삼재三才 세계의 개벽開闢이다.

공간적 관점에서의 성품이라는 개념은 시간성의 측면에서는 삼극을 중심으로 이해할 수 있다. 각 사물의 관점에서는 사물의 본질이라는 점에서 태극이고, 태극을 총체적 측면에서 나타내면 어느 하나의 개체적 존재의 본성이나 본질이라고 할 수 없는 점에서 무극이며, 태극과 무극이 둘이 아니라 하나인 점에서 황극이다.

천지인과 만물이라는 공간적 관점에서 성품이라는 개념을 이해하여 보자. 성품은 하늘에 있어서는 하늘의 본성으로서의 천성天性이 되고, 땅에 있어서는 땅의 본성으로서의 지성地性이 되며, 인간에 있어서는 인간의 본성으로서의 인성人性이 된다.

『주역』에서 역도, 변화의 도를 언급하면서 그것을 공간적 삼재의 관점에서 삼재의 도로 제시하고, 구체적으로 천도, 지도, 인도로 제시하기도 하였다. 도와 삼재의 도, 천도, 지도, 인도가 다른 것은 아니다. 단지 각각 다른 관점에서 도를 나타낸 것일 뿐이다.

2. 반고오화와 성통

　앞에서 역수원리의 내용인 사역변화가 공간적 관점에서는 신, 반고, 시간성이라는 근원적 존재가 각 사물의 본성으로 드러나는 반고 오화임을 살펴보았다.

　그런데 반고의 오화가 십오의 합덕에 의하여 이루어지듯이 시간성의 시의성화, 시의성의 공간성화, 공간성의 성품화를 삼재의 관점에서 나타내면 인간에 의하여 이루어진다. 그것은 신도, 역수원리가 인간을 매개로 드러나고 밝혀짐을 뜻한다.

　『정역』에서는 천도와 성인 그리고 역수원리를 표상하는 하도와 낙서의 관계를 다음과 같이 밝히고 있다.

> 천지의 이치는 삼원三元으로 삼원이 합덕된 근원 자리에서 성인이 탄강한다. 탄강한 성인을 통하여 천지의 성정을 드러내니 그것이 신물神物인 하도와 낙서이다.[15]

　이를 보면 천지의 성정 자체가 성인으로 나타났으며, 성인에 의하여 천지의 뜻을 표상한 도서가 제시됨을 알 수 있다. 천지가 자신의 뜻을 드러내기 위하여 성인을 내려 보내었으며, 성인은 하도와 낙서를 통하여 역수원리를 밝힘으로써 천지의 뜻을 드러내어 밝혔던 것이다.

　역수원리는 그것을 자각하고 드러내어 밝히는 인간을 매개로 드러나는 점에서 곧 인간의 뜻으로 존재하게 된다. 이처럼 천도, 신도를 자각하고 그것을 주체로 살아가는 인간의 존재특성을 나타내기 위하여 인간을 성인이라고 한다.

　성인은 신도, 천도가 육화化, 인신화人身化하여 나타난 존재인 점에서 삶 자체가 그대로 도의 현현이다. 그러므로 그의 말은 신, 천의 말이 되고, 그의 행위는 신도, 천도가 된다. 『정역』에서는 신도, 천도가 성인의 말을 통하여 드러남을 다음과 같이 밝히고 있다.

---

15) 金恒, 『正易』 十五一言 第二張, "天地之理는 三元이니 元降聖人하시고 示之神物하시니 乃圖乃書로다."

천지가 말이 없다면 일부一夫가 어찌 말을 하겠는가? 천지가 말을 하기 때문에 일부一夫가 감
히 말을 한다. 천지는 일부一夫의 말을 말하고, 일부一夫는 천지의 말을 말한다.16)

위의 내용을 보면 천지와 일부가 일체인 관점에서 일부라는 사람을 통하여 천지의 뜻이
말이 되어 나타남을 알 수 있다. 그러므로 천지의 말이 일부의 말이고, 일부의 말이 천지의
말이다.

『주역』에서도 근원적 존재로서의 천지와 공자와의 대화를 통하여 천지의 도를 밝히고
있다. 이는 공자와 천지가 일체인 관점에서 천지의 말을 공자가 말하고, 공자의 말을 천지
가 말한 것이다. 그러므로 공자는 스스로 "마음에서 하고자 하는 바를 따라도 법도에 어긋
남이 없다."고 하여 천지와 일체된 상태에서 이루어지는 것이 자신의 삶임을 나타내고 있
다.

천도, 역도가 성인이라는 인간을 통하여 그의 뜻과 삶으로 드러난다. 그러므로 인간을
중심으로 살펴보면 천도, 역도는 성인에 의하여 밝혀진 도라는 점에서 성인의 도로 드러난
다. 성인의 도는 성인을 따라서 계승된다.

그것은 성인에 의하여 도가 전해지고 전해 받음을 뜻하는 것이 아니라 성인의 나타남을
통하여 계대관계를 형성하게 됨을 뜻한다. 개체적 존재로서의 성인 자체의 본성은 생사가
없지만 물리적 생명은 생멸한다. 그러므로 일정한 시간 동안 한 인간을 통하여 천도가 밝
혀지고 다시 다른 인간을 통하여 천도가 밝혀지면서 도가 계승되는 시간적 계대 관계를
형성한다.

신도, 천도, 역도를 중심으로 보면 도가 성인이라는 개체의 계대관계로 나타나는 점에서
도통道統을 논할 수 있고, 성인을 중심으로 보면 도가 성인을 통하여 계대관계를 이루면서
밝혀지고 드러나는 점에서 성통이라고 할 수 있다.

역도를 천명하는 주체가 성인이기 때문에 역도 천명의 역사는 성인에서 성인으로 역도
가 전하여지는 전승 계통을 형성하게 된다. 역도는 성인에서 성인으로 전하여지는 성인의
도로 나타나는 것이다. 이처럼 성인의 도가 전하여지는 전승 계통을 성통이라고 한다. 그
러므로 성인에 의한 역도의 천명 역사는 성통사聖統史가 된다.

성통사는 인류 역사상에 나타난 역도 자체의 자기 전개 역사이다. 바꾸어 말하면 성통사
를 통하여 역도의 자기 전개가 이루어지는 것이다. 따라서 천의天意 자체의 자기 전개 역사
가 역도의 천명闡明의 역사이며, 그것이 성통사이다. 성인은 천의天意 자체가 인신人身을 이

---

16) 金恒, 『正易』 第九張, "嗚呼라 天地无言이면 一夫何言이리오 天地有言하므로 一夫敢言하노라. 天地는 言
一夫言하고 一夫는 言天地言하노라."

루어서 인류 역사상에 나타난 존재이다. 그러므로 성인은 천지의 말씀을 말씀하는 천의天意의 대변자이다.

『정역』에서는 반고화를 논하고 이어서 삼황三皇을 언급한 후에 성통聖統을 언급하여 반고화가 성통사로 나타남을 밝히고 있는데 그 내용은 다음과 같다.

> 유소有巢가 집을 짓고, 수인燧人이 불을 사용하였다. 신神스러운 복희伏羲는 팔괘를 긋고 노를 맺었으며, 성스러운 신농神農은 밭을 갈고 시장을 만들었다. 황제黃帝는 육갑六甲을 만들고 북두칠성北斗七星을 관찰하였으며, 신神같은 요堯임금은 일월원리日月原理를 밝혀서 갑진년甲辰年에 등극登極하였다. 하늘같은 순舜임금은 선기옥형璇璣玉衡을 만들어서 칠정七政을 행하였으며, 위대한 우禹임금은 구주천하九疇 天下를 만들었으니 이는 낙서원리洛書原理를 응용한 것이다. 은殷나라의 종묘宗廟에는 소목小穆의 덕德이 볼만하고, 기자箕子도 이에 성인聖人이시니 주周나라의 덕德이 여기에 있으니 이남二南과 칠월七月이다. 기린麒麟과 같이 덕德이 뛰어난 성인聖人인 공자孔子께서는 건곤乾坤 가운데 자리하여 위로는 천지天地를 본받고, 아래로는 수토水地를 물려받아 오늘까지 전하여 왔다. 아! 오늘인가, 오늘인가! 육십삼六十三과 칠십이七十二와 팔십일八十一은 일부一夫에서 하나가 된다.[17]

위의 내용을 보면 유소, 수인, 복희, 신농, 황제, 요, 순, 우, 탕, 기자, 문왕, 무왕, 주공, 공자 그리고 일부라는 열다섯 명의 성인을 통하여 성통을 제시하고 있음을 알 수 있다. 『정역』에서 십오 성통을 언급하고 있는 것과 달리 『주역』에서는 십삼十三 성통을 언급하고 있다. 『주역』에서 언급되고 있는 성통의 내용을 살펴보면 다음과 같다.

> 옛날 복희伏羲가 천하의 왕王이 되어 천하를 다스릴 때 위로는 하늘에서 상象을 보고 아래로는 땅에서 법칙을 보았으며, 조수鳥獸의 문채文彩와 땅의 마땅함을 보고 가까이는 사람의 몸에서 취하고 멀리는 만물에서 취하여 비로소 팔괘八卦를 그어서 그것을 표상하였다. 팔괘는 신명神明한 덕德에 통하여 만물을 그 정위情僞에 따라서 구분하여 표상한 것이다. 노끈을 매어서 그물을 만들어서 짐승을 사냥하고 물고기를 잡았으니 이는 중화이괘重火離卦☲의 원리原理에서 취한 것이다. 복희伏羲가 죽자 신농神農이 나타나 나무를 깎아서 보습을 만들고 나무를 구부려서 쟁기를 만들어 밭을 갈고 김을 매어서 농사를 짓는 이로움으로 천하를 가르쳤으니 이는 풍뢰익괘風雷益卦☴의 원리原理에서 취한 것이다. 정오正午에 시장을 열어서 천하의 백성들을 모이게 하고 천하의 재화財貨를 모아서 서로 교환함으로써 각각 필요한 물건을 얻어가도록 하였는데 이는 화뢰서

---

17) 金恒, 『正易』 十五一言 第一張, "嗚呼라 盤古化하시니 天皇无爲시고 地皇은 載德하시고 人皇이 作이로다. 有巢旣巢하시고 燧人乃燧로다. 神哉라 伏羲劃結하시고 聖哉라 神農耕市로다. 黃帝甲子星斗요 神堯日月甲辰이로다. 帝舜七政玉衡하시고 大禹九疇玄龜로다. 殷廟에 可以觀德이요 箕聖乃聖이시니 周德在兹在하여 二南七月이로다. 麟兮我聖이여 乾坤中立하사 上律下襲하시니 襲于今日이로다. 嗚呼라 今日今日이여 六十三, 七十二, 八十一은 一乎一夫로다."

합괘火雷噬嗑卦☲☳의 원리原理에서 취한 것이다. 신농이 죽자 황제黃帝와 요·순堯舜이 이어서 변화
원리에 통하여 백성들로 하여금 게으르지 못하도록 하였으며 신명한 덕으로 교화하여 백성들
로 하여금 도덕적 세계에서 머물도록 하였다. 역수는 궁극에 이르면 변하는 것으로 변하기 때
문에 막힘이 없이 두루 통하고 두루 통하는 까닭에 항구하다. 그러므로 천도를 자각하여 그것
에 순응順應하면 하늘로부터 도와서 이롭지 않음이 없다. 이처럼 황제와 요·순이 의상衣裳을
드리워서 무위정치无爲政治를 행하였으니 이는 중천건괘重天乾卦☰☰와 중지곤괘重地坤卦☷☷의 원리原理
를 취한 것이다.[18]

위의 내용을 보면 복희와 신농 그리고 황제와 요, 순을 언급하고 있음을 볼 수 있다.
그리고 그 이후에는 성인의 이름을 나타내지 않고 오로지 일곱 중괘重卦를 통하여 성통을
언급하고 있다. 그러므로『주역』에서 밝히고 있는 성통의 내용은 모두 합하여 열세 명의
성통을 언급하고 있는 점에서『정역』의 성통과 다를 뿐만 아니라 오직 다섯 명의 성통을
직접 거명하고 있을 뿐으로 나머지 여덟 명의 성통을 거명하고 있지 않은 점에서 역시『정
역』의 성통과 다르다.

동일한 역도를 표상한『정역』과『주역』의 표상형식과 체계 그리고 내용이 다르듯이 두
전적에서 밝히고 있는 성통의 구체적인 내용이 서로 다르다. 이처럼『주역』에서 밝히고
있는 성통과『정역』에서 밝히고 있는 성통이 서로 다른 것은 성통을 드러내는 관점의 차
이 때문이다.

성통에 참여한 사람들의 역할이 서로 다르기 때문에 어떤 관점에서 성통을 드러내느냐
에 따라서 다르지 않을 수 없다. 성통에 참여한 성인의 역할은 개인의 문제가 아니라 우주
역사가 갖는 시의성 때문이다. 시의성은 그것을 자각한 사람에게는 천명으로 자각되기 때
문에 다른 시대를 살아간 성인은 그 시의성에 따라서 각각 다른 천명으로 자각하게 된다.

앞에서 살펴본 바와 같이『서경』과『논어』에서도 천도의 내용이 역수원리이고 그것이
인간의 본래성임을 밝히고 있다. 그리고『주역』에서는 성인에 의하여 역경이 저작되면서
그것을 통하여 역도가 천명되었음을 밝히고 있다. 그럼에도 불구하고『주역』이나『서경』,
『논어』에서는 천도의 내용인 역수원리나 그 존재근거인 신도는 밝히지 않았다.

---

18)『周易』, 繫辭下篇 第二章, "古者包犧氏之王天下也애 仰則觀象於天하고 俯則觀法於地하며 觀鳥獸之文과
　　與地之宜하며 近取諸身하고 遠取諸物하야 於是애 始作八卦하야 以通神明之德하며 以類萬物之情하니 作結
　　繩而爲網罟하야 以佃以漁하니 蓋取諸離하고 包犧氏沒커늘 神農氏作하야 斲木爲耜하고 揉木爲耒하야 耒
　　耨之利로 以敎天下하니 蓋取諸益하고 日中爲市하야 致天下之民하며 聚天下之貨하야 交易而退하야 各得
　　其所케하니 蓋取諸噬嗑하고 神農氏沒커늘 黃帝堯舜氏作하야 通其變하야 使民不倦하며 神而化之하야 使
　　民宜之하니 易이 窮則變하고 變則通하고 通則久라. 是以自天佑之하야 吉无不利니 黃帝堯舜이 垂衣裳而天
　　下治하니 蓋取諸乾坤하고"

『정역』에서도 그 점을 인식하고 있었기 때문에 신도, 천도를 중심으로 역도를 천명하지 않을 수 없음을 밝히고 있다. 김일부는 다른 성인들이 밝히지 않은 신도, 천도를 자신이 밝히는 까닭을 다음과 같이 말하였다.

> 역수원리는 앞의 성인들이 말씀하지 않은 것이니 어찌 감히 일부一夫가 말하겠는가? 그럼에도 불구하고 일부가 말하는 까닭은 말해야 할 때가 되었기 때문이며, 천명天命이 주어졌기 때문이다.[19]

위의 인용문을 보면 일부一夫 이전의 성인이 밝혀야할 성인의 도의 내용과 일부一夫가 밝혀야 할 성인의 도의 내용이 서로 다름을 알 수 있다. 그리고 그것은 천명 곧 우주사적 사명이 다름으로 인하여 발생함을 알 수 있다.

역수원리의 관점에서 보면 인류의 역사는 도생역성을 바탕으로 하여 역생도성의 관점에서 전개된다. 그것은 현상의 측면에서는 역생도성의 관점에서 시간이 전개되고 만물이 생성되면서 인간의 삶이 이루어지지만 그 근저에는 도생역성의 관점이 전제되어 있음을 뜻한다.

이제 근원적 존재의 천명이라는 문제를 중심으로 이 문제를 살펴보자. 역수원리의 측면에서 보면 인류의 역사, 우주의 역사는 선천과 후천으로 구분할 수 있다. 물론 선천과 후천이 모두 원천原天인 점에서는 일체이다.

그럼에도 불구하고 선천과 후천이 구분되는 것은 인간에 있어서는 삶의 양상이 서로 다르게 나타남을 뜻한다. 선천의 삶과 후천의 삶이 서로 다르기 때문이다. 『주역』에서는 선천적 삶을 살아가는 전형적인 인간을 성인이라고 하였고, 후천적 삶을 살아가는 전형적인 인간을 군자라고 하였다.

선천도 역시 시간인 점에서 다시 선천과 후천을 구분할 수 있으며, 후천도 역시 그 안에서 선천과 후천을 구분할 수 있다. 그것은 선천의 전형적 존재인 성인 역시 선천과 후천의 관점에서 구분하여 나타낼 수 있고, 군자의 삶 역시 선천과 후천으로 구분하여 나타낼 수 있음을 뜻한다.

『주역』에서는 선천과 후천이라는 시간적 관점을 천天과 지地라는 공간적 관점에서 이해하여 인간을 천적天的 존재와 지적地的 존재로 구분하여 다음과 같이 나타내고 있다.

> 성인이 흥작興作함으로써 비로소 만물의 존재의미가 드러나 밝혀지게 된다. 천天에 근원을 둔

---

19) 金恒, 『正易』 第六張, "聖人所不言을 뵨一夫敢言이리오마는 時요 命이시니라."

자는 천天과 가까이 하고, 지地에 근원根源을 둔 자는 지地와 가까이 하여 각각 그 종류를 쫓아서 정위正位에 거쳐하게 된다."[20]

위의 내용을 보면 성인과 군자를 구분하여 나타내고 있다. 그 근거를 하늘에 근원을 둔 천적天的 존재와 땅에 근거를 둔 지적地的 존재로 구분하여 인간을 나타낸 것이다. 당연히 인간 자체가 본질적으로 구분이 있는 것은 아니다. 단지 그 사람이 살아가는 시대에 따라서 역할이 서로 다름을 나타냈을 뿐이다.

그리고 『주역』의 내용을 보면 성인의 역할이 만물의 존재의미를 드러냄으로 제시하고 있음을 알 수 있다. 그것은 공간적 관점에서 이루어지는 역할이다. 공간적 관점에서 만물을 만물로 존재할 수 있도록 하는 존재가 인간이기 때문에 인간을 통하여 만물을 다스리는 하늘의 뜻을 이루려는 존재가 성인이다.

『주역』에서 "성인이 천지의 뜻을 자각하여 성인의 도로 밝힘으로써 상제上帝를 받들고 천하에 널리 전하여 군자를 기른다."[21]고 하였을 뿐만 아니라 "천지는 만물을 기르며, 성인은 군자를 길러서 천지의 덕이 천하의 백성들에게 미치게 한다."[22]고 한 것은 이를 단적으로 보여준다.

이제 『정역』의 관점이 간지도수, 하도와 낙서를 통하여 신도, 천도를 드러내는데 그 역할이 있으며, 『주역』의 관점이 공간적 관점에서 삼재의 도를 통하여 인도를 밝히는데 있음을 분명하게 알 수 있다. 그렇기 때문에 신도, 천도의 표상형식과 체계가 다를 뿐만 아니라 그 내용도 다르다.

성통의 본질적 의미는 역수원리에 있다. 그것은 성통이 인도의 관점에서 밝혀지지 않음을 뜻한다. 왜냐하면 성통은 성통에 참여한 개인으로서의 성인 자체에 그 관점이 있는 것이 아니라 성인을 매개로 하여 드러나는 천도, 신도 자체에 그 관점이 있기 때문이다.

이 점은 인류 역사상의 관점에서 살펴보면 보다 분명하게 이해할 수 있다. 인류의 역사를 역수원리의 관점에서 살펴보면 윤역의 시생으로 시작하여 윤역이 생장하는 과정을 거쳐서 비로소 정역의 세계가 드러난다.

비록 윤역의 시생과 생장 그리고 정역의 운행이 모두 원역이라는 본체의 작용이지만 그것이 현실에서 드러나기까지는 윤역의 시생과 생장이라는 시간을 기다려야 한다. 그렇기 때문이 인류의 역사는 역생도성의 관점에서 다음과 같이 이루어진다.

---

20) 『周易』 重天乾卦 五爻 文言, "聖人이 作而萬物이 覩하나니 本乎天者는 親上하고 本乎地者는 親下하나니 則各從其類也이니라."
21) 『周易』 火風鼎卦 彖辭, "聖人이 亨하여 以享上帝하고 以大亨하여 以養聖賢하니라."
22) 『周易』 山雷頤卦 彖辭, "天地이 養萬物하며 聖人이 養賢하여 以及萬民하나니."

먼저 개체적 존재로서의 자신의 본질을 자각하는 과정을 거치게 된다. 자신과 다른 존재와 구분을 통하여 자신을 이해하기 시작하는 것이 바로 윤역의 시생이다. 그것은 단순한 분별에 있는 것이 아니라 분별을 통하여 드러나는 일체성 곧 자신의 본성을 찾아가는 과정을 뜻한다.

그 다음에 윤역의 생장은 자신의 본성과 다른 존재의 본성이 둘이 아니라 일체임을 확인해가는 과정을 뜻한다. 윤역의 생장이라는 변화는 공간적 관점에서 시간적 관점으로의 변화이다.

자신의 본성이 곧 다른 사람의 본성이면서 모든 존재의 본성임을 체험하는 과정은 본성이라는 존재가 고정된 것이 아니라 시간에 따라서 때로는 남자로, 때로는 동물로, 때로는 사물로 드러남을 체험하는 것이다.

정역의 운행이 이루어지는 때 이르면 비로소 모든 존재가 십오 본체의 작용인 360의 정역의 운행임을 알고 자유롭게 살게 된다. 때로는 본체 도수의 상태를 유지하면서 살아가기도 하고, 때로는 탈자하여 분화함으로써 개체적 존재로 자신을 나투기도 한다.

윤역이 시생하고 생장하는 때를『정역』에서 선천으로 규정하고, 정역이 운행되는 때를 후천으로 규정하였다. 선천을 살아가는 인간의 삶과 후천을 살아가는 인간의 삶의 양상은 다르지 않을 수 없다.

선천의 시대에 필요한 것은 인간으로서의 자신이 어떤 존재인지 개체적 존재로서의 자신의 본질을 파악함으로서 개체의 차원에서 벗어나서 참나의 세계에 도달하는 것이 방법이다. 그러므로 선천에는 인도人道가 필요하다.

인도는 인간으로서의 자신이 어떤 존재인지를 나타내고 있을 뿐만 아니라 어떻게 살아야하는지 그 방법도 제시하고 있다. 그리고 그것을 체험할 수 있는 방법으로서의 수행, 수양의 방법도 제시하고 있다.

『주역』에서 역도를 논하고, 변화의 도, 신도를 논하면서도 "옛 성인이 역경을 쓴 목적은 장차 군자로 하여금 자신의 본래성을 자각하여 그것을 실천·구현하도록 하기 위함이다."[23]고 하여 성인이 역경을 통하여 역도를 천명한 목적이 바로 군자의 삶의 원리를 밝히는데 있음을 분명하게 밝히고 있다.

『주역』이 형성되어온 역사는 선천의 선천이다. 그리고 선천의 후천에 이르러서 비로소 임박한 후천의 세계를 드러내게 된다. 그것은『주역』이 저작著作된지 2800여 년이 흐른 후에야 비로소 신도, 천도를 밝힌『정역』이 저작될 수밖에 없는 까닭을 보여준다.

---

23)『周易』 說卦 第二章, "昔者에 聖人之作易也에 將以順性命之理."

후천은 성인에 의하여 인도가 밝혀짐으로써 장차 천지인의 삼재와 하나가 되어 성도된 삶을 살아가는 군자에 의하여 실천되고 구현되는 세계이다. 선천의 말기에 이르러서 다가올 후천을 위하여 인도의 근거가 되는 신도, 천도가 밝혀지게 됨으로써 성통이 완성이 된다.

성통의 완성은 인류의 역사가 생장을 완성하고 이제는 천지와 더불어 일체가 되어 살아갈 수 있는 준비를 마쳤을 때임을 뜻한다. 이제 더 이상 진리를 밝혀서 경전을 저작할 성인은 나타날 필요가 없다. 이미 인류 역사상에서 인류가 마음의 양식으로 삼아 덕을 길러야할 진리는 모두 드러난 것이다.

3. 성통과 건곤책수

『정역』에서는 "역易은 역曆이다. 역曆이 없다면 성인도 없고, 성인이 없으면 역학易學도 없다."[24]고 하여 역학易學을 역학曆學으로 규정하면서 역학曆學의 내용인 역수원리에 근거하여 성인이 탄강하였고, 성인에 의하여 형성된 학문이 역학曆學이자 역학易學임을 밝히고 있다.

이는 성통의 근거가 역수원리에 있음을 밝히고 있는 동시에 성통의 종결이 역수원리를 천명하는 성인에 의하여 이루어질 것임을 나타낸 것이다. 그러므로 성통을 논하면서 "기린麒麟과 같이 덕德이 뛰어난 성인聖人인 공자孔子께서는 건곤乾坤 가운데 자리하여 위로는 천지天地를 본받고, 아래로는 수토水土를 물려받아 오늘까지 전하여 왔다. 아! 오늘인가, 오늘인가! 육십삼六十三과 칠십이七十二와 팔십일八十一은 일부一夫에서 하나가 된다."[25]고 하여 자신에 의하여 성통이 종결됨을 밝히고 있다.

역생도성의 관점 곧 형이하의 시간, 역사의 관점에서는 인도가 먼저 밝혀지고, 그 후에 신도, 천도가 밝혀지지만 형이상의 관점, 도 자체의 관점, 도생역성의 관점에서는 신도, 천도를 근거로 인도가 밝혀진다.

---

24) 金恒 『正易』 大易序, "易者는 曆也니 无曆이면 无聖이요"
25) 金恒, 『正易』 十五一言 第一張,, "麟兮我聖이여 乾坤中立하사 上律下襲하시니 襲于今日이로다. 嗚呼라 今日今日이여 六十三, 七十二, 八十一은 一乎一夫로다."

그런 점에서 보면 인도의 진정한 의미는 천도가 밝혀짐으로써 비로소 밝혀지게 된다. 공자는 "형이하의 차원에서 학문을 통하여 형이상의 세계에 도달한다. 그러므로 나를 아는 자는 오지 하늘뿐이다."26)고 하였다. 이는 역생도성의 관점에서 학문을 통하여 인간 자신을 알아야 비로소 하늘의 본성으로서의 천도를 알 수 있음을 밝힌 것이다.

맹자도 "그 마음을 다 하면 본성을 알고, 본성을 알면 곧 천도를 안다."27)고 하였다. 이는 인간이 자신의 내면으로 향하여 마음 안에서 본성을 알아야 비로소 천지와 만물의 근원인 천도를 자각할 수 있음을 나타낸 것으로 공자와 같이 역생도성의 관점에서 말한 것이다.

성통의 근거가 역수원리에 있기 때문에 성통이 구체적으로 드러남 자체도 역수원리에 그 근거가 있다. 역수원리를 체용의 관점에서 나타내면 십오존공위체와 구육합덕위용임은 앞에서 살펴본 바와 같다.

성통도 천지의 작용인 점에서 십오 본체도수를 근거하여 이루어진다. 그것은 성통이 역수원리 자체가 인신화人身化한 것임을 뜻한다. 그러므로 십오 본체도수가 시간상 계대 관계를 형성하면서 십오 성통으로 전개된다.

『논어』에서도 성통의 존재근거가 역수원리에 있음을 다음과 같이 분명하게 밝히고 있다.

> 천天의 역수원리가 네 본래성으로 주체화하였으니 진실로 네 본래성을 자각하라. 사해가 곧 궁하면 천록天祿이 영원히 끊어질 것이다.28)

위의 내용은 요가 순에게 전하여준 것으로 천도의 내용이 역수원리임을 밝히는 동시에 천도와 인간의 관계 그리고 그것을 실천하는 원리를 밝힌 것이라고 할 수 있다. 그런 점에서 이는 요가 순에게 전한 치국이념이라고 할 수 있는 동시에 성인의 도의 내용이라고 할 수 있다. 따라서 이는 요가 순에게 밝힌 자신의 존재근거로서의 성통을 언급하고 있음을 알 수 있다. 『서경』에서도 성통의 근거가 역수원리임을 다음과 같이 밝히고 있다.

> 천天의 역수원리가 네 본래성으로 주체화하였으니 네가 마침내 천자의 위에 오를 것이다. 인심은 위태롭고 도심은 은미하니 마음이 순수하고 한결같아야 네 본래성을 자각할 수 있을 것이다.29)

---

26) 『論語』憲問, "子曰 莫我知也夫 子貢曰 何爲其莫知子也 子曰 不怨天 不尤人 下學而上達. 知我者其天乎"
27) 『孟子』盡心章句上, "孟子曰 盡其心者 知其性也 知其性 則知天矣 存其心, 養其性, 所以事天也. 殀壽不貳, 修身以俟之, 所以立命也."
28) 『論語』堯曰篇, "天之曆數가 在爾躬하니 允執其中하라 四海困窮하면 天祿永終하리라."
29) 『書經』大禹謨篇, "天之曆數가 在汝躬하니 汝終陟元后하리라 人心은 惟危하고 道心은 惟微하니 惟精惟一

위의 인용문은 순이 우에게 전한 내용이다. 그 내용은 천도의 내용이 역수원리임과 그것이 인간의 본래성이기 때문에 그것을 자각하여 주체로 함으로써 그것을 정치를 통하여 실천하여 구현할 것을 요구하고 있음을 알 수 있다. 위의 내용 역시 순이 우에게 자신의 존재근거가 천도의 내용인 역수원리에 있음을 밝힌 것이라고 할 수 있다.

앞에서 십오존공위체원리의 객관화 현상이 성통이며, 성통은 사역변화원리에 의하여 전개됨을 살펴보았다. 그러면 역수원리에 근거하여 전개되는 성통의 구체적인 내용에 대하여 살펴보자.

성통의 전개가 십오존공위체원리의 현상적 전개라고 볼 때 성통에 참여한 성인은 십오 성인이 될 수밖에 없다. 왜냐하면 십오 본체도수가 존공위체됨으로써 그것이 십오 성통의 전개 현상으로 나타나기 때문이다.

『정역』의 사상분체도수를 분석하면 도덕성을 본성으로 하는 십오 천지가 일도一度와 이도二度 그리고 육도六度와 육도六度로 나누어져서 각각 천지일월의 사상四象의 체도수가 된다. 이는 십오라는 도수의 성격을 드러내는 것으로 십오는 형이상의 원리적 존재를 표상하는 이수理數이기 때문에 근원적 존재로서의 시간성을 표상하는 동시에 그것이 시간적 마디를 규정하는 도수가 됨을 알 수 있다.

그런데 시간적 마디는 그 존재근거인 시간성의 자기전개로 그러한 시간성의 형상화가 바로 성통의 전개이다. 다시 말하면 시간적 마디가 갖는 의미가 천명으로 성인에게 주어지면서 인류 역사상에 성통이 전개되는 것이다. 따라서 십오존공위체원리에 근거하여 전개되는 성통 역시 십오 성인이 전승계통을 이루면서 탄강하게 된다.

『정역』에서는 상편의 내용을 「십오일언十五一言」으로 규정하여 십오 성인이 하나 같이 밝힌 내용이 바로 『정역』에서 밝힌 역수원리임을 나타내는 동시에 첫 장張의 처음부터 십오 성통을 밝히는 것으로부터 시작하고 있다.

십오의 존공은 사역의 생성·변화로 나타나며, 사역의 생성·변화는 용구용육작용에 의하여 이루어진다. 사역변화가 용구용육작용으로 구분되어지듯이 십오존공위체원리에 근거하여 전개되는 십오 성통 역시 용구작용원리를 근거로 하여 탄강한 성인과 용육작용원리를 근거로 탄강한 성인으로 구분된다.

괘효원리의 측면에서 살펴보면 십오 성통은 건책원리乾策原理에 근거하여 탄강한 성인과 곤책원리坤策原理에 근거하여 탄강한 성인으로 구성된다. 건책원리에 의하여 탄강한 성인을 건책성인이라고 하며, 곤책원리에 의하여 탄강한 성인을 곤책성인이라고 한다.

이라사 允執厥中하리라."

　　건책성인은 원역原曆을 밝힐 사명을 가진 존재이며, 곤책성인은 윤역과 정역을 밝힐 사명을 가진 존재이다. 건책성인은 천도의 천명闡明을 사명으로 하는 존재이며, 곤책성인은 인도의 천명闡明을 사명으로 하는 존재이다.

　　건책도수는 시간성의 원리를 표상하는 도수이며, 곤책도수는 공간성의 원리를 표상하는 도수이다. 그러므로 『정역』에서는 건책도수를 일원추연수一元推衍數로 규정하고, 곤책도수는 사상四象의 본체를 나타내는 십오 도수와 합하여 사상분체도수四象分體度數로 규정하고 있다. 건책도수는 역도에서 가장 근원적 존재인 일원수一元數를 추연하는 수이며, 곤책도수는 천지일월의 사상四象의 체위體位를 나타내는 도수인 것이다.

　　건책도수의 추연을 통하여 건책성인의 성통이 밝혀지며, 곤책도수의 추연을 통하여 곤책 성인의 성통이 밝혀지게 된다. 건책도수의 추연은 63에서 72를 거쳐서 81에 이름으로써 건책도수 216이 밝혀지게 된다. 63과 72 그리고 81을 더하여 건책도수 216이 형성되는 것이다. 이러한 건책도수의 추연의 과정을 통하여 용칠用七 윤역에서 용팔用八 윤역을 거쳐서 용구用九 원역이 밝혀지게 된다. 따라서 건책도수의 추연을 통하여 원역을 밝힌 천명을 부여받은 건책성인의 존재론적 근거가 밝혀지는 것이다.

　　반면에 곤책도수의 추연은 9에서 18, 27, 36을 거쳐서 54에 이르러서 144가 드러난다. 9와 18, 27, 36, 54를 더하여 곤책도수 144가 형성되는 것이다. 이처럼 곤책도수를 추연하는 과정에서 용이用二, 용삼用三의 윤역도수를 밝힌 성인과 용사用四 정역도수를 밝힌 곤책성인의 성통이 밝혀지게 된다.

　　건곤책수의 추연을 통하여 사역의 생성·변화가 추연된다. 건곤책수의 추연을 통하여 원역에서 윤역과 윤역을 거쳐서 정역에 이르는 사역의 생성·변화가 밝혀지는 것이다. 사역은 원역을 체로 하여 윤역과 정역이 형성되어지는 체용의 관계이다.

　　그러나 사역의 천명闡明은 윤역과 정역이 먼저 밝혀지고 마지막으로 원역이 밝혀지게 된다. 그러므로 성통의 전개도 윤역과 정역을 밝힌 곤책성인이 먼저 탄강한 후에 마지막으로 원역을 밝힌 건책성인이 탄강하게 된다. 366일의 윤역을 밝힌 요와 365와 1/4일의 윤역을 밝힌 순 그리고 360일의 정역을 밝힌 공자가 탄강한 후에 375일의 원역을 밝힌 일부가 탄강한 것이다.[30]

　　원역과 정역은 음양이 합덕된 동일한 역이나 366도의 윤역과 365와 1/4도의 윤역은 음양이 분리된 역이다. 원역과 정역은 하나이지만 윤역은 두 윤역으로 구분되어진다. 그러므로 원역을 밝힌 건책성인은 일성一聖이지만 정역과 윤역을 밝힌 곤책성인은 음양의 칠성七

_____

30) 『正易』의 十五一言 第六張, 第七張과 十一一言 第二十五張을 參照.

聖을 합하여 십사성十四聖이 된다.

곤책聖人이 십사 성인이 되는 까닭은 곤책성통이 칠원七元원리에 의하여 전개되기 때문이다. 도서의 음양 합덕에 의하여 63, 72, 81과 천지인天地人의 삼재가 합덕하는 동시에 하도 칠성七聖과 낙서洛書 칠성七聖이 음양 합덕됨으로써 곤책의 십사十四 성인이 탄강하는 것이다.

곤책의 십사 성인이 성통을 이루는 성통사의 마디를 규정하는 성인은 요·순과 공자이다. 윤역시대를 나누는 종시에 나타난 성인이 바로 요·순과 공자인 것이다. 공자는 곤책성통의 마지막 성인으로 곤책원리를 집대성한 성인이다. 요·순은 윤역도수를 밝힌 성인으로 요가 밝힌 366일 도수가 순의 시대에 까지 운행되었으며, 순 이후는 순이 밝힌 365와 1/4일의 도수가 운행되고 있다. 『주역』에서 중괘와 연관시켜서 성통을 논하면서 요·순을 중심으로 이전과 이후를 구분하여 윤역시대를 두 시대로 구분하여 논한 까닭이 여기에 있다.[31]

『정역』에서는 곤책성인을 유소有巢, 수인燧人, 복희伏羲, 신농神農, 황제黃帝, 요堯, 순舜의 칠성七聖과 우禹, 탕湯, 기자箕子, 문왕文王, 무왕武王, 주공周公, 공자孔子의 칠성七聖으로 규정하고 있다. 이처럼 요·순을 경계로 유소에서 요·순까지의 칠성과 우에서 공자에 이르기까지의 칠성이 구분되어짐으로써 앞의 칠성은 제요지기帝堯之朞 시대의 성통을 형성하며, 뒤의 칠성은 제순지기帝舜之朞 시대의 성통을 형성한다.

앞의 칠성은 선천 하도시대를 형성하며, 뒤의 칠성은 후천 낙서시대를 형성한다. 하도시대의 칠성은 하도의 도생역성원리에 근거하여 칠七, 육六, 오五, 사四, 삼三, 이二, 일一의 도수를 근거로 나타난 성인이며, 낙서시대의 성인은 역생도성원리에 의하여 일一, 이二, 삼三, 사四, 오五, 육六, 칠七의 도수를 근거로 나타난 성인이다.

곤책성인은 천도에 있어서는 윤역과 정역을 밝히는 동시에 인도에 있어서는 군자의 도를 밝힌 존재이다. 요·순과 공자가 윤역과 정역을 밝혔을 뿐만 아니라 곤책성인들은 모두 인도의 측면에서 왕도정치를 통하여 구현되어지는 도덕적 사회를 제시하였던 것이다.

『정역』을 저작함으로써 원역을 밝힌 성인은 김일부金一夫이다. 그는 "아! 오늘, 오늘이여! 63, 72, 81의 건책도수 216이 일부一夫에서 하나가 된다."[32]고 하여 건책원리에 근거하여 탄강한 건책성인이 일부 자신임을 밝히고 있다. 뿐만 아니라 원역 도수가 375도이며, 그 내용이 일원 추연수 216과 사상분체도수 159임을 밝히고 있다.

건책원리를 근거로 탄강하여 원역도수를 천명하는 동시에 천도의 전모를 천명할 천명을

---

31) 『周易』 繫辭下篇 第二章 參照.

32) 金恒, 『正易』 十五一言 第一張, "嗚呼라 今日今日이여 六十三七十二八十一은 一乎一夫니라."

부여받은 존재가 일부 자신이기 때문에 그에 의하여 천도의 내용인 역수원리를 천명한 『정역』이 쓰인 것이다.

그는 앞선 성인들이 말씀하지 않았음에도 불구하고 역수원리를 밝힌 것은 그것이 자신에게 주어진 천명이기 때문이라고 하였다.33) 그러므로 『정역』을 통하여 366일역이 요가 밝힌 윤역이며, 365와 1/4일역이 순이 밝힌 윤역이고, 360일역이 공자가 밝힌 정역임을 밝힌 동시에 윤역과 정역의 본체가 되는 십오도와 작용도수인 360이 합한 375도의 원역을 밝힘으로써 사역의 체용을 모두 밝혔던 것이다.

『정역』에서는 건책의 일성과 곤책의 십사성으로 구성된 십오 성통에 대하여 다음과 같이 논하고 있다.

> 유소有巢가 집을 짓고, 수인燧人이 불을 사용하였다. 신神스러운 복희伏羲는 팔괘를 긋고 노를 맺었으며, 성스러운 신농神農은 밭을 갈고 시장을 만들었다. 황제黃帝는 육갑六甲을 만들고 북두칠성北斗七星을 관찰하였으며, 신神같은 요堯임금은 일월원리日月原理를 밝혀서 갑진년甲辰年에 등극登極하였다. 하늘같은 순舜임금은 선기옥형璇機玉衡을 만들어서 칠정七政을 행하였으며, 위대한 우禹임금은 구주천하九疇 天下를 만들었으니 이는 낙서원리洛書原理를 응용한 것이다. 은殷나라의 종묘宗廟에는 소목小穆의 덕德이 볼만하고, 기자箕子도 이에 성인聖人이시니 주周나라의 덕德이 여기에 있으니 이남二南과 칠월七月이다. 기린麒麟과 같이 덕德이 뛰어난 성인聖人인 공자孔子는 건곤乾坤 가운데 자리하여 위로는 천지天地를 본받고, 아래로는 수토水土를 물려받아 오늘까지 전하여 왔다. 아! 오늘인가, 오늘인가! 육십삼六十三과 칠십이七十二와 팔십일八十一은 일부一夫에서 하나가 된다.34)

위의 내용을 보면 성통에 참여한 십오 성인을 모두 밝힘으로써 성통의 전모가 밝혀져 있음을 알 수 있다. 다만 직접 성인의 이름을 밝히지 않은 부분이 있다. '은묘殷廟에 가이관덕可以觀德'은 은殷나라를 세운 탕湯임금의 덕德을 나타내며, 기성箕聖은 기자箕子를 지칭하고, '주덕재자周德在玆'는 문왕文王과 무왕武王의 덕德을 나타내며, '이남칠월二南七月'은 주공周公의 덕德을 나타내고, '인혜아성麟兮我聖'은 공자孔子를 나타낸다. 따라서 십오 성통에 참여한 성인은 유소, 수인, 복희, 신농, 황제, 요, 순, 우, 탕, 기자, 문왕, 무왕, 주공, 공자, 일부임을 알 수 있다.

---

33) 金恒, 『正易』 十五一言 金火五頌, "嗚呼라 金火互易은 不易正易이니 晦朔弦望進退屈伸律呂度數造化功用이 立이라 聖人所不言이시니 豈一夫敢言이리오마는 時오 命이시니라."

34) 金恒 『正易』 十五一言 第一張. "嗚呼라 盤古化하시니 天皇无爲시고 地皇은 載德하시고 人皇이 作이로다. 有巢旣巢하시고 燧人乃燧로다. 神哉라 伏羲劃結하시고 聖哉라 神農耕市로다. 黃帝甲子星斗요 神堯日月甲辰이로다. 帝舜七政玉衡하시고 大禹九疇玄龜로다. 殷廟에 可以觀德이요 箕聖乃聖이시니 周德在玆在하여 二南七月이로다. 麟兮我聖이여 乾坤中立하사 上律下襲하시니 襲于今日이로다. 嗚呼라 今日今日이여 六十三, 七十二, 八十一은 一乎一夫로다."

유소에서 공자까지의 열 네 성인은 정치사적 문제, 인사人事를 중심으로 성통을 논하고 있고, 일부一夫를 논하면서 63, 72, 81을 논하고 있다. 이는 앞의 열네 성인이 인도를 천명할 천명을 부여받은 곤책성인이며, 일부자신이 천도인 역수원리를 천명할 천명을 부여받은 건책성인임을 밝힌 것이다.

유소, 수인, 복희, 신농, 황제, 요, 순에 의하여 하도시대의 성통이 완성되고 이어서 우, 탕, 기자, 문왕, 무왕, 주공, 공자에 의하여 낙서시대의 성통이 종결되면서 곤책의 성통이 완성되고, 곤책원리를 집대성한 공자와 건책성인인 일부가 합덕됨으로써 십오 성통이 완성되는 것이다. 그러므로 역수성통은 곤책성인의 탄강에서 시작하여 건책성인의 탄강으로 종결됨을 알 수 있다.

건책성인인 일부에 대하여 논하면서 언급된 63, 72, 81은 건책도수를 표상하는 동시에 일원추연수를 나타낸다. 63과 72를 거처서 81에 도달함으로써 본체수 이십二十과 작용수 팔십八十이 포함된 일원수 백百이 밝혀지는 것이다. 이 일원수 백百은 도서의 합덕수로 일원수에 의하여 도서의 도역생성이 이루어진다. 이를 통하여 성통이 도서를 통하여 표상된 역수원리에 그 근거가 있음을 알 수 있다.

또한 63, 72, 81을 통하여 건책성통과 곤책성통의 관계를 알 수 있다. 원역에서 윤역과 정역이 생성되듯이 일부가 『정역』을 통하여 천명한 역수원리를 바탕으로 공자가 『주역』을 통하여 밝힌 인도가 드러나게 된다.

그러나 역사상으로는 윤역을 거처서 정역으로 변화함으로써 비로소 원역이 드러나듯이 『주역』이 먼저 쓰이고 이어서 『정역』이 쓰이게 된다. 따라서 『정역』을 통하여 원역이 천명되어짐은 건곤책성통의 완결을 의미하는 동시에 천지의 도가 모두 밝혀졌음을 의미한다.

곤책성인에 의하여 군자의 도가 밝혀지고 건책성인에 의하여 천도가 밝혀짐으로써 천도와 인도가 모두 밝혀져 역도의 본래 면목이 확연하게 드러나게 된 것이다. 이는 바꾸어 말하면 공자와 일부에 의하여 밝혀진 군자의 도와 성인의 도가 합덕됨으로써 천지의 합덕이 이루어짐을 의미한다.

『정역』에서 십오 성통의 전모를 밝히고 있을 뿐만 아니라 성통의 존재론적 근거가 역수원리임을 분명하게 밝히고 있음에 비하여 『주역』에서는 군자의 도를 중심으로 성통을 논하고 있다. 이는 『주역』의 성통론이 성인의 도와 군자의 도가 합덕된 인격적 세계를 중심으로 논의되었음을 뜻한다. 다시 말하면 성인과 군자의 합덕을 중심으로 성통을 논한 것이 『주역』의 성통론이다. 그러므로 삼재의 도를 표상하는 괘효원리를 바탕으로 성통을 논하고 있다.

　　성통을 논하면서 각각의 성인이 천하의 백성들을 위하여 베푼 정치를 논하고 있다. 성인에 의하여 行행하여지는 정치를 통하여 밝혀지는 세계는 다름 아닌 성인의 덕화德化가 이루어진 세계로 그것은 군자에 의하여 장차 이루어져야 할 세계이다.

　　『주역』에서 논의되어지는 성통은 역사적 사건의 형식을 통하여 기술되고 있지만 그것은 과거의 역사적 사건 자체를 나열하는 것이 아니라 역사적 사건에 비겨서 장차 군자가 완성해야 할 이상적 세계를 상징적으로 나타낸 것이다.

　　옛 성인이 천하의 왕이 되어 천하를 다스렸던 까닭도 장차 나타날 군자로 하여금 천하를 도덕적 세계로 화성化成하는 방법을 미리 보여준 것이다. 성인이 인류 역사상에 탄강하여 역도를 천명하였을 뿐만 아니라 그것을 몸소 실천하며 살았던 까닭은 군자를 기르는데 있는 것이다. 그러면 『주역』에서 논의되고 있는 성통에 대하여 살펴보자.

　　　옛날 복희伏羲가 천하의 왕王이 되어 천하를 다스릴 때 위로는 하늘에서 상象을 보고 아래로는 땅에서 법칙을 보았으며, 조수鳥獸의 문채文彩와 땅의 마땅함을 보고 가까이는 사람의 몸에서 취하고 멀리는 만물에서 취하여 비로소 팔괘八卦를 그어서 그것을 표상하였다. 팔괘는 신명神明한 덕德에 통하여 만물을 그 정위情僞에 따라서 구분하여 표상한 것이다. 노끈을 매어서 그물을 만들어서 짐승을 사냥하고 물고기를 잡았으니 이는 중화이괘重火離卦의 원리原理에서 취한 것이다. 복희伏羲가 죽자 신농神農이 나타나 나무를 깎아서 보습을 만들고 나무를 구부려서 쟁기를 만들어 밭을 갈고 김을 매서 농사를 짓는 이로움으로 천하를 가르쳤으니 이는 풍뢰익괘風雷益卦의 원리原理에서 취한 것이다. 정오正午에 시장을 열어서 천하의 백성들을 모이게 하고 천하의 재화財貨를 모아서 서로 교환함으로써 각각 필요한 물건을 얻어가도록 하였는데 이는 화뢰서합괘火雷噬嗑卦의 원리原理에서 취한 것이다. 신농이 죽자 황제黃帝와 요·순堯舜이 이어서 변화 원리에 통하여 백성들로 하여금 게으르지 못하도록 하였으며 신명한 덕으로 교화하여 백성들로 하여금 도덕적 세계에서 머물도록 하였다. 역수는 궁극에 이르면 변하는 것으로 변하기 때문에 막힘이 없이 두루 통하고 두루 통하는 까닭에 항구하다. 그러므로 천도를 자각하여 그것에 순응順應하면 하늘로부터 도와서 이롭지 않음이 없다. 이처럼 황제와 요·순이 의상衣裳을 드리워서 무위정치无爲政治를 행하였으니 이는 중천건괘重天乾卦와 중지곤괘重地坤卦의 원리原理를 취한 것이다. 나물을 쪼개서 배를 만들고 나무를 깎아서 돛대를 만들어 배와 돛의 이로움으로 통행이 어려운 강물을 건너 먼 곳까지 이르도록 하여 세상을 이롭게 하였으니 대개 이는 풍수환괘風水渙卦의 원리를 취한 것이다. 소를 길들이고 말을 타며, 무거운 물건을 운반하여 먼 곳까지 이르도록 하여 세상을 편리하게 하였으니 대개 이는 택뢰수괘澤雷隨卦의 원리를 취한 것이다. 문을 겹으로 하고 목탁을 쳐서 도적을 막게 하니 대개 이는 뇌지예괘雷地豫卦의 원리에서 취한 것이다. 나무를 잘라서 공이를 만들고 땅을 파서 절구를 만들어서 절구와 공이의 편리함으로 모든 백성들이 빻은 음식을 먹게 하였으니 대개 이는 뇌산소과괘雷山小過卦의 원리에서 취한 것이다. 나무를 휘어 활을 만들고 나무를 깎아서 화살을 만들어 활과 화살의 이로움으로 천하를 위엄으로 다스렸으니 대개 이는 화택규괘火澤睽卦䷥의 원리에서 취한 것이다. 오랜 옛날에는 굴속에서 살고, 들에서 거쳐하였다. 후세에 성인이 이것을 궁실로 바꾸어 위로는 대들보를 얹고 아래로는 서까래를 얹어서 바람과 비를 피하게 하였으니 대개 이는 뇌천대장괘雷天大壯䷡원리에서 취한 것이다. 옛날에 장사葬事는 섶으로 두껍게 싸서 들판에 매장하여 봉분도 하지 않고, 나무도 심지 않았으며, 상기喪期도 일정하지 않았다. 후세의 성인이 관곽으로 바꾸었으니 대개 이는 택풍대과괘澤風大過卦䷛원리에서 취한 것이다. 오랜 옛날에는 노끈을 맺어서 세상을 다스렸다. 후대의 성인이 서계書契로 바꾸어서 관리들로 하여금 백성들을 다스리게 하였다. 백성들이 이것으로 삶을 살피니 대개 이는 택천쾌괘澤天夬卦䷪의 원리에서 취한 것이다.[35]

위의 내용을 보면 다음과 같은 몇 가지 점에서 『정역』의 성통론과 차이를 보인다. 『주역』에서는 십오 성통을 모두 논하지 않고 복희에서 일부까지 만을 언급하고 있으며, 성통의 근거를 괘효로 들고 있을 뿐만 아니라 성통에 관한 언급이 모두 정치사적 측면에서 이루어지고 있다. 이는 『주역』의 관점이 천도가 아닌 인도이기 때문이다.

천도인 역수원리의 측면에서 성통을 논하고 있는 『정역』에서는 건책성통에 그 중심이 맞추어져 있으나 인도의 측면에서 성통을 논하고 있는 『주역』에서는 그 중심이 곤책성통에 있는 것이다. 그러므로 처음 괘를 그은 복희로부터 시작하여 괘효원리의 근거가 되는 역수원리를 천명한 일부에 이르기까지의 열 세 성인에 대하여 언급하고 있다.

『주역』의 성통원리가 곤책성통에 그 중심이 있음은 성통의 근거로 제시하고 있는 중괘를 살펴보면 분명하게 알 수 있다. 복희에서 일부까지의 성통의 근거로 들고 있는 중괘는 중화이괘重火離卦에서 택천쾌괘澤天夬卦이다.

중화이괘에서 택천쾌괘는 서괘원리로 보면 합덕문을 표상하는 풍화가인괘, 화택규괘, 수산건괘, 뇌수해괘의 네 괘가 포함되어 있을 뿐만 아니라 합덕의 결과 이세二世를 잉태하고 있는 모체괘를 나타내는 택천쾌괘, 천풍구괘, 택지취괘, 지풍승괘가 포함되어 있다. 그

---

35) 『周易』, 繫辭下篇 第二章, "古者包犧氏之王天下也애 仰則觀象於天하고 俯則觀法於地하며 觀鳥獸之文과 與地之宜하며 近取諸身하고 遠取諸物하야 於是애 始作八卦하야 以通神明之德하며 以類萬物之情하니 作結繩而爲網罟하야 以佃以漁하니 蓋取諸離하고 包犧氏沒커늘 神農氏作하야 斲木爲耜하고 揉木爲耒하야 耒耨之利로 以敎天下하니 蓋取諸益하고 日中爲市하야 致天下卜 무之民하며 聚天下之貨하야 交易而退하야 各得其所커하니 蓋取諸噬嗑하고 神農氏沒커늘 黃帝堯舜氏作하야 通其變하야 使民不倦하며 神而化之하야 使民宜之하니 易이 窮則變하고 變則通하고 通則久라. 是以自天佑之하야 吉无不利니 黃帝堯舜이 垂衣裳而天下治하니 蓋取諸乾坤하고 刳木爲舟하고 剡木爲楫하야 舟楫之利로 以濟不通하야 致遠以利天下하니 蓋取諸渙하고 服牛乘馬하야 引重致遠하야 以利天下하니 蓋取諸隨하고 重門擊柝하야 以待暴客하니 蓋取諸豫하고 斷木爲杵하고 掘地爲臼하야 臼杵之利로 萬民이 以濟하니 蓋取諸小過하고 弦木爲弧하고 剡木爲矢하야 弧矢之利로 以威天下하니蓋取諸睽하고 上古앤 穴居而野處_러니 後世聖人이 易之以宮室하야 上棟下宇하야 以待風雨하니 蓋取諸大壯하고 古之葬者는 厚衣之以薪하야 葬之中野하야 不封不樹하며 喪期无數러니 後世聖人이 易之以棺槨하니 蓋取諸大過하고 上古앤 結繩而治러니 後世聖人이 易之以書契하야 百官이 以治하며 萬民이 以察하니 蓋取諸夬니라."

러므로 이괘離卦에서 쾌괘夬卦 사이에 놓인 중괘는 군자가 성인과 합덕함으로써 천지의 도와 합덕하는 간태합덕원리艮兌合德原理를 표상하고 있다.

괘효원리는 군자가 성인의 도와 성도·합덕하는 원리가 그 내용이다. 그러므로『주역』에서 서괘원리의 측면에서 합덕문과 모체를 표상하는 중괘를 중심으로 성통을 논한 것이다.『정역』에서 역수원리를 중심으로 건책도수와 곤책도수에 의하여 성통을 논하고 있는 것과는 서로 다르다.

『주역』의 성통론이 인도에 그 중심이 있음은 성통 자체를 국가 사회를 중심으로 논하고 있는 점에서 분명해진다. 성통에 참여한 성인을 통하여 제시되어진 사회는 장차 군자가 완성해야 할 미래적 이상사회를 나타낸다.

성통에 참여한 성인을 통하여 제시되어진 국가 사회는 과거적 측면에서는 씨와 같으며 미래적 측면에서는 열매와 같다. 그러므로 성인이 천하의 왕이 되어 보여준 사회는 곧 인류 사회가 발전해 가는 사회 발달사라고 할 수 있다.

성통의 전개사展開史 그것이 바로 인류사회의 발달사인 것이다. 그런 까닭에 성통을 논하면서 성통에 참여한 성인이 어떤 사회를 열었는지를 논하고, 이어서 그것이 어떤 괘의 원리에 의하여 이루어졌는지를 논하였다.

『주역』의 성통론에서 그 중심은 곤책성통이기 때문에 하도원리에 근거하여 존재하는 칠성七聖과 낙서원리에 근거하여 존재하는 칠성七聖을 분명하게 구분하여 나타내고 있다. 하도 칠성에 속하는 복희에서 요·순까지는 직접 성인의 성명을 거론하고 있으나, 낙서 칠성에 속하는 우에서 공자까지는 직접 성명을 거론하고 있지 않다.

그리고 주공과 공자, 일부에 대하여서는 다른 성인과 달리 후세 성인으로 규정하여 세 성인이 장차 실천·구현되어질 이상 세계를 천명하였음을 나타내고 있다. 그러면 위의 내용을 중심으로『주역』에서 논의되고 있는 성통에 대하여 살펴보자.

성통에 참여한 성인 가운데서 처음 언급되는 복희에 대하여서는 그가 천지인天地人 삼재의 도를 자각하여 그것을 괘효로 표상하였음을 분명히 밝히고 있다. 이는 앞으로 논의되어질 성통의 근거가 괘효원리, 역도에 있음을 나타내는 총론이다. 그러므로 다음부터는 각 성통을 언급하면서 그 근거로 중괘를 제시하고 있다.

복희伏羲는 중화이괘의 원리를 응용하여 노끈을 매어서 그물을 만들고 그것을 짐승과 물고기를 잡아서 생활함으로써 수렵狩獵사회를 열었다고 하였다. 중화이괘는 역수원리를 표상하는 괘이다. 따라서 복희는 역수원리를 근거로 천시天時에 따라서 수렵사회를 열었음을 알 수 있다.

그러나 복희가 처음으로 신도, 천도인 역수원리를 공간적 관점에서 괘효로 나타낸 인간이라는 점을 고려하면 노끈을 매고, 그물을 만들었다는 것은 단순하게 사실적인 측면만을 나타낸 것이 아니다.

그것은 과거와 미래 그리고 현재라는 시간의식을 바탕으로 신도, 천도를 공간화하여 천지인의 삼재의 도로 표상하였음을 상징적으로 나타낸다. 그물을 매는 것은 현재의식에 의하여 상하, 좌우의 시공의 세계를 열었음을 뜻한다.

신농神農은 풍뢰익괘風雷益卦의 원리를 응용하여 나무를 깎고 구부려서 쟁기와 부슘을 만들어서 농사를 짓도록 하여 농경사회農耕社會를 열었을 뿐만 아니라 화뢰서합괘火雷噬嗑卦의 원리를 응용하여 정오正午에 시장에 각각 남은 물건들을 들고 모여서 서로 필요한 물건들을 교환하도록 하여 경제사회經濟社會를 열었다.

풍뢰익괘는 천지의 은택이 땅에 내려지는 도생역생원리를 표상한 괘이며, 화뢰서합괘는 군자가 성인이 밝힌 역수원리를 음식으로 덕을 기르는 원리를 표상한 괘이다. 따라서 신농이 농경사회와 경제사회를 열었다는 것은 풍뢰익괘와 화뢰서합괘 원리를 천시天時에 따라서 인사에 적용한 것이다.

황제黃帝와 요堯, 순舜은 화천대유괘火天大有卦와 건곤괘乾坤卦의 원리를 응용하여 의상衣裳를 드리우고, 덕화德化에 의하여 행하여지는 무위정치无爲政治시대를 열었다. 화천대유괘는 성인에 의하여 천명으로 자각되어진 천지의 도를 표상하는 괘이며, 건곤괘는 천지의 도를 표상하는 괘이다. 그러므로 황제가 화천대유괘 원리를 자각하여 덕에 의한 무위정치를 행하였으며, 요・순은 건곤괘 원리에 의하여 무위정치를 행하였음을 알 수 있다.

황제・요・순의 성통을 논하면서 역도가 궁극에 이르면 변하고, 변함으로서 통하고, 통함으로써 영원하다고 하였을 뿐만 아니라 변화에 통하여 백성들로 하여금 게으름을 피우지 않게 무위정치를 행하였다고 하였다.

그것은 황제에서 요로 이어지는 시기와 요에서 순으로 이어지는 계대기에 역수의 변화가 있었음을 나타낸다. 역수의 변화는 그대로 자연의 변화로 드러난다. 그러므로 자연의 변화에 순응하기 위하여 백성들로 하여금 게으름을 피우지 않으면서도 스스로 삶을 살아가도록 하였다고 하였다.

황제에서 요로 이어지는 시기 이전에 이미 원역에서 윤역이 출생하는 역수변화가 있었다. 『정역』에서는 황제가 선천의 간지도수인 갑자甲子원리를 밝혔고, 요임금이 갑진년甲辰年에 등극하였다고 하였다. 이는 황제 시대에 후천의 간지도수원리를 근거로 하여 선천의 간지도수가 사용되었음을 뜻한다.

『서경』을 보면 요가 일 년의 기수를 366일日로 제시하고 있을 뿐만 아니라 윤달을 두어서 일 년의 책력을 제정하는 방법을 제시하고 있다. 『정역』에서도 요가 밝힌 기수가 366

일의 기수임을 밝히고 있다.

그리고 순이 밝힌 기수가 365와 1/4일임을 밝히고 있다. 이를 통하여 보면 요에서 순으로 이어지는 계대기에 출생한 윤역이 생장하는 변화가 있었음을 알 수 있다. 『주역』에서 성통을 논하면서 궁변통구窮變通久를 논하고, 백성들로 하여금 게으름을 피우지 않도록 무위정치를 행하였다는 것을 보면 이 점을 알 수 있다.

『서경』에서도 순舜의 시대에 열풍熱風과 뇌우雷雨가 있었을36) 뿐만 아니라 곤鯤과 우禹에 의하여 치산치수治山治水가 이루어졌던 것도 당시의 일이다. 이를 보면 역수변화에 의하여 발생하는 기후 변화를 나타내고 있음을 알 수 있다.

우禹는 풍수환괘風水渙卦의 원리를 응용하여 치산과 치수를 하여 배를 이용한 수상교통水上交通의 시대를 열었다. 풍수환괘는 신도가 만물의 생명의 근원으로 주어지는 것을 표상한 괘이다. 풍수환괘의 원리에 의하여 천문天文의 세계가 표상되고, 이를 인도를 중심으로 표상한 수택절괘에 의하여 인문人文 세계가 표상된다. 앞에서 황제·요·순을 살펴보면서 논한 바와 같이 순의 시대에 역수의 변화가 있었기 때문에 치산치수가 문제되었고 그것을 해결한 우禹가 그 공으로 왕위를 물려받게 되었다.

탕湯은 택뢰수괘澤雷隨卦의 원리를 응용하여 우마牛馬를 이용한 육상교통陸上交通 시대를 열었다. 택뢰수괘는 천지의 은택이 성인이 밝힌 천지의 도로 주어짐을 표상한 괘이다. 군자의 관점에서는 역학을 연구하여 성인의 도를 따르는 것을 표상한다. 그러한 원리를 응용하여 건곤 천지의 도를 근거로 천하가 이롭도록 육상 교통사회를 연 성인이 탕임금이다.

기자箕子는 뇌지예괘雷地豫卦의 원리를 응용하여 방범사회防犯社會를 열었다. 뇌지예괘는 천하에서 성인의 도가 높이 드러난 것을 표상하는 괘이다. 기자는 은나라가 멸망하자 고조선으로 망명하였다.

기자가 고조선에 망명하였다는 것은 역학적 관점에서는 그가 홍범구주洪範九疇를 고조선에 전하였다는 의미를 갖는다. 지화명이괘의 괘사卦辭를 보면 "명이는 어려운 가운데서 정도가 이롭다."37)고 하였다. 이에 대하여 단사에서는 "이간정은 그 밝음을 감춤이다. 안으로 어려우나 능히 그 뜻을 바르게 하였다. 이는 기자가 하였다."38)고 하였다. 괘사의 내용을 기자를 중심으로 설명한 것으로 보아서 지화명이괘地火明夷卦의 대상이 기자箕子임을 알 수 있다.

지화명이괘의 오효 효사에서는 "기자의 명이이다. 정도가 이롭다."39)고 하였으며, 소상

---

36) 『書經』 舜典, "納于大麓 烈風雷雨弗迷"
37) 『周易』 地火明夷卦 卦辭, "明夷는 利艱貞하니라."
38) 『周易』 地火明夷卦 彖辭, "利艱貞은 晦其明也라 內難而能正其志니 箕子以之하니라."

에서는 "기자의 바름은 밝음이 멈출 수 없기 때문이다."[40]고 하였다. 이를 통하여 명이明夷
는 "동이東夷를 밝힘"으로 곧 홍범구주원리가 동이족에게 전하여짐을 나타내는 것이라고
할 수 있다.

기자에 의하여 홍범구주가 고조선에 전달됨은 왕도정치를 중심으로 인도화人道化한 도서
원리, 역수원리가 다시 고조선으로 전하여짐으로서 장차 건책성통으로 나타날 씨를 뿌렸
음을 뜻한다. 그러므로 단사에서는 명이괘를 설명하면서 "밝음이 땅 속으로 들어감을 나타
내는 것이 명이이다."[41]고 하였다.

그것은 밝음이 땅 속으로 들어갔기 때문에 밖이 어두움을 나타내는 것이 아니라 인류
역사에 씨로 뿌려진 그래서 후천의 도 곧 군자의 도로 잉태가 된 것을 상징적으로 나타낸
다. 이처럼 역수원리를 전하여 장차 일어날 선후천 변화를 미리 밝힌 사람이 기자인 것이
다.

성통을 논하는 부분에서는 그가 문을 거듭 만들고 목탁을 두드려 갑자기 나타나는 손님
을 대비하였음을 밝히고 있다. '중문重門'은 간괘艮卦가 표상하는 군자의 도를 뜻하며 '격탁
擊柝'은 신도를 표상한다. 그러므로 '중문격탁'은 선천을 이어서 후천의 세계를 열어갈 군
자에게 인도를 전하여 군자로 하여금 장차 인도를 실천하도록 함으로써 장차 이루어질 선
후천 변화에 대비하도록 하였던 것이다.

문왕文王은 뇌산소과괘雷山小過卦의 원리를 응용하여 도정사회搗精社會를 열었다. 문왕은
육십사 중괘를 통하여 서괘를 확정하고 괘사를 부연한 사람이다. 이는 천하의 백성들에게
이상적 인격체인 군자로 살아가는 삶의 원리를 밝힌 것으로 그것은 생명의 양식을 준 것이
다. 그러므로 도정의 기구인 절구와 공이를 만들어서 그 이로움으로 천하를 이롭게 하였다
고 하였다.

뇌산소과괘는 풍택중부괘와 하나의 궁으로 천도의 측면에서 선천에서 후천으로 변화하
는 원리를 표상한 괘이다. 따라서 선후천 변화 원리를 인도적 측면에서 도정사회를 여는
데 응용하였음을 알 수 있다.

무왕武王은 화택규괘火澤睽卦의 원리를 응용하여 활과 화살을 만들어서 무기사회武器社會
를 열었다. 화택규괘는 태괘兌卦가 표상하는 소녀小女에 의하여 땅의 정기인 불이 작용하는
것으로 간괘艮卦가 표상하는 소남小男에 의하여 하늘의 정기인 물이 작용하는 수산건괘에
상응한다.

---

39) 『周易』 地火明夷卦 五爻 爻辭, "六五는 箕子之明夷니 利貞하니라."
40) 『周易』 地火明夷卦 五爻 小象, "象曰 箕子之貞은 明不可息也일새라."
41) 『周易』 地火明夷卦 彖辭, "象曰 明入地中이 明夷니"

　화택규괘와 수산건괘는 일월을 매개로 간태가 합덕하는 원리를 표상한다. 이러한 간태의 합덕원리를 음의 측면에서 표상하고 있는 화택규괘의 원리를 응용하여 소인을 바르게 인도하는 원리를 응용하여 무기를 만들어서 무기사회를 열었던 것이다.

　주공周公은 뇌천대장괘雷天大壯卦의 원리를 응용하여 주택문화시대住宅文化時代를 열었다. 뇌천대장괘는 군자가 성인의 도를 매개로 하여 자신의 덕을 기르는 원리를 표상한 괘이다. 따라서 주공이 밝힌 주택은 거주의 의미도 있지만 인류가 거처해야 할 세계로서의 인격적 세계를 의미한다. 인간의 본래성이 실천·구현되어진 도덕의 세계를 인문人文이라고 한다. 따라서 위의 내용은 주공이 문물제도를 제정하여 인문세계를 밝힌 것을 뜻한다.

　공자孔子는 택풍대과괘澤風大過卦의 원리를 응용하여 상례문화시대喪禮文化時代를 구축하였다. 이는 주공이 양생養生의 원리를 밝힌 것과 달리 공자가 상사喪事의 원리를 밝혔음을 뜻한다. 다시 말하면 형이하적 세계를 중심으로 인문 사회를 밝힌 사람이 주공이며, 그 근거가 되는 형이상의 세계인 천문天文을 중심으로 인문人文을 밝힌 사람이 공자인 것이다.

　택풍대과괘는 태괘兌卦가 변하여 손괘巽卦가 되는 원리를 표상하는 괘이다. 천하가 신도를 근거로 살아가는 인문세계를 표상한 것으로 선천에서 후천으로 변화하는 원리를 표상한 것이다. 그러므로 공자는 상사를 중심으로 예를 강조하였던 것이다.

　일부一夫는 택천괘괘澤天夬卦의 원리를 응용하여 도서원리圖書原理의 도수를 근거로 구축된 문물제도文物制度를 통하여 형성된 도덕사회道德社會를 열었다. 중화이괘의 원리에 의하여 씨로 뿌려진 인문사회가 일부에 의하여 역수원리의 전모가 천명되어짐으로써 비로소 열매를 맺게 되는 것이다.

　『주역』에서는 소인의 도가 사라지고 군자의 도가 행하여지는 예의의 세계가 바로 택천괘괘가 표상하는 세계임을 밝히고 있다.

　그러나 역수원리의 관점에서 보면 소인과 군자가 일체일 뿐만 아니라 성인과 군자도 일체이고, 인간과 천지도 일체여서 천지인이라는 공간적 구분도 없고, 선천과 후천이라는 시간적 구분도 없다. 바로 이러한 도생역성의 관점을 바탕으로 역생도성의 관점에서 성인의 도를 매개로 소인의 도를 결단하여 군자의 도와 합덕하는 원리를 표상하는 택천괘괘로 성통의 결론을 맺고 있다.

　지금까지 살펴본 내용을 사역의 생성·변화와 관련시켜서 도표화하여 나타내면 다음과 같다.42)

---

42) 柳南相, 「易學의 曆數聖統原理에 關한 硏究」, 忠南大學校 人文科學硏究所 論文集(第XI卷 I 號), 140 쪽의 圖表.

區 分	原曆時代	河圖時代	洛書時代	正曆時代
四 曆	原曆 375度	閏曆 366度	閏曆 365¼度	正曆 360度
碁 名	一夫之碁	帝堯之碁	帝舜之碁	孔子之碁
閏度수	15度=180時	6度=72時	5¼=63時	15度全體歸空
生成變化		出生의 變化　　生長의 變化　　長成의 變化		
河洛도수	河洛未分	十九八 七六五四三二一	一二三四五六七 八九十	河洛合德
聖統淵源	盤古 天地·乾坤 (乾坤策未分)	天地人　有燧伏神黃堯舜 皇皇皇　巢人犧農帝 三才　　　　　七聖 (乾策)　　　　坤策	禹湯箕文武周孔　六七八 子王王公子　　十十十 　　　　　　　三二一 七聖　　　　乾策 十四聖	一夫:乾策聖人 孔子:坤策聖人 (乾坤策合德)
河洛度數	河洛未分	一二三 四五六七八九十	十九八七六五四 三二一	河洛合德

도표 12. 역수성통과 십오성통의 전개

지금까지 도서를 통하여 표상된 역수원리를 바탕으로 성통에 대하여 살펴보았다. 『정역』에서는 시간성의 관점에서 성통을 언급하고 있고, 『주역』에서는 공간성의 관점에서 성통을 언급하고 있다. 시간적 관점에서 보면 도통, 성통은 선천이라는 시간의 본성으로의 시의성 곧 선천적 시의성을 나타낸다.

선천은 시간성의 공간성화, 시간성의 시간화를 뜻한다. 시생하여 생장하는 시간으로서의 선천의 시의성이 성통을 통하여 표상된 것이다. 선천을 천지의 개벽, 삼재 세계의 열림 등으로 표현한 것은 시간성이 공간성으로 변화하면서 시간이 전개되는데 이 때 시간성은 시간의 본질로서의 시의성이 됨을 나타낸다.

공간적 관점에서는 선천은 시간성이 시의성으로 변화하면서 그것이 공간성이 됨을 뜻한다. 공간성은 만물의 본성을 나타낸다. 이때의 본성은 하늘과 땅 그리고 인간이라는 구분이 없다. 만물의 본성 그것이 바로 공간성이면서 시의성이다.

시의성 곧 공간성이 매 순간에 인간에 있어서는 인간성으로 드러남을 나타내는 것이 성통이다. 성통에 참여한 성인을 통하여 만물의 본성이 인간성임을 나타낸 것이다. 『정역』에서는 역수원리를 근거로 십오 성통을 제시하고 있다.

성통은 시간성이라는 일체적 세계로부터 인간이라는 개체적 존재를 밝혀가는 매개이다. 다시 말하면 시간성의 원리, 역수원리가 인신화人身化하여 나타난 존재가 인간임을 밝히는 것이 성통을 언급하는 의도이다.

십오 성통의 전개는 천도 자체의 자기전개 역사로 성통에 참여한 성인을 통하여 천의_天_意가 밝혀지게 된다. 천지의 도가 성인의 본래성으로 주체화함으로써 성통이 전개되고, 성통을 따라서 인류의 역사상에 탄강한 성인이 자신의 본래성의 자각과 더불어 천지의 도를 주체적으로 자각하여 그것을 천명함으로써 비로소 천의가 드러나 밝혀지는 것이다.

성통을 밝힘으로써 역학과 유가철학의 학문적 연원이 도에 있음이 드러나는 동시에 인간의 존재특성 역시 드러난다. 성인과 군자로 대표되는 인간은 신도, 천도가 현현된 존재이다. 그러므로 성통은 신도, 천도가 곧 인간 본래성임을 밝히는데 그 의의가 있다.

천도인 역수원리가 인간을 매개로 하여 현현됨은 두 관점에서 나타낼 수 있다. 그것은 인간이 선천과 후천이라는 시간의 시의성을 따라서 두 부류로 구분하여 나타낼 수 있음을 뜻한다. 선천이라는 시의성에 의하여 현현한 존재가 성인이다.

성인은 천도, 신도를 인간 주체적으로 자각하여 천명하는 존재이다. 그러므로 인간이 선천에는 자신의 본성을 자각하는 과정 곧 자신의 본래성을 체험하는 과정이 중심이 된다. 인간은 육신과 마음이 아니라 본성이라는 형이상적 존재가 주체임을 끊임없이 체험하는 과정이 선천의 삶이다.

선천에 학문이나 수행, 수기修己를 한다는 의미가 바로 그것이다. 끊임없이 변화하는 마음이나 육신이 아닌 참나로서의 본성을 체험하면서 살아가는 것이 바로 학문, 수기, 수행이다. 그리고 선천이 성통사라는 것도 역시 인간이 육신과 마음이 주체가 아니라 신도, 천도, 역도가 주체임을 경험하고 체험하는 시기임을 뜻한다.

성인의 주체적 자각을 통하여 천명되어지는 천의天意는 그것을 주체로 살아가는 인간에게 있어서 역사적 사명으로서의 천명天命이 된다. 그것은 신도, 천도를 자각한 사람이 그것을 주체로 살아감을 자신이 해야 할 사명으로 자임自任하게 됨을 뜻한다.

선천의 성인과 달리 후천에는 본성을 주체로 한 삶을 확충하는 삶이 위주가 된다. 그것은 본성 그 자체를 주체로 하는 삶에 치중한 수기, 학문 위주의 선천적 삶과 다르다. 후천적 인간의 삶은 자각한 본성, 그리고 그것을 더불어 자각한 신도, 천도를 현실에서 실천하여 구현하는 삶이다.

성인이 밝힌 역사적 사명을 현실에서 실천하여 구현하는 존재를 군자라고 한다. 군자는 후천이라는 시의성이 현현된 인간이다. 그것은 후천의 시의성이 군자라는 인간의 삶으로 나타났음을 뜻한다.

군자의 삶은 본성 그것 자체를 자각하는 과정, 체험하고 경험하는 삶이 위주가 아니라 본성을 주체로 살아가는 삶의 확충이다. 그것은 『주역』에서 언급하고 있는 도제천하道濟天下의 사업을 확충하는 광업廣業이다.

성통과 괘효

앞에서 살펴본 바와 같이 세계 자체는 선천과 후천이라는 시간적인 구분도 없고, 천지인天地人이라는 공간적인 구분도 없으며, 삼극三極이나 삼황三皇과 같은 원리적 구분도 없다. 그러므로 간지도수가 표상하는 신도神道, 도서상수가 표상하는 역수원리, 천도天道, 괘효상수가 표상하는 인도人道, 성명性命도 없다.

그러나 인간은 세계를 간지도수를 통하여 신도로 표상하기도 하고, 시간의 측면에서 도서상수를 중심으로 선후천원리, 역수원리로 표상하기도 하며, 간지도수, 도서상수가 표상하는 내용을 다시 공간적 측면에서 괘효상수를 통하여 삼재三才의 도로 표상하기도 한다.

본래 분별이 없는 세계를 구분하여 나타낸 까닭은 그것을 통하여 세계와 인간 자신의 본질을 밝히고자 함이다. 간지도수, 도서상수를 통하여 세계가 하나이고, 영원하며, 개체적 존재가 없음을 밝히고, 괘효상수를 통하여 모든 개체적 존재의 가치를 나타낸다. 간지도수, 도서상수가 표상하는 일체적 세계가 괘효상수가 표상하는 시간과 공간상의 다양한 사건과 물건으로 나타난다.

인간의 삶도 우주의 구성원이라는 점에서는 우주와 일체이기 때문에 사람과 하늘 그리고 땅이라는 구분이 없다. 그러나 그것이 바탕이 되어 천지와 구분된 인간의 세계가 형성되고, 인류라는 수많은 구성원 속에서 살아간다. 그렇기 때문에 일체성, 전체성, 무아성無我性을 본질로 하는 참나를 시간과 공간에서 어떻게 구현해야하는지를 파악하는 것이 필요하다.

역수원리의 관점에서 보면 우주 또는 인류의 역사는 선천과 후천으로 구분할 수 있다. 선천은 윤역이 시생하여 생장하는 시대이며, 후천은 정역이 운행하는 시대이다. 윤역의 시생과 생장은 음양의 불균형을 통하여 본래의 조화로운 세계로서의 원역의 세계를 나타내며, 정역은 음양의 균형을 통하여 원역의 세계를 나타낸다.

선천은 세계와 인간, 천도와 인도, 본성과 육신, 학문과 실천이 둘임을 통하여 그 본질이 일체임을 체험하고 경험하는 과정이다. 그것은 모든 대립적인 요소들을 표상하는 음과 양이 본래 일체임을 통하여 사람으로서의 자신의 본성과 세계의 본성이 일체임을 끊임없이 알고, 느끼고, 체험하고, 경험하는 삶을 살아가는 때이다.

선천의 시대에는 미래적 삶, 후천적 삶을 보여줌으로써 다른 존재로 하여금 스스로 체험을 하도록 이끌어 주는 존재가 필요하다. 그렇기 때문에 선천은 성인이라는 스승에 의하여 주도된 성인의 역사, 성인에 의하여 도통이 전승되어진 성통사라고 할 수 있다.

그러나 후천의 시대는 성인에 의하여 밝혀진 인도를 실천하여 구현하는 시대이다. 역수원리의 관점에서 음력과 양력이 하나가 된 정역이 운행하듯이 군자에 의하여 세계와 인간이 회통하고, 합덕하여, 자유롭고, 평화로운 삶을 살아가는 시대가 후천이다.

시간적 관점에서 선천에서 후천으로의 변화는 공간적 관점에서는 천지인 삼재의 합덕·성도가 된다. 간지도수, 도서상수를 통하여 표상된 선후천변화원리가 괘효상수를 통하여 표상된 삼재의 도에서는 삼재가 회통하고 합덕하여 성도하는 삼재의 합덕·성도원리가 된다.

그런데 앞에서 이미 성통을 통하여 선천의 주체적 존재인 성인에 대하여 고찰하였으므로 지금부터는 후천의 주체적 존재인 군자가 어떤 존재이며, 어떤 삶을 살아가는 존재인지를 고찰하는 것이 필요하다. 군자의 삶의 원리는 공간적 관점에서 삼재의 도를 밝히고 있는 괘효상수를 통하여 고찰할 수 있다.

먼저 시간적 관점에서의 선후천변화원리를 내용으로 하는 삼극의 도가 공간적 관점에서 삼재의 도로 표상되는 과정을 『정역』에서 제시하고 있는 삼역팔괘도를 중심으로 고찰하고자 한다. 이어서 삼역팔괘도가 표상하는 삼재의 세계를 통하여 이루어지는 선후천변화를 고찰하기 위하여 팔괘가 중첩되어 형성된 육효 중괘와 64괘 서괘원리를 고찰할 것이다.

신명, 시간성, 반고, 신도라는 근원적 존재의 본성은 개체적 존재에 있어서는 그 본질이 된다. 그것은 시간성이 곧 매 시간에 있어서는 시의성이 되며, 시의성이 공간적 측면에서는 만물의 본성이 됨을 뜻한다.

근원적 존재를 시간의 관점에서 나타낸 것이 삼극이며, 삼극을 공간적 관점에서 나타낸 것이 삼역팔괘도이다. 삼역팔괘도는 삼극의 도를 공간적 관점에서 천지인天地人의 삼재의 도로 표상하였음을 삼효三爻로 구성된 팔괘를 통하여 표상한 괘도이다.

그런데 삼극의 도가 선후천변화로 나타나듯이 삼재의 도에서도 역시 삼재의 선후천의 변화로 나타낸다. 삼재를 나타내는 삼효로 구성된 팔괘를 중첩하여 육효 중괘를 구성하고,

64가지의 육효 중괘를 일정하게 나열하여 형성된 서괘를 통하여 선후천 변화를 표상한다. 육효 중괘의 관점에서는 삼극의 선후천변화를 삼재의 음양작용 또는 삼재의 양지작용으로 나타내고, 64괘 서괘에서는 상경에서 하경으로의 변화로 나타낸다.

1. 삼극의 도와 삼역팔괘도

앞에서 간지도수를 통하여 표상된 신도가 하도와 낙서를 통하여 역수원리로 표상되고, 그것을 천도, 역도, 변화의 도라고 하며, 역수원리에 의하여 인류의 역사는 선천과 후천으로 구분되고, 선천의 주체적 존재가 성인이기 때문에 선천은 성인에 의하여 천도, 인도가 밝혀지는 성통사임을 살펴보았다.

그런데 역수원리는 삼극의 도역생성을 내용으로 하는 삼극의 도이다. 삼극의 도역생성에 의하여 사역변화가 이루어지면서 천지와 일월의 세계가 생성되는 것이다. 그러므로 삼극의 도를 공간적 관점에서 나타내면 삼극을 공간화한 천지인의 삼재의 도가 된다.

삼재의 도는 삼재가 중심이 된다. 삼재의 변화 곧 음양작용, 양지작용이 삼재의 도의 내용이기 때문이다. 그러면 삼극이 삼재로 표상되는 과정을 통하여 삼재의 도의 내용이 무엇인지를 고찰하여 보자.

『정역』에서는 삼역팔괘도三易八卦圖를 중심으로 괘효상수에 의하여 표상되는 삼재의 도를 밝히고 있다. 먼저 삼역팔괘도와 관련하여 그 내용을 밝히고 있는 부분을 살펴보면 다음과 같다.

> 역易은 셋이니 건곤乾坤이며, 괘卦는 여덟이니 비태否泰, 손익損益, 함항咸恒, 기제旣濟미제未濟이다.[1]

역이 셋이라는 것은 역학이 복희역伏羲易과 문왕역文王易 그리고 정역正易으로 변화함을 뜻하며, 그것을 나타내는 것이 건곤괘乾坤卦임을 뜻한다. 이는 삼역팔괘도의 삼역에 관한 언급으로 복희역伏羲易과 문왕역文王易 그리고 정역正易을 삼역三易이라고 하였음을 알 수 있

---

1) 金恒, 『正易』四正七宿用中數, "易은 三이니 乾坤이오 卦는 八이니 否泰損益咸恒旣濟未濟니라."

다. 삼역팔괘도가 복희팔괘도, 문왕팔괘도, 정역팔괘도로 구성되었음은 이를 보여준다.

중국에서는 『주역참동계周易參同契』가 저작되면서 괘효와 도교道敎의 연단술鍊丹術이 연관되어 이해되기 시작하였고, 그것이 송대宋代의 소강절邵康節에 이르러서는 선천학先天學, 후천학後天學과 관련되면서 복희팔괘도는 선천도로 그리고 문왕팔괘도는 후천도로 인식되었다.

소강절의 선후천학은 복희팔괘도와 문왕팔괘도라는 두 개의 도상을 바탕으로 형성된 점에서 『정역』에서 제시하고 있는 삼역팔괘도와는 그 내용이 다르다. 『정역』에서 제시되어진 삼역팔괘도를 보면 복희팔괘도는 소강절의 도상과 같다.

그러나 소강절의 문왕팔괘도에는 수가 제시되어 있지 않다. 이 점은 소강절의 팔괘도를 그대로 수용한 주희의 『주역본의周易本義』와 『역학계몽易學啓蒙』을 보면 역시 팔괘만이 있을 뿐 수가 나타나 있지 않음을 통해서도 확인된다.

『정역』에서 제시된 문왕팔괘도에는 각 괘에 수가 함께 제시되고 있다. 진괘震卦에는 삼三이, 손괘巽卦에는 사四가, 이괘離卦에는 구九가, 곤괘坤卦에는 이二가, 태괘兌卦에는 칠七이, 건괘乾卦에는 육六이, 감괘坎卦에는 일一이, 그리고 간괘艮卦에는 팔八이 제시되어 있다. 이는 낙서洛書의 수와 일치하는 것이다.

낙서의 수와 문왕팔괘도를 일치시켜서 제시함으로써 비로소 문왕팔괘도의 성격이 분명하게 드러나게 된다. 문왕팔괘도는 오황극을 본체로 하여 이루어지는 도역의 생성작용을 현상적 측면에서 생장의 원리로 제시한 것이다. 이를 통하여 삼역팔괘도의 성격 역시 분명하게 드러나게 된다. 삼역팔괘도는 오황극을 중심으로 형이하의 사물적 차원에서 형이상의 도덕적 차원으로 변화하는 원리를 나타내고 있다.

삼역팔괘도는 삼극의 도를 팔괘를 통하여 표상하고 있는 점에서 소강절을 비롯하여 중국의 여러 역학자들에 의하여 제시된 선후천론과 관련된 복희팔괘도, 문왕팔괘도와는 그 성격이 전혀 다르다. 선천역과 후천역이 아니라 삼역三易이 될 수밖에 없는 근거는 『주역』에서도 밝히고 있다.

택화혁괘䷰에서는 "역革에 관한 말이 세 번 이루어지면 비로소 믿음이 있을 것이다."[2]고 하였다. 혁革은 역易과 같은 의미로 혁언革言은 곧 변화원리에 대한 성인의 말씀을 뜻한다. 그러므로 "혁언삼취革言三就"는 변화원리에 대한 성인의 말씀이 세 번 이루어질 것을 상징한다. 소상小象에서는 "변화에 관한 말이 세 번 이루어졌으니 또한 어디로 갈 것인가?"[3]라고 하여 변화에 관한 말이 세 번 이루어지면 그 이상은 필요하지 않음을 밝히고 있다.

---

2) 『周易』 澤火革卦 九三爻 爻辭, "九三은 征이면 凶하니 貞이라도 厲하다. 革言이 三就면 有孚이리라."
3) 『周易』 澤火革卦 九三爻 小象. "象曰 革言이 三就니 又何之矣리오."

　　그러면 세 번 이루어질 변화원리에 대한 성인의 말씀이란 무엇을 뜻하는가? 세 번 이루
어지는 변화원리의 내용은 삼극의 도이다. "육효六爻의 움직임은 삼극의 도이다."[4]고 하여
괘효가 삼극의 도를 표상함과 더불어 "육六이라는 것은 다른 것이 아니라 삼재의 도이다
."[5]고 하여 육효에 의하여 구성된 중괘가 삼재의 도를 표상함을 밝히고 있다.

　　육효에 대하여 삼극의 도와 삼재의 도를 함께 논하고 있는 까닭은 시간성을 중심으로
삼극의 도가 표상되고, 공간성을 중심으로 삼재의 도가 표상되기 때문이다. 하도와 낙서에
서는 삼극의 도가 사역변화로 표상되고 있다.

　　낙서가 표상하고 있는 사역변화는 원역에서 윤역이 시생하는 변화와 윤역이 생장하는
변화 그리고 윤역이 장성하여 정역으로 화하는 변화로 나타낼 수 있다. 이것을 시간의 관
점에서 나타내면 생장성의 변화라고 할 수 있다. 원역이라는 본래의 세계가 윤역의 시생으
로 나타나고, 다시 윤역의 생장으로 나타나며, 정역의 장성으로 나타나는 것이다.

　　다음에는 괘가 여덟이라는 것이 무엇을 의미하는지 살펴보자. 인용문에서 제시하고 있
는 여덟 괘를 보면 비태괘는 건곤괘를 중심으로 선천과 후천을 표상하고 있다. 천지비괘는
선천을 표상하는 괘이고, 지천태괘는 후천을 표상하는 괘이다.

　　기제괘와 미제괘도 선천과 후천을 표상하고 있다. 다만 건곤괘를 중심으로 선후천을 표
상하고 있는 비태괘와 달리 감리괘를 중심으로 선후천을 나타내고 있다. 기제괘는 후천에
서 선천으로의 변화를 나타내고, 미제괘는 선천에서 후천으로의 변화를 나타낸다.

　　손익괘는 상하 관계를 통하여 선후천변화를 표상하고 있다. 그것은 괘체卦體와 효용爻用
의 관계를 통하여 도생역성과 역생도성의 작용을 표상함을 뜻한다. 그리고 함항괘는 각각
선천의 주체적 존재인 성인과 후천의 주체적 존재인 군자를 표상하는 괘이다. 함괘는 간태
합덕에 의하여 후천의 군자를 표상하고, 항괘는 진손괘를 통하여 선천의 성인을 표상한다.
이를 통하여 여덟 괘가 표상하는 내용은 선후천변화원리를 표상하고 있음을 알 수 있다.

　　인용문을 통하여 삼역팔괘도가 표상하는 내용은 삼극의 도역생성원리를 내용으로 하는
삼극의 도를 표상하고 있음을 알 수 있다. 삼극의 도를 팔괘를 통하여 표상함으로써 도서
상수가 표상하는 천도와 괘효상수가 표상하는 인도를 회통시켜서 종합적으로 나타낸 것이
삼역팔괘도이다.

　　그러면 문왕팔괘도의 도상에 대한 설명과 더불어 삼역팔괘도가 성립할 수 있는 근거를
밝히고 있는 『주역』의 설괘편을 살펴보자.

---

4) 『周易』 繫辭上篇 第二章, "六爻之動은 三極之道也니"
5) 『周易』 繫辭下篇 第十章, "易之爲書也 廣大悉備하야 有天道焉하며 有人道焉하며 有地道焉하니 兼三才而
　　兩之라 故로 六이니 六者는 非他也라 三才之道也니"

  설괘편을 보면 복희팔괘도의 근거가 되는 3장과 4장 그리고 문왕팔괘도의 근거가 되었던 5장과 다른 성격의 6장이 있다. 설괘편의 전체 내용을 살펴보면 1장과 2장은 『주역』이 어떻게 저작되었는지, 구성은 어떻게 되는지, 그 내용이 무엇인지를 전반적으로 밝히고 있다. 주목할 부분은 『주역』의 성명의 이치를 밝히기 위하여 저작되었다는 점이다.

  7장부터 10장까지는 팔괘가 천지인의 세계에 적용됨을 다양한 개념들을 통하여 나타내고 있다. 7장에서 9장까지가 팔괘를 각각 그 표상내용이 무엇인지를 밝히고 있는 반면에 10장은 일체적 관점에서 팔괘를 나타내고 있다. 10장의 연장선상에서 다양한 측면에서 팔괘가 표상하는 내용을 밝히고 있는 것이 11장이다.

  7장, 8장, 9장은 시생원리를 중심으로 팔괘를 논하고 있고, 10장은 생장원리를 중심으로 팔괘를 논하고 있으며, 11장은 장성원리를 중심으로 팔괘를 설명하고 있다. 이처럼 설괘의 내용을 생장성의 관점에서 구분하여 나타내면 3장과 4장 그리고 7장 8장 9장이 시생원리를 나타내고, 5장, 10장이 생장원리를 나타내며, 6장, 11장이 장성원리를 표상한다고 할 수 있다.

  설괘의 내용을 보면 전체 내용은 삼극의 도를 생장성원리로 표상하고 있다고 할 수 있다. 3장이 일태극의 원리를 표상하고, 5장이 오황극원리를 표상하며, 6장이 십무극원리를 표상한 것이다. 그러므로 4장을 도상화한 복희팔괘도와 5장을 도상화한 문왕팔괘도에 이어서 6장을 도상화한 새로운 팔괘도가 필요하다. 김일부는 설괘의 6장을 도상화한 정역팔괘도를 제시함으로써 괘효 역시 삼극의 도를 표상하고 있음을 밝혔다.

  제삼의 팔괘도인 정역팔괘도가 그려진다는 것은 기위원리己位原理, 십무극十无極원리가 밝혀짐으로써 비로소 역도의 전모가 드러나게 됨을 뜻한다. 그러므로 『주역』에서는 "역革은 기일己日이 되어야 비로소 그 생산이 있다. 원형이정元亨利貞하니 후회가 없을 것이다."[6]라고 하였다.

  기일己日은 기위원리己位原理, 십수원리十數原理를 상징하는 개념이다. 그러므로 변화가 기일己日이 되어야 비로소 그 생산이 있을 것이라는 것은 십수원리인 삼극원리가 성인에 의하여 천명되어지고, 그것을 바탕으로 군자가 주체적으로 자각하여 현실에서 실천하여 구현함으로써 비로소 천지변화가 완성됨을 나타낸 것이다.

  앞의 인용문의 "역易은 세 번 변화하는 원리로 그 요체는 건곤乾坤에 표상되어 있다. 천지비天地否☷☰, 지천태地天泰☰☷, 뇌풍항雷風恒☳☴, 풍뢰익風雷益☴☳, 택산함澤山咸☱☶, 산택손山澤損☶☱, 수화기제水火旣濟☵☲, 화수미제火水未濟☲☵의 여덟 괘이다."[7]는 역도의 내용이 삼역팔괘도를 통

---

6) 『周易』 澤火革卦 卦辭, "革은 己日이라야 乃孚하리니 元亨 利貞하여 悔이 亡하리라."

하여 표상되는 삼극의 도임을 나타낸다.

괘효는 시간성의 원리인 삼극의 도를 공간적 관점에서 삼재의 양지兩之작용을 내용으로 하는 삼재의 도로 표상한 것이다. 이처럼 삼재의 도가 삼극의 도를 근거로 하고 있음을 밝히기 위하여 삼역팔괘도가 저작되었다.

삼역팔괘도는 일태극과 오황극 그리고 십무극의 삼극원리를 팔괘의 관계를 통하여 표상하였다. 일태극원리를 시생원리로 표상한 괘도가 복희팔괘도이며, 오황극원리를 생장원리로 표상한 괘도가 문왕팔괘도이고, 십무극원리를 장성원리로 표상한 괘도가 정역팔괘도이다.

삼역팔괘도가 표상하는 생장성 원리의 내용은 도덕성이다. 도덕성은 천도天道와 지덕地德이 합덕하여 일체화된 본래의 세계를 나타낸다. 천지의 본성으로서의 도덕성은 곧 앞에서 누차 언급된 신명神明이다. 신명 곧 도덕성이 삼재라는 공간적 관점에서 삼역팔괘도를 통하여 표상된 생장성의 원리로 나타난 것이다.

도덕성을 바탕으로 천지가 합덕되고, 천인이 합덕된 세계를 표상한 것이 정역팔괘도이다. 반면에 정역팔괘도에 의하여 표상된 완성된 세계를 목표로 시생된 세계를 표상한 팔괘도가 복희팔괘도이다. 그리고 시생된 세계가 도덕성을 매개로 하여 도덕적 세계로 차원이 전환되는 원리를 표상한 괘도가 문왕팔괘도이다.

삼역팔괘도에 의하여 표상된 생장성의 원리는 사물적 존재의 생장원리가 아니라 우주가 형이하의 사물적 차원에서 도덕성을 내용으로 하는 인간 본래성을 매개로 하여 형이상의 도덕적 차원으로 변화하는 원리이다. 그렇기 때문에 삼역팔괘도에서 중심이 되는 것은 도덕성이다.

도덕성의 자각을 통하여 천인합덕을 이루고 나아가서 천지합덕을 이루는 존재는 성인과 군자이다. 따라서 삼역팔괘도는 성인, 군자의 도를 중심으로 그것이 생장성하는 원리를 표상한 것이라고 하겠다.

물리적 존재로 시생하여 도덕성을 자각함으로써 생장하고 그것을 바탕으로 천도와 합덕함으로써 천인天人, 천지天地가 합일合一되는 완성의 세계로 변화하는 원리를˙나타낸 것이 삼역팔괘도인 것이다. 그렇기 때문에 삼역팔괘도의 중심은 인간의 본래성을 상징하는 동시에 시간성의 측면에서 현존성現存性을 나타내는 오황극이 될 수밖에 없다.

삼역팔괘도가 생장성의 계대관계임을 확인할 수 있는 것은 팔괘도가 나타내는 수에서도 드러난다. 복희팔괘도에는 일一에서 팔八까지의 數가 있어서 서로 대응하는 수를 합하면 모

---

7) 金恒, 『正易』 四正七宿用中數, "易은 三이니 乾坤이요 卦는 八이니 否泰損益咸恒既濟未濟니라."

두 구九가 된다. 그리고 문왕팔괘도에서는 일一에서 구九까지의 수가 있어서 서로 대응하는 수를 합하면 모두 십十이 된다.

그런데 정역팔괘도의 수는 일一에서 십十까지의 수가 모두 드러나고 있다. 이렇게 보면 팔八에서 구九로, 구九에서 십十으로 이어지는 계대관계가 세 팔괘도 사이에 형성됨을 알 수 있다. 그것은 세 괘도가 생장성의 관계임을 나타낸다.

세 괘도가 생장성의 관계임은 각 괘도의 중심도수를 통해서 확인된다. 복희팔괘도에서는 오황극이 중심 본체가 되지 못하고 있으나 문왕팔괘도에서는 오황극이 중심 본체가 되고, 정역팔괘도에서는 오황극이 십무극과 합덕하여 일체화됨으로써 이천二天과 칠지七地가 십오十五 건곤乾坤과 합덕되어 있다. 이는 정역팔괘도에 이르러서 비로소 중천건괘와 중지곤괘가 표상하는 회통과 합덕의 세계가 구현되었음을 나타낸다.

복희팔괘도와 문왕팔괘도 및 정역팔괘도는 오황극을 중심으로 형이하적 사물의 세계와 그것이 성장함으로서 밝혀지는 형이상의 도덕적 세계 그리고 신물神物이 合德됨으로써 형이상하가 원융圓融한 세계를 나타내고 있다.

1) 일태극과 복희팔괘도

복희팔괘도의 도상이 성립될 수 있는 근거는 설괘편說卦篇에서 찾을 수 있다. 설괘편 제3장에서는 천지와 산택山澤, 뇌풍雷風, 수화水火의 관계를 통하여 하나의 세계를 표상하고 있다. 그 내용을 살펴보면 다음과 같다.

> 천지가 상하에서 그 위치를 정하고, 산택山澤이 기운을 통하며, 뇌풍雷風이 서로 작용하지 못하고, 수화水火 역시 그 작용이 서로 미치지 못함으로써 팔괘八卦가 서로 어그러져 있다. 지나간 과거를 헤아리는 것은 순順의 작용에 의하여 이루어지며, 다가올 미래를 깨닫는 것은 역逆의 작용에 의하여 이루어진다. 그러므로 역학의 중심 문제는 역방향逆方向으로 헤아리는 것이다.[8]

위의 내용을 보면 그 내용상 두 부분으로 나누어서 이해할 수 있다. "천지정위天地定位"에서 "팔괘상착八卦相錯"까지가 첫 번째 부분이고, "수왕자순數往者順" 이하가 두 번째 부분이다.

첫 번째 부분의 천지, 산택, 뇌풍, 수화는 끝 부분에서 '팔괘상착'이라고 논한 바와 같이 건곤乾坤, 간태艮兌, 진손震巽, 감리坎離의 팔괘를 나타낸다. 그런데 건乾과 곤坤, 간艮과 태兌,

---

8) 『周易』 說卦篇 第三章, "天地定位하고 山澤通氣하며 雷風相薄하고 水火不相射하니 八卦相錯하여 數往者順하고 知來者逆이라是故로 易은 逆數也라."

진震과 손巽, 감坎과 리離는 음양 관계이기 때문에 서로 짝을 이루고 있다.

그러나 아직은 팔괘가 서로 합덕하여 작용을 하지 못하는 상태이다. 그러므로 '팔괘가 서로 어그러진다.'고 하였을 뿐만 아니라 뇌풍과 수화가 서로 그 작용이 미치지 못한다고 하였다. '천지가 위치를 정한다.'는 것 역시 천지가 상하에서 서로 제 위치를 지킬 뿐으로 합덕合德하여 작용을 하지 못하고 있음을 나타낸다.

이 점은 천天과 지地가 각각 외괘와 내괘를 이루고 있는 천지비괘天地否卦를 보면 분명하게 드러난다. 건괘와 곤괘가 상하를 이루어서 형성된 천지비괘에 대하여 "천지가 서로 작용하지 못하는 것이 비괘否卦"9)라고 하였다.

팔괘가 서로 작용하지 못하는 까닭은 합덕할 수 있을 만큼 충분히 성장하지 못하였기 때문이다. 그러므로 간태의 관계를 나타내는 '산택이 서로 기운을 통한다.'는 부분 역시 충분히 성장하여 합덕된 상태에서 이루어지는 작용을 나타내는 것이 아니라 시생된 상태를 나타낸다.

천지가 제 자리를 잡고, 산택이 서로 기운을 통함으로써 수륙이 나누어져서 뇌풍과 수화가 시생하였을 뿐 그 작용이 이루어지지 못하고 있다. 그러므로 천지가 상하의 제 위치를 지키고 있고, 일월(水火)이 동서에서 각각 제 자리를 지키며 작용하지 않고, 뇌풍도 각각 제 자리에서 있을 뿐으로 서로 작용하지 못한다고 하였다.

뒷부분에서는 앞부분의 내용이 갖는 성격을 규정하고 있다. 다시 말하면 팔괘의 관계를 통하여 표상하고자 하는 내용에 대하여 논하고 있는 것이다. 뒷부분에서 논의되어지는 내용은 십오천지의 도역생성이다.

그것은 도덕적 존재인 천지의 도생역성과 역생도성에 의하여 물리적인 천지·만물이 생성되었음을 나타내는 동시에 물리적인 천지·만물의 생장원리 역시 도역의 생성작용임을 나타낸 것이다.

'수왕자순數往者順'은 도생역성작용을 나타나며, '지래자역知來者逆'은 역생도성작용을 나타낸다. 이는 지나간 과거의 시간이 갖는 의미로서의 과거적 시의성(過去性)을 헤아림을 순(倒)으로 그리고 다가올 미래 시간이 갖는 의미로서의 미래적 시의성(未來性)을 아는 것을 역逆으로 규정한 것이다.

과거성과 미래성의 자각을 순역順逆으로 구분할 수 있는 기준은 현재 시위이다. 과거성과 미래성이 합덕된 현재성을 기준으로 할 때 과거성의 자각이 순방향이 되고, 미래성의 자각은 역방향이 되는 것이다. 그러므로 뒷부분에서 논의되어지는 순역은 일태극과 십무

---

9)『周易』天地否卦 彖辭, "天地不交이 否이니"

극이 합덕일체화된 오황극을 기준으로 이루어지고 있음을 알 수 있다. 그것은 바꾸어 말하면 이 부분이 인간의 본래성으로 주체화된 천지의 도를 표상하고 있음을 의미한다.

역도는 존재원리이기 때문에 그 자체가 그대로 천명闡明원리가 된다. 천도의 도역생성에 근거하여 괘상卦象원리 역시 표상되어진다. 따라서 도역생성작용을 나타내고 있는 뒷부분은 괘효의 구성원리를 나타낸 것으로 이해할 수 있다.

그런데 도역의 생성작용은 도서상수에서는 낙서의 사상수四象數에 의하여 표상되어지는 사상작용四象作用이다. 하도가 표상하는 십오 천지의 합덕에 의하여 도역의 생성작용이 이루어진다. 그것이 낙서의 생수生數와 성수成數에 의하여 표상되는 사상작용이다.

음양이 합덕된 본체에서 음양으로 나누어져서 작용이 이루어지고, 그것이 다시 사상작용으로 드러나는 것이다. 이러한 십오 천지에 의하여 이루어지는 도역생성을 팔괘의 생성과정과 연관시켜서 나타낸 것이 계사상편繫辭上篇의 다음과 같은 내용이다.

> 변화하는 현상에는 그 본체인 태극이 있다. 태극이 양의兩儀를 낳고, 양의兩儀가 사상四象을 낳으며, 사상이 팔괘八卦를 낳고, 팔괘가 길흉吉凶을 정한다.[10]

이 부분에서 태극, 양의, 사상, 팔괘, 길흉을 연결하고 있는 개념은 생生이다. 이는 사실적 생성을 나타내는 것이 아니라 개념들의 관계를 선후관계를 중심으로 나타낸 것이라고 할 수 있다.

변화하는 현상에는 근거가 되는 본체가 있다. 인용문에서는 그것을 태극으로 규정하고 있다. 태극의 내용을 나타내는 것이 양의兩儀로 태극을 그 작용의 측면에서 드러낸 것이다. 양의는 도역의 생성작용을 하며, 그 내용은 사상작용이다.

태극의 도역생성작용을 나타내는 것이 음양의 효爻이고, 그 내용인 사상작용을 나타내는 것이 음양의 효가 겹쳐서 형성된 네 가지 경우이다. 그리고 사상작용을 천지인의 삼재적 구조에 의하여 나타낸 것이 팔괘이다.

이 팔괘가 겹쳐서 중괘가 형성됨으로써 삼재의 도가 모두 밝혀지게 되고, 그것을 통하여 인사人事의 길흉이 드러나게 된다. 따라서 이 부분은 현상적 측면에서 일태극을 중심으로 괘효의 생성원리를 나타낸 것이다. 태극이 음양으로, 음양이 다시 사상으로, 그리고 사상이 다시 팔괘로 구분되어짐으로써 역수원리의 수數와 위位가 팔괘의 관계로 드러난다.

삼극의 도역생성 작용원리를 표상하고 있는 낙서에서는 생수와 성수를 서로 대응시켜서 그 관계를 통하여 도역생성작용을 표상하고 있다. 구九와 일一, 팔八과 이二, 칠七과 삼三,

---

10) 『周易』 繫辭上篇 第十一章, "易有太極하니 是生兩儀하고 兩儀生四象하고 四象生八卦하니 八卦定吉凶하고"

육六과 사四의 사상수四象數가 서로 대응하는 것이다.

구九에서 팔八, 칠七, 육六으로 이어지는 수의 변화를 통하여 도생역성이 표상되고, 일一에서 이二, 삼三, 사四로 이어지는 수의 변화를 통하여 역생도성이 표상된다. 삼극을 중심으로 생장성원리를 표상하면 원역에서 시생된 용팔의 윤역의 세계를 나타내는 것은 일태극의 세계이다.

복희팔괘도의 도상을 보면 위에는 건괘乾卦가 있고, 아래에는 곤괘坤卦가 있으며, 왼쪽에는 이괘離卦가 있고, 오른쪽에는 감괘坎卦가 놓여서 일월이 천지와 일월이 상하와 동서의 제 자리를 지키고 있다.

진간震艮의 양괘가 곤괘의 좌우에 놓이고, 음괘인 손태巽兌는 건괘의 좌우에 놓여있다. 이는 장남과 소남이 어머니를 좌우에서 지키고, 장녀와 소녀가 아버지의 좌우에서 지키고 있는 상황과 같다.

한대 이후 주희에 이르기까지의 역학자들은 사상四象을 태양太陽과 태음太陰 그리고 소양少陽과 소음少陰으로 이해하였다. 그리고 그것을 수와 결부시켜서 구九는 태양을, 팔八은 소음을, 칠七은 소양을, 그리고 육六은 태음을 나타내며, 일一은 태양의 위位를, 이二는 소음의 위位를, 삼三은 소양의 위位를, 사四는 태음의 위位를 나타낸 것으로 이해하였다.

사상수四象數는 구九에서 팔八로, 팔八에서 칠七로, 칠七에서 육六으로의 성수成數의 변화를 통하여 순작용順作用을 나타내며, 일一에서 이二로, 이二에서 삼三으로, 삼三에서 사四로의 생수生數의 변화를 통하여 역작용逆作用을 나타낸다.

사상은 태양에서 소음으로, 소음에서 소양으로, 소양에서 태음으로 운행되어진다. 이는 양선음후陽先後陰의 관계로 양생음성陽生陰成, 양시음생陽始陰生의 원리를 그대로 드러낸다. 이러한 사상수의 작용원리를 삼극적 구조의 객관적 표현인 삼재의 위位를 통하여 나타낸 것이 팔괘이다.

역도 자체에서 그 작용을 중심으로 음양으로 구분하고, 구분되어진 음양을 다시 음양으로 구분하여, 사상四象과 팔괘八卦가 형성된다. 이처럼 음양으로 구분되어짐으로써 사상이 형성되어지는 원리 역시 역도 자체가 태음과 태양으로 구분되어지고, 그것이 다시 생수와 성수로 구분되어지는 원리에 근거한다.

생성의 수에 의하여 표상된 사상작용원리를 팔괘에 의하여 나타내면 건乾☰은 태양의 수를 나타내며, 태兌☱는 태양의 위位를 나타내고, 이離☲는 소음의 수를 나타내며, 진震☳은 소음의 위位를 나타낸다. 그리고 손巽☴은 소양의 위位를 나타내며, 감坎☵은 소양의 수를 나타내고, 곤坤☷은 태음의 수를 나타내며, 간艮☶은 태음의 위를 나타낸다. 이를 동서남북의 사방에 배치함으로써 복희팔괘도가 형성된다.

　태양의 수를 나타내는 건乾은 남방에 위치하고, 그 위를 나타내는 태兌는 동남에 위치하며, 태음의 수를 나타내는 곤坤은 북北에 위치하고, 그 위를 나타내는 간艮은 서북에 위치하며, 소음의 수를 나타내는 이離는 동방에 위치하고, 소양의 수를 나타내는 감坎은 서방에 위치하며, 그 위를 나타내는 손巽은 서남에 위치함으로써 복희팔괘도가 형성된다.

　복희팔괘도를 보면 일一에서 팔八까지의 수를 통하여 태양에서 소음, 소양을 거쳐서 태음으로 이어지는 사상작용을 표상하고 있는 동시에 팔괘는 용의 측면에서 음양을 나타내고 있다. 건태乾兌와 이진離震은 그 용用의 측면에서 보면 양괘이면서 태양과 소음을 나타내고, 손감巽坎과 간곤艮坤은 그 용의 측면에서 보면 음괘이면서 각각 소양과 태음을 나타낸다. 그러므로 복희팔괘도에서는 역도 자체의 작용을 중심으로 한 구조가 드러나는 동시에 그것을 체로 하여 생하는 원리를 나타낸 것이다.

　복희팔괘도에 나타난 수를 살펴보면 복희팔괘도가 시생원리를 표상하고 있음을 분명하게 알 수 있다. 건괘乾卦의 수가 십十임에도 불구하고 일一로써 규정되고 있을 뿐만 아니라 곤괘坤卦의 수가 오五임에도 불구하고 팔八로 규정되고 있다. 이는 천지와 만물이 시생하였을 뿐 그 작용이 이루어지지 못하는 상태를 나타낸 것이다. 이렇게 하여 형성된 복희팔괘도의 도상을 살펴보면 다음과 같다.[11]

---

11)　金恒, 『正易』第二十九張 伏羲八卦圖, 正經學會, 대전, 1996.

2) 오황극과 문왕팔괘도

『주역』의 설괘편 제4장에서는 복희팔괘도가 생성되어질 수 있는 근거를 논한 설괘편 제3장을 이어서 제3장의 결론 부분에서 논한 순역順逆작용의 구체적인 내용을 진손괘震巽卦를 중심으로 논하고 있다. 따라서 제4장第四章은 제3장第三章과 제5장第五章을 연결시켜주는 부분이라고 하겠다.

제4장이 뇌풍雷風으로 시작되며 제5장 역시 뇌풍雷風으로 시작되고 있음을 볼 때 이 점이 확인된다. 제4장은 팔괘의 기능을 통하여 군자의 도의 성장원리를 표상하고 있는데 그 내용은 다음과 같다.

> 뇌雷로서 움직이고, 바람으로 흩어버리고, 비로써 윤택하게 하며, 태양으로 말리고, 간艮으로 그치게 하며, 태兌로써 즐거워하게 하고, 건乾으로서 주관하며, 곤坤으로써 갈무리한다.[12]

위의 내용을 보면 제3장에서 건곤乾坤, 간태艮兌, 진손震巽, 수화水火의 순서順序로 논의되어지고 있는 것과는 달리 진손震巽, 감리坎離, 간태艮兌, 건곤乾坤의 순서順序로 언급되고 있음을 볼 수 있다.

진손震巽에서 감리坎離, 간태艮兌를 거쳐서 건곤乾坤에 이르는 순서는 시생한 남녀가 성장하여 성인成人이 되는 과정과 일치한다. 인간 본래성의 자각을 통하여 천지와 합덕된 도덕적 존재로 변화하는 과정을 표상하고 있는 것이다. 그러므로 팔괘가 언급되는 순서는 진손震巽, 감리坎離, 간태艮兌, 건곤乾坤의 과정을 거치고 있으나 진괘震卦와 손괘巽卦, 감괘坎卦와 이괘離卦, 간괘艮卦와 태괘兌卦, 건괘乾卦와 곤괘坤卦가 모두 각각 나누어져서 작용할 뿐 합덕이 되지 못하고 있다.

이는 제3장에서 논의되어진 역생도성작용이 팔괘를 통하여 상징적으로 표현된 것이다. 인간 본래성의 자각을 통하여 그것과 일체화된 천지의 도를 자각하는 천지의 도의 인간 주체적 자각을 팔괘의 관계를 통하여 표상하고 있는 것이다. 따라서 위의 내용 역시 물리적 천지·만물의 생성원리를 표상하고 있는 것이 아니라 인격적 존재의 생성원리를 표상하고 있음을 알 수 있다.

복희팔괘도가 표상하는 것은 도덕적 세계 자체가 아니라 도덕적 존재로 변화할 수 있는 가능성을 가진 존재이다. 바꾸어 말하면 시생된 존재는 반드시 생장의 과정을 거침으로써 비로소 도덕적 존재로 변화됨을 뜻한다. 그것은 과거적 관점에서 본질, 본성, 가능성으로

---

12) 『周易』 說卦篇 第四章, "雷以動之하고 風以散之하고 雨以潤之하고 日以烜之하고 艮以止之하고 兌以說之하고 乾以君之하고 坤以藏之하나니라."

존재할 뿐으로 아직은 드러나지 않는 세계를 나타낸다.

그러나 시생된 존재가 인간 본래성의 자각을 통하여 천지의 도를 주체적으로 자각함으로써 비로소 도덕적 존재인 성인·군자로 변화하게 된다. 따라서 인간 본래성을 상징하는 오황극을 본체로 하여 그 작용원리를 표상하는 문왕팔괘도의 내용은 군자의 도이다.

군자의 도를 중심으로 이 부분을 이해하면 다음과 같다. 진괘震卦는 성인의 말씀을 상징하는 괘이다. 군자는 성인의 말씀을 매개로 하여 역도를 자각함으로써 자신의 덕을 쌓는다. 이러한 성덕된 군자는 천하를 도덕적 세계로 변화시키는 존재이다. 따라서 성인은 군자를 인격적 존재로 변화시켜주는 동시에 군자를 매개로 하여 천하를 도덕적 세계로 화성化成시켜주는 존재이다. 그러므로 우레에 의하여 천하를 움직인다고 하였다.

손괘巽卦는 성인의 말씀을 통하여 그 덕성이 천지의 사이에 확충되어가는 것을 나타낸다. 다시 말하면 신도神道에 의하여 군자의 덕이 쌓여 가는 것을 표상한다.

감괘坎卦는 성인의 도에 의하여 물리적 생명의 근원으로서의 형이상적 생명이 길러지는 것을 표상한다. 예禮로 군자의 인격적 생명인 덕성을 키우는 것을 상징한다.

그것은 또한 진손괘震巽卦로 표상된 성인의 도와 신도神道에 의하여 그 덕이 천하에 행하여짐으로써 백성들을 인격적인 존재로 변화시켜주는 것을 표상한다. 그러므로 비로 생명을 윤택하게 한다고 하였다.

이괘離卦는 성인의 도에 의하여 만물의 정위情僞가 구분되어짐으로 만물의 본성이 환하게 드러나 밝혀짐을 표상한다. 군자의 덕을 통하여 왕도정치가 행하여진 세계를 표상하는 것이 바로 이괘離卦이다. 그러므로 햇빛으로 말린다고 하였다.

간艮은 군자가 성인의 말씀을 통하여 성명지리性命之理를 자각하여 그것을 자신의 주체성으로 확립하는 것을 뜻한다.

태兌는 군자가 성인의 도와 합덕됨으로써 그 은택을 누리는 것을 상징한다. 이처럼 군자는 성인의 도와 합덕됨으로써 그 은택이 백성들에게 미치도록 한다. 그리고 군자의 본래성으로서의 지성知性과 인성仁性을 상징하는 괘가 건괘乾卦와 곤괘坤卦이다. 그러므로 군자의 언행으로 나타나는 삶의 원리가 건乾에 의하여 주재되고, 곤坤에 의하여 마무리된다고 하였다. 이로써 팔괘를 통하여 성인의 도를 매개로 하여 이루어지는 군자의 성덕成德 과정이 모두 표상되었다.

시생된 존재가 생장함으로써 군자의 도덕적 세계가 밝혀졌기 때문에 비로소 군자의 도덕성을 중심으로 시생된 존재가 성장하는 원리를 나타내는 문왕팔괘도가 이어서 논의되어질 수 있다. 그러므로 제5장에서는 좀 더 구체적으로 복희팔괘도에 의하여 표상된 시생된 존재가 어떻게 성장하는지 그 성장원리를 다음과 같이 논하고 있다.

> 천지·만물의 생성을 주재하는 인격적 존재인 제帝의 작용이 진괘震卦로부터 시작되고, 손巽에 의하여 생장하며, 이괘離卦에 의하여 장성함으로써 그 본성이 드러나게 된다. 곤괘坤卦에 의하여 지극히 가꾸어지고, 태괘兌卦에 의하여 즐거워하며, 건괘乾卦에 의하여 시험을 거쳐서 굳어지고, 감괘坎卦에 의하여 수고하며, 간괘艮卦에 이르러서 비로소 그 말씀이 이루어진다. 만물이 진震에서 시생하니 진震은 동방의 괘이다. '제호손齊乎巽'하니 손巽은 동남이다. 제齊라는 것은 만물의 결제潔齊를 나타낸다. 이離는 밝음을 상징하니 만물이 모두 서로 드러나는 것으로 남방의 괘이다. 성인이 남쪽을 향하여 천하의 민심을 읽어서 밝음을 향하여 다스리는 것이 모두 이괘離卦의 원리를 본받은 것이다. 곤坤은 땅으로 만물을 모두 지극하게 기른다. 그러므로 '치역호곤治役乎坤'이라고 한다. 태兌는 가을로 만물이 기뻐하는 바이다. 그러므로 열언호태說言乎兌'라고 하였다. '전호건戰乎乾'은 건乾은 서북의 괘로 음양의 덕이 두텁지 못한 것을 말한다. 감坎은 물로 정북방의 괘이다. 수고로움을 나타내는 괘로 만물이 돌아가는 바이기 때문에 '노호감勞乎坎'이라고 한다. 간艮은 동북의 괘로 만물이 완성을 이루는 곳인 동시에 시초를 이루는 곳이다. 그러므로 '성언호간成言乎艮'이라고 한다.[13]

위의 인용문에서 물리적 천지·만물의 생성을 주재하는 존재를 지칭하는 개념이 상제上帝이다. 상제는 근원적 존재를 인격적 존재를 통하여 상징적으로 나타낸 것이다. 상제의 본성이 천지의 도덕성으로 드러나게 되고, 그것을 체로 하여 천지의 도가 전개된다. 따라서 상제의 본성이 만물의 생성으로 드러날 수밖에 없다.

위의 내용을 성인과 군자를 중심으로 나타내면 다음과 같다. 상제의 자화自化작용이 처음 나타나는 현상이 만물의 시생으로 표상된 인격적 존재의 시생이다. 그러므로 '제출호진帝出乎震'이라고 하여 진괘로부터 제의 본성이 드러나기 시작함을 나타냈다. 이때 진괘震卦가 표상하는 내용은 성인, 성인의 도이다. 이를 다시 만물로 표상하여 '만물출호진萬物出乎震'이라고 하였다.

제帝가 진괘震卦로부터 나온다는 것은 성인의 도에 의하여 상제의 본성이 드러나고 밝혀졌음을 뜻하고, 만물이 진괘로부터 나온다는 것은 성인의 도에 의하여 만물의 본질이 밝혀짐을 나타낸다.

---

13) 『周易』 說卦篇 第五章, "帝이 出乎震하여 齊乎巽하고 相見乎離하고 致役乎坤하고 說言乎兌하고 戰乎乾하고 勞乎坎하고 成言乎艮하니라. 萬物이 出乎震하니 震은 東方也이라. 齊乎巽하니 巽은 東南也이니 齊也者는 言萬物之潔齊也이라. 離也者는 明也이니 萬物이 皆相見할세니 南方之卦也이니 聖人이 南面而聽天下하여 嚮明而治하니 蓋取諸此也이라. 坤也者는 地也이니 萬物이 皆致養焉일세 故로 曰致役乎坤이라. 兌는 正秋也이니 萬物之所說也일세 故로 曰說言乎兌라. 戰乎乾은 乾은 西北之卦也이니 言陰陽相薄也이라. 坎者는 水也이니 正北方之卦也이니 勞卦也이니 萬物之所歸也일새 故로 曰勞乎坎이라. 艮은 東北之卦也이니 萬物之所成終而所成始也일새 故로 曰成言乎艮이라."

그것은 성인의 도에 의하여 천지의 도가 밝혀짐으로서 형이상적 세계와 형이하적 세계가 모두 드러남을 나타낸 것이다. 그렇기 때문에 중천건괘의 문언文言에서는 "성인이 흥작함으로써 만물의 본질이 밝혀졌다."14)고 하였다.

시생한 존재가 생장하는 것을 나타내는 것이 손괘巽卦이다. 천지의 합덕작용인 도역생성작용에 의하여 그 혜택이 천지와 만물에 두루 내려짐으로써 생장하는 것을 손괘巽卦에 의하여 나타낸 것이다. "제齊"를 군자를 중심으로 이해하면 소인의 도를 버리고 신도神道를 따름을 의미한다. 군자가 학문을 통하여 성인의 도를 궁리窮理함으로써 근원적 존재인 성인의 도와 하나가 됨, 천지의 도, 신도를 주체화함을 의미하는 것이다. 따라서 '제호손齊乎巽'은 군자의 인격성이 성인의 도에 의하여 생장하는 것을 나타낸다.

'제호손齊乎巽'이 성인의 도에 의하여 군자의 덕이 쌓여감으로서 도덕적 존재로 변화함을 뜻하기 때문에 이어서 성인의 도를 상징하는 이괘離卦에 대하여 논하고 있다. 이괘離卦는 역수원리를 나타낸다. 일월원리, 역수원리가 밝혀짐으로써 비로소 천지의 본성이 밝혀지는 동시에 만물의 본질이 드러나게 된다. 그러므로 만물이 모두 서로 드러난다고 하였다.

역수원리를 밝혀서 천지와 만물의 정위正僞를 밝혀주는 존재는 성인이다. 그러므로 "성인의 도가 드러나고 밝혀짐으로써 비로소 만물이 모두 그 본질이 드러나게 된다."15)고 하였다. 설괘편에서도 이어서 성인에 대하여 논하고 있다. 성인이 남쪽을 향하여 천하 백성의 마음을 들어서 역수원리를 인간 주체적으로 자각하여 인도로 밝혀서 그것을 근거로 하여 천하를 다스린다고 하였다.

곤괘坤卦는 만물의 생성을 완성하는 지도地道를 표상하는 괘로 군자의 덕성德性이 지도地道에 의하여 완성된다. 그런데 만물이 모두 길러지는 곳이 땅이기 때문에 곤괘에 대하여 지극히 부려지는 곳이라고 하였다.

천지의 도를 선후천 원리를 중심으로 나타내면 천도는 선천적 작용을 하며, 지도는 후천적 작용을 한다. 선천적 작용은 생장작용이며, 후천적 작용은 합덕·성도 작용이다. 그렇기 때문에 지도에 의하여 군자가 성도·합덕하게 된다. 그것을 상징적으로 나타내는 것이 '치역호곤治役乎坤'이다. 그것은 군자에 의하여 도가 실천됨으로써 만물이 길러지는 것을 뜻한다. 그렇기 때문에 '만물개치양언萬物皆致養焉'이라고 하였다.

태兌는 군자가 성인의 도를 매개로 하여 천지의 도와 합덕함으로써 천지의 은택을 누리

---

14) 『周易』重天乾卦 五爻 文言, "聖人이 作而萬物이 覩하나니"

15) 『周易』重天乾卦 五爻 文言, "聖人이 作而萬物이 覩하나니 本乎天者는 親上하고 本乎地者는 親下하나니 則各從其類也니라."

를 것을 상징하는 동시에 백성들을 나타낸다. 태괘는 곤괘에 의하여 장성한 군자가 성인의 도를 즐거하는 것을 나타내는 괘이다. 그러므로 태괘兌卦가 성인의 말씀을 즐겨함이라고 말하였다.

'전호건戰乎乾'은 음양이 서로 두텁게 합덕이 되지 못함이라고 하였다. 여기서 음은 군자를 나타내며, 양은 성인을 나타낸다. 따라서 음양이 서로 두텁지 못하다는 것은 군자가 성인의 도를 자각하였지만 아직 의심이 완전히 사라지지 않는 상태를 나타낸다. 이처럼 의심이 생겼을 때 군자의 도가 고난을 맞이하게 되고 그것을 통하여 확고하게 성장하게 된다. 이를 나타내는 괘가 바로 감괘坎卦이다.

감坎은 어려움을 상징하는 동시에 사덕四德에 있어서는 예禮를 상징한다. 그러므로 감괘坎卦는 어려움을 통하여 도덕적 존재로 변화하는 것을 뜻한다. 그러므로 감괘는 고난을 상징하는 괘라고 하였을 뿐만 아니라 만물이 돌아갈 바라고 하였다.

간괘艮卦는 만물의 종시가 이루어지는 곳으로 종시변화, 선후천변화의 계기契機를 상징하는 괘이다. 그런데 간괘艮卦는 또한 군자를 상징한다. 따라서 선후천변화의 계기가 이루어지는 위치는 군자의 덕임을 알 수 있다. 이는 또한 문왕팔괘도의 마지막이 바로 정역팔괘도의 시작임을 의미하는 것이다.

마지막 부분에서는 진震에서 출생하여 간艮으로 장성한 세계, 군자의 도가 성인의 도와 합덕이 된 세계를 나타내는 부분이 이어질 것을 미리 논하고 있다. 이렇게 하여 시생된 존재가 생장함으로써 형이상의 도덕적 존재로 변화하는 장성의 원리를 나타내는 문왕팔괘도가 형성된다.

군자의 도는 성인의 도로 시생하여, 군자의 본래성을 주체로 성인의 도가 군자의 본래성과 일체화함으로써 성덕이 되고, 군자와 성인의 합덕을 매개로 천지, 천인天人, 신인神人, 신물神物이 합덕하게 된다. 따라서 성인의 도로 시생한 군자의 도가 완성되어지는 과정을 나타낸 것이 문왕팔괘도이다. 군자를 중심으로 문왕팔괘도를 이해하면 군자의 학문을 중심으로 성덕이 되어가는 원리를 표상한 도상이다. 위의 내용을 팔괘를 통하여 표상하고 있는 문왕팔괘도의 도상은 다음과 같다.[16]

---

16) 金恒, 『正易』第二十九張 伏羲八卦圖, 正經學會, 대전, 1996.

圖 卦 八 王 文

위의 도상을 보면 감리坎離를 남북의 축으로 하여 나머지 여섯 괘가 서로 대응하고 있음을 알 수 있다. 감리坎離는 일월을 상징하는 괘이기 때문에 일월이 장성하는 원리를 나타내는 도상의 중심축이라는 것은 일월원리인 역수원리에 의하여 만물이 도덕적 존재로 생장함을 뜻한다. 다시 말하면 문왕팔괘도는 군자의 생성원리를 표상하는 괘도이다. 그러므로 수를 보면 낙서의 도상과 일치하게 된다.

5를 중심 본체로 하여 1과 9, 2와 8, 3과 7, 4와 6이 서로 대응하고 있는 것이다. 그러나 나머지 괘는 모두 음양의 합덕이 이루어지지 못하고 있다. 이는 낙서의 사상수가 모두 음양 합덕이 되지 못하고 서로 떨어져있는 것과 일치한다. 그러므로 문왕팔괘도는 낙서와 그 수가 일치하지만 그러나 괘상은 일치하지 않는다. 본래의 십건十乾과 오곤五坤이 육건六乾과 이곤二坤으로 규정되고 있어서 그 정위正位에 거쳐하지 못한 것이다. 그러므로 육자녀괘 역시 수와 상이 일치하지 못하고 있다.

3) 십무극과 정역팔괘도

문왕팔괘도의 도상이 형성될 수 있는 근거를 밝히고 있는 설괘 제5장에서는 간괘艮卦를 만물의 종終을 이루는 곳인 동시에 시始를 이루는 곳이라고 하였다. 기존의 세계의 종말이 이루어지는 동시에 새로운 세계의 시초를 이루는 곳을 간괘艮卦로 표상한 것이다. 이러한 간괘艮卦의 세계를 표상한 것이 정역팔괘도이다.

간괘가 표상하는 끝남(終)과 시작함(始)이 일체여서 마친 즉 다시 시작함이 있는 세계는 시종始終을 넘어선 세계이다. 종시終始가 일체라는 것은 끝나도 끝남이 없고, 시작해도 시작함이 없음을 나타낸다. 그것이 바로 시간을 나타내는 시종의 세계의 근거가 되는 시간성의 세계로서의 종시의 세계이다.

정역팔괘도가 표상하는 세계는 시간성의 세계이다. 그것을 공간적 관점에서 살펴보면 모든 대대적 관계를 이루는 둘이 하나가 되는 음양합덕의 세계가 된다. 음양이 합덕된 세계를 시간의 측면에서 나타내면 선천과 후천이 합덕된 세계로서의 원천의 세계이며, 공간적 측면에서는 천지인天地人이 합덕된 세계이다. 따라서 『주역』의 설괘 제육장이나 정역팔괘도를 시공의 관점에서 특정한 연월일시를 나타내거나 특정한 지역을 가리키는 것으로 이해할 필요는 없다.

정역팔괘도가 표상하는 세계를 시간의 관점에서 살펴보면 생장성의 과정을 이해할 수 있다. 그것은 정역팔괘도를 삼역팔괘도의 관계 속에서 고찰함을 뜻한다. 복희팔괘도에 의하여 표상된 시생의 존재가 문왕팔괘도에 의하여 표상된 생장의 과정을 거침으로써 정역팔괘도에서 표상하고 있는 완성된 세계에 도달한다. 그러므로 정역팔괘도는 장성된 세계를 표상한다.

정역팔괘도는 팔괘라는 괘상을 통하여 시간성의 세계를 표상하고 있다. 그것은 시간성의 세계를 공간성으로 바꾸어서 만물의 본성 곧 인간의 본성을 중심으로 나타내었음을 뜻한다. 팔괘 가운데서도 간괘를 중심으로 종시의 세계를 나타내고 있는 까닭이 여기에 있다.

간괘는 군자를 표상하는 괘이다. 그러므로 백성을 표상하는 태괘와 합덕이 되는 간태합덕이 바로 정역팔괘도의 내용이라고 할 수 있다. 군자가 왕도정치의 실현을 통하여 천하의 백성들을 인격적 존재로 변화시킴으로써 천인天人, 신인神人, 신물神物이 합덕된다.

군자에 의하여 유만물지정類萬物之情이 된 세계가 바로 음양이 합덕된 도덕적 세계이다. 성명性命을 주체로 살아가는 군자의 사덕四德을 매개로 밝혀진 도덕적 세계가 정역팔괘도의 세계이다. 군자가 성인이 밝힌 천지의 도를 주체적으로 자각하여 그것을 현실에서 실천하여 구현된 세계가 천지가 합덕되고, 천인天人이 합덕되며, 신인神人이 합덕되고, 인물人物이 합덕된 세계이다. 설괘편 제6장에서는 정역팔괘도의 근거가 되는 내용을 다음과 같이 밝히고 있다.

신神이라는 개념은 인격적 천지가 합덕된 근원적 존재를 만물을 생성하는 오묘한 주재성의 측면에서 표상한 것이다. (그러므로 신神의 공능功能을 육자녀괘에 의하여 상징적으로 나타내면 다음과 같다.) 만물을 움직이게 하는 것은 우레보다 더 빠른 것이 없으며, 만물을 흔드는 것 가운데서 바람보다 빠른 것이 없고, 만물을 말리는 것은 불보다 더 한 것이 없으며, 만물을 즐겁게 하는 것은 못보다 더한 것이 없으며, 만물을 윤택하게 하는 것은 물보다 더한 것이 없고, 만물을 완성시키고 새롭게 시작하게 하는 것은 간艮보다 성대盛大한 것이 없다. 그러므로 수화水火가 서로 작용하고, 뇌풍雷風이 패악悖惡하지 않으며, 산택山澤이 서로 기운氣運을 통함으로써 능히 변화하여 만물을 모두 완성完成시킨다.[17]

위의 인용문을 보면 그 내용상 두 부분으로 구분할 수 있다. 첫째부분은 '막성호간莫成乎艮'까지이며, 둘째 부분은 '고故'에서 끝 부분까지이다. 앞부분은 천지 음양의 합덕체인 신神을 논하고 있으며, 뒷부분은 육자녀가 합덕된 수화水火, 뇌풍雷風, 산택山澤을 논하고 있다.

복희팔괘도에서는 만물만을 언급하고 있고, 문왕팔괘도에서 만물과 더불어 인격적 존재인 상제上帝, 성인聖人을 언급하고 있는 것과 달리 6장에서는 신神을 언급하고 있다. 신神은 음양의 합덕체 자체를 나타내는 개념으로 인격적 천지의 합덕체를 지칭한다. 그것은 세계의 본질, 본성을 삼재의 관점에서 나타낸 것이다. 그러므로 신神은 물리적 천지의 성정을 나타내는 건곤乾坤의 합덕을 통하여 표상된다.

신神이 본래 음양의 합덕체이기 때문에 음과 양을 통하여 규정할 수 없다. 계사상편에서 "음陰과 양陽으로 개념화하며 규정할 수 없는 존재를 신神이라고 한다."[18]고 한 것을 보면 이를 분명하게 할 수 있다. 그러므로 건곤乾坤과 천지는 언급하지 않고 육六 자녀子女 괘卦만을 언급하고 있다.

그런데 앞부분에서는 육자녀 괘를 각각 나누어서 논하고 있으며, 뒷부분에서는 두 괘를 짝지어서 논하고 있다. 이는 앞부분이 건곤괘乾坤卦 중심이고, 뒷부분이 육자녀 괘 중심임을 뜻한다. 앞부분은 육자녀 괘를 통하여 건곤乾坤의 합덕을 표상하고 있으며, 뒷부분은 육자녀 괘의 합덕을 통하여 음양이 합덕된 신의 세계를 표상한 것이다.

육자녀 괘를 통하여 건곤乾坤의 합덕체인 신神을 표상한 까닭은 그것이 만물의 측면에서 생성·화육 작용을 중심으로 상징적으로 표상할 수밖에 없기 때문이다. 우레는 신神의 만물을 생육하는 작용을 표상한다. 그러므로 만물을 가장 빨리 움직이게 하는 것이 우레라는 것은 만물의 시생을 주재하는 신神의 작용이 만물이 장성하기까지 두루 흘러 관통하고 있음을 나타내는 것이다.

---

17) 『周易』 說卦篇 第六章, "神也者는 妙萬物而爲言者也이니 動萬物者이 莫疾乎雷하고 撓萬物者이 莫疾乎風하고 燥萬物者이 莫熯乎火하고 說萬物者이 莫說乎澤하고 潤萬物者이 莫潤乎水하고 終萬物始萬物者이 莫盛乎艮하니 故로 水火이 相逮하며 雷風이 不相悖하고 山澤이 通氣然後에 能變化하여 旣成萬物也하니라."
18) 『周易』 繫辭上篇 第五章, "陰陽不測之謂神"

만물을 흔드는 것 가운데서 바람보다 빠른 것이 없다는 것은 신의 작용이 공간적으로 확산되어가는 것을 바람에 의하여 상징한 것이다. 시간성의 자화작용을 공간적 관점에서 바람에 의하여 나타낸 것이 손괘巽卦이다.

만물을 말린다는 것은 지혜知慧의 빛으로 무명이 사라져서 만물의 본질이 드러남을 뜻한다. 그리고 태괘兌卦는 수용, 내재화, 주체화를 표상하는 괘이다. 그것은 둘이 하나가 된 합일의 상태를 나타낸다. 물건이 합일하면 에너지가 발생하듯이 인격적 존재의 합일은 열락悅樂을 낳는다. 음양의 합덕에 의하여 이루어지는 열락을 표상하는 괘가 태괘이다.

음양의 합덕이 이루어진 상태에서 발생하는 에너지는 서로를 윤택하게 한다. 그것을 표상하는 괘가 감괘坎卦이다. 물이 만물을 윤택하게 하듯이 감괘가 표상하는 덕성이 마음이 넓어지고 몸이 살찌게 한다. 이는 시간성이 변하여 화한 공간성 곧 인간 본래성이 갖는 확충하는 특성을 나타낸다.

감괘坎卦가 나타내는 물은 예禮를 상징하며, 이괘離卦가 나타내는 불은 의義를 상징한다. 불로써 만물을 말림은 지혜가 발현하여 의義와 불의不義를 변별辨別하여 `시의성에 적중하는 언행을 행하도록 함을 뜻한다. 그리고 물로써 만물을 살찌게 한다는 것은 인성仁性이 발현된 예禮를 통하여 덕德을 확충擴充함을 뜻한다.

간괘는 선천의 만물의 세계가 끝이 나고, 후천의 만물의 세계가 열림을 표상한다. 그것은 공간적 관점에서는 형이하적 만물의 차원에서 형이상적 도덕의 차원으로 변화함을 뜻한다. 만물은 인간과 구분하여 나타내는 개념이지만 본래 인물의 구분은 인간이 스스로 할 뿐으로 양자의 구분이 없다. 그런 점에서 만물의 변화는 인간의 변화이다.

두 번째 부분에서는 앞에서 이미 각 괘를 통하여 사덕四德을 중심으로 논하였기 때문에 팔괘 가운데서 천지·부모를 표상하는 건곤괘를 제외한 여섯 괘를 통하여 육자녀가 합덕하여 십오十五 천지의 일을 대행하는 십오존공위체원리와 중위정역원리를 표상하고 있다.

수화水火가 서로 작용하고, 뇌풍雷風이 서로 작용하여 패악悖惡하지 않으며, 산택山澤이 서로 기운氣運을 통함으로써 비로소 변화가 이루어져서 만물이 완성된다. 수화水火가 서로 작용한다는 것은 일월의 합덕작용을 뜻한다. 음양이 합덕된 중정역으로서의 정역이 운행되어지는 세계가 일월의 작용이 서로 미치는 세계이다.

그리고 뇌풍雷風이 서로 패악悖惡하지 않는다는 것은 성인과 군자의 합덕에 의하여 펼쳐지는 윤리의 세계를 뜻한다. 성인과 군자에 의하여 천지·부모의 뜻이 대행되어지는 뇌풍雷風의 정위용정正位用政원리를 나타낸다.

또한 산택山澤이 기운을 통한다는 것은 군자와 백성이 합덕된 세계를 나타낸다. 성인의 도와 합덕된 군자의 덕을 매개로 하여 이루어지는 신인神人이 합덕된 세계를 지칭하는 것

이다. 이처럼 성인과 군자에 의하여 십오 천지의 뜻이 대행되어지는 뇌풍정위용정雷風正位
用政과 중위정역中位正易에 의하여 십오 존공이 이루어지는 십오존공위체원리十五尊空爲體原理
를 표상하는 것이 설괘 제육장의 내용이다.

산택이 기운을 통한 후에 이미 만물이 완성되었다고 함은 이미 선후천의 종시변화의 계
기를 거쳤기 때문에 본래 만물이 완성되었다고 한 것이다. 그것을 도생역성과 역생도성의
관점으로 나누어서 살펴보면 다음과 같다.

역생도성의 관점에서 보면 시생된 존재이만 그것을 도생역성의 관점에서 보면 본래 완
성된 존재가 시생이라는 현상으로 나타난 것이다. 이미 완성된 세계, 십오존공위체된 세계
를 본질로 하여 역생도성의 관점에서 시생한 것이기 때문에 본성의 측면에서는 이미 완성
된 존재이다.

현상의 관점에서 보면 간괘艮卦에 이르러서 비로소 완성되지만 이미 진괘震卦에서 만물
이 시생하는 순간부터 세계는 뇌풍雷風이 정위용정正位用政하여 중위정역中位正易된 십오존
공위체의 세계이다. 이러한 십오 존공위체된 세계를 도상화하여 나타낸 정역팔괘도의 도
상은다음과 같다.[19]

19) 金恒, 『正易』 第三十二張 伏羲八卦圖, 正經學會, 대전, 1996.

위의 도상을 보면 앞의 두 팔괘도를 형성하는 팔괘가 모두 밖을 향하고 있는 것과 달리 팔괘가 모두 안을 향하고 있음을 알 수 있다. 그것은 정역팔괘도와 앞의 두 팔괘도의 성격을 분명하게 드러내는 것이다. 앞의 두 팔괘도는 세계를 동일한 관점에서 표상하고 있으나, 정역팔괘도는 다른 관점에서 세계를 표상하였음을 보여준다. 앞의 두 팔괘도는 음양이 분리되어 합덕을 목표로 생장하는 원리를 표상한 팔괘도이며, 정역팔괘도는 분생한 음양이 장성하여 합덕된 세계를 나타낸다.

정역팔괘도의 성격은 앞의 두 팔괘도를 구성하는 팔괘가 음양이 분리되어 있으나 정역팔괘도에서는 모두 음양 합덕되었으며, 앞의 두 팔괘도에서는 건곤괘乾坤卦가 중괘重卦가 아니지만 정역팔괘도에서는 중천건괘重天乾卦와 중지곤괘重地坤卦로 표상되고 있음을 보아도 알 수 있다.

복희팔괘도에서는 건곤괘가 건남곤북乾南坤北의 상하에 위치하여 천지비天地否의 천하무방天下无邦의 세계를 표상하고 있으나, 정역팔괘도에서는 곤남건북坤南乾北의 상하를 이루면서 건곤괘에 각각 현상적 천지가 합덕이 됨으로써 지천태地天泰의 만국함녕萬國咸寧의 세계를 나타내고 있다.

그리고 육자녀 괘인 진손震巽과 감리坎離, 간태艮兌가 서로 합덕하여 상호 작용하고 있다. 수에 있어서도 건곤을 십오로 하여 이천二天과 칠지七地가 기강경위紀綱經緯를 이루고 나머지 여섯 괘도 모두 하도의 수와 일치하고 있다.

삼역팔괘도 가운데서 오직 정역팔괘도만이 수와 상이 일치하고 있다. 이는 정역팔괘도가 음양합덕의 세계를 상징하는 하도의 도상을 팔괘에 의하여 나타난 것임을 뜻한다. 수의 측면에서 십오十五가 합덕되고, 사상수四象數인 일一과 육六, 이二와 칠七, 삼三과 팔八, 사四와 구九가 합덕된 상태를 팔괘에 의하여 진손震巽과 천지天地, 건곤乾坤, 간태艮兌, 감리坎離의 대응관계를 통하여 나타낸 것이다.

2. 삼역팔괘도와 육효 중괘重卦

앞에서 살펴본 바와 같이 삼극의 도를 공간적 관점에서 삼재의 도로 나타낸 것이 삼역팔괘도이다. 삼역팔괘도는 삼극의 무극과 태극 그리고 황극을 중심으로 팔괘의 관계를 통하여 세계를 나타낸 것이다.

시간의 측면에서는 무극과 태극 그리고 황극은 각각 미래와 과거 그리고 현재에 상응한다. 그것은 미래성으로서의 무극이 미래로 화하고, 과거성으로서의 태극이 과거로 화하며, 현재성으로서의 황극이 현재로 화함을 뜻한다.

미래와 과거 그리고 현재를 다시 공간화하여 나타내면 미래는 천天이 되고, 과거는 지地가 되며, 현재는 인人이 된다. 그것은 무극이 천도로, 태극이 지도로 그리고 황극이 인도로 화함을 뜻한다.

삼극의 도는 삼효에 의하여 구성된 팔괘를 중심으로 형성된 삼역팔괘도에 의하여 표상되지만 그 도역생성의 작용은 표상할 수 없다. 복희팔괘도를 통하여 만물의 본질로서의 일태극을 밝힘으로써 만물이 일체임을 나타내었으며, 문왕팔괘도를 통하여 오황극을 밝힘으로써 인간의 본성이 일체임을 나타내었고, 정역팔괘도를 통하여 십무극의 세계를 밝힘으로써 천지인의 삼재가 일체임을 나타내었다.

그런데 본래 삼극은 일체이다. 그러므로 삼극의 관계를 통하여 일체임을 밝히는 것이 필요하다. 그것은 삼극 자체도 고정되지 않아서 변화하는 존재임을 나타내야함을 뜻한다. 이는 공간적 관점에서는 천도와 지도 그리고 인도가 별개의 존재가 아니라 일체임을 밝혀야 함을 뜻한다.

삼극이 일체임을 나타내기 위해서는 삼효에 의하여 구성된 팔괘를 중첩하지 않을 수 없다. 각각의 사건을 표상하는 하나의 중괘의 관점에서는 선천과 후천을 상징하는 내괘와 외괘를 중첩하여 선천과 후천이 일체임을 표상한다.

그리고 64가지의 사건을 통하여 삼재의 세계가 합덕·성도된 일체임을 나타내고 있는 64괘 서괘에서는 30개의 중괘로 구성된 상경과 34개의 중괘로 구성된 서괘를 통하여 삼재가 합덕·성도된 세계 곧 360의 정역의 세계를 표상한다.

육효 중괘는 삼극을 공간화하여 나타낸 천지인을 표상하는 삼효를 바탕으로 그것이 선천에서 후천으로 변화하는 원리 곧 성통이 전개되면서 신도, 천도와 인도가 천명闡明되는 선천의 세계에서 군자에 의하여 삼재가 합덕하여 성도하는 후천의 세계로 변화하는 변화원리를 표상한다.

역수원리의 관점에서는 선천에는 성인이 밝힌 인도를 양식으로 하여 군자의 도가 시생하고 생장하였다. 그러나 후천에는 군자에 의하여 성명을 주체로 천지가 합덕하고, 신물이 합덕하여 삼재가 합덕하여 성도하게 된다.

그것은 군자에 의하여 이루어지는 선천과 후천의 합덕이며, 성인과 군자의 합덕이고, 천지와 인간의 합덕이며, 인간과 만물의 합덕인 동시에 신과 만물의 합덕이다. 그런 점에서 괘효가 표상하는 삼재의 도는 삼재의 합덕·성도라고 할 수 있다.

그러면 앞에서 삼극을 중심으로 괘효원리를 고찰하였으므로 지금부터는 도역생성 곧 선후천변화를 중심으로 그것이 어떻게 괘효를 통하여 표상되는지 살펴보자. 선후천변화를 통하여 이루어지는 합덕·성도원리는 간지도수를 통하여 표상된 신도를 통하여 밝혀진다. 그러므로 지금부터는 육효 중괘를 간지도수와 관련하여 고찰하고자 한다.

간지도수는 십오 본체와 그 구조를 표상하는 천간天干과 그 작용을 표상하는 지지地支로 구성된다. 간지도수가 표상하는 내용을 수를 중심으로 표상한 하도와 낙서 역시 체용적 구조를 통하여 역수원리를 표상하고 있다. 하도는 십오 본체원리를 중심으로 역수원리를 표상하며, 낙서는 작용원리를 중심으로 역수원리를 표상한다.

괘효도 체용적 구조로 구성되어 있다. 육효 중괘重卦 자체는 본체를 표상하며, 육효六爻는 본체의 작용을 표상한다. 하나의 괘는 음양원리를 표상하며, 효는 강유剛柔 작용을 표상한다.[20] 음양과 강유는 체용의 관계로 "음양이 합덕함으로써 강유의 체가 존재하게 된다."[21] 음양과 강유가 체용의 관계이기 때문에 음양원리를 표상하는 괘와 강유원리를 표상하는 효는 체용의 관계이다.

『주역』에서는 중괘重卦의 육효를 구성하는 요소인 음효陰爻와 양효陽爻를 각각 용구用九와 용육用六으로 규정[22]하고 있다. 이는 음양의 효가 용구用九, 용육用六 원리를 표상함을 나타낸 것이다. 양효는 체십용구원리를 표상하고, 음효는 체오용육원리를 표상한다. 따라서 괘효가 표상하는 내용을 이해하기 위해서는 괘체와 효용을 이해하여야 한다.

간지도수와 도서상수는 선후천원리를 표상한다. 선천이 변하여 후천으로 화하고, 후천이 변하여 선천으로 화하는 원리가 선후천원리이다. 시간적 측면에서 이루어지는 선후천변화를 공간적 관점에서 나타내면 삼재의 성도·합덕이 된다.

선천의 삼재는 서로 분리하여 생장하는 과정으로 그것이 변하여 천지인의 삼재가 성도하여 합덕하는 후천으로 화하는 것이 선후천변화이다. 그러므로 삼재의 성도·합덕원리가 선후천변화원리이다. 선천적 존재인 천天과 후천적 존재인 인人이 합덕하는 천인합덕天人合德이며, 선천적 존재인 성인과 후천적 존재인 군자가 합덕하는 성군합덕聖君合德, 선천의 천天과 후천의 지地가 합덕하는 천지합덕天地合德, 군자와 백성이 합덕하는 군민합덕君民合德이 선후천변화원리이다.

---

20) 『周易』 說卦 第一章, "觀變於陰陽而立卦하고 發揮於剛柔而生爻하니"
21) 『周易』, 繫辭下篇 第六章, "陰陽이 合德하야 而剛柔_有體라"
22) 『周易』의 重天乾卦의 爻辭에서는 陽爻를 모두 九로 규정한 후에 "用九는 見群龍호대 无首하면 吉하리라." 라고 하여 陽爻가 用九原理를 표상함을 나타내고 있고, 重地坤卦의 爻辭에서는 陰爻를 모두 六으로 규정한 후에 "用六은 利永貞하니라."라고 하여 陰陽의 爻가 用六原理와 用九原理를 표상함을 밝히고 있다.

선후천변화를 공간성을 중심으로 삼재의 도로 표상하면 선천의 삼재를 표상하는 내괘와 후천의 삼재를 표상하는 외괘가 중첩된 육효로 구성될 수밖에 없다. 그렇기 때문에『주역』에서는 "육六이라는 것은 다른 것이 아니라 삼재三才의 도道를 표상한다."고 하였다.

다만 괘와 효가 체용의 관계임을 나타내기 위하여 외괘를 위에 그리고 내괘를 아래에 놓음으로서 상하의 관계를 통하여 괘체의 관점을 나타내고, 내괘에서 외괘로의 관계를 통하여 효용의 관점을 나타내고 있다. 이처럼 괘체와 효용이 중괘의 상하괘와 내외괘를 통하여 표상되기 때문에 중괘의 괘명卦名은 상괘에서 하괘로 상하 관계를 통하여 나타내며, 육효는 내괘에서 외괘로 내외 관계를 통하여 나타낸다.

육효 중괘가 육효와의 관계에서 본체가 되지만 그러나 중괘 자체가 간지도수나 도서상수 에서 표상하고 있는 본체도수 십오를 표상하지는 않는다. 왜냐하면『주역』은 용구용육의 구육작용을 통하여 성인과 군자의 도를 밝히는 것이 중심문제이기 때문이다.『주역』에서 육십사괘의 내용이 건곤괘로 집약됨을 논하면서도 건곤괘를 천도인 음양원리를 표상하지 않고 지도인 강유원리를 표상함을 나타내기 위하여 건곤을 강유로 규정하였다.

육효 중괘가 본체도수인 십오원리가 아닌 구육작용이 중심이기 때문에 괘체의 구성은 용구원리에 근거하여 이루어지고, 효용은 용육원리에 의하여 구성된다. 그것은 음양의 효가 용구원리와 용육원리를 그대로 표상한 것이 아니라 용구와 용육원리에 근거하여 음양의 효가 형성되었음을 뜻한다.

용구원리와 용육원리를 도서상수를 중심으로 나타내면 체십용구와 체오용육원리이다. 다만 도서상수 역시 간지도수를 근거로 형성되었기 때문에 간지도수를 통하여 괘체와 효용의 구성원리를 고찰하는 것이 필요하다.

간지도수 가운데서 천간은 십오 본체도수가 중심이 되어 신명원리를 표상하고, 지지地支는 용구용육用九用六이 중심이 되어 신명원리를 표상한다. 용구용육에 근거하여 음양의 효가 쌓여서 중괘가 형성되기 때문에 지지를 중심으로 간지도수를 고찰해야 한다.23)

지지 가운데서 술해戌亥는 용구작용을 표상하는 기본도수이며, 자子・축丑・인寅・묘卯에 의하여 용구작용이 표상된다. 그리고 진사辰巳는 용육작용을 표상하는 기본도수로 오午・미未・신申・유酉에 의하여 용육작용이 표상된다. 그렇기 때문에 괘체卦體의 구성원리는 지지地支의 용구도수를 중심으로 고찰해야 하며, 효용爻用은 지지의 용육도수를 중심으로

---

23) 易學을 표상체계를 중심으로 구분하면 간지도수를 통하여 神明原理를 위주로 易道를 표상한 干支易學과 圖書象數를 통하여 曆數原理를 위주로 易道를 闡明한 圖書易學 그리고 卦爻를 통하여 性命之理를 위주로 易道를 표상한 卦爻易學으로 구분할 수 있다. 간지도수원리의 내용은 神明原理, 神道이며, 圖書象數原理의 내용은 天地의 道이고, 卦爻原理의 내용은 人道이다.

고찰해야 한다.

괘체의 구성원리에 대하여서는 『주역』의 상경과 하경에서 각각 상경의 30괘를 구성하는 원리와 하경의 34괘를 구성하는 원리를 밝히고 있다. 그리고 육효六爻의 용구용육원리는 64괘의 서괘序卦원리를 중심으로 표상되어 있다.

『주역』의 64괘는 선천원리를 위주로 역도를 표상한 상경의 30괘와 후천원리를 위주로 표상한 하경의 34괘로 구성된다. 그렇기 때문에 상경의 괘체구성원리와 하경의 괘체구성원리는 서로 다르다.

선천원리는 천지의 도에 의하여 주도되는 성인과 군자의 생장원리가 위주이기 때문에 천지의 도가 중심이며, 후천원리는 군자에 의하여 신인神人합덕이 이루어지고, 천지합덕이 이루어짐으로써 삼재의 도가 성도·합덕되는 원리이기 때문에 군자의 도가 위주이다.

괘체의 구성원리 역시 간지도수원리에 근거하기 때문에 『주역』에서는 시간성의 원리를 중심으로 괘체의 구성에 관하여 논하고 있다. 상경의 괘체 구성에 대하여서는 산풍고괘山風蠱卦의 괘사卦辭에서 논하고 있으며, 하경의 괘체 구성에 대하여서는 중풍손괘重風巽卦의 오효五爻 효사爻辭에서 논하고 있다.

두 부분에서는 천간을 중심으로 육효 중괘의 괘체의 구성원리를 밝히고 있다. 산풍고괘山風蠱卦의 괘사에서는 선갑삼일 후갑삼일 원리를 논하고 있으며, 중풍손괘重風巽卦 오효五爻의 효사爻辭에서는 선경삼일 후경삼일 원리를 논하고 있다.

상경의 산풍고괘 괘사에서 선후갑삼일 원리를 논하고, 하경의 중풍손괘 오효 효사에서 선후경삼일 원리를 논하고 있음은 상경의 괘체 구성원리와 하경의 괘체 구성원리가 체용의 관계임을 나타낸 것이다.

상경은 천지의 도가 중심이고, 하경은 인도가 중심이기 때문에 상경의 괘체를 구성하는 원리가 천지의 도가 위주이고, 하경의 괘체를 구성하는 원리가 인도가 위주일 수밖에 없다. 그렇기 때문에 상경의 괘체 구성원리와 하경의 괘체 구성원리가 체용의 관계일 수밖에 없다. 그러한 관계를 나타내기 위하여 산풍고괘의 괘사와 중풍손괘의 효사에서 선후갑삼일원리와 선후경삼일원리를 논한 것이다. 괘와 효는 체용의 관계이기 때문에 괘사와 효사에서 선후갑삼일과 선후경삼일을 논한 것이다.

상경과 하경의 괘체구성원리를 선후갑삼일과 선후경삼일로 규정하여 갑甲과 경庚을 중심으로 그 전후의 6도를 통하여 논하고 있음에 주목할 필요가 있다. 천간을 중심으로 간지도수원리를 고찰하면 갑甲과 경庚은 선천원리와 후천원리를 표상하는 기본도수이다.

갑을甲乙과 경신庚辛에 의하여 병정丙丁과 임계壬癸의 수화水火를 매개로 하여 무기戊己의 선천적 작용과 후천적 작용이 이루어진다. 갑을甲乙과 경신庚辛 가운데서 갑경甲庚은 정령도수이고, 을신乙辛은 율려도수이기 때문에 정령의 측면에서 갑경甲庚만을 언급하였다.

60 간지도수를 중심으로 선후천을 이해하면 갑자甲子로부터 시작하여 36도인 정유丁酉까지가 선천 태양의 작용을 표상하는 도수이며, 경자庚子에서 시작하여 계해癸亥에서 끝나는 24도가 후천 태음의 작용원리를 표상하는 도수가 된다. 그렇기 때문에 갑자甲子와 경자庚子를 기준으로 그 관계를 통하여 선천원리와 후천원리를 표상할 수 있다.

갑경甲庚을 중심으로 전후의 3도를 더하여 6도를 논한 까닭은 각각의 도수가 하나의 효爻를 구성하는 원리를 표상하여 6도가 육효六爻의 구성원리를 표상하기 때문이다. 갑甲과 경庚이 본체가 되어 육효를 구성하는 원리를 나타내기 위하여 그 전후의 6도를 중심으로 선후갑삼일과 선후경삼일을 논한 것이다.

하나의 중괘 역시 선후천 원리를 표상하는 내외괘로 구성되는데 선천원리를 표상하는 것이 내괘이며, 후천원리를 표상하는 것이 외괘이다. 그렇기 때문에 선갑삼일의 3도가 상경의 내괘 3효를 구성하는 원리를 표상하고, 후갑삼일의 3도가 상경의 외괘 3효를 구성하는 원리를 표상한다. 마찬가지로 선경삼일의 3도가 하경의 내괘 3효를 구성하는 원리를 표상하고, 후경삼일의 3도가 하경의 외괘 3효를 구성하는 원리를 표상한다.

상하경의 육십사괘의 괘체 구성 원리를 구체적으로 살펴보기 위하여 산풍고괘와 중풍손괘에서 논한 선후갑삼일과 선후경삼일에 관하여 좀 더 구체적으로 살펴보자. 산풍고괘☶의 괘사에서는 "고蠱는 크게 형통하니 대천大川을 건넘이 이로우니 선갑삼일하며 후갑삼일이다."[24]라고 하였고, 중풍손괘의 오효 효사에서는 "처음은 없고 끝은 있으니 선경삼일하며 후경삼일이니 길吉하다."[25]고 하였다.

선갑삼일 후갑삼일에 대하여 단사彖辭에서는 "선갑삼일 후갑삼일은 마친 즉 다시 시작하는 천도의 운행원리이다."[26]고 하였다. 그리고 중풍손괘 오효의 소상小象에서는 "구오九五가 길吉한 까닭은 그 위位가 중도中道에 맞기 때문이다."[27]고 하였다. 마친 즉 다시 시작함은 천도의 내용인 종시원리를 시생원리를 중심으로 나타낸 것임을 뜻하며, 처음이 없고 끝이 있다는 것은 종시원리를 성도원리를 중심으로 나타낸 것임을 뜻한다.

선갑삼일과 후갑삼일은 천간을 중심으로 보면 신辛, 임壬, 계癸, 갑甲, 을乙, 병丙, 정丁의 일곱도수이며, 선경삼일 후경삼일은 정丁, 무戊, 기己, 경庚, 신辛, 임壬, 계癸의 일곱 도수이다. 이처럼 두 일곱 도수를 더하면 갑甲, 을乙, 병丙, 정丁, 무戊, 기己, 경庚, 신辛, 임壬, 계癸

---

24) 『周易』, 山風蠱卦 卦辭, "蠱는 元亨하니 利涉大川이니 先甲三日하며 後甲三日이니라."
25) 『周易』, 重風巽卦 五爻 爻辭. "九五는 貞이라 吉하고 悔亡하니 无不利니 无初有終이라. 先庚三日하며 後庚三日이니 吉하니라."
26) 『周易』, 山風蠱卦 卦辭, "先甲三日後甲三日은 終則有始_ 天行也_라."
27) 『周易』, 重風巽卦 五爻 小象, "象曰九五之吉은 位正中也일새라."

의 십천간으로 천간을 두 부분으로 나누어서 나타낸 것이다. 신辛, 임壬, 계癸의 세 도수는 선갑삼일이면서 후경삼일로 신辛, 임壬, 계癸가 선후경삼일의 끝이면서 선후갑삼일의 시작이 되어 종즉유시終卽有始의 종시변화를 표상한다.

선후갑삼일과 선후경삼일의 일곱도수를 종시원리를 중심으로 나타내면 칠일래복七日來復원리가 된다. 일에서 시작하여 육에서 그치고 칠이 되면 다시 처음으로 돌아오는 종즉유시終卽有始가 칠일래복원리이다. 지뢰복괘地雷復卦의 괘사卦辭에서는 "그 도를 반복하여 칠일에 돌아온다."[28]고 하였고, 단사에서는 그것을 설명하면서 "'반복기도反復其道 칠일래복七日來復'은 천도의 운행이다."[29]고 하여 칠일래복원리가 천도의 운행원리임을 밝히고 있다. 이는 괘효원리를 중심으로 천도를 논한 것이다.

『주역』에서 선후갑삼일과 선후경삼일의 천간을 중심으로 칠일래복원리를 밝힌 것은 간지 도수원리가 육효구성의 근거임을 밝히기 위함이다. 육효 중괘의 구성원리를 밝히기 위하여 선후갑삼일과 선후경삼일의 일곱 도수를 언급한 것이다. 송대宋代의 서고위徐古爲는 선후갑삼일이 육효의 구성원리를 표상하며, 그것이 칠일래복원리를 표상함을 다음과 같이 밝히고 있다.

> 선갑先甲의 3도와 후갑後甲의 3도는 육효를 표상한다. 효는 육에서 마치니 칠에 이르면 다시 처음이 되어 이른바 '종즉유시천행終卽有始天行'이라는 것이다. '칠일득七日得', '칠일래복七日來復'이 모두 그 뜻이다.[30]

인용문을 보면 그가 선후갑삼일을 육효괘의 구성 원리로 이해하였음을 알 수 있다. 그러나 그는 선후갑삼일과 선후경삼일을 관련시켜서 논하지 못하였다. 그것은 그가 간지도수원리의 구체적인 내용을 이해하고 그것을 바탕으로 선후갑삼일에 관하여 논한 것은 아님을 뜻한다.

선후갑경삼일은 천간의 원리를 용구용육원리를 중심으로 나타낸 것이다. 그것은 『주역』이 본체도수인 십오 무기戊己를 밝히는데 그 관점이 있는 것이 아니라 인도를 중심으로 용구용육을 밝히는데 그 관점이 있기 때문이다. 『주역』에서는 하나의 중괘를 구성하는 음양의 효를 각각 용구用九와 용육用六을 표상하는 구九와 육六으로 규정하여 『주역』이 십오 본체원리를 밝히기 위하려는 것이 아님을 분명히 하고 있다.

---

28) 『周易』, 地雷復卦 卦辭, "反復其道하야 七日에 來復하니 利有攸往이니라."
29) 『周易』, 地雷復卦 彖辭, "反復其道七日來復은 天行也일새오."
30) 徐古爲, 備旨具解『原本周易』, 山風蠱卦 卦辭 註解, "先三後三者六爻也爻終于六七則更爲之端矣所謂終則有始天行也 七日得七日來復皆其義也"

또한 육효 중괘가 삼재의 도를 표상하며, 천도가 음양원리이고, 지도가 강유원리이며, 인도가 인의仁義라고 규정하면서도 십오 천지원리를 표상하는 건곤乾坤을 음양으로 규정하지 않고 강유剛柔로 규정하고 있을 뿐만 아니라 음양원리의 구체적인 내용을 밝히지 않고, 인도를 중심으로 군자의 도를 중심으로 삼재의 도를 밝히고 있는 까닭이 여기에 있다.

선후갑경삼일이 천간을 중심으로 용구용육원리를 표상하고 있지만 그 내용을 이해하기 위해서는 지지를 함께 고찰하지 않을 수 없다. 천간과 지지가 체용의 관계이기 때문에 천간을 중심으로 용구용육원리를 논하고 있지만 천간은 십오 본체도수를 위주로 신명원리를 표상하고, 지지는 용구용육작용원리를 위주로 신명원리를 표상하기 때문에 용구용육원리를 이해하기 위해서는 천간과 지지를 함께 고찰해야 하는 것이다.

선후갑경삼일도수를 지지와 더불어 추연한다면 용구도수와 용육도수 가운데서 어느 도수를 중심으로 이해할 것인가의 문제가 제기된다. 괘체와 효용이 체용의 관계이듯이 용구작용과 용육작용의 관계 역시 체용의 관계이다. 그렇기 때문에 괘체의 구성원리를 이해하기 위해서는 용구도수를 중심으로 지지원리를 고찰해야 한다.

괘체의 구성원리가 용구도수를 중심으로 표상되는 것과 달리 육효의 작용원리는 용육도수를 중심으로 표상된다. 용구원리가 괘체의 구성원리인 것과 달리 용육원리는 용구용육원리를 위주로 표상한 육십사괘의 서괘원리의 근거가 된다.

서괘원리의 측면에서는 선후갑경삼일의 본체도수인 갑자甲子와 경자庚子가 존공尊空되지 않으나, 괘체의 구성원리의 측면에서는 갑자甲子와 경자庚子가 모두 존공되는 것을 통해서도 이 점이 확인된다. 괘체의 구성원리를 중심으로 선후갑경삼일원리를 살펴보면 두 일곱 도수 가운데서 갑자甲子와 경자庚子는 각각 중심의 본체도수가 되고 나머지 여섯 도수가 육효를 구성하는 기본도수가 된다.

갑자甲子는 상경의 육효괘를 구성하는 본체도수이고, 경자庚子는 하경의 육효괘를 구성하는 본체도수이다. 그것은 상경이 천도가 중심이고, 하경은 인도인 군자의 도가 중심임을 뜻한다. 64괘를 건乾갑자甲子를 중심으로 납갑納甲하면 갑자甲子에 천도를 표상하는 중천건괘重天乾卦가 해당되고, 경자庚子에는 군자의 도를 표상하는 풍화가인괘風火家人卦가 해당되는 것을 통해서도 이 점을 확인할 수 있다.

용구작용은 유酉에서 시작하여 술해戌亥를 기본도수로 하고, 자子·축丑·인寅·묘卯가 그 구체적인 내용을 표상한다. 그렇기 때문에 선후갑경삼일 도수와 용구도수를 한꺼번에 나타내면 선후갑삼일은 신유辛酉, 임술壬戌, 계해癸亥, 갑자甲子, 을축乙丑, 병인丙寅, 정묘丁卯의 일곱 도수가 되고, 선후경삼일은 정유丁酉, 무술戊戌, 기해己亥, 경자庚子, 신축辛丑, 임인壬寅, 계묘癸卯의 일곱 도수가 된다.

상경의 육효 중괘를 구성하는 기본도수는 선갑삼일도수와 후갑삼일도수인 신유辛酉, 임술壬戌, 계해癸亥, 을축乙丑, 병인丙寅, 정묘丁卯이다. 이 여섯 도수가 표상하는 원리는 선천원리로 선천의 천도를 위주로 표상하는 도수가 내괘 삼효의 구성원리를 표상하는 도수인 신유辛酉, 임술壬戌, 계해癸亥이며, 선천의 지도地道를 위주로 표상하는 도수가 외괘 삼효의 구성원리를 표상하는 도수인 을축乙丑, 병인丙寅, 정묘丁卯이다.

신유辛酉는 초효를 구성하는 기본도수이며, 임술壬戌은 이효二爻를 구성하는 기본도수이고, 계해癸亥는 삼효三爻를 구성하는 기본도수이며, 을축乙丑은 사효四爻를 구성하는 기본 도수이고, 병인丙寅은 오효五爻를 구성하는 기본도수이며, 정묘丁卯는 상효上爻를 구성하는 기본도수이다.

신유辛酉는 성인과 군자가 합덕함으로서 선천과 후천이 성도·합덕하는 원리를 표상하는 도수이며, 임술壬戌은 후천에서 선천으로의 기제적既濟的 변화원리를 표상하는 도수이고, 계해癸亥는 선천에서 후천으로의 미제적未濟的 변화원리를 표상하는 도수이다. 그렇기 때문에 계해癸亥는 선천의 종終도수인 동시에 후천의 시始도수가 된다.

외괘 삼효의 구성원리를 표상하는 을축乙丑과 병인丙寅 그리고 정묘丁卯는 지도地道를 위주로 표상한다. 을축乙丑은 곤도坤道를 표상하는데 그것이 군자의 도의 근거가 된다. 그렇기 때문에 중지곤괘重地坤卦 삼효의 문언文言에서는 곤도坤道를 지도地道, 처도妻道, 신도臣道라고 하였다. 병인丙寅은 성인의 도의 시생원리를 표상하며, 정묘丁卯는 군자의 도의 장성원리를 표상한다.

하경의 육효 중괘를 구성하는 기본도수는 정유丁酉, 무술戊戌, 기해己亥, 신축辛丑, 임인壬寅, 계묘癸卯이다. 이 여섯 도수가 표상하는 원리는 후천원리이다. 내괘 삼효의 구성원리를 표상하는 정유丁酉, 무술戊戌, 기해己亥는 후천의 지도地道를 표상하는 도수이며, 외괘의 구성원리를 표상하는 신축辛丑, 임인壬寅, 계묘癸卯는 후천의 천도를 표상하는 도수이다.

정유丁酉는 하경의 내괘 삼효 가운데서 초효初爻의 구성원리를 표상하며, 무술戊戌은 하경의 내괘 가운데서 이효二爻의 구성원리를 표상하고, 기해己亥는 하경의 내괘 삼효 가운데서 삼효의 구성원리를 표상한다.

정유丁酉, 무술戊戌, 기해己亥는 천도의 측면에서는 태음과 태양이 성도·합덕하는 원리를 표상하며, 인도의 측면에서는 성인과 군자가 합덕하는 원리를 표상한다. 정유丁酉는 군자가 성인의 도를 통하여 천도를 자각함으로써 자신에게 주어진 천명天命을 자각하여 그것을 실천하는 원리를 표상하며, 무술戊戌은 군자에 의하여 주체성으로 자각되어진 지도地道, 곤도坤道를 표상하며, 기해己亥는 군자가 성인의 도와 합덕하는 원리를 표상한다.

신축辛丑, 임인壬寅, 계묘癸卯는 하경의 외괘 삼효를 구성하는 원리를 표상하는 기본도수로 신축辛丑은 하경의 외괘 삼효 가운데서 사효四爻의 구성원리를 표상하며, 임인壬寅은 오효五爻의 구성원리를 표상하고, 계묘癸卯는 상효上爻의 구성원리를 표상한다.

신축辛丑은 군자가 신도神道와 합덕하는 신인神人합덕원리를 표상한다. 그리고 임인壬寅은 군자가 백성과 합덕하는 군민君民합덕원리를 표상한다. 반면에 계묘癸卯는 군자에 의하여 군민君民합덕, 신인神人합덕이 이루어짐으로써 이루어지는 천지합덕원리를 표상한다. 계묘癸卯가 삼재의 합덕・성도원리를 표상하는 것이다.

지금까지 살펴본 내용을 통하여 육효의 구성원리가 천도인 종시원리를 근거로 그것을 여섯 시위時位를 통하여 상징적으로 표상하고 있음을 알 수 있다. 그렇기 때문에 『주역』에서 "종시 원리를 투철하게 자각하여 그것을 여섯 시위時位를 통하여 상징적으로 나타냄으로써 육효가 구성된다."[31]고 하였다. 앞에서 살펴본 내용을 도표화하여 나타내면 다음과 같다.

	상경		하 경	
	간지도수	표상원리	간지도수	표상원리
상효上爻	丁卯	군자의 도	癸卯	천지합덕원리
오효五爻	丙寅	성인의 도	壬寅	군민君民합덕원리
사효四爻	乙丑	곤도坤道	辛丑	신인神人합덕원리
삼효三爻	癸亥	후천원리	己亥	성인・군자합덕원리
이효二爻	壬戌	선천원리	戊戌	곤도坤道
초효初爻	辛酉	선후천원리	丁酉	군자의 도

도표 13. 육효 중괘의 구성원리

앞에서 살펴본 바와 같이 육효 중괘의 구성 역시 간지도수원리 곧 도역생성에 근거하여 형성되었다. 육효 중괘를 구성하는 상괘에서 하괘로의 방향 곧 괘체는 도생역성을 나타내며, 내괘에서 외괘로의 방향 곧 효용은 역생도성을 나타낸다.

그런데 이처럼 괘체와 효용이 하나의 중괘를 통하여 표상됨으로써 도역생성의 합덕원리가 표상된다. 그것은 도서상수가 표상하는 선후천변화원리를 공간화하여 괘효로 표상한 것은 선후천변화원리가 공간적 관점에서 삼재의 합덕・성도임을 밝히기 위함이다.

---

31) 『周易』, 重天乾卦 彖辭, "大明終始하면 六位時成하나니 時乘六龍하야 以御天하나니라."

3. 육효 중괘와 64괘 서괘

앞에서 삼극의 도를 표상하기 위하여 삼극을 공간화하여 나타낸 삼효 팔괘를 바탕으로 도역생작용을 나타내기 위하여 그것을 선후천으로 나타낸 내괘와 외괘, 상괘와 하괘의 중첩에 의하여 육효 중괘가 구성되었으며, 그 내용이 삼재의 합덕·성도원리임을 살펴보았다.

삼재의 합덕·성도원리는 64괘의 배열을 통하여 드러나는 서괘원리에서 더욱 분명하게 밝혀진다. 왜냐하면 하나의 중괘의 구성원리와 64괘의 서괘원리가 모두 삼극의 도에 근거하여 형성되었기 때문이다.

그러면 지금부터는 64괘의 괘서를 통하여 표상되는 삼재의 도에 대하여 살펴보자. 다만 앞에서 이미 육효 중괘의 구성원리가 삼재의 합덕·성도원리임을 살펴보았다. 그리고 삼재의 합덕·성도원리는 삼재로 구분하여 나타내기 이전의 세계를 나타내는 간지도수에 의하여 밝혀진다. 그러므로 64괘의 서괘원리 역시 간지도수와 관련하여 이해하는 것이 필요하다.

60 간지도수를 지지가 표상하는 용구용육 원리를 중심으로 살펴보면 용구원리를 표상하는 도수로 시작하여 용육원리를 표상하는 도수로 끝난다. 60 간지도수를 구성하는 용구도수와 용육도수는 다섯 주기를 이룬다.

그것은 천간이 여섯 주기週期를 이루는 것과 대응한다. 천도를 표상하는 천간과 지도地道를 표상하는 지지가 합덕하여 형성된 것이 60 간지도수이기 때문에 천간은 지도地道를 표상하고, 지지는 천도를 표상하게 된 것이다.

용구용육도수는 시의성時義性을 표상하는 기본도수와 구체적인 작용을 표상하는 네 도수로 구성된다. 용구작용을 표상하는 기본도수는 임술壬戌·계해癸亥, 갑술甲戌·을해乙亥, 병술丙戌·정해丁亥, 무술戊戌·기해己亥, 경술庚戌·신해辛亥의 다섯 무리이다. 용구도수는 도생역성작용을 표상하는 도수로 임술壬戌·계해癸亥는 그 시종을 표상하며, 나머지 네 도수는 각각 도생倒生과 역성逆成의 두 마디를 나타낸다.

도생원리를 생장성의 세 마디로 나누어서 표상한 것이 임술壬戌·계해癸亥와 갑술甲戌·을해乙亥 그리고 병술丙戌·정해丁亥이며, 역성원리를 생장성의 세 마디로 나누어서 표상한 것이 무술戊戌·기해己亥와 경술庚戌·신해辛亥 그리고 임술壬戌·계해癸亥이다. 임술壬戌·계해癸亥는 도생의 생과 역성의 성을 동시에 표상하여 생성합덕원리를 표상한다.

용육원리를 표상하는 기본도수는 무진戊辰·기사己巳, 경진庚辰·신사辛巳, 임진壬辰·계사癸巳, 갑진甲辰・을사乙巳, 병진丙辰・정사丁巳의 다섯 무리이다. 용육도수는 역생도성작용 원리를 표상하는 도수이다. 그렇기 때문에 무진戊辰・기사己巳는 그 시종을 표상하며, 나머지 네 도수는 역생과 도성의 두 마디를 표상한다.

역생원리를 생장성의 세 마디로 나누어 표상한 것이 무진戊辰・기사己巳, 경진庚辰・신사辛巳, 임진壬辰・계사癸巳이며, 도성원리를 세 마디로 나누어서 표상한 것이 갑진甲辰・을사乙巳, 병진丙辰・정사丁巳, 무진戊辰・기사己巳이다. 무진戊辰・기사己巳가 역생의 생원리와 도성의 성원리를 표상한 것은 생성합덕원리를 표상하기 위함이다.

임술壬戌・계해癸亥가 표상하는 초효初爻와 상효上爻의 용구用九작용의 구체적인 내용을 표상하는 도수는 갑자甲子・을축乙丑・병인丙寅・정묘丁卯이며, 갑술甲戌・을해乙亥가 표상하는 이효二爻의 용구用九작용의 구체적인 내용을 표상하는 도수는 병자丙子・정축丁丑・무인戊寅・기묘己卯이고, 병술丙戌・정해丁亥가 표상하는 삼효三爻의 용구用九작용의 구체적인 내용을 표상하는 도수는 무자戊子・기축己丑・경인庚寅・신묘辛卯이다.

무술戊戌・기해己亥가 표상하는 사효四爻의 용구用九작용의 구체적인 내용을 표상하는 도수는 경자庚子・신축辛丑・임인壬寅・계묘癸卯이고, 경술庚戌・신해辛亥가 표상하는 오효五爻의 용구用九 작용의 구체적인 내용을 표상하는 도수는 임자壬子・계축癸丑・갑인甲寅・을묘乙卯이다.

임진戊辰・계사己巳가 표상하는 초효初爻와 상효上爻의 용육작용의 구체적인 내용을 표상하는 도수는 경오庚午・신미辛未・임신壬申・계유癸酉이며, 경진庚辰・신사辛巳가 표상하는 이효二爻의 용육작용의 구체적인 내용을 표상하는 도수는 임오壬午・계미癸未・갑신甲申・을유乙酉이고, 임진壬辰・계사癸巳가 표상하는 삼효三爻의 용육작용의 구체적인 내용을 표상하는 도수는 갑오甲午・을미乙未・병신丙申・정유丁酉이다.

갑진甲辰・을사乙巳가 표상하는 사효四爻의 용육작용의 구체적인 내용을 표상하는 도수는 병오丙午・정미丁未・무신戊申・기유己酉이며, 병진丙辰・정사丁巳가 표상하는 오효五爻의 용육작용의 구체적인 내용을 표상하는 도수는 무오戊午・기미己未・경신庚申・신유辛酉이다.

간지의 용구용육도수가 표상하는 내용을 각각의 시의성을 표상하는 기본도수를 중심으로 살펴보면 다음과 같다. 초효의 시의성을 표상하는 용구도수는 임술壬戌・계해癸亥이며, 용육도수는 무진戊辰・기사己巳이다. 용구용육도수를 구성하는 천간은 임계壬癸와 무기戊己로 용구용육의 합덕에 의하여 표상되어지는 내용의 수토水土의 성도원리이다.

수토水土의 성도成道에 의하여 천지가 생성되고, 천지의 합덕에 의하여 일월이 생성된다. 그렇기 때문에 용구용육도수와 천지설위도수가 일치하게 된다. 서괘편序卦篇에서는 그 점을 나타내기 위하여 천지가 존재한 연후에 비로소 만물이 생성된다고 하였다.

이효를 구성하는 용구용육도수 가운데서 그 시의성을 나타내는 기본도수를 천간을 중심으로 살펴보면 갑을甲乙과 경신庚辛으로 구성된다. 갑을甲乙은 선천원리를 표상하며, 경신庚辛은 후천원리를 표상한다. 그렇기 때문에 이효의 시의성을 표상하는 갑을甲乙과 경신庚辛이 합덕하여 표상하는 내용은 선후천합덕원리이다.

삼효의 시의성을 표상하는 용구용육의 기본도수는 병정丙丁과 임계壬癸이다. 병정丙丁은 역수원리를 표상하며, 임계壬癸는 조석潮汐원리를 표상한다. 그러므로 삼효가 표상하는 시의성의 내용은 일월의 합덕원리이다.

사효의 시의성을 표상하는 기본도수를 천간을 중심으로 보면 무기戊己와 갑을甲乙이다. 무기戊己와 갑을甲乙이 합덕하여 표상하는 내용은 천지의 생성원리이다.

오효의 시의성을 표상하는 기본도수는 경신庚辛과 병정丙丁으로 성인과 군자의 합덕에 의한 군민합덕君民合德원리를 표상한다.

용구용육원리를 표상하는 기본도수에 의하여 표상된 시의성을 중심으로 그것을 공간화하여 나타내면 서괘원리가 밝혀진다. 60의 간지도수가 표상하는 선후천변화원리를 용구용육 도수를 중심으로 그것을 객관화하여 언사로 나타낸 것이 『주역』의 서괘편序卦篇이다. 서괘편에서는 서괘원리를 삼재의 도의 측면에서 논하고 있는데 그 내용을 살펴보면 다음과 같다.

> 천지가 있은 연후에 만물이 존재하고, 만물이 있는 연후에 남녀가 존재하며, 남녀가 있는 연후에 부부가 존재하고, 부부가 있는 연후에 부자父子가 존재하며, 부자가 있는 연후에 군신君臣이 존재하고, 군신이 있는 연후에 상하가 존재하며, 상하가 있는 연후에 예의禮義가 행하여질 수 있게 된다.[32]

위의 내용을 보면 천지와 만물, 남녀와 부부, 부자, 군신의 여섯 단계로 나누어서 서괘원리를 밝히고 있음을 알 수 있다. 그리고 여섯 단계를 모두 논한 후에 상하 관계로 정리하였음을 볼 때 여섯 단계가 상하 관계로 집약됨을 알 수 있다.

또한 상하 관계가 형성됨으로써 예의가 행하여질 수 있다고 하였음을 볼 때 상하를 일관하는 근본 원리가 예의임을 알 수 있다.

상하 관계는 하나의 중괘를 중심으로 살펴보면 상괘와 하괘를 나타내는 개념으로 형이상과 형이하의 세계를 나타낸다. 내괘인 하괘는 선천을 표상하며, 외괘인 상괘는 후천을 표상한다. 따라서 위의 내용은 선천원리와 후천원리를 삼재의 도의 측면에서 표상하고 있음을 알 수 있다. 선천원리를 표상하는 개념이 천지와 만물 그리고 남녀이며, 후천원리를

---

32) 『周易』 序卦下篇, "有天地然後애 有萬物하고 有萬物然後애 有男女하고 有男女然後애 有夫婦하고 有夫婦然後애 有父子하고 有父子然後애 有君臣하고 有君臣然後애 有上下하고 有上下然後애 禮義有所錯이니라."

표상하는 개념이 부부와 부자 그리고 군신인 것이다.

천지는 임술壬戌·계해癸亥와 무진戊辰·기사己巳가 표상하는 용구용육원리를 삼재의 도를 중심으로 나타낸 개념이며, 만물은 갑술甲戌·을해乙亥와 경진庚辰·신사辛巳가 표상하는 용구용육원리를 삼재의 도를 중심으로 나타낸 개념이고, 남녀는 병술丙戌·정해丁亥와 임진壬辰·계사癸巳가 표상하는 용구용육원리를 삼재의 도를 중심으로 나타낸 개념이다.

부부는 무술戊戌·기해己亥와 갑진甲辰·을사乙巳가 표상하는 용구용육원리를 삼재의 도를 중심으로 나타낸 개념이고, 부자는 경술庚戌·신해辛亥와 병진丙辰·정사丁巳가 표상하는 용구용육원리를 삼재의 도를 중심으로 나타낸 개념이며, 군신은 임술壬戌·계해癸亥와 무진戊辰·기사己巳가 표상하는 용구용육원리를 삼재의 도를 중심으로 나타낸 개념이다.

앞에서 살펴본 간지도수원리를 중심으로 64괘의 서괘원리를 도표화하여 나타내면 다음과 같다.

		용구도수		용육도수	
수토水土의 성도成道원리	기본도수	壬戌, 癸亥	倒生之生	戊辰, 己巳	逆生之生
	작용도수	甲子, 乙丑	用九用八	庚午, 辛未	用六用七
	작용도수	丙寅, 丁卯	用七用六	壬申, 癸酉	用八用九
선후천원리	기본도수	甲戌, 乙亥	倒生之長	庚辰, 辛巳	逆生之長
	작용도수	丙子, 丁丑	用九用八	壬午, 癸未	用六用七
	작용도수	戊寅, 己卯	用七用六	甲申, 乙酉	用八用九
일월日月합덕원리	기본도수	丙戌, 丁亥	倒生之成	壬辰, 癸巳	逆生之成
	작용도수	戊子, 己丑	用九用八	甲午, 乙未	用六用七
	작용도수	庚寅, 辛卯	用七用六	丙申, 丁酉	用八用九
천지생성원리	기본도수	戊戌, 己亥	逆成之生	甲辰, 乙巳	倒成之生
	작용도수	庚子, 辛丑	用九用八	丙午, 丁未	用六用七
	작용도수	壬寅, 癸卯	用七用六	戊申, 己酉	用八用九
성인과 군자 합덕원리	기본도수	庚戌, 辛亥	逆生之長	丙辰, 丁巳	倒成之長
	작용도수	壬子, 癸丑	用九用八	戊午, 己未	用六用七
	작용도수	甲寅, 乙卯	用七用六	庚申, 辛酉	用八用九
수토水土의 성도成道원리	기본도수	壬戌, 癸亥	逆生之成	戊辰, 己巳	倒成之成
	작용도수	甲子, 乙丑	用九用八	庚午, 辛未	用六用七
	작용도수	丙寅, 丁卯	用七用六	壬申, 癸酉	用八用九

도표 14. 육십 간지도수와 서괘원리

서괘 원리를 밝히고 있는『주역』의 서괘편을 보면 그 시작이 천지부터이다. 그것은『주역』의 육십사괘가 중천건괘重天乾卦와 중지곤괘重地坤卦로부터 시작됨을 분명하게 밝힌 것으로 그 근거가 간지도수원리에 있음은 당연하다.

『정역』에서는 "천정天政은 자子에서 열리고, 지정地政은 축丑에서 열린다."[33]고 하여 천지가 자축子丑에서 개벽됨을 논하고 있다. 지지地支가 자축子丑으로부터 시작되는 까닭 역시 이러한 원리를 표상하기 때문이다. 따라서 역생이 시작되는 원리를 표상하는 도수인 임술壬戌・계해癸亥를 기본도수로 하여 이루어지는 갑자甲子・을축乙丑・병인丙寅・정묘丁卯로 괘서卦序가 시작하지 않을 수 없다. 갑자甲子・을축乙丑・병인丙寅・정묘丁卯 원리를 표상하는 괘는 중천건괘重天乾卦, 중지곤괘重地坤卦, 수뢰둔괘水雷屯卦, 산수몽괘山水蒙卦이다.

간지도수를 중심으로 서괘 원리를 이해함에 있어서 또 하나의 유의할 점은 선후갑일 도수와 선후경삼일 도수의 문제이다. 60의 간지도수 가운데서 선후갑삼일도수와 선후경삼일도수는 중괘의 괘체 구성원리를 표상할 뿐만 아니라 용구용육 작용을 표상하는 도수이다. 다만 그것은 중괘의 괘체구성원리가 위주爲主이며, 용구용육 원리가 위종爲從이다. 간지도수 가운데서 나머지 도수는 용구용육 원리가 위주爲主이며, 괘체의 구성원리는 위종爲從이 된다.

간지도수가 표상하는 역수원리를 삼재의 도의 측면에서 나타낸 것이 육십사괘 서괘원리이기 때문에 간지도수와 중괘의 수가 일치하지 않는다. 괘효는 시간성의 원리를 공간성의 원리로 표상하기 때문에 시간성의 원리인 사역변화원리가 공간성의 원리인 사덕원리로 표상된다.

사덕원리를 자각하여 실천하여 구현하는 존재는 군자로 군자의 도를 표상한 것이 괘효이다. 그렇기 때문에 천지를 부모로 포태되어 생장하는 군자의 도를 표상하기 위하여 포태궁胞胎宮을 표상하는 네 괘가 더하여져서 64괘가 되었다. 포태궁괘는 모체를 표상하는 네 괘인 쾌夬, 구姤, 취萃, 승升에 이어서 나타나는 모체의 내용이기 때문에 간지도수와는 결합되지 않는다. 포태궁괘는 곤정혁정困井革鼎의 네 괘이다.

서괘편에서 밝힌 서괘원리를 역학을 학문하는 군자를 중심으로 밝힌 것이 중천건괘重天乾卦의 효사이다. 중천건괘 육효의 효사는 군자의 본성을 용龍으로 표현하고 그것을 여섯 시위時位에 따라서 잠용潛龍과 현룡現龍, 군자용君子龍, 약용躍龍, 비룡飛龍, 항룡亢龍으로 규정[34]한 것이다. 그렇기 때문에 중천건괘가 표상하는 효사를 군자를 중심으로 살펴보면 내

33) 金恒,『正易』十一一言 第二十二張, "天政은 開子하고 地政은 闢丑이니라."
34)『周易』重天乾卦 爻辭, "初九는 潛龍이니 勿用이니라. 九二는 見龍在田이니 利見大人이니라. 九三은 君子_終日乾乾하야 夕惕若하면 厲하나 无咎_리라. 九四는 或躍在淵하면 无咎_리라. 九五는 飛龍在天이니 利見大人이니라. 上九는 亢龍이니 有悔리라."

괘의 잠룡, 현룡, 군자룡은 학문의 세계를 나타내며, 외괘의 약룡, 비룡, 항룡은 실천의 세계를 나타낸다.

중천건괘의 육효 효사에서 군자의 도를 밝히면서 각 효의 시의성을 용龍을 통하여 상징적으로 나타낸 것은 괘효의 구성원리가 간지도수원리임을 밝히기 위함이다. 용구용육원리를 중심으로 효용을 나타내면 초효初爻의 효용을 표상하는 간지도수는 무진戊辰・기사己巳이며, 이효二爻의 효용을 표상하는 간지도수는 경진庚辰・신사辛巳이고, 삼효三爻의 효용을 표상하는 간지도수는 임진壬辰・계사癸巳이다.

사효四爻의 효용을 표상하는 간지도수는 갑진甲辰・을사乙巳이고, 오효五爻의 효용을 표상하는 간지도수는 병진丙辰・정사丁巳이며, 상효上爻의 효용을 표상하는 간지도수는 무진戊辰・기사己巳이다. 각각의 두 도수 가운데서 용육원리를 표상하는 도수는 진辰이기 때문에 진辰을 중심으로 육효를 용龍으로 규정한 것이다.

군자가 학문에 뜻을 두어야 할 때를 나타내는 것이 잠룡으로 군자의 본성이 군자의 심신心身의 주체가 되었을 뿐 군자에 의하여 자각되어지지 못한 상태를 물속에 잠겨 있는 용으로 표상한 것이다. 그것은 천지의 합덕에 의하여 지地의 자궁 속에 포태되어 있는 군자의 본성을 표상하는 것이다. 그렇기 때문에 서괘편에서는 천지로 규정하였다.

이 때 군자가 해야 할 일은 역도를 자각하여 그것을 천하에 널리 행하겠다는 뜻을 세우고 학문해야 한다. 그렇기 때문에 중천건괘의 초효 효사에서는 학문을 통해서 덕이 쌓여야 실천이 가능함을 강조35)하였고, 중지곤괘에서는 구체적으로 서리가 밟히면 다음에는 단단한 얼음이 밟힌다36)고 하여 학문을 계속할 것을 강조하고 있다.

현룡은 천지에 포태되었던 군자의 본성이 천지의 몸 밖으로 출생하였음을 나타낸 것이다. 그렇기 때문에 서괘편에서는 천지로부터 출생한 만물로 규정하고 있다. 이를 학문하는 군자를 중심으로 살펴보면 비로소 학문에 뜻을 세우고 성인의 도가 담긴 역경易經을 통하여 천지의 도를 궁리窮理하는 때를 나타낸다.

뜻이 세워졌다는 것은 비로소 군자의 세계가 씨로 뿌려졌음을 나타낸다. 그리고 선천에서 성인의 도가 인류 역사상에 군자의 도의 씨로 뿌려졌음을 표상한다.

군자룡은 학문을 통하여 군자의 심성 내면에서 본성이 밝혀지기 시작함을 나타낸다. 그러나 그것은 이성의 차원에서 본성이 이해되어지기 시작하였을 따름이지 자각되어진 것은 아니다. 그렇기 때문에 중천건괘의 삼효 효사에서는 군자가 종일 학문에 열중하고 밤에는

35) 『周易』, 重天乾卦 初爻 文言, "君子_ 以成德爲行하나니 日可見之_ 行也_라 潛之爲言也는 隱而未見하며 行而未成이라 是以君子_ 弗用也하나니라."
36) 『周易』, 重地坤卦 初爻 爻辭, "初六은 履霜하면 堅氷이 至하나니라."

반성하면 허물이 없다[37]고 하였다.

이는 비록 자신이 천지의 본성인 도덕성을 본성으로 하는 인격적 존재임을 학문을 통하여 알았지만 아직 그것을 자각하여 자신의 주체성으로 확립하지 못하였기 때문에 뜻은 비록 높지만 삶은 여전히 소인의 차원을 벗어나지 못한 상태를 나타낸다. 그렇기 때문에 서괘편에서는 아직 인격적 존재로 규정하지 않고 남녀로 규정하였다. 그러나 이때의 남녀는 이미 뜻을 세우고 역학을 연구하는 존재이기 때문에 중천건괘의 효사에서는 군자룡이라고 하였다.

약룡은 자각한 본성을 주체로 시의에 따라서 진퇴함을 뜻한다. 약룡의 시위는 사효로 사효는 외괘의 시작을 나타내는 효이다. 그것은 후천의 시작을 표상하는 효로 후천은 도를 행하는 시기이다.

그러나 본격적으로 군자의 도를 행할 때는 아니다. 그렇기 때문에 혹은 뛰어서 하늘에 오르고 혹은 연못 속에 있다[38]고 하였다. 이는 초효와의 관계를 중심으로 사효를 규정한 것으로 모두 시의성을 따른 것이다. 그렇기 때문에 군자가 덕을 쌓고 왕천하 사업을 닦는 것은 천시에 부합하기 위함[39]이라고 하였다.

비룡은 본성을 주체로 하여 천하를 예의로 화성化成시키는 때를 나타내는 것이다. 그것은 군자를 중심으로 이해하면 군자가 본성의 자각과 더불어 천지의 도를 자각함으로서 자신에게 주어진 천명을 자각한 때이다. 그렇기 때문에 중천건괘의 문언에서는 "나는 용이 하늘에 있다는 효사는 대인이 탄생하였음을 뜻한다."[40]고 말하고 대인의 존재 특성을 밝히고 있다.

항룡은 시위를 잃어버린 소인을 나타낸 것으로 학문하는 사람이 자신의 천명을 자각하지 못하고 소인으로 전락된 것을 나타낸다. 그렇기 때문에 하늘에 있지 못하고 들에서 싸우게 된다.

중지곤괘의 상효 효사에서는 "용이 들판에서 싸우니 그 피가 붉고 누렇다"[41]고 하였다. 이는 역학을 학문하는 군자가 본성을 자각하지 못하고 소인의 도를 쫓아감으로써 성인의 도와 싸움으로써 천지의 본성인 도덕성이 상실되는 결과를 초래함을 경고한 것이다.

군자의 본성이 밝혀짐으로서 성인과 군자가 합덕되고, 군자와 백성이 합덕되며, 천지가

---

37) 『周易』, 重天乾卦 九三爻 爻辭, "九三은 君子_ 終日乾乾하야 夕惕若하면 厲하나 无咎_리라."
38) 『周易』, 重天乾卦 九四爻 爻辭, "九四는 或躍在淵하면 无咎리라."
39) 『周易』, 重天乾卦 四爻 文言, "子曰 上下无常이 非爲邪也며 進退无恒이 非離群也라 君子進德修業은 欲及時也니"
40) 『周易』, 重天乾卦 九五爻 小象, "飛龍在天은 大人造也일새오"
41) 『周易』, 重地坤卦 上六爻 爻辭, "上六은 龍戰于野하니 其血이 玄黃이로다."

합덕된 후천 세계를 중심으로 서괘원리를 이해하면 육효의 중괘가 표상하는 군자의 도가 군자의 심신을 통하여 언행으로 천하에 널리 행하여짐을 나타낸다.

육효 가운데서 상효가 표상하는 천심天心이 삼효가 표상하는 군자의 신身으로 나타나고, 초효가 표상하는 지심地心이 사효가 표상하는 군자의 심心으로 나타남으로써 군자의 심신에 천지의 마음이 주체화하는 원리를 표상한다. 이를 학문이 완성된 군자를 중심으로 살펴보면 내괘의 중효인 이효는 군자의 도를 표상하며, 외괘의 중효인 오효는 성인의 도를 표상한다.

사덕의 측면에서는 초효初爻는 인仁을 표상하며, 상효上爻는 지智를 표상하고, 상효를 체로 하여 작용하는 삼효三爻는 의義를 표상하며, 초효初爻를 체로 하여 작용하는 사효는 예禮를 표상한다. 앞에서 살펴본 내용을 도표화하여 나타내면 다음과 같다.

天道	地道	用九도수: 學問之事: 重天乾卦		用六 도수: 行道之事: 重地坤卦	
胞	初爻 天地	壬戌, 癸亥	立志. 천지생장원리. 潛龍.	戊辰, 己巳	성군聖君생장원리. 履霜.
		甲子, 乙丑	천지합덕원리	庚午, 辛未	성군합덕원리
		丙寅, 丁卯	만물생성원리	壬申, 癸酉	군민君民합덕원리
胎	二爻 萬物	甲戌, 乙亥	군자의 덕 現龍	庚辰, 辛巳	直方大
		丙子, 丁丑	천지합덕원리	壬午, 癸未	성군합덕원리
		戊寅, 己卯	만물생성원리	甲申, 乙酉	군민합덕원리
養	三爻 男女	丙戌, 丁亥	窮理. 君子龍	壬辰, 癸巳	含章
		戊子, 己丑	천지합덕원리	甲午, 乙未	성군합덕원리
		庚寅, 辛卯	만물생성원리	丙申, 丁酉	군민합덕원리
生	四爻 夫婦	戊戌, 己亥	盡性. 躍龍	甲辰, 乙巳	括囊
		庚子, 辛丑	천지합덕원리	丙午, 丁未	성군합덕원리
		壬寅, 癸卯	만물생성원리	戊申, 己酉	군민합덕원리
成	五爻 父子	庚戌, 辛亥	至命. 飛龍	丙辰, 丁巳	黃裳
		壬子, 癸丑	천지합덕원리	戊午, 己未	성군합덕원리
		甲寅, 乙卯	만물생성원리	庚申, 辛酉	군민합덕원리
終	上爻 君臣	壬戌, 癸亥	천지성도원리. 亢龍.	戊辰, 己巳	성군성도원리. 龍戰
		甲子, 乙丑	천지성도원리	庚午, 辛未	성군성도원리
		丙寅, 丁卯	만물성도원리	壬申, 癸酉	군민성도원리

도표 15. 용구용육도수와 서괘원리

앞에서 살펴본 간지도수와 일월의 생성도수 그리고 중천건괘와 중지곤괘의 효사를 중심으로 군자의 학문원리와 실천원리를 한마디로 나타내면 도생역성을 바탕으로 이루어지는 역생도성이라고 할 수 있다.

그것은 상괘에서 하괘로 이어지는 괘체가 표상하는 인간 본래성, 성명에 의하여 내괘에서 외괘로의 작용 곧 효용이 이루어짐을 뜻한다. 그러므로 인간의 삶은 그것을 수행이나 수양, 학문, 실천 등의 그 어떤 개념으로 나타내더라도 모두 본성의 작용에 불과하다.

인간의 삶은 단지 끊임없이 이루어지는 본성의 체험, 경험 그리고 그것을 통한 확인이라는 점에서 그 자체에는 시비是非도 없고, 선善과 불선不善도 없으며, 완전함과 불완전함, 더러움과 깨끗함, 아름다움과 추함이 없다. 고요함과 번뇌煩惱도 없으며, 지혜智慧와 무명無明, 해탈解脫과 속박束縛도 없다.

하나의 육효 중괘를 구성하는 원리와 64개의 중괘를 구성하는 원리 더 나아가서 64개의 괘가 위치하는 순서에 따라서 괘와 괘의 관계를 통하여 표상되는 서괘원리도 역시 같다. 마지막 괘인 미제괘로부터 중천건괘가 시작되고, 하경이 표상하는 후천원리로부터 상경이 표상하는 선천원리가 나타나는 것이 서괘원리이다. 그것도 역시 도생역성을 바탕으로 이루어지는 역생도성을 표상한다.

64가지의 중괘를 서로 관련시켜서 이해하거나 각각의 중괘를 이해할 때 도생역성의 관점을 바탕으로 하지 않고 오로지 역생의 관점에서 괘효를 이해할 때 그 본질이 드러나지 않는다. 왜냐하면 역생은 형이하의 관점으로 형이하의 관점에서는 인간의 본성의 세계, 성명의 세계를 이해할 수 없기 때문이다.

역생의 관점에서 인간을 이해함은 인간의 육신을 바탕으로 마음을 이해하고, 그것을 바탕으로 인간의 본성을 이해하고자 하는 방법이다. 이러한 방법으로는 아무리 오랜 세월 뼈를 깎고 살을 저미는 고통을 참으면서 수행을 하여도 본성을 깨달을 수 없다.

역생의 관점에서 본성을 자각하려는 것은 남과 구분되어지는 나를 중심으로 나의 밖에서 대상적으로 존재하는 사물의 본질을 파악하려는 시도이다. 그것은 몸을 중심으로 그 본질인 마음을 찾고, 다시 마음을 통하여 그 안의 본성을 찾으려는 것이다. 이 때 드러나는 본성이란 육체의 속성에 불과하게 되어 자신의 본래면목을 찾을 수 없다.

『주역』의 64괘와 384효도 역시 일체의 세계, 지혜의 세계, 자비의 세계를 표상하고 있다. 그것은 분별이 없는 무분별의 세계이기 때문에 음과 양이라는 분별의 범주範疇를 통하여 다 드러낼 수 없는 신神의 세계라고 하였다. 따라서 온 우주의 모든 존재를 일체로 여기고 도제천하道濟天下하려는 어진 마음이 없는 사람은 아무리 역학을 연구해도 역도를 체득體得할 수 없다.

그러면 이어서 간지도수원리를 중심으로 육십사괘 서괘원리의 구체적인 내용을 살펴보자. 임술壬戌·계해癸亥와 무진戊辰·기사己巳가 표상하는 용구용육작용을 삼재의 도의 측면에서 나타내는 개념이 천지이다. 임술壬戌·계해癸亥는 천天의 용구작용을 표상하고, 무진戊辰·기사己巳는 지地의 용육작용을 표상하며, 나머지 도수는 각각 용구원리와 용육원리의 구체적인 내용을 표상하는 것이다. 그렇기 때문에 신유辛酉에서 계해癸亥까지의 도수를 통하여 천지설위원리와 용구용육원리를 표상할 뿐만 아니라 선갑삼일 후갑삼일의 선천원리 역시 이 도수를 통하여 표상된다.

임술壬戌·계해癸亥와 무진戊辰·기사己巳가 표상하는 시의성을 역학을 학문하는 군자의 관점에서 표상한 것이 잠룡潛龍이다. 천지의 합덕에 의하여 그것이 군자의 본성으로 주체화함을 나타내는 것이 초효이기 때문에 비록 본래 하늘을 나는 용이지만 아직 물속에 엎드려서 그 모습이 드러나지 않는 용龍으로 표상하였다.

갑자甲子, 을축乙丑, 병인丙寅, 정묘丁卯의 용구원리를 표상하는 도수는 천지의 합덕에 의한 개벽開闢원리와 더불어 만물의 생성 원리를 표상한다. 갑자甲子는 천天의 개벽원리를 표상하며, 을축乙丑은 지地의 개벽원리를 표상하고, 병인丙寅은 성인의 도의 시생원리를 표상하며, 정묘丁卯는 군자의 도의 장성원리를 표상한다. 따라서 갑자甲子, 을축乙丑, 병인丙寅, 정묘丁卯에 의하여 표상되는 천지의 개벽원리와 만물의 생성원리가 역도의 대체大體이다.

무진戊辰, 기사己巳는 초효의 용육원리를 표상하는 기본도수이면서 무극과 황극의 체위體位도수를 표상하는 기본도수이다. 무진戊辰은 기위己位의 본체도수인 기사己巳와 합덕된 무위戊位로 무위戊位의 본체도수가 아닌 위수位數이다.

무진戊辰은 십오十五 천지의 합덕에 의하여 이루어지는 용육원리를 표상하는 기본도수로 무오진육戊五辰六이 되어 체오용육 원리를 표상한다. 그렇기 때문에 무진戊辰, 기사己巳는 용육원리를 표상하는 전형적인 간지도수이다. 이를 괘상으로 표상한 것이 수천수괘水天需卦☵☰와 천수송괘天水訟卦☰☵이다.

기위己位는 건괘乾卦로 표상하고 용육원리는 건괘乾卦의 정기精氣에 의하여 형성된 감괘坎卦로 표상하여 감괘와 건괘의 상하관계를 통하여 무진戊辰과 기사己巳를 표상한 것이다. '운상어천雲上於天'을 통하여 천지합덕원리를 표상하고, '천여수위행天與水違行'을 통하여 체오용육體五用六원리를 표상한 것이다.

인도의 측면에서는 역학을 학문하는 군자의 실천원리를 표상한 것이 용육으로 자신에게 주어진 천명을 자각하는 원리인 용구원리와 대응한다. 그렇기 때문에 수괘需卦와 송괘訟卦의 괘사에서 모두 "유부有孚"라고 하여 믿음을 강조하였을 뿐만 아니라 송괘에서는 "이견대인利見大人"을 논하여 성인의 도를 자각하는 것이 이롭다고 하였고, 수괘에서는 "이섭대

천利涉大川"이라고 하여 군자의 도를 실천하는 것이 이롭다고 하였다. 이는 수괘가 성인의 도의 자각을 바탕으로 이루어지는 군자의 도의 실천을 위주로 표상한 것이라면, 송괘는 군자의 도의 실천을 위하여 성인의 도를 자각하는 문제를 위주로 역도를 표상한 것이라고 할 수 있다.

무진戊辰, 기사己巳와 음양 대응하는 도수가 무술戊戌, 기해己亥이다. 무술戊戌, 기해己亥는 사효의 용구원리를 표상하는 기본도수이다. 수로는 무戊와 술戌이 모두 오五이며, 기己는 십十이고, 해亥는 육六이다. 무술戊戌은 무위戊位의 본체도수이며, 기해己亥가 체십용구體十用 九원리를 표상한다. 그렇기 때문에 용구원리를 표상하는 전형적인 간지도수는 무술戊戌과 기해己亥이다.

무술과 기해에 해당하는 서괘는 화지진괘火地晉卦와 지화명이괘地火明夷卦이다. 두 괘는 무위戊位를 표상하는 곤괘坤卦와 그 정기精氣를 표상하는 이괘離卦를 통하여 상하 관계를 통하여 그 작용을 표상하고 있다. 화지진괘는 '명출지상明出地上'하는 현상을 통하여 용구 작용원리를 표상하고, 지화명이괘는 '명입지중明入地中'하는 현상을 통하여 천지의 합덕원리를 표상한다.

무진戊辰, 기사己巳가 천도를 표상하는 것과 달리 무술戊戌, 기해己亥는 지도地道를 표상한다. 서괘원리의 측면에서 무술戊戌, 기해己亥가 사효의 용구작용원리를 표상하는 기본도수이기 때문에 초효의 용육원리를 표상하는 기본도수인 무진戊辰, 기사己巳와 서로 상응하게 된다. 초효가 표상하는 천도가 사효가 표상하는 지도地道, 인도人道로 작용하는 것이다. 그러나 간지의 측면에서는 초효의 용육원리를 표상하는 도수인 무진戊辰, 기사己巳는 사효의 용육원리를 표상하는 기본도수인 갑진甲辰, 을사乙巳와 대응하게 된다.

무진戊辰, 기사己巳의 기본도수를 중심으로 그 작용원리를 사상四象원리를 중심으로 표상한 것이 경오庚午, 신미辛未, 임신壬申, 계유癸酉이다. 이 네 도수는 천지설위도수 가운데서 용육도수이다. 경오庚午와 신미辛未는 성인과 군자의 합덕원리를 표상하는 도수로 경오庚午는 태음의 종終도수이자 태양의 복復도수이다. 경오庚午·신미辛未는 성인과 군자의 합덕 원리를 표상하며, 임신壬申·계유癸酉는 군자와 백성의 합덕 원리를 표상한다.

갑술甲戌·을해乙亥와 경진庚辰·신사辛巳가 표상하는 용구용육 원리를 삼재의 도의 측면에서 나타낸 것이 만물이라는 개념이다. 갑을甲乙은 시생원리를 표상하며, 경신庚辛은 장성원리를 표상한다. 그렇기 때문에 갑술甲戌·을해乙亥와 경진庚辰·신사辛巳는 만물의 생성원리를 표상한다.

만물의 생성원리를 구체적인 내용을 중심으로 표상한 것이 병자丙子·정축丁丑·무인戊寅·기묘己卯와 임오壬午·계미癸未·갑신甲申·을유乙酉이다. 병자丙子·정축丁丑은 선천의 선후천 원리이며, 무인戊寅·기묘己卯는 후천의 선후천이다.

병자丙子·정축丁丑은 성인·군자의 도를 표상하는 병정丙丁과 천지의 성정을 표상하는 자축子丑이 합덕하여 형성된 도수이다. 병자丙子·정축丁丑에 대응하는 서괘는 천화동인괘 天火同人卦☰☲와 화천대유괘火天大有卦☲☰이다.

동인괘는 학문을 하는 군자가 성인의 도에 뜻을 두고 성인의 도를 연구하는 원리를 표상하며, 대유괘는 학문을 하는 군자가 성인의 도를 연구하여 심성 내면에서 덕이 쌓인 상태를 나타낸다. 그러나 그것이 모두 선천이기 때문에 괘사에서는 각각 형亨, 원형元亨이라고 하였을 뿐이다.

무인戊寅·기묘己卯는 학문을 하는 군자의 심성 내면에서 성인의 도가 자각되어짐으로써 덕으로 변화하는 원리를 나타낸 것으로 무인戊寅·기묘己卯에 대응하는 서괘序卦는 지산겸괘地山謙卦☷☶와 뇌지예괘雷地豫卦☳☷이다.

겸괘는 학문을 하는 군자의 심성 내면에서 밝혀진 삼재의 도를 나타내며, 성인을 중심으로 성인과 군자의 관계를 나타내고 있다. 무인戊寅·기묘己卯가 후천원리이기 때문에 겸괘에서는 "군자유종君子有終"이라고 하였고, 예괘에서는 "이건후행사利建侯行師"라고 하였다. 군자의 도가 성도됨으로써 삼재가 합덕 성도되는 원리를 겸괘가 표상하며, 그것을 성인의 관점에서 성인에 의하여 군자의 도가 형성됨으로써 백성들에게 행하여지는 원리를 나타내는 괘가 예괘이다.

학문을 하는 군자의 심성 내면에서 밝혀지는 군자의 도를 실천원리를 중심으로 나타낸 것이 경진庚辰·신사辛巳이다. 경진庚辰·신사辛巳에 대응하는 서괘는 택뢰수괘澤雷隨卦·산풍고괘山風蠱卦☶☴로 수괘는 군자가 성인의 도를 대행하는 원리를 표상하고, 수괘의 원리를 천도의 측면에서 간지도수원리로 표상한 것이 고괘이다. 경진庚辰·신사辛巳는 경신庚辛과 진사辰巳가 합덕되어 형성된 도수로 경신庚辛은 후천의 성도원리를, 진사辰巳는 용육원리를 표상한다.

경진庚辰·신사辛巳의 내용을 표상하는 도수가 임오壬午·계미癸未·갑신甲申·을유乙酉이다. 임오壬午·계미癸未는 선천의 선후천 원리를 표상하며, 갑신甲申·을유乙酉는 후천의 선후천 원리를 표상한다. 임오壬午·계미癸未에 대응하는 서괘는 지택임괘地澤臨卦☷☱와 풍지관괘風地觀卦☴☷이다. 임괘는 군자의 심성 내면에서 밝혀진 천도를 표상한다. 그렇기 때문에 단사에서 정역원리로 크게 형통함이 천도라고 하였다. 임괘가 천도의 관점에서 군자의 도를 논한 것과 달리 관괘는 성인의 관점에서 신도神道를 논하고 있다. 군자의 심성 내면에 강림降臨한 천지의 도, 신도가 대형이정大亨以正의 역수원리이다.

갑신甲申·을유乙酉는 후천의 선후천 원리로 용육의 성원리成原理가 위주이다. 갑신甲申·을유乙酉에 대응하는 서괘는 화뢰서합괘火雷噬嗑卦와 산화비괘山火賁卦이다. 임관괘臨觀卦에 의하여 밝혀진 군자의 도를 실천하는 원리를 표상한 것이다. 서합괘噬嗑卦는 형벌을 통하여 백성들을 다스리는 원리를 표상하고 있으며, 서정庶政원리를 표상하고 있다. 서합괘와 비괘는 군자에 의하여 실천되어지는 왕도정치원리를 표상한 것이다.

삼효의 시의성을 중심으로 용구원리의 측면에서 나타낸 도수가 병술丙戌·정해丁亥이며, 용육원리의 측면에서 나타낸 도수가 임진壬辰·계사癸巳이다. 삼효의 시의성을 건곤괘를 중심으로 살펴보면 군자룡과 함장含章이다.

군자용의 내용을 생성의 관점에서 나타낸 것이 무자戊子·기축己丑과 경인庚寅·신묘辛卯에 대응하는 천뢰무망괘天雷无妄卦·산천대축괘山天大畜卦·산뢰이괘山雷頤卦·택풍대과괘澤風大過卦이며, 함장含章의 내용을 생성의 관점에서 나타내면 갑오甲午·을미乙未와 병신丙申·정유丁酉에 대응하는 택산함괘澤山咸卦·뇌풍항괘雷風恒卦·천산돈괘天山遯卦·뇌천대장괘雷天大壯卦이다.

병술丙戌·정해丁亥는 천지의 도를 표상하는 괘로 병술丙戌의 산지박괘山地剝卦는 지도地道의 내용인 역생도성원리를 표상하며, 지뢰복괘地雷復卦는 천도의 내용인 도생역성원리를 표상한다. 역생도성원리는 선천낙서원리이기 때문에 인도의 측면에서 "불리유유왕不利有攸往"이라고 하였고, 복괘에서는 "붕래무구朋來无咎"라고 하였다.

병술丙戌·정해丁亥가 표상하는 천지의 도를 인도의 측면에서 표상한 것이 무자戊子·기축己丑·경인庚寅·신묘辛卯이다. 무자戊子·기축己丑은 무기戊己와 자축子丑이 합덕하여 형성된 도수로 무자戊子·기축己丑에 상응하는 서괘는 천뢰무망괘天雷无妄卦·산천대축괘山天大畜卦이다. 무망괘는 천하에 성인의 도가 행하여지는 원리를 표상하며, 대축괘는 군자의 심성 내면에서 덕으로 드러나는 성인의 도를 표상한다.

경인庚寅·신묘辛卯는 후천원리인 군자의 도의 관점에서 성인의 도와 군자의 도를 중심으로 표상한 도수로 경인庚寅·신묘辛卯에 상응하는 서괘는 산뢰이괘山雷頤卦·택풍대과괘澤風大過卦이다.

이괘頤卦는 진괘가 변하여 간괘가 되는 진변위간震變爲艮의 원리를 표상한다. 진괘는 성인을 상징하고, 간괘는 군자를 상징한다. 그러므로 진변위간은 선천의 성인의 도가 변화하여 후천의 군자의 도로 성도되는 선후천변화원리를 표상한다.

반면에 대과괘는 진간震艮에 대응하는 손태괘巽兌卦를 중심으로 선후천변화원리를 표상한 것으로 손괘가 표상하는 신도가 태괘가 표상하는 백성을 통하여 드러남을 표상한다.

삼효의 시의성을 바탕으로 그것을 용육원리의 관점에서 나타낸 것이 임진壬辰・계사癸巳이다. 임진壬辰・계사癸巳는 임계壬癸의 수水와 진사辰巳의 용육도수가 합덕하여 형성된 도수로 임계壬癸는 후천의 천도를 표상하는 도수이다.

임진壬辰・계사癸巳에 상응하는 서괘는 중수감괘重水坎卦와 중화이괘重火離卦이다. 감괘坎卦는 천도의 측면에서는 윤역원리를 표상한다. 이괘離卦는 역수원리의 측면에서는 정역원리를 표상한 괘이다.

임진壬辰・계사癸巳의 구체적인 내용을 표상하는 도수는 갑오甲午・을미乙未와 병신丙申・정유丁酉로 갑오甲午・을미乙未는 선천의 관점에서, 병신丙申・정유丁酉는 후천의 관점에서 용육원리를 표상한다.

갑오甲午・을미乙未・병신丙申・정유丁酉에 대응하는 서괘는 택산함괘澤山咸卦・뇌풍항괘雷風恒卦・천산돈괘天山遯卦・뇌천대장괘雷天大壯卦이다. 갑오甲午・을미乙未는 갑을甲乙과 오미午未가 합덕하여 형성된 도수로 상응하는 서괘인 함항咸恒괘는 각각 군자의 도와 성인의 도를 표상한다.

돈괘遯卦와 대장괘大壯卦는 군자의 실천원리를 표상한 괘로 군자가 학문을 하는 과정을 통하여 실천원리를 표상한 괘가 돈괘이며, 예의를 통하여 실천하는 원리를 표상한 괘가 대장괘이다. 돈괘의 괘사에서 "형亨하니 소이정小利貞"이라고 하고, 대장괘의 괘사에서 "이정利貞"이라고 규정한 까닭이 여기에 있다.

사효의 시의성을 중심으로 용구원리의 관점에서 나타낸 도수가 무술戊戌・기해己亥이며, 용육원리의 관점에서 나타낸 도수가 갑진甲辰・을사乙巳이다. 무술戊戌・기해己亥는 천지, 일월이 합덕・성도하는 원리를 표상하는 도수이며, 갑진甲辰・을사乙巳는 성도・합덕된 천지, 일월에 의하여 삼재가 성도・합덕되는 원리를 표상한다.

무술戊戌・기해己亥에 상응하는 서괘는 화지진괘火地晉卦・지화명이괘地火明夷卦로 두 괘는 역수원리를 표상한다. 경자庚子・신축辛丑・임인壬寅・계묘癸卯는 무술戊戌・기해己亥의 구체적인 내용을 표상하는 도수이다. 경자庚子・신축辛丑은 후천의 시생원리를 표상하며, 임인壬寅・계묘癸卯는 후천의 성도원리를 표상한다.

경자庚子・신축辛丑에 상응하는 서괘는 풍화가인괘風火家人卦・화택규괘火澤睽卦이다. 가인괘는 군자의 도를 정명원리正名原理를 중심으로 표상하였으며, 규괘는 성인과 군자의 합덕 원리를 표상한다. 임인壬寅・계묘癸卯에 상응하는 서괘는 수산건괘水山蹇卦・뇌수해괘雷水解卦로 건괘蹇卦는 선후천합덕원리를 표상하고, 해괘解卦는 천지의 합덕원리를 표상한다.

갑진甲辰・을사乙巳에 상응하는 서괘는 산택손괘山澤損卦䷨・풍뢰익괘風雷益卦䷩로 손괘損卦는 역생도성원리를 표상하며, 익괘益卦는 도생역성원리를 표상한다. 갑진甲辰・을사乙巳의 내용을 표상하는 도수는 병오丙午・정미丁未・무신戊申・기유己酉이다.

네 도수에 상응하는 서괘는 택천쾌괘澤天夬卦䷪・천풍구괘天風姤卦䷫・택지취괘澤地萃卦䷬・지풍승괘地風升卦䷭이다. 쾌괘夬卦는 성인・군자의 도와 소인의 도를 변별하는 원리를 표상하며, 구괘姤卦는 성인의 도와 합덕하는 원리를 표상하고, 취괘萃卦는 성인의 도를 학문을 통하여 주체화하는 원리를 표상하며, 승괘升卦는 성인의 도의 주체화를 통하여 덕을 쌓음으로서 형이상의 세계로 비약飛躍하는 원리를 표상한다.

쾌夬・구姤・취萃・승升의 네 괘는 가인家人・규睽・건蹇・해解의 합덕문에 의하여 합덕된 결과 형성된 모체를 표상하며, 모체 내의 생명체를 표상하는 괘가 곤困・정井・혁革・정鼎의 네 괘이다. 이 네 괘가 간지도수와 대응하지 않는 것은 모체 내의 생명체이기 때문에 독립된 새로운 생명체로 여기지 않기 때문이다.

택수곤澤水困・수풍정水風井・택화혁澤火革・화풍정火風鼎의 네 괘를 군자를 중심으로 살펴보면 각각 포태, 출생, 생장, 장성의 네 단계를 나타낸다. 곤괘困卦는 성인의 도에 감추어진 군자의 도를 표상하며, 정괘井卦는 성인의 도가 군자의 생명이 되는 과정을 표상하고, 혁괘革卦는 성인의 도가 군자의 주체성으로 변화하여 덕이 되는 원리를 표상하며, 정괘鼎卦는 군자가 덕을 주체로 하여 명命을 실천하는 원리를 표상한다.

오효의 시의성을 바탕으로 용구작용의 관점에서 나타낸 것이 경술庚戌・신해辛亥이며, 용육작용의 관점에서 나타낸 것이 병진丙辰・정사丁巳이다. 경술庚戌・신해辛亥에 상응하는 서괘는 중뢰진괘重雷震卦䷲와 중산간괘重山艮卦䷳로 진괘震卦는 성인의 도를 표상하며, 간괘艮卦는 군자의 도를 표상한다.

경술庚戌・신해辛亥의 원리를 구체적으로 표상한 도수가 임자壬子・계축癸丑・갑인甲寅・을묘乙卯의 네 도수이다. 임자壬子・계축癸丑은 선천의 선후천 원리를 표상하는 도수로 이에 상응하는 서괘는 풍산점괘風山漸卦䷴・뇌택귀매괘雷澤歸妹卦䷵이다. 점괘漸卦는 군자가 백성과 합덕하는 원리를 군자를 중심으로 표상하였으며, 귀매괘歸妹卦는 군자가 백성과 합덕하는 원리를 백성을 중심으로 표상하였다.

갑인甲寅・을묘乙卯는 선후천합덕원리를 역수원리를 중심으로 표상한 것으로 갑인甲寅・을묘乙卯 도수에 상응하는 서괘는 뇌화풍괘雷火豊卦䷶・화산려괘火山旅卦䷷이다. 풍괘豊卦는 선후천변화원리를 천도의 관점에서 표상하였으며, 여괘旅卦는 군자를 중심으로 선후천 변화 원리를 표상하였다.

병진丙辰·정사丁巳에 상응하는 서괘는 중풍손괘重風巽卦☴·중택태괘重澤兌卦☱로 오효의 용육작용원리를 표상한다. 손괘巽卦는 신도神道를 표상하며, 태괘兌卦는 백성원리를 표상한다. 신도는 천지인이 하나가 되는 본래의 세계를 나타내며, 백성원리는 개체적 존재로서의 백성의 존재원리를 나타낸다. 손괘가 표상하는 신도가 태괘가 표상하는 백성원리로 변화하는 것인 선후천변화이다.

손괘巽卦·태괘兌卦의 구체적인 내용을 표상하는 도수가 무오戊午·기미己未·경신庚申·신유辛酉의 네 도수이다. 네 도수에 상응하는 서괘는 풍수환괘風水渙卦☴·수택절괘水澤節卦☱·풍택중부괘風澤中孚卦☴·뇌산소과괘雷山小過卦☳이다.

환괘渙卦·절괘節卦는 선후천변화원리를 지도地道인 조석지리潮汐之理를 중심으로 표상하였으며, 절괘節卦에서는 왕도정치원리를 중심으로 선후천변화원리를 표상하였다. 중부괘中孚卦는 군자에 의하여 왕도정치가 실천된 세계를 표상하며, 그것을 선후천변화의 관점에서 표상한 괘卦가 소과괘小過卦이다.

지금까지 삼극의 도를 공간화하여 나타낸 삼재의 도에 관하여 살펴보았다. 먼저 삼역팔괘도를 중심으로 삼극원리가 시간상으로 생장성원리로 표상되었음을 살펴보았다. 시간상의 생장성원리가 공간상으로는 천지인의 삼재원리가 됨을 통하여 삼극원리가 삼재원리로 표상됨을 알 수 있다.

삼극의 도는 삼극의 도역생성작용이다. 삼극의 도역작용을 표상하기 위해서는 팔괘를 중첩하여 육효괘를 형성하지 않을 수 없다. 그것은 선천의 천지인을 표상하는 내괘와 후천의 천지인을 표상하는 외괘를 통하여 선천과 후천의 변화원리를 천지인 삼재의 합덕·성도원리로 표상함을 뜻한다.

육효 중괘의 구성이 선후천의 관점에서는 내괘와 외괘이지만 괘체와 효용의 관점에서 보면 각각 괘체는 도생역성을 바탕으로 형성되고, 효용은 역생도성을 바탕으로 형성되었다. 도생역성과 역생도성이 일체이듯이 도생역성을 표상하는 괘체와 역생도성을 표상하는 효용 역시 일체이다. 그리고 시간의 관점에서 일어나는 선천에서 후천으로의 변화가 공간상에서는 삼재의 합덕·성도원리가 된다.

삼재의 합덕성도원리를 표상하는 괘효의 특성은 64괘의 서괘에서도 드러난다. 천지와 만물 그리고 남녀로 표상할 수 있는 상경의 세계는 선천의 세계이다. 그것은 사람과 사물 물리적 천지의 세계만이 존재할 뿐으로 그 존재근거인 형이상의 세계, 본성의 세계가 드러나지 않은 세계를 뜻한다.

하경의 세계는 부부, 부자, 군신으로 표상할 수 있는 인격적 세계, 도덕적 세계이다. 그것을 서괘편에서는 한마디로 나타내어 예의禮義의 세계라고 하였다. 예의의 세계는 삼재가 인간의 본래성을 매개로 하여 합덕·성도된 세계를 나타낸다. 삼재의 합덕·성도된 세계를 나타내는 것이 괘효인 것이다.

하나의 중괘에서 괘체卦體와 효용爻用이 각각 천도의 도생역성과 역생도성을 나타냄으로서 괘체卦體인 도생역성을 바탕으로 효용의 역생도성이 이루어지듯이 64 중괘도 후천원리를 표상하는 하경의 도생역성을 바탕으로 상경의 역생도성의 선천의 세계가 전개된다.

도생역성을 바탕으로 한 역생도성의 관점에서 보면 64괘가 모두 군자의 성명性命을 64괘가 나타내는 서로 다른 시위時位를 통하여 다양하게 표상하였다. 하나의 중괘가 인간의 성명을 표상하고 있을 뿐만 아니라 64가지의 중괘 각각이 모두 인간의 성명을 표상한다.

그러면 괘사와 효사에서 나타내고 있는 길흉吉凶, 회린悔吝과 같은 점사占辭들은 어떤 의미를 갖는가?

길흉이나 회린과 같은 개념들은 개체적 존재의 용심用心의 결과나 육신을 통하여 나타나는 다양한 언행들이 고정되지 않아서 존재하지 않음을 나타내기 위하여 사용한 개념들일 뿐이다.

괘효의 관점에서 보면 음효와 양효가 있고, 그것에 의하여 중괘가 형성되지만 음양 이전의 태극, 도, 신의 세계에는 음양이 없다. 마찬가지로 도, 본성의 차원에서 보면 음효도 양효도 모두 도의 작용, 나타난 신, 나타난 태극일 뿐이다.

인간의 모든 언행도 본성의 작용이기 때문에 본래 길흉吉凶이나 회린悔吝이 없다. 단지 길吉이 흉凶으로 변하고, 흉凶이 길吉로 변하며, 회悔가 길吉로 변하기도 하고, 인吝이 흉凶으로 변하기도 하고, 인吝이 길吉로 변하기도 하여 끊임없는 변화의 과정이 있을 뿐이어서 그것도 있다고 할 수 없다.

길흉과 회린이 없음은 오로지 본성을 주체로 자유롭게 살아갈 뿐으로 길흉에 얽매이지 말라는 의미이다. 그것은 본성이 주체임을 알고 도제천하의 뜻으로 살아가는 군자의 삶과 그렇지 못한 소인의 삶은 있지만 군자와 소인, 대인과 소인, 성인과 소인이 없음을 의미한다.

군자와 소인의 구분은 없지만 군자적인 삶과 소인적인 삶이 있음은 삶의 양태를 선택하고 살아가는 것은 자유롭지만 그 결과에 대하여서는 선택한 자신이 책임을 져야함을 뜻한다. 인위적인 자기 외적인 존재에 의하여 길흉吉凶이 판단되고, 책임이 물어지는 것이 아니라 스스로 그러한 결과들을 만들어가는 것이 삶이다.

제 **십일** 장

괘효와 변화

앞에서 『정역』에서 간지도수를 통하여 밝히고 있는 신도와 도서상수를 통하여 밝히고 있는 역수원리가 무엇인지를 고찰하고, 그것을 바탕으로 선천적 관점에서 성통의 고찰을 통하여 인간이 어떤 존재인지를 살펴보았다.

그리고 그 다음 장에서는 후천적 관점에서 괘효를 통하여 표상된 삼재의 도가 삼재의 합덕·성도원리임을 살펴보았다. 삼재의 합덕·성도는 후천적 존재인 군자라는 인간을 매개로 하여 이루어지는 점에서 삼재의 도를 이해하기 위해서는 괘효가 표상하는 삼재의 합덕·성도원리의 주체인 군자가 어떤 존재인지를 파악해야 한다.

선천의 성인에 의하여 성통이 전개되면서 신도, 천도를 천명하는 경전인 『정역』과 인도를 천명하는 경전인 『주역』이 저작되었지만 그것을 실천하는 후천적 존재가 없으면 저작의 목적이 완성되지 않는다. 설사 성인이 경전을 저작하여 진리를 밝혔을지라도 그것을 실천하여 구현하는 인간이 없으면 헛된 일이 될 뿐이다.

선천의 성인이 밝힌 삼재의 도, 천도天道, 신도神道를 학문하여 그것을 현실에서 실천하여 구현함으로써 삼재의 합덕·성도를 이루어야할 존재는 군자이다. 신도, 천도를 공간화하여 삼재의 도로 밝히고 있는 『주역』에서는 『주역』을 저작한 목적이 후세의 군자를 위함이라고 하여 그 점을 밝히고 있다. 따라서 삼재의 도를 이해하기 위해서는 후천의 군자가 살아가야할 길로서의 군자의 도를 이해야하여 한다.

천도인 역수원리의 관점에서는 성인과 군자라는 개체적 존재가 중심이 아니라 선천과 후천이라는 시간이 중심이다. 그렇기 때문에 『정역』에서는 선천과 후천을 중심으로 인간을 다음과 같이 논하고 있다.

글을 읽고 역학을 연구함은 선천의 일이니, 이치를 궁구하고 몸을 닦음은 후인의 누구인가?[1]

위의 내용은 구구음九九吟에 속하는 일부분이다. 전체의 내용을 보면 공자孔子와 김일부 자신을 언급하고 있지만 그 대상은 유아사儒雅士이다. 따라서 위의 내용은 후천의 관점에서 군자가 해야 할 일을 나타낸 것이다.

인용문에서 독서讀書학역學易을 선천의 일로 그리고 궁리窮理수신修身을 후천의 일로 규정하고 있다. 독서학역의 "서書"와 "역易"을 고유명사로 이해하면 그것은 『서경』을 읽고, 『주역』을 연구함을 나타낸다. 이는 공자와 김일부 자신이 학문을 하는 방법을 구체적으로 제시한 것이라고 할 수 있다.

궁리수신할 후천의 사람이 누구냐고 묻는 것은 선천의 공자와 김일부가 그랬듯이 후천의 군자도 역시 독서학역을 통하여 궁리수신을 해야 함을 나타낸다. 위의 내용을 군자를 중심으로 이해하면 독서학역이 학문함을 나타낸다면 궁리수신은 학문의 방법을 나타낸 것이다. 그러면 궁리와 수신은 어떻게 이루어지는가?

궁리가 마음을 중심으로 학문함을 나타낸 것이라면 수신은 몸을 중심으로 학문함을 나타낸다. 양자는 역생도성의 관점에서 용심법을 중심으로 선천의 학문함과 몸을 통한 실천을 중심으로 후천의 학문함을 구분하여 나타낸 것이다.

군자가 해야 할 선천적 일과 후천적 일을 학문과 성리의 도로 구분하여 학문함을 선천으로 일로 그리고 성리의 도를 후천의 일을 도로 규정한 것은 궁리와 수신을 달리 표현한 것이라고 할 수 있다.

『정역』에서는 군자가 선천에 해야 할 학문의 방법과 후천에 실천해야할 일을 다음과 같이 밝히고 있다. "억음抑陰존양尊陽은 선천의 심법心法의 학이고, 조양調陽율음律陰은 후천 성리性理의 도이다."[2]

음양의 조율이 성리의 도라는 것은 선천과 후천의 합덕이 군자에 의하여 이루어짐을 나타낸 것이다. 이를 구체적으로 천지인의 삼재의 합덕·성도원리로 나타낸 것이 『주역』이다. 그러므로 삼재의 합덕·성도원리를 파악하기 위해서는 군자가 어떤 존재이며, 그 본성이 무엇인지를 파악하는 것이 필요하다.

『정역』에서는 성리性理의 도를 언급하여 성리를 말하고 있고, "이치는 본원本原에 모이니 본원은 성품이다."[3]고 하여 역시 성품을 언급하고 있다. 그리고 『주역』에서는 "옛 성

---

1) 金, 『正易』 九九吟, "凡百滔滔儒雅士아 聽我一曲放浪吟하라 讀書學易은 先天事요 窮理修身은 后人誰오"
2) 金恒, 『正易』 第八張, "抑陰尊陽은 先天心法之學이니라. 調陽律陰은 后天性理之道니라."

인이 역경을 저작한 목적은 장차 성명性命의 이치에 순응하게 하려함"4)이라고 하여 성명의 이치에 순응함을 통하여 삼재의 성도·합덕이 이루어짐을 밝히고 있다. 따라서 군자의 본성이 무엇인지를 파악하기 위해서는 성명, 성명의 이치가 무엇인지를 파악해야 한다.

　삼재의 도를 밝히고 있는『주역』역시 역도, 변화의 도를 언급하고 있다. 그것은 군자에 의한 삼재의 합덕·성도 역시 변화임을 뜻한다. 따라서 삼재의 도 역시 변화의 도이다. 이에 본장에서는 군자의 본성이 성명, 성명의 이치와 변화가 어떤 관계인지를 밝히고자 한다.

1. 괘효와 군자

　『주역』에서 신도神道, 천도天道를 언급하고 있으면서도 그것을 문제로 삼아서 그 내용을 밝히지 않았던 까닭은『주역』이 신도, 천도 자체를 밝히고자 함이 아니라 지금-여기의-나의 삶이 무엇이며, 어떻게 살 것인가를 해결하기 위함임을 뜻한다. 시간성을 공간성으로 바꾸어서 삼극의 도를 괘효를 통하여 삼재의 도로 나타낸 것은 인도를 드러내고자 함이다.

　『주역』에서는 "역易의 글됨이 광대하여 모든 것을 갖추고 있다. 천도天道가 있고, 지도地道가 있으며, 인도人道가 있다. 삼재가 모두 양지兩之작용을 하므로 그것을 나타내면 육六이 된다. 육이라는 것은 다른 것이 아니라 삼재의 도이다."5)라고 하였다.

　"천도를 세워서 음陰과 양陽이라고 하고, 지도를 세워서 강剛과 유柔라고 하며, 인도를 세워서 인仁과 의義라고 한다."6)라고 하여 삼재의 도의 내용을 밝히고 있기 때문에『주역』이 인도人道 뿐만 아니라 천도와 지도를 제시하고 있다고 생각할 수 있다.

　비록 "한번은 음하고 한번은 양하는 음양의 질운 작용을 도라고 한다."7)고 하였지만 천도의 내용인 음양원리가 무엇인지를 구체적으로 밝히고 있지 않다. 뿐만 아니라 괘효를 구성하는 음양의 효에 용구用九와 용육用六을 제시하고 본체도수인 십十과 오五를 나타내지

---

3) 金恒,『正易』第七張, "理會本原은 原是性이오 乾坤天地에 雷風中이라."
4)『周易』說卦 第二章, "昔者聖人之作易也는 將以順性命之理니"
5)『周易』繫辭下篇 第十章, "易之爲書也 廣大悉備하야 有天道焉하며 有人道焉하며 有地道焉하니 兼三才而兩之라 故로 六이니 六者는 非他也라 三才之道也니"
6)『周易』說卦 第二章, "是以立天之道曰陰與이오 立地之道曰柔與剛이오 立人之道曰仁與義나"
7)『周易』繫辭上篇 第五章, "一陰一陽之謂道이니"

않음으로써 음과 양의 효가 본체를 나타내는 것이 아니라 작용을 나타냄을 밝히고 있다.

건곤괘를 논하면서도 그것을 강유剛柔[8]라고 하여 음양을 밝히고 있지 않다. 오직 "음양의 원리는 일월의 원리이다."[9]고 하여 천도인 음양원리가 역수원리임을 밝히고 있을 뿐이다. 『서경』에서도 "천의 역수원리가 네 몸에 있다."고 하여 천도의 내용이 역수원리임을 분명하게 밝히고 있다. 따라서 천도는 그 내용인 음양원리 곧 역수원리를 밝히지 않고서는 드러나지 않는다.

『주역』의 십익十翼에서 이미 변화의 도, 신도, 역도를 나타내는 것이 천지의 수를 통하여 형성된 체계임을 밝히고 있을 뿐만 아니라 그것이 하도와 낙서임을 밝히고 있다. 그리고 송대宋代에 이르러서 하도와 낙서의 도상도 확정되었다.

그런데 신도, 역수원리의 관점에서는 모든 존재가 일체적 상태에서 이루어지는 변화의 과정이기 때문에 개체적 존재의 문제가 발생하지 않는다. 그것을 개체적 관점에서 삼재의 도로 밝힐 때 비로소 천지인의 관계뿐만 아니라 인간 자신들 안에서의 문제가 대두된다.

도생역성의 관점에서 보면 삼재의 세계는 하나의 근원적 존재의 다양한 나눔이라는 점에서 개체적 존재간의 문제가 발생하지 않는다. 그럼에도 불구하고 역생의 관점에서 인간 자신이 어떤 존재인지를 문제로 삼을 때 나와 남의 관계, 나와 가정, 나와 국가, 국가와 국가, 인간과 자연과 같은 다양한 형태의 대립적 관계가 발생한다.

삼극의 도를 삼재의 도로 나타낸 까닭은 삼재의 세계가 본래 합덕·성도된 세계임을 밝히고자 함이다. 그것은 일체의 세계가 삼재라는 분별된 세계를 통하여 합덕·성도의 세계로 표상됨으로써 비로소 밝혀지기 때문이다.

삼재를 통하여 삼재가 합덕·성도된 세계임을 밝히는 문제는 천지나 만물의 문제가 아니라 인간의 문제이다. 오로지 인간만이 그러한 세계를 드러내어 밝힐 수 있을 뿐만 아니라 그것이 인간의 존재특성이기 때문이다.

『정역』에서는 인간의 삼재 세계에서의 역할을 드러내기 위하여 지인至人이라는 개념을 사용하고 있다. 『주역』에서도 삼재가 합덕·성도된 세계를 살아가는 존재를 대인大人, 성인聖人, 현인賢人, 군자君子로 표상하고 있다.

지인을 대인으로 규정하고 삼재가 합덕·성도된 하나의 세계임을 알지 못하고 개체적 존재의 관점에서 대립과 투쟁으로 여기면서 오로지 자신의 생존을 위하여 살아가는 사람을 대인과 반대된 소인小人으로 규정하였다.

대인은 선천적 존재인 성인과 후천적 존재인 군자를 함께 부르는 말이다. 성인은 이미

---

8) 『周易』 雜卦, "乾剛坤柔오"
9) 『周易』 繫辭上篇 第六章, "陰陽之義는 配日月하고"

자신의 역할을 다하고 돌아갔기 때문에 더 이상 인류 역사상에 존재할 필요가 없다. 따라서 지금 대인 가운데서 필요한 존재는 후천의 주체적 존재인 군자이다.

그러나 선천과 후천은 일체이다. 『정역』에서 "선천은 후천에 정사하고, 후천은 선천에 정사한다."[10]고 하였을 뿐만 아니라 양자가 모두 원천原天의 작용임을 통하여 양자가 일체임을 밝히고 있다. 그렇기 때문에 선천과 후천의 주체적 존재인 성인과 군자 역시 일체적 관계이다.

그것은 선천에 나타난 군자가 성인이며, 후천에 나타난 성인이 군자라는 표현으로 나타낼 수 있다. 이러한 일체적 관계를 시간의 관점에서는 계대적 관계인 부자父子의 관계로 나타내기도 하고, 현재적 관점에서 부부夫婦의 관계로 나타내기도 한다.

산풍고괘山風蠱卦에서는 "아버지의 일을 자식이 주관한다. 그러므로 자식이 있으면 돌아간 아버지가 허물이 없을 것이다."[11]고 하였다. 이때의 부자는 성인과 군자를 상징적으로 나타낸 것이다. 군자를 상징하는 자식이 성인을 상징하는 아버지의 일을 주관할 때 비로소 죽은 아버지가 허물이 없다는 것은 군자에 의하여 성인의 도가 완성됨을 뜻한다. 이를 통해서도 성인과 군자는 일체적 관계임을 알 수 있다.

선천과 후천이 하나의 원천原天이지만 그것이 일체임이 드러나는 것은 후천이다. 그것은 선천과 후천을 드러내어 밝히는 존재인 인간의 삶과 관련이 되어 있다. 선천에는 오로지 성인만이 그것을 알고 살아가지만 후천에는 모든 존재가 삼재가 일체임을 알고 일체가 되어 살아간다.

선천에는 성인의 도가 오로지 성인을 통하여 전수계통을 형성하면서 성통이 전개되고, 성통을 따라서 도통이 전승되지만 후천에는 그러한 성통이나 도통이 필요가 없다. 왜냐하면 후천에는 모든 사람이 군자이기 때문이다.

선천과 후천의 관계에서 드러나듯이 선천과 후천의 회통이 후천에서 이루어지며, 그것을 공간적 관점에서 살펴보면 삼재의 합덕·성도는 군자에 의하여 이루어진다. 그러면 군자에 의하여 삼재의 합덕·성도가 어떻게 이루어지는지 살펴보자.

『정역』에서는 선천과 후천을 중심으로 군자의 삶을 밝히고 있는데 그 내용을 살펴보면 다음과 같다.

> 음陰을 억제하고 양陽을 높이는 것은 선천의 심법心法의 학學이며, 양을 고르고 음을 본받는 것은 후천의 성리性理의 도道이다.[12]

---

10) 金恒 『正易』 第四張, "后天은 政於先天하니 水火니라. 先天은 政於后天하니 火水니라."
11) 『周易』 山風蠱卦 初爻 爻辭, "幹父之蠱이니 有子면 考无咎리라."

  인용문을 보면 선천은 심법을 중심으로 이루어지는 학문을 하는 때이며, 후천은 성품과 이치가 일치가 되어 그대로 도를 따라 살아가는 때임을 알 수 있다.

  선천은 학문을 하는 때이며, 후천은 도를 실천하며 살아가는 때이다. 그러므로 선천의 삶과 후천의 삶을 서로 다르다. 선천에는 음과 양이 괴리되기 때문에 음양을 하나로 하는 학문이 필요하며, 후천에는 음양이 하나가 되기 때문에 본성이 주체가 되어 그대로 살아가면 그것이 그대로 도 자체가 됨을 뜻한다.

  그러면 선천에 해야 할 학문의 방법인 심법은 무엇인가? 본체의 상태, 근원의 상태에서 벗어나서 현상의 세계에서 작용을 통하여 자신을 체험하는 것이 선천의 심법이며, 본체의 상태에서 그대로 삶을 영위하는 것이 후천의 도이다.

  인용문에서는 음양 관계를 통하여 군자가 해야 할 학문을 심법을 중심으로 밝히고 있다. 억음존양해야 할 상태는 음이 많고 양이 적어서 균형과 조화를 이루지 못한 상태를 나타낸다. 그것은 선천이라는 때가 음이 자라고 그에 비하여 양이 상대적으로 소장消長하는 때임을 나타낸다.

  음과 양이 서로 조화와 균형을 이루지 못하였기 때문에 음을 억제하고 양을 받들어 높여서 조화와 균형을 이루려는 것은 그것을 통하여 음양을 합덕시키고자 함이다. 음양이 서로 만나서 소통하고 하나가 되어 상호 작용을 하게 하려는 것이 억음존양의 목적이다.

  억음존양과 후천의 조양율음 그리고 심법과 성리의 도를 비교하여 보면 억음존양의 심법과 조양율음의 성리의 도의 내용이 무엇인지를 확인할 수 있다. 『정역』에서는 태음과 태양의 특성을 다음과 같이 밝히고 있다.

  태양의 항상함은 성性이 온전하고 이理가 곧음이요, 태음의 소장함은 수가 차고 기氣가 비움이다.[13]

  위의 내용을 보면 물리적 태양과 태음을 나타내고 있지만 그것을 통하여 심법의 학문이 무엇인지를 파악할 수 있다. 먼저 태양과 태음의 특성을 살펴보자.

  태양은 뜨고 지는 현상이 없다. 태양은 태음과 같이 차고 기우는 현상적인 변화가 없이 항상하다. 이처럼 태양의 항상함은 성품이 온전하고 이理가 곧기 때문이다.

  반면에 태음은 초삼일에 조각달로 나타나서 점차 자라서 15일에 둥근달이 되고, 다시 기울기 시작하여 23일에는 조각달이 되고, 28일에는 그 모습이 사라져서 보이지 않다가

---

12) 金恒, 『正易』 第八張, "抑陰尊陽은 先天心法之學이니라. 調陽律陰은 后天性理之道니라."
13) 金恒, 『正易』 第八張, "太陽恒常은 性全理直이니라. 太陰消長은 數盈氣虛니라."

다시 다음 달 초삼일이 되어서야 비로소 조각달로 나타난다. 그것을 태음은 소멸했다가 자란다고 표현하였다. 그러면 항상하고 사라졌다가 자라남은 무엇을 의미하는가?

태음과 태양은 물리적 존재를 나타내지만 그것을 통하여 역수원리를 상징적으로 나타낸다. 태양과 태음의 관계를 통하여 사역변화를 이해하면 태양은 원역의 세계를 나타내며, 태음은 선천과 후천의 세계를 나타낸다.

서보름은 서천의 세계를 나타내고, 후보름은 후천의 세계를 나타낸다. 그러면 소장의 현상은 무엇 때문인가? 『정역』에서는 영허소장에 대하여 다음과 같이 밝히고 있다.

> 찼다 비었다 함은 기氣이니 선천이요, 꺼졌다 자랐다 함은 이理이니 후천이다. 후천의 도는 굴신屈伸이요, 선천의 정政은 진퇴進退이다. 진퇴의 정사는 달이 찼다가 기우는 것이고, 굴신의 도는 달이 비었다가 자라는 것이다.[14]

위의 내용을 보면 태음의 영허소장을 이기理氣의 관계를 통하여 밝히고 있다. 태양을 통하여 표상되는 이理의 세계는 항상하여 영허소장이 없다. 그러나 태음을 통하여 표상되는 기氣의 세계는 영허소장이 있다.

이기理氣는 성리학에서 제시하고 있는 본체로 이理 자체에는 청탁清濁후박厚薄이 없지만 기氣에는 청탁후박이 있기 때문에 수양이나 학문이 필요하다. 그것을 나타내는 것이 선천에는 억음존양의 심법을 내용으로 하는 학문이 필요하다는 것이다.

억음존양은 가득 찬 기氣를 억제하고 잘 드러나지 않는 이理를 존양하여 양자가 하나가 되도록 하는 것으로 그것이 수양이고 학문이다. 이처럼 억음존양하는 것은 마음에 의하여 이루어지는 심법이다. 그러면 심법의 측면에서 억음존양은 무엇을 나타내는가?

억음의 음은 기氣의 청탁수박에 따라서 일어나는 선천과 후천을 구분하는 마음이다. 그것은 일종의 분별심分別心이다. 분별심은 태음의 영허盈虛소장消長하는 현상을 보고 그것을 실체화하여 실재實在로 여긴다.

육신을 중심으로 그것이 대상 사물을 만나서 형성되는 분별심分別心에 의하여 나타나는 상相을 실재로 여기는 동시에 그것에 가치를 부여하여 욕심을 갖고 집착執著한다. 그리고 원하는 것을 얻지 못하였거나 얻었을지라도 더 얻고자 하는 욕심을 부리는 마음 때문에 결국은 갈등을 낳게 된다. 이러한 일련의 현상들을 끊어버리는 것이 음을 억제함이다.

그러나 억음은 분별심 자체를 없애거나 억누르는 것이 아니다. 분별심 자체를 없애려는

---

14) 金恒, 『正易』 第八張, "盈虛는 氣也니 先天이니라. 消長은 理也니 后天이니라. 盈虛는 氣也니 先天이니라. 消長은 理也니 后天이니라. 后天之道는 屈伸이오 先天之政은 進退니라. 進退之政은 月盈而月虛니라. 屈伸之道는 月消而月長이니라."

시도는 역생의 관점에서 마음과 육신을 본성과 다른 존재로 여기는 사고이다. 도생역성의 관점에서 보면 분별심 자체는 곧 근원인 성품의 작용이다. 그러므로 분별심이라는 현상 자체를 없앨 수는 없다. 다만 그것을 나로 여기는 마음을 버리고 무심無心하게 대하는 것이 바로 억음이다.

존양은 태양의 항상함을 본받음을 뜻한다. 태양은 인간과 천지를 막론하고 모든 존재의 근원으로서의 성품을 상징한다. "이理는 본원에서 서로 만나니, 본원은 곧 성품이다."고 한 것을 보면 이 점을 알 수 있다. 따라서 모든 존재의 본원인 성품을 주체로 함이 존양尊陽이다.

선천의 학문 요체인 억음존양의 심법은 하도를 통하여 살펴보면 하도에서는 모든 존재의 본성을 십오를 통하여 표상하고 있다. 그러므로 십오를 통하여 표상된 본원으로서의 성품을 받들어 공空으로 돌려서 본체로 삼는 십오존공위체十五尊空爲體의 방법이 억음존양抑陰尊陽의 심법이다.

역생의 관점에서 억음과 존양을 공간화하여 둘로 나타내었지만 도생역성의 관점에서 보면 존양과 억음은 둘이 아닌 하나이다. 그것은 존양이 곧 억음임을 뜻한다. 억음과 존양이 하나임은 사역변화에서 나타나는 음력과 양력이 모두 원천이라는 근원의 작용임을 보아도 알 수 있다.

그러나 역생의 관점에서 보면 억음존양은 조양율음이 되어 음양이 하나가 되어 음양을 구분할 수 없는 후천과 다르다. 그것은 음과 양이라는 두 존재가 작용하는 시대가 선천임을 뜻한다. 낙서가 표상하는 사역변화에서 나타나듯이 선천은 음력과 양력이라는 두 역이 존재하는 시대이다.

앞에서 음과 양을 태양과 태음이라는 현상적 측면에서 그 작용을 통하여 그것이 상징하는 의미를 파악하고 그것을 바탕으로 학문의 주체인 인간을 중심으로 인심人心, 분별심을 음陰으로 그리고 본성 또는 본심本心으로서의 도심道心을 양으로 구분하고 그것을 바탕으로 심법의 관점에서 학문을 살펴보았다.

그러면 인류의 역사의 관점에서 태양과 태음과 같은 존재는 누구인가? 도생역성의 관점에서 천도인 역수원리가 그대로 인신화人身化한 존재를 인간이라고 하고, 본성대로 살아가는 인간을 성인이라고 한다.

그리고 역생도성의 관점에서 억음존양의 심법을 통하여 십오존공위체하고 구육합덕위용함으로써 분별심을 통하여 음과 양으로 나타나는 본체를 인식하고 체험해가는 존재를 군자라고 한다.

도생역성과 역생도성이 일체이듯이 도생역성을 바탕으로 한 역생도성의 관점에서 보면 선천과 후천은 서로 다르지 않다. 선천에 나타나서 원천이 나타난 후천의 세계를 보여주는 존재가 성인이다. 태양처럼 성품이 온전하고 항상함을 통하여 오황극을 보여주는 존재는 성인이다.

그러나 후천에 태어나서 선천과 후천이 모두 원천의 작용임을 보여주는 존재는 군자이다. 태음처럼 영허소장을 통하여 다시 말하면 선천과 후천의 변화를 통하여 원역의 세계, 원천原天의 세계, 오황극五皇極의 세계를 보여주는 존재가 군자이다.

선천에서 후천으로의 변화는 후천의 주체적 존재인 군자에 의하여 이루어지는 선후천합덕 곧 삼재의 합덕·성도에 의하여 이루어진다. 이를 육효 중괘의 구성원리와 서괘원리를 중심으로 살펴보면 다음과 같다.

중괘의 측면에서는 내괘內卦의 초효初爻는 땅을 표상하며, 외괘外卦의 상효上爻는 하늘을 표상하고, 삼효三爻는 군자의 신身을 표상하며, 사효四爻는 군자의 심心을 표상한다. 초효初爻에서는 군자의 포태胞胎를 그 주체인 땅을 중심으로 표상하며, 이효二爻에서는 군자의 출생을 표상하고, 삼효三爻를 통하여 출생의 결과로 나타나는 군자의 신身을 표상하며, 사효四爻를 통하여 군자의 심心을, 그리고 오효五爻는 군자의 본성을 표상하며, 상효上爻를 통하여 천지와 합덕·성도된 군자의 덕을 표상한다.

64괘의 괘서를 통하여 표상되는 서괘원리를 밝히고 있는 『주역』의 서괘편을 보면 64괘의 괘서를 중괘重卦를 구성하는 육효六爻로 집약하여 다음과 같이 표현하고 있다. 초효는 천지로, 이효는 만물로, 그리고 삼효는 남녀, 사효는 부부, 오효는 부자로, 그리고 상효는 군신으로 표상하고 있다.

여기서 가장 중요한 점은 내괘의 삼효가 표상하는 천지, 만물, 남녀의 세계와 외괘의 삼효가 표상하는 부부, 부자, 군신의 세계가 서로 다르다는 점이다. 천지, 만물, 남녀의 차원은 형이하적 차원이며, 부부, 부자, 군신은 형이상적 차원이다. 이를 통하여 상경에서 하경으로의 변화는 형이하적 차원에서 형이상적 차원으로의 변화임을 알 수 있다. 그러면 형이상적 차원이란 무엇인가?

64괘의 서괘를 요약하여 밝히고 있는 마지막 부분에서는 삼효에서 사효로의 변화를 통하여 드러나는 육효 중괘의 성격을 다음과 같이 정리하여 나타내고 있다. "군신이 있는 연후에 상하가 있으니, 상하가 있는 연후에 예의禮義가 행하여질 바가 있다."[15]

예의가 행하여지는 세계는 다름 아닌 육효 중괘와 64괘 서괘를 통하여 밝히고자 하는 내용임을 알 수 있다. 따라서 선후천 변화를 통하여 밝혀지는 형이상적 차원은 바로 예의

15) 『周易』 序卦下, "有天地然後애 有萬物하고 有萬物然後애 有男女하고 有男女然後애 有夫婦하고 有夫婦然後애 有父子하고 有父子然後애 有君臣하고 有君臣然後애 有上下하고 有上下然後애 禮義有所錯이니라."

가 행하여지는 세계임을 알 수 있다.

그런데 예의가 행하여지는 세계를 상하가 있는 세계라고 하였다. 그것은 예의가 행하여지는 세계가 상하로 인하여 성립할 수 있음을 나타낸다. 이때의 상하는 형이상과 형이하의 세계를 나타낸다. 그러므로 내괘에서 외괘로의 변화를 통하여 나타내듯이 형이하적 차원에서 형이상적 차원으로 변화했을 때 비로소 예의의 세계인 형이상의 세계가 드러난다.

그것은 괘효를 중심으로 살펴보면 상괘와 하괘가 형성됨으로써 예의의 세계가 표상됨을 나타낸다. 또한 후천이 되어야 비로소 도덕의 세계가 열리며, 군자의 세계가 되어야 비로소 성인의 세계가 구현되고, 하경에 이르러서야 비로소 상경의 내용이 밝혀지며, 외괘에 이르러야 비로소 내괘의 내용이 밝혀짐을 뜻한다.

하나의 육효 중괘를 중심으로 체용體用의 관점에서 이해하면 위의 내용은 다음과 같다. 효용爻用을 중심으로 내괘에서 외괘로의 변화는 역생도성을 표상하며, 괘체卦體를 중심으로 나타내면 상괘에서 하괘로의 변화는 도생역성을 표상한다. 결국 괘체와 효용을 통하여 도생역성을 바탕으로 이루어지는 것이 역생도성임이 표상된다.

상경에서 하경으로의 변화를 하나의 중괘의 입장에서 살펴보면 내괘에서 외괘로 변화는 삼효와 사효의 사이에서 이루어진다. 삼효는 군자의 몸의 세계를 나타내고, 사효는 군자의 마음의 세계를 나타낸다. 그러므로 삼효에서 사효로의 변화는 군자가 몸의 차원을 초월하여 마음과 일체가 됨으로써 형이상적 차원으로 변화함이다.

몸과 마음이 일체가 됨은 공간적 관점에서는 사람의 본성을 주체로 살아감을 뜻하는 동시에 시간적 관점에서는 공간성의 차원에서 시간성의 차원으로 군자의 세계가 변화함을 뜻한다. 그것을 『주역』에서는 건도의 변화로 규정하고 그 결과 사물이 모두 본성에 따라서 자신으로 살아가게 됨을 밝히고 있다.

그런데 삼효에서 사효로의 변화는 종시의 합덕·변화가 전제되어 있다. 그것은 내괘가 표상하는 선천의 세계, 선천적 삶, 형이하적 차원을 벗어나야 비로소 외괘에서 표상하는 후천의 세계, 후천적 삶, 형이상적 차원에 이름을 나타낸다.

다만 이것을 시간적 관점에서 선천에서 후천으로의 변화로 나타내었을 뿐으로 공간적 관점에서는 선천과 후천의 합덕이라고 할 수 있다. 선천과 후천의 합덕은 선천을 배제한 후천으로의 변화가 아니라 선천과 후천이 원천이라는 근원에 의하여 이루어지는 변화임을 뜻한다.

그러면 군자의 관점에서 선후천 변화를 중심으로 삼재의 합덕·성도에 대하여 살펴보자. 『정역』에서 밝혔듯이 내괘의 삼효가 표상하는 억음존양의 심법은 군자가 선천에 행하는 일이다.

억음존양의 구체적인 방법을 『정역』에서는 "독서학역讀書學易"으로 제시하고 있다. 독서학역은 좁은 의미에서는 "『서경』을 읽고, 역학易學을 연구함"을 나타내는 동시에 넓은 의미에서는 책을 읽고 그것을 바탕으로 변화원리, 역도를 배움이다.

그러나 책을 읽고 연구함이 학문의 전부일 수 없다. 책이 세계의 실상을 담아내는 도구이듯이 세계 자체가 그대로 학문의 대상이기 때문이다. 그것은 삶 자체가 그대로 학문의 장이 되고, 삶이 그대로 학문임을 뜻한다. 그러므로 위의 내용은 독서의 예를 통하여 학문의 방법을 나타낸 것에 불과함을 알 수 있다.

삶 자체가 학문이라고 할 때 학문의 방법이 그대로 삶의 방법이 되지 않을 수 없다. 학문은 궁극적으로는 조양율음의 세계를 추구한다. 조양율음은 음양을 통하여 음양이 하나가 된 세계, 음양이 합덕되어 구분할 수 없는 세계, 음과 양으로 나누어서 표상할 수 없는 세계를 나타낸다. 그러므로 학문을 통하여 조양율음의 세계를 추구함은 하나의 근원의 세계를 바탕으로 나타난 회통의 세계, 합덕의 세계, 조화와 균형의 세계를 추구함이다.

조양율음의 세계는 궁리窮理, 수신修身을 통하여 이루어진다. 궁리는 인간의 본성인 "성명의 이치를 궁구함"이다. 그것은 성명의 이치를 주체로 함을 뜻하며, 수신은 궁리의 경과를 몸을 통하여 체험함의 의미이다.

『중용』에서는 궁리와 수신의 결과를 솔성率性과 중용中庸으로 나타내고 있다. 궁리는 역逆의 관점에서 솔성率性을 나타낸 것이다. 그것은 순順의 관점에서 보면 궁리가 솔성이 됨을 뜻한다. 이치를 궁구하고 그것을 주체로 하는 행위 자체도 본래 본성의 작용이기 때문이다. 그러므로 본성을 주체로 그것을 따르는 솔성의 결과가 몸을 통하여 실천함으로서의 수신으로 드러난다.

수신의 관점에서 보면 몸을 닦는 것이 아니라 본성이 주체가 되어 몸을 통하여 드러남의 뜻이 된다. 수신이 본성이 몸을 통하여 드러남을 체험함을 가리킨다고 할 때 그것은 중심, 중도中道의 드러남으로서의 중용中庸이다. 그러므로 수신은 순順의 관점에서는 중용中庸이라고 할 수 있다.

궁리, 수신을 통한 조양율음은 현상적 관점에서는 본성과 몸의 합덕인 동시에 시간적 측면, 우주 역사의 측면에서는 선천과 후천의 합덕이고, 공간적 관점에서는 천지인의 합덕이다. 군자에 의한 삼재의 합덕·성도는 인간을 중심으로 나타내면 선천적 존재인 성인과 후천적 존재인 군자의 합덕이다.

『주역』의 산뢰이괘山雷頤卦의 단사彖辭에서 "천지는 만물을 기르니 성인이 현인賢人을 길러서 만민에게 미치게 한다."16)고 하였다. 이 부분은 천지의 만물을 화육化育하는 일이 성인과 군자를 통하여 이루어짐을 나타낸 것이다.

육십사괘의 서괘 역시 군자의 성인과의 합덕 곧 음양합덕을 통하여 천지인의 삼재의 합덕·성도가 이루어짐을 밝히고 있다. 상경과 하경을 하나의 중괘의 구조를 통하여 살펴보면 삼효와 사효에 해당하는 택산함괘澤山咸卦, 뇌풍항괘雷風恒卦와 산택손괘山澤損卦, 풍뢰익괘風雷益卦가 된다.

함괘와 항괘는 삼효를 표상하고, 손괘와 익괘는 사효를 표상한다. 따라서 네 괘의 사이에 놓여지는 괘들을 통하여 선천에서 후천으로의 변화를 삼재의 합덕으로 표상할 수 있다. 선천에서 후천으로의 변화 곧 삼재의 합덕성도원리를 표상하는 괘는 풍화가인괘風火家人卦, 화택규괘火澤睽卦, 수산건괘水山蹇卦, 뇌수해괘雷水解卦의 네 괘이다.

네 괘는 합덕문괘라고 부르기도 한다. 그리고 합덕의 결과로 나타나는 포태胞胎를 표상하는 괘가 택수곤괘澤水困卦, 수풍정괘水風井卦, 택화혁괘澤火革卦, 화풍정괘火風鼎卦의 네 괘로 그것을 포태궁괘胞胎宮卦라고 한다.

군자에 의한 음양합덕, 삼재의 성도합덕의 관점에서 보면 육십사괘의 서괘원리는 삼효와 사효의 종시변화원리를 표상하는 함항咸恒에서 손익損益의 사이에 놓인 열 괘로 집약되어 진다. 그러면 군자의 문제로 집약되어진 선후천변화 원리에 대하여 좀 더 구체적으로 살펴보자.

먼저 도생역성과 역생도성의 두 관점이 바로 삼극의 도, 역수원리의 내용인 작용원리이며, 그것이 괘효의 측면에서는 괘체卦體와 효용爻用으로 표상되었음을 상기할 필요가 있다. 도생역성은 괘체卦體에 의하여 드러나는데 그것은 상괘와 하괘의 관계를 통하여 표상되고, 역생도성은 효용爻用에 의하여 드러나는데 그것은 내괘에서 외괘로의 변화를 통하여 드러난다.

그런데 괘체와 효용은 일체이다. 그것은 도생역성과 역생도성이 일체임을 뜻한다. 이는 많은 의미가 담겨 있다. 도역倒逆이 일체인 본래의 세계, 도역으로 나누어서 표상하기 이전의 세계에는 변화라는 것은 없다. 왜냐하면 도생역성의 관점에서 보면 근원적 존재는 형이상적 존재로 변화가 있을 수 없기 때문이다. 그리고 도역이 일체이기 때문에 역생도성의 관점에서 이루어지는 현상 역시 변화는 없다.

근원적 존재를 도역의 관점에서 구분하여 시간성時間性이나 상제上帝, 도道, 무극無極과 같은 어떤 개념이나 방법을 통하여 나타내더라도 그 세계 자체에는 변화는 없다. 시간성이 변하여 시간으로 화하기 때문에 모든 시간 역시 나타난 시간성이라는 측면에서 물리적 시간은 없다. 그런 점에서 시간은 오로지 영원한 현재만 있다고 할 수 있다. 그러면 시간,

---

16) 『周易』 山雷頤卦 彖辭, "天地養萬物하며 聖人이 養賢하야 以及萬民하나니"

변화는 없는가?

역생도성의 관점에서 보면 시간, 변화는 존재한다. 그러므로 도생역성을 바탕으로 한 역생도성의 관점에서 시간은 없으면서 있다. 시간성의 시간으로의 변화 역시 없으면서도(无) 있다(有). 그것은 도역倒逆으로 구분하여 나타내기 이전의 본래의 세계가 무無와 유有를 넘어선 세계이면서도 유有와 무無를 포함하고 있음을 뜻한다.

성인과 군자라는 개념도 형이상의 본성 자체의 관점에서 보면 없다. 모든 인간의 본성이 하나일 뿐만 아니라 하늘과 땅 그리고 만물의 본성이 모두 일체이기 때문이다. 도생역성의 관점에서 보면 인간의 본래성이라는 것도 사실은 때로는 천天의 본래성이 되고, 때로는 인간의 본래성이 되듯이 다양하게 나타날 뿐으로 그것을 인간성이라고 고정되게 언급할 수 있는 대상이 없다.

인간의 본래성이 형이상적 존재이기 때문에 변화가 없을 뿐만 아니라 본성을 본체로 하여 이루어지는 작용 곧 마음의 여러 기능들 역시 변화가 없다. 본래 인간의 마음과 몸을 통하여 이루어지는 본성의 작용으로서의 사고, 인식, 지각, 의지나 언행은 때와 장소에 따라서 다양하게 드러날 뿐이다.

그런데 본래 도생역성과 역생도성이 둘이 아니지만 오로지 역생도성의 관점만을 견지하고 살아가는 삶과 도생역성을 바탕으로 한 역생도성을 견지하며 살아가는 삶은 다르다. 그것은 도생역성과 역생도성을 구분하여 이해하는 것 자체도 인간의 용심用心의 결과일 뿐만 아니라 어느 일면을 선택하여 그것을 중심으로 살아가는 것도 인간의 문제임을 뜻한다.

맹자孟子는 전자를 소체小體를 따라서 살아가는 소인小人의 삶으로 그리고 후자를 대체大體를 따라서 살아가는 대인大人의 삶으로 규정하고 있다. 소인적인 삶에서 대인적 삶, 군자적 삶으로 변화하는 것은 본성의 차원에서 보면 변화가 아니지만 현상적 차원에서 보면 하나의 변화이다.

도생역성의 차원, 본성의 차원에서 보면 대인과 소인이라는 구분이 없기 때문에 소인의 삶에서 군자의 삶으로서의 변화가 없지만 현상적 관점, 역생도성의 차원에서 보면 소인의 삶에서 군자의 삶으로 바뀌는 것은 변화이다.

소인적 삶에서 군자의 삶으로의 변화, 다시 말하면 군자에 의하여 이루어지는 후천적 삶, 삼재가 합덕·성도하는 삶은 그 시작의 계기가 있다. 역생도성의 관점에서 보면 심법心法의 학문에서 성리性理의 도로 넘어가는 변화의 계기는 본성의 차원을 스스로 깨닫는 자각自覺이다.

본성의 자각은 도생역성을 바탕으로 이루어지는 역생도성의 관점 곧 본래 세계의 관점에서 보면 본성이 자신을 드러내는 자기自己 개시開示이다. 그것은 시간성이 본성에 의하여 지금-여기의-나를 통하여 자화自化하는 시간성의 시간화이다.

다만 역생도성의 관점에서 보면 본성의 자각은 어느 순간 홀연히 시작되어 영원히 계속되는 자신의 본성에 대한 체험이다. 억음존양의 심법을 통하여 음양이 조율된 세계, 원역의 세계를 자각하고 그것을 주체로 살아갈 때 비로소 자신의 성품과 만물의 이치가 하나가 되어 그의 삶 자체가 도가 된다. 이것이 군자의 심성 내면에서 이루어지는 선후천변화이다.

군자의 심성 내면에서 이루어지는 선후천변화의 계기인 자각은 신도, 천도를 인간의 본래성의 차원에서 자각하는 천도의 인간 주체적 자각이다. 군자에 의하여 이루어지는 선후천 변화인 인간 주체적 자각은 천도 자체의 변화인 점에서 존재론적 사건이다. 따라서 그 존재근거는 역수원리가 되지 않을 수 없다.

역수원리의 인간 주체적 자각은 천도의 작용이다. 그러므로 선후천 변화의 인간 주체적 자각은 도생역성과 역생도성에 근거하여 이루어진다. 이를 사역변화에 근거하여 구체적으로 살펴보면 군자가 형이하의 세계에 대한 관심을 거두고, 형이상의 근원적 존재인 천도에 관심을 갖는 것으로부터 출발하여(逆生), 성인이 이미 밝힌 천도를 주체화하는(倒成) 과정을 거치면서 천도가 군자의 주체성으로 확립되고(倒生) 더불어 자신에게 주어진 천명을 봉행(逆成)하게 된다.

삼재적 관점에서 천지의 도를 중심으로 선후천 변화의 인간 주체적 자각을 살펴보면 천도의 작용원리인 체십용구에 근거하여 자각이 시작되고, 지도地道의 작용원리인 체오용육體五用六에 근거하여 자각이 완성된다. 건도乾度, 천도인 시간성은 전일專一하며, 그것이 작용할 때는 항구恒久하여 그침이 없다. 그리고 곤도坤道, 지도地道인 공간성 즉 시의성은 천도에 순승順承함으로 그 작용은 건도의 완성이다.[17]

역생도성의 관점에서 군자를 통하여 이루어지는 건곤乾坤의 합벽闔闢 작용을 살펴보면 그것이 학문의 과정으로 나타난다. 군자가 부동不動의 뜻을 세우고(立志), 그 뜻을 완성하기 위하여 자강불식自强不息하며(窮理), 궁리를 통하여 자신의 본래성을 자각하고(盡性), 더불어 존재 근거인 천명을 자각하여 봉행한다.(至命)

군자가 천도에 순응하고자 하는 뜻을 세우고(立志) 그것을 바탕으로 경전에 나타난 성인의 말씀을 통하여 천명闡明되어진 천지의 도를 심성 내면에서 궁구하여(窮理), 자신의 주체성과 일치시켜서 자각함(盡性)으로써, 마침내 자신에게 주어진 역사적 사명(天命)을 자각(至命)[18]하게 된다.

---

17) 『周易』繫辭上篇 第六章, "夫乾은 其靜也이 專하고 其動也이 直이라 是以로 大이 生焉하며 夫坤은 其靜也이 翕하고 其動也이 闢이라 是以로 廣이 生焉하나니."

입지는 궁리와 진성 그리고 지명에 이르기 위한 근본 바탕이다. 입지를 바탕으로 궁리와 진성, 지명이 이루어지기 때문에 입지는 역도를 주체적으로 자각하는데 있어서 가장 중요한 요소이면서 가장 근본적인 요소이다.

입지는 일차적으로 변하지 않는 뜻을 세움을 의미한다. 마음 가운데 절대로 변할 수 없는 중심 본체를 세워서 언제나 마음이 그 중심을 향하도록 하는 것을 말한다.『주역』에서 "군자가 변함이 없는 방소方所를 세운다."19)고 한 것은 군자의 입지를 뜻한다. 이처럼 입지가 된 군자의 마음은 순수純粹하고 한결같아서 언제나 정성精誠스럽다.

그런데 마음의 중심 본체가 될 수 있는 것은 형이상의 근원적 존재인 역수원리이다. 따라서 입지는 마음이 언제나 도道로 모아져서 변함이 없음을 뜻한다. 군자의 입지에 대하여 『주역』에서는 다음과 같이 논하고 있다.

> 천天은 따르는 자를 도우며, 성인聖人은 믿는 자를 돕는다. 그러므로 군자는 성인을 스승으로 삼아 성인의 말씀을 통하여 드러난 천도를 믿고 그것을 따르고자 생각하며, 또한 어진 사람을 숭상한다.20)

위의 내용을 보면 입지는 형이상의 근원적 존재인 천도를 자각하여 그것을 인도로 현실에서 실천·구현하는데 두어야 함을 알 수 있다. 그리고 천도의 주체적 자각은 반드시 선천의 주체적 존재인 성인을 스승으로 삼아야 함을 알 수 있다.

입지가 이루어지면 이치를 궁구하고 그것을 통하여 자신의 주체성을 자각하는 궁리와 진성이 필요하다. "천지의 본성으로서의 도덕성에 화순和順하여 사물을 의義롭게 다스리고자 하는 뜻을 세우고, 역경易經에 천명闡明되어진 천지인天地人 삼재의 본성으로서의 성명을 궁구하여 마침내 자신의 본래성을 자각"21)하는 것이다.

군자의 궁리와 진성은 성인에 의하여 밝혀진 역수원리를 바탕으로 이루어진다. 군자는 성인이 역경을 통하여 밝혀놓은 역리를 연구함으로써 그것을 통하여 자신의 본래성을 자각하게 된다. 그러므로『주역』에서 "군자는 성인의 말씀을 통하여 덕을 닦아서 주체성을 세운다."22)고 하였다. 덕을 닦아서 주체성을 세운다는 것은 "사특邪慝한 마음을 막아서 본래성을 보존하는 것."23)을 말한다.

---

18)『周易』說卦篇 第一章, "和順於道德而理於義하며 窮理盡性하여 以至於命하나니."
19)『周易』雷風恒卦 大象, "君子以하여 立不易方하나니라."
20)『周易』繫辭上篇 第十二章, "天之所助者順也요 人之所助者信也니 履信思乎順하고 又以尙賢也니라."
21)『周易』說卦篇 第一章, "和順於道德而理於義하여 窮理盡性하여"
22)『周易』重天乾卦 文言, "君子는 進德修業니 忠信所以進德也오 修辭立其誠所以居業也라."
23)『周易』重天乾卦 文言. "閑邪存其誠"

　　산천대축괘山天大畜卦에서는 보다 구체적으로 "군자가 성인의 말씀과 말씀을 실천한 행위를 많이 알아서 그것을 바탕으로 덕을 쌓아야 한다."[24]고 하였다. 이처럼 성인의 말씀을 통하여 이치를 궁구하는 것에 대하여 계사상편繫辭上篇에서는 다음과 같이 구체적으로 논하고 있다.

> 군자가 그 거처에 있을 때는 괘상卦象을 보고 계사繫辭를 완미玩味하며, 움직일 때는 상象의 변화를 보고 그 점占을 완미玩味한다.[25]

　　이는 군자가 고요할 때나 움직일 때를 막론하고 성인의 말씀을 담고 있는『주역』의 괘효卦爻의 상象과 계사繫辭를 통하여 이치를 궁구해야 함을 나타낸 것이다. 군자의 삶 자체가 역도의 궁구 그 자체가 되어야 함을 나타낸다.

　　그런데『주역』에서는 군자가 사덕四德을 행하는 사람이라고 하였다. 이는 군자의 삶이 사덕을 중심으로 이루어짐을 나타낸 것이다. 그러므로 입지된 군자의 궁리 역시 사덕에 근거하여 이루어지지 않을 수 없다.『주역』에서는 사덕을 중심으로 이루어지는 궁리에 대하여 다음과 같이 논하고 있다.

> 군자는 스승으로부터 배워서 도리를 의식 내면화하고, 마음 가운데서 스스로 물어서 형이상의 근원적 세계와 형이하의 현상 세계를 변별하여, 그것을 주체성과 일체화함으로써 예禮로서 인격적 세계에 살면서 인仁으로 행한다.[26]

　　위의 내용을 보면 인예의지仁禮義知의 사덕四德 가운데서 오로지 인仁만을 밝히고 있다. 이는 입지, 궁리, 진성, 지명의 문제가 인仁으로 집약됨을 나타낸 것이다. 인용문에서 학이취지學以聚之는 지知와 관련되며, 문이변지問以辨之는 의義와 관련되고, 관이거지寬以居之는 예禮와 관련된다.

　　지의智義를 바탕으로 학문을 논하였고, 예인禮仁을 바탕으로 그것이 주체화된 상태를 논하였다. 이는 사덕을 매개로 덕이 형성되는 과정을 나타낸 것이다. 배움은 지智를 바탕으로 이루어지고, 그것을 익히는 문問의 과정은 의義를 통하여 이루어진다.

　　『논어』에서는 학문을 "학이시습지學而時習之"로 논하고 있다. 위의 내용을 보면 시時를 물리적 시간이 아닌 시의성時義性으로 이해하면 배움을 통하여 자신에게 물어서 배움의 내

---

24)『周易』山天大畜卦 大象, "君子以하여 多識前言往行하여 以畜其德하나니라."
25)『周易』繫辭上篇 第二章, "是故로 君子가 居則觀其象而玩其辭하고 動則觀其變而玩其占하나니라."
26)『周易』重天乾卦 二爻 文言, "君子이 學以聚之 問以辨之 寬以居之 仁以行之"

용과 자신이 일체화되어야할 내용이 시의성 곧 역수원리임을 알 수 있다.

학學이 배움의 내용과 나의 일차적 합일合一이라면 문問은 이차적 합일合一이다. 그것은 학이 마음의 차원에서 내외의 합일을 추구하는 것이라면 문問은 본성과 마음의 합일이라고 할 수 있다. 그 결과는 인仁이라는 덕성으로 나타난다. 그것은 군자의 상대방 곧 가르침을 베풀어주는 성인의 입장에서 보면 지의知義를 바탕으로 군자에게 베푸는 예인禮仁이라고 할 수 있다.

그런데 군자의 입장에서는 인仁을 통로로 하여 지혜에 도달하게 된다. 인仁은 모든 존재를 일체화하여 합일合一하는 원리이다. 인은 무조건적 사랑, 무한긍정의 마음, 모든 존재를 또 다른 자신으로 대하는 태도로 나타난다. 따라서 음과 양을 둘로 보는 분별심이라는 마음의 작용을 벗어나서 음양이 조율된 본성의 세계에 도달하는 것은 인仁을 통해서이다.

공자孔子는 "인仁을 주체로 살아가는 것이 아름다운 삶이다. 선택하여 인에 살지 않으면 어찌 지혜롭다고 하겠는가?"[27]라고 하여 지혜에 이르는 길이 인仁임을 밝히고 있다. 앞에서 살펴보았던 중괘의 합덕문괘가 표상하는 내용 역시 인仁이다.

천도 곧 역수원리를 인간 주체적으로 자각한다는 것은 인仁을 통하여 지智에 이름을 뜻한다. 그러므로 그 과정을 나타내는 입지, 궁리, 진성, 지명이 모두 인仁을 주체로 하여 이루어진다.

입지는 오직 인을 통하여 이루어진다. 만약 널리 인간을 이롭게 하고자 하는 자비로운 마음, 천하를 도로 제도濟度하고자 하는 어진 마음이 없으면 입지가 이루어지지 않는다.

그리고 궁리窮理 역시 인仁이 없으면 이루어지지 않는다. 궁리를 통하여 지식이 쌓이면 그것이 지력知力이라는 힘이 된다. 지력이 쌓이면 교만한 마음이 생기면서 입지가 무너지게 된다. 모든 존재를 사랑하는 마음이 없으면 남을 소유하고 군림하려는 마음이 생기면서 도제천하, 중생제도, 홍익인간의 뜻을 잃게 된다.

학문은 자비의 마음, 사랑의 마음, 인仁이 없으면 이루어지지 않는다. 자비가 없는 학문의 결과는 욕심이 낳은 투쟁만이 있을 뿐이다. 세계를 소유하고, 모든 존재위에 군림하려고 하며, 지혜를 독점하려고 한다. 그러므로 입지, 궁리, 진성, 지명은 인에 의하여 시작되고, 인에 의하여 완성된다.

인仁은 역생逆生을 도성倒成으로 변화시킬 수 있는 유일한 방법이다. 온 우주를 사랑하는 마음, 모든 존재를 자신으로 여기는 마음, 자신의 모든 것을 버려서 세상을 살리고자 하는 마음, 그것이 바로 신神, 신명神明, 반고盤古의 본성이며, 그것에 의하여 탈자脫自가 이루어지

27) 『論語』 里仁, "子曰 里仁爲美. 擇不處仁, 焉得知?"

고 타자화他者化가 이루어지기 때문이다.

앞에서 역생도성의 관점에서 천도 곧 역도의 군자 주체적 자각에 대하여 살펴보았다. 역생도성의 관점에서 보면 군자와 천도, 역도가 둘임을 전제로 그것이 하나가 되어가는 과정으로 나타난다. 그것은 원천原天이라는 일체를 선천과 후천으로 구분하여 양자가 변화하는 과정으로 나타낸 것과 같다.

그러나 도생역성의 관점에서 보면 나와 남이라는 주체와 객체의 세계가 없다. 그것은 군자와 그 자각의 대상으로서의 성인의 도, 역도, 천도가 없음을 뜻한다. 이러한 일체의 세계가 군자를 매개로 하여 군자와 신도, 군자와 천도의 두 관계를 통하여 양자가 상호작용을 하는 과정으로 나타난다. 군자가 역도를 주체적으로 자각하고 실천함이 모두 군자를 통하여 천도가 개시되고 실천되어지는 과정이다.

『주역』에서는 도생역성의 관점에서 군자의 학문과 실천이라는 선후천적 일을 나타내고 있다. 역생도성의 관점에서는 학문과 실천이 둘이지만 신도의 관점, 원천原天, 원역原曆의 관점에서는 본래 둘이 아니라 일체이다. 그렇기 때문에 합덕·성도의 문제는 결국 지금−여기의−나를 통하여 드러나는 천도, 역도의 현현이 된다.

군자에 있어서 도역倒逆의 계기, 역생도성을 도생역성으로 변화시켜서 도생역성을 본체로 하여 역생도성의 관점에서 작용하는 방법은 오로지 하나의 진실한 믿음뿐이다. 그것은 도생역성을 바탕으로 역생도성을 견지하는 방법이라고 할 수 있다. 『주역』에서는 군자의 일을 선천적 진덕進德과 후천적 광업廣業으로 구분하고, 진덕의 주체가 충신忠信임을 다음과 같이 밝히고 있다.

> 구삼九三에서 말하기를 "'군자가 종일 건건하여 저녁에서 슬픈 듯하면 위태로우나 허물은 없다.'고 함은 무슨 뜻인가?" 공자가 말하였다. "군자는 진덕進德수업修業하는 사람이다. 충신忠信이 진덕의 방법이며, 말씀을 닦아서 성誠을 세우는 것이 수업의 방법이다."고 하였다.[28]

위의 내용을 살펴보면 군자가 해야 할 일은 진덕과 수업임을 알 수 있다. 수업은 천하를 도로 제도하는 도제천하道濟天下의 사업이다. 그리고 진덕은 수업의 주체와 관련된 문제이다. 진덕과 수업은 일체를 선천과 후천의 관점에서 둘로 나누어서 나타낸 것이다. 양자를 통하여 덕이 주체가 되어 천하를 도로 제도하는 사업이 이루어짐을 나타낸다.

그런데 진덕의 방법을 충신忠信이라고 하였다. 충忠은 인간의 본래성이 그대로 드러난

---

28) 『周易』 重天乾卦 九三 文言, "九三曰 君子終日乾乾夕惕若厲无咎는 何謂也오 子曰 君子 進德修業하나니 忠信이 所以進德也오 修辭立其誠이 所以居業也라 知至至之라 可與幾也며 知終終之라 可與存義니 是故로 居上位而不驕하며 在下位而不憂하나니 故로 乾乾하야 因其時而惕하면 雖危나 无咎矣리라."

마음이라는 점에서 도심道心, 진심眞心, 정심正心이라고 할 수 있다. 그러므로 충신은 "진심으로 믿음"의 의미가 된다.

이 때 믿음의 공능은 대상과 주체가 일체가 된다는 점이다. 그것은 달리 말하면 역생逆生의 입장에서 도성倒成이 되면서 비로소 도생역성이 가능하게 됨을 뜻한다. 그러므로 역생도성의 관점에서의 입지立志 역시 충신忠信을 바탕으로 이루어지지 않을 수 없다.

충신은 구체적으로는 천도, 역도가 자신의 본래성임을 믿음이다. 그것은 자신의 주체가 몸이나 마음이 아니며, 마음을 통하여 일어나는 사고작용, 인식작용, 의지작용, 몸을 통하여 일어나는 다양한 언행 자체를 자신으로 여기지 않고 천도天道, 역도易道가 바로 자신의 본성이며, 본성이 주체임을 믿음을 뜻한다.

『정역』에서는 "천지의 이치는 본원에 모이니 본원은 곧 성품이다."고 하였고, 『주역』에서는 음양의 질운작용으로 드러나는 도가 인간에 있어서는 본성이 됨을 논하고 있다. 그러므로 충신은 자신의 본성을 주체로 살아감에 대한 믿음을 뜻한다.

충신을 통하여 자신의 본성과 하나가 되는 삶을 시작하면 그 다음에는 모든 일들이 그곳에서 일어남을 알기 때문에 그 자리에 맡기게(任) 된다. 그것은 의도적으로 내가 무엇을 하겠다는 생각을 하고, 그것을 다시 반드시 하겠다고 고집을 하여, 그 일에 집착하여 고루함이 없음을 뜻한다. 이처럼 집착이 없으면 그것이 어떤 일이라도 실체화하지 않는 점에서 무아無我이다.

무아의 차원에서 이루어지는 모든 행위는 자신이 하는 것이 아니라 우주와 더불어 일체가 되어 하는 점에서 우주에 맡기고 하는 일이라고 할 수 있다. 그것은 자신이 무슨 일을 주관하고 주재主宰하는 것이 아니라 온 우주와 함께 하는 점에서 한마디로 맡김 곧 임任이라고 할 수 있다.

무아의 차원에서 일체를 온 우주에 맡기고 하는 모든 일들은 무위無爲이다. 그것은 함이 없음이 아니라 육신이나 사고라는 개체적인 작용이 없이 온 우주와 일체가 되어 이루어지는 점에서 함이 없다고 한다. 그러므로 진정한 의미의 무위는 인간이 개체적 차원을 넘어서서 자신의 본성과 일체가 되어 살아갈 때 비로소 가능하다.

군자가 자신의 본성이자 참나이면서 동시에 우주와 만물의 근원인 도와 일체가 되어 살아가면 자신이 앞서지 않는다. 그것은 일의 결과에 대하여 예견을 하거나 바라는 욕심이 없음을 뜻한다. 그렇기 때문에 무심無心하게 모든 일을 대하는 태도로 나타난다.

그것을 한마디로 나타내면 관觀이라고 할 수 있다. 관은 그대로 지켜보면서 거기에 인위적인 어떤 것도 가하지 않음을 뜻한다. 그것은 이미 맡긴 상태를 그대로 유지하는 점에서 기다림이다. 기다림은 인내가 필요하다.

인내가 없을 때는 다시 인위적 행으로서의 유위有爲를 하게 된다. 그것은 몸이 바탕이 되어 무엇을 하겠다는 뜻을 일으키는 것이다. 이는 마치 어떤 일을 남에게 맡겼다가 상대방이 미덥지 못하여 자신이 하겠다고 나서는 것과 같다. 그러면 본래 일을 맡은 상대방이나 자신을 막론하고 일을 진행할 수 없다.

이미 신信, 임任, 관觀의 상태가 되었다면 그 때 비로소 개체적 상태에서 육신과 마음을 통하여 일을 해야 한다. 그것이 바로 행行 곧 실천이다. 이는 신임관의 상태가 무위無爲인 것과 달리 유위有爲이다. 왜냐하면 육신의 언행과 마음의 여러 작용들은 여전히 이루어지기 때문이다.

그런데 무위와 유위가 둘이 아니다. 왜냐하면 인간의 본성과 마음 그리고 육신이 둘이 아니기 때문이다. 본성과 육신이 일체인 차원에서 보면 본성의 차원에서는 무위이며, 마음과 육신의 차원에서는 유위이다. 그러므로 본래 무위와 유위가 둘이 아니다.

유위와 무위가 일체인 관점에서는 유위로서의 인간의 삶은 본성의 자기현현, 도의 나툼이 된다. 그것은 입지와 궁리, 진성, 지명의 학문의 과정이 그대로 일종의 자기 체험, 자기 경험의 과정이 됨을 뜻한다.

만약 입지를 통하여 궁리, 진성, 지명이 되어야 비로소 사람다운 사람이 되고(成人), 군자가 될 수 있다면 지명이 이루어지기 이전에는 더 성장하고 자라야할 불완전한 존재인 소인小人이라고 하지 않을 수 없다. 그렇다면 군자와 소인이라는 사람의 구분이 있을 뿐만 아니라 군자와 소인의 본성도 다르게 된다.

그러나 본성이라는 개념 자체가 나타내듯이 소인과 군자의 본성이 다르지 않다. 그러므로 소인과 군자라는 다른 사람이 존재하는 것이 아니라 군자적인 삶과 소인적인 삶이 있을 뿐이다. 그리고 소인의 삶과 군자의 삶이 모두 본성의 작용인 점에서 질적인 차이는 없다. 다만 모든 존재를 이롭게 하는 군자적 삶의 결과와 모든 존재를 이롭지 않게 하는 소인적 삶의 결과가 다를 뿐이다.

도생역성의 관점을 바탕으로 역생도성의 관점에서 인간의 삶을 보면 학문과 실천이 구분되지 않을 뿐만 아니라 학문을 통하여 불완전한 소인에서 완전한 군자가 되는 것도 아니고, 본성이 주체가 되지 않았던 삶에서 본성이 주체가 된 삶으로 변화하는 것도 아니다.

군자에 있어서 선천적 삶으로서의 학문도 소인의 상태가 아니라 학문이라는 형태로 자신, 세계를 체험하고, 경험하는 삶일 뿐이고, 후천적 삶으로서의 천하를 제도하는 일도 역시 본성이 주체가 되어 이루어지는 삶의 한 양태일 뿐이다.

역생도성에서 나타낸 학문의 과정으로서의 입지와 궁리, 진성, 지명과 도생역성에서 나타난 학문의 과정, 삶의 과정으로서의 신임관행信任觀行이 서로 다른 것이 아니라 학문을 다른 관점에서 구분하여 나타낸 것일 뿐이다. 그러므로 시간적 선후의 관점에서 선천과 후천으로 구분하여 선후천변화로 나타낼 수도 있고, 도생역성의 관점에서 무위와 유위로 구분하여 양자가 일체임을 나타낼 수도 있다. 앞에서 도역의 관점에서 살펴본 군자의 변화의 계기를 정리하여 나타내면 다음과 같다.

	변화	삶(학문)의 과정			
도생역성	창조	信	任	觀	行
역생도성	진화	立志	窮理	盡性	至命

도표 16. 도역생성과 학문

성인의 관점 곧 천도의 관점에서의 선후천 변화는 군자의 관점, 인도의 관점에서는 삼재의 합덕·성도가 된다. 그것은 군자의 관점에서의 삼재의 합덕·성도가 시간적 관점에서 선후천변화로 나타남을 뜻한다.

군자가 후천의 세계, 삼재가 합덕·성도된 세계, 도생역성을 바탕으로 한 역생도성의 관점에서 삶을 살아갈 때 그의 삶은 시간성 곧 시의성을 때와 장소에 따라서 다양하게 드러낸다. 그것은 선천의 주체적 존재인 성인의 삶도 역시 같다. 먼저 성인의 시의성에 따르는 삶을 언급하고 있는『주역』의 내용을 살펴보면 다음과 같다.

> 그 오직 성인뿐인가! 진퇴존망의 때를 알아서 그 바름을 잃지 않은 존재는 그 오직 성인뿐이로구나![29]

인용문에서 그 바름을 잃지 않음은 시의성에 따라서 언행 또는 사유가 이루어짐을 뜻한다. 그것은 시간의 관점에서는 사고를 해야 할 때 사고를 하고, 말을 해야 할 때 말을 하며, 행동을 해야 할 때 행동을 함이지만 시간성의 차원에서 보면 시의성을 때와 장소에 따라서 다양하게 드러냄이다.

군자의 삶도 역시 시의성에 따라서 살아가는 삶이다. 그러므로 군자는 사고와 언행이 시의성에 일치하게 된다.『주역』에서는 군자의 언행에 대하여 다음과 같이 논하고 있다.

> 때가 움직일 때면 움직이고, 때가 머물 때면 머물러서 움직이고 움직이지 않음에 그 때를 잃지 않으면 그 도道가 빛나 밝다.[30]

---

29)『周易』重天乾卦 文言, "亢之爲言也는 知進而不知退하며 知存而不知亡하며 知得而不知喪이니 其唯聖人乎아 知進退存亡而不失其正者 其唯聖人乎인뎌."

이를 보면 군자의 언행은 시의성時義性을 따라서 이루어짐을 알 수 있다. 시의성은 공간성으로 인간에 있어서 인간의 본성이 된다. 따라서 시의성을 따름은 곧 본성을 주체로 삶을 살아감이다.

그런데 시의성이 비록 공간적 관점에서는 인간의 본래성으로 나타나지만 본래는 천도이다. 그러므로 시의성에 따라서 이루어지는 군자의 삶을 통하여 천문天文의 세계가 인문人文의 세계로 드러난다. 군자의 언행을 통하여 형이상의 도를 구체화한 예악禮樂, 문물제도文物制度가 드러남으로써 비로소 도가 달행達行되어지는 세계가 이루어지는 것이다.

그것은 군자의 삶을 통하여 매 순간 천지가 새롭게 창조됨을 뜻하는 동시에 세계의 진화가 이루어짐을 뜻한다. 군자에 의하여 창조되고 진화되는 세계는 무無에서 유有로의 창조도 아니고, 유有에서 유有로의 진화도 아니기 때문에 변화라고 한다.

군자는 가는 곳마다 주체가 되어 시간을 창조하고 공간을 창조한다. 그러므로 그가 서 있는 그곳이 바로 천궁天宮이 되고, 천국天國이 되고, 신국神國이 되어 모두 진실하고 아름다운 세계가 된다. 이러한 군자의 삶을 『대학』에서는 "진실로 날로 새로우면 날로 날로 새롭고 또 날로 새롭다."[31]고 하였다.

『주역』에서는 역도에 부합하는 군자의 언행이 바로 세계를 변화시키고, 창조함을 다음과 같이 밝히고 있다.

군자가 역수원리에 비겨서 그에 순응順應하는 말을 하고, 괘효원리를 통하여 성인과 의논하여 행동한다. 이처럼 의의擬義하여 언행言行을 드러내기 때문에 천하를 화성化成시킨다.[32]

인용문을 보면 군자의 말과 행동은 시의성에 부합되게 나타남을 알 수 있다. 그것은 사고를 통하여 드러나는 말은 시간성의 원리인 역수원리에 근거하여 이루어짐을 뜻한다. 그리고 육신肉身을 통하여 이루어지는 행동은 괘효卦爻가 표상하는 삼재의 합덕·성도원리에 근거하여 이루어짐을 뜻한다.

그런데 천도와 인도에 근거하여 이루어지는 군자의 언행은 곧 천하를 변화하여 완성한다고 하였다. 이는 군자의 언행言行을 매개로 하여 천도의 후천의 세계가 이루어짐을 뜻한다. 그런 점에서 보면 군자에 의하여 후천의 세계가 창조되고, 선천의 세계가 진화進化하여 후천의 세계가 되며, 삼재의 합덕·성도가 이루어진다.

가정과 국가사회를 막론하고 군자에 의하여 선후천이 회통會通되고, 삼재가 합덕·성도

---

30) 『周易』 重山艮卦 彖辭, "時止則止하고 時行則行하여 動靜에 不失其時이면 其道이 光明이니."
31) 『大學章句』 傳二章, "湯之盤銘曰 苟日新 日日新又日新"
32) 『周易』 繫辭上篇 第八章, "擬之以後에 言하고 議之以後에 動하니 擬議하여 以成其變化하니라."

된 세계를 풍화가인괘風火家人卦에서는 가정을 중심으로 밝히고 있는데 그 내용은 다음과
같다.

가인家人은 여자가 집안에서 바르게 위치하고, 남자가 밖에서 바르게 위치하여, 남녀가 바르
니 그것이 천지의 대의大義이다. 가인에는 엄군嚴君이 있으니, 부모를 이른다. 부모가 부모답고
자식이 자식다우며, 형이 형답고, 아우가 아우다우며, 남편이 남편답고, 아내가 아내다우면 가
도家道가 바로 서고, 가도가 바로 서면 천하가 정하여진다.[33]

위의 내용을 보면 가정을 구성하는 기본 단위인 남녀로부터 시작되고 있다. 남녀가 성장
하여 합덕됨으로써 부부가 된다. 이를 남자가 밖에서 제 자리를 지키고, 여자가 안에서 제
자리를 지킨다고 하였다.

이 때 남과 여는 성인과 군자를 상징한다. 그러므로 부부는 군자가 성인과 합덕된 상태
를 표상한다. 육효六爻 중괘重卦에서는 성인과 군자의 합덕이 외괘의 중효中爻인 오효와 내
괘의 중효인 이효二爻의 합덕을 통하여 표상되고 있다.

선천을 나타내는 내괘와 후천을 나타내는 외괘의 중효를 통하여 성인과 군자의 합덕이
표상된다. ‘여정위호내女正位乎內 남정위호외男正位乎外’는 내괘의 중효에 의하여 표상되는
군자와 외괘의 중효를 통하여 표상되는 성인과의 합덕을 뜻한다.

군자가 성인과 합덕됨으로써 비로소 자신의 존재 근거로서의 천지·부모의 인격성을
자각하게 된다. 그러므로 이어서 부부가 합덕함으로써 제 위치를 지키는 것이 천지의 대의
大義라고 언급한 후에 가정에서는 엄군嚴君이 있으니 부모를 가리킨다고 하였다. 이는 남녀
가 합덕하여 인격적 존재가 됨으로써 비로소 자신의 존재 근거인 부모의 뜻을 자각하게
됨을 뜻한다. 다시 말하면 성인과 군자가 합덕됨으로써 비로소 천지·부모의 뜻이 모두
드러나게 된다.

성인을 통하여 이미 밝혀진 천지·부모의 뜻이 군자에 의하여 주체적으로 자각되어지
고 실천하여 구현되어짐으로써 비로소 천지·부모가 존공尊空된다. 따라서 가인家人에 엄
군이 있다는 것은 군자에 의하여 십오존공위체十五尊空爲體가 완성됨을 뜻한다. 군자가 성인
과 합덕됨으로써 성덕成德이 되었을 때 비로소 자신의 존재 근거로서의 천지·부모의 뜻을
자각하고 그 뜻을 받들어 행함으로써 성인에 의하여 시작된 십오존공위체가 완성되는 것
이다.

군자와 성인의 합덕을 통하여 형성된 가인의 세계는 부모가 부모답고, 자식이 자식다우

33) 『周易』 風火家人卦 彖辭, “家人은 女이 正位乎內하고 男이 正位乎外하니 男女正이 天地之大義也라 家人에
有嚴君焉하니 父母之謂也라. 父父子子兄兄弟弟夫夫婦婦而家道이 正하리니 正家而天下이 定矣리라.”

며, 형이 형답고, 아우가 아우다우며, 남편이 남편답고, 아내가 아내다움으로써 가도家道가 바로선 세계이다. 이처럼 가도가 바로 섰을 때 인격적 세계로서의 천하가 전개된다. 임금이 임금답고, 신하가 신하다운 국가 사회가 형성되는 것이다. 그러므로 위의 인용문에서는 가도가 바로 서면 천하가 정定하여진다고 하였다.

가도가 바로 선 세계를 표상하고 있는 부분을 보면 부부父父, 자자子子 등과 같이 하나의 글자를 겹쳐서 명名과 실實의 관계를 통하여 나타내고 있다. 이는 가정을 구성하는 모든 요소들이 그 명名에 걸맞게 실다움으로써 명名과 실實이 서로 부합된 세계가 바로 예의가 행하여지는 후천 세계임을 뜻한다.

공자는 가도가 바로 세워짐으로써 구축된 천하를 이름과 실다움이 부합된 정명正名된 세계로 규정하고 있다. 군자의 덕이 부모가 되었을 때는 부모다움으로, 자식이 되었을 때는 자식다움으로, 부부가 되었을 때는 부부다움으로, 형제가 되었을 때는 형제다움으로 나타남으로써 형성되는 정명된 세계가 가도가 바로 선 예의의 세계인 것이다.

지금까지 간지도수와 도서상수에 의하여 표상된 선후천변화원리가 괘효상수에서 어떻게 표상되고 있는지 괘효상수의 관점에서 중심으로 역학을 연구하는 주체인 군자를 중심으로 살펴보았다.

선후천 변화 원리는 선천에서 후천으로 변화하는 시간적 이행移行원리가 아니라 선후천의 합덕원리이다. 선천과 후천의 합덕을 통하여 선천에서 후천으로서의 변화가 이루어지는 것이 선후천변화원리다. 따라서 선후천변화는 물리적 시간상의 사건이 아니라 인격적 존재의 합덕원리이다. 다시 말하면 도덕적 변화가 바로 선후천변화의 내용인 것이다.

인격적 존재의 합덕원리로서의 선후천변화는 군자와 성인의 합덕을 매개로 하여 인격적 존재인 천지와 인간이 합덕되는 천인합덕天人合德이다. 천인天人이 합덕·성도되는 것이 선후천변화이다. 그러므로 선후천변화는 선천의 주체적 존재인 성인과 후천의 주체적 존재인 군자가 합덕·성도하는 원리이다.

성인과 군자의 합덕은 군자의 심성 내면에서 이루어진다. 군자가 성인이 역경을 통하여 밝혀놓은 성명의 이치를 자각하고 더불어 그 존재근거로서의 천지의 성정을 자각함으로써 비로소 인격적 존재인 천지와 인간의 합덕이 이루어지는 것이다.

자신의 본래성을 자각하고 동시에 자신의 존재 근거로서의 천지의 성정을 자각한 군자는 왕도정치를 실천·구현하여 백성과 합덕하게 된다. 군자가 구축한 왕도정치가 구현되어지는 세계는 천지의 본성으로서의 도덕성이 행하여지는 세계이다. 예의가 행하여지는 도덕적 세계가 바로 군자가 왕도정치를 통하여 구현한 선후천 합덕의 세계인 것이다.

선후천변화가 이루어지는 세계는 군자를 통하여 성인의 도가 현실에서 실천하여 구현되어진 세계이다. 다시 말하면 군자의 성명의 이치가 왕도정치를 통하여 널리 구현되어진 도덕적 세계인 것이다. 따라서 역도의 근본원리로서의 선후천 변화원리는 인격적 존재인 군자가 성인과 합덕됨으로써 성인이 역경을 통하여 밝힌 역수원리를 성명의 이치로 자각하여 그것을 현실에서 실천하는 선후천합덕 원리이다.

2. 군자와 성명

　앞에서 군자에 의하여 선천과 후천이 회통하고, 삼재가 합덕·성도함을 살펴보았다. 그러면 지금부터는 군자에 의하여 선천과 후천이 회통되고, 삼재가 합덕·성도되는 현상으로 나타나는 근거가 무엇인지 살펴보자.

　역수원리를 통하여 드러나는 바와 같이 십오十五 천지의 도역생성에 의하여 이루어지는 시간성의 자기 전개는 현재적 시위時位에서 과거성과 미래성이 합덕·일체화된다. 십오 천지의 본성에 의한 합덕·일체화작용이 바로 도역의 생성작용인 것이다.

　십오 천지의 본성이 합덕·일체화된 것이 만물의 본성이다. 그러므로 형이상적 측면을 중심으로 그것을 표현하면 시간성이 천지인의 삼재의 세계에서는 천도天道, 지도地道, 인도人道가 되고, 우주와 만물의 관점에서는 우주의 본질, 만물의 본질이 된다.

　공간적 관점에서 하늘과 인간의 관계를 중심으로 양자의 관계를 나타내면 현재적 시간의 본성으로서의 현존성現存性 그것이 인간에 있어서는 인간의 본성이라고 할 수 있다. 『주역』에서는 천지의 도가 인간 본성으로 나타남을 다음과 같이 밝히고 있다.

> 　한 번은 음陰으로 작용하고 한 번은 양陽으로 작용하는 음양의 질운迭運작용원리를 도道라고 한다. 그리고 음양 작용이 끊임없이 이어지는 현상으로 나타나는 도의 본성을 선성善性이라 하며, 선성에 의하여 도가 형이하의 세계에서 나타난 것을 성성性이라고 한다. 어진 사람이 성性을 보면 인仁이라고 말하고 지혜로운 사람이 성性을 보면 지知라고 말한다.[34]

　인용문에서 음으로 작용하고 양으로 작용하는 질운작용은 반고화盤古이다. 반고의 변화를 공간적 관점에서 음과 양의 질운작용으로 밝힌 것이다.

---

34) 『周易』 繫辭上篇 第五章, "一陰一陽之謂道. 繼之者善也, 成之者性也 仁者見之謂之仁 知者見之謂之知."

이를 음양원리로 규정한 까닭은 시간성이 시간으로 화하면서 그것이 일월의 생성으로 나타나기 때문이다. 그러므로 음양원리를 곧 일월원리라고 할 뿐만 아니라 역수원리라고 한다.

음양의 질운작용이 항구하여 그침이 없음을 선성善性이라고 하였다. 선성은 음이 변하여 양이 되고, 양이 변하여 음이 되어서 일정하게 고정될 수 없음을 뜻한다. 그것은 불교의 공空과 같은 의미라고 할 수 있다.

다만 불교의 공空이 역생의 관점에서 언급된 것이라면 이 부분에서의 언급은 도생역성의 관점에서 언급된 것이라고 할 수 있다. 공空의 용법과 내용에 대하여 다양한 이해가 가능하지만 실체성의 부정으로 사용되는 공空은 역생의 관점이다. 그것을 도생역성의 관점에서 보면 끊임없는 창조성이라고 할 수 있다.

그리고 선성善性이 이루어진 것을 성性이라고 한다고 하였다. 이는 반고의 화에 의하여 시간성이 시간의 본질로서의 시의성이 됨을 뜻한다. 또한 공간적 관점에서 시의성이 공간성이 되면서 그것이 만물의 본질로 드러남을 뜻한다.

사람의 관점에서는 삼재의 합덕·성도로 드러난 시의성이 바로 성품임을 뜻한다. 시간성이라는 일체적 존재가 만물의 관점에서 개체적 존재성으로 드러남 그것이 바로 "선성이 이루어진 것을 성품이라고 한다."는 의미이다.

『정역』에서는 시간적 관점에서 음양의 작용을 개벽開闢으로 언급하고 있고, 『주역』에서는 합벽으로 언급하고 있는데 그 내용을 살펴보면 다음과 같다.

> 문을 닫는 것과 같이 만물의 완성을 하는 주체를 곤도坤道라고 하며, 문을 여는 것과 같이 만물을 시생하는 작용의 주체를 건도乾道라고 한다. 한번은 곤도에 의하여 완성작용이 이루어지고, 한번은 건도에 의하여 시생작용이 이루어지는 것을 변變이라고 하며, 그 작용이 왕래하여 다함이 없는 것을 통通이라고 한다.[35]

위의 내용을 보면 도의 내용인 음양의 질운작용을 건곤乾坤의 합벽闔闢작용으로 규정하고 그 본성인 선성善性을 왕래가 다함이 없는 항구하여 그침이 없음(通性)으로 규정하고 있음을 알 수 있다. 천지의 도가 건곤乾坤의 도이며, 음양의 질운작용은 건곤의 합벽작용이다.

천지의 도의 본성인 선성에 의하여 이루어지는 도역의 생성작용이 음양의 질운작용이며, 그것이 합벽작용이기 때문에 도역의 생성작용이 합벽작용인 것이다. 합벽작용의 내용

---

35) 『周易』 繫辭上篇 第十一章, "是故 闔戶謂之坤, 闢戶謂之乾, 一闔一闢謂之變, 往來不窮謂之通"

인 변통變通의 결과를 형이하의 현상 세계를 중심으로 나타낸 것이 인간 본성이다. 형이상자인 천지의 도가 그 본성에 의하여 현상화現象化함으로써 나타난 것이 인간의 본성인 것이다.

인간의 본성은 육신이나 마음과 같은 형이하적 존재와 달리 형이상적 존재이다. 그러므로 육신을 통한 감각지각이나 마음에 의한 사고, 인식, 의지와 같은 인위적이고 유위적인 것을 통하여 밝혀지지 않는다. 사람들이 날마다 사용하면서도 그것을 모르기 때문에 군자의 도가 드물다고 함36)은 이를 나타낸다.

인용문에서는 인간의 성품을 인仁과 지智로 구분하여 나타내고 있다. 그것은 인간의 성품이 둘이기 때문이 아니라 본성이 덕으로 나타나는 양상이 다름을 뜻한다. 시간성이 선천과 후천으로 나타나고, 그것이 공간적 관점에서 천지로 나타나며, 인간에 있어서 성인과 군자의 삶이 서로 다른 것과 같다.

인간의 본성을 시간상의 선천과 후천, 공간상의 천天과 지地로 구분하여 나타내면 본래성이다. 본래성은 십천十天의 본성인 신성神性과 오지五地의 본성인 물성物性이 합덕 일체화된 존재이다. 천天의 미래적 시간성이 인간의 래성來性으로, 지地의 과거적 시간성이 인간의 본성本性으로 합덕일체화한 것이다.

본래성의 과거적 본성은 인간을 인간으로 존재하게 하는 인간의 근원을 나타내며, 미래적 이상(來性)은 인간이 목표로 하는 완성해야 할 이상을 나타낸다. 본성과 래성을 중심으로 인간의 인간된 소이를 그 원리적 측면에서 나타낸 개념이 성명의 이치이다.

『주역』에서는 "성인이 역경을 저작한 목적이 군자로 하여금 성명지리에 순응하게 하고자 함"37)이라고 하였을 뿐만 아니라 "건도가 변화하면 인간의 성명이 각각 바르게 된다."38)고 하여 인간의 본래성을 성명, 성명의 이치로 규정하고 있다.

본래성의 본성과 래성은 고정되지 않는다. 그것을 나타내는 것이 성명, 성명의 이치이다. 성명은 역생도성의 관점과 도생역성의 관점에서 따라서 그 내용이 달라진다. 역생도성의 관점에서는 인예의지의 사덕을 중심으로 성명을 나타내며, 도생역성의 관점에서는 사덕과 마음, 육신을 중심으로 성명을 논하게 된다.

도생역성의 관점에서 보면 본래성이 마음 그리고 육신을 통하여 드러나기 때문에 성性은 사덕을 중심으로 이해할 수 있지만 명命은 육신을 중심으로 이해할 수 있다. 그것은 선천과 후천이 합덕된 관점에서 성性은 선천을 중심으로 그리고 명命은 후천을 중심으로

---

36) 『周易』 繫辭上篇 第五章, "百姓日用而不知 故 君子之道鮮矣"
37) 『周易』 說卦 第二章, "昔者聖人之作易也 將以順性命之理"
38) 『周易』 重天乾卦 文言篇, "乾道變化 各正性命"

이해함을 뜻한다.

도생역성의 관점에서 보면 성명은 그것이 드러나는 통로인 마음, 육신을 떠나서 존재할 수 없다. 그렇기 때문에 인간의 삶 그 자체를 중심으로 성명을 이해하게 된다. 인간의 삶을 중심으로 성명을 이해하면 선천적 삶인 성인의 삶과 후천적 삶인 군자의 삶으로 구분하여 나타낼 수 있다.

선천적인 삶, 성인의 삶이 곧 성적性的인 삶이며, 후천적인 삶, 군자의 삶이 곧 명적命的인 삶이다. 그것은 성명이 성인적 삶과 군자적 삶으로 드러남을 뜻한다. 이를 통하여 인간의 삶은 그 자체가 성명이 그대로 드러난 것이라는 점에서 완전하고, 지선至善하고, 아름다운 것임을 알 수 있다.

그러면 도생역성의 관점에서 성명이 무엇인지 살펴보자. 맹자孟子는 인예의지仁禮義知의 사덕四德을 중심으로 성인과 군자와 관련하여 성명性命을 논하고 있는데 그 내용은 다음과 같다.

> 입이 맛이 있는 음식을 원하고, 눈이 아름다운 모습을 추구하며, 귀가 좋은 소리를 추구하고, 코가 좋은 냄새를 추구하며, 사지四肢가 편안함을 추구하는 것은 인간의 본성이다. 그러나 인간에게 주어진 명命이 있기 때에 군자는 성性이라고 말하지 않는다. 부자父子 사이의 인仁과 군신간의 의義, 주인과 손님간의 예禮 그리고 현자의 지智와 성인聖人의 천도天道에 있어서 그것은 명命이나 성性이 있기 때문에 군자는 명命이라고 하지 않는다."[39]

위의 내용을 보면 육신에 의하여 나타나는 이른바 본능이라고 하는 것마저도 본성이라고 하였다. 그것은 맹자가 도생역성의 관점에서 인간에 대하여 기술하고 있음을 나타낸다.

도생역성의 입장, 후천의 입장, 군자의 입장에서 보면 육신과 마음은 모두 본성을 주체로 이루어지는 작용일 뿐이다. 그럼에도 불구하고 군자는 그것을 본성이라고 하지 않고 명이라고 한다.

그것은 군자가 몸과 마음을 통하여 실천을 하는 역할을 하는 존재임을 뜻한다. 삼재三才를 합덕合德하여 성도成道시키는 사명, 인간을 인간답게 살아가도록 함으로써 모든 존재가 자신으로 살아가는 세상을 구현하는 것이 군자의 역할임을 뜻한다.

반면에 인예의지仁禮義智의 사덕과 천도를 실천하는 것도 역시 인간이 해야 할 역할이지만 군자는 성性으로 여기고 명이라고 하지 않는다고 하였다. 이는 군자가 천도를 인예의지

---

39) 『孟子』, 盡心章句下, "口之於味也 目之於色也 耳之於聲也 鼻之於臭也 四肢於安逸也 性也 有命焉 君子不謂性也 仁之於父子也 義之於君臣也 禮之於賓主也 智之於賢者也 聖人之於天道也 命也 有性焉 君子不謂命也".

仁禮義智의 사덕으로 실천하는 존재이지만 천도와 인도를 밝히는 존재인 성인과 그 삶이 다름을 나타낸다.

『주역』에서는 공간적 관점에서 천지를 중심으로 성인과 군자의 삶을 밝히고 있는데 그 내용은 다음과 같다.

> 성인聖人이 흥작興作함으로써 만물이 드러난다. 천天에 근본한 사람은 위와 친하고, 지地에 근본한 사람은 아래와 친하니 곧 각각 그 유類를 따른다.[40]

인용문에서 성인이 흥작함으로써 만물이 드러난다는 것은 성인의 역할이 만물의 본질을 밝히는 존재임을 나타낸다. 그것은 그 다음의 내용을 통하여 더욱 분명하게 드러난다. 천天에 근본을 둔 사람이 위와 친하다는 것은 형이상의 세계, 도의 세계와 친함을 뜻한다.

천에 근본을 둔 사람은 성인을 가리킨다. 맹자가 성인과 천도를 관련하여 언급하고 있는 것과 같은 맥락이다. 성인은 천도와 인도를 밝혀서 군자로 하여금 그것을 현실에서 실천하도록 하는 존재이다.

반면에 군자는 몸과 마음을 매개로 하여 성인이 밝힌 천도를 인예의지仁禮義智의 사덕四德을 통하여 구현하는 존재이다. 인용문에서 땅에 근본한 존재라고 규정한 사람은 바로 군자이다. 군자가 아래와 친하다는 것은 형이하의 세계, 곧 만물의 세계와 친함을 뜻한다.

그런데 선천과 후천이 하나의 원천原天의 작용이기 때문에 일체이듯이 성인과 군자도 인간이라는 점에서 같다. 단지 성인과 군자를 구분하여 나타낸 것은 삶의 양태를 둘로 나누어서 나타낸 것에 불과하다. 그런 점에서 보면 성인은 선천에 나타난 군자이며, 군자는 후천에 나타난 성인이다.

역생도성의 관점에서 보면 성명은 인예의지仁禮義智의 사덕을 중심으로 이해할 수 있다. 그것은 성명이 곧 사덕이라는 의미가 아니다. 성명은 육신과 마음 그리고 본성이라는 삼원적三元的 구조 안에서 일체적 관점에서 이해할 수도 있고, 본성이 드러난 사덕의 관점에서 이해할 수도 있다.

『주역』에서 성性을 언급하면서 인仁과 지知를 언급하고, 성명과 인도人道를 언급하면서 인仁과 의義를 언급하고 있다. 이를 통하여 군자가 실천해야 할 인예의지의 사덕 가운데서 인仁과 지知가 성性이며, 의義와 예禮가 명命임을 알 수 있다.

『중용』에서도 인간 본래성의 인과 지를 성으로 규정하고 있다. 성誠을 만물의 종시終始

---

40) 『周易』 重天乾卦 文言, "九五曰飛龍在天利見大人은 何謂也오 子曰 同聲相應하며 同氣相求하야 水流濕하며 火就燥하며 雲從龍하며 風從虎라 聖人이 作而萬物覩하나니 本乎天者는 親上하고 本乎地者는 親下하나니 則各從其類也니라."

로 규정하고 그것이 군자를 완성시킬 뿐만 아니라 사물을 완성시킨다고 논한 후에 군자 자신을 완성시키는 것은 인仁이며, 사물을 완성시키는 것은 지知라고 하였다.

그리고 이어서 인과 지는 성性의 덕德으로 이러한 인성과 지성이 곧 내외內外를 합덕合德시키는 도道41)라고 하였다. 이를 통하여 성性의 내용이 인仁과 지知임을 알 수 있는 동시에 지知는 사물을 다스리는 원리이며, 인仁은 군자의 마음을 다스리는 원리임을 알 수 있다.

『서경』에서는 "의義로써 사물을 다스리고, 예禮로써 마음을 다스린다."42)고 하였다. 의로써 일을 다스리면 일이 그 마땅함을 얻으며, 예로써 마음을 다스리면 마음이 그 바름을 얻어서 내외가 합덕이 된다.

중지곤괘重地坤卦䷁에서는 "경敬으로 안을 바르게 하고 의義로 그 바깥을 바르게 한다."43)고 하였다. 예가 공경恭敬으로 나타나기 때문에 위의 내용은 『중용』이나 『서경』에서 논하여진 바와 같이 예는 군자의 마음을 다스리는 원리이며, 의는 사물을 다스리는 원리임을 알 수 있다. 이로써 보면 사물을 다스리는 원리인 의가 지성과 관계됨을 알 수 있으며, 군자의 마음을 다스리는 예가 인성과 관계가 있음을 알 수 있다.

군자가 실천해야할 사덕은 천도에 그 근거가 있다. 그러므로 사덕의 이해는 천도를 바탕으로 이해되어야 한다. 천도의 관점 곧 역수원리의 관점에서는 십오十五 천지의 본체를 바탕으로 이루어지는 사역변화가 그 내용이다.

그것은 체십용구의 작용이 도생역성이며, 그것이 선천적 작용이고, 체오용육의 작용이 역생도성이며, 그것이 후천적 작용임을 뜻한다. 용구用九와 용육用六을 성명적性命的 구조에 의하여 나타내면 용구用九는 성적性的 작용, 용육用六은 명적命的 작용이라고 할 수 있다.

구육九六의 작용은 사역변화로 나타난다. 그것을 공간적 관점에서 나타낸 것이 『주역』의 사상四象이다. 『주역』은 괘체卦體와 효용爻用의 구조를 통하여 삼재의 도를 표상하고 있다. 그러므로 괘체는 괘명卦名을 통하여 그리고 효용은 사상의 구조인 원형리정元亨利貞을 통하여 나타내고 있다. 괘사卦辭는 모두 이러한 구조를 통하여 구성되었다.

인간 본래성을 나타내고 있는 성명, 사덕은 천지의 도 자체이기 때문에 형이상적 존재이다. 성명은 인간의 몸에 의하여 좌우되어지는 존재가 아니라 인간의 몸을 주재하는 근본적 존재인 것이다. 그러므로 군자가 그것을 자각하여 실천하여도 줄어들지 않으며, 자각하지 못하여도 사라지지 않는다. 이러한 인간 본래성의 특성을 『주역』에서는 구덕괘九德卦를 통

---

41) 『中庸』, 第二十五章, "誠者物之終始 不誠無物 是故 君子誠之爲貴 誠者非自成己而也 所以成物也 成己仁也 成物知也 性之德也 合內外之道也 故 時措之宜也".
42) 『書經』, 商書, 中虺之誥, "以義制事 以禮制心".
43) 『周易』, 重地坤卦 文言, "君子 敬以直內 義以方外 敬義立而德不孤".

하여 다음과 같이 논하고 있다.

> 리履는 덕의 터이며, 겸謙은 덕의 자루이고, 복復은 덕의 본이며, 항恒은 덕의 견고함이고, 손損
> 은 덕의 닦음이며, 익益은 덕의 여유로움이고, 곤困은 덕의 변별辨別이며, 정井은 덕의 땅이고,
> 손巽은 덕의 제齊이다44).

이는 아홉 괘의 괘상卦象을 통하여 형이상적 존재인 덕의 특성을 상징적으로 나타낸 것
이다. 뇌풍항괘雷風恒卦䷟를 통하여 덕의 항상성을 나타내며, 천택리괘天澤履卦䷉를 통하여 덕
의 기초가 예임을 나타내고, 지산겸괘地山謙卦䷠를 통하여 덕을 유지하고 그것을 체로 하여
실천하는 것이 겸손謙遜임을 나타내고 있다. 덕이 겸손으로 나타나며, 그것이 군자의 본성
임을 겸괘謙卦를 통하여 나타낸 것이다.

지뢰복괘地雷復卦䷗를 통하여 덕의 근본이 본성을 회복함임을 나타내고, 산택손괘山澤損卦
䷨를 통하여 인심을 덜어내는 것이 덕을 닦는 것임을 나타내며, 풍뢰익괘風雷益卦䷩를 통하
여 덕을 닦음으로써 얻는 여유를 통하여 자신은 물론 남에게 이로움을 주는 것을 나타내고
있다.

택수곤괘澤水困卦䷮는 덕과 소인의 도가 서로 다름을 나타내고, 수풍정괘水風井卦䷯는 의義
가 덕의 지반임을 나타내며, 중풍손괘重風巽卦䷸는 신도神道에 의하여 덕의 권도權度가 이루
어짐을 나타내었다. 이러한 내용을 통하여 『주역』의 64괘가 성명, 사덕을 표상하고 있음
을 분명하게 알 수 있다.

『주역』에서는 천도의 사상四象과 인도의 사덕四德 그리고 군자에 대하여 밝히고 있는데
그 내용은 다음과 같다.

> ① 원元은 선善의 으뜸이다.(元者, 善之長也) ② 형亨은 아름다움의 모임이다.(亨者, 嘉之會也)
> ③ 리利는 의義의 조화이다.(利者, 義之和) ④ 정貞은 사건의 근간이다.(貞者, 事之幹也)
> 군자는 ㉠ 인仁을 체득하여 족히 사람을 기른다.(體仁, 足以長人) ㉡ 아름답게 만나서 족히
> 예禮에 부합한다.(嘉會, 足以合禮) ㉢ 만물을 이롭게 하여 족히 의義에 조화된다.(利物, 足以和義)
> ㉣ 곧고 바르니 족히 사건을 주관한다.(貞固, 足以幹事)
> 군자는 이 사덕을 행하는 사람이다. 그러므로 건乾을 원형리정이라고 한다.45)

----

44) 『周易』 繫辭下篇 第七章, "易之興也, 其於中古乎 作易者, 其有憂患乎 是故 履, 德之基也, 謙, 德之柄也,
復, 德之本也, 恒, 德之固也, 損, 德之脩也, 益, 德之裕也, 困, 德之辨也, 井, 德之地也, 巽, 德之制也. 履,
和而至, 謙, 尊而光, 復, 小而辨於物, 恒, 雜而不厭, 損, 先難而後易, 益, 長裕而不設, 困, 窮而通, 井, 居其所
而遷, 巽, 稱而隱. 履以和行, 謙以制禮, 復以自知, 恒以一德, 損以遠害, 益以興利, 困以寡怨, 井以辯義, 巽以
行權"

위의 인용문은 그 내용상 세 부분으로 나누어 볼 수 있다. 첫 번째 부분은 인간 본래성으로서의 사덕의 근거를 논하고 있으며, 이어서 사덕적 구조에 의하여 인간 본래성을 논하고, 마지막으로 사덕을 행하는 존재가 군자임을 밝히고 있다.

첫 번째 부분은 인도의 사덕적 구조가 천도의 사상에 그 존재 근거가 있음을 논한 것이다. 사상四象이란 천도의 작용을 나타내는 것으로 오행적五行的 구조의 체體를 제외한 네 작용을 말한다. 천도가 사상적인 구조를 갖고 있기 때문에 인간의 본성도 천도의 구조에 상응하여 사덕적 구조를 갖는다.

그러면 먼저 사덕의 존재근거인 원형리정의 사상에 대하여 살펴보자. 원역原曆의 체용을 겸한 특성을 삼재적 관점에서 객관화하여 표상한 것이 원元이다. 원역은 두 윤역과 정역의 본체이다. 이는 원역과 나머지 세 역曆과의 관계를 보면 분명하게 드러난다. 원역이 체가 되어 윤역과 정역이 운행되어지기 때문이다.

원역의 375도度에는 정역正曆도수인 360도와 15 본체本體도수가 포함되어 있다. 이 본체도수 15가 9와 6으로 나누어지면서 윤도수가 되고, 그것이 360에 더하여져서 366일의 윤역閏曆이 생성된다. 그리고 이 윤역이 생장하여 365와 1/4일의 윤역으로 생장한다. 그것이 다시 360일의 정역正曆으로 변화하면서 비로소 9와 6이 합덕되어 15 천지가 합덕된다. 그러므로 원역이 윤역과 정역의 본체로 그 가운데서 윤역과 정역이 생성됨을 알 수 있다.

원역을 근거로 사역四曆의 변화가 이루어지기 때문에 원元이 형亨, 리利, 정貞을 일관한다고 할 수 있다. 사역의 변화가 원역을 근거로 이루어진다는 것은 원역원리에 의하여 시간이 생성됨을 뜻한다. 그러므로 중천건괘의 단사彖辭에서는 "위대하다, 건원乾元이여! 만물이 건원을 근거로 존재한다. 그러므로 천天을 거느린다."[46]고 하였다. 천天의 세계는 시간의 세계이므로 천을 거느린다는 것은 시간을 주재함을 뜻한다.

건원이 시간의 생성을 통하여 만물을 생성한다. 이러한 건원의 특성을 선善의 으뜸이라고 하였다. 선은 도의 본성을 지칭하는 개념으로 원이 선의 으뜸이라는 것은 그것이 도의 본성 가운데서 가장 근본적인 내용임을 뜻한다.

그것은 공간적으로 막힘이 없는 통성通性, 시간적으로는 항구하여 그침이 없는 영원성으로서의 선성善性의 근원이 바로 원元으로 표상된 원역原曆임을 뜻한다. 사상을 일관하는 근본원리인 원역원리가 바로 원임을 나타낸 것이다.

---

45) 『周易』, 重天乾卦 文言, "文言曰 元者는 善之長也오 亨者는 嘉之會也오 利者는 義之和也오 貞者는 事之幹也니 君子 體仁이 足以長人이며 嘉會足以合禮며 利物이 足以和義며 貞固 足以幹事니 君子 行此四德者라 故로 曰乾元亨利貞이라."
46) 『周易』, 重天乾卦 彖辭, "彖曰, 大哉乾元! 萬物資始, 乃統天"

원역으로부터 시생된 윤역을 삼재적 관점에서 객관화하여 나타낸 것이 형亨이다. 형은 원역에서 처음 출생한 역으로 음역과 양역으로 분리된 역曆이다. 윤역이 음양으로 분리되어 출생한 까닭은 음양합덕을 목표로 성장하기 위해서이다. 십오 천지의 합덕·성도를 목표로 음양으로 나누어 출생하는 원리를 근거로 형성된 기수朞數가 요堯가 밝힌 시생의 윤역인 것이다.

윤역의 시생은 원역의 본체도수인 15도가 9와 6으로 나누어져서 작용함으로써 형성된 역曆으로 9와 6으로 나누어진 본체도수 가운데서 6도가 윤도수로 변화하면서 정역도수인 360에 더하여지면서 형성된 366일 역曆이다.

윤역의 시생원리를 객관화하여 물리적 관점에서 나타낸 것이 아름다움의 모임이라는 말이다. 원을 근거로 시생된 존재를 현상적 측면에서 아름다움의 모임이라고 한 것이다. 모임이라는 개념 자체는 이미 분생된 존재를 전제로 한다. 십오 천지의 합덕체를 근원으로 하여 음양으로 분생되었기 때문에 그것은 천지의 성정의 표현이다.

천지에 의하여 시생된 존재는 천지의 도덕성 안에서 존재한다. 이처럼 천지의 본성 안에서 존재하는 모든 것들을 가회嘉會로 규정한 것이다. 가회의 내용은 도덕성이기 때문에 서로 회통하게 되며, 그것을 나타내는 개념이 형이다.

원은 합덕원리가 중심이며, 형은 출생 원리가 중심으로 천지의 합덕에 의하여 이루어지는 분생원리를 원과 형으로 표상하였다. 이러한 합덕에 의한 분생원리를 표상한 삼역팔괘도三易八卦圖가 복희팔괘도伏羲八卦圖로 십오 천지의 합덕에 의하여 이루어지는 시생원리를 표상한다.

시생한 윤역이 생장하는 원리를 나타내는 개념이 리利이다. 윤역의 생장은 9도의 윤도수가 감소하는 도생역성의 작용으로 표상된다. 이는 천지·부모의 인격적 성정이 은택으로 주어져서 형이상적 생명이 성장하는 원리를 표상한다. 분생된 존재가 장성함으로써 합덕을 향하여 나아가는 생장원리가 리利이다.

리利를 객관화하여 만물의 관점에서 상징적으로 표상한 것이 의義의 조화라는 개념이다. 의는 시생된 윤역이 생장하여 음양이 서로 조화를 이루어 합덕이 가능한 상태임을 나타낸다. 현상적 측면에서는 성장한 만물이 외적 성장을 멈추고 내적 성장을 시작하는 가을에 비유할 수 있다.

가을은 여름 내내 무성한 잎사귀와 가지를 벗어버리고 열매가 맺어지는 때이다. 열매는 쭉정이와 알곡으로 나누어져서 알곡만이 겨울을 나고 다시 봄에 새로운 생명을 피울 수 있을 뿐 쭉정이는 썩어 없어지고 만다. 이처럼 모든 생명체가 다른 존재와 더불어 정위正位에 존재함으로써 서로 조화를 이루는 것을 의義의 화和라고 규정한 것이다.

시생된 윤역에서 생장한 윤역으로의 변화원리인 생장원리를 표상한 삼역팔괘도가 문왕팔괘도文王八卦圖이다. 문왕팔괘도는 본체도수인 오황극을 매개로 시생된 존재가 인격적 존재로 변화하는 원리를 표상하고 있다. 그렇기 때문에 문왕팔괘도는 인격성을 매개로 이루어지는 음양의 생장원리를 표상한 것이다.

장성된 정역원리를 객관화하여 나타낸 개념이 정貞이다. 360의 정역은 이미 장성한 양윤역과 음윤역이 합덕하여 형성된 중정역이다. 요堯의 기朞와 순舜의 기朞를 거치면서 윤도수가 귀체歸體됨으로써 형성된 역이 정역인 것이다. 음양이 합덕된 정역의 형성은 십오 본체도수의 합덕을 의미한다. 십오 본체도수의 귀체작용이 완성되어 합덕됨으로써 비로소 정역이 형성되기 때문이다. 그러므로 정역원리는 합덕·성도원리인 동시에 존공귀체원리이다.

정역의 관점에서는 본체도수인 십오 천지의 존공귀체원리인 동시에 십오 천지의 관점에서는 합덕·성도원리이다. 사역변화는 정역의 성취를 목표로 이루어진다. 윤역이 출생하고 성장하는 까닭이 음양의 합덕에 의한 정역의 형성에 있는 것이다. 그러므로 『주역』에서는 천도, 천명을 대형이정大亨以正[47)]이라고 하여 하나의 정貞에 집약시켜서 논하였다.

정역은 음양이 합덕된 역으로 십오 본체가 그대로 드러난 역이다. 따라서 정역의 운행은 존재 자체의 전모가 드러남을 의미하는 것으로 만물이 각각 자기의 본성을 모두 발휘하는 세계를 나타낸다. 그것을 한마디로 나타내면 음양이 합덕된 세계이다. 이처럼 정貞의 세계가 음양이 합덕된 세계이듯이 원의 세계 역시 음양이 합덕된 세계이다.

그러나 원은 과거적 측면에서, 정은 미래적 측면에서 합덕원리를 규정한 것이다. 음양합덕 원리를 씨의 측면에서 논한 것이 원이며, 열매의 관점에서 규정한 것이 정이다. 음양이 합덕된 중정역으로서의 정역이 운행되었을 때 비로소 본체인 십오 천지가 밝혀지게 된다. 존재하는 모든 것들의 존재 근거가 되는 근원적 존재의 존재원리가 밝혀지고, 그러한 존재원리에 의하여 인격적 존재로 존재하게 되는 것이다.

근원적 존재가 밝혀짐은 다름 아닌 도덕원리가 밝혀지면서 그것을 매개로 천지, 신인神人, 신물神物이 합덕됨을 뜻한다. 그러므로 정의 세계, 정역의 세계는 우주가 장차 성취하게 되는 이상인 동시에 인류가 목표로 하는 이상세계이다. 그러면 천도天道의 사상적 구조가 인간 본래성의 사덕적 구조의 측면에서는 어떻게 논하여지고 있는지 살펴보자.

사상의 원이 인간 주체적으로 자각되어짐으로써 인仁으로 밝혀진다. 인은 진리의 실천주체이다. 인이 진리의 실천주체라는 것은 그것이 공간성의 원리임을 뜻한다. 그것은 인이

---

47) 『周易』의 地澤臨卦의 彖辭와 天雷无妄卦의 彖辭에서는 각각 "大亨以正 天之道也", "大亨以正 天之命也"라고 하여 大亨以正을 天道, 天命으로 규정하고 있다.

공간을 점유하는 모든 존재의 존재근거임을 뜻한다.

우주적인 사랑, 조건이 없는 사랑, 한계가 없는 사랑, 위대한 사랑, 진실한 사랑으로서의 인이 생명의 근원으로 그것이 생명 에너지가 되어 모든 존재가 존재하게 된다. 그렇기 때문에 인은 인격적 존재인 인간의 존재지평이다. 맹자는 인을 사람이 편안하게 거처할 집으로 규정48)하였다.

인격적 존재는 인성을 체로 하여 살아가야 한다. 인격성의 내용인 인성에 의하여 생명이 하나가 되는 합덕이 가능하며, 생명이 없는 사물마저도 인격적 존재로 고양시킬 수 있다. 따라서 인성은 인격적 존재의 존재원리인 동시에 인격적 존재로 살아가는 원리이다. 『주역』에서는 성인이 그 덕위를 지키는 방법이 인이다49)고 하였을 뿐만 아니라 군자의 덕을 경계가 없이 땅 끝까지 달려가는 말의 성질에 비유50)하여 나타내고 있다.

인성을 체득할 때 비로소 다른 존재가 스스로 변하여 인격적 존재로 화하도록 할 수 있다. 그것은 인성을 통해 비인격적 존재를 인격적 존재로 완성시킬 수 있다는 뜻이다. 인성을 체득함으로써 다른 사람의 어른 노릇이 가능한 것이다. 일반적으로 덕성이라고 말할 때는 이 인성을 지칭한다.

사상의 형亨이 인간 주체적 자각에 의하여 예禮로 밝혀진다. 형은 모든 존재가 인격성 안에서 형통하는 원리를 나타내는 것으로 인성이 체가 되어 나타난다. 예는 인격적 존재의 만남원리인 것이다. 이처럼 예로 형성된 관계를 아름다운 모임이라 하였다. 그러므로 예에 합당하기 위해서는 아름답게, 다시 말하면 인격적으로 만나야 한다.

인격적으로 만난 아름다운 만남은 가정이나 국가라는 사회로 나타난다. 따라서 가정이나 국가는 사람들의 집단이 아니라 인격적 만남의 세계이다. 예禮로써 형성되는 최초의 사회는 가정이다. 남자와 여자가 합덕하여 인격적 존재인 부부가 되고, 합덕의 결과로 나타난 자식에 의해 부자가 형성되고 형제가 형성됨으로써 가정이 이루어진다. 따라서 부부夫婦, 부자父子, 형제兄弟는 모두 인仁을 내용으로 하는 예禮에 의해 형성된 관계이다. 예가 부부, 부자, 형제의 관계로 나타난 것이다.

사람은 누구나 자식으로 태어난다. 부모의 사랑을 내용으로 하는 예禮인 자애慈愛를 통해 자식으로 존재하게 된다. 그리고 성장하는 과정을 통해 부모로부터 받은 사랑을 되돌려

---

48) 『孟子』 公孫丑章句上, "夫仁, 天之尊爵也, 人之安宅也."
49) 『周易』 繫辭下篇 第一章, "聖人之大寶曰位 何以守位? 曰仁"
50) 『周易』 重地坤卦 卦辭, "坤, 元, 亨, 利牝馬之貞. 君子有攸往, 先迷, 後得主, 利. 西南得朋, 東北喪朋. 安貞吉" 및 彖辭, "至哉坤元, 萬物資生, 乃順承天. 坤厚載物, 德合无疆, 含弘光大, 品物咸亨. 牝馬地類, 行地无疆, 柔順利貞. 君子攸行, 先迷失道, 後順得常. 西南得朋, 乃與類行, 東北喪朋, 乃終有慶. 安貞之吉, 應地无疆"

주는 예를 배우게 되는데 그것을 효孝라고 한다. 따라서 인격적 존재의 행위는 효도로부터 시작된다고 하지 않을 수 없다. 효가 모든 인격적 행위의 근본인 것이다.

효도와 자애는 쌍무적인 예이기 때문에 효도와 자애를 어느 일방을 중심으로 주장할 수 없다. 부모의 자식에 대한 자애와 자식의 부모에 대한 효도가 부자父子라는 인격적 관계의 내용인 것이다. 이러한 부모와 자식의 관계는 모든 인격적 관계가 생성되는 원천이라고 할 수 있다. 그렇기 때문에 인륜 가운데서 부모와 자식의 관계가 가장 중요할 수밖에 없다.

가정이 예로 맺어진 최초의 단위 사회이자 최소의 단위 사회이다. 가정은 단순하게 남자와 여자가 같이 살아가는 물리적 공간이 아니라 예로 맺어진 인격적 세계인 것이다. 만약 가정을 통해 사랑을 주고받으며 살아가는 인격적 삶의 원리를 배우지 못하면, 사회에 나가서도 사랑을 주고받으며 살아가는 예에 합당한 삶을 영위할 수 없다. 그러므로 가정의 파괴는 곧 인격적 세계의 파괴가 된다.

예를 실천하는 방법은 자신을 미루어 그 행동이 다른 사람에게 미치도록 하는 추기급인推己及人이다. 자신의 본래성으로서의 인성을 자각하여 그것을 다른 사람에게 행하는 것이 예의 실천 방법으로 소극적 측면에서는 자신이 원하지 않는 것을 다른 사람에게 행하지 않는 인욕忍辱이며, 적극적 측면에서는 자신이 도달하고 싶은 곳에 다른 사람이 먼저 도달하도록 해주는 보시報施이다.[51]

의는 예가 비인격 존재인 사물까지 확산된 것이다. 그러므로 예가 인격적 존재의 만남 원리인 것과 달리 의는 비인격적 존재인 사물을 다스리는 원리이다. 이 점에 대해 맹자는 "백성을 사랑으로 대하고 사물은 아껴야 한다."[52]고 하였다. 인민仁民은 예로서 드러나며, 애물愛物은 근검・절약이라는 덕으로 드러난다.

인간은 본래 인격적 존재이기 때문에 타인을 인격적으로 대해야 한다. 그러나 사물은 인격적 존재가 아니라 인간에 의해 다스려지는 존재이기 때문에 그 사물성事物性을 밝히는 것이 사물을 사물로서 대하는 방법이다.

사물을 다스림은 사물과 나를 둘로 보고 가치상의 우열을 전제로 하여 사물을 소유하거나 지배하는 것이 아니다. 인간의 본성인 인성仁性을 사물에 확충擴充하여 사물로 하여금 인격성, 인성이 발현되는 매개로 사용하는 것이 사물을 다스리는 것이다. 인간을 매개로 하여 인성, 본성의 차원에서 사물과 내가 하나가 됨 그것을 사물을 다스림으로 나타낸 것이다.

인용문에서는 사물을 다스림을 사물을 이롭게 함으로 나타내고 있다. 사물을 이롭게 하는 것이 의와 조화를 이룬다는 것은 의가 사물을 이롭게 함으로 나타남을 뜻한다. 사물을

---

51) 『論語』顏淵의 "己所不欲, 勿施於人." 및 雍也의 "己欲立而立人, 己欲達而達人."
52) 『孟子』盡心章句上, "仁民而愛物."

이롭게 함은 사물을 사물로 대함이다. 그것이 바로 본성의 차원에서 나와 사물이 일체임을 확인하고 일체로 대함의 의미이다.

사물을 이롭게 함은 제도를 통해 이루어진다. 제도란 인간이 천도가 마디를 지어 운행하는 원리에 근거하여 인사人事의 마디를 규정한 것을 일컫는다. 인간이 문물제도文物制度를 운용함으로써 사물이 사물로 규정되어지고, 이를 통하여 사물이 사물로 존재하도록 해주는 것이다. 이는 사물이 군자의 인격성을 매개로 인격적 존재로 고양됨을 뜻한다.

수택절괘水澤節卦☲의 단사彖辭에서는 "천지가 마디를 지어서 사시四時가 이루어진다. (이처럼 천도를 인간 주체적으로 자각하여) 제도制度로써 마디를 지어 재물財物을 상傷하지 않게 보존하고, 백성이 해롭지 않게 한다."[53)고 하였다.

사상의 정貞이 인간 주체적으로 자각되어짐으로써 지성智性으로 밝혀진다. 지智는 천지의 도를 인간 주체적으로 자각하는 주체이다. 따라서 인간이 천지의 도를 문제로 삼아서 그 본래적 의의를 탐구할 수 있는 근거는 지성智性에 있다. 그것은 지성이 밝혀짐으로써 천지의 도가 밝혀짐을 뜻한다.

지성은 시간성으로 공간성의 내용인 인성과는 체용의 관계이다. 사상을 논하면서 정을 사건의 근거라고 논한 까닭이 여기에 있다. 사건은 공간적 측면에서 존재를 규정한 물건과 달리 시간의 측면에서 존재를 규정한 것이다. 따라서 정이 사건의 근거라는 것은 정이 시간의 존재 근거로서의 시간성임을 나타내는 것이다.

시간성은 시간의 전개를 통하여 시의성으로 존재한다. 그렇기 때문에 인간은 시간을 의식할 수 있는 능력을 갖게 된다. 인간은 지성에 의하여 시간이 갖는 의미로서의 시의성을 자각하고 그것에 따라서 알맞은 행동을 할 수 있는 것이다.

지성을 바탕으로 나타난 시간의식이 천지의 도에 대한 관심으로서의 지적知的 호기심으로 나타난다. 그것이 군자가 됨에 뜻을 두고, 역경易經을 연구하여 역도를 자각하게 되는 동기가 된다. 이처럼 지성이 천지의 도를 자각할 수 있는 인간의 본래성이기 때문에 오직 인간만이 도를 문제로 삼아 그 본래적 의의를 드러내어 밝히는 학문이 가능한 존재이다.

시간의 의식은 시의성을 체로 하여 이루어져야 한다. 자각되어진 시의성을 바탕으로 시간이 의식되어질 때 비로소 그것이 올바로 의식되어지는 것이다. 그것은 하나의 사건이 갖는 의미를 올바로 파악하였음을 뜻한다.

시간성이 공간성으로 나타나듯이 사건이 물건으로 나타난다. 따라서 사건을 시의성에 맞게 처리하는 것이 사물을 이롭게 다스리는 것으로 나타난다. 그렇기 때문에 지성과 사물

---

53) 『周易』 水澤節卦 彖辭, "天地節而四時成. 節以制度, 不傷財, 不害民."

을 다스리는 원리인 의義의 관계는 체용의 관계이다. 이처럼 시의성을 따라서 사건을 주관함으로써 사물을 이롭게 다스리는 것을 정도正道라고 한다.

『주역』의 중천건괘의 상효上爻에 대한 문언文言에서는 "진퇴進退존망存亡의 시의성을 알고, 그 때에 맞게 행하여 정도를 벗어나지 않는 존재는 오직 성인뿐이다."[54]라고 하여 시의성에 부합되는 행위가 바로 정도를 행함으로 규정하고 있다.

그런데 사덕을 언급하고 있는 내용 전체를 살펴보면 인仁과 예禮는 인간이라는 인격체를 중심으로 논하고 있고, 의義와 지智는 사물을 중심으로 논하여 양자를 구분하여 나타내고 있다. 이는 천도天道의 사상四象 가운데서 원형元亨과 이정利貞의 성격이 서로 다른 것처럼 사덕 가운데서 인예仁禮와 의지義知의 성격이 서로 다름을 뜻한다.

천도의 관점에서 보면 선천에서 후천으로의 변화를 원형과 이정의 변화로 나타낼 수 있다. 원역으로부터 윤역이 시생하는 후천에서 선천으로의 변화와 윤역이 장성하여 정역으로 변화하는 선천에서 후천으로의 변화가 그것이다.

공간적 관점에서 사덕을 중심으로 선천에서 후천으로의 변화를 나타내면 원형元亨에서 이정利貞으로의 변화이다. 중천건괘의 단사에서는 형亨에서 리利로의 변화에 대하여 "건도가 변화하면 각각 성명性命이 바르게 된다."[55]고 하여 이 점을 밝히고 있다.

원元과 형亨이 외적 작용인 것과 달리 리利와 정貞은 내적 작용이다. 문언에서 리利와 정貞을 성정性情으로 규정[56]한 까닭이 여기에 있다. 성정은 본성을 지칭하는 것으로 형이상적 존재이기 때문에 중천건괘의 단사에서는 원과 형은 따로 논하면서 리利와 정貞은 같이 논하고 있다. 형亨에서 리利로의 변화는 외적 작용에서 내적 작용으로 변화이다. 원형은 양적陽的 작용이며, 리정은 음적陰的 작용인 것이다.

사덕을 중심으로 선후천 변화를 살펴보면 인성仁性을 바탕으로 한 예禮가 선천적 일이며, 지성을 바탕으로 한 의義가 후천적 일이다. 시공의 관점에서 보면 지성은 시간성이 주체화된 것이며, 인성은 공간성이 주체화된 것이다. 시간성은 천도이며, 공간성은 인도이다. 그러므로 시간성이 공간성으로 작용한다.

군자에 있어서 선후천 변화가 인성에서 지성으로의 변화라는 것은 군자의 학문하는 일이 인성을 주체로 이루어져야함을 뜻한다. 인성은 합일合一의 원리이다. 인성은 모든 존재를 일체로 여기는 마음, 자비로운 마음, 어진 마음, 모든 존재를 또 다른 나로 여기고 나로 대하는 마음으로 나타난다.

---

54) 『周易』重天乾卦 上爻 文言, "知進退存亡而不失其正者, 其唯聖人乎."
55) 『周易』, 重天乾卦 彖辭, "乾道變化 各正性命"
56) 『周易』, 重天乾卦 文言, "乾元者 始而亨者也 利貞者 性情也"

지성은 일체의 세계, 분별이 없는 무분별無分別의 세계, 시간이 없는 영원한 세계를 나타낸다. 지혜의 세계가 열리는 것은 모든 존재를 사랑하는 자비, 인仁을 통하지 않고서는 이루어지지 않는다. 선천에서 후천으로의 변화 곧 분별의 세계에서 합일의 세계로서의 변화는 오로지 인仁을 통하여 이루어지는 것이다.

인성을 통하여 지성의 세계에 도달하면 그것은 곧 참나와 만나고 우주와 만물의 본성과 만나는 것이다. 그러나 그것은 나와 둘로 된 어떤 존재를 만나는 것이 아니라 본래 그랬음을 확인하고, 본유本有하고, 고유固有함을 확인하는 것일 뿐이다.

시간성과 공간성은 자각을 통하여 개체적 존재의 역사적 사명과 사회적 사명으로 밝혀진다. 역사적 사명은 인격적 존재인 인간을 비롯한 신神과의 인격적 관계를 맺음으로 실천되며, 사회적 사명은 비인격적 존재인 사물을 다스림으로 완성된다.

인성을 통하여 지성의 세계에 이름은 곧 역생의 관점에서 도성에 도달함이다. 역생도성이 되면 도생역성을 바탕으로 한 역생도성이 이루어진다. 그것은 지성을 바탕으로 이루어지는 인성의 작용이다.

지성을 바탕으로 한 도생역성은 일체로부터 분생하는 작용으로 그것이 바로 창조이다. 창조는 인성이라는 사랑을 바탕으로 이루어지는 것으로 본래 하나임을, 사랑임을, 분생을 통하여, 분별을 통하여 나타내는 것이다.

분별을 통하여 분별이 없음을 알고, 나누어짐을 통하여 일체임을 알며, 다양함을 통하여 일체성을 알고, 악惡, 불선不善을 통하여 사랑을 알게 된다. 그것이 바로 지혜의 세계, 지성의 세계이다.

도생역성의 관점에서 보면 역생도성의 관점에서의 신, 인간과의 인격적 만남 곧 예에 의한 만남이 부부와 부자 관계를 형성함으로써 가정이라는 인격적 사회로 나타나며, 사물 다스림이 군신 관계를 형성함으로써 국가라는 사회로 나타나게 된다.

앞의 인용문에서는 아름답게 만남으로써 예와 부합된다고 하였고, 사물을 이롭게 함으로써 의와 조화된다고 하였다. 그것은 예와 의를 통하여 인격적 만남과 사물 다스림이 이루어짐을 나타낸 것이다.

인성仁性과 지성智性은 시간성과 공간성처럼 별개의 것이 아니라 일체적 존재로 공간적 측면에서 보면 인성이고, 시간적 측면에서 보면 지성이며, 과거적 측면에서 보면 인성이고, 미래적 측면에서 보면 지성이다. 또한 인지仁智의 성性과 예의禮義의 명命 역시 체용의 관계로 과거적 측면에서 보면 인지의 성이고, 미래적 측면에서 보면 예의의 명이 된다.

지성과 의는 사물로부터 인격적 세계로 수렴되어지는 원리로 사물 다스림을 통하여 비인격적 존재인 사물을 인격적 세계로 고양시켜주는 것이다. 반면에 인성과 예는 인격성을 확장시키는 원리로 인격적 만남을 통하여 인격적 지평을 넓혀 가는 원리라고 할 수 있다.

인간의 본래성을 중심으로 보면 인을 체로 한 예의 작용은 도생역성이며, 지智를 체로 한 의義의 작용은 역생도성이다. 그러나 천지의 관점에서 보면 지智를 체로 한 의義의 작용은 도생역성이며, 인仁을 체로 한 예禮의 작용은 역생도성이다.

사덕은 도역의 생성작용을 통하여 사물의 세계와 인격적 세계를 합덕시키는 원리로 그것을 인간을 중심으로 나타내면 내외를 합덕시키는 원리이며, 천지를 중심으로 나타내면 천지를 합덕시키는 원리이다. 그것은 군자를 매개로한 삼재의 진화라고 할 수 있다.

그러나 사덕은 천도가 자신을 현현하는 매개, 통로라고 할 수 있다. 삼재의 세계를 창조하는 통로가 바로 사덕이자 성명인 것이다. 인간의 성명, 사덕을 매개로 하여 천도, 도, 시간성의 변화, 시간성의 공간화, 삼재 세계의 창조가 이루어진다.

다음에는 사덕의 내용을 육효 중괘와 육십사괘 서괘원리를 중심으로 살펴보자. 하나의 중괘에 있어서 초효와 사효, 상효와 삼효는 서로 유기적인 관계를 갖고 있다. 그것은 왜냐하면 중괘를 구성하는 내괘와 외괘가 선후천의 관계일 뿐만 아니라 내외의 괘를 구성하는 각각의 효 역시 유기적인 관계를 갖고 있기 때문이다.

각 효의 관계를 사덕을 중심으로 살펴보면 초효는 인仁을 표상하며, 상효는 지知를 표상하고 그리고 삼효는 의義를 표상하며, 사효는 예禮를 표상한다. 지성과 의는 체용의 관계이며, 인성과 예 역시 체용의 관계이다. 따라서 초효와 사효, 상효와 삼효의 관계를 통하여 표상되는 체용의 관계를 통하여 역도의 가장 근본적 내용인 도역생성원리가 표상된다.

상효와 삼효의 체용의 관계를 통하여 도생역성이 표상되며, 초효와 사효의 체용관계를 통하여 역생도성원리가 표상된다. 이는 도생역성의 마디가 지知와 의義로 규정되고, 역생도성의 마디가 인仁과 예禮로 규정되었음을 뜻한다. 이처럼 도역의 생성작용에 의하여 인지仁智의 성性이 예와 의로 나타나면서 서로 교착됨으로써 선후천의 합덕이 이루어진다.

예의의 합덕에 의하여 인지의 합덕이 이루어진다. 예의의 교착은 천도의 음양·오행원리에 있어서 금화교역원리[57])에 근거한다. 다음에는 도역생성작용에 의한 사덕의 관계를 육효 중괘를 중심으로 좀 더 구체적으로 살펴보자.

앞에서 논한 바와 같이 육십사괘를 구성하는 각각의 효가 모두 성인과 군자의 사덕을 표상하고 있지만 특히 육십사괘의 서괘원리를 통하여 사덕의 관계를 보다 분명하게 알 수 있다. 사덕의 내용을 가장 분명하게 밝히고 있는 괘는 합덕문괘合德門卦와 포태궁괘胞胎宮卦이다.

---

57) 金恒『正易』十五一言 第二張, "金火互宅은 倒逆之理니라." 및 第六張 金火五頌, "嗚呼라 金火互易은 不易正易" 및 第十八張, "十五一言兮여 金火而易이로다. 金火而易兮여 萬曆而圖로다."

서괘원리의 내용은 합덕원리와 포태생성원리이다. 군자가 성인의 도와 합덕하는 것도 사덕이며, 천지의 부모의 인격성에 의하여 포태되어지고 생성되는 것도 역시 군자의 사덕이다. 그러한 사덕에 의한 합덕원리와 포태원리를 표상하는 괘가 합덕문괘와 포태궁괘이다. 그러면 합덕문괘인 풍화가인風火家人☲☴, 화택규火澤睽☱☲, 수산건水山蹇☵☶, 뇌수해괘雷水解卦☳☵를 중심으로 사덕에 관하여 살펴보자.

풍화가인괘와 화택규괘는 음괘이며, 수산건괘와 뇌수해괘는 양괘이다. 그것은 가인, 규괘가 지도를 표상하고, 건蹇, 해괘解卦가 천도를 표상함을 뜻한다. 이를 사덕을 중심으로 살펴보면 가인괘와 규괘는 예와 인의 관계를 표상하고, 건괘와 해괘는 지와 의의 관계를 표상한다. 그런데 건괘와 규괘가 합덕함으로써 가인괘와 해괘가 된다. 따라서 예의의 합덕에 의하여 인지가 밝혀지게 됨을 알 수 있다.

풍화가인괘風火家人卦는 역수원리에 의하여 신도神道가 현실에서 군자의 도로 실천하여 구현되어지는 원리를 표상하는 괘이다. 역수원리의 자각을 통하여 신도가 자각되어지고 그것이 자각의 주체인 군자에게 군자의 도로 밝혀지게 된다. 그러므로 대상大象에서 "신도神道가 역수원리에 의하여 밝혀지니 그것이 군자의 도를 표상하는 가인괘家人卦이다."[58]고 하였다.

군자에 의한 역도의 실천원리는 예禮이며, 그 본체는 인仁이다. 따라서 인을 논하기 위해서는 그 작용원리인 예를 중심으로 논하지 않을 수 없다. 그렇기 때문에 가인괘는 예를 중심으로 인을 표상하고 있다.

가인괘가 인을 표상하고 있음을 분명하게 보여주는 부분이 예를 중심으로 인에 대하여 논하고 있는 단사이다. 단사에서는 성인과 군자를 부부에 비유하여 "부부에 의하여 부자가 형성되고, 형제가 형성됨으로서 가정이 형성된다."[59]고 하였다. 이는 군자와 성인의 합덕을 통하여 인간의 본래적 지평인 도덕적 세계가 밝혀짐을 나타내는 것으로 그러한 세계가 예에 의하여 형성된 세계이다.

풍화가인괘에서 밝히고 있는 내용을 시간 계열을 통하여 인과적으로 표현한 것이 택산함괘澤山咸卦에 관한 서괘편의 내용이다. "부부가 있은 연후에 부자가 있고, 부자가 있은 연후에 군신이 있으며, 군신이 있은 연후에 상하가 있고, 상하가 있은 연후에 예의가 그 가운데 존재한다."[60]

---

58) 『周易』 風火家人卦 大象, "象曰, 風自火出, 家人, 君子以言有物而行有恒."
59) 『周易』 風火家人卦 彖辭, "彖曰, 家人, 女正位乎內, 男正位乎外, 男女正, 天地之大義也. 家人有嚴君焉, 父母之謂也. 父父, 子子, 兄兄, 弟弟, 夫夫, 婦婦, 而家道正, 正家而天下定矣."
60) 『周易』 澤山咸卦 序卦, "有天地然後有萬物, 有萬物然後有男女, 有男女然後有夫婦, 有夫婦然後有父子, 有父子然後有君臣, 有君臣然後有上下, 有上下然後禮義有所錯."

이는 인격적 세계는 예의에 의하여 상하로 규정되어진 세계이며, 그러한 세계가 남녀가 인격적 합덕을 통하여 부부로 변화함으로써 형성됨을 논한 것이다. 이를 통하여 가인괘 단사에서 언급되고 있는 내용이 예의 세계를 논하고 있음을 알 수 있다.

풍화가인괘의 단사彖辭의 내용을 보면 남녀의 합덕이 천지의 대의大義임을 논하고 이어서 남녀의 합덕을 통하여 밝혀진 부부의 세계에는 엄군嚴君이 있음을 논하고 있다. 이는 성인과 군자의 합덕에 의하여 그 존재 근거인 천지·부모의 세계가 밝혀짐을 나타내는 것이다. 다시 말하면 성인에 의하여 천지·부모의 성정이 밝혀지고, 군자에 의하여 천지·부모의 성정이 현실에서 인도로 실천되어짐으로써 십오 천지의 뜻을 대행하는 십오존공위체十五尊空爲體원리를 나타낸다.

그것은 뇌풍雷風의 정위용정正位用政에 의하여 이루어지는 십오존공위체十五尊空爲體를 예를 중심으로 표현한 것이다. 이처럼 예를 중심으로 인을 논한 것은 괘효원리가 군자의 도를 드러내기 위함이기 때문이다. 그러므로 대상에서는 "군자가 이를 주체적으로 자각하여 언어에는 존재원리인 도덕원리가 담겨 있고, 행위는 그러한 항도를 구체화하는 것이어야 한다."61)고 하였다.

다음에는 화택규괘를 중심으로 예에 대하여 살펴보자. 규괘睽卦의 괘사를 보면 "성덕의 일이면 길하다."62)고 하였고 건괘蹇卦 역시 "서남이 이롭고, 동북은 이롭지 않으니, 대인大人의 도를 자각하는 것이 이롭고, 정도正道라야 길吉하다."63)고 하여 군자의 성덕의 일을 중심으로 논하고 있다. 이를 보면 건괘蹇卦와 규괘睽卦가 인성과 지성의 체를 표상한 것이 아니라 예의를 논하고 있음을 알 수 있다.

규괘睽卦는 군자의 심성 내면에서 은택으로 자각되는 역수원리를 표상하고 있다. 그렇기 때문에 대상에서는 위의 불에 의한 밝음이 아래로 은택을 내려주는 원리를 표상한 것이 규괘睽卦64)라고 하였다. 이는 다시 말하면 군자와 역도의 인격적 만남으로서의 예를 논하고 있는 것이다.

단사彖辭에서는 예에 대하여 천지와 남녀 그리고 만물이 인격적으로 하나 되는 원리로 표상하고 있다. 천지가 서로 다른 작용을 함으로써 만물을 생성시키는 일에서 하나 되며, 남녀가 서로 달라서 그 뜻이 통하고, 만물이 여러 종류로 다르기 때문에 사건에서는 하나가 됨65)을 밝히고 있다.

---

61) 『周易』 風火家人卦 大象, "象曰, 風自火出, 家人, 君子以言有物而行有恒."
62) 『周易』 火澤睽卦 卦辭, "睽, 小事吉."
63) 『周易』 水山蹇卦 卦辭, "蹇, 利西南, 不利東北, 利見大人. 貞吉."
64) 『周易』 火澤睽卦 大象, "象曰, 上火下澤, 睽, 君子以同而異."
65) "『周易』 火澤睽卦 彖辭," 象曰, 睽, 火動而上, 澤動而下, 二女同居, 其志不同行. 說而麗乎明, 柔進而上行,

규괘睽卦가 표상하고 있는 인격적 존재의 만남 원리로서의 예를 대상에서는 한마디로 동이이同而異원리로 규정하고 있다. 동이이同而異는 도道와 기器의 관계를 나타내는 개념이다. 형이상의 세계는 동同의 세계, 합덕의 세계이며, 이異의 세계는 형이하의 세계, 분생의 세계이다.

동同의 세계와 이異의 세계는 '이而'에 의하여 하나로 연결되어 있는 것과 같이 하나이면서 둘의 관계이다. 동同에서 이異로의 방향은 도생역성으로 천지의 합덕에 의한 분생을 나타나며, 이異에서 동同으로의 방향은 역생도성으로 분생한 존재가 성장하여 합덕·성도함을 나타낸다.

동이이同而異의 방향은 괘체를 통하여 표상되고, 이이동異而同의 방향은 효용을 통하여 표상된다. 그렇기 때문에 괘체를 중심으로 논하고 있는 단사彖辭에서는 천지의 동同, 남녀의 동同, 만물의 류類를 논하고 있으며, 효에서는 "악인을 봄(見惡人)", "주인을 만남(遇主)", "원부를 만남(遇元夫)", "살갗을 씹다.(噬膚)", "비를 만나다.(遇雨)" 등으로 만남의 원리를 중심으로 논하고 있다.

수산건괘水山蹇卦의 괘사卦辭를 보면 "서남이 이롭고, 동북은 불리하며, 대인을 보는 것이 이롭다."[66]고 하여 리利를 중심으로 논하고 있다. 이를 보면 건괘蹇卦가 의의義를 중심으로 역도를 표상하고 있음을 알 수 있다.

단사彖辭에서는 "험난함을 보고 능히 멈추어 있으니 지혜롭다."[67]고 하여 지성의 작용으로서의 의를 중심으로 논하고 있다. 또한 대상에서는 "몸을 돌이켜서 덕을 닦는다."[68]고 하였다. 하나의 육효 중괘가 나타내는 시위를 군자를 중심으로 이해하면 삼효는 군자의 몸을 나타내고, 사효는 군자의 마음을 나타낸다.

그리고 사덕의 측면에서 삼효는 의를, 사효는 예를 나타낸다. 그렇기 때문에 대상에서 군자가 몸을 돌이켜서 덕을 닦는다는 것은 의를 표상하는 삼효의 위치를 중심으로 역도를 논한 것임을 나타낸다. 의는 지성이 나타난 것으로 지성은 인성과 비교하면 공간성을 나타내는 인성과 달리 시간성을 나타낸다. 그러므로 지성이 나타난 의 역시 시간성의 문제가 근본 문제일 수밖에 없다.

시의성에 합당한 올바름이 바로 의가 된다. 그렇기 때문에 육효의 효사가 모두 왕래의 시간을 중심으로 규정되고 있다. "어려움이 가고 명예가 옴(往蹇來譽)", "어려움이 가고

得中而應乎剛, 是以小事吉. 天地睽而其事同也, 男女睽而其志通也, 萬物睽而其事類也, 睽之時用大矣哉"
66) 『周易』 水山蹇卦 卦辭, "利西南, 不利東北, 利見大人. 貞吉."
67) 『『周易』 水山蹇卦 彖辭, "見險而能止, 知矣哉"
68) 『周易』 水山蹇卦 大象, "象曰, 山上有水, 蹇. 君子以反身修德."

반대가 옴(往蹇來反)", "홀로 있음이 가고 함께 함이 옴(往蹇來連)", "큰 어려움에 벗이 옴(大蹇朋來)", "부족함이 가고 큰 것이 옴(往蹇來碩)"이라고 하였다. 결국 의의 문제는 모두 시간성을 근거로 한 시의성의 문제임을 알 수 있다.

뇌수해괘雷水解卦는 사덕의 측면에서는 지성을 나타내고 있다. 지성에 의하여 형이하의 세계를 초월함으로서 형이하의 세계와 형이상의 세계가 통하는 것을 표상한다. 그렇기 때문에 괘사에서는 후천 무극無極의 세계를 공간적 측면에서 서남원리로 나타내고 있다.

군자가 지성을 자각함으로써 성인의 도를 중도中道로 자각하여 백성과 그 덕을 함께 하는 간태합덕艮兌合德이 이루어진다. 단사彖辭에서 "'해解는 서남이 이롭다'는 것은 그 길을 따라가면 백성들을 얻음을 뜻하며, '그 돌아와 회복함이 吉하다'는 것은 중도를 얻음이다."[69]라고 하였다. 이는 중도를 자각하고 그것을 실천하는 것이 백성들과 그 덕을 함께 하는 간태합덕艮兌合德임을 나타낸다.

간태합덕을 천도를 중심으로 나타낸 것이 다음의 내용이다. "천지가 비색否塞된 상태를 벗어나서 서로 뜻이 통함으로써 뇌우雷雨가 흥작하며, 뇌우가 흥작함으로서 백과百果, 초목草木이 모두 껍질을 깨고 싹이 돋는다."[70] 이처럼 만물이 합덕 성도됨으로써 정도正道에 의하여 형통된 세계를 나타내는 괘가 뇌수해괘이다.

상육上六 효爻의 효사爻辭에서 "군자가 성인의 도를 매개로 천지의 도를 자각하니 이롭지 않음이 없다."[71]고 하였으며, 이에 대하여 소상小象에서는 "패도覇道가 사라지고, 정륜正倫이 행하여진다."[72]고 하였다. 이는 군자가 지성을 통하여 천지의 도를 자각함으로써 비로소 정륜이 행하여짐을 뜻한다.

3. 성명과 변화

앞에서 군자에 의하여 이루어지는 선후천변화가 성명을 주체로 이루어짐을 성명의 내용인 사덕四德을 중심으로 살펴보았다.

---

69)『周易』雷水解卦 卦辭, "解, 利西南往得衆也, 其來復吉乃得中也 有攸往夙吉 往有功也."
70)『『周易』雷水解卦 彖辭, "天地解而雷雨作 雷雨作而百果草木皆甲坼 解之時大矣哉"
71)『周易』雷水解卦 上六 爻辭, "上六 公用射隼于高墉之上 獲之无不利."
72)『周易』雷水解卦 上六 小象, "象曰 公用射隼 以解悖也."

성명은 인간의 본성을 시간의 관점에서 과거적 본성과 미래적 이상으로 구분하여 나타낸 것으로 그것을 다시 공간적 관점에서 체용의 관계를 통하여 나타내면 인지仁智의 성性을 체體로 하여 이루어지는 예의禮義의 용用으로 나타난다.

그런데 지금까지 사덕을 중심으로 성명을 논한 것은 역생도성逆生倒成의 관점에서 성명을 논하고 사덕을 논한 것이다. 그것은 본성 그 자체를 바탕으로 그것이 몸과 마음을 통하여 어떻게 작용하는지를 고찰한 것이 아니라 마음을 바탕으로 본성이 무엇인지를 밝혀가는 입장에서 성명, 사덕에 관하여 고찰하였음을 뜻한다.

지금부터는 도생역성倒生逆成의 관점에서 성명을 중심으로 변화를 살펴보자. 그것은 성명을 중심으로 시간성, 시의성, 공간성이 어떻게 시간과 공간으로 화하고, 그것이 다시 어떻게 만물로 화하는지 그 변화를 고찰함을 뜻한다.

시간성은 그 본성에 의하여 시의성으로 변화한다. 이는 시간성이 시의성과 시간으로 분화分化하였음을 뜻한다. 시간성이 매 시간의 본성으로서의 시의성과 그것이 본성이 되어 나타난 시간으로 분화한 것이다.

시간성의 시의성으로의 변화는 시간의 세 양상인 과거와 미래 그리고 현재에 대응하는 삼극三極으로 나타난다. 그것은 시간성이 미래성과 미래시간, 과거성과 과거시간, 현재성과 현재시간으로 분화함을 뜻한다.

분화한 시의성과 시간의 세계는 시종과 종시의 관계로 나타낸다. 과거에서 미래를 향하는 시종과 미래에서 과거를 향하는 종시의 양면을 통하여 종시성의 세계 곧 시간성의 세계를 나타낸다.

종시와 시종은 본래 일체로 그것은 시의성과 시간이 일체화된 세계가 본래의 세계임을 뜻한다. 시의성과 시간이 일체화된 세계를 영원한 현재라고 할 수 있다. 현재는 시간을 나타내고, 영원함은 시의성을 나타낸다.

영원하기 때문에 시간을 초월하지만 현재이기 때문에 시간의 세계를 포함하고 있다. 시간을 초월한 점에서 시간이 아니지만 시간인 점에서 나타난 영원이다. 그러므로 시간과 영원을 넘어서면서도 양자를 포괄하고 있는 것이 세계의 본질이다.

현재는 유有의 세계로 그리고 영원함은 무無의 세계로 표상된다. 현재는 글자그대로 영원 곧 시의성이 나타나 있음의 세계이므로 유有이다. 그러나 그것은 과거가 미래가 되고, 미래가 과거가 되는 변화의 과정일 뿐이기 때문에 시의성 그 자체로서의 영원이다. 그런 점에서는 시간의 세계, 유有의 세계는 없다고 할 수 있다. 그러므로 무無이다.

시의성과 시간의 세계, 영원한 현재를 본말의 구조를 통하여 나타냄으로써 공간적 세계, 물건의 세계가 전개된다. 종시와 시종으로 분화여 표상된 시의성과 시간의 세계를 영원한 현재로 나타낸 것이 본말의 세계이다.

시의성은 종시로 표상하고, 시간은 시종으로 나타낸다. 그것을 다시 일체화시켜서 시종을 중심으로 나타낸 것이 본말이다. 이는 종시와 시종을 일체화한 영원한 현재를 시종을 중심으로 나타낸 것이 본말임을 뜻한다.

본말은 시간의 관점에서 이루어지는 사건을 공간의 관점에서 물건으로 표상한 것이다. 시의성은 근본으로 그리고 시간은 지말로 나타낸 것이다. 그것을 『주역』에서는 형이상과 형이하로 구분하여 형이상적 존재를 도로 그리고 형이하적 존재를 기로 규정하고 있다.

본말의 관점에서 보면 시의성의 미래성 곧 무극은 천성天性으로, 과거성 곧 태극은 지성地性으로 그리고 현재성 곧 황극은 인성人性으로 화한다. 그것은 형이상적 존재인 천성과 지성 그리고 인성은 근본이 되고, 형이하적 존재인 천지인은 지말이 됨을 뜻한다.

본말의 세계는 형이상과 형이하, 근본과 지말의 합덕의 세계이다. 그것은 시의성과 시간의 세계가 시종과 종시의 변화로 나타나는 변화의 세계와는 다른 관점을 나타낸 것이다. 사건의 변화의 과정으로서의 세계를 물건의 합덕의 세계로 나타낸 것이 본말의 관계이다.

본말의 관점에서 인성人性은 본래 시의성이 변화한 공간성이다. 그것은 비어 있는 공간의 본질이 아니라 개체적 존재의 본성, 만물의 본성으로서의 공간성이다. 그것을 인간의 관점에서는 인성仁性이라고 한다.

인성仁性은 개체의 본성으로 천지인의 세계에서는 예로 작용한다. 인성은 개체적 존재의 일체성을 나타낸다. 그것이 현상의 측면에서는 합일로 나타난다. 모든 개체적 존재는 본래 분리된 개체가 아니라 합일된 일체이다. 그것은 시간성, 시의성이 공간성으로 드러나듯이 일체의 세계가 근본과 지말의 합일의 상태로 나타난 것이 현상임을 뜻한다.

인성仁性 자체가 모든 존재의 일체성을 나타낸다면 예禮는 현상적 측면에서 나타나는 합일合一 원리이다. 인성仁性이 본체가 되어 이루어지는 작용이 예禮이다. 형이상적 관점에서 곧 시의성, 공간성의 관점에서 모든 존재 곧 만물의 본성을 인간을 중심으로 나타낸 것이 인성仁性이며, 형이하의 관점, 현상적 관점에서 물성의 본질을 나타낸 것이 예禮이다.

시간성을 시의성의 차원에서 종시와 시종을 통하여 나타낸 것과 달리 그것을 다시 공간성, 만물성을 중심으로 본말을 통하여 나타낸 까닭은 현상적 관점에서 나타나는 사건과 물건 곧 만물의 본질을 밝히기 위함이다.

사건과 물건이 합덕된 만물은 본래 형이상과 형이하, 근본과 지말이 합덕된 존재이다. 그러므로 만물은 형이상과 형이하, 유와 무, 시와 비, 선과 악과 같은 모든 대립적인 세계를 초월하면서도 양자를 포괄하고 있다.

만물은 그 자체로 진실하고, 아름다우며, 소중하다. 그것을 나타내기 위하여 공간성, 물성을 중심으로 본말의 관계를 통하여 사물, 만물을 나타낸 것이다. 세계 자체는 본래 천성과 지성 그리고 인성을 막론하고 하나의 성性일 뿐이다. 그것을 천지인天地人으로 공간화하여 사물로 나타내었기 때문에 만물로 표상된 것이다.

세계 자체는 본래 모든 존재가 합일되어 있고, 합덕되어 있으며, 일체이기 때문에 현상은 곧 일체의 다양한 모습에 불과할 뿐이다. 그러므로 그것 자체가 실체가 아닌 것이 아니라 그것이 끊임없이 변화하기 때문에 현상에 얽매일 필요가 없다.

현상의 만물이 그대로 완전한 존재이며, 지금 여기의 나가 완전한 존재이고, 지금 여기가 완전한 세계이기 때문에 삶 자체는 고苦라고 하거나 아름답다고 할 것이 없다. 그럼에도 불구하고 현상을 떠나서 완전한 세계, 완전한 나를 찾거나 반대로 현상 자체에 집착함으로써 삶이 고苦가 된다.

앞에서 신도, 천도를 중심으로 다시 말하면 시간성의 차원에서 그것이 시의성으로 자화自化하면서 공간성으로 나타나고, 그것이 천지인의 본성인 천성, 지성, 인성이 되면서 천지인의 세계가 전개됨을 살펴보았다.

지금부터는 시간성의 시간화, 시간의 시간성화, 곧 공간, 만물의 시간성화의 두 측면을 인간의 본성을 중심으로 살펴보자.

시간성이 시의성으로 화하면서 더불어 시간으로 분화하는 것은 인간의 관점에서는 인성人性의 작용에 의하여 이루어진다. 인성人性으로 내재화되어 있는 시간성 그것을 지성智性이라고 한다. 그러므로 시간성의 시의성화時義性化는 지성智性에 의하여 이루어진다.

시의성 곧 매 시간의 본질은 공간적 관점, 물건적 관점, 인성人性의 관점에서는 의義이다. 의義는 인성人性으로 내재화된 시의성으로 그 내용은 미래성, 과거성, 현재성이다. 따라서 시의성에 적중的中함이 의와 하나가 됨이다.

『논어』에서는 "군자가 천하에 대하여 가可함도 없고 불가不可함도 없으며, 오직 의義와 짝한다."[73]고 하여 이 점을 밝히고 있다. 의義와 일치하는 삶은 시간의 측면에서는 시의성에 적중하는 삶으로 그것을 시중時中이라고 한다. 『주역』에서는 "때가 멈출 때면 멈추고, 때가 나아갈 때면 나아가서 움직이고 고요함에 때를 잃지 않으면 그 도가 빛나 밝다."[74]고 하였다.

시중時中은 본성의 차원에서는 본성이 그대로 드러나는 중용中庸이다. "군자의 중용은 시중이고, 소인의 중용은 중용을 끊임없이 반복하여 체험함이다."[75] 시중이 되고자 끊임없이

---

73) 『論語』 里仁, "子曰 君子之於天下也, 無適也, 無莫也, 義之與比."
74) 『周易』 重山艮卦 彖辭, "彖曰 艮은 止也니 時止則止하고 時行則行하야 動靜不失其時하여 其道光明이니 艮其止는 止其所也일새라."
75) 『中庸』 第一章, "君子中庸 小人反中庸 君子之中庸也 君子而時中 小人之中庸也 小人而無忌憚也"

반복하는 체험의 과정이 소인의 중용이라면 군자는 삶 자체가 그대로 시중이다. 그렇기 때문에 군자와 소인을 막론하고 모두 본성을 주체로 살아가는 솔성率性이 삶의 원리[76]이다.

이미 시공이 드러난 현상의 관점에서 보면 천天은 시간의 세계이며, 지地는 공간의 세계이고, 인人은 그것을 구분하는 현재적 존재인 사람 곧 지금-여기의-나를 나타낸다. 그러므로 천天의 세계에는 사건이 존재하고, 지地의 세계에는 물건이 존재한다. 그리고 천지, 시공, 사물과 대하고 있는 존재인 사람들이 존재하게 된다.

천지인의 세계를 채우고 있는 사물과 인간을 하나로 합하여 표현하면 만물이 된다. 사물과 사람을 포함한 모든 것들이 바로 만물이다. 그러므로 만물을 그것을 규정하는 인간을 중심으로 나타내면 사람과 그 밖의 존재인 사물이 된다.

일반적으로 우리는 사람과 사물 곧 만물이 있다고 여긴다. 그렇기 때문에 만물을 만유萬有라고 한다. 모든 있는 것들, 모든 존재하는 것들이라는 의미이다. 만물이 존재한다는 것 곧 만유라는 것은 만물이 항상함을 뜻한다.

그러나 시간성이 시의성으로 시의성이 만물의 본성으로 그리고 본성이 시간과 공간으로 그것이 다시 만물로 변화함은 변하지 않고 항상하는 것이 없음을 뜻한다. 변화라는 개념 자체가 항상하지 않음을 나타내기 때문이다.

이제 만물이 과연 항상한지 변화한다면 어떻게 변화하는지를 살펴보자. 만물이 인간의 본성에 의하여 형성되었듯이 만물을 만물로 인식함으로써 만물이 만물로 존재하게 하는 것은 역시 인간의 본성이다.

또한 인간의 본성과 사물의 본질은 둘이 아니다. 사물의 본질을 이理, 도道, 시간성, 태극과 같은 그 무엇으로 규정을 하더라도 그것은 시간성이 본성에 의하여 화化한 시의성時義性을 바탕으로 나타난 공간성을 각각 인간의 본성과 사물의 본질로 구분하여 나타낸 것에 불과하기 때문이다.

인간이 사물과 만남은 사물과 하나가 됨이다. 그런 점에서 보면 지성智性이라는 분화의 기능을 바탕으로 시간성으로부터 사물로 분화하는 과정을 살펴보는 것과 반대의 관점에서 살펴보는 것이 사물로부터 본성을 찾아가는 방향이다.

인간과 사물의 합일은 본성과 본질의 차원에서 이루어지기 때문에 인간과 사물의 만남을 합일合一로 규정할 수 있다. 합일을 향한 인간과 사물의 만남은 인식認識, 무아無我, 일체, 합일, 합덕合德이라는 다양한 개념을 통하여 표상할 수 있다.

인간이 사물을 인식하고 더 나아가서 본성의 차원에서 합일合一함은 사물과의 만남으로

---

76) 『中庸』 第一章, "天命之謂性 率性之謂道 脩道之謂敎"

부터 시작된다. 인간이 사물을 만나는 순간 사물과 인간은 하나가 된다. 시간성이 시간으로 그리고 다시 공간으로 사물로 변화하듯이 사물과의 만남 역시 두 측면으로 구분하여 이해할 수 있다.

사람과 사물이 만나는 측면은 공간적 관점과 시간적 관점이다. 공간의 관점에서는 형체와 만나는 것이며, 시간적 관점에서는 마음과 만나는 것이다. 사람의 관점에서는 몸과 마음의 두 측면에서 사물과 하나가 되는 현상을 통하여 이해할 수 있다.

몸의 관점, 공간의 관점에서 사물과의 만남은 일차적인 합일合一이다. 그것은 비록 사물의 본질을 파악하는 일이지만 아직은 사람과 사물이 합일이 되지 않는 차원이기 때문이다. 그것은 사물을 사물 그대로 놓아둔 상태에서 그 본질을 찾아가는 과정이기 때문이다.

그러면 사물의 본질은 무엇인가? 사물의 관점에서는 지말支末이 아닌 본질을 찾아야 한다. 이 때 사물의 지말이 아닌 본질은 항상 시간적 측면에서는 시작으로 나타난다. 그러므로 지말支末은 종말이 되고, 근본根本은 시초가 되어 시종의 관계가 된다. 따라서 지말에서 근본을 찾는 문제는 곧 시간상으로는 드러난 지말로부터 아직은 드러나지 않은 근본을 찾음을 뜻한다.

『주역』에서는 예禮를 통하여 사물과 만남을 아름다운 만남으로 규정하고 있다. 사물과 만나서 그 본질을 파악하는 것은 곧 본질과 하나가 되는 것이다. 그러나 합일을 하기 이전에 먼저 본질과 만나야 한다.

그것은 예를 통하여 사물의 본질과 만나는 것이라고 할 수 있다. 이때 사물의 본질은 도, 이, 태극이다. 그러므로 예라는 인간의 본성을 통로로 하여 일차적으로 만나는 합일은 사물의 본질과 만남이다.

예를 통하여 만나는 사물의 본질은 곧 공간성이다. 그것은 다름이 아닌 사물성이라고 할 수 있다. 그러므로 예를 통하여 사물성을 만남이 일차적인 합일이다.

이차적인 사물과의 만남은 시간적 관점에서 시본始本을 찾는 것이다. 그것은 시간상의 시종의 차원을 넘어서 종시의 세계, 곧 시의성의 세계를 찾음이다. 시의성은 시간성이 나타난 것으로 시간성의 차원에서는 시간을 의식하는 주체와 의식의 대상으로서의 시간이 없다. 그러므로 인간의 본성의 세계인 인성과 태극, 이, 도와의 합일이다.

그것은 인간의 본성인 인성仁性을 통하여 이理, 도道와 본성이 하나가 되어 지성智性이 발현됨을 뜻한다. 인성仁性이라는 본성을 통하여 본래 둘로 나누어진 것처럼 느껴졌던 도와 본성이 일체임을 체험하게 되고, 그 순간 그것이 바로 지성의 발현임을 느끼게 된다.

『논어』에서는 본성을 알아서 천도를 아는 것을 배워서 시의성을 자각하는 학이시습지學而時習之의 학습으로 밝히고 있고, 『대학』에서는 사물에 이르러서 그 본질을 파악함으로써 지혜를 발현함으로서의 격물치지格物致知로 규정하고 있다. 배우는 것은 일차적인 합일로 지식으로 사물의 본질인 이理, 도와 만남이며, 시습지는 인간의 본성으로서의 인성仁性 안에서 이理, 도가 하나가 되어 시의성을 자각함, 천도를 자각함이다.

격물格物은 사물에 이르러서 그 본질로서의 이, 도를 자각함이며, 치지致知는 이, 도와 본성이 일체임을 체험함으로써 그것이 시의성 곧 시간성으로 자각하는 동시에 시의성 곧 천명으로 자각함을 뜻한다.

시간성은 천도 자체이며, 시의성은 인간이 그것을 자각했을 때 자신의 존재근거로 자각되는 역사적 사명, 우주사적 사명인 동시에 공간적 관점에서는 사회적 역할, 천지인의 구성원으로서의 역할이 된다.

인간의 본성인 지성智性을 통하여 시간과 공간의 세계가 분화하게 되고, 그것이 다시 인성仁性을 통하여 합일하게 된다. 지성에 의하여 원역이 음력과 양력으로 분화하고, 그것이 다시 정역으로 변화하며, 인성仁性에 의하여 음양의 역이 합덕하여 정역이 되고, 정역이 다시 본체도수인 십오도와 합일하여 원역이 된다.

도생역성은 지성智性의 작용이며, 역생도성은 인성仁性의 작용이다. 도생역성과 역생도성은 십오十五의 작용으로 일체이다. 그것은 체십용구體十用九가 지성智性의 작용이며, 체오용육體五用六은 인성仁性의 작용임을 뜻한다. 그러므로 십오에 의하여 이루어지는 용구용육작용이 근원적 작용으로 그것이 바로 예의禮義이다. 인지의 성性을 본체로 하여 이루어지는 예의라는 명命의 작용 그것이 바로 변화의 도, 역도이다.

앞에서 군자의 성명을 중심으로 선후천변화 다시 말하면 선천과 후천의 합덕, 공간적 관점에서는 삼재의 합덕·성도가 이루어짐을 살펴보았다. 『주역』에서는 이를 천도와 인도, 건도와 성명을 중심으로 "건도乾道가 변화하면 성명性命이 각각 바르게 된다."[77]고 하였다.

건도변화는 천도의 관점에서 선천에서 후천으로의 변화를 언급한 것이며, 각정성명은 삼재의 합덕·성도를 인간의 성명을 중심으로 나타낸 것이다. 그러므로 양자는 둘이 아니라 일체를 각각 다른 측면에서 나타낸 것이다.

건도변화는 윤역이 정역으로 변화함을 뜻한다. 그리고 성명이 각각 바르다는 것은 성명이 그대로 드러남을 뜻한다. 그러므로 위의 내용은 성명의 작용에 의하여 선후천변화가 이루어짐을 나타낸 것이다. 그러나 그것은 성명의 건도가 변화함으로써 인하여 각각의 성명이 바르게 되는 인과적 관계를 나타내지 않는다.

만약 양자가 인과적 선후관계라면 천도와 인도는 일체가 될 수 없다. 그리고 건도가 변

---

77) 『周易』重天乾卦 彖辭, "乾道變化에 各正性命하나니"

화해야 비로소 성명이 바르게 된다면 성명은 근원적 존재가 아닌 이차적인 존재일 뿐만 아니라 그렇기 때문에 불완전한 존재가 되고 만다.

건도변화 그것이 바로 성명임을 나타내는 것이 건도변화 각정성명이다. 이는 군자의 성명을 주체로 이루어지는 삼재의 합덕·성도 그것이 바로 선후천변화의 내용임을 밝힌 것이다. 그렇기 때문에 『주역』에서 진실로 그 사람이 아니면 도는 헛되이 행하여지지 않는다고 하였다.

삼재의 도는 십오 천지의 합덕에 의하여 이루어지는 체십용구와 체오용육의 구육합덕작용이다. 그것은 인간의 지성知性과 인성仁性을 본체로 하여 이루어지는 예의禮義의 작용이다.

체십용구는 도생역성倒生逆成으로 지성知性을 본체로 하여 이루어지는 시간과 공간의 세계로의 분화分化이다.

체오용육은 역생도성逆生倒成으로 인성仁性을 본체로 이루어지는 삼재三才의 합덕·성도이다. 결국 시간성의 시의성화時義性化, 공간성화空間性化 그리고 시공화時空化와 시공의 시간성과의 합일, 삼재의 합덕·성도는 지성知性과 인성仁性이라는 인간 본래성에 의하여 이루어지는 작용이다.

천지의 작용인 체십용구와 체오용육이 인간의 본성인 인지仁智의 성性에 의하여 이루어짐은 삼재의 도가 삼재를 관통하는 하나이듯이 인간의 본성, 사물의 이, 도가 일체임을 나타낸다. 인간의 측면에서 변화의 도, 역도, 삼재의 도는 모두 인지仁智의 성性을 본체로 하여 이루어지는 예의禮義의 작용으로 그것은 사덕四德의 작용이 인간의 다양한 삶으로 드러남을 뜻한다.

천지인의 삼재가 하나가 된 상태에서 이루어지는 체십용구體十用九의 도생역성倒生逆成은 개체적인 사람이나 천지가 작용하지 않는 점에서 인간의 모든 마음의 작용과 언행은 모두 무위無爲이다.

삼재가 일체인 본성本性, 도道, 이理에 의하여 이루어지는 작용이 몸과 마음을 통하여 일어나는 온갖 작용이기 때문에 그 어떤 것도 고정됨이 없이 변화하는 점에서 무아無我일 뿐만 아니라 특정한 개체의 작용이 아닌 점에서 무위無爲이다.

천지인의 삼재가 합덕하여 일체인 상태에서 이루어지는 체오용육體五用六의 역생도성逆生倒成은 모든 개체에 의하여 이루어지는 점에서 유위有爲이다. 군자가 성명性命을 주체로 사덕을 시공에서 실천하는 개체적이고 유위적有爲的인 용심用心과 언행言行이 없다면 삼재가 성도하여 합덕하는 일이 이루어지지 않는다.

시간성의 차원에서 삼재가 일체여서 무아이기 때문에 군자의 삶은 무위이지만 삼재의 관점에서는 군자가 몸과 마음을 통하여 사덕을 실천하기 때문에 유위이다. 그러므로 군자의 삶은 무아無我이면서 유아有我이고, 무위無爲이면서 유위有爲이다.

만물의 변화는 그 어떤 것도 고정됨이 없이 변화하여 시비是非, 선악善惡, 유무有无, 공색空色과 같은 그 어떤 대립적인 개념으로 나타낼 수 없듯이 인간의 삶의 과정에서 일어나는 모든 일들도 시비是非, 선악善惡, 유무有無, 색공色空과 같은 분별될 것이 없다. 그러므로 매 순간의 삶 그 자체가 그대로 아름답고, 완전하고, 자유롭고, 충만充滿하고, 지선至善하다.

앞에서 살펴본 시간성과 공간성 그리고 인간의 성명의 관계를 도표화하여 나타내면 다음과 같다.

본체	작용	삼극三極과 삼재三才	현상
시간성時間性	시의성時義性	과거성, 미래성, 현재성	과거, 현재, 미래
지知	의義	종시와 시종	사건
공간성空間性	현존성現存性	천성天性, 지성地性, 인성人性	천지인
인仁	예禮	근본과 지말	물건

도표 17. 시공성과 인간 본래성 그리고 세계

지금까지 살펴본 내용을 통하여 세계가 존재하고 그것을 인식하는 인간이 있어서 그 본질을 찾아가는 것이 아니라 본래 세계는 일체여서 그 가운데 인간이나 인간 이외의 존재라고 할 수 있는 만물이 존재하지 않음을 알 수 있다.

단지 지금-여기의-나를 통하여 끊임없이 새롭게 변화하여 나타나는 세계의 다양한 모습으로서의 현상이 존재할 뿐이다. 변화의 결과로서의 현상을 중심으로 나타내면 창조, 진화라고할 수 있으나 본래 변화 자체도 고정되지 않기 때문에 변화라고 할 수 없다.

그렇기 때문에 인간의 삶도 선악善惡, 시비是非가 없으며, 화복禍福, 길흉吉凶도 없다. 단지 살아갈 뿐이다. 그것도 하나의 규정일 뿐으로 살아간다는 것도 없다. 『시경』에서는 이러한 소식을 "솔개는 하늘을 가로질러 날고, 물고기는 연못에서 뛰어논다."[78]고 하였다.

---

78) 『詩經』 大雅, "鳶飛戾天, 魚躍于淵."

변화와 창조 그리고 회통

앞에서 우리는 『정역』에서 간지도수, 도서상수를 중심으로 밝히고 있는 변화원리를 고찰한 후에 그것을 바탕으로 『주역』에서 괘효를 통하여 밝히고 있는 삼재의 도를 고찰함으로써 신명원리, 시간성, 신도神道를 간지도수, 도서상수를 중심으로 표상한 『정역』과 공간성, 인도人道를 괘효상수를 중심으로 표상한 『주역』을 회통會通시켜서 합일合一의 관점에서 변화원리에 대하여 고찰하였다.

신명은 세계의 본성을 나타내는 개념으로 그것을 시간의 관점에서 나타내면 시간성이다. 그리고 그것을 원리적 관점에서 나타낸 것이 신도이다. 신명, 신도의 관점에서는 시간성이 변하여 시간으로 화하고, 그것이 변하여 공간으로 화함이 변화이다.

시간성을 『정역』에서는 반고盤古로 규정하고 시간성의 변화를 반고화盤古化로 제시하고 있다. 반고화는 삼황三皇, 삼극三極의 세계의 전개로 나타나고 그것이 인류의 역사상에서는 성통聖統의 전개로 나타난다.

반고라는 시간성의 자화自化에 의한 삼황, 삼극의 전개는 도서상수가 표상하는 도역倒逆의 관점에서는 도생역성倒生逆成으로 이를 바탕으로 이루어지는 역생도성逆生倒成이 성통의 전개로 표상된 인류역사의 변화이다.

반고화의 내용인 삼황의 전개, 삼극의 전개는 후천에서 선천으로의 변화이며, 성통으로 표상된 인류 역사의 전개는 선천에서 후천으로의 변화이다.

후천에서 선천으로의 변화를 공간적 관점에서 삼재를 중심으로 나타내면 삼재 세계의 현출現出, 창조, 나툼이고, 선천에서 후천으로의 변화를 공간적 관점에서 삼재를 중심으로 나타내면 삼재의 합덕·성도이다.

삼재의 합덕·성도는 군자라는 인간의 삶을 통하여 실천되고 구현된다. 군자의 삶을 선천과 후천으로 구분하여 나타내면 선천은 학문, 수행, 수기의 과정이고, 후천은 천지, 일월, 인류, 세계와 더불어 일체가 되어 살아감이다.

역생逆生의 관점에서 살펴보면 사람은 삶을 영위하면서 자신이 어떤 존재이며, 어떻게 살아야하는지를 파악하기 위하여 학문을 하고, 수행을 하고, 수양을 한다.

그 과정에서 유학儒學의 관점에서 유학의 성통으로 인류의 역사를 인식하고, 단군을 중심으로 역사를 인식하거나 불교의 관점에서 부처를 중심으로 인류의 역사를 인식하고, 기독교의 관점에서 예수를 중심으로 인류의 역사를 인식하기도 하며, 특별한 학문이나 종교 또는 민족의식을 갖지 않는 사람들은 자신의 성씨를 중심으로 조상을 통하여 인류의 역사를 인식하기도 한다.

조상이나 민족 또는 국가나 학파, 종교를 중심으로 자신의 본질을 파악하는 것은 모두 시간의식을 중심으로 자신의 정체성을 파악하려는 것이다. 자신과 남 더 나아가서 자신과 세계를 구분하여 보는 공간의식을 바탕으로 자신이나 자신이 속한 민족이나 국가, 학파, 종교의 과거를 돌아봄으로써 자신의 정체성을 찾고자 하는 것이 바로 시간의식에 의하여 자아를 탐구하는 것이다.

유학의 관점에서 성통을 따라서 거꾸로 시간의식을 따라가면 결국은 인간이라는 개체적 존재를 넘어서 하늘에 이르게 된다. 그것은 기독교에서 인류의 시원을 찾기 위하여 현재의 자신으로부터 거꾸로 시간을 돌려서 찾다보면 결국은 아담과 이브라는 최초의 인류에 도달하게 되는 것과 같다.

아담과 이브까지는 하늘과 구분되어지고 신과 구분되어지는 인류라는 공간의식의 차원을 여전히 넘어서지 못하고 있다. 여기서 한 차례 더 비약을 해야 한다. 그것이 바로 시간의식을 따라서 과거를 향하여 거꾸로 올라가는 역생逆生의 관점에서 시간을 넘어선 시간성의 차원으로의 초월超越, 하느님의 차원으로의 비약飛躍으로서의 도성倒成이다.

인류의 역사상에서 이루어져왔던 지금까지의 대부분의 학문이나 모든 종교의 이론들이 역생의 차원을 넘어서 도성을 이루지 못하였다. 그것이 현생의 인류가 자신과 세계를 구분하여 자의식을 갖기 시작하면서 세계와 우주를 경영하려고 노력해왔던 지금까지의 인류의 역사이며, 문화이다.

역생에 의한 도성은 인류가 자신의 본성을 자각함으로서 우주의 본성과 일체임을 체험하는 집중執中이다. 그 후는 인간과 우주가 일체가 되어 만물의 구분이 없이 하나가 되어 살아가는 조화와 균형, 그리고 평화와 사랑의 세계가 된다. 그것이 바로 천지인이 합일하여 살아가는 후천의 세계, 지선至善의 세계, 자비의 세계, 미륵불의 세계이다.

역생도성이 되면 비로소 도생역성이 된다. 그것은 도생역성이 주체가 되어 역생도성이 이루어짐을 뜻한다. 그것은 인간의 본래성이 곧 시간성임을 알고 그것을 주체로 살아가는 삶이다. 자신의 정체성을 파악하고 자신으로 살아감이 바로 그것이다.

역생도성은 도생역성을 본체로 하여 이루어지는 작용이다. 그것은 도생역성이 내면적인 리듬이 되고, 그 리듬이 바탕이 되어 드러나는 현상이 역생도성의 외면적인 작용임을 뜻한다. 그럼에도 불구하고 만약 역생도성의 관점만을 견지하면 객관적 세계, 공간적 세계가 존재하고 인간은 그것을 따라서 살아가는 수동적이고 피동적인 존재로 착각하게 된다.

그러나 도생역성을 바탕으로 역생도성을 이해하면 인간의 삶은 곧 천지와 더불어 매 순간 다양하게 변하여 화함으로써 자신을 드러내는 자기 창조의 과정이면서 동시에 세계를 새롭게 하는 진화 그 자체이다.

공간의식을 딛고서 시간의식에 의하여 변화를 이해하고 다시 역수원리, 역도, 변화의 도를 이해하면 인간을 배제한 객체적 변화의 세계는 없으며, 자신이 세계와 함께 변하여 시간과 공간으로 화하는 자기 주체적 변화를 표상하는 것이 역수원리, 역도, 변화의 도임을 알 수 있다.

변화는 매 순간 이루어지는 창조이다. 그러므로 과거도 없고, 미래도 없으며, 현재도 없다. 이처럼 시간이 없음은 곧 공간이 없음을 뜻한다. 하늘도 땅도 인간도 사물도 없다. 단지 매 순간 다양하고 새롭게 나타나는 세계, 만물, 우주가 존재할 뿐이다. 그런 점에서 보면 지금 여기 나타나 있음의 세계는 무無와 같다.

세계는 고정된 실체가 아니기 때문에 고유명사나 명사에 의하여 나타낼 수 없다. 다만 동사나 형용사에 의하여 상태나 과정으로 로 나타낼 수 있을 뿐이다. 끊임없이 이어지는 변화의 과정, 매 순간 이루어지는 창조는 언어를 통하여 고정固定하기가 어렵기 때문이다.

그러면 지금까지 우리가 『정역』에서 밝히고 있는 간지도수와 도서상수의 내용을 바탕으로 『주역』에서 밝히고 있는 성명의 이치를 이해하는 것이 어떤 의미를 갖는가?

『정역』에서 밝히고 있는 간지도수가 표상하는 신명원리, 신도가 근거가 되어 도서상수를 통하여 표상하는 천도, 역도, 변화의 도가 형성되고, 그것을 바탕으로 『주역』에서 밝히고 있는 삼재의 도가 형성된다. 그러므로 표상형식과 체계에 따라서 역도의 내용이 서로 달리 이해되고 설명되었지만 동일한 존재인 역도의 다른 표현에 불과하다.

그것은 역도라는 정해진 원리나 이치가 존재함을 뜻하지 않는다. 도 자체를 형이상적 존재, 신명, 신, 삼극, 삼황과 같이 다양한 존재로 표상하는 까닭은 그것이 분별심과 그것을 담아내는 언어적 틀을 통하여 그 전모를 담아 낼 수 없는 특성을 갖고 있기 때문이다.

그럼에도 불구하고 『정역』과 『주역』과 같은 역도를 표상하는 전적이 저작되었을 뿐만 아니라 불경佛經을 통하여 불법佛法으로 표상되고, 도장道藏에 담긴 다양한 도교의 수련이론

으로 나타나며, 도덕경道德經, 남화경南華經과 같은 도가道家의 전적들 안에서 도道로 나타나
며, 기독교의 교리를 담고 있는 전적들 안에서는 기독교의 교리로 나타난다.

달을 가리키는 수많은 손가락들이 나타나는 것은 아무런 의미가 없는 것이 아니다. 달과
손가락을 구분하는 입장은 역생의 입장이다. 그러나 역생이 도성의 과정에 이르게 되면
역생도성의 본질이 도생역성임이 드러난다.

그것은 손가락을 손가락으로 보는 관점은 역생도성의 관점으로 도생역성을 바탕으로 손
가락을 이해하면 손가락도 역시 달의 작용임을 뜻한다. 나타난 달의 다양한 모습 그것이
손가락인 것이다.

도생역성은 근원의 세계, 근원적 존재가 변하여 현상의 다양한 존재로 화하는 창조이다.
그리고 도생역성을 바탕으로 이루어지는 역생도성은 현상적 존재가 변하여 근원적 존재로
화하는 진화이다. 그러므로 『정역』에서 밝히고 있는 선후천 변화는 곧 창조와 진화를 내용
으로 한다.

도생역성의 변화는 후천에서 선천으로의 변화이다. 그것을 실천, 제도濟度, 중생의 교화
敎化와 같은 여러 개념들로 나타낸다. 반면에 역생도성의 변화는 선천에서 후천으로의 변
화이다. 역생도성의 변화를 수행修行, 수양修養, 수기修己, 학문學問과 같은 다양한 개념으로
나타내고 있다.

학문, 수기와 실천, 제도가 둘이 아닐 뿐만 아니라 삶을 벗어나지 않는다. 양자가 일체일
뿐만 아니라 인간의 삶 그 자체이다. 삶은 때와 장소에 따라서 이루어지는 자기 창조이면
서 자기 진화이다. 본성, 도, 불성佛性, 천도, 신도, 신명과 같은 다양한 개념으로 불리는
근원이 매 순간 다양하게 자기를 드러내는 나툼인 동시에 다양한 자기를 끊임없는 현출하
는 창조가 인간의 삶이다.

『정역』은 과거에 이미 이루어진 천지의 개벽을 밝힌 것이 아니다. 그리고 장차 이루어
질 미래의 어느 시점의 변화로서의 천지의 개벽 이른바 후천개벽을 나타내는 것도 아니다.
그것은 『정역』이라는 텍스트를 공간의식, 시간의식에 의하여 이해한 것에 불과하다.

『정역』에서 밝힌 역수원리, 시간성, 선후천변화는 시간적 측면에서는 과거와 미래가 하
나가 된 영원한 현재를 나타내며, 공간적으로는 천과 지가 하나가 된 인간세계 곧 지금
여기의 세계, 현존의 세계를 나타내고 있다.

『정역』이라는 전적과 그것이 담고 있는 내용 자체도 김일부를 매개로 하여 나타난 근원
적 존재인 하나님, 상제로서의 인간이 창조한 인류의 미래인 동시에 인류의 과거임을 보여
준다.

사람의 삶은 이미 일어난 일들을 배우는 것도 아니고, 장차 이상의 세계에 도달하기 위

하여 수행이나 수양을 하는 것도 아니다. 오로지 매 순간 천지와 더불어 끊임없이 세계를 창조하고 그것을 함께 지켜보면서 신으로서 그리고 창조자로서, 세계와 일체로서의 자신을 체험할 뿐이다.

1. 변화와 창조

『정역』에서 제시하고 있는 가장 근본적인 개념은 변화이다. 『정역』이 역학의 소의경전이 될 수 있는 까닭은 그것이 역도, 변화의 도를 제시하고 있기 때문이다. 그러므로 변화라는 개념을 떠나 『정역』을 이해할 수 없다.[1]

변화라는 것은 무엇을 의미하는가? 어떤 것 그것이 물건이든 사건이든 끊임없이 변하여 다른 것으로 화함을 뜻한다. 그것은 세계나 인간, 만물을 비롯하여 유형有形과 무형無形, 유생有生과 무생無生을 막론하고 모든 존재가 그러함을 뜻한다.

변화는 세계, 만물이 고정됨이 없음을, 항상恒常함이 없음을 나타낸다. 이 세상, 삼라만상, 우주만물이 모두 변화하는 존재일 뿐만 아니라 변화원리마저도 고정된 존재가 아니기 때문에 역도易道, 변화變化의 도道라고 한다.

변화의 세계는 형상을 가진 물체 곧 끊임없이 분석하여 나타나는 미립자微粒子로 구성된 존재를 인정하지 않는다. 그렇다고 하여 그것이 에너지의 흐름으로 존재하는 것을 의미하지 않는다. 오히려 파동波動이나 입자粒子의 어느 한 상태로도 나타낼 수 없으면서도 입자와 파동으로 드러날 수 있는 상태를 나타낸다.

『논어』에서는 무엇을 하고자하는 의지가 없고, 그것을 반드시 하겠다는 마음이 없으며, 오로지 그것만을 하고자 하는 집착이 없어서 고정화 작업이 없는 상태를 무아無我[2]로 규정하고 있다. 바로 무아無我의 상태가 이러한 변화의 세계라고 할 수 있다.

그것은 우주와 세계, 또는 만물이 시작과 끝이 있어서 완성 또는 완결되는 것이 아니라 끊임없는 되어감의 과정에 있음을 뜻한다. 삶 역시 끊임없는 변화의 과정 자체일 뿐이다.

---

1) 『정역』에서는 變이라는 개념은 거의 보이지 않고, 주로 化라는 개념이 사용되고 있다. 化와 함께 易이라는 개념도 많이 사용되고 있다.
2) 『論語』 子罕, “子絶四, 毋意, 毋必, 毋固, 毋我.”

진리도, 도道도, 세계도, 우주도, 나도, 삶도 시작과 끝이 있고, 완성과 종결이 있는 것이 아니라 그냥 되어감, 그렇게 있음일 뿐이다.

세계라는 개념으로 나타내는 그것은 변화라는 개념마저도 없다. 왜냐하면 진정한 의미의 변화의 세계는 변화라는 개념으로도 나타낼 수 없기 때문이다. 그럼에도 불구하고 변화라는 개념을 비롯하여 다양한 형식이나 체계를 동원하여 그것을 나타내는 까닭은 변화를 통하여 변화 이전의 세계를 이해하기 위함이다.

변화는 변과 화의 두 개념으로 구성된다. 그것은 어떤 상태 또는 존재가 변하여 새로운 상태 또는 존재로 화함을 나타낸다. 어떤 상태나 존재의 변은 곧 그것의 종말, 소멸을 의미하지만 화하는 입장에서 보면 새로운 존재, 상태의 나타남이 된다. 변화를 화를 중심으로 이해하면 새로운 상태, 새로운 존재의 나타남이라는 점에서 창조이다.

그런데 종말, 소멸과 창조는 둘이 아니다. 왜냐하면 변하여 절대무의 상태가 되는 것이 아니라 지금 여기 있음 그 자체의 측면에서 보면 끊임없이 창조가 이루어지는 연속적인 과정이기 때문이다. 매 순간 새로운 세계, 새로운 사물, 새로운 나, 새로운 삶이 계속 창조되고 있다.

창조가 계속됨, 새롭게 이루어짐의 측면에서는 종말과 소멸이 완전한 무가 아니라 새로운 유有로 화하는 진화進化이다. 변을 중심으로 살펴보면 변화는 끊임없이 진화이다. 그것은 변화가 기존의 상태나 존재를 반복하지 않고 항상 새로워지는 점에서 진화임을 뜻한다.

창조와 진화를 내용으로 하는 변화는 완전과 불완전, 완성과 부족함, 선善과 불선不善, 시是와 비非와 같은 분별이 없음을 나타낸다. 인간의 삶도 변화의 과정, 창조의 과정, 진화의 과정인 점에서 삶 자체에는 옳음과 그름이 없고, 선과 악이 없다. 단지 스스로 새로운 체험의 과정을 계속 이어가고 있을 뿐이다.

그것은 시간적 측면에서는 선천과 후천이라는 구분도 없고, 공간적 측면에서는 욕계欲界와 색계色界, 무색계無色界 또는 인간과 천상天上이라는 구분이 없음을 나타낸다. 시간과 공간 역시 변화하는 과정 자체일 뿐이다. 미시微視의 세계와 거시巨視의 세계, 형이상의 세계와 형이하의 세계, 유有의 세계와 무無의 세계, 소인과 군자, 부처와 중생, 대인과 소인이 다르지 않다.

도서상수를 통하여 표상되는 변화는 선천에서 후천으로의 변화와 후천에서 선천으로의 변화의 양면으로 구분하여 나타낼 수 있다. 후천에서 선천으로의 변화는 도생역성이다. 그것은 원역原曆에서 윤역이 시생始生하는 변화이다. 그리고 선천에서 후천으로의 변화는 역생도성이다. 그것은 윤역이 생장하여 정역正曆으로 장성長成하는 변화이다.

그러나 도서상수에 의한 선후천변화는 역수를 중심으로 표상한 것이기 때문에 그 근거가 되는 간지도수를 중심으로 고찰하지 않을 수 없다. 간지도수는 신명원리, 신도神道를 표상하고 있다. 그것은 세계의 본질을 신명神明, 신神으로 나타낸 것이다. 신은 음과 양이라는 분별적 개념으로 구분하여 나타낼 수 없는 근원적인 존재를 나타내는 개념이다. 신명은 신을 지성적知性的 관점에서 나타낸 개념이다.

지성智性은 시간성을 인간의 관점에서 나타낸 개념이다. 신명은 시간성을 인격적 관점에서 나타낸 개념인 것이다. 시간성의 본성은 일체성이다. 이 일체성이 자신을 고집하지 않고 변하여 시간으로 화하는 타자화 작용을 한다.

시간성이 변하여 시간으로 화하는 변화가 도생역성이다. 시간성이 시의성으로 변하면서 그것이 과거와 미래 그리고 현재라는 시간의 세 양상으로 나타난다. 이 때 시간의 세 양상은 시의성이라는 현재적 시간성을 구분하여 나타낸 것이다.

현재적 시간성을 현존성이라고도 하는데 이것을 시간의 관점에서 나타내면 영원한 현재라고 할 수 있다. 영원한 현재는 과거와 미래를 구성하는 다양한 시간으로 나타난다. 그것을 연원일시의 단위로 나타낼 수도 있고, 세차歲差를 기준으로 25,920년을 하나의 단위로 나타낼 수도 있으며, 소강절邵康節의 원회운세元會運世와 같이 129,600년을 기본단위로 나타낼 수도 있다.

영원한 현재는 현재의 연속이나 현재의 반복이 아니라 다양한 과거와 미래를 내함內含하고 있다. 영원한 현재를 객관화하여 나타내면 공간적 세계가 형성된다. 지금 여기의 나를 중심으로 세계를 구분하면 여기의 인간세계와 그 아래의 지하세계 그리고 위의 하늘세계로 나타낼 수 있다. 그것이 이른바 천지인의 삼재적 세계이다.

지금 여기의 나는 고정된 존재가 아니라 끊임없이 변화한다. 때로는 아버지로, 때로는 아들로, 때로는 선생으로, 때로는 제자로, 때로는 벗으로, 때로는 이웃으로, 다양한 관계로 나타난다. 다양한 모습과 다양한 소리, 다양한 냄새, 다양한 촉감, 다양한 사고, 다양한 마음, 다양한 감각지각, 다양한 의지작용으로 나타난다.

시간성의 시간화의 과정에서 시간성이 공간성 곧 시의성時義性으로 화하고 그것이 다시 시간으로 화하면서 다양한 세계의 다양한 모습, 사건과 물건으로 사람으로 나타나는 점에서는 도생역성은 곧 끊임없는 창조작용이다.

그것은 선후천 변화의 관점에서 보면 후천이 변하여 선천으로 화하는 작용이다. 선천의 천지가 개벽되는 변화가 바로 그러한 후천에서 선천으로의 변화이다. 역수적 관점에서는 원역으로부터 윤역이 시생하는 변화이다.

윤역의 시생은 비로소 인류의 역사가 시작되었음을 뜻한다. 일체의 세계, 하나의 세계에서 인간 자신과 다른 세계를 구분하여 자신을 의식하고 그것을 나타내기 시작한 것이다. 바로 문자를 통한 기록이라는 의미의 이면에 이러한 의미가 내함內含되어 있다.

개인의 관점에서 보면 윤역의 시생은 비로소 자신과 타인을 구분하여 봄으로써 타인 또는 다른 사건과 물건 그리고 세계와 관계를 맺어가기 시작함을 뜻한다. 자신이라는 주체의식을 갖기 시작하면서 자신의 세계를 창조하기 시작함을 나타내는 것이 윤역의 시생의 의미인 것이다.

인간의 삶을 중심으로 윤역이 시생하고 생장하는 변화가 표상하는 의미를 살펴보면 인간의 삶은 불완전한 존재로서의 자신을 완전하게 만들어가는 과정이 아니라 완전한 자신을 끊임없는 창조의 과정을 통하여 다양한 자신으로 체험해가는 과정이다.

수행修行, 수기修己도 완전한 자신을 찾아가는 과정이 아니라 이미 완전한 존재인 자신을 경험을 통하여 확인하고 그리고 다시 새롭게 창조해가는 과정이다. 왜냐하면 본래 완전한 존재로서의 자신은 잃어버리거나 찾을 수 있는 존재가 아니기 때문이다. 만약 그렇다면 시간과 공간의 한계 안에 놓여 있는 존재일 뿐으로 영원할 수 없다.

수행, 수련, 수양을 자신을 찾는 과정으로 생각함은 자신이 육신과 마음으로 구성된 존재이기 때문에 그것을 벗어나서 참나를 찾아야 한다고 여김을 뜻한다. 사람이라는 구분은 육신과 마음에 의하여 동물이나 식물과 같은 다른 존재와 구분이 될 뿐이다.

본래 신명의 세계, 신, 신도의 세계가 바로 인간 자신의 본래의 세계, 본성의 세계이다. 그러한 세계에는 인간과 다른 존재와의 구분이 없다. 다만 매 순간 다양한 장소에서 다양한 관계, 다양한 사건, 다양한 물건을 통하여 그러한 세계를 창조하고 그것을 통하여 자신을 경험할 뿐이다.

수행, 수련, 수양, 학문은 인간의 삶 그 자체이다. 수행은 행 곧 새로운 자신의 창조, 세계의 창조, 관계의 창조를 닦음, 연습함이다. 그것은 창조의 연속, 창조를 통한 자신의 체험을 나타낸다. 수련은 창조의 연습이며, 수양은 신, 창조주, 세계의 근원으로서의 자신을 잊지 않고 보존하고 그리고 유지하는 것이다.

학문은 나타난 또 다른 나인 타인이나 다른 존재로부터 경험을 통하여 창조를 느끼고 그것을 다시 되새겨서 자신으로 주체화함이다. 그것은 밖의 세계와 안의 세계가 일체임을 다시 체험하고 경험하는 일이다.

창조의 과정으로서의 삶에는 기쁨이 있다. 끊임없이 이루어지는 창조의 결과는 매 순간 새롭고 새로워서 언제나 놀람과 기쁨의 연속이다. 그것은 창조의 결과를 소유함으로써 이루어지는 욕심의 충족充足에 의함이 아니라 끊임없는 또 다른 자신을 확인하는 기쁨이다.

진정한 기쁨은 사랑으로부터 나타난다. 시간성의 본질로서의 일체성은 공간적 관점에서는 공간성으로 나타난다. 그것은 확충성, 확장성, 합일성이다. 시간성을 공간적 관점에서 나타낸 공간성은 인간의 관점에서는 인성仁性이다.

인성仁性은 모든 존재를 일체로 여기는 것이 특성이다. 이는 모든 사건과 물건을 일체로 여기는 성질로 분리된 다양성으로부터 서로 모여서 통하는 회통을 거쳐서 하나가 되는 합일合一의 주체인 점에서 인성은 곧 합일원리合一原理라고 할 수 있다. 그것은 하나, 일체로부터 자신을 분리해서 스스로 타자가 되어 자각하고 체험하고 경험하는 시간성의 다른 측면이다.

인성은 조건이 없는 무한한 사랑이라고 할 수 있다. 이 무한한 사랑은 무한한 긍정을 낳는다. 모든 존재와 모든 일, 모든 사건을 수용하는 작용이다. 그 안에는 긍정도 부정도 없다. 오로지 합일만이 있을 뿐이다. 그러므로 창조의 기쁨은 인성에서 나타날 뿐만 아니라 창조를 하고자 하는 열정熱情도 역시 사랑에서 나온다.

지금까지 『정역』이라는 저작을 고찰한 의미 역시 이러한 관점에서 찾을 수 있다. 우리가 『정역』을 고찰한 것은 『정역』이 표상하는 고정된 세계, 객관적 세계의 존재원리인 역수원리, 역도, 신명원리가 있어서 그것을 깨닫기 위하여 연구한 것이 아니다. 그것은 역생도성의 관점에서 우리의 『정역』을 대상으로 연구하는 행위를 이해한 것이다.

도생역성의 관점에서 보면 김일부에 의하여 『정역』이 저작되는 행위도 단지 천지와 일체인 인간의 본성의 차원, 우주의 차원, 화옹, 상제의 차원에서 이루어지는 자기 현현顯現, 나툼일 뿐이다. 김일부를 매개로 하여 이루어진 존재의 현현, 신도의 나툼 그것이 『정역』으로 나타난 것이다.

마찬가지로 우리의 『정역』에 대한 연구 역시 그것을 매개로 하여 이루어지는 내 본성이자 우주만물의 본성의 자기 현현일 뿐이다. 다만 김일부가 천지와 함께 『정역』을 저작하였던 작업들과 지금 우리가 하는 작업들은 시간과 공간이 서로 다를 뿐이다. 그것은 그의 행위와 지금 우리의 행위가 서로 다른 양상으로 나타났을 뿐임을 뜻한다.

우리는 『정역』을 연구하였지만 그것을 매개로 하여 우리 자신을 탐구하였다. 그것은 『정역』이라는 하나의 대상을 연구한 것이 아니라 김일부라는 사람이 저작한 『정역』을 원형原型으로 하여 이루어지는 우리 자신의 본래성, 본성에 의하여 이루어지는 창조의 현상을 체험하는 과정이었을 뿐임을 뜻한다.

삶은 도생역성의 관점에서 보면 끊임없는 창조 과정의 연속일 뿐이며, 역생도성의 관점에서 보면 끊임없는 진화의 과정일 뿐이다. 그것을 삼극의 관점에서 수를 중심으로 나타내면 다음과 같다. 십오十五의 관점에서 보면 삶은 창조의 연속적인 과정이며, 십일十一의 관점에서 보면 삶은 진화의 연속적인 과정이다.

도생역성과 역생도성은 일체이다. 그러므로 도생역성과 역생도성의 결과를 나타내는 창조와 진화 역시 일체이다. 삶의 모든 과정이 변화의 연속이라는 점에서 고정되지 않는 점을 들어서 상相, 환상幻像, 마야라고 할 수 있다. 그러므로 그것에 집착하지 않고 자유롭게 대하게 된다.

그러나 그것이 바로 자신이 주체가 되어 이루어지는 창조라는 점에서 스스로 책임을 지지 않을 수 없다. 책임이라는 것은 자비에 의하여 창조가 이루어져야 함을 뜻한다. 인류는 물론이고 온 우주의 모든 존재가 바로 또 다른 나일뿐만 아니라 나와 남의 구분이 없는 일체이기 때문에 모든 존재를 일체로 여기는 마음으로 창조를 해야 한다.

나와 남이 없는 일체의 상태를 무아無我라고 한다. 그러므로 자비는 무아의 상태에서 나타내는 것이며, 자비에 의하여 이루어지는 창조는 바로 무아의 상태에서 이루어지는 점에서 무위無爲이다. 무위는 자비, 사랑이며, 그것은 또한 무아의 또 다른 표현이다.

무아의 상태에서 이루어지는 창조와 변화는 창조라고 할 수 없고, 변화라고 할 수 없다. 그것은 온 우주가 함께 행한 창조이며, 온 우주가 함께 한 변화인 점에서 나의 함이 없는 무위無爲이지만 나로 인하여 창조와 변화의 계기가 이루어지고 나타나는 점에서는 하지 않음이 없는 무불위無不爲이다.

창조와 변화는 인간의 본성이자 우주의 본성인 자비의 확충이자 확산으로 그것이 우주의 확장으로 나타난다. 지혜를 통한 자비, 사랑의 확충 그것이 바로 인간의 삶이고, 우주의 존재함이며, 만물의 변화이자 창조이다.

마음과 육신을 통하여 다양하게 드러나는 사고와 다양하게 드러나는 언행은 모두 지혜와 자비의 나툼이자 확산으로 우주 자체의 자기변화로서의 자화自化이자 창조이다. 그러면 지금까지 살펴보았던 여러 개념들을 중심으로 그것이 갖는 의미에 대하여 살펴보자.

먼저 시간과 공간이라는 객관적 세계가 있어서 그 안에서 인간을 비롯한 생명체가 살아가는 것이 아니다. 인간이 자신을 비롯한 우주와 만물의 존재근거인 본래성을 주체로 하여 시간의식과 공간의식에 의하여 시간과 공간을 규정하면서 살아간다. 그것은 인간이 항상 새로운 시간과 공간을 창조하면서 살아감을 뜻한다.

본래성이 시간으로 자신을 드러냄으로써 세계 자체가 영원함을 나타내며, 공간으로 자신을 드러냄으로써 세계가 다양함을 나타낸다. 또한 본래성이 시간을 통하여 본질적인 시간인 영원한 현재를 나타내며, 공간을 통하여 천지가 합덕되고, 만물이 합덕되며, 신인이 합덕되고, 신물이 합덕된 세계 곧 본질적 공간으로서의 하나 된 여기를 나타낸다.

반고와 반고화도 그리고 상제, 화옹, 신명, 신도라는 개념도 역시 시공이 합일된 그래서 시간과 공간을 창조하는 아니 시간과 공간으로 자기를 드러내는 존재를 나타내기 위하여 생성된 개념, 창조된 개념에 불과하다. 근원적 존재, 인간 본래성이 자기를 드러내기 위하여 시간과 공간상에서 실존하는 김일부를 매개로 창조한 개념이 위의 여러 개념들인 것이다.

　간지도수는 천문天文의 세계가 바로 시간의 세계임을 나타내기 위하여 사용된 개념들이다. 천문의 세계는 역법曆法을 통하여 나타나는 시간의 세계이다. 물론 크게 보면 그것은 인간이 이미 관찰한 천문의 세계일뿐만 아니라 역법을 통하여 규정된 세계라는 점과 시간과 공간이 일체라는 점에서 보면 그것도 또한 인문人文의 세계라고 할 수 있다.

　간지도수가 표상하는 세계를 신도, 신명의 세계라고 하는 것은 시간의 관점에서는 선천과 후천으로 구분할 수 없는 원천의 세계이며, 그것이 바로 시간의 근원으로서의 시간성의 세계임을 뜻한다. 시간의 세 양상으로 드러날 수 있는 가능성을 갖고 있으면서도 시간을 초월한 근원적 존재가 바로 시간성이며, 그것이 세계의 본질, 근원이다.

　하도와 낙서는 간지도수가 표상하는 천문天文의 세계 곧 시간의 세계와 인문人文의 세계 곧 공간의 세계를 천지의 수라는 형식을 통하여 나타낸 것이다. 사실 천문의 세계는 그 본질인 시간성이 나타난 세계이며, 인문의 세계는 그 본질인 공간성 곧 시의성이 나타난 세계이다.

　그러나 시간성이 매 시간에 있어서 그 본질인 시의성으로 나타나고 그것이 공간적 관점에서 공간성이기 때문에 양자는 일체이다. 하도와 낙서는 시간성이 어떻게 시간과 공간으로 변화하는지 곧 자기 현현을 하는지를 상징적으로 나타낸 도상이다.

　공간성을 중심으로 그것이 개체적 존재로서의 만물 곧 공간의 세계로 어떻게 드러나는지를 나타내는 것이 괘효이다. 괘효는 만물의 본성으로서의 만물성 곧 공간성을 중심으로 그것이 어떻게 드러나는지를 인간을 중심으로 나타낸 것이다. 그러므로 괘효를 중심으로 존재의 현현을 표상하고 있는 『주역』은 곧 인문의 세계를 나타내고 있다.

　그런데 『주역』의 괘효에 부연된 언사를 보면 길흉吉凶을 판단하고 있다. 이는 분별의 세계, 만물의 세계의 특성을 나타낸 것이다. 그것은 일체적 세계인 시간성의 세계가 현상의 관점에서 공간성을 바탕으로 길흉과 같은 분별의 세계로 나타남을 보여준 것이다. 따라서 일체성의 다양화, 근원적 존재의 현상화가 어떻게 이루어지는지를 나타내는 것이 바로 괘효역학으로서의 『주역』이다.

2. 창조와 진화

앞에서 근원적 존재인 신명, 신, 시간성이 변하여 시간으로 화하고 그것이 다시 변하여 공간으로 화하는 것이 변화의 도이며, 그것은 공간적 관점 곧 개체적 관점에서는 새로운 상태, 새로운 존재의 끊임없는 창조임을 살펴보았다.

창조를 내용으로 하는 변화는 일정한 방향성을 갖는다. 그것은 창조가 단순한 반복이 아니라 새로운 상태나 새로운 존재의 창조라는 점에서 진화이다. 진화는 시간적 관점에서는 과거를 지향하지 않고, 미래를 지향하여 이루어지는 점에서 창조의 성격을 나타내는 개념이라고 할 수 있다.

공간적 관점에서 진화는 인간 이하의 세계나 인간의 세계를 지향하는 것이 아니라 천상을 지향함을 뜻한다. 형이상의 세계, 도의 세계, 신명의 세계, 근원의 세계, 일체의 세계를 향하여 이루어지는 변화라는 점에서 그것을 진화로 규정한 것이다.

그런데 후천에서 선천을 향하여 이루어지는 도생역성의 변화가 창조이며, 선천에서 후천을 향하여 이루어지는 역생도성의 변화가 진화이다. 그리고 양자는 본체와 작용의 관계와 같이 일체이면서도 도생역성을 바탕으로 역생도성이 이루어지는 관계이다. 그러므로 창조와 진화는 변화라는 하나의 개념으로 나타내면서도 둘로 구분하여 나타낸다.

진화의 관점에서 인간의 삶을 살펴보면 부모와 자녀, 스승과 제자, 어른과 아랫사람, 친구와 친구는 평등의 관계 속에서 이루어지는 양면적 관계이다. 그것은 비록 현재의 시점에서 생물학적으로는 부모와 자녀의 관계로 나타나지만 과거나 미래에는 뒤바뀌어 관계가 맺어질 수도 있음을 뜻한다.

스승과 제자의 관계 역시 그렇다. 현재의 시점에서는 스승과 제자의 관계를 맺을 수 있지만 그것이 과거와 미래에도 영원한 것은 아니다. 뿐만 아니라 모든 존재가 모든 일에서 서로에게 스승이 되어서 가르치고 제자가 되어서 배우면서 살아간다.

윗사람과 아랫사람의 관계 역시 그렇다. 현재의 그 사람이 처한 상태나 상황을 중심으로 관계를 살펴보면 어떤 사람이 윗사람일 수 있지만 다음 순간이나 미래에는 오히려 아랫사람이 내 윗사람이 될 수 있다.

현상적 관점에서 나타나는 모든 관계는 고정되지 않고 변화한다. 그러므로 어떤 하나의 사태나 상태를 모든 사태나 상태에 적용하여 고정되게 이해해서는 안 된다. 공간성의 관점에서 인간의 본성이 모두 같음을 보고 더 나아가서 시간성의 관점에서 그러한 사람의 본성이 시간적으로는 하늘의 본성으로 나타나고, 동물의 본성으로 나타나기도 함을 알면 삶 자체는 근원적 존재의 다양한 나타남에 불과함을 알게 된다.

개체적 관점에서 보면 삶 자체는 끊임없는 자신을 체험하는 과정의 연속이다. 육신을 중심으로 사태나 상태를 체험하고, 다시 인간의 본성을 중심으로 자신을 체험하고, 다시 시간성의 차원에서 세계의 본성을 체험함으로써 자신을 다양하게 경험하고 체험하는 과정이 삶이며, 현상적 측면에서 보면 나로부터 출발하여 세계를 향하여 외연外延을 확장하면서 체험을 하는 점에서 일종의 진화進化라고 할 수 있다.

시간성의 세계로부터 시간, 공간, 사물로의 변화는 개체성이 나타나는 변화, 하나로부터 둘로 자기분화의 과정이라는 점에서 창조이지만 그것은 시간성이라는 근원의 세계를 향하여 이루어지는 다양한 모습, 다양한 상태, 다양한 차원으로의 변화라는 점에서 진화이다.

진화는 창조를 바탕으로 할 때 그리고 창조는 진화를 바탕으로 할 때 비로소 창조와 진화가 될 수 있다. 그것은 변화가 시간성과 공간성, 시간과 공간, 형이상과 형이하를 포함하면서도 초월적임을 뜻한다.

만약 형이하의 측면만을 갖고 있는 변화는 물리적 변화이며, 형이상만을 갖고 있는 변화는 공허한 변화이다. 그러므로 변화는 형이상의 근원을 바탕으로 이루어지는 형이하적 변화라는 점에서 양자를 포함하면서도 양자를 벗어나 있다고 할 수 있다.

진화인 점에서 창조는 끊임없이 계속되는 변화이다. 그리고 창조인 점에서 진화는 항상 새로운 변화이다. 역도를 변화의 도라고 할 때 그것을 매 순간의 관점에서 보면 끊임없는 새로운 시간과 공간의 창조이다. 그렇기 때문에 『주역』에서는 "생하고 생함을 역이라고 한다."3)고 하였다. 생생生生은 새로운 존재, 새로운 세계의 창조라는 점에서 진화이다.

일반적으로 『주역』을 미래에 대한 예언서로 이해하거나 『정역』을 신神, 하나님의 미래에 대한 설계도設計圖로 이해하는 경우가 있다. 신이 성인을 통하여 자신의 뜻을 인간에게 드러내 보임으로써 인간으로 하여금 그러한 자신의 뜻에 따르도록 하였다는 것이다.

『주역』에서는 "정도正道로 크게 형통하는 것이 천명天命이다."4)고 하였을 뿐만 아니라 『중용』에서도 "천명天命 그것을 일러 본성本性이라고 한다."5)라고 하였음을 보면 그 점이 옳은 것처럼 여겨진다. 공자孔子도 『논어』에서 천명天命을 파악하는 것이 바로 인간 자신의 본질을 파악하는 것임을 밝히고 있기 때문이다.

그런데 이때의 천명이라는 개념은 운명運命이나 사명使命의 의미와 다르다. 『중용』에서

---

3) 『周易』 繫辭上篇 第五章, "生生之謂易이오"
4) 『周易』 天雷无妄卦 彖辭, "動而健하고 剛中而應하야 大亨以正하니 天之命也일새라."
5) 『中庸』 第一章, "天命之謂性"

천명을 언급하면서 "그것을 가리켜(之謂)~라고 한다."라고 한 것을 보면 그 점을 알 수 있다. 심지어는 도道나 신神을 언급할 때도 반드시 그것이 인간에 의하여 규정된 것임을 논하고 있다.

신이나 도를 인간이 언급했다는 것은 인간이 신이라는 개념과 도라는 개념을 창조했음을 뜻한다. 그것은 인간을 매개로 하여 근원적 존재가 자기를 그렇게 드러내보였음을 뜻한다. 따라서 그것을 신과 인간의 공동창조라고 하거나 인간의 창조 또는 신의 창조라고 할 수 있다.

인간의 본성은 도 또는 신성神性이 주체화한 것이다. 그것은 일종의 표현일 뿐으로 신성이 인간에 있어 본성이기 때문에 본래 양자가 일체여서 일체라는 개념도 필요로 하지 않는다. 그러므로 인간의 본성 역시 신성, 도의 본성을 그대로 갖는다. 신성神性은 자유自由이다. 본래 완전한 존재이기 때문에 오직 자신의 존재근거는 자신일 뿐으로 다른 존재를 필요로 하지 않는 점에서 자유이다.

자유가 본성인 신은 자신을 확장하는 성질을 갖고 있다. 자신이 스스로 다른 존재로 변화하여 자신을 확장하는 것이다. 이러한 본성이 바로 사랑이다. 신이라는 근원적 존재에 의하여 만물이 창조되는 원리도 바로 사랑과 자유이다.

신의 본성이 사랑일 뿐만 아니라 자유이기 때문에 인간의 본성 역시 자유와 사랑으로서의 인仁을 갖고 있다. 그렇기 때문에 인간을 자유의지를 가진 존재라고 말한다. 이 때 자유의지는 마음대로 무엇이든 할 수 있는 점에서 생사生死를 자재自在할 수 있어야 하고 그 어떤 제한이나 한계를 갖지 않는 완벽한 존재이어야 한다. 그렇지 않으면 자유의지를 가진 존재라고 말 할 수 없다.

인간이 자유의지를 갖고 있기 때문에 그 어떤 존재도 인간으로 하여금 무엇인가를 하도록 강제할 수 없다. 천명을 언급할 때 천天이라는 개념 역시 인간과 분리된 측면에서 언급된 것이 아니다. 만약 그렇다면 천명을 받아서 해야 할 인간은 결코 자유의지를 가진 존재라고 할 수 없다.

천명을 언급할 때의 천은 인간의 본성으로 내재화된 천이다. 그것은 인간의 보편성, 인간 본래성의 전체라고 할 수 있다. 그러므로 모든 인간의 본래성, 인간 본래성 전체의 측면에서 개체적 존재로서의 본래성을 가리키는 말이라고 할 수 있다.

물론 본래성 자체는 물건이 아니기 때문에 개체적이나 전체라고 말할 수 없다. 그것은 본래성이 형이상적 존재임을 뜻한다. 그렇지만 형이상적 존재가 형이하의 존재를 떠나서 존재한다면 그것은 형이상적 존재라고 할 수 없다.

자유의지에 따라서 살아가는 삶은 기쁨으로 충만充滿되어 있다. 그것은 있음 자체가 갖

는 존재감 그리고 완전한 상태에서 갖는 충만감 때문이다. 또한 본성인 자유의지를 실천함
으로써 자유를 누릴 때, 그 때 나타나는 것이 기쁨이다. 그것은 창조의 과정에서 일어나는
기쁨이다. 자유의지에 따라서 실천한 결과로 나타나는 창조의 결과를 보면서 자신의 완전
함을 느끼는 순간 일어나는 기쁨이다.

기쁨은 자신과의 완전한 일치에서 오는 것이다. 그러므로 기쁨은 곧 신의 본성인 사랑으
로부터 나타나는 것이다. 기쁨의 상태에서는 그 어떤 것도 둘로 보지 않는다. 그러므로 모
든 존재가 완전하며, 모든 존재가 신이고, 모든 존재가 아름답다. 그렇기 때문에 기쁨의
상태에서는 그 누구를 미워하거나 증오할 수 없다. 왜냐하면 기쁨의 상태에서는 자신과
남을, 모든 존재를 둘로 보지 않기 때문이다.

모든 존재를 신으로 보는 기쁨의 상태에서는 과거와 미래라는 구분이 없고, 과거를 바라
보면서 시비是非와 선악善惡으로 판단함이 없다. 마찬가지로 과거에 대한 후회와 미래에 대
한 두려움, 생존에 대한 불안不安 때문에 원하는 기대期待나 욕심慾心, 희망希望을 갖지 않는
점에서 무심無心하다.

그것은 오로지 현재 자기 자신이 되는 것이다. 그는 지금보다 완벽한 미래, 지금보다
완성된 미래를 원하는 마음이 없다. 그렇기 때문에 변화의 내용인 진화와 창조 역시 유위
적인 것이 아니다. 진화는 완성이라는 일종의 종말을 향함을 뜻하지 않으며, 창조도 절대
무絕對無에서 어느 순간 나타나는 있음이 아니다.

있음과 없음을 넘어선 세계 자체의 자기 분화, 역도, 신도, 신, 본성 자체의 나툼이라는
점에서 창조라고 할 수 있고, 신, 근원, 도, 하늘과의 합일을 향한 끊임없는 되어감이라는
점에서 일종의 진화라고 할 수 있다.

세계는 시간상으로는 과거와 미래가 하나인 동시에 과거와 미래를 포함한 영원한 현재
이며, 공간상으로는 신, 도, 하늘, 형이상의 근원과 형이하의 물질, 만물, 땅이 하나가 된
인간의 세계이다. 선천과 후천이 하나인 원천原天이며, 무극과 태극이 하나가 된 황극皇極이
고, 천지, 신인神人, 천인天人, 신물神物이 합일合─된 군자君子의 세계이다.

세계는 본래 유식학唯識學에서 말하는 제팔식第八識의 견분見分과 상분相分으로의 분화分化
에 의하여 이루어지는 무명無明의 세계, 환화幻化의 삼계三界가 아니다. 불성佛性이라는 본성
의 나툼인 점에서 삼계라는 객관세계도 식識이라는 주관세계도 본래 하나이다.

역생도성의 관점에서 보면 부처에 의하여 창조된 불국정토佛國淨土와 중생衆生에 의하여
조성된 예토穢土는 다르다. 부처와 중생이 다르다면 당연히 예토와 정토도 서로 다르다.
그러므로 중생은 당연히 수행을 통하여 부처가 되어야 한다. 그러나 본래 중생이 부처가
될 수는 없다.

　도생역성의 관점에서 보면 중생의 무명無明도, 분별심分別心도 역시 원각묘심圓覺妙心으로부터 나타난 것이다. 그것은 중생의 무명, 분별심이 불성佛性이라는 본성의 작용임을 뜻한다. 그것은 본래 신과 만물이 일체이기 때문에 합일이나 합일이 된 세계라는 이상이나 목표가 없음을 뜻한다. 그러므로 수행修行이나 수기修己를 통하여 그러한 세계에 도달할 수 없을 뿐만 아니라 그렇게 할 필요가 없다.

　신, 근원, 하늘의 본성에 의하여 자신의 끊임없는 탈자脫自에 의한 자화自化로서의 변화, 창조, 진화가 있을 뿐이다. 만약 이상이나 목표가 있다면 그것은 신이나 도, 또는 근원이 될 수 없다. 그 개념 자체가 의미하는 바에 따라서 아직은 실현되지 않은 점에서 완전한 존재가 아닌 불완전한 존재일 뿐이다. 신, 역도, 신도, 천도는 불완전과 완전함을 떠나서 그냥 스스로 존재함, 스스로 그러함, 존재하는 모든 것이기 때문에 그냥 그렇게 끊임없는 되어감으로 존재할 뿐이다.

　창조라는 개념을 다시 살펴보자. 창조는 변화를 순順의 관점, 형이상의 관점, 신도의 관점, 근원적 존재인 반고의 자화의 관점에서 나타낸 것이다. 그것은 아무것도 자신 아님이 없는 하나의 세계, 일체의 세계, 근원의 세계로부터 스스로 자신으로부터 벗어나서 자신이 아닌 타자로 자신을 드러냄을 뜻한다. 그것은 자화된 존재라는 점에서 바로 자기 자신이다.

　본래 자신만이 존재할 때는 근원이나 하나라고 할 것이 없었다. 그러나 최초의 탈자에 의하여 시간이 형성되고 공간이 형성되면서 공간에 존재하는 만물로 인하여 형이상과 형이하, 근원과 지말, 도와 만물, 신과 인간이라는 구분이 형성된 것이다.

　그것은 곧 신이라는 개별적 존재, 자신을 개체적으로 이해하고 관찰하고 경험할 수 있는 존재가 창조되었음을 뜻한다. 신 자체는 결코 창조를 할 수 없다. 정의에 의하여 그는 그 자신이기 때문에 자신을 창조할 수 없다.

　창조는 개체적 존재로서의 신 곧 인간에 의하여 이루어지는 변화이다. 그런 점에서 신의 자화와 인간의 창조 역시 모두 변화이지만 인간에 의한 변화만이 창조라고 일컬을 수 있다. 그것이 『정역』에서 구체적으로 자세하게 언급하고 있는 반고의 화이다.

　근원적 존재를 반고로 규정하고 반고화의 내용을 언급하면서 천황을 무위로 규정하고 있다. 그리고 지황을 덕을 실어주는 존재 곧 구체적인 작용을 하는 존재로 규정한 후에 비로소 인황人皇이라는 인간의 본성이 흥작興作하였음을 밝히고 있다.

　『정역』에서 제시하고 있는 선천으로의 변화 곧 천지의 개벽과 그로부터 이루어지는 사역四曆의 생성・변화의 과정을 통하여 표상된 인류의 역사, 우주의 역사는 영원히 계속된다. 한번 우주가 개벽開闢되고 이어서 선천에서 후천으로의 변화가 이루어져서 정역正曆의 세계가 된 후에 그러한 세계가 그대로 계속 된다면 그 순간 『정역』의 역수원리, 역도는 더 이상 작동하지 않는 원리가 되고 만다.

그것은 선후천의 변화가 일어나는 단 한 순간에만 타당한 진리가 되고 만다. 마치 죽은 시계가 하루에 한 번 시간을 제대로 알려주는 것과 같다. 만약 그렇다면 그것은 한 순간의 사건이 일어나기 이전이나 이후는 아무런 의미가 없는 원리일 뿐이다. 그러면 후천에는 그동안 후천을 향하여 이루어졌던 모든 변화는 멈추어지는가?

『정역』에서는 선천과 후천을 나누면서 다시 선천에서도 선천과 후천을 나누고 있고, 후천에서도 선천과 후천을 나누고 있다. 그것은 선천과 후천이라는 개념이 고정적인 어떤 세계를 나타내는 것이 아님을 뜻한다. 후천에도 여전히 선천적인 삶을 사는 사람이 있고, 후천의 세계에 도달하였지만 아직도 선천적인 삶을 살아가는 사람을 위하여 스스로 선천으로 뛰어드는 사람이 있다.

그것은 선천에도 후천적인 삶을 살아가는 사람이 있고, 후천에도 선천적인 삶을 살아가는 사람이 있음을 뜻한다. 결국 선천과 후천은 인간인 자신이 선택하고 창조하는 문제이다. 선천과 후천이라는 객관적인 세계, 고정된 세계가 있는 것이 아니라 스스로 선택한 세계이다.

시간과 공간이 객관적인 세계가 아니라 인간에 의하여 창조된 세계라는 점이 그것을 나타낸다. 삼계라는 것도 인간과 대립적인 객관세계가 아니라 인간의 의식에 의하여 구성된 세계이다. 인간의 의식에 의하여 창조된 세계가 삼계인 것이다.

그것이 사람의 물질적 존재인 육체를 떠나서 의식의 세계에서는 더욱 잘 이루어진다. 다시 말하면 물질의 세계처럼 의식과 그 결과로서의 세계가 시간적 간극이 없이 바로 이루어진다. 그렇기 때문에 선천과 후천, 인간의 세계와 천상의 세계가 모두 인간의 의식에 의하여 창조된 것이다.

그렇다면 인간이 바로 신인가? 그렇다. 인간은 나타난 신이다. 반고화를 언급하였지만 정확하게 말하면 반고화는 인간에 의하여 이루어졌으며, 지금도 반고화가 이루어지고 있다. 그것을 『정역』에서는 화옹化翁, 화화옹化化翁, 화무상제化無上帝라고 표현하였다.

이제 역도는 인간의 본성에 의하여 이루어지는 창조원리를 나타내는 창조의 도임을 알 수 있다. 그것은 또한 인간에 의하여 이루어지는 진화의 도이다. 그것이 바로 변화의 도이며, 역의 도이다.

역도에 의한 창조, 변화, 진화는 계속된다. 사역변화는 정역이 운행되어지는 후천에 이르러서도 계속된다. 후천에도 여전히 선천의 세계에서 사는 사람들이 선천에서 후천을 향하여 가고 있으며, 또한 이미 음양의 역이 합덕하여 신인합일을 이루어서 근원에 복귀한 사람이 다시 자신을 선천적 존재로 창조하여 선천적 존재와 함께 선천적인 삶을 살아가기 때문이다.

그리고 역도는 자유, 사랑, 지혜, 그리고 기쁨이라는 자신의 본성에 의하여 설사 모든 존재가 근원 곧 신도, 역도 자신과 합일할지라도 그 순간 다시 자신을 벗어나서 탈자脫自하여 다른 존재로 변화함으로써 끊임없이 자신을 확장해 나간다. 그래서 또 다시 선천의 삶이 시작되고 그리고 후천을 향하고 작용하고, 그리고 다시 후천이 이루어지면, 또 다른 후천을 향하여 새로운 선천이 전개된다.

사역변화는 영원히 이루어지고 역도도 영원히 존재한다. 그리고 그러한 변화는 영원히 이루어지며, 창조도 진화도 영원히 지속된다. 그러므로 역도 그리고 창조, 진화, 변화라는 삶은 영원하며, 그러한 생명도 영원하다. 그렇기 때문에 태어남도 죽음도 없다.

신이 영원하다는 것은 그에 의하여 창조된 인간이 영원하다는 것이며, 그에 의하여 창조된 만물이 영원하다는 것이다. 인간의 생명은 비록 겉의 모습은 변할지라도 영원하다. 그러므로 태어남과 죽음이라는 것에 얽매일 필요가 없는 완벽한 존재이며, 영원한 존재이고, 완전한 존재이다.

영원한 생명을 가진 존재이기 때문에 자유롭다. 자유로운 존재이기 때문에 항상 기쁨이 충만해 있다. 생존을 위하여 남과 경쟁할 필요도 없고, 남을 미워하고 질투할 필요도 없으며, 생존을 위하여 무엇인가를 할 필요도 없다. 그냥 자신으로, 있음 그 자체로 존재하면 된다.

그것이 역도가 주는 교훈이다. 역도를 통하여 우리가 파악할 수 있는 것은 우리 자신의 본성이다. 그리고 우리 자신의 삶이다. 우리 자신의 삶이 바로 역도이며, 우리 자신의 근원 곧 참나가 바로 신, 하늘, 원천이다. 그리고 우리 자신의 삶이 바로 사역변화이며, 진화이고, 변화이며, 창조이다.

변화가 창조이면서 동시에 진화이고 그 내용이 지성智性과 인성仁性으로 표현된 지혜智慧와 자비慈悲 그리고 자유와 기쁨, 하나 됨의 세계이며, 그것이 선천과 후천을 넘어선 원천原天이다. 그것은 도생역성을 바탕으로 이루어지는 역생도성 그것이 바로 세계의 본질이자 인간의 삶인 동시에 내 삶임을 뜻한다.

세계와 삶의 본질이 밝혀졌다면 이제는 그것을 바탕으로 다시 우리 과거를 돌아보고 미래를 발굴하여 그것을 바탕으로 현재의 삶을 살아야 한다. 그것이 바로 공자孔子가 언급한 "온고지신溫故知新"의 방법이다.

이제는 『정역』을 바탕으로 한국철학의 근원, 시원인 고조선철학을 밝히고 그것을 바탕으로 한국철학의 미래를 밝히는 작업이 필요하다. 그것은 한국인이라는 인간 자체의 본성을 밝히는 문제인 점에서 한국철학을 바탕으로 세계의 미래, 인류의 미래, 우주의 미래를 위하여 오늘 우리가 무엇을 실천해야할 것인지를 파악하고 실천하는 삶이 보다 절실함을 뜻한다.

대립과 갈등 그리고 투쟁의 삶을 멈추는 방법 곧 역생逆生의 삶을 벗어나서 도성倒成할 수 있는 방법, 모든 사람, 모든 존재, 인류, 우주가 공존할 수 있는 유일한 길은 자비慈悲, 사랑이다. 본래의 세계는 일체의 세계로 그러한 일체의 세계에 도달할 수 있는 통로는 합일合—원리인 사랑뿐이다. 그러므로 자비, 사랑이 진화원리이다.

사랑, 자비를 통하여 역생도성이 이루어지면 비로소 도생역성을 바탕으로 한 역생도성의 삶을 살아가게 된다. 도생역성은 곧 창조이며, 창조는 지혜를 통하여 이루어진다. 지혜는 일체의 세계를 분화分化, 분생分生하는 원리이다. 그것은 일체를 다양하게 드러나는 원리이다. 그러므로 지혜가 곧 창조원리이다.

창조는 자비, 인을 바탕으로 이루어진다. 창조는 사랑의 분여, 사랑의 확산, 사랑의 확충이다. 도생역성이 되었을 때 비로소 끊임없이 사랑을 창조하는 삶이 시작된다. 그것은 다른 그 어떤 것도 필요로 하지 않는 점에서 완전한 삶이고, 자유로운 삶이다.

도생역성을 바탕으로 한 역생도성의 삶은 모든 존재와 더불어 살아가는 기쁨이 넘치는 삶이며, 언제나 편안한 삶, 생사生死가 없는 영원한 삶이다. 그것은 지금 여기 있음으로서의 현존 곧 나타난 존재인 점에서 실존이 현존인 동시에 도, 상제, 화옹의 현현이다.

지금 여기의 나는 고정되지 않는 점에서 무아無我이고, 끊임없이 현현하는 점에서 창조이며, 항상 새롭게 창조하는 점에서 진화이며, 고정되지 않는 점에서 변화이다. 그러나 무아無我인 점에서 창조도, 변화도, 진화도 아니다. 지금까지 살펴본 내용을 도표화 하여 나타내면 다음과 같다.

도역	도생역성	역생도성
체용	십오존공위체	구육합덕위용
변화	창조	진화
특성	분생, 확장, 탈자脫自, 변變, 회통會通	합덕, 성도成道, 타화他化, 화化, 화성化成
도서	하도	낙서
괘효	괘체卦體	효용爻用
성명	지혜智慧, 성性	자비慈悲, 인仁, 명命

도표 18. 도역생성과 변화

3. 진화와 회통

앞에서 살펴본 바와 같이 우주 자체는 끊임없는 창조의 과정이며, 진화의 과정이다. 그것을 한마디로 나타내면 끊임없는 변화의 과정이라는 점에서 무엇이라고 명사로 나타낼 수 없고 오로지 상태, 사태로 나타낼 수 있을 뿐이다.

그것은 세계가 입자처럼 이것과 저것으로 구분하여지는 것이 아니라 일체여서 세계의 구성요소 상호간에 서로가 서로의 존재근거임을 뜻한다. 그러므로 남을 떠난 나 또는 나를 떠난 남이 존재할 수 없다.

학문의 주체인 인간 자신이 스스로 창조하고 진화하는 변화의 과정으로서의 삶을 살아갈 뿐만 아니라 인류 역시 그러한 삶의 과정인 역사를 형성하면서 존재한다. 그러므로 인간의 삶의 과정에서 행하는 학문 역시 창조의 과정인 동시에 진화의 과정일 뿐이다.

신도, 천도를 논하고 간지도수, 도서상수, 괘효상수를 논하지만 그것도 역시 인간에 의하여 공통적으로 창조되고 진화되어 온 하나의 이론체계에 불과할 뿐이다. 그러므로 어느 이론이 다른 이론보다 고매하거나 저차원의 이론은 없다.

『정역』과 『주역』을 말하고, 신도, 천도와 인도를 말하였지만 그것도 역시 인간에 의하여 창조된 개념, 이론체계에 불과할 뿐이다. 따라서 『주역』의 세계가 우월하거나 『정역』의 세계가 근본이라는 것도 없으며, 본래 하나인 세계를 각각 다른 관점에서 드러낸 것이다.

그것은 『정역』와 『주역』을 저작한 복희伏羲, 문왕文王, 주공周公, 공자孔子와 김일부金一夫를 막론하고 모두 인류를 사랑하는 마음이 그러한 이론체계를 창조하였음을 뜻한다. 『정역』을 바탕으로 그 안에서 『주역』의 내용을 밝히고 있는 이 책 역시 사랑을 담아서 창조해낸 창조물일 뿐이다.

『정역』과 『주역』을 막론하고 저자들이 그것을 드러내기 이전의 세계에 신도, 천도가 있고, 인도가 있는 것이 아니다. 세상 자체에는 분별하여 나타낼 것이 없다. 그것은 독립하여 자존하는 존재가 없음을 뜻한다. 그러므로 이것과 저것으로 구분하여 나타낼 수 없는 일체의 측면을 바탕으로 개체적 사태나 물건을 이해하여야 한다.

그것이 『정역』에서 제시하고 있는 도생역성을 바탕으로 역생도성의 관점에서 세계를 이해하는 방법이다. 그것은 군자가 학문을 하는 방법인 동시에 세상을 살아가는 방법이다. 삶과 학문함이 다르지 않아서 삶이 그대로 학문함일 뿐만 아니라 학문의 주체도 삶의 주체도 동일한 인간이기 때문이다.

현대인은 인류 역사상 그 어느 때보다 발달한 물질문명의 혜택을 누리면서 살고 있다. 과학의 발달은 인류에게 생활의 편리함을 가져왔고, 경제적인 풍요로움이 더하여지면서 인간의 수명도 연장되었다.

그러나 이와 더불어 인구의 노령화가 사회문제로 대두되고 있다. 그리고 청동기시대 이후 발달한 국가사회의 특징인 사유재산제도와 사회계층의 분화는 오늘날 가장 심각한 상태에 이르렀다. 국가와 국가, 사람과 사람 그리고 모든 존재 사이에 불평등이 심화되었을 뿐만 아니라 소수가 모든 재화와 정보 그리고 자원을 독점하는 현상이 벌어지면서 사람과 사람, 사람과 국가, 국가와 국가 사이에 불신과 적대감, 극도의 이기주의가 횡행하고 있다.

요즈음 학계에서는 현상적인 다양한 문제로 인하여 회통, 합덕, 합일이 화두가 되고, 융합, 복합이 흐름이 되면서 천인합일天人合一, 신인합일神人合一, 삼교회통三敎會通, 종교와 과학의 회통, 사람과 사람의 소통, 사람과 자연의 소통, 지구촌 하나 되기, 통합과 같은 많은 개념들이 문제의 해결을 위한 대안으로 제시되고 있다.

회통, 합덕, 합일, 소통, 융합, 복합, 통합, 화쟁은 모두 둘을 전제로 한다. 동양철학의 관점에서 보면 전통의 유가儒家와 불가佛家 그리도 도가道家 또는 도교道敎, 선도仙道를 회통시키고자 하는 시도 이른바 삼교회통三敎會通을 위한 시도가 끊임없이 이루어져 왔다.

그런데 본래 유불도儒佛道가 삼교 즉 셋이라면 그것이 하나가 될 수 없다. 설사 회통이 된다고 해도 긍정적으로 표현하면 어느 하나의 입장에서 다른 입장을 포용하거나 수용하는 것이고, 부정적으로 표현하면 어느 하나를 바탕으로 나머지를 흡수하는 입장이 될 뿐이다. 그러므로 본래 셋임을 전제로 이루어지는 회통이라는 것은 성립할 수 없다.

만약 역생의 관점에서 둘이라는 것을 전제로 회통이나 합일, 합덕, 융합, 복합을 시도한다면 일시적으로 공동의 이익이라는 공통분모를 만들어서 잠시 서로 만날 수 있다. 그러나 그것은 진정한 의미의 하나가 아닌 점에서 문제의 해결이 아니다.

둘을 전제로 한 회통이나 합일, 합덕, 통합, 융합, 복합의 시도는 공간적 관점, 물건적物件的 관점, 입자적粒子的 관점, 형이하적 관점에서 회통, 합덕, 합일, 융합, 복합을 시도함을 뜻한다. 공간적 관점에서 형이상과 형이하를 나누면 그 정의에 의하여 아무리 양자를 합일하고자 하여도 그것은 불가능하다.

유학사儒學史에서 주희朱熹에 의하여 집대성된 성리학性理學의 이론체계가 갖는 모순矛盾은 그 점을 그대로 보여주는 전형적인 예이다. 그의 본체론인 이기론理氣論을 살펴보면 형이상적 존재인 이理와 형이하적 존재인 기氣를 불상리不相離, 불상잡不相雜의 관계로 규정하고 있다.

문제가 되는 것은 그가 이理와 기氣의 관계를 밝히면서 이선기후理先氣後, 기강이약氣强理弱과 같은 관계를 언급함으로 인하여 양자가 모순관계를 형성하게 된다. 이理는 형이상적 존재이며, 기氣는 형이하적 존재로 이理와 기氣가 하나가 되어 만물이 형성된다고 하였다. 이理가 근본이고 그것에 근거하여 기氣가 존재하기 때문에 이선기후를 언급하게 된다. 그러나 현실적인 측면에서는 기에 청탁清濁수박粹駁의 차이가 있어서 학문과 수행이 필요하다. 그것은 현실적 측면에서는 기강이약임을 뜻한다.

앞에서 본 바와 같이 불상리와 불상잡이 동시에 옳을 수 없고, 이선기후와 이강이약이 동시에 옳을 수 없다. 주희도 이 점을 파악하고 있었기 때문에 합간合看과 이간離看과 같은 개념들을 통하여 이 문제를 해결하고자 하였다.

그러나 분합이라는 개념 자체가 공간적 사고, 물건적 사고임을 보여준다. 공간적 관점에서는 개체성이 중심이기 때문에 합일의 세계, 일체의 세계가 드러나지 않는다. 오직 시간성의 세계를 통해서만이 일체의 세계가 드러난다.

뿐만 아니라 합간과 이간이라는 구분은 인간의 분별심이라는 마음의 차원에서 이루어지는 것이다. 마음의 차원에서 이루어지는 분별심 자체는 본성이라는 형이상적 존재의 작용이지만 그것은 본성이 아니다. 그것이 인간의 주관적 사고임은 합간과 이간의 간看이라는 개념이 잘 보여주고 있다.

그것이 조선의 성리학자들에 의하여 사칠논쟁四七論爭, 이기호발理氣互發과 기발이승일도氣發理乘一途, 인물성동이론人物性同異論, 미발심체순선未發心體純善, 유선악有善惡과 같은 여러 논쟁으로 이어졌다.

그러나 주희의 이기론理氣論이나 퇴율退栗의 이기론, 호락湖落의 인물성동이론人物性同異論은 이론과 이론 사이에 모순이 존재함을 드러낼 뿐으로 세계 자체의 문제는 아니다. 따라서 이론과 이론의 관계에서 발생하는 모순은 오로지 그 관점의 변화 곧 차원의 변화를 통하여 해소된다. 그것은 세계 자체의 문제가 아니라 바로 세계를 바라보는 인간 자신의 문제임을 뜻한다.

삼교의 회통이나 종교와 과학의 합일 또는 다른 경계간의 융합이나 복합이라는 개념 자체가 본래 하나여서 구분할 수 없을 뿐만 아니라 하나라는 개념마저도 필요가 없는 세계를 형이상과 형이하의 관계처럼 공간적 관점, 입자적 관점에서 둘로 나누어 놓았기 때문에 발생한 문제이다. 그러므로 합일이나 통합은 어떻게 할 것인가의 답을 찾는 문제가 아니라 본래 그러한 문제가 없었음을 확인하는 방법뿐이다.

합일, 통합, 회통이 세계 자체의 문제가 아니라는 것은 그것이 인간 자신의 세계에 대한 인식의 문제임을 뜻한다. 공간적 관점, 입자적 관점, 물건적 관점에서 구분할 수 없는 세계를 끊임없이 분석하고 구분함으로 인하여 발생한 문제는 바로 그러한 방법을 버리는 것이 해결책이다.

공간적 사고, 물건적 사고, 분석적 사고 곧 분별심을 버리는 것이 바로 역생도성이다. 역생도성을 통하여 드러나는 세계는 시간성의 세계이다. 그리고 그러한 시간성의 세계를 바탕으로 다시 공간의 세계를 이해하는 것이 바로 도생역성을 바탕으로 역생도성의 관점에 서는 것이다.

『정역』에서는 세계를 공간적 관점에서 보는 것이 아니라 시간적 관점에서 시간성을 중심으로 이해한다. 그렇기 때문에 처음부터 오로지 변화의 과정으로서의 현상이 있을 뿐으로 고정된 물체를 인정하지 않는다. 그런 점에서 보면 처음부터 둘을 회통하거나 합일 또는 융합하거나 복합하는 문제는 발생하지 않는다.

도생역성을 전제로 하여 역생도성의 관점에서 보면 유가儒家와 불가佛家 그리고 도가道家는 본래 하나인 세계를 각각 다른 관점에서 다른 이론체계로 제시한 것에 불과하다. 그렇기 때문에 삼교가 서로 만나서 통하는 회통이나 셋이 서로 만나서 하나가 되는 합일이 아니라 본래 일체이고, 하나임을 각각 다른 관점에서 나타내었을 뿐이다.

역생도성의 관점에서 보면 인간의 삶은 다양하게 나타나는 하나를 체험하는 경험의 연속이다. 인류의 다양한 국가, 그리고 다양한 민족의 역사나 문화, 예술, 종교, 철학이 모두 인간의 본래성이라는 일체로부터 나오는 다양성에 불과하다. 그러므로 모든 국가의 다양한 문화나 사상은 그대로 가치가 있고 아름다운 것이다.

만약 서로 다른 기독교나 불교를 하나로 만들려고 하거나 한국문화와 중국문화를 하나로 만들려고 하면 그것은 강제적인 획일화를 통하여 다양성을 말살抹殺하는 것이다. 다양성은 곧 개체성이고 그것이 바로 현존의 이유이자 근거이다. 그러므로 다양성의 말살은 곧 개체의 세계, 현상의 세계, 만물의 세계를 말살하는 것이다.

만약 지금의 관점에서 다양한 종교를 하나로 회통시키려고 하거나 다양한 사상, 문화, 예술, 철학을 통합하려고 하고, 과학과 종교, 세계와 인간을 융합하고, 복합하려고 하면 그것은 불가능한 일이다.

종교와 과학이 본래 둘이라면 융합이나 복합 또는 회통을 할 수 없다. 종교의 세계와 과학의 세계는 본래 하나이다. 하나의 세계를 각각 다른 관점에서 나타낸 것이 종교와 과학인 것이다. 그럼에도 불구하고 각각 다른 세계가 있는 것처럼 여기고 양립이 불가능한 것처럼 인간이 착각을 하였을 뿐이다. 그러므로 도생역성의 관점에서 본래 하나임을 알고, 역생도성의 관점에서 종교는 종교로서의 가치를 인정하고, 과학은 과학대로의 가치를 인정하면 된다.

도대체 세계 자체에 무슨 문제가 있는가? 세계 자체는 아무런 문제가 없다. 그렇다고 하여 회통과 통합, 합덕, 융합, 복합을 시도하는 자체가 문제가 있는 것도 아니다. 단지 그것이 바로 세계 자체가 본래 통합되어 있고, 회통되어 있으며, 화쟁和諍되어 있음을 체험하게 하려는 자신의 삶의 과정일 뿐임을 알아야 한다.

그것은 인간이 세계를 올바로 보지 못하는 어리석음, 무지無知를 남에게 강요하는 고집固執 그리고 자신과 남을 구분하여 소유하고 지배하고자 하는 욕심을 부리고, 집착執著하는 무명無明으로 인하여 발생하는 것이 아니다.

세계 자체는 본래 회통되었고, 천지인이 합일하였을 뿐만 아니라 신인神人이, 신물神物이, 종교와 과학이, 그리고 다양한 모든 이론들이 화쟁되어 있고, 융합되고, 복합되고, 통합되고 합덕되어 있다. 세계는 이미 성도되어 있는 완전하고 아름다운 그리고 선善한 세계이다.

모든 답은 문제를 제기한 인간 자신에게 있다. 그러므로 밖에서 통합이나 회통 또는 합일, 화쟁을 위한 새로운 이론체계를 찾거나 사상, 철학, 종교를 찾는다면 그것과 기존의 종교나 이론체계와의 회통, 합일을 위하여 또 다른 새로운 것을 찾아야할 것이다.

세계도 사람도 본래 완전한 존재이다. 모든 존재는 나타난 신이며, 나타난 창조주이고, 나타난 부처이며, 나타난 진리이다. 그러므로 인간의 모든 사고와 언행은 본성이라는 실다움의 나타남이다. 그것이 바로 현실이라는 의미이다. 그것이 도생역성의 관점에서 세계와 삶을 보는 것이다.

도생역성의 관점에서 보면 사람의 생각과 언행으로 이루어지는 삶은 매 순간 끊임없이 새롭게 창조되어진다. 그리고 역생도성의 관점에서 보면 창조된 모든 사태, 사건과 물건은 때와 장소에 따라서 다양하게 변화하면서 자신을 드러낸다. 도, 신도, 역도, 본성의 나툼 그것이 바로 역생도성의 관점에서의 현상의 의미이다.

변화의 세계에는 본래 회통해야할 것도 합일해야 할 것도 화쟁해야 할 것도 통합해야 할 것도 없다. 단지 그러함을 아는 지혜로 매 순간 새롭게 창조되어 나타나는 개체적 존재를 또 다른 나, 나타난 신으로 대하는 사랑, 자비만이 필요할 뿐이다.

혹자는 말할지도 모른다. 그것은 깨달은 사람이나 부처, 예수 또는 공자와 같은 사람이나 할 말이지 나와 같은 평범한 사람에게는 해당되지 않는다고. 그리고 당신이 깨달았느냐, 부처이냐, 하느님이냐, 라고 되물을지도 모른다.

또한 이미 본성을 알고 형이상의 세계를 알았다면 수행이나 수기 또는 학문을 필요가 없지 않느냐고 물을지도 모른다. 그렇다. 본성의 세계, 형이상의 세계는 알고 모름에 속하지 않는다. 뿐만 아니라 깨달음이란 없기 때문에 수행을 통해서 깨달을 수 없다.

본래 우리들 자신이 나타난 하나님이고, 부처이며, 구세주이고, 성인이며, 군자이고 대인, 진인眞人, 신인神人이라고 하지 않았던가! 그것도 말일 뿐이지 대인과 소인, 부처와 중생, 구세주와 구원받아야 할 사람이라는 구분도 사람도 없다. 왜냐하면 내 자신이 곧 본성이고 형이상의 존재이기 때문이다.

수행도, 수련도, 수양도 오직 체험일 뿐이다. 수행을 통해서 깨달음을 얻거나 어떤 상태에 도달하고, 무엇을 얻는 것이 아니라 단지 그것이 삶의 과정일 뿐이다. 그것도 내가 본래 갖고 있는 지혜와 자비로 인하여 일어나는 하나의 체험이다.

학문도, 예술도, 문학도, 문화도, 종교도, 철학도, 끊임없이 창조주로서의 창조를 체험하는 과정일 뿐이다. 그렇기 때문에 무엇을 하면서 살아도 항상 창조의 기쁨 속에서 살아간다. 끊임없이 자신을 창조하고, 주위를 창조하고, 세계를 창조하는 기쁨 속에서 자신이 곧 창조주임을 체험하고 경험하는 것이다.

온 세계의 주인이 되어, 온 세계와 더불어 하나가 되어, 스스로 온 세계를 창조하면서 살아가는 기쁨이 진정한 기쁨이다. 그것이 삶의 기쁨이고, 예술의 기쁨이며, 학문함의 기쁨이고, 신앙의 기쁨이다. 학문은 남의 이론을 배워서 아는 것이 아니며, 신앙은 대상을 믿고 따르는 노예가 되는 것이 아니다.

남에게 구속된 노예와 같은 상태에서의 기쁨, 평화, 고요함은 그 어떤 것도 진정한 기쁨이나 평화, 고요함이 아니다. 기쁨, 평화, 고요함은 사랑에서 나온다. 사랑의 본성은 자유이며, 자유에 의하여 창조가 이루어진다. 제한되거나 구속된 상태에서는 결코 창조가 이루어지지 않는다.

그리고 자유로운 상태일지라도 사랑이 없다면 자신을 확장하는 창조는 이루어지지 않는다. 자신의 상태를 벗어나는 것은 오로지 사랑에 의해서이다. 잠시 자신의 자유를 스스로 구속하고 남을 위하는 것이 바로 탈자에 의한 타자화로서의 창조이다.

창조는 이어지는 체험을 통하여 점점 가속되고 안정되고 효과적으로 된다. 그것이 진화이다. 변화가 확장되고, 확산되고, 더욱 자유로워지는 것이 진화이다. 우주는 끊임없이 진화한다. 그것이 바로 하도와 낙서에서 표상하고 있는 사역변화이다.

사역변화는 윤역이 시생하여 생장하고 장성하여 정역으로 진화하면 다시 윤역으로 시생하면서 새로운 창조를 시작한다. 그것은 또 다른 변화이면서 동시에 새로운 변화인 점에서 진화이다. 그러므로 창조와 진화를 내용으로 하는 변화는 없다. 오로지 하나의 되어감으로서의 과정이 존재할 뿐이다.

역학이라는 학문도 고정된 것이 아니어서 과거의 어떤 것이나 미래의 어떤 것이 아니다. 단지 끊임없는 변화의 과정, 창조의 과정, 진화의 과정으로 존재할 뿐이다. 나도 없고, 남도 없으며, 세계도 없을 뿐만 아니라 과거와 미래도 없고 현재도 없다. 그럼에도 불구하고 나라는 생각과 남이라는 생각을 갖고, 남이 어떤 존재이고, 내가 어떤 존재라는 생각을 가질 때, 그렇게 스스로 창조되고 그렇게 변화된다.

세계도 만물도 역시 그렇다. 이제는 학문도, 수행도, 삶도 스스로 창조하는 행위임을 받아들이고 그 결과에 대하여 책임을 지는 태도가 필요하다. 자신의 삶을 밖에서 찾거나 남으로부터 찾아서 그 결과를 남이나 세상의 탓으로 돌릴 필요가 없다.

현재의 자신뿐만 아니라 세계와 만물 모두 자신이 창조한 결과라면 과거나 미래에 그리고 현재에 얽매일 필요가 없다. 단지 과거를 바꾸거나 미래를 세우고 싶다면 스스로 새롭게 창조하면 된다.

창조적인 삶은 자신이 사랑, 자비慈悲, 인仁 그 자체임을 느낄 때, 삶을 위하여 자신 이외의 그 어떤 것도 필요하지 않는 완전함을 느낄 때, 그래서 자유로움을 느낄 때, 넘쳐나는 열정에 의하여 이루어진다.

우리의 삶은 사랑 그 자체이며, 완전함 그 자체이고, 충만함 그 자체이며, 지혜 그 자체이고, 자유 그 자체이다. 자신自身이 자신自神이며, 완전한 존재이고, 전선全善하고, 전지全知하며, 전능全能한 존재이다.

그럼에도 불구하고 자신이 삶의 주인이 되지 않고, 남의 힘을 빌려서 살려고 하는 노예적인 태도를 버리지 않는다. 그렇다고 하여 남을 지배하는 삶을 주인이 되어 살아간다고 하지 않는다. 그것은 나와 남을 일체로 여기는 무아無我의 삶, 그 어떤 일도 인위적인 욕심이 없는 무위의 삶, 스스로 그러한 자연의 삶이다.

도생역성을 체로 하여 이루어지는 역생도성의 삶을 사는 것이 바로 주인적인 삶, 자유로운 삶, 자비로운 삶, 무위적인 삶이다. 그것은 무엇을 얻거나 이루기 위하여 사는 것이 아니라 삶의 과정이 그대로 목적이 되는 삶이다. 삶 그 자체가 그대로 자유, 평화, 사랑, 베풂, 여유로움, 기쁨, 자비, 지혜, 함께 함, 영원함, 완전함이다.

삶 그것만이 있을 뿐으로 그것을 위하여 그 밖의 것이 필요하지 않다. 삶은 인간 자신이다. 삶 그것을 위하여 이론이나 사상, 믿음, 수행, 학문이 필요한 것이 아니라 삶이 학문으로, 수행으로, 예술로, 종교로, 철학으로 그리고 문화로 나타날 뿐이다.

삶 그 속에 내가 있고, 세계가 있고, 근원이 있고, 신神이 있으며, 회통會通이 있고, 합덕合德, 통합統合, 화쟁和諍, 융합融合, 복합複合이 있다. 그냥 자신으로 살아갈 때 삶이 창조가 되고, 삶이 진화가 되며, 삶이 자유가 되고, 삶이 자비가 되며, 삶이 사랑이 될 뿐이다.

현재 세계에서 나타나고 있는 극도의 분열과 대립 그리고 갈등과 소통부재의 현상 속에서도 소통과 회통, 통합, 합덕을 원하는 목소리가 커지고 있음은 개인이나 민족, 국가의 이익을 위하는 이기주의에서 벗어나서 공존共存하고 공영共榮하는 것만이 인류가 나아가야

할 유일한 길임을 인식하고 그것을 실천하고자 하는 사람들이 늘고 있음을 뜻한다.

도생역성의 관점에서 이루어지는 무위無爲를 바탕으로 한 역생도성의 관점에서의 유위有爲만이 새로운 세상, 아름다운 세계, 사랑의 천국을 창조할 수 있는 길이다. 그것이 바로 『노자』가 강조한 무위자연無爲自然이다.

창조와 진화의 의미를 담고 있는 변화라는 개념은 곧 실천을 의미한다. 삶은 변화일 뿐이며, 그것은 창조이자 진화이다. 그것은 끊임없는 실천, 학문에 대응하는 실천이 아니라 학문과 실천이 하나가 된 실천이다. 앎도 수기, 수행도 실천이다. 오로지 살아감의 과정으로서의 실천 속에서 이루어지는 학문, 수기, 수행, 앎일 뿐이다.

이제는 개체적인 사고를 버리고 본성의 차원에서 무아無我, 무심無心, 무지無知의 차원에서 이루어지는 대아大我, 자비심慈悲心, 지지至知로 살아가야 한다. 그것은 곧 자신으로 살아감, 변화의 삶을 살아감이다. 그것만이 인류가 공존共存하고 공영共營하는 길이다.

만약 지금까지 서양이 세계를 지배해왔기 때문에 이제는 동양의 여러 나라들이 하나가 되어 유라시아를 망라하는 대국을 건설하여 세계를 지배하고자 한다면 그것은 여전히 유위적有爲的인 사고, 형이하적 사고를 벗어나지 못하였음을 나타낸다.

개인의 이익을 위하여 서로가 뭉쳐서 민족이 되고, 국가가 되어 다른 민족이나 국가를 자국의 이익의 수단으로 삼았던 지금의 상태를 확장하여 국가와 국가가 뭉쳐서 좀 더 큰 집단의 힘에 의하여 다른 집단을 지배하려는 사고로는 인류가 공존共存하고 공영共營할 수 없다.

인간의 본성이라는 근원적 세계, 우주와 일체이며, 만물과 일체인 세계, 참나의 세계를 주체로 할 때 비로소 지선至善의 세계가 열린다. 그러므로 이제는 본성이라는 참 자기를 주체로 학문도, 예술도, 문학도, 종교도, 철학도, 삶도, 정치도, 역사도 그리고 과학도 이루어져야한다.

모든 인간의 활동이 본성을 주체로 이루어지는 지혜와 자비, 사랑의 현현이 되어야 한다. 그것은 본래 그러하기에 그러함을 알고 살아가면 되는 점에서 무위無爲이고, 자연自然이다.

이제 진리를 찾아서 수행을 하고, 자신의 정체성과 국가의 사상, 민족의 사상, 인류의 문명을 쫓아서 이리저리 헤매지 말고 삶 자체가 그대로 창조이고, 본성의 나툼이며, 신의 나툼이고, 삶 자체가 그대로 후천이고, 자유이며, 사랑이고, 진리이며, 천국이고, 지선至善임을 알고 자신自神으로 살아가자.

참고문헌

1. 경전류

『正易』	『孟子』	『圓覺經』
『周易』	『大學』	『般若心經』
『書經』	『中庸』	『六祖壇經』
『詩經』	『老子』	『鍾呂傳道集』
『禮記』	『莊子』	『太乙金華宗旨』
『春秋』	『金剛經』	『中和集』
『論語』	『楞嚴經』	『慧命經』

2. 단행본

成玄英, 『老子義疏』

釋僧肇, 『肇論』

동국대학교 편찬위원회, 『韓國佛敎全書』, 동국대학교출판부

金富軾, 『三國史記』, 민족문화추진위원회, 1982.

一然, 『三國遺事』, 민족문화추진위원회, 1982.

임승국번역주해, 「한단고기」, 정신세계사, 1987.

주백곤지음, 김학권외역, 『역학철학사』,

王弼, 『周易略例』

朱熹, 『易學啓蒙』

李正浩, 『周易正義』, 韓國 亞細亞文化社, 1987.

李正浩, 『正易과 一夫』, 韓國 亞細亞文化社, 1985.

權寧遠,『正易句解』, 韓國 景仁文化社, 1983.

河相易,『正易原義』, 大宗敎, 大正二年.

孔穎達, 周易正義, 中國 北京大學, 2000.

李光地,『周易折中』, 上下册, 臺灣 眞善美出版社, 民國 70.

黃壽棋外,『易學硏究論文集』第一卷~ 第四卷, 中國 北京師大, 1987.

朱伯崑,『易學哲學史』第一卷~第四卷, 中和堂,

高亨,『周易大傳今注』, 中國 北京齊魯書社, 1979.

李鏡池,『周易探源』, 中華書局, 1982.

智旭,『周易禪解』, 自由出版社, 民國67.

牟宗三,『周易的自然哲學與道德函義』, 文津出版社, 民國77.

金景芳外,『周易全解』, 中國 吉林大學, 1989.

朱維煥,『周易經傳象義闡釋』, 臺灣 學生書局, 民國75.

高懷民著 숭실대 동양철학연구실역,『중국고대역학사』, 한국 숭실대 출판부, 1990.

熊十力,『乾坤衍』, 臺灣 學生書局, 民國72.

陳立夫主編,『易學應用之硏究』第一輯 ~ 第三輯, 臺灣 中華書局, 民國70.

다까다 아쓰시저 이기동역,『周易이란 무엇인가』, 한국 여강출판사, 1991.

王夫之,『船山全書』第一册, 臺灣 嶽麓書社, 1988.

邵康節,『皇極經世書』册一~册二, 臺灣 中華書局, 民國71.

熊十力,『體用論』, 臺灣 學生書局, 民國76.

國學整理社,『諸子集成』, 第一册~第八册, 대만 중화서국, 1986.

張立文,『周易思想硏究』, 中國 湖北省 新華書店, 1980.

方東美,『原始儒家道家哲學』, 臺灣 黎明文化社, 民國72.

鄧球柏,『帛書周易校釋』, 中國 湖南出版社. 1987.

潘雨延,『易與佛敎 易與老莊』, 中國 遼寧敎育出版社, 1998.

唐華,『中國易經哲學思想原理』, 臺灣 大中國圖書公司, 民國69.

楊家駱,『周易集解之補正』, 臺灣 鼎文書局, 民國64.

Greg Wincup,『Rediscovering the I Ching』, NEW YORK Double & Company inc, 1986.

Richard Vilhwlm,『The I Ching』, vol Ⅰ~Ⅱ, 2.

한국주역학회,『주역의 현대적 조명』, 범양사, 1992.

한규성,『易學原理講話』, 동방문화, 1989.

韓長庚,『周易・正易』, 삶과 꿈, 2001.

陳鼓應지음 최재석외 옮김, 『주역 유가의 사상인가 도가의 사상인가』, 예문서원, 1996.

來知德, 『易經來註圖解』, 臺灣 同一書局, 民國65.

高懷民著 鄭炳碩譯, 『주역철학의 이해』, 韓國 文藝出版社, 1995.

林益勝撰, 『伊川易傳處世哲學』, 臺灣 商務印書館, 民國69.

陳瑞龍撰, 『周易與適應原理』, 臺灣 商務印書館, 民國69.

陳　柱, 『周易論略』, 臺灣 商務印書館, 民國69.

戴君仁, 『談易』, 臺灣 商務印書館, 民國48.

胡　渭, 『易圖明辯』, 臺灣 廣文書局, 民國66.

屈萬里, 『先秦漢魏易例述評』, 臺灣 學生書局, 民國74.

曾春海, 『朱子易學探微』, 臺灣 輔仁大學出版社, 民國72.

范良光, 『易傳道德形相學』, 臺灣 商務印書館, 民國71.

이현중, 『역경철학』, 문예출판사, 2014.

유남상·임병학 공저, 『一夫傳記와 正易哲學』, 圖書出版 研經院, 2013

3. 논문

金聖基, 「易經哲學中人之研究」, 中國文化大學哲學研究所 博士論文, 民國82.

金學權, 「易經之天人關係研究」, 中國文化大學哲學研究所 博士論文, 民國78.

柳南相, 「正易의 圖書 象數 原理에 관한 研究」, 忠南大 論文集 제9권 제2집, 1981.

柳南相, 「李退溪之啓蒙傳疑研究」, 提要.

柳南相, 「正易思想의 根本問題」, 忠南大 人文科學研究所論文集 제7권 제2호, 人文科學研究所, 1980.

柳南相, 「易學의 曆數聖統原理에 관한 研究」, 論文集 제11권 제2호, 忠南大 人文科學 研究所, 1983.

柳南相, 「正易思想의 研究(其一)」, 忠南大 人文科學 論文集,

南明鎭, 「洪範思想研究」, 충남대 인문과학 연구소 논문집, 제3권 제1호.

宋在國, 「先秦 易學의 人間 理解에 관한 研究」, 忠南大 대학원 박사학위 논문, 1989.

宋在國, 「周易의 先天·後天의 哲學的 理解」, 『東西哲學研究』 제23호, 韓國東西哲學會, 2002.

金滿山, 「易學의 時間觀에 관한 研究」, 忠南大 대학원 박사학위 논문, 1992.

정병석, 「周易과 人文主義的 解釋의 길」, 『철학논총』 제33집, 새한철학회, 2003.

이경무, 「儒學의 經書와 學的 傳統」, 『汎韓哲學』 제30집, 범한철학회, 2003.

崔英辰, 「易思想의 哲學的 硏究」, 成均館大學校 大學院 博士學位論文, 1989.

宋寅昌, 「先秦儒學에 있어서의 天命思想에 관한 硏究」, 忠南大學校大學院博士學位
論文, 1987.

이현중, 「천부경의 세계관과 인간관」, 『東아시아古代學』 第39輯, 東아시아古代學會,
2015.

찾아보기

저자소개

이현중

우석대학교에서 영문학을, 전북대학교 대학원 철학과에서 동양철학을, 충남대학교 대학원 철학과에서 동양철학을 전공했다. 충남대학교 대학원에서 「易學에 나타난 儒家思想의 존재론적 근거」로 철학박사학위를 취득하였다. 현재 충남대학교의 한문학과에서 經學을 가르치고 있다. 개체적 존재를 중심으로 그 본질을 찾아가고, 그것을 바탕으로 세계를 이해하고자 하는 관점을 넘어서 주객으로 나누어지기 이전의 하나라고도 할 수 없는 세계를 바탕으로 하나의 세계 더 나아가서 다양한 세계를 이해하는 관점을 중심으로 儒佛道 사상을 새롭게 재해석하는 작업을 진행하고 있다. 저서로는『역경철학』,『논어순역』,『대학순역』,『한국철학의 역학적 조명』,『중국철학의 역학적 조명』,『정역과 삼경』,『역경과 사서』외에 공동저작이 있으며, 논문으로는「천부경의 세계관과 인간관」,「時間性을 통해본 三一神誥의 修行論」,「순역적 관점에서 본 주역의 수행론」,「한비자의 분석적 검토를 통해 본 유학의 학문방법 모색」,「역수원리를 통해 본 논어의 無知와 대학의 致知」,「정역의 관점에서 본 단군신화의 시간관」외에 다수의 연구 논문이 있다.

正易哲學

초판 인쇄 2016년 4월 1일
초판 발행 2016년 4월 10일

저　　자 | 이현중
펴 낸 이 | 하운근
펴 낸 곳 | 學古房

주　　소 | 경기도 고양시 덕양구 통일로 140 삼송테크노밸리 A동 B224
전　　화 | (02)353-9908 편집부(02)356-9903
팩　　스 | (02)6959-8234
홈페이지 | http://hakgobang.co.kr
전자우편 | hakgobang@naver.com, hakgobang@chol.com
등록번호 | 제311-1994-000001호

ISBN　　978-89-6071-570-7　　93140

값 : 40,000원

이 도서의 국립중앙도서관 출판시도서목록(CIP)은 서지정보유통지원시스템 홈페이지(http://seoji.nl.go.kr)와 국가자료공동목록시스템(http://www.nl.go.kr/kolisnet)에서 이용하실 수 있습니다.(CIP제어번호 : CIP2016007857)

■ 파본은 교환해 드립니다.